A construção do direito autoral no Brasil
*cultura e indústria
em debate legislativo*

A construção do direito autoral no Brasil

*cultura e indústria
em debate legislativo*

MARIANA GIORGETTI VALENTE

Copyright © 2019 by Editora Letramento
Copyright © 2019 by Mariana Giorgetti Valente

Diretor Editorial | Gustavo Abreu
Diretor Administrativo | Júnior Gaudereto
Diretor Financeiro | Cláudio Macedo
Logística | Vinícius Santiago
Designer Editorial | Luís Otávio Ferreira
Assistente Editorial | Giulia Staar e Laura Brand
Capa | Wellinton Lenzi
Preparação e revisão | Lorena Camilo
Projeto gráfico e diagramação | Gustavo Zeferino

Todos os direitos reservados.
Não é permitida a reprodução desta obra sem
aprovação do Grupo Editorial Letramento.

Dados Internacionais de Catalogação na Publicação (CIP) de acordo com ISBD

V154c	Valente, Mariana Giorgetti
	A construção do direito autoral no Brasil: cultura e indústria em debate legislativo Mariana Giorgetti Valente. - Belo Horizonte : Letramento, 2019.
	520 p. ; 15,5cm x 22,5cm.
	Inclui bibliografia e apêndice.
	ISBN: 978-85-9530-251-8
	1. Direito. 2. Direito autoral. 3. Brasil. I. Título.
2019-938	CDD 342.28
	CDU 347.78

Elaborado por Vagner Rodolfo da Silva - CRB-8/9410

Índice para catálogo sistemático:
1. Direito autoral 342.28
2. Direito autoral 347.78

Belo Horizonte - MG
Rua Magnólia, 1086
Bairro Caiçara
CEP 30770-020
Fone 31 3327-5771
contato@editoraletramento.com.br
editoraletramento.com.br
casadodireito.com

AGRADECIMENTOS

Este livro é resultado de uma pesquisa de doutorado feita em Sociologia Jurídica, na Faculdade de Direito da Universidade de São Paulo (USP) entre 2015 e 2018, sob orientação do professor José Eduardo de Oliveira Faria, e envolveu a colaboração de muitas pessoas e instituições ao longo de três anos. Aos dezoito entrevistados e entrevistadas, eu agradeço imensamente por seu tempo, disposição, e por terem me obrigado tantas vezes a repensar as minhas pressuposições e sair da zona de conforto. Dentre essas pessoas, vale um especial agradecimento à Vanisa Santiago, que foi excepcionalmente generosa e interessada nas inúmeras comunicações que travamos ao longo da pesquisa, e abriu muitas portas; além disso, a Samuel Barrichello, José Vaz e Marcos Souza, que, além de interlocução e encorajamento, me deram acesso a um arquivo extremamente valioso, guardado no Ministério da Cultura, que foi o principal insumo para as descobertas mais importantes do trabalho. Pelo auxílio no tratamento de documentos históricos, Samuel Barbosa; pelo diálogo constante, instigante e crítico sobre temas de direito autoral, Pedro Mizukami; por possibilitar-me um período como pesquisadora visitante na Universidade da Califórnia, Berkeley, Pamela Samuelson; ao Institute for Information Law (IvIR), da Universidade de Amsterdã, e a Open Society Foundations, que me concederam uma *fellowship* para o International Copyright Law Summer Course do IvIR, em julho de 2017, que contribuiu muito para o desenvolvimento de temas deste trabalho; aos colegas do Núcleo Direito e Democracia do Centro Brasileiro de Análise e Planejamento (CEBRAP), que me ensinam constantemente a repensar o direito e a sociedade; a todos e todas do InternetLab, pelo apoio e inspiração diários, além da compreensão com as faltas e ausências para dar conta da pesquisa – em especial aos queridos Dennys Antonialli, Francisco Brito Cruz e Natália Neris; a Pedro Lima, pelo auxílio com a elaboração de comparações entre os diversos projetos de lei, propostas e leis que eu analisei; e ao meu orientador, José Eduardo Faria, pela parceria desde 2005, quando passei a fazer parte do Programa de Educação Tutorial (PET) da Faculdade de Direito da Universidade de São Paulo (USP), e que abriu as portas para todo o meu caminho em pesquisa. Sou muito grata também aos examinadores da banca de defesa do doutorado, que foram leitores e críticos minuciosos, fizeram observações pertinentes que busquei incorporar para esta versão final, e que se tornaram para mim, passado aquele momento formal, interlocutores de muito valor: Rita Morelli, Rosana Pinheiro-Machado, Juliana Krueger, Samuel Barbosa, e Guilherme Carboni.

Quero reconhecer, ainda, os gestos de generosidade de pessoas que me fizeram passar pelo processo todo com muito mais suavidade: Jane, Otávio, André, Cristina, Vanessa e João Valente, Isabela Guimarães del Monde, Lucas Oliveira, Renata Lopes, Lívia Razente, Thales Sant'Anna Betoni, Marina Ganzarolli, Jamila Venturini, Jemma Welsh, Sharon Joy, Gisela Perez de Acha, Lenty, Claudia Ferreira, Marco Braga, Regina Stela, Luciana Reis, Daniela Rozados e Fernando Túlio.

LISTA DE ABREVIATURAS

ABACH – Academia Brasileira de Arte, Cultura e História de São Paulo

ABC – Associação Brasileira Cinematográfica

ABCA – Associação Brasileira de Compositores e Autores

ABDR – Associação Brasileira de Direitos Reprográficos

ABPD – Associação Brasileira de Produtores de Discos

ABERT – Associação Brasileira de Emissoras de Rádio e Televisão

ABINEE – Associação Brasileira da Indústria Elétrica e Eletrônica

ABPI – Associação Brasileira da Propriedade Intelectual

AMAR – Associação de Músicos, Arranjadores e Regentes

APRIMESC – Associação Brasileira de Informática e de Equipamentos de Escritórios

ANACIM – Associação Nacional de Autores, Compositores, Intérpretes e Músicos

ASA – Associação dos Atores em Dublagem, Cinema, Rádio, Televisão, Propaganda e Imprensa

ASCAP – American Society of Composers, Authors and Publishers

ASSIM – Associação de Intérpretes e Músicos

BMI – Broadcast Music, Inc.

CBL – Câmara Brasileira do Livro

CCTCI – Comissão de Ciência e Tecnologia, Comunicação e Informática [da Câmara dos Deputados]

CDA – Coordenação de Direito Autoral [do Ministério da Cultura]

CESP – Comissão Especial

CISAC – Confederação Internacional de Sociedades de Autores e Compositores

CNDA – Conselho Nacional de Direito Autoral

DDI – Diretoria de Direitos Intelectuais [do Ministério da Cultura]

Ecad – Escritório Central de Arrecadação e Distribuição

ELETROS – Associação Nacional de Fabricantes de Produtos Eletroeletrônicos

FLAPF – Federação Latinoamericana de Produtores de Fonogramas e Videogramas

GATT – General Agreements on Tariffs and Trade

IITF – Information Intrastructure Task Force

MinC – Ministério da Cultura

MPA – Movie Pictures Association

MPB – Música Popular Brasileira

OIT – Organização Internacional do Trabalho

OMC – Organização Mundial do Comércio

OMPI – Organização Mundial da Propriedade Intelectual

ONU – Organização das Nações Unidas

PL – Projeto de Lei

RICD – Regimento Interno da Câmara dos Deputados

SABEM – Sociedade Brasileira de Autores, Compositores e Escritores de Música

SATED/RJ – Sindicato dos Artistas e Técnicos em Espetáculos de Diversões do Estado do Rio de Janeiro

SBAT – Sociedade Brasileira de Autores Teatrais

SCCR – Standing Committee on Copyrights and Related Rights da OMPI

SEI – Secretaria Especial de Informática

SICAM – Sociedade Independente de Compositores e Autores Musicais

SNEL – Sindicato Nacional dos Editores e Livreiros

TRIPS – *Trade-Related Aspects of Intellectual Property Rights* [acordo]

UBE – União Brasileira dos Escritores

UBC – União Brasileira de Compositores

UBV – União Brasileira de Vídeo

USP – Universidade de São Paulo

UNESCO – Organização das Nações Unidas para a Educação, Ciência e Cultura

WCT – Wipo Copyright Treaty

WPPT – Wipo Performances and Phonograms Treaty

SUMÁRIO

PREFÁCIO   **15**
JOSÉ EDUARDO DE OLIVEIRA FARIA

A GENEALOGIA DA PROPRIEDADE INTELECTUAL NO BRASIL   **19**
ROSANA PINHEIRO-MACHADO

INTRODUÇÃO   **23**

1. RECONSTRUINDO A HISTÓRIA DO DIREITO AUTORAL NO BRASIL   26
2. METODOLOGIA   33

**1. ANTECEDENTES HISTÓRICOS:
O DIREITO AUTORAL NO BRASIL**   **45**

1. O CAMPO INSTITUCIONAL DO DIREITO DE AUTOR:
   AS PRIMEIRAS ASSOCIAÇÕES DE COMPOSITORES   46
   1.1. DISSIDÊNCIAS POLÍTICAS: COMPOSITORES ENFRENTAM EDITORES   51
   1.2. MÚSICA E COMÉRCIO   56
2. DAS FRAGMENTAÇÕES ÀS CENTRALIZAÇÕES   59
   2.1. O TEMOR DA INTERVENÇÃO ESTATAL   60
3. NOVAS TECNOLOGIAS, NOVOS DIREITOS: O FONOGRAMA E O RÁDIO   65
   3.1. DESLOCAMENTOS: DE AUTORES A CANTORES   69
   3.2. OS NOVOS GIGANTES DA COMUNICAÇÃO   70
4. A LEI N. 5.988/73, AS PRESSÕES
   DA INDÚSTRIA FONOGRÁFICA E O ECAD   72
   4.1. "O NOVO": A JOVEM MÚSICA POPULAR BRASILEIRA   75
   4.2. A OPOSIÇÃO SOMBRÁS: UMA FILHA DA MPB   79
5. O PERÍODO CNDA   84
   5.1. SISTEMA DE AMOSTRAGEM:
   TECNOLOGIA PRECIPITANDO TRANSPARÊNCIA   90
   5.2. UM CNDA AGUERRIDO: A GESTÃO DE COSTA NETTO   91
   5.3. GESTÃO COLETIVA DE CARÁTER SINDICAL   94

| | | 6. A DESCONSTRUÇÃO DE UM FRÁGIL SISTEMA | 98 |

6. A DESCONSTRUÇÃO DE UM FRÁGIL SISTEMA 98
    6.1. DURANTE O BREVE PRIMEIRO MINISTÉRIO DA CULTURA 100

2. O PROJETO GENOÍNO (PL 2148/89) — 105

1. UM PROJETO NASCIDO NO CNDA 109
2. JOSÉ GENOÍNO ENTRA EM CENA, E UM BREVE PANORAMA SOBRE A CONSTITUINTE 116
3. O QUE ESTAVA NO PROJETO GENOÍNO? 124
4. A EQUIPARAÇÃO ENTRE AUTOR E ARTISTA NA CATEGORIA DO *CRIADOR* 126
5. LIMITAÇÕES AO PODER EMPRESARIAL 140
6. AMPLIANDO SANÇÕES E *ENFORCEMENT* *152*
7. O REGISTRO 155
8. DOMÍNIO PÚBLICO E LIMITAÇÕES COMO INIMIGOS DO AUTOR 156
9. DIREITO DE SEQUÊNCIA GERAL COMO PARTICIPAÇÃO NA MAIS-VALIA 166
10. A VOLTA DA NUMERAÇÃO DE DISCOS E OUTROS EXEMPLARES 166
11. A VOLTA DA "CÓPIA PRIVADA" 167
12. EM DEFESA DO CNDA 168
13. OUTROS PONTOS 169
    13.1. O *SOFTWARE* *169*
    13.2. AS ASSOCIAÇÕES E A GESTÃO COLETIVA 170
    13.3. GRANDES RECUSAS 172
    13.4. AS DEFESAS 172
14. BREVE AVANÇO NO TEMPO: O DESTINO DO PROJETO GENOÍNO 173

3. GLOBALIZAÇÃO, COMÉRCIO E TECNOLOGIA: A DÉCADA DOS TRATADOS — 175

1. O CONTENCIOSO SOBRE INFORMÁTICA 176
2. PROPRIEDADE INTELECTUAL: DE BARREIRA AO COMÉRCIO AO ACORDO TRIPS 181
    2.1. O TRIPS E O DIREITO AUTORAL – NOVIDADES 193

	2.1.1.	PROGRAMAS DE COMPUTADOR E BASES DE DADOS	193
	2.1.2.	DIREITOS DE ALUGUEL	194
	2.1.3.	LIMITAÇÕES E EXCEÇÕES	195
	2.1.4.	PRAZO DE PROTEÇÃO A ARTISTAS INTÉRPRETES E EXECUTANTES, E A PRODUTORES DE FONOGRAMAS	197
	2.2.	O DIREITO AUTORAL GANHANDO DENTES: SISTEMA DE *ENFORCEMENT*	*198*
3.		OS TRATADOS DA OMPI DE 1996: O FUTURO DIGITAL	203
	3.1.	CÓPIAS TEMPORÁRIAS (RAM) COMO REPRODUÇÕES	209
	3.2.	AS TRANSMISSÕES DIGITAIS	211
	3.3.	LIMITAÇÕES A DIREITOS DOS USUÁRIOS	213
	3.4.	TECNOLOGIAS DE "CONTORNO" AOS DISPOSITIVOS TÉCNICOS DE PROTEÇÃO	214
	3.5.	PROTEÇÃO DE INTEGRIDADE DE INFORMAÇÕES SOBRE GESTÃO DE DIREITOS	215
	3.6.	DIREITOS SOBRE BASES DE DADOS	217
4.		O NOVO INSTRUMENTO, OU WPPT	219
5.		O BRASIL NAS CONVENÇÕES DA OMPI	220

4. A TRAMITAÇÃO DA LEI N. 9.610/98 — 223

1.		O PROJETO LUIZ VIANA	226
2.		UMA FIGURA: MULLER CHAVES	229
3.		UM SALVADOR PARA A INDÚSTRIA FONOGRÁFICA	231
	3.1.	ALTERAÇÕES "RESULTANTES DO PROGRESSO TECNOLÓGICO"	235
	3.2.	ADAPTAÇÕES RELATIVAS À NOVA ORDEM CONSTITUCIONAL	236
4.		GESTÃO COLETIVA	238
	4.1.	OUTRAS QUESTÕES	238
	4.2.	O RELATÓRIO DE CID SABOIA NO SENADO	239
5.		PERCALÇOS INSTITUCIONAIS: O FIM DO MINC E DO CNDA	242
6.		UMA FIGURA: OTÁVIO AFONSO	244
7.		A COORDENAÇÃO DE DIREITO AUTORAL	247

8. A PRODUÇÃO LEGISLATIVA SOBRE
   DIREITO AUTORAL NA DÉCADA DE 90 250
   8.1. A VOLTA DO PROJETO GENOÍNO (PL 2.951/92) 250
   8.2. A CPI DO ECAD DE 1995, E O PL N. 1.356/95 259
   8.3. AINDA UMA REAÇÃO À CPI DO ECAD:
        O PL 2591/96, DE LUIZ MAINARDI 263
   8.4. A PROPOSTA DO EXECUTIVO
        SOBRE O ACORDO TRIPS – PL 1.436/96 265
   8.5. DEMAIS PROJETOS DE LEI 267

9. SEGUE O PROCESSO: CCTCI E COMISSÃO ESPECIAL
   NA CÂMARA DOS DEPUTADOS 268
   9.1. O GIPI 277
   9.2. OUTRAS PARTICIPAÇÕES 279

10. AUTORIA A QUEM CRIA: PESSOAS FÍSICAS
    VERSUS PESSOAS JURÍDICAS 284
    10.1. COAUTORIA, PARTICIPAÇÃO E A
          TITULARIDADE DAS OBRAS COLETIVAS 286
    10.2. A AUTORIA DE OBRAS AUDIOVISUAIS 287
    10.3. OS DIREITOS MORAIS DO AUTOR 289
    10.4. E QUE OBRAS CRIA O AUTOR? 291
    10.5. OS DIREITOS PATRIMONIAIS DE AUTOR –
          A REPROGRAFIA E O LIVRO 292

11. O REGISTRO 295

12. O DOMÍNIO PÚBLICO 295
    12.1. O FIM DA PROPOSTA DE DOMÍNIO PÚBLICO REMUNERADO ... 297
    12.2. PROTEÇÃO LEGAL AOS CONHECIMENTOS ÉTNICOS E TRADICIONAIS ... 297
    12.3. CAMADAS ADICIONAIS DE DIREITOS 298

13. EQUILÍBRIO? LIMITAÇÕES E EXCEÇÕES AO DIREITO DE AUTOR ... 298
    13.1. A REGRA FLEXÍVEL, OU INCORPORAÇÃO DOS TRÊS PASSOS ... 304
    13.2. POSIÇÕES DO SETOR EMPRESARIAL 305

14.	OS CONTRATOS DE DIREITO AUTORAL: CESSÃO, LICENÇA E OUTRAS QUESTÕES	306
15.	OBRA EM RELAÇÃO DE TRABALHO, E SOB ENCOMENDA	313
16.	GESTÃO COLETIVA E O ECAD	315
17.	O CNDA, E A PRESENÇA DO ESTADO NO DIREITO AUTORAL	322
18.	CONEXOS: ARTISTAS, PRODUTORES E ORGANISMOS DE RADIODIFUSÃO	329
	18.1. INTÉRPRETES E EXECUTANTES	329
	18.2. O PRODUTOR FONOGRÁFICO	330
	18.3. OS ORGANISMOS DE RADIODIFUSÃO	333
19.	*ENFORCEMENT:* SANÇÕES PELA VIOLAÇÃO DE DIREITO AUTORAL	333
	19.1. A AUTORIDADE POLICIAL	338
20.	AS NOVAS TECNOLOGIAS, OU O EMERGENTE FUTURO DIGITAL	339
	20.1. BASES DE DADOS	344
	20.2. OS DISPOSITIVOS TECNOLÓGICOS DE PROTEÇÃO	345
	20.3. O *SOFTWARE*	348
21.	A NUMERAÇÃO DE EXEMPLARES	348
22.	A CÓPIA PRIVADA, OU COBRANÇA SOBRE SUPORTES VIRGENS	352
23.	AINDA NA CÂMARA: O PROJETO VAI A PLENÁRIO	356
	23.1. DEFENDENDO OU ATACANDO A PRÓPRIA IDEIA DE UMA LEI	363
	23.2. OBRA EM RELAÇÃO DE TRABALHO, E OBRA SOB ENCOMENDA	365
	23.3. A CÓPIA PRIVADA	368
	23.4. TRANSFERÊNCIA E CONTRATOS DE DIREITOS AUTORAIS	370
	23.5. OUTROS PONTOS	370
	23.6. ISENÇÕES PARA PEQUENOS NEGÓCIOS	371
	23.7. O ECAD, AS ASSOCIAÇÕES E O CNDA	372
	23.8. A ORIGEM DOS "PEQUENOS TRECHOS"	372
24.	NO SENADO: O PROJETO DE DIREITO AUTORAL PAUTA A ESFERA PÚBLICA	377

	24.1.	A ÚNICA GRANDE POLÊMICA: A OBRA EM RELAÇÃO DE TRABALHO E SOB ENCOMENDA	377
	24.2.	OUTROS DISSENSOS NA IDA AO SENADO	383
	24.3.	APOIO PARA APROVAÇÃO	384
	24.4.	A DISCUSSÃO EM PLENÁRIO	385
	25.	A SANÇÃO PRESIDENCIAL	392
5.	**CONSIDERAÇÕES FINAIS**	**401**
	1.	UM BREVE PANORAMA DAS DUAS DÉCADAS DE VIGÊNCIA DA LEI 9.610/98	401
	2.	ROMANTISMO E UTILITARISMO	409
	3.	O CONFLITO DA DÉCADA DE 1990 ENCONTRA O ACESSO AO CONHECIMENTO	419
	4.	DIREITO AUTORAL PARA ALÉM DAS LEIS	423
REFERÊNCIAS		**429**
	1.	IMPRENSA	440
	2.	LEIS, REGIMENTOS, TRATADOS	442
	3.	DIÁRIOS	443
		3.1. CONSTITUINTE	443
	4.	LISTA DE ENTREVISTADOS	444
APÊNDICES		**447**
	1.	ARQUIVO MJ	447
	2.	ARQUIVO-CEDI-CD	451
	3.	ARQUIVO-MINC	457
	4.	ARQUIVO-PESQUISA	480
	5.	QUADRO DE EVOLUCAO DAS PROPOSICOES, POR TEMAS	486
	6.	DESCRICAO-DOS-PLS	490
	7.	EMENDAS DE PLENÁRIO NA CÂMARA DOS DEPUTADOS	502

PREFÁCIO

Entre as instituições mais duramente atingidas pelo processo corrosivo das inovações tecnológicas, que se sucedem em ritmo alucinante, destaca-se o Direito. No campo das comunicações, por exemplo, as novas tecnologias de informação propiciam decisões em tempo real, o que é incompatível com a lógica funcional os tribunais, cuja sistemática de prazos e recursos foi forjada com base na noção de tempo diferido, ou seja, de etapas sucessivas. No caso do comércio mundial, as novas técnicas de produção e os novos meios de transporte relativizaram as distâncias espaciais e aceleraram o processo de transterritorialização dos mercados, o que também é incompatível com o princípio da soberania, forjado a partir da ideia de território com fronteiras bem definidas. Na vida social, a evolução do mundo digital propiciou conquistas no acesso a fontes de informação, ao mesmo tempo em que nos deixou vulneráveis ou desprotegidos frente às informações transmitidas *on-line*, estimulando com isso um questionamento contínuo dos valores e formas de vida, levando à indeterminação dos marcos políticos, modificando os critérios de formação de consenso e suscitando antagonismos entre concepções de valores e interesses.

As mudanças nas relações entre espaços provocadas pelo processo de destruição criadora no plano das tecnologias de informação e comunicação, na virada do século 20 para o século 21, foi fatal para instituições de Direito construídas não apenas sobre a ideia de soberania, mas, igualmente, sobre os primados da hierarquia e da legalidade. Parte significativa das categorias normativas e dos mecanismos jurídicos envelheceu ou entrou em sobrecarga sistêmica, por sua incompatibilidade com um tempo mais acelerado e espaços cada vez mais transterritorializados. Ao corroer o sistema legal e propiciar espaços múltiplos que se equilibram entre si em vez de inscrever-se numa hierarquia constitutiva, a complexidade de um mundo transnacional, funcionalmente diferenciado e polifônico passou a exigir não só a reconfiguração das instituições de Direito, mas, também, fontes de legitimidade e focos de inovação institucional mais adequados a sociedades reticulares e relações heterárquicas. No mesmo sentido, a produção de conhecimento especializado e sua disseminação por meio de novos mecanismos, como internet, *ebook*, *ejournal* e *elibraries*, levou a um aumento do saber técnico que teve como consequência, paradoxalmente, o aumento da insegurança e da contingência social.

É nesse cenário que está por trás do trabalho de Mariana Valente, minha orientanda de iniciação científica, mestrado e doutorado na Universidade de São Paulo (USP) – mais precisamente, na área de Teoria Geral e Filosofia do Direito. Em sua tese sobre a evolução da legislação eleitoral no período entre 1989 e 1998, ela não se limita a analisar a Lei n° 9.610, que está em vigor há duas décadas. Mariana, que é integrante do núcleo de estudos sobre Direito e democracia do Centro Brasileiro de Análise e Planejamento (Cebrap), vai muito além. Com base em pesquisas feitas nos arquivos do Ministério da Cultura, ela reconstruiu os debates legislativos, identificando os autores dos anteprojetos dessa lei e mapeando o eixo das discussões à época, que gravitava em torno de dois modelos – o da exploração econômica de bens intelectuais, por um lado, e o do autor como criador do outro. Vê-se nessa empreitada acadêmica a clara percepção, pela autora, de duas tensões. Primeiramente, a tensão entre a validez lógico-formal da Lei de Direitos Autorais e sua eficácia no âmbito de uma sociedade heterogênea e cambiante – um tema clássico da Teoria e da Sociologia do Direito. E, em segundo lugar, a tensão decorrente dos interesses conflitantes entre autores e artistas, por um lado, e a indústria fonográfica e os grandes usuários, como emissoras de rádio e televisão, do outro. Tensão esta que tinha como contraponto implicações de diferentes naturezas – das acirradas polêmicas sobre estética cultural à conjuntura geopolítica, das pressões do Poder Executivo pelo cumprimento de compromissos assumidos internacionalmente em no Estado nacional a questões técnicas relativas à incorporação de tratados no ordenamento jurídico brasileiro.

Como há duas décadas atrás, a sociedade brasileira era menos complexa do que hoje, ainda não se conseguia formular com clareza uma indagação hoje suficientemente batida: como poderiam as novas tecnologias de produção e disseminação do conhecimento corroer as práticas tradicionais de *gate-keeping* na publicação de livros e revistas, por exemplo, viabilizando práticas de *peer reviewing* mais igualitárias e culturalmente sensíveis? Igualmente, também não se conseguia identificar à época, conforme aponta Mariana, a emergência progressiva de um terceiro e não menos polêmico modelo de direito autoral – o modelo do acesso ao conhecimento, que foi articulado internacionalmente a partir da última década do século 20 por acadêmicos, entidades da sociedade civil, ativistas e instituições de memória. Na dinâmica do processo de inovações tecnológicas e das transformações sociais e culturais daí decorrentes, esse foi o modelo forjado por movimentos da sociedade civil que mais se empenharam na defesa da cultura livre e do *software* livre e que tiveram intensa participação em torno do *copyleft*.

Atual, oportuno e com foco nas interdependências entre processos socioeconômicos e processos político-institucionais, o trabalho de Mariana, como se vê, não se circunscreve a uma espécie de arqueologia da legislação sobre direitos autorais no Brasil. Vai além, uma vez que ao apresentar e avaliar criticamente os debates legislativos sobre o tema a autora também reconstrói a transição da sociedade industrial, cujas instituições jurídicas concentravam-se sobre a regulação da propriedade material, para a sociedade informacional, cujo grande desafio no plano do direito foi regulamentar a camada propriedade imaterial e, por consequência, o direito do autor. Consciente de que as inovações pressupõem determinadas condições sociais, Mariana aponta ainda as transformações sofridas pelo direito brasileiro após a redemocratização do país e o impacto das novas tecnologias de informação e comunicação num processo legislativo cujos participantes – deputados e senadores – não tinham pleno domínio das questões mais especializadas, como as que envolvem os direitos autorais.

Por isso, além de ser muito bem escrita, a tese de Mariana prima pela abordagem metodológica de caráter interdisciplinar que adotou com o devido rigor, revelando com isso o quanto aprendeu no período em que foi pesquisadora visitante na Universidade da Califórnia, em Berkeley, e *fellowship* na Universidade de Amsterdã. Ela valorizou a História do Direito ao recuperar criticamente as disputas econômicas, sociais e jurídicas inerentes ao conteúdo e ao alcance da Lei nº 9.610/98. Valorizou a Sociologia Política, seja por discutir como um tema relativamente hermético acaba ganhando visibilidade na esfera pública, seja por mostrar como as inovações tecnológicas mudaram o perfil da produção cultural e abriram caminho para novos instrumentos de informação e comunicação, que facilitaram a cópia e, por consequência, a difusão da produção artística. Valorizou a Sociologia Jurídica, ao mostrar como as mudanças econômicas deflagram novos ciclos jurídicos e ao entreabrir a dinâmica da construção de institutos jurídicos a partir de valores e interesses conflitantes. E ainda valorizou surpreendentemente a dogmática jurídica, pelo modo como trabalha a reconstrução dos textos legais sobre direitos autorais.

Não foi por acaso que a banca examinadora, integrada por um especialista em Direito Civil, por um historiador do Direito, por uma antropóloga, por uma especialista em produção cultural e por um sociólogo do Direito, por unanimidade não apenas concedeu a láurea máxima, como também recomendou enfaticamente a publicação de seu trabalho. O que não me surpreendeu, no papel de orientador, por ser ela uma das mais preparadas alunas de sua geração.

José Eduardo de Oliveira Faria
Professor Titular do Departamento de Filosofia e Teoria Geral do Direito
da Universidade de São Paulo
São Paulo, fevereiro de 2019.

A GENEALOGIA DA PROPRIEDADE INTELECTUAL NO BRASIL

A construção do direito autoral no Brasil é fruto de uma pesquisa em profundidade sobre a construção de uma agenda dos direitos autorais no Brasil nos anos 1990. A excelente qualidade acadêmica do trabalho de Mariana Valente tem sua origem não apenas em uma investigação sofisticada, mas também em sua trajetória profissional e atuação na esfera pública reconhecidas nacional e internacionalmente.

O grande mérito do livro é contestar a tese de que o nascimento da Lei de Direitos Autorais é pura e simplesmente uma estratégia de modernização ou resultado imediato do neoliberalismo. Apresentando uma vasta análise documental e histórica, a autora demonstra que as leis de direitos autorais que se consolidaram naquela época nasceram de um campo de disputas entre criadores, indústria e agentes do Estado ao longo do século XX. Nesse sentido, um dos argumentos do livro é de que o acordo TRIPS, por exemplo, não teve incidência tão decisiva discussão do Projeto Luiz Viana, que veio a ser a origem da lei atual. O acordo se constituiu mais como um gatilho, desde fora, que ajudou a acelerar a aprovação da lei.

Em minha leitura como antropóloga e cientista social, estou convicta que a obra de Mariana Valente possui largo alcance nas Ciências Humanas, pois o recorte nos anos 1990 permitiu-lhe traçar a genealogia daquilo que veio a se constituir um regime de verdade no século XXI (ou um "discurso" nos termos foucaultianos): o regime de propriedade intelectual (RPI), que uniu os conceitos de autoria e propriedade com um nó górdio. Valente reconstitui os direitos autorais como um campo concreto de disputa, produzido em uma trama de poder que é tecida pelo interesse e capacidade de barganha de juristas, políticos, atores do mercado e artistas.

Existe uma imensa literatura nacional e internacional que analisa a formação desse discurso ao longo dos séculos, bem como que se debruça sobre a sua consolidação nos últimos anos do neoliberalismo tardio, em que diversos acordos internacionais eclodiram para reforçar o regime de propriedade que culmina no mais recente processo de criminalização do uso não-autorizado de obras. Mas o recorte em profundidade nos anos 1990 —justamente, na década que precede a ofensiva do RPI — é algo que possui certo ineditismo. Esse período joga luzes sobre nosso entendimento do caso brasileiro em relação tanto ao projeto de desenvolvimento do País encabeçado pelas elites nacionais, quanto à sua inserção como ator estratégico no sistema internacional.

Esse aspecto internacional corrobora com a tese — que eu mesma defendo em meus trabalhos — de que o Brasil tem apresentado diversas posturas ao longo dos anos em relação ao acordo TRIPS: Ora como endosso, ora resistência — ou mesmo ambos. Aceitá-lo de forma restrita e unilateral não é única forma de se colocar como uma potência no sistema internacional. Resistir, ou não, às pressões de cima para baixo são antes escolhas estratégicas de elites políticas e econômicas que elaboram projetos fragmentados de desenvolvimento nacional que mudam no Brasil a cada década.

Em minha visão, o ponto do alto do livro é entender a importância do Projeto Genoíno (PL 2.148/89) do então deputado José Genoíno (PT/SP) na consolidação do antagônico Projeto Luiz Vianna. O texto da lei de direitos autorais que veio a ser aprovado incorporou diversos elementos do Projeto Genoíno, mas também operou como uma espécie de "alterego". Por meio de pesquisa empírica de fonte primária, como a entrevista com o próprio autor, Valente reconstitui a história daquilo que não é óbvio, daquilo que está escondido atrás da narrativa vencedora. E somente esse aspecto já lhe confere mérito acadêmico de valor inestimável. Todavia, a autora vai além e ainda nos proporciona fugir de falsas polarizações ideológicas na constituição do campo da propriedade intelectual no Brasil, ao apontar que o Projeto Genoíno, representativo do polo político progressista e de esquerda, mantinha forte ênfase na proteção de artistas e autorizava, inclusive, o uso da força policial para protegê-los.

Por fim, o livro é sobre os anos 1990, mas como toda genealogia bem construída ele nos ensina muito sobre o Brasil de hoje, sobre como leis, jamais neutras, refletem campos políticos, ideológicos e econômicos específicos, os quais precisam ser desvelados, uma vez que afetam nossas vidas de forma decisiva. Propriedade Intelectual e Direitos Autorais, tais como concebidos hoje, são construções históricas recentes cujos interesses podem e devem ser questionados em uma sociedade democrática.

Em tempos de acirrada polarização, a obra de Valente nos traz com riqueza de detalhes um caso em que o campo progressista e o não-progressista são permeados de tensões internas. As contradições dos campos políticos dos anos 1990 permanecem no século XXI com novas roupagens. O governo do Partido dos Trabalhadores avançou em diversos aspectos progressistas da chamada "agenda positiva de PI" (que se baseia no princípio de democratização do conhecimento), especialmente por meio do diálogo com os movimentos sociais e com a esfera pública. Mas é igualmente verdade que os áureos períodos de crescimento econômico e de emergência no sistema mundial fizeram com que o Brasil endossasse fortemente o que se chama de *global enforcement* dos direitos de propriedade intelectual dominados pelas grandes corporações.

Conhecimento é poder. Para além do campo acadêmico, entender a genealogia da PI no Brasil torna-se fundamental para refletir sobre os anos que temos à frente no Brasil no governo Jair Bolsonaro, que já se anuncia como um mandato de proteção da propriedade privada em alinhamento irrestrito com os interesses dos Estados Unidos.

A construção do direito autoral no Brasil, como um todo, é uma obra de fôlego, daquelas que já nascem clássicas no seu campo de atuação. Uma referência obrigatória para a Antropologia/Sociologia Jurídica, para as Relações Internacionais, evidentemente, para o Direito e todos aqueles que se debruçam sobre o tema da propriedade intelectual.

Rosana Pinheiro-Machado
Professora do Programa de Pós-Graduação em Ciências
Sociais da Universidade Federal de Santa Maria.

INTRODUÇÃO

Ainda que, do final da década de 2000 em diante, temas relativos ao direito autoral tenham ultrapassado o âmbito das discussões de "especialistas" e ganhado a esfera pública, eles ainda aparecem como herméticos e distantes das lutas sociais. Por mais que o direito autoral direta ou indiretamente faça parte de uma parcela imensa de pessoas todos os dias – você lê um livro, uma notícia de jornal, ouve uma música, assiste à televisão, a um vídeo no YouTube, e assina termos de uso de plataformas virtuais nas quais você mesmo compartilha obras –, esse ramo do direito vem à mente, normalmente, apenas quando o tema é plágio, "pirataria" ou cobranças feitas pelo Ecad.

O direito autoral aparecer como uma área que só importa aos seus interessados mais diretos tradicionalmente, ou seja, a criadores inseridos em cadeias formais de distribuição e aos "grandes usuários" – emissoras de rádio e televisão, casas de *show*, etc. – pode ser atribuído a alguns fatores. Um deles é que, de fato, as pessoas em geral começaram a deparar-se com conflitos envolvendo o direito autoral apenas com o desenvolvimento de tecnologias de informação e comunicação que facilitaram a cópia. Outro é que a disciplina é tradicionalmente construída, no Brasil e em outras partes, como radicalmente setorial, com a finalidade única e exclusiva de proteger autores, artistas e titulares de direitos – categorizações que, sobretudo, por uma série de razões sociais e históricas, são atribuídas a um grupo diminuto de pessoas. Assim, o direito autoral constituiu-se como um tema esotérico, encerrado, no campo do Direito, a alguns poucos doutrinadores no campo do Direito Civil, e raramente ensinado nas universidades. Se outros campos do direito privado estiveram mais claramente submetidos a exigências de funcionalização e materialização, o direito autoral, com a exceção de um pequeno campo de debates que se formou no final dos anos 2000 e cuja sobrevivência ainda está por se verificar, manteve seu caráter de ensimesmamento, e seus atores tradicionais vieram resistindo à entrada na discussão dos atores, interesses e direitos entendidos como alheios à proteção autoral, e as "novas demandas" não foram suficientemente capazes de furar a bolha e levar o tema ao repertório comum sequer de estudiosos do Direito, que dirá da comunidade em geral. Tampouco os agentes tradicionais têm se mostrado eficazes em comunicar os valores envolvidos nos institutos e instituições que defendem, de forma que, quando algum debate há, verifica-se, em geral, uma polarização ensurdecedora.

O direito autoral brasileiro é regido pela Lei 9.610/98 – a Lei de Direitos Autorais, além de alguma legislação esparsa. Posições acerca da lei são igualmente polarizadas: de "extremamente moderna" a "uma lei que nasceu velha" – dados os imensos conflitos que surgiriam imediatamente posteriormente à sua aprovação, fundamentalmente por causa da Internet –, e passando por iniciativas de reforma ora no sentido de reforço da proteção de direitos, ora pela diminuição do seu âmbito de aplicação. Apesar de existir uma produção acadêmica significativa sobre sua aplicação posterior e os conflitos em torno dela, há pouco conhecimento registrado sobre seu processo de aprovação. É das disputas travadas naquele momento, entre 1989 e 1998, que esta pesquisa trata.

Ainda para contextualização do lugar de que se parte, houve, no Brasil, entre 2007 e 2012, uma ampla mobilização por reformar a Lei 9.610/98. Com um papel ativo do Ministério da Cultura – foi o Ministro da Cultura Gilberto Gil quem lançou, em 2007, o Fórum Nacional do Direito Autoral, após discussões feitas no âmbito da I Conferência Nacional de Cultura de 2005 –, o debate envolveu discussões presenciais encampadas pelo Ministério e também pela sociedade civil, bem como duas consultas públicas, realizadas pela internet, sobre minutas de lei. Foi um momento em que a pauta do *acesso ao conhecimento* ganhou centralidade nas disputas, e em que uma gama ampliada de atores passou a debater o direito autoral.

O *acesso ao conhecimento* foi uma tendência na discussão de direito autoral, articulada internacionalmente desde o fim da década de 1990, entre acadêmicos, organizações da sociedade civil – de defesa de consumidores a direitos digitais –, ativistas, instituições de memória e uma parcela – diminuta – da "comunidade artística" e de desenvolvimento de *software*, em torno de soluções autorregulatórias para problemas identificados na aplicação do direito autoral a práticas relacionadas ao ambiente digital, e na ampliação desse direito por novas leis – foram os chamados *movimento de cultura livre* e o *movimento software livre*, ou discussões em torno do *copyleft*. O movimento de cultura livre chegou, pelo menos desde 2012, a um reconhecimento dos limites das soluções autorregulatórias, e viu-se novamente às voltas da disputa política convencional e da discussão sobre reforma da legislação,[1] o que implicou em uma retração do debate, que voltou a girar em torno de "especialistas". Isso coloca-nos diante do desafio de compreender nossas instituições, normas, sua aplicação e os discursos relacionados, com a preocupação de "humanizar" a lei sob exame, ou seja, retirá-la de um lugar de cristalização e de produto inexorável, com o objetivo de, ao entendê-la como um resultado, ainda que transitório, de disputas localizadas no tempo, abrir mais espaço para as disputas do presente.

Aqui, a título de transparência, cabe uma nota pessoal: eu tive e tenho participações nesse movimento, já que, para além de pesquisá-lo, sou, no momento em que este trabalho é publicado, coordenadora do capítulo brasileiro do *Creative Commons* e representante do Brasil no Conselho Global, e faço parte de redes acadêmicas que têm como objetivo intervir em favor de direitos de acesso, na arena nacional e internacional. Este livro é resultado da minha pesquisa de doutorado, realizada na Faculdade de Direito da Universidade de São Paulo entre 2015 e 2018, na área de Sociologia Jurídica, sob orientação do prof. José Eduardo de Oliveira Faria. O processo de pesquisa foi um grande desafio pessoal, que envolveu um esforço de fazer uma análise crítica e ao mesmo tempo isolar o quanto possível os sentimentos negativos em relação a determinados atores e posições, sentimentos esses que vêm de uma intensa história subjetiva em um campo bastante apaixonado, para estar aberta para a descoberta. Felizmente, quase nenhum de meus interlocutores conhecia minha atuação, o que me deu acesso a visões que, fosse o contrário, talvez não tivessem compartilhado comigo. Do lado de cá, estabelecer contato com eles foi extremamente enriquecedor, e me fez ver questões sob outra ótica, e com mais generosidade. Isso me faz esperar, sem pretender uma neutralidade que pressuponho inexistente e indesejável em trabalhos como este – como exponho adiante –, que tenha sido minimamente bem sucedida no desafio.

---

1 No meu mestrado, defendido em 2013 na Faculdade de Direito da USP, sob orientação de José Eduardo de Oliveira Faria, estudei o fenômeno do software livre e o de cultura livre, o último com foco no projeto Creative Commons. Identifiquei, na conclusão daquele trabalho, que a própria comunidade de discussão de cultura livre passava por um momento de autocrítica, e de entendimento de que era necessário colocar a disputa *também* em torno de reformas legislativas. Cf.: VALENTE, 2013b. Alguns anos depois, o entendimento não somente se reforça, como mudanças nas formas de acesso à consumo de cultura e conhecimento pela Internet levaram o debate a novos termos.

1. RECONSTRUINDO A HISTÓRIA DO DIREITO AUTORAL NO BRASIL

Não há um registro organizado suficientemente completo sobre a história das discussões em torno do direito autoral no Brasil entre 1989 e 1998. Os textos que tratam de história do direito de autor, no país, fazem-no, geralmente, de forma excessivamente centrada na descrição da sucessão de leis, ou são leituras demasiado parciais, elaboradas por atores que estiveram envolvidos no processo.[2] Um trabalho seminal sobre a história do campo institucional do direito autoral na música é o livro *Arrogantes, anônimos, subversivos*, da antropóloga Rita Morelli;[3] embora o relato seja extremamente detalhado, ele se torna mais rarefeito uma vez chega ao fim da década de 1980. A esse respeito, vale desde já uma ponderação: o trabalho de Morelli centra-se principalmente no campo institucional da música, trazendo ocasionalmente aspectos de outros setores artísticos e culturais. Como veremos, a música, no Brasil e por toda parte, é dos setores atingidos pelo direito autoral o que mais se organizou, da criação de associações de autores e titulares de direitos à disputa legislativa e judicial. Como será discutido ao longo deste trabalho, isso teve relação com ter sido a música atingida em cheio pela tecnologia desde o início do século XX, e, no Brasil, com ter se tornado um mercado expressivo, em comparação com os demais. Devido à própria dinamicidade do setor, ele é sobrerrepresentado nas discussões sobre história do direito autoral, e não é diferente aqui.

Definido pela curiosidade sobre em que termos se deu a discussão sobre direito autoral no Brasil na década de 1990, e especialmente em torno da aprovação da Lei 9.610/98, o recorte da reconstrução histórica situa-se entre os anos de 1989 e 1998, e tem como foco o debate legislativo, não somente no *locus* do parlamento, mas onde quer que se tenham elaborado posições sobre o projeto de lei que tramitava. Assim, *debate legislativo* aqui não é equiparado a *processo legislativo*: este último *filtra* o debate em torno de seus ritos e códigos, mas o debate em si se espraia pela arena empresarial/industrial, pelo chamado *setor artístico* brasileiro, pelas disputas internacionais travadas no período, e pela agenda do Poder Executivo. Como ficará claro, não houve, em relação a esse processo, participação de organizações ou indivíduos de outros setores da sociedade civil. Assim, em

---

[2] Uma exceção é o trabalho de Mello (2013), que também teve como objetivo contar a história da tramitação desta lei, e que apresenta informações interessantes. Entendemos, ainda assim, que faltavam perspectivas sobre os debates entre os diferentes setores na negociação da lei, e da interrelação entre fatores endógenos ao campo, pressões internacionais e pressões de mercado.

[3] MORELLI, 2000.

relação a esse período, proponho-me a responder: qual era o debate dos direitos autorais, no Brasil, na década de 90? Em que temas está a disputa, e, em relação a eles, quais eram os diferentes modelos de direito autoral em disputa? Quem eram os atores representando-os, e como ou em que termos a disputa ocorreu? Qual era o espaço disponível para discussão, tendo em vista compromissos internacionais assumidos pelo Brasil? Em que medida o debate foi moldado ou delimitado pelo processo legislativo brasileiro? Que modelo vence, por fim, e o que representa esse modelo?

Há que se reconhecer que o olhar vem guiado pelos debates travados após o período estudado, em um momento em que já se discutiam os "problemas" da lei, ou o que a aplicação da lei veio a acarretar, e que só poderia ser percebido depois. É por essa razão que, nas "Considerações finais", apresento um breve panorama dos vinte anos de vigência da lei. A pesquisa deixou evidente que não estava presente, entre 1989 e 1998, sequer uma formulação da disputa principal que ocorreria nos anos seguintes, que foi, na tendência que chamamos de *acesso ao conhecimento*, a da *flexibilização dos direitos autorais/defesa do interesse público*, de um lado, e o *maximalismo autoral*, de outro. A ausência fez-se sentir em termos de discurso, de atores, e de conflitos. Historicamente, no Brasil, não havia se constituído uma visão de direito autoral que levasse em conta os direitos dos usuários, ou qualquer existência de um interesse público ao redor do tema. O que existia de mais próximo disso era a posição da política externa brasileira, que naquele momento disputava por menos obrigações no plano internacional quanto à propriedade intelectual, mas a partir de uma visão específica sobre desenvolvimento e dependência, sem adotar a linguagem de *direitos de acesso* à cultura ou ao conhecimento. No lugar desse conflito, identifiquei naquele período uma polarização em torno de modelos que chamamos aqui de *autor como criador* e modelo de *exploração econômica* de bens intelectuais. Esses modelos expressaram-se em diferentes projetos de lei e visões radicalmente distintas sobre cada um deles, formuladas por atores também distintos.

Ainda sobre o recorte histórico, foi necessário fazer um recuo para o início do século XX, para descrever e interpretar adequadamente os termos em que se encontravam as disputas quando se deflagrou o processo de reforma da lei anterior (a Lei n. 5.988/73). Em 1989, certas estruturas de poder, formas de pensar o direito autoral no Brasil e contraposições determinadas encontravam-se cristalizadas; a análise do material empírico sobre o período 1989-1998 deixou claro, também, ser fundamental explicitar quem eram os atores envolvidos, que em geral tinham trajetórias longas de filiação a modelos e instituições, bem como por que o campo institucional do direito autoral no Brasil apresentava características tão particulares.[4] Assim, o primeiro capítulo, "Campo institucional do direito de autor: as primeiras associações de compositores", realiza uma reconstrução, por fontes secundárias e em menos detalhes, desse desenvolvimento.

Quanto a esse ponto, faz-se necessário esclarecer que este não é um livro predominantemente de *dogmática jurídica*, embora a dogmática seja um dos objetos da reconstrução;[5] que não se pretendem resolver problemas doutrinários específicos, e que a reconstrução histórica realizada no primeiro capítulo não é uma reconstrução desistoricizada dos institutos, como se costuma fazer em procedimento já amplamente criticado no campo da pesquisa socio-jurídica:[6] ela é feita com o objetivo específico de levar à adequada compreensão dos lugares que ocupavam os personagens que atuaram na década de 1990, bem como de abrir espaço para uma compreensão ampliada de determinados conflitos que ali estavam apenas retornando, em circularidade, que é recorrente na história do direito autoral brasileiro. Nisso, buscou-se manter o cuidado de não se perder na falta de *referência histórica* para a qual alerta Luciano Oliveira em seu "Não fale do código de Hamurabi!".[7]

---

4 Por exemplo, uma pesquisa realizada pela Fundación Karisma, Colômbia – ver BOTERO; GUZMAN; CABRERA (2016). Esses autores apontam que, em relação à América Latina, o sistema de gestão coletiva de direitos autorais brasileiro é absolutamente sui generis. Composto por uma organização guarda-chuva – o ECAD, ou Escritório Central de Arrecadação e Distribuição – e (hoje) nove associações de gestão coletiva que distribuem, cada uma delas, tanto *royalties* relativos a direitos de autor quanto a direitos conexos, trata-se de um sistema de grande complexidade, e difícil mesmo de ser explicado, em comparação a outros pelo mundo.

5 Na formulação mais clássica, "o enfoque dogmático releva o ato de opinar e ressalva algumas das opiniões. O zetético, ao contrário, desintegra, dissolve as opiniões, pondo-as em dúvida. Questões zetéticas têm uma função especulativa explícita e são infinitas. Questões dogmáticas têm uma função diretiva explícita e são finitas. Nas primeiras, o problema tematizado é configurado como um *ser* (que é algo?). Nas segundas, a situação nelas captada configure-se como um *dever-ser* (como deve ser algo?). Por isso, o enfoque zetético visa saber o que é uma coisa. Já o enfoque dogmático preocupa-se em possibilitar uma decisão e orientar a ação". Cf.: FERRAZ JR., 2003, p. 41. Em *Função social da dogmática jurídica*, o autor argumenta por interpenetração entre as orientações (2015). Veremos adiante que há disputas em torno do próprio conceito do fazer pesquisa dogmática. Cf.: NOBRE, 2012.

6 Cf.: OLIVEIRA, 2004.

7 OLIVEIRA, 2004.

A título de breves delineamentos teóricos e enraizamento no estado da pesquisa em direito no Brasil, a pesquisa que deu origem a este livro foi desenvolvida em um marco interdisciplinar entre a Sociologia Jurídica e a História Crítica do Direito. A Sociologia Jurídica é uma das tentativas de oferecer alternativas ao problema que Marcos Nobre definiu como o "relativo atraso da pesquisa em direito no Brasil", em relação a outras ciências humanas, consistente no isolamento da primeira em relação às segundas, e à confusão peculiar entre prática profissional e pesquisa acadêmica no direito.[8] Nobre atribui esse atraso, primeiramente, ao fato de, tendo sido o direito a disciplina universitária mais antiga do país, ele ter arrogado a si a posição de "ciência rainha". Quando um sistema universitário de características "antibacharelescas" foi implantado no Brasil na década de 30, ligado ao projeto nacional-desenvolvimentista, criou-se um entrincheiramento mútuo entre direito e demais ciências humanas, passando o direito a ser identificado exatamente com o que se queria então combater:

> [...] a falta de rigor científico, o ecletismo teórico e uma inadmissível falta de independência em relação à política e à moral – independência que era a marca por excelência da ciência moderna defendida pela universidade nacional- desenvolvimentista.[9]

A partir dos anos 90, historiadores, cientistas sociais, filósofos e economistas passaram a preocupar-se com questões jurídicas, por motivos tão distintos quanto a consolidação do sistema universitário, que não precisava mais se entrincheirar em relação ao direito, e os efeitos juridificantes da Constituição Federal de 1988. De toda forma, o isolamento não foi completamente superado.[10]

A segunda razão do "atraso" está ligada à confusão entre prática profissional e prática jurídica, que levou à adoção generalizada, na pesquisa em direito no Brasil, do modelo do *parecer*: atividade técnico-jurídica em que o jurista defende uma tese, mas que é discursivamente tratada como uma atividade de autonomia acadêmica, *de convicção*, em contraposição à atividade advocatícia de defesa de clientes. Nobre aponta, entretanto, que a lógica do parecer consiste na seleção de material jurisprudencial e doutrinário como padrão de racionalidade e inteligibilidade para a formulação de uma resposta, que está posta previamente à investigação:

---

[8] NOBRE, 2002, p. 4.

[9] NOBRE, 2002, p. 5.

[10] NOBRE, 2002, p. 6.

apesar de, assim, querer "se distanciar da atividade mais imediata da produção advocatícia, na verdade apenas a reforça".[11]

A Sociologia Jurídica nasceu em um contexto de crise do ensino do direito, na década de 70, e que é identificada por Faria com uma crise do direito em si: o direito apresentar-se-ia, naquele momento, fechado para as grandes transformações econômicas e sociais, e aos ímpetos de modernização do país, por conta do sistema político autoritário que o dominou durante largas décadas, bloqueando os potenciais críticos da atuação do jurista.[12] Adiante, a redemocratização teria liberado as escolas de Direito de sua função de produção de conhecimento e argumentos pela manutenção do regime, e, a partir dos anos 1990, quando a Sociologia Jurídica se tornou disciplina obrigatória nas faculdades, pelo Ministério da Educação (1994),[13] ela cumpriu um lugar de destaque nas demandas por uma visão crítica sobre o direito e sua prática.[14] Embora os manuais de introdução ao direito frequentemente se refiram à Sociologia Jurídica como uma disciplina que gira apenas em torno da *eficácia* do Direito, de forma descritiva, em contraposição a disciplinas que tratariam da sua *validade*, a constituição do campo deu-se em torno de incômodos críticos, a apontar que a constituição do saber jurídico deixava de atentar para os conflitos que se produzem no direito.[15]

É certo que, na década de 1990, com a aproximação que Nobre descreveu entre o Direito e as Ciências Sociais, ocorreu uma pulverização de disciplinas, como "Direito e Desenvolvimento", "História (crítica) do Direito", "Antropologia jurídica", "Criminologia", que passaram a exercer o que havia se afirmado como especificidade da Sociologia Jurídica – que poderia ser então definida como a de explicitar criticamente vetores, interesses e conflitos por detrás do direito.[16] Décadas depois, a Sociologia Jurídica "aplicada" à pesquisa jurídica também se multiplicou em novos fóruns, sem ter sido, entretanto, capaz de produzir mediação suficiente entre seus temas clássicos – notadamente, "acesso à justiça" e "pluralismo jurídico" – e os novos, ou de dar conta da ampliação da "percepção

---

[11] Não se propõe um entendimento científico do direito a partir de perspectivas de outras disciplinas, o que seria tirar-lhe a especificidade. Nobre propõe uma ampliação do conceito de dogmática para incluir outras ciências humanas na investigação como elementos constitutivos. Cf.: NOBRE, 2012, p. 11-12.

[12] FARIA, 1979.

[13] MINISTÉRIO DA EDUCAÇÃO, 1994.

[14] OLIVEIRA, 2002.

[15] FARIA, 1988a; FARIA, 1988b.

[16] NOBRE, 2012.

do fenômeno jurídico para o que acontece no tecido da sociedade".[17] De toda forma, uma leitura unificadora é a de que a Sociologia Jurídica tem de especificidade, em relação a pesquisas de Ciências Sociais sobre o Direito, o "foco na racionalidade jurídica propriamente dita", o diálogo com matérias da dogmática, e a atenção para "a linguagem específica da reprodução do direito positivo brasileiro".[18]

Ainda a título de enraizamento, foi particularmente útil analisar o processo de que trata esta pesquisa a partir de conceitos da Teoria Crítica da Sociedade, em especial do entendimento acerca do direito de Jürgen Habermas:[19] uma instância de disputas, no seio da tensão entre *imperativos sistêmicos* (provenientes do mercado e do Estado) e demandas formuladas pela sociedade civil – ou, em outras palavras, uma visão de direito como um mecanismo de integração social que conta com a ambiguidade de simultaneamente canalizar demandas da sociedade civil, e conferir aparência de legitimidade à mera dominação sistêmica. Como um trabalho que pretende ser crítico, as dinâmicas que são analisadas não são apenas descritas, mas submetidas à crítica, pautada não na forma de ideais pré-estabelecidos, mas na busca por potenciais emancipatórios – comunicativos – inscritos nas próprias relações, e também por bloqueios a esses potenciais. Embora isso pareça extremamente abstrato, o que pretendo neste momento é evidenciar o que tive em mente quando, em diferentes pontos da reconstrução histórica, identifiquei discursos e modelos de direito autoral que se apresentam como *neutros* ou *técnicos*, embora claramente se vinculem a uma perspectiva sistêmica de mercado; quando se indica que determinadas demandas que hoje são interpretadas como localizadas no oposto do espectro progressista parecem dever ser lidas não somente como inscritas nas demandas de seu tempo, mas também como veiculadoras de determinadas demandas por justiça distributiva – ainda que contenham em si a contradição de bloquear outras demandas –; quando o espaço de elaboração de interpretações sobre o direito autoral é limitado por fatores geopolíticos; ou quando a tecnicidade e o autofechamento do discurso jurídico sobre esse campo, ou ainda questões relativas às deficiências da cultura democrática brasileira, fazem com que ele se aparte completamente de discussões mais amplas sobre projetos de sociedade.[20] Por fim, do ponto de vista temático, entendo que o trabalho é uma contribuição diante da escassez de estudos em

---

17 SILVA; RODRIGUEZ, 2013, p. 14.

18 SILVA; RODRIGUEZ, 2013, p. 15.

19 HABERMAS, 1997a; HABERMAS, 1997b.

20 Ver também: SILVA, 2013.

Sociologia Jurídica sobre "a mais tradicional e conservadora das disciplinas nas faculdades de direito: o direito civil",[21] e o direito autoral brasileiro tem passado particularmente ileso às tendências contemporâneas do Direito Civil de historicização.[22]

Explicitado esse pano de fundo, o foco do trabalho é a racionalidade jurídica em si, ou seja, as discussões e argumentações em torno da dogmática do direito autoral em um determinado período histórico.[23] A partir dessa abordagem, empreendi uma reconstrução histórica, no esforço de produzir novos insumos para que, a partir deles, se possam depurar criticamente as práticas sociais passadas e presentes em torno do campo do direito autoral, tendo como horizonte principal a desmitificação dos institutos e das instituições.[24] Entende-se que, para que tenha um papel crítico, uma pesquisa histórica tem de manter uma atitude de "suspeita permanente para com suas próprias aquisições": somente por meio de suspeitas do poder, suspeitas do romantismo, suspeitas das continuidades, e suspeitas da ideia de progresso e evolução é possível reconstruir uma história que não sirva somente para legitimar o *status quo*, e *justificar* os caminhos da dogmática do presente:[25] "uma história crítica mostra que as coisas foram diferentes do que são e podem ser no futuro também muito diferentes".[26] Nessa preocupação com a desmitificação, assumi radicalmente o compromisso de buscar a compreensão do caráter social e político das ideias e das instituições jurídicas.[27]

Trabalhar da perspectiva histórica um campo da dogmática jurídica envolveu um outro grande desafio, que foi o de tentar dialogar tanto com os atores do campo do direito autoral em específico – e não somente os do

---

21 LOPES; FREITAS FILHO, 2014, p. 99-100.

22 LEWICKI, 2007.

23 "[...] Assistimos ao surgimento de uma produção crescente de estudos em Sociologia do Direito que se preocupa com a racionalidade interna do direito e sua interface com as demais esferas sociais. Tais trabalhos, diga-se, têm o potencial tanto de contribuir para a reflexão das Ciências Sociais sobre o direito quanto de renovar o estudo da dogmática jurídica, contestando o registro formalista exclusivamente preocupado com a construção de respostas normativas unívocas e autorreferenciais, sem abandonar a lógica própria e socialmente permeável do discurso jurídico". Cf.: SILVA; RODRIGUEZ, 2013, p. 15.

24 WOLKMER, 2003.

25 HESPANHA, 2004, p. 41.

26 LOPES, 2001, p. 3-5.

27 WOLKMER, 2003.

meio jurídico –, quanto contribuir com material empírico para discussões sobre a transformação do Direito brasileiro na redemocratização e na virada do século, sobre processo legislativo, sobre Direito e transformação tecnológica, e sobre a forma de construção de institutos jurídicos a partir de interesses localizáveis. O texto é construído tendo como eixo organizativo a transformação de propostas jurídicas em um texto de lei final, ou seja, estruturalmente, os textos de lei estão no centro; as discussões e preocupações, entretanto, extrapolam o texto legal. O desafio aqui mencionado disse respeito, concretamente, a difíceis escolhas sobre o nível de detalhe a ser adotado nos diferentes temas tratados, tendo em vista esses diferentes olhares que podem se colocar sobre eles, e à forma de abordagem de discussões dogmáticas que podem parecer esotéricas ao leitor não introduzido no campo.

Tentei remediar essa dificuldade por meio da explicitação das práticas concretas em torno dos institutos, entendendo que o direito autoral é uma forma de regulação de relações sociais em diferentes níveis e que, diferentemente do que sua dogmática dominante preconiza, é fruto de escolhas sobre quais atores sociais o direito deve proteger, sobre o equilíbrio entre interesses distintos, e sobre se e como promover valores como o desenvolvimento cultural, um ambiente intelectual vibrante para o desenvolvimento da cidadania, e ainda o desenvolvimento econômico não dependente, em tempos de extrema valorização de ativos intelectuais. Além disso, busquei explicitar quais foram as pautas que foram excluídas da esfera de escolha e deliberação, dado que, ficará claro, o espaço de verdadeira discussão democrática sobre os institutos do direito autoral foi progressivamente limitado, a partir da década de 1980, por pressões geopolíticas, a assunção de compromissos internacionais submetidos a possibilidades de *enforcement* aumentadas, e pela globalização das formas de fruição cultural.

2. METODOLOGIA

Isso leva ao método perseguido: a busca por indícios, primordialmente nos arquivos disponíveis, descritos em detalhes adiante para responder às questões de pesquisa. Considerei frutífero perseguir um "método indiciário" na forma como lidar com o material, ou seja, buscar nos detalhes informações relevantes sobre o que se quis reconstruir, em vez de se deixar levar pelo que parecem ser os claros e grandes movimentos históricos.[28] Parti da ideia, assim, de que a realidade não é transparente, e que não há que se buscar *cientificidade* na busca por explicações his-

---

[28] Cf.: GINZBURG, 2007, p. 145.)

tóricas:[29] é no elemento individual e na concretude que se buscarão as respostas às perguntas colocadas, buscando-se evitar que interpretações pré-estabelecidas sobre o período estudado ou sobre a matéria guiem a busca por respostas, e, assim, o problema da circularidade.[30]

Nesse sentido, e em especial tendo em mente que a matéria trabalhada é a racionalidade jurídica – a partir, claro, da adoção das noções de direito explicitadas –, minha escolha foi por não se empreenderem métodos quantitativos, ou, ainda, que levassem a uma busca por respostas cientificamente verificáveis sobre o processo legislativo em questão.[31] Embora as questões tratadas neste livro possam eventualmente servir como contribuições para trabalhos nesse sentido, o esforço foi por reconstruir uma história a partir de perguntas delimitadas, mas pressupostos abertos, tendo a especificidade do jurídico no centro. Isso implicou decisões relativamente arbitrárias sobre o que abordar e o que deixar de fora, tendo em vista a vastidão do tema e dos materiais disponíveis.

---

[29] Inspiro-me, aqui, na descrição feita por Ginzburg sobre o trabalho do historiador: "Mesmo que o historiador não possa deixar de se referir, explícita ou implicitamente, a séries de fenômenos comparáveis, a sua estratégia cognoscitiva assim como os seus códigos expressivos permanecem intrinsecamente individualizantes (mesmo que o indivíduo seja talvez um grupo social ou uma sociedade inteira). Nesse sentido, o historiador é comparável ao médico que utiliza os quadros nosográficos para analisar o mal específico de cada doente. E, como o do médico, o conhecimento histórico é indireto, indiciário, conjectural". GINZBURG, 2007, p. 156-157. Agradeço a Samuel Barbosa pela indicação.

[30] "Mas o mesmo paradigma indiciário usado para elaborar formas de controle social sempre mais sutis e minuciosas pode ser converter num instrumento para dissolver as névoas da ideologia que, cada vez mais, obscurecem uma estrutura social como a do capitalismo maduro. Se as pretensões de conhecimento sistemático mostram-se cada vez mais como veleidades, nem por isso a ideia de totalidade deve ser abandonada. Pelo contrário: a existência de uma profunda conexão que explica os fenômenos superficiais é reforçada no próprio momento em que se afirma que um conhecimento de tal conexão não é possível. Se a realidade é opaca, existem zonas privilegiadas - sinais, indícios - que permitem decifrá-la". GINZBURG, 2007, p. 178.

[31] Em um dado momento, considerei perseguir o método de *process tracing*. A partir de conversas com outros pesquisadores, e experimentação com o material (que descrevo a seguir), o paradigma indiciário pareceu mais adequado a uma discussão crítica sobre o fenômeno jurídico.

O procedimento que empreendi foi eminentemente a pesquisa documental.[32] Com exceção do primeiro e terceiro capítulo, que se basearam em pesquisa bibliográfica complementada com os arquivos e entrevistas, nos capítulos que discutem propriamente os debates em torno do processo legislativo – o segundo e o quarto capítulo – baseei-me na análise de documentos oficiais, isto é, oficialmente reconhecidos, considerados públicos e como tal disponibilizados pelo poder público, e ainda um arquivo do Poder Executivo que descreverei a seguir. Textos jurídicos doutrinários, ou seja, que discorrem sobre institutos jurídicos e oferecem uma interpretação da legislação, são aqui tratados também como fontes documentais, e não bibliográficas – com poucas exceções, a título de esclarecimento sobre determinados institutos que podem ser herméticos para aqueles não familiarizados com o direito autoral. Isso porque um texto de um autor como José Carlos da Costa Netto, por exemplo, que é um doutrinador de direito autoral, deve ser interpretado, para os fins da minha pesquisa, como parte de um contexto: José Carlos da Costa Netto foi presidente do Conselho Nacional de Direito Autoral (CNDA) e, naquele órgão, teve posições bastante marcadas – pró-regulação estatal das associações de autores. Suas interpretações sobre a legislação, assim, são analisadas tendo em vista diferentes fatores, que se busca sempre explicitar.

O Apêndice I, intitulado Tipologia e descrição dos arquivos, neste trabalho lista os 265 documentos utilizados, a partir de uma tipologia desenvolvida para sua análise e referenciamento ao longo do texto.[33] Trata-se de quatro arquivos:

Arquivo "Dossiê MJ" (21 documentos): trata-se de um conjunto de documentos oficiais levantados no âmbito da Secretaria de Assuntos Legislativos do Ministério da Justiça, enviados ao público por e-mail mediante solicitação. O dossiê sobre a Lei n. 9.610/98 foi preparado por Humberto Caetano de Sousa, ainda em 2009, a um então funcionário da SAL, Guilherme Almeida de Almeida, que o encaminhou a Pedro Mizukami, no mesmo ano, e que o encaminhou a mim, em 2014. Os documentos desse dossiê são pareceres, projetos de lei e documentos relativos à tramitação dos projetos que se tornaram a Lei n. 9.610/98.

---

32 "A pesquisa documental é um procedimento que se utiliza de métodos e técnicas para a apreensão, compreensão e análise de documentos dos mais variados tipos". Cf.: SÁ-SILVA, ALMEIDA, GUINDANI, 2009, p. 5.

33 Beneficiei-me muito de uma conversa com Samuel Barbosa, professor de História do Direito da USP, que me deu orientações iniciais sobre pesquisa arquivística e sugestões de como lidar com o material.

Arquivo CEDI-CD (33 documentos): trata-se da documentação sobre a Lei n. 9.610/98 agregada pelo Centro de Documentação e Informação da Câmara dos Deputados, que solicitei em 2 de maio de 2015 via Lei de Acesso à Informação, e que me foi enviada, por um link. São também documentos oficiais, relativos à tramitação, que se sobrepõem parcialmente ao arquivo "Dossiê MJ", embora este seja mais completo.

Arquivo "MinC" (157 documentos): documentos arquivados em uma sala na Diretoria de Direitos Intelectuais do Ministério da Cultura. Em conversas informais com servidores públicos dessa diretoria, entre 2015 e o início de 2016, foi-me relatado que Otávio Afonso, que ocupou o cargo de Coordenador de Direitos Autorais na década de 90 (e faleceu em 2008), juntara uma grande quantidade de documentos sobre o processo de discussão da Lei n. 9.610/98, que não estavam catalogados. Nos dias 4 e 5 de maio de 2016, na Diretoria de Direitos Intelectuais do Ministério da Cultura, em Brasília, fiz um levantamento dos documentos contidos naquelas caixas, avaliando quais se referiam ao processo em questão, com o auxílio de servidores, em especial de José Vaz de Souza Filho, que ocupava o cargo de Coordenador Geral de Difusão, de Negociação de Direitos Autorais, e de Acesso à Cultura, naquela Diretoria. Após a separação dos documentos, eles foram digitalizados por servidores do Ministério da Cultura.

Ainda sobre esse arquivo, conforme relatado por José Vaz na ocasião de seu levantamento, os documentos vinham sendo guardados sem qualquer política arquivística, e sofreram inclusive de desorganização por causa de mudanças sucessivas de sede da Diretoria; é possível, afirmou o servidor, que uma parte deles tenha se perdido (tendo sido relatado também que, no único período até 2016 em que o departamento não foi ocupado por uma linha sucessória que vinha desde Otávio Afonso, o Ministério de Ana de Holanda, documentos teriam sido também descartados).

Dos arquivos, esse se revelou o mais interessante, em termos de se decifrarem respostas a partir do paradigma indiciário. Justamente por não se tratarem de documentos oficiais, ali encontramos cartas de associações de autores, de associações representantes de setores empresariais, de indivíduos, atas de reuniões ocorridas no âmbito do Executivo, estudos realizados pelo Ministério da Cultura para apoiar o posicionamento do Executivo quanto à lei, etc. Os documentos foram lidos e analisados cuidadosamente, e, sendo alguns deles não datados ou não contendo informação expressa de autoria, muitas vezes foi necessário juntar peças do quebra-cabeça, de forma a se concluir sobre data aproximada de elaboração e proveniência. Essas conclusões constam do texto, mas não da tipologia.

Arquivo "Pesquisa" (54 documentos): este é um arquivo constituído a partir do próprio percurso de pesquisa, contendo documentos obtidos por meio de pedidos via Lei de Acesso à Informação à Câmara dos Deputados, ao Ministério da Cultura, e ao Ministério do Desenvolvimento, Indústria e Comércio, bem como dossiês de projetos de lei já disponibilizados pela página da Câmara dos Deputados, e outros documentos de outras fontes, especificadas na tipologia.

Os arquivos foram utilizados primordialmente para a reconstrução, empreendida no segundo e quarto capítulo, das discussões em torno do Projeto Genoíno e do Projeto Luiz Viana, respectivamente. Como ficará claro, embora a origem em termos procedimentais da Lei n. 9.610/98 tenha sido o PLS 249/89, proveniente do Senado Federal (e que aqui chamamos Projeto Luiz Viana), e que se tornou, na Câmara dos Deputados, o PL 5.430/90, o processo em tudo esteve ligado à propositura de um projeto anterior, pelo então deputado José Genoíno (PT-SP), na Câmara dos Deputados – o PL 2.148/89. Os dois projetos representavam modelos radicalmente distintos de direito autoral, e estiveram em disputa até o último momento de aprovação da lei. Alguns documentos foram utilizados, entretanto, de forma complementar no primeiro e terceiro capítulo.

Além da análise documental, realizei vinte entrevistas entre 2016 e 2017, tendo sido três exploratórias, e dezessete semiestruturadas e em profundidade, primordialmente com atores que participaram ativamente do processo legislativo em questão, e minoritariamente com atores que, tendo ingressado nas discussões sobre direito autoral posteriormente ou tendo pouco participado do processo, são representantes de posições importantes sobre a legislação e sua aplicação contemporaneamente. Persegui o procedimento bola de neve, de acordo com o qual os agentes entrevistados indicavam outros nomes, que começavam a se repetir, e obtive entrevistas de diferentes setores da indústria do entretenimento, de advogados, de gestores de associações de autores e artistas, de servidores do Ministério da Cultura – hoje ex-servidores –, de um acadêmico e de ex-atores legislativos.

Quanto aos parlamentares envolvidos no processo de aprovação da lei, selecionei para entrevistar, a partir da análise dos documentos, o ex-deputado José Genoíno, a deputada Jandira Feghali, e o senador/Ministro das Relações Exteriores Aloysio Nunes Ferreira. Nesse aspecto, a pesquisa foi bastante prejudicada pela conjuntura política. José Genoíno foi o único entrevistado, desses três; Aloysio Nunes Ferreira tornou-se chanceler durante a realização do campo, de forma que, embora contatos tenham sido tentados, foi impossível obter tempo em sua agenda. Quanto à deputada Jandira Feghali, realizei inúmeras tentativas ao longo de meses via seus assessores, que foram infrutíferas, devido ao estado de ebulição em que se encontrou o Congresso durante o período quase completo da pesquisa. Com dois atores, Vanisa Santiago e Samuel Barrichello, realizei duas entrevistas, no período inicial de construção das perguntas de pesquisa, e outra já com o trabalho quase finalizado. Tendo sido ambos extremamente ativos no processo descrito, e contando com uma memória excepcional, decidi por uma entrevista inicial exploratória, e outra, semiestruturada, para sanar dúvidas finais, com cada um deles. A lista completa de entrevistados encontra-se no item 4 das Referências, intitulado "Lista de entrevistados", no fim deste livro. Alguns atores solicitaram não ter suas falas reproduzidas no texto.

Ainda sobre as entrevistas, vale apontar que decidi priorizar agentes que fossem indicados como extremamente ativos em algum dos aspectos a serem elaborados, e isso resultou em uma sobre representação do meio jurídico, o que é já um resultado sobre o funcionamento do campo do direito autoral. Além disso, as entrevistas serviram como orientação para busca de informações, foram utilizadas para expressar opiniões que explicitam visões sobre os modelos em disputa, e, como fonte, somente quando diversos relatos apontaram para um mesmo fato, ou quando algum documento obtido confirmasse a informação fornecida. De todo modo, foram essenciais para a interpretação dos documentos e a formulação da narrativa aqui apresentada. Por fim, vale dizer, seguindo Renata Reis,[34] que estudar a atuação de grupos de interesse em um processo legislativo envolve a humildade de saber que nem todas as atuações desses grupos serão identificadas: em especial na falta de marco normativo para as atividades de *lobby* no país, e em se tratando de uma discussão que teve início mais de vinte anos atrás, com muitos dos agentes participantes tendo já falecido, informações inevitavelmente serão perdidas.[35]

Se o primeiro, segundo e quarto capítulo tratam amplamente dos debates nacionais, o terceiro capítulo difere por analisar dois processos que ocorreram durante o período: a negociação do acordo Trade - *Related Aspects of Intellectual Property Rights*[36] (TRIPS), assinado em 1994, e dos Tratados de Internet da OMPI, de 1996. Esse capítulo foi elaborado primordialmente durante uma estadia de 8 meses como pesquisadora visitante na Universidade da Califórnia, Berkeley, sob supervisão da professora Pamela Samuelson, e foi muito beneficiado por uma *fellowship* para participação em um curso de verão sobre direito autoral internacional, na Universidade de Amsterdã. Embora o TRIPS tenha sido assinado pelo Brasil e os Tratados da OMPI não, ambos foram essenciais para a deter-

---

[34] REIS, 2015, p. 22.

[35] Reis discorre também sobre importantes distinções entre grupos de interesse, grupos de pressão, e *lobby*: convenciona-se, a partir da literatura sobre o tema, chamar grupos de interesse aqueles que levam adiante reivindicações relativas a determinados temas, podendo ser políticos ou não; os grupos de pressão são os grupos de interesse que procuram obter medidas do Estado e influenciar a opinião pública; *lobby* é a atividade de defesa de interesses junto ao poder público. Cf.: REIS, 2015, p. 76-79.

[36] Aspectos de Propriedade Intelectual Relacionados ao Comércio. (tradução nossa)

minação dos conteúdos da nova lei; para além disso, naqueles momentos começaram a se delinear, fora do Brasil, rejeições à tendência iniciada nos anos 90 de ampliação da proteção dos direitos de propriedade intelectual, em discursos que passariam a ser representativos no Brasil alguns anos depois. Os dois processos indicam as limitações que o país enfrentava para legislar de forma soberana em temas de direitos autorais, e são retomados em inúmeros momentos durante o quarto capítulo, sempre que se tornou claro que determinadas decisões estavam mais ou menos ligadas ao cumprimento de obrigações internacionais ou à harmonização. O capítulo trata, também, de pressões unilaterais sofridas pelo Brasil da parte dos Estados Unidos para a proteção de propriedade intelectual, evidenciando que as dinâmicas que resultaram na lei não diziam respeito apenas a movimentos endógenos.

***

O período entre 1989 e 1998 foi, sobretudo, um período de efervescência, e de nascimento de muitas das instituições e interpretações de país vigentes até hoje. A ideia, com a breve interpretação do período que se reproduz a seguir, não é constituir um arco sob o qual contar as disputas pelo direito autoral. Seria um erro, por exemplo, reputar o nascimento da Lei de Direitos Autorais como pura e simplesmente uma das estratégias de modernização que se verificavam no período, ou na conjuntura convencionada chamar *neoliberal*. Como veremos, o campo do direito autoral apresenta também uma dinâmica histórica própria; a conjuntura em que o Brasil se inseria naquele momento teve um papel, como, por exemplo, no que disse respeito à incorporação do TRIPS, e nas pressões do Executivo pela rápida aprovação da lei, para cumprimento dos prazos de incorporação previstos naquele acordo. Ficará claro, entretanto, que a edição de uma nova lei de direitos autorais estava mais relacionada com demandas do campo que vinham sendo vocalizadas desde a década de 1970, e que encontraram eco no processo de redemocratização: as adequações ao TRIPS, em si, poderiam ter sido feitas por uma reforma simples. Ou seja, introduzir pontos de atenção em relação ao período não tem a função de estabelecer um arco interpretativo "desde fora", mas de situar a discussão em um contexto vivo, com o qual o processo se relaciona.

A lei tramitou em um período em que o Brasil teve quatro Presidentes da República: José Sarney, Fernando Collor de Mello, Itamar Franco e Fernando Henrique Cardoso. Fernando Collor de Mello elegeu-se com uma plataforma relacionada ao "novo" e ao dinamismo: em um mundo que se realinhava após a queda do Muro de Berlim, para sua plataforma vencedora, restaria ao Brasil a opção única de "alinhar-se ao campo hegemônico e acatar as diretrizes econômicas por ele delineadas".[37] Em seu breve governo, promoveu um realinhamento da política externa no sentido de *cooperação* com países desenvolvidos, em especial com os Estados Unidos. O campo da propriedade intelectual era especialmente sensível: como se discutirá nesta tese, durante o governo Sarney, os Estados Unidos ameaçaram e efetivamente sancionaram comercialmente o Brasil pela não adoção de patamares elevados de proteção e *enforcement* desses direitos.

Apesar do voo curto de Fernando Collor na Presidência, o período deixou marcas nas opções de políticas domésticas, com a afirmação do legado neoliberal, predominante durante toda a década. O plano tinha o apoio de setores do empresariado, que apostavam na "modernização brasileira",[38] mas sofreu também resistências, ao se chocar com "os valores historicamente hegemônicos entre setores da elite brasileira, especialmente no âmbito militar, de conceber o desenvolvimento como um projeto nacional de corte industrializante".[39] O projeto estava ligado a transformações em âmbito global, e a um conjunto de receitas e prescrições ideológicas que tinham o condão de estreitar o horizonte de discussões – receitas contra as quais, no bordão de Margaret Thatcher, "não há alternativa".[40] No Congresso, ainda durante o governo Collor, ocorreram acalorados debates em torno da Lei de Propriedade Industrial,[41] nos quais se chocavam essas posições: as de que convergências com um modelo ampliador da propriedade intelectual constituía um caminho de credibilidade para o Brasil, contra a de que o caminho correto era um distanciamento daquelas políticas, de forma a assegurar defesa dos interesses nacionais.[42]

A estabilização promovida pelo Plano Real fez com que prevalecesse a posição pela convergência.[43] E, se o desenvolvimentismo que caracterizou a política econômica nas décadas anteriores não deixou de fazer parte do ideário brasileiro, manifestando-se episodicamente em discursos e decisões políticas, em relação à política externa ele deixou de ser "um pilar fundamental de sua inserção internacional":[44] ainda que o Itamaraty expressasse

---

[37] ARDISSONE, 2014, p. 152.

[38] MACIEL, 2011.

[39] LIMA, 1994, p. 70.

[40] NOBRE, 2013b, p. 14.

[41] REIS, 2015.

[42] HIRST; PINHEIRO, 1995, p. 9.

[43] ARDISSONE, 2014, p. 156.

[44] ARDISSONE, 2014, p. 158.

posições desenvolvimentistas quanto à propriedade intelectual,[45] afirmou-se, no governo Collor de Mello, e consolidou-se, no governo FHC, um padrão decisório de submissão da política industrial e outras políticas públicas à política econômica de estabilização e controle de inflação por meio da liberalização, o que teria levado ao enfraquecimento do próprio Itamaraty.[46] [47] O projeto liberalizante predominou: mesmo a partir das crises do Real em 1995, política econômica era amplamente defendida como questão técnica, e a política aparecia como obstáculo e irracionalidade.[48]

Se o plano econômico da década de 1990 caracteriza-se por um processo de abertura econômica iniciado com o "choque de capitalismo"[49] pretendido por Collor e conduzido pela adoção do Plano Real, no plano legal, simultaneamente, ocorriam experimentações: começavam-se a editar leis prin-

---

[45] Como será apontado no terceiro capítulo, "Globalização, comércio e tecnologia: a década dos Tratados"..

[46] ITAMARATY, 2014, p. 159.

[47] "Pode-se afirmar sinteticamente que, no plano diplomático, Fernando Henrique Cardoso procurou esvaziar o Itamaraty de suas funções, uma vez que este representava um foco de resistência do pensamento nacional-desenvolvimentista". Cf.: ARDISSONE, 2014, p. 161. FHC teria transferido atribuições econômicas do MRE para o Ministério da Economia, e assumido sua dimensão política por meio de atuação pessoal nos foros internacionais (diplomacia presidencial).

[48] NOBRE, 2013b.

[49] A expressão foi cunhada por Mário Covas em um discurso no Senado em 1989: "Hoje, com a aceleração das transformações tecnológicas, geopolíticas e culturais que o mundo está atravessando, a opção é manter-se na vanguarda ou na retaguarda das transformações. É com esse espírito de vanguarda que temos que reformar o Estado no Brasil. Tirá-lo da crise, reformulando suas funções e seu papel. Basta de gastar sem ter dinheiro. Basta de tanto subsídio, de tantos incentivos, de tantos privilégios sem justificativas ou utilidade comprovadas. Basta de empreguismo. Basta de cartórios. Basta de tanta proteção à atividade econômica já amadurecida. Mas o Brasil não precisa apenas de um choque fiscal. Precisa também de um choque de capitalismo, um choque de livre-iniciativa, sujeita a riscos e não apenas a prêmios. [...]. O Estado brasileiro cresceu demasiadamente como produtor direto de bens, mas atrofiou-se nas funções típicas de governo. Vamos privatizar com seriedade e não apenas na retórica. Vamos captar recursos privados para aumentar os investimentos de empresas públicas estratégicas e rentáveis. Vamos profissionalizar a direção das estatais, estabelecer um código de conduta. Metade da nossa indústria está atrasada tecnologicamente. Importamos pouquíssima tecnologia — talvez nem um vigésimo do que gastamos com turismo externo registrado e não registrado. Temos que inverter essa situação. Não podemos permitir que o futuro seja a grande vítima do presente" COVAS apud NOBRE, 2013.

cipiológicas, destinadas à proteção de grupos, como o Estatuto da Criança e do Adolescente, a Lei de Diretrizes e Bases da Educação, e o Código de Defesa do Consumidor. No plano político, os anos 1990 consolidaram a cultura que Marcos Nobre chama *pemedebismo*[50] – baseada na atuação do PMDB durante a constituinte na formação do *Centrão*, e referente a uma lógica de blindagem que se fortificou com o *impeachment* de Fernando Collor em 1992, a partir de uma interpretação estabilizada a respeito da incapacidade do ex-Presidente de governar por lhe faltar "governabilidade":

> Surgiu nesse momento a exigência, a partir de então inquestionável, de que esmagadoras maiorias suprapartidárias, segundo o modelo do Centrão da Constituinte, seriam indispensáveis não apenas para bloquear movimentos como o do impeachment, mas para que fosse possível governar.[51]

Trata-se de uma descrição sobre como "o sistema se preservou sem mudar", com uma nova unidade forçada, operando para travar grandes transformações;[52] durante a era FHC, as reformas constitucionais para aprovação do Plano Real necessitavam de supermaiorias legislativas – 3/5 dos representantes de cada casa do Congresso Nacional –, o que levava à necessidade de formação de grandes alianças ligadas ao governo. Essas alianças passaram a funcionar de forma hierarquizada em torno de vetos e contorno de vetos, impedindo a entrada de novos membros e bloqueando oponentes já nos bastidores, de forma a evitar o enfrentamento público e aberto.[53] Nessa cultura política, garante-se a supermaioria, antes mesmo das disputas por espaço dentro do bloco governista.

No fim da década de 1980, o Brasil que redemocratizava era uma sociedade no limiar da maturidade industrial, apresentando, porém, profundos desequilíbrios em estrutura social, política e econômica: no plano sociológico, um fracionamento da estrutura de classes que leva à exacerbação de conflitos; no plano político, disparidades de comportamento que se espraiam do clientelismo ao comportamento ideologicamente estruturado, conduzindo a um perfil múltiplo e fracionado das demandas. A pluralidade social, que não se dá somente em termos econômicos, mas também regionais e culturais, está na base do fracionamento partidário.[54] A lógica da formação de grandes coalizões como sustentação de um poder executivo

---

[50] NOBRE, 2013b.

[51] NOBRE, 2013b, p. 12.

[52] NOBRE, 2013b, p. 12.

[53] NOBRE, 2013b, p. 14.

[54] ABRANCHES, 1988.

é apontada por Sérgio Abranches como especificidade brasileira, dentre as democracias "maduras";[55] a expressão que o autor para caracterizar esse sistema, "presidencialismo de coalizão", é rechaçada por Nobre,[56] que afirma que ela propõe uma cultura muito mais democrática que a que efetivamente se verifica: as supermaiorias funcionariam, de acordo com este autor, muito mais como *condomínios*, com partidos disputando seu direito de veto sobre questões específicas que ameaçam suas quotas.

Com a blindagem do sistema político, na década de 1990, as energias de transformação represadas concentravam-se em torno do Partido dos Trabalhadores, embora evidentemente o superassem amplamente.[57] Na tramitação da Lei 9.610/98, o PT teve o papel de canalizar o Projeto Genoíno, entendido por seus idealizadores como progressista; o Projeto Luiz Viana, que liderava a tramitação, e tinha suas origens em setores da indústria ligada ao direito autoral, embora tenha sido aprovado no Senado em 1990, "dormiu" até 1997 na Câmara dos Deputados, com uma breve remobilização em 1995: vários atores que participaram do processo entendem que o *impeachment* de Fernando Collor e as reformas de FHC haviam ocupado completamente a agenda política no período.

Na Câmara dos Deputados, o debate sobre a Lei 9.610/98 passou por três legislaturas: a 48ª, de 1987 a 1991; a 49ª, de 1991 a 1995; e a 50ª, de 1995 a 1999. Na 49ª, o PMDB tinha 21,6% das cadeiras, porcentagem que diminuiu para 20,4% na 50ª; o PFL, por sua vez, passou de 16,9 para 17,3%. Dois partidos do Bloco de Oposição que tiveram parlamentares extremamente ativos no processo, o PT e o PCdoB, tiveram representações distintas: o PT manteve a porcentagem dos 7% nas duas legislaturas, e o PCdoB teve sua participação diminuída de 8 para 2%; o PSDB crescia de 7.6 para 12,3%. Vale apontar ainda que o Regimento Interno da Câmara dos Deputados havia consolidado uma prática que vinha da Constituinte, segundo a qual Líderes da Maioria, da Minoria, dos Partidos, dos Blocos Parlamentares e do Governo reúnem-se no Colégio de Líderes, e, para além dele, detêm poder de se manifestar enquanto bancada em requerimentos, destaques, apresentação de emendas, etc.[58]

Foi nesse contexto que se desenrolou o debate; as suas origens e as posições desenvolvidas, como discuto a partir de agora, estão inscritas em processos muito anteriores.

---

[55] ABRANCHES, 1988, p. 14.

[56] NOBRE, 2013b.

[57] NOBRE, 2013b.

[58] FIGUEIREDO; LIMONGI, 1995.

1. ANTECEDENTES HISTÓRICOS: O DIREITO AUTORAL NO BRASIL

Este item reconstrói a história do direito autoral no Brasil no século 20, a partir, principalmente, de fontes bibliográficas.[1] A intenção não é propriamente contar essa história, já que ela já está essencialmente registrada, mas buscar nela elementos para compreensão dos debates nos anos 1990: os antecedentes que justificavam os interesses, as preocupações e o foco em determinados temas, o caráter das disputas em torno do direito autoral no Brasil historicamente, a centralidade de determinados atores no debate posterior, a exclusão de outros.

---

[1] O levantamento da bibliografia principal aqui trabalhada foi feito durante o projeto Open Business Models, financiado pelo International Development Research Center (IDRC) no âmbito do Centro de Tecnologia e Sociedade da FGV, entre 2012 e 2015. O resultado do projeto encontra-se em AUGUSTO; VALENTE (2016), cujo primeiro capítulo, escrito por esta autora, dedica-se ao tema da história das associações de gestão coletiva, em mais detalhes que aqui. Para o presente trabalho, foram utilizadas novas fontes documentais, bibliográficas e informações obtidas em novas entrevistas.

1. O CAMPO INSTITUCIONAL DO DIREITO DE AUTOR: AS PRIMEIRAS ASSOCIAÇÕES DE COMPOSITORES

A história do direito autoral no Brasil está umbilicalmente ligada à história das associações de defesa do direito do autor.[2] As demandas por normas de defesa de direito autoral sempre estiveram ligadas, no Brasil, às associações de gestão coletiva de direitos no setor musical, em parte justamente por sua capacidade de articulação institucional. Esse setor tem uma longa e complexa história de institucionalização; demandas de outros campos da cultura são frequentemente contadas por meio do filtro das disputas com a música, inclusive porque esse setor vem, ao longo do século 20, documentando suas demandas em atas, boletins e artigos na imprensa, além de exercendo uma prolífica judicialização, registrada em peças e decisões.

A primeira organização de autores, no Brasil, foi a Sociedade Brasileira de Autores Teatrais (Sbat), fundada em 1917 por 21 teatrólogos, incluindo nomes importantes como Chiquinha Gonzaga, Paulo Barreto – mais conhecido pelo seu pseudônimo João do Rio –, Gomes Cardim e Cândido Costa. De acordo com a história relatada por Oswaldo Santiago – compositor e fundador da primeira associação propriamente musical, anos depois – no livro *Aquarela do direito autoral*,[3] foi a dedicação de João Gonzaga, filho de Chiquinha Gonzaga, que garantiu a existência administrativa da Sbat. Em 1920, o decreto n. 4.092/1920, do presidente Epitáfio Pessoa, reconheceu como utilidade pública a "Sociedade Brasileira de Autores Theatraes, com sede no Rio de Janeiro". Tratou-se, como bem reconheceu Santiago, de uma considerável institucionalização, já que o decreto facultava à Sbat a representação dos associados "perante a Policia ou em juizo civil e criminal, activa e passivamente, em todos os

---

[2] Justificando o motivo pelo qual são criadas as associações de defesa do direito de autor, Oswaldo Santiago, compositor e fundador da União Brasileira dos Compositores (UBC) em 1938, opina em livro que "o autor nasceu, sem dúvida, com a predestinação de ser espoliado, apesar das leis criadas para protegê-lo. A própria natureza do seu direito, de controle dificílimo, complexo e em alguns casos praticamente impossível, sempre o tornaram alvo de violações e atentados"; a música seria "um bem não material, teórico, imponderável, ao alcance de qualquer mão inescrupulosa, que se apodera de sua obra para com ela tirar proveito, vendendo entradas ou atraindo sócios e fregueses". Cf.: SANTIAGO: 1985, p. 89. Em outras palavras, seria o próprio caráter imaterial dos bens protegidos que faria com que a organização pela sua defesa coletiva se tornasse necessária.

[3] SANTIAGO, 1985.

processos referentes á propriedade litteraria e artistica nos quaes esses associados sejam partes",[4] bem como "perante as emprezas theatraes, para cobrança das quotas ou porcentagens dos direitos de autor",[5] como mandatária a partir do simples ato de filiação. Esse tipo de disposição viria a ser estendida às entidades criadas posteriormente.

Um segundo marco central da institucionalização dessas associações, e, no fim das contas, da efetividade da cobrança dos direitos autorais no país, foi a Lei Getúlio Vargas (Decreto 5.492/28) – relatada pelo então deputado federal pelo Rio Grande do Sul, e aprovada quando ele já era Presidente da República. De acordo com Santiago, a lei foi resultado de esforços da Sbat, por meio do advogado Armando Vidal Leite Ribeiro: aplicando-se às obras teatrais e também às musicais, ela determinou que o poder Executivo estabeleceria um procedimento de aprovação das "funções públicas" – eventos de entretenimento musical, de caráter público –, que envolveria a apresentação *prévia* de um programa da atração, contendo já a autorização dos autores de cada uma das obras que seriam representadas ou executadas. Ainda conforme o autor, nenhuma outra lei no mundo havia chegado tão longe:

> Quer na teoria, quer na prática, a "Lei Getúlio Vargas" constituiu a melhor garantia jamais oferecida ao autor, em qualquer parte do mundo, e embora muitos achem difícil a sua aplicação rigorosa, ela é tão possível que, cada vez mais, os textos de leis posteriores a consagram e revigoram.[6]

Como veremos ainda, parte grande das disputas que as associações de autores viriam a ter com usuários de música – casas de *shows*, e hoje também rádio e televisão –, até os dias de hoje, têm ligação com a necessidade de aprovação e pagamento *prévio* pela utilização – em especial musical.

A regulamentação dessa lei (Decreto n. 18.527/28) determinou que as autorizações para utilização de música deveriam ser entregues às *autoridades policiais* responsáveis pela censura,[7] e foi o instrumento que estabeleceu pela primeira vez que também no caso de lucro *indireto* poderiam ser impedidas as funções públicas sem autorização do autor – ou sua receita bruta ser apreendida: o decreto referia-se a "quaisquer audições musicais, representações artísticas ou difusões radiotelefônicas em que

---

4 Os textos são do próprio decreto n. 4.092/1920.

5 Os textos são do próprio decreto n. 4.092/1920.

6 SANTIAGO, 1985, p. 54.

7 Censura Teatral no Distrito Federal, ou autoridade de função equivalente nos Estados e no Território do Acre, de acordo com o art. 42.

os músicos executantes ou transmitentes tenham retribuição pelo trabalho".[8] Os debates sobre as atribuições da polícia na cobrança de valores pela utilização de obras protegidas por direitos autorais, e da relevância do fator lucro nos casos que ensejam ou não cobrança e autorização persistiram até a discussão da lei que é objeto desta pesquisa.

FIGURA 1 – HOMENAGEM DA ABCA A GETÚLIO VARGAS

Fonte: Ed. Comemorativa do 3º aniversário da ABCA, 1941. Acervo Vanisa Santiago.

Por vinte anos, a Sbat foi a única entidade de gestão coletiva de direitos de autor no Brasil. Após a promulgação da Lei Getúlio Vargas e sua regulamentação, que faziam sua atividade ser *protegida pelo poder público*, os dirigentes da Sbat começaram também a cobrar direitos autorais relativos à música. Não foi sem resistências por parte dos usuários: quando essa

---

8 Art. 46, par. único.

cobrança teve início, emissoras de rádio fizeram "greve de silêncio", ficando fora do ar por dois dias, até que a primeira resolvesse cumprir a legislação e começasse a ser seguida pelas demais.[9]

A partir de 1937, compositores começaram a insurgir-se contra não receber da Sbat o mesmo tratamento dispensado aos autores teatrais – a maioria, inclusive, não tinha direito a voto dentro da sociedade. A tensão escalou, e foi no momento em que o vice-presidente da instituição, Paulo de Magalhães, promoveu um inquérito contra compositores de música popular por plágio – o que, na leitura de Oswaldo Santiago, representava uma represália – que um grupo se destacou da Sbat para formar uma associação própria: os editores E.S. Mangione, Vitale e Wallace Downey, e os compositores Alberto Ribeiro, Oswaldo Santiago e João de Barro. Foi o nascimento da Associação Brasileira de Compositores e Autores (ABCA), em 1938.[10]

Os conflitos por espaço que seguiriam, que descrevem Santiago e Almendra,[11] são característicos de todas as sucessivas fragmentações no campo institucional do direito autoral no Brasil. A Sbat teria tentado atrair compositores oferecendo-lhes adiantamentos, e boicotado a regularização da nova associação na Censura Teatral – até que finalmente se entenderiam, três anos depois, em um convênio de 1941 a estabelecer que a ABCA seria a única intitulada a arrecadar direitos de autor pela execução musical no carnaval, acordo que foi se estendendo a outras cobranças nas cidades do Rio de Janeiro e São Paulo.[12]

---

[9] SANTIAGO, 1985, p. 102.

[10] De início, ela aceitava editores também como sócios da entidade, o que foi impugnado pela Censura Teatral, que fiscalizava os direitos de autor. Cf.: ALMENDRA. 2014, p. 16.

[11] Vanisa Santiago de Almendra, filha de Oswaldo.

[12] ALMENDRA: 2014, p. 16.

FIGURA 2 – DIRETORIA DA ABCA COM GETÚLIO VARGAS EM 1939

A diretoria da "A. B. C. A.", acompanhada de sócios e artistas de radio, foi recebida pelo presidente Getúlio Vargas e exma. esposa, no Palacio Guanabara, na noite de 7 de Janeiro de 1939. Foi entregue à S. Ex. um memorial pleiteando uma lei que torne obrigatória a execução de 50 % de músicas de autores brasileiros, em todos os programas.

Fonte: Acervo Vanisa Santiago.

Em mais uma manifestação de disputa prematura, mas que se perpetuaria no campo autoral no Brasil, as duas associações passaram a disputar os repasses internacionais. A Sbat detinha um contrato com a sociedade norte-americana American Society of Composers, Authors and Publishers (ASCAP), para o repasse internacional de valores relativos a direitos de autor sobre composições, e assinou naquele ano um contrato também com a Broadcast Music, Inc. (BMI), outra sociedade norte-americana. Isso foi motivo para a ASCAP denunciar o contrato com a Sbat, com base no estatuto da Confederação Internacional de Autores e Compositores (CISAC), que determinava que uma associação de um país somente podia associar-se a *uma* associação de um outro; com isso, a ABCA tomou o lugar da Sbat e firmou o contrato com a ASCAP. Isso teria sido determinante para o seu crescimento, em especial por garantir o laço da ABCA com o produtor cinematográfico Wallace Downey, que já vinha dirigindo e produzindo importantes filmes brasileiros – nos quais inseria composições brasileiras. Disso decorreu um processo de progressiva passagem da função de arrecadação e distribuição pelos direitos musicais da Sbat à ABCA – o Departamento de Compositores da primeira começou a aproximar-se da segunda, e, juntos, decidiram fundar, em 22 de junho de 1942, sob a presidência de Ary Barroso, a União Brasileira de

Compositores (UBC), que existe até hoje. Pouco tempo depois, a Sbat e a UBC firmaram entendimento e estabeleceram um "bureau" conjunto de cobrança, o que teria fortalecido a atividade de arrecadação – e, em 1945, os valores arrecadados a título de direitos dos compositores já era o dobro daqueles dos autores teatrais: cerca de seis milhões de cruzeiros, contra três milhões dos teatrais –;[13] ainda em 1945, o "pequeno direito" – o direito sobre execução pública musical – passou a ser definitivamente administrado pela UBC, e a ABCA foi definitivamente extinta.

1.1. DISSIDÊNCIAS POLÍTICAS: COMPOSITORES ENFRENTAM EDITORES

Resolvidas as disputas entre compositores teatrais e musicais, as fragmentações seguintes nas associações de música deram-se em torno de interesses contrapostos dentro do próprio setor da música – naquele momento, conflitos entre compositores e editores. A função de edição esteve ligada historicamente à dificuldade dos compositores de vender os suportes físicos que viabilizariam sua obra – de início, as partituras. Os contratos de edição foram inicialmente estabelecidos com base em porcentagens retidas pelos editores na comercialização delas, mas as relações começaram a envolver os editores passarem a fundar e participar de entidades de cobrança de direitos, e a realizar adiantamentos – financeiros – aos autores, valendo-se de sua posição mais capitalizada.[14] As editoras Mangione e Vitale estavam na UBC desde a sua fundação, e recebiam dela, diretamente, as porcentagens que lhes eram devidas por contrato com os autores para exploração de seu repertório; a categoria de "sócios editores" passou a existir formalmente somente em 1946. Como começavam a se desenrolar conflitos de poder entre compositores e editores, alguns editores, capitaneados em especial pela Irmãos Vitale, aos quais se somaram antigos compositores que haviam permanecido na Sbat, fundaram, no mesmo ano, uma entidade dissidente, a Sociedade Brasileira de Autores, Compositores e Editores de Música (Sbacem) – e que também persiste até os dias de hoje.

Os dirigentes dissidentes celebraram por muito tempo a nova entidade como sendo mais democrática, em relação à UBC. No movimento de dissidência, acusaram a UBC de irregularidades na distribuição dos valores, ou ainda que parcelas dos autores sequer recebiam – se não tivessem outra ocupação, como denunciava Nestor de Holanda, no livro *Memórias do Café Nice*,[15] "morriam de fome". Do outro lado, no livro de

---

13 SANTIAGO, 1985, p. 106.

14 MORELLI, 2000, p. 48.

15 HOLANDA, 1969, p. 86-108.

1946, *Aquarela do direito autoral*, Oswaldo Santiago denunciava que a Sbacem teria sido fundada exclusivamente para viabilizar um contrato com uma organização ligada à BMI, a Peer International norte-americana – e, como vimos, o estatuto da CISAC não permitiria que a UBC representasse nenhuma organização além da ASCAP. Santiago também afirmava que a dissidência dizia respeito a interesses exclusivos dos editores, em conjunto com autores dissidentes que, parece fazer crer, seriam "cooptados". Veremos adiante que a disputa entre o que se compreende como os interesses dos autores e artistas, pessoas físicas, contra aqueles das pessoas jurídicas – adiante as gravadoras entraram nessa equação, além das editoras – se tornaria o propulsor das maiores questões de políticas de direito autoral, também na década de 1990. Um embrião dessa disputa já estava ali: nos anos seguintes, a Sbacem veicularia uma visão bastante distinta daquela que a UBC capitaneava: os informativos que a entidade publicava traziam os editores E.S. Mangione e Irmãos Vitale a vangloriar-se do que chamavam de "seu" repertório. Autores ligados à UBC, como Oswaldo Santiago e Erastóstenes Frazão, adotavam, do outro lado, um discurso político extremamente combativo em relação aos editores.

Se Oswaldo Santiago tinha razão, a cisão entre UBC e Sbacem estava ligada também a desenvolvimentos internacionais no campo da gestão coletiva e da música: nos Estados Unidos, no início da década de 1940, ocorria um dissídio entre a ASCAP e as emissoras ligadas à Broadcasting Music Corporation, o que levara à criação da competidora BMI. Havia também no período outra confusão no cenário norte-americano: um engenheiro de som e produtor fonográfico chamado Ralph Peer, que havia, na década de 1930, deixado a RCA Victor, expandia sua empresa, a Peer International Corporation, por meio da prática de adquirir direitos autorais sobre grandes repertórios, especialmente na Inglaterra, Canadá, África do Sul, e países da América Latina, e explorá-los no mercado internacional. Peer é conhecido por ter sido um pioneiro no que foi um momento agressivo de mercantilização de músicas do sul dos Estados Unidos e, em seguida, de regiões consideradas "exóticas"; ele era, também, um acionista majoritário na empresa American Performing Rights Association, que detinha direitos sobre repertórios latino-americanos. Peer tentara firmar um acordo com a ASCAP, que se recusou a negociar com organizações com caráter privado e comercial – Peer International e American Performing Rights Association –; com isso, ele firmou contratos com a BMI, que, recém-criada, passava então a representar os amplos repertórios de Peer. Um historiador sobre o período conta que, "quando rumores sobre as negociações de Peer com a BMI chegaram até a ASCAP, um representante foi despachado para lidar com editores e compositores latino-americanos, apenas para descobrir que Peer já havia tomado conta de grande parte do espaço".[16] Ora, para Oswaldo Santiago, escrevendo em 1946, a organização de Peer não seria propriamente uma sociedade de autores, e, em sua visão, seria Peer quem estaria por trás da fundação da Sbacem no Brasil, a exemplo do que estava fazendo em Cuba e no México, mediante contratos com sócios locais:[17]

> Devemos assinalar, ainda, que também entre nós resolveu Mr. Ralph Peer instaurar uma "Sociedade Brasileira de Autores, Compositores e Editores de Música", cuja ata de fundação foi lavrada em nove de abril deste ano.
> Trata-se, aparentemente, de uma "sociedade-fantoche", manobrada pelo Quisling Vitale no Brasil, preludiando a formação de uma cadeia de outras, a serem instaladas na Argentina, no Uruguai, no Chile etc.[18]

Do outro lado, Nestor de Holanda argumentava que a ASCAP vinha sendo acusada pelo Departamento de Justiça norte-americano de liderar, junto com a CISAC, um monopólio internacional do direito autoral; segundo ele, em matéria de 1948 na revista *A Cena Muda*, reproduzida no livro *Memórias do Café Nice*, isso vinha prejudicando os interesses dos autores,[19] o que seria razão suficiente para uma associação de música passar a relacionar-se com outras organizações que não a ASCAP.

Se na UBC os autores adotavam um discurso combativo em relação aos editores, na interpretação de Morelli, a ausência desses discursos dentre os compositores ligados à Sbacem poderia estar ligada também a uma maior dependência econômica deles com seus editores, "porque, por uma razão ou por outra, não souberam ou não puderam romper com esses agentes do mercado tradicional de música quando ainda podiam fazê-lo, tornando-se reféns de sua própria obsolescência".[20] Aqui volta a presença de Wallace Downey, o produtor cinematográfico que havia viabilizado o contrato da UBC com a ASCAP, garantindo, então, com seu trânsito internacional, a inserção de obras dos autores da UBC em filmes e fonogramas nacionais e internacionais; isso colaborava com sua independência financeira, o que lhes dava inclusive possibilidades de fundar as próprias editoras, com o movimento de mudança das grandes para a Sbacem.

---

[16] SANJEK, 1988, p. 180.
[17] SANTIAGO, 1985, p. 99.
[18] SANTIAGO, 1985, p. 107.
[19] HOLANDA, 1969, p. 100.
[20] MORELLI, 2000, p. 106.

No período pós-cisão das duas primeiras associações de música, a UBC e a Sbacem, há registros de uma conflituosidade acirrada, baseada em processos judiciais, mas inclusive em agressões pessoais, entre os dirigentes das duas entidades. É interessante observar as formas como ocorriam esses conflitos, em especial porque, baseados em acusações mútuas de desonestidade, eles são bastante semelhantes aos termos da conflituosidade presente no sistema de gestão coletiva atual. Para Morelli, isso tem parcialmente origem na natureza incorpórea dos bens em questão (a música), e é em grande parte responsável pela imagem eminentemente negativa que o campo dos direitos autorais adquiriu no Brasil.[21] Por exemplo, em 1949, no primeiro boletim da Sbacem, o seu Secretário de Diretoria Nestor de Holanda caracterizava a UBC como "quadrilha organizada de saqueadores de direito autoral", que estaria deixando de pagar milhões a editores para favorecimento próprio;[22] jornalista, ele publicava matérias em tom de denúncia pessoal contra Oswaldo Santiago da UBC, atacando-o por ter alegadamente se tornado milionário à custa dos autores;[23] se a UBC, em relação à Sbacem, adotava por sua vez um discurso público de classe, político, sempre evidenciando as problemáticas relações entre autor e editor, em relação à Sbat, também denunciava desonestidade e autoritarismo.

> A referência ao autoritarismo pessoal de certos dirigentes, assim como a referência à desonestidade pessoal de outros, constituía uma tradição no campo autoral pioneiro, servindo, tanto uma quanto outra, para explicar de modo acrítico as sucessivas dissidências ocorridas: em razão de os sistemas de distribuição de poder no interior das entidades serem tão concentradores quanto os sistemas de distribuição de dinheiro, ambas as referências tinham as mesmas raízes institucionais, mas o fato de as novas entidades reproduzirem também sistemas semelhantes de distribuição do poder fazia com que prevalecessem também nesse caso as acusações de arbitrariedade pessoal sobre a crítica institucional.[24] [25]

A harmonia ou simetria de interesses entre autores e editores dentro da própria Sbacem também durou pouco. No início da década de 1950, dentro da Sbacem, os editores arrecadavam muito mais que os autores. A Irmãos Vitale, por exemplo, em 1953, havia arrecadado cerca de seis vezes o que

---

[21] MORELLI, 2000, p. 80.

[22] MORELLI, 2000, p. 79.

[23] HOLANDA, 1969, p. 85.

[24] MORELLI, 2000, p. 85.

[25] O interessante, também apontado por Morelli, é que a generalização da acusação de desonestidade salva também a todos, "demandando antes uma análise de natureza sociopsicológica que uma investigação policial". Cf.: MORELLI, 2000, p. 80.

arrecadava o líder entre os autores, e tinha 300% a mais de votos que ele; entre arrecadação e voto não existia uma proporcionalidade exata, já que a regra de conversão de arrecadação em voto para editores era mais rígida que para autores. Como a arrecadação dos editores era muito superior, eles acabavam sendo, entretanto, sobrerrepresentados em relação aos autores.[26] Apesar disso, globalmente, em 1954, a soma de todos os votos dos autores sobrepujou a dos editores em 14%; como os conflitos de interesse entre autores e editores estivessem, naquele momento, sobressalentes, em 1955 os editores não conseguiram exercer a espécie de ascendência informal que exerciam sobre os autores – com base em dependência econômica –; com a maioria dos votos, estes elegeram, naquele ano, uma assembleia sem editores.

Como apontamos, para Morelli, essa rebeldia acontecia em parte porque os autores da Sbacem, em contraposição aos da UBC, estariam mais ligados com o mercado tradicional de música –dependente de edição gráfica e teatro de revista –, e, assim, mais dependentes de seus editores, mas esperando que eles liderassem o caminho na modernização das formas de comercialização de seu trabalho; como isso não ocorria, os autores ficavam descontentes e começavam a queixar-se também dos valores recebidos. Um outro fator teria sido que os autores estavam encorajados, naquele momento, pela aprovação no mesmo ano (1955) da Lei n. 2.415, que determinava, simplesmente:

> Art. 1º A outorga, no território nacional, da licença autoral para a realização de representações, execuções públicas e tele-transmissões pelo rádio ou televisão, de que tratam os arts. 42 e 43, § 1º, do Decreto número 18.527, de 10 de dezembro de 1928, e 88 do Decreto nº 20.493, de 24 de janeiro de 1946, compete exclusivamente ao próprio autor ou à sociedade legalmente constituída para defesa de direitos autorais, à qual o autor fôr filiado e que o tenha registrado na forma do art. 105, § 1º, do Decreto nº 20.493, de 24 de janeiro de 1946.
> Art. 2º Revogam-se as disposições em contrário.

Os autores da Sbacem, buscando um suporte jurídico para assumir sua ascendência política, entenderam que a lei retirava dos editores a prerrogativa de arrecadar em nome dos autores – "compete exclusivamente ao próprio autor..." –; de fato, em um boletim de 1954, eles chegaram a expressar que a lei vinha a pôr um fim nos abusos dos contratos de cessão de direitos;[27] e, após a exclusão dos editores da diretoria, em 1956, chegaram a desenvolver um contrato de edição padrão para a sociedade.[28]

---

26 MORELLI, 2000, p. 48.

27 BOLETIM, n. 18 *apud* MORELLI, 2000.

28 Vamos observar, no capítulo 5, que a questão da abusividade dos contratos de cessão de direitos nunca viria a abandonar o campo, e foi central também nos debates da Lei n. 9.610/98.

Os editores não concordariam. Em reação, retiraram-se da Sbacem e fundaram sua própria associação, a Sociedade Administradora de Direitos de Execução Musical (Sadembra), em 1956. Moveram processos contra a diretoria da Sbacem, porque entendiam ter sido expulsos indevidamente, solicitando sequestro de bens da entidade e responsabilidade pessoal dos integrantes; de outro lado, os autores da Sbacem moveram, com base na mesma Lei n. 2.415/55, um processo contra a Sadembra, argumentando que os contratos de edição – com cessão de direitos – com os quais aqueles editores estavam trabalhando e pelos quais queriam arrecadar, na Sadembra, seriam inválidos. Mas os autores perderam a ação em 1958: interpretava-se que os contratos de cessão de direitos às editoras eram negócios jurídicos válidos, que deviam ser respeitados – e que a Lei n. 2.415/55 não impedia a transferência de direitos. Assim, a rebeldia dos autores iniciada em 1955 começava a perder sua força, e a validade do trabalho da Sadembra era também confirmada. A questão da cessão dos direitos das pessoas físicas para pessoas jurídicas seguiria contestada ao longo das décadas, e foi um tema central da discussão da reforma do direito autoral na década de 1990.

1.2. MÚSICA E COMÉRCIO

A animosidade entre autores e editores, presente no campo como um todo naquele momento, tinha sua origem não somente nas relações dentro das sociedades, mas também em um mercado que vinha se desenvolvendo com base em práticas pouco transparentes. Relatando suas memórias no Café Nice, reduto boêmio onde se encontravam rotineiramente os músicos no Rio de Janeiro entre 1928 e 1954, Nestor de Holanda dá um panorama de como as décadas de formação e desenvolvimento das primeiras associações de gestão coletiva foram também décadas de um crescente entendimento da música popular como um objeto de valor econômico. "'Música é comércio' é a frase que mais se ouvia [...]".[29] Ele relata que ali se realizavam não só encontros artísticos entre compositores e intérpretes, mas negócios de toda ordem:

> Apesar do imenso número de autênticos musicistas, havia a invasão dos cafiolas, bicheiros, bookmakers, contraventores diversos, até contrabandistas. Esses homens compravam músicas, pagavam a cantores e discotecários, gastavam fortunas com chefes de orquestras, e, assim, faziam-se passar por compositores, para esconder a verdadeira profissão e despistar a polícia. Em consequência, muito nome conhecido, anunciado pelas estações de rádio, jamais colocou uma

---

[29] HOLANDA, 1969, p. 51.

vírgula na letra de qualquer canção. Comprou repertórios inteiros. Diversos deles, agora, figuram em livros sobre a história de nossa música popular, citados como se fossem excelentes musicistas. E alguns já estão legalmente aposentados, como compositores, pelo Instituto Nacional de Previdência Social...[30]

Holanda refere-se à prática da "venda da autoria" em si; em outros momentos, menciona também problemas referentes aos negócios de venda da *titularidade dos direitos* aos editores.[31] Mas uma das práticas mais interessantes entre seus relatos sobre o período é a de *trabalhar uma música*, ou seja, empregar meios de aumentar a execução de uma determinada canção ou repertório, tendo como objetivo uma maior arrecadação por meio da gestão coletiva dos direitos. Foi a semente da prática conhecida como jabá, que em pouco tempo se tornaria a regra inescapável da economia da música no Rio de Janeiro.[32]

Com a criação da Sadembra, os autores musicais e editores eram representados já então por quatro organizações – ela, mais a Sbat, a UBC, e a Sbacem. Crescia um problema que também nunca deixaria o campo: o das sobreposições – e consequentes inconsistências – entre os repertórios

---

[30] HOLANDA, 1969, p. 51.

[31] Um caso tratado com especial atenção por Nestor de Holanda é o de Zequinha de Abreu, que vendeu 120 obras, em vida, à Irmãos Vitale, o que foi questionado judicialmente por seus herdeiros quando sucessos como "Tico-tico no fubá" e "Pintinhos no terreiro" estouraram fora do Brasil. Cf.: HOLANDA, 1969, p. 146.

[32] A caitituagem, ou jabá, como passou a ser chamada, não era prática exclusiva do Brasil. Pelo contrário, tornou-se amplamente disseminada nos Estados Unidos a partir dos anos 1960, primeiro na forma de pequenos presentes, como viagens a Las Vegas ou Orlando, dadas a promotores de rádio independentes. "À medida que a concorrência crescia, prostitutas ou drogas. E, finalmente, só dinheiro. E cada vez mais. Quando a máfia descobriu que os valores pagos pela indústria chegavam a US$ 300 mil para promover a execução nas rádios de uma música escolhida, se infiltrou no meio dos promotores independentes, expulsou os rebeldes e organizou rapidamente, com gente de sua confiança, a Network, que veio a dominar as rádios mais importantes do país, que passaram a tocar exclusivamente as músicas que esse sindicato indicava. A máfia também se infiltrou nos departamentos de promoção de rádio da indústria, chegando a desafiar diretamente os presidentes das gravadoras que se recusavam a aceitar suas imposições". Cf.: MIDANI: 2008, p. 128. Atualmente, discute-se a prática, com novos contornos, nos modernos meios de utilização musical *online*. Cf.: ORTEGA, Rodrigo. Playlists no YouTube viram negócio lucrativo com venda de lugares nas listas de hits. G1, 24 de novembro de 2017. Disponível em: <https://g1.globo.com/pop-arte/musica/noticia/playlists-no-youtube-viram-negocio-lucrativo-com-venda-de-lugares-nas-listas-de-hits.ghtml>. Acesso em: 4 out. 2018.

das diferentes sociedades – agora, com a existência da Sadembra, tinha início o desafio de que algumas composições tinham o autor em uma sociedade e o editor em outra, e a execução de uma composição gerava então dever de pagamento a duas entidades distintas.[33] Isso, somado ao fato de que a Sadembra ainda não havia conseguido desenvolver uma máquina arrecadadora, fez com que Sbacem, Sadembra e Sbat montassem um convênio, em 1959, chamado Coligação – e a UBC continuava funcionando de forma paralela. Mas mesmo quando em conflito entre si, as associações costumavam apresentar-se, ao público e diante dos usuários de música, como representando um interesse único – num mesmo boletim da Sbacem de 1950, por exemplo, a UBC é atacada em um texto, e, em outro, enalteciam-se capacidades de atuação conjunta das então três entidades – Sbat, UBC e Sbacem –, "uma grande família".[34]

Essas contradições entre discurso interno e externo expressavam-se também em relação às sociedades consideradas internamente: a disputa interna de poder sempre foi um problema. Morelli relata que era tão marcante um discurso econômico nas primeiras associações, que nos boletins e atas aparecia a condição de sócio como se fosse ela propriamente a causa e razão do recebimento de direitos de autor – e não o direito dos autores em si –; como não existiam, nessas primeiras décadas, formas de se aferir de fato o que estava sendo executado – como a técnica da amostragem, que seria desenvolvida depois –, as sociedades desenvolviam seus critérios internos de distribuição dos valores arrecadados, e as categorias internas de sócios, o número de votos e os cargos eram disputadas a ferro e fogo. Um exemplo eram os critérios da Sbacem – um "sistema de pontos" –, que não levavam em consideração, para quase todos os casos, as listas de execução enviadas pelos chefes de orquestra em todo o país, e diferenciavam os valores de distribuição com base em quando as obras tinham tido criadas – valorizando-se as mais recentes, pós-criação da Sbacem – e gênero musical – assim, em primeiro lugar, "maracatus, choros, balanceios [baião] e sambas"; depois, "boleros, tangos, rumas, fox, congas, marchas"; e, por fim, os gêneros menos valorizados no sistema de pontos, "músicas de carnaval como tal classificadas, inclusive frevos".[35]

---

33 ALMENDRA, 2014, p. 18.

34 BOLETIM n. 9 *apud* MORELLI, 2000.

35 Na Sbacem, também, no início da década de 50, uma comissão de autores e editores definia também as obras standard e sucessos do mês, que recebiam bonificação variável; eram punidas, também, no sistema de pontos, obras gravadas não editadas (o que forçava os autores a contratos de edição). Cf.: MORELLI, 2008, p. 41-42.

2. DAS FRAGMENTAÇÕES ÀS CENTRALIZAÇÕES

Ficava claro que o campo institucional de direito de autor sobre a música estava se complicando quando, de outra fragmentação, surgiu a quinta sociedades de autores, em 1960, em São Paulo: a Sicam. A primeira sociedade de autores nascida fora do Rio de Janeiro não foi fundada por grandes nomes da MPB, como suas antecessoras, mas por compositores paulistanos de carnaval. O idealizador da organização – e seu presidente até 1975 – foi Alberto Roy, um autor de carnaval que se filiou à Sbacem quando ela entrava em disputas com os editores, e entendeu, quando a sociedade enrijeceu sua política interna para novos membros em 1959, que não teria ali ascendência nem política, nem econômica. Os compositores paulistanos dissidentes vinham também se queixando de que, embora a arrecadação em São Paulo superasse em muito a do Distrito Federal, eles não eram reconhecidos em pé de igualdade: nunca ganhavam, por exemplo, destaque nos informativos da entidade.[36] A Sicam acabou sendo beneficiada, ao longo dos anos 1960, pelos festivais de TV em São Paulo, que lançaram representantes da "música jovem", e que se filiariam à entidade.

A Sicam representava uma mudança relevante de espírito em relação às sociedades que Morelli classifica como "pioneiras": trazia uma bandeira política de oposição a elas que vinha representada pela "modernização da política interna", que se caracterizava, de um lado, pela não aceitação dos contratos de edição com cessão de direitos autorais, e, de outro, por uma racionalização das regras de voto e distribuição dos valores. Simetricamente, a música de São Paulo aparecia, para os dirigentes pioneiros, precisamente como representante de uma referência ao mercado, sem aura, sem a mitificação do fazer musical que aparecia, por exemplo, na referência à boemia do Café Nice; a Sicam abraçava o estereótipo. Ao contrário do que ocorria nas entidades pioneiras, os seus associados não pagavam mensalidade, não tinham muitos dos deveres de fidelidade que aquelas impunham – não sendo proibidos, por exemplo, de mudar de entidade –, e recebiam apenas pela utilização de seus direitos de autor nas execuções públicas, não cumulando cotas do patrimônio social, nem recebendo quaisquer serviços de assistência social.

Os votos nas assembleias, na Sicam, eram unitários: um voto por sócio, embora também houvesse uma diferenciação interna entre sócios efetivos e administrados – aqueles que não houvessem arrecadado ainda um determinado patamar. Isso acabou levando a uma desigualdade interna grande: com sua abertura ilimitada a novos sócios – e inclusive estratégias

---

[36] MORELLI, 2000, p. 261-262.

de ampliação dos quadros) – com o tempo, a Sicam teria um número muito maior de sócios administrados que efetivos: em 1973, de 1893 sócios, 1508 eram administrados, e 371 eram efetivos – e 14 eram do "departamento de autores teatrais" –; como poucos fossem produtivos, surgiu em relação a eles uma nova forma de assistencialismo.[37] Outra desigualdade que acabou por se reproduzir na Sicam foi o favorecimento, nas regras de distribuição, de autores já gravados eu editados, com a justificativa de que os associados deveriam ser incentivados a exercer um bom sistema de distribuição e vendagem pelo mercado. E, é claro, produzir-se-ia na Sicam uma outra contradição interna, entre carnavalescos e outros compositores: fundada pelos primeiros, eles formavam a maioria dos dirigentes, e ficavam também com a maior parte da distribuição, já que se arrecadava mais no carnaval; os segundos, atraídos dos Festivais de TV, eram os grandes responsáveis pela arrecadação no resto do ano, mas recebiam menos, já que os usuários dos outros períodos, então, pagavam menos. Em 1968, já faziam parte da Sicam grandes nomes como Caetano Veloso, Gilberto Gil, Tom Zé e Toquinho.[38]

Ainda em 1960, e antes que essas faíscas explodissem, e os clubes sociais viram na fundação da Sicam uma ameaça para sua atividade de exploração musical. Como indicamos atrás, Sbat, Sbacem e Sadembra haviam firmado um convênio para as atividades de arrecadação, a Coligação; os clubes seriam agora submetidos às diferentes tabelas de cobrança não só da Coligação e da UBC – que não fazia parte da Coligação –, mas também da recém-fundada Sicam. Organizaram-se então para pressionar o Presidente Juscelino Kubitschek por uma intervenção. O resultado foi a criação de uma comissão mista entre as sociedades e os clubes sociais, presidida pelo Ministério da Educação.

2.1. O TEMOR DA INTERVENÇÃO ESTATAL

As sociedades rechaçavam inteiramente qualquer iniciativa que pudesse representar intervenção estatal nas suas atividades. Já no livro de 1946, por exemplo, Oswaldo Santiago repudiava o modelo chileno, em que a arrecadação era estatal, afirmando que "lá quase nada se cobra, a música da terra – a cueca – não é conhecida em parte alguma do mundo e os autores e compositores vivem no amadorismo e no anonimato"; a estrutura estatal seria um "atestado de menoridade aos autores e compo-

---

[37] MORELLI, 2000, p. 271-272.

[38] Era a sua presença que assegurava a legitimidade da Sicam perante os usuários, embora ela não fizesse parte do Serviço de Defesa do Direito Autoral, que, como veremos, foi organizado em 1966.

sitores do Chile".[39] Em 1951, o deputado por São Paulo Dario de Barros havia publicizado sua intenção de criar o Instituto do Direito Autoral (IDA) para resolver a situação das múltiplas associações. A Sbacem reagiu energicamente, argumentando, com base na Lei Getúlio Vargas, que a medida era ilegal. Os dirigentes da Sbat reagiram também de forma agressiva, argumentando, nos jornais da época, que a medida serviria para oprimir em vez de proteger. Acusaram Adhemar de Barros, até então ex-governador de São Paulo, de apoiar a medida por ser proprietário de rádios de São Paulo, que estavam sendo processadas por não pagamento de direitos autorais.[40] Nas manifestações dos dirigentes daquela época, transparecia, de um lado, o receio em relação à ineficiência da burocracia estatal; de outro, uma recusa à gestão do direito autoral por pessoas que viam como funcionários anônimos, concursados públicos, burocratas, em lugar das figuras conhecidas da música popular brasileira que ocupavam os postos de direção das entidades de então.

Por algumas razões, entretanto, as entidades não foram completamente avessas à comissão formada por JK. De um lado, os dirigentes tranquilizavam-se por ter sido nomeados membros da comissão; de outro, regozijavam-se de que a Sicam ficara excluída, receosas que estavam com o surgimento da nova organização. Sua não inclusão seria, parecia, um atestado de sua desimportância. De uma ou de outra forma, a comissão foi o embrião de uma série de iniciativas de centralização da gestão coletiva de direito autoral,[41] e de facilitação ou supervisão da atividade de cobrança e distribuição pelo poder estatal.

Por exemplo, em 1962, o presidente Jânio Quadros instituiu um grupo de trabalho, desta vez incluindo a Sicam, para discutir um *bureau* arrecadador único na área musical, escolhendo os dirigentes das próprias entidades para presidi-lo. O grupo chegou a um acordo básico, elaborou um pacto social – o qual a Sicam não assinou, recusando-se a permanecer na condição de "entidade administrada" a que era relegada –, mas Jânio renunciou antes de examinar as conclusões do grupo.

Iniciada a ditadura militar, a relação das sociedades com os governos federais, que até então era de apoio, seria fortemente abalada. Já em novembro de 1964, o marechal Castelo Branco assinou a Lei n. 4.480, para

---

[39] SANTIAGO, 1985, p. 149.

[40] MAGALHÃES JR. Sem pés, nem cabeça. *Diário de Notícias*, 24 jun. 1951.

[41] Em entrevista, Vanisa Santiago pontuou que o termo gestão coletiva viria a ser utilizado bem depois no Brasil, e inclusive após a lei de 1998. À época, falava-se nas sociedades de autores, apenas.

tributar direitos de autor pelo Imposto de Renda – algo evidentemente indesejado pelas sociedades –, e deu continuidade às pressões pela unificação do campo institucional dos direitos autorais. Diferentemente de Jânio Quadros, no entanto, que submetera a coordenação do grupo ao procurador-geral da República, e estimulava uma solução consensual, o governo militar deu às autoridades policiais responsáveis pela censura e pela fiscalização do pagamento dos direitos autorais –então o SCDP, Serviço de Censura das Diversões Públicas, do Departamento Federal de Segurança Pública – a coordenação dos esforços e a atribuição de propor soluções.[42]

Diante dessas pressões, as sociedades voltaram-se para soluções autorregulatórias: a Coligação – Sbat, Sbacem e Sadembra – e a UBC unificaram sua arrecadação, em 1966, no Serviço de Defesa do Direito Autoral (SDDA) – um embrião do que viria a ser o sistema atual de gestão coletiva.[43] Oswaldo Santiago conta, em sua autobiografia, que a UBC chegara a receber um ultimato – em privado – do diretor do SCDP, ameaçando a extinção das sociedades arrecadadoras, caso não se unificassem na cobrança.[44,45]

As primeiras ações do SDDA intensificavam alguns conflitos. A junção de organizações aprovaria uma Tabela Oficial de Preços, "promulgada" pelo SCDP por meio de portaria,[46] que favorecia financeiramente aos modernos usuários de música, como as emissoras de televisão, em detrimento dos tradicionais;[47] para a formação do SDDA, cada entidade indicou dois diretores e delegados próprios para o comando administrativo,[48] e a Sicam, embora crescesse, incorporando o repertório da nova MPB, continuava de fora. Almendra aponta que não teriam sido poucas as tentativas, por parte do SDDA, de convencer a Sicam a juntar-se às outras; a Sicam negava-se, segundo este relato, porque, no SDDA, a distribuição dava-se proporcionalmente (na forma de *market share*) – e a Sicam era a menor delas.

---

[42] MORELLI, 2000, p. 216-217.

[43] ALMENDRA, 2013.

[44] ALMENDRA, 2014, p. 18-19.

[45] Conta a autora que o diretor do SCDP era Romero Lago, falso nome para o foragido da Justiça do RS Hermenegildo Ramirez de Godoy, e que foi desmascarado dois anos depois.

[46] Portaria 71/66 do SCDP.

[47] MORELLI: 2000, p. 257-258.

[48] ALMENDRA, 2014, p. 20.

Como a Sicam continuasse a praticar os próprios preços e estivesse ampliando suas atividades para o território nacional, o SDDA promovia um boicote à associação. A Sicam, na disputa, reiterava seu discurso igualitarista e modernizador. Ao mesmo tempo, relata Vanisa Santiago,[49] havia outros motivos para a revolta contra a Sicam: consta que o Chefe de Censura de São Paulo, J. Pereira, autorizava a realização de eventos mediante pagamento somente à Sicam, mesmo quando o repertório pertencia ao SDDA, tendo sido inclusive processado pelo SDDA por essa atuação. Ainda de acordo com Vanisa, as consequências da divisão e das várias questões que foram levadas aos tribunais do país foram desabonadoras para todas as entidades.[50]

A unificação da cobrança não era o único fator de pressão às sociedades por parte do regime militar: tinha início, naquele momento, uma discussão sobre a criação de um Código do Direito de Autor e Conexos. As sociedades, dado o contexto de pouco diálogo, não tinham clareza de que papel teriam nessas discussões. O Ministro da Justiça de Castelo Branco, Mem de Sá, deu início à elaboração de um anteprojeto de Código do Direito de Autor e Conexos; em maio de 1967, o Ministro da Justiça Gama e Silva, já no governo Costa e Silva, incumbiu Antonio Chaves, Cândido Motta Filho e Milton Sebastião Barbosa de revisar o anteprojeto, e os juristas abririam espaço para sugestões de emenda.

O marechal Costa e Silva era mais aberto aos dirigentes da SDDA que o seu antecessor. As contradições nessas relações eram uma constante: o SDDA, por diversas vezes, valorizava publicamente o SCDP da ditadura, que garantia a arrecadação de direitos autorais;[51] ao mesmo tempo, em 1968, os deputados da situação no Congresso Nacional instituíram uma CPI para investigar as denúncias que a imprensa veiculava sobre as entidades autorais.[52] No relato de Vanisa Santiago, a investigação teria sido promovida por um Deputado pelo Rio de Janeiro, Getúlio Moura, relacionado a interesses de um clube em Nova Iguaçu, no Estado do Rio de Janeiro, e que se recusava a pagar direitos autorais.[53]

---

[49] Informação verbal, 2014.

[50] ALMENDRA, 2014, p. 20.

[51] Como registrado em números de sua *Revista de Direito Autoral*, publicada a partir de 1972. Cf.: ALMENDRA, 2014, p. 21.

[52] MORELLI, 2000, p. 221.

[53] ALMENDRA, 2014, p. 22; ainda Vanisa Santiago [Almendra], informação verbal, 2014.

Foi a primeira CPI do direito autoral no país – seguir-se-ia um número delas –, e todas significaram grandes prejuízos à imagem do campo institucional do direito autoral. Durante as investigações, nomes da MPB que estavam descontentes, como Nelson Motta, queixaram-se da presença dos editores nas direções, da concentração do direito a voto em alguns poucos autores, e da predominância, nas sociedades, de dirigentes que sequer compunham mais. Os dirigentes das sociedades, na mesma CPI, ao queixar-se de seus problemas, expuseram as feridas dos conflitos entre a SDDA e Sicam, reforçando a imagem de desorganização que o campo já tinha. A Sicam, enquanto isso, ainda não era alvo preferencial das críticas públicas,[54] e tinha um discurso de defesa montado: em 1968, ela circulava, em seu boletim *Sicam 6*, que o SDDA estava oferecendo descontos aos usuários, caso eles estabelecessem exclusividade com as entidades participantes do Serviço, sugerindo que isso era uma forma de forçar sua entrada nele, e desencorajar a fundação de novas entidades, mais modernas.

Para Morelli,[55] a CPI não teve resultados concretos, porque o AI-5 teria desorganizado os trabalhos do Congresso Nacional, marcando também o distanciamento final do Estado em relação aos dirigentes pioneiros. No relato de Almendra,[56] houve grande repercussão na imprensa sobre a CPI, mas ela teria sido arquivada por falta de provas.

Enquanto isso, a comissão de juristas que discutia o Código de Direito de Autor e Direitos Conexos encerrou, sob o governo Médici, os trabalhos de elaboração do anteprojeto, sem chegar a um consenso. Um primeiro anteprojeto elaborado pelo desembargador Milton Sebastião Barbosa tinha 351 artigos; o presidente da Comissão Revisora, Cândido Motta Filho, ofereceu um substitutivo de 98 artigos, que pouco modificava o regime vigente então, diante do que os demais membros da Comissão, Milton Sebastião Barbosa e Antonio Chaves, ofereceram um projeto com 198 artigos, "que procurava consubstanciar as conquistas das legislações mais modernas".[57] Médici pediu então ao procurador-geral da República, José Carlos Moreira Alves, que elaborasse sozinho um novo projeto, com prazo de tramitação legislativa total de 45 dias.[58] As 233 emendas apresentadas no Congresso foram pouco foram apreciadas, devido ao prazo de dez dias

---

[54] MORELLI, 2000, p. 294.
[55] MORELLI, 2000, p. 294.
[56] ALMENDRA, 2014, p. 22.
[57] CHAVES, 1979, p. 40.
[58] ALMENDRA, 2014, p. 27.

imposto para as discussões.[59] Foi essa a história da aprovação, em 1973, da Lei n. 5.988, a primeira Lei de Direitos Autorais brasileira, e

> [...] que foi a grande realização modernizadora dos governos militares no campo autoral, bem como sua intervenção mais autoritária, dado que muitas das emendas apresentadas por parlamentares não chegaram a ser apreciadas em razão do curto prazo de sua tramitação, enquanto emendas propostas pelas próprias entidades autorais não parecem ter sequer existido.[60]

Médici, a pedido da Associação Brasileira de Produtores de Disco (ABPD), vetou uma das únicas emendas aceitas, incluída pelo senador oposicionista Franco Montoro, que instituía a numeração de discos no Brasil, e que interessava aos autores por sua pretensão de controlar as vendas de fonogramas, e seu respectivo pagamento. O veto foi representativo do poder que os modernos atores do campo musical, ou seja, a indústria fonográfica e as emissoras de rádio e TV, ganhavam no cenário político nacional. Em entrevista em 2017, João Carlos Muller Chaves, que então já era lobista da ABPD, relatou também seu papel e o de André Midani na resistência contra o instituto da numeração. Esse assunto nunca deixaria o direito autoral brasileiro, e, veremos, foi um dos pontos de disputa entre grupos de autores e artistas, de um lado, e editoras e gravadoras, do outro, nas décadas adiante e na discussão da Lei n. 9.610/98. E, aqui, cabe uma digressão.

3. NOVAS TECNOLOGIAS, NOVOS DIREITOS: O FONOGRAMA E O RÁDIO

A grande penetração do rádio no Brasil já nos anos 1930 trouxe grandes consequências para a música popular brasileira. Nos anos 1930, no Brasil, a radiodifusão já cobria todo o território nacional, e havia superado o cinema como veículo de massa. "O impulso que levou o rádio a essa posição de vanguarda alicerçou-se, em nosso caso, na sua associação a dois grandes motivos, já capazes de mobilizar multidões: o futebol e a música popular";[61] mesmo os receios de que a televisão levaria ao fim do rádio foram infundadas, por razões inclusive financeiras: em 1963, o rádio estava em 95% dos domicílios cariocas – quase três vezes a penetração da televisão.[62]

---

59 CHAVES, 1979, p. 40. Foram 250 emendas, de acordo com Vanisa Santiago em: ALMENDRA, 2014, p. 27.

60 MORELLI, 2000, p. 225.

61 SODRÉ, 2003, p. 108.

62 SODRÉ, 2003, p. 112.

Embora o desenvolvimento da música popular tenha estado ligado a fenômenos diversos, como a urbanização – com ela o aparecimento do teatro musicado, das festas de salão e dos clubes – e o prestígio do carnaval,[63] o disco teria grandes consequências para a difusão da música popular, e em especial do nascente samba – a primeira gravação feita no Brasil, por sinal, foi um samba, *Pelo telefone*, do compositor Ernesto dos Santos – em 1917. Mas foi lento o desenvolvimento do mercado do disco no país, enquanto o rádio era mais acessível; a importância que o rádio foi adquirindo também para o mercado de discos fica clara em uma matéria de 1969 da *Revista Manchete*, em que o diretor artístico da gravadora Odeon dizia que os *disc-jockeys* das rádios tinham a capacidade de decidir pelo êxito ou fracasso de uma gravação.[64]

O desenvolvimento do disco e do rádio foi provocando grandes turbulências no campo institucional de arrecadação de direitos autorais no país. Ao contrário dos editores, que eram titulares – derivados, em função dos contratos de cessão de direitos – de direitos de autor –inclusive fonomecânicos, ou seja, os pagos pelas gravadoras aos autores das composições–, os produtores fonográficos – as gravadoras –, nas décadas de 1950 e 1960, não eram parte das sociedades – nesse período, inclusive, as sociedades eram mandatárias dos autores – compositores – em relação às negociações dos direitos fonomecânicos – resultantes das vendas das gravações. Vale adentrar nesse desenvolvimento, porque ele explicita uma contraposição dentro do campo musical que vai aparecer nas discussões da década de 90 – e além –, e cujas razões e configurações são pouco transparentes à primeira vista.

Quando surgiram os discos e as emissões radiofônicas, elas apareceram, para as sociedades de autores, como competidoras no mercado da música e da arrecadação globalmente considerada. É que, apesar de gravadoras e rádios pagarem aos autores os direitos fonomecânicos, os concertos e outras formas de execução musical ao vivo deixavam de ser as únicas formas de fruição musical, e começava a operar-se, inclusive, uma reconfiguração das posições artísticas de prestígio.

Quando, em 1951, a gravadora Odeon,[65] buscou um acordo com os editores,[66] e não com os autores, na forma de um pagamento valor fixo – aumento de Cr$ 0,30 para Cr$ 0,40 – aos editores por cada face de

---

[63] TINHORÃO, 2002.

[64] S/A, Revista Manchete, 1969, *apud* SODRÉ, 2003, p. 122-123.

[65] Instalada pioneiramente no Brasil em 1914, de acordo com: MORELLI, 2000, p. 139.

[66] Via Sbacem.

disco vendido, o acordo foi negado: Sbacem, UBC e Sbat apresentaram memorial reivindicando a fixação do percentual de 3% na remuneração autoral pelo preço de venda para cada face do disco. O que as entidades buscavam firmar era que, sendo essenciais para as gravações, os autores – ou os autores e editores – deveriam entrar no empreendimento dos fonogramas *como sócios*, não como empregados. Ao mesmo tempo, as sociedades engajavam-se em um trabalho de desvalorização cultural do mercado fonográfico, buscando colar às fábricas de discos uma imagem de puro comércio, espúrio. Nesses discursos, as composições executadas ao vivo e representadas pelos autores já presentes nas sociedades seriam representantes de um certo valor artístico puro,[67] ainda que, como descrevemos atrás, nas sociedades sempre tenha prevalecido a um discurso de valoração econômica da música.

A proposta dos 3% acabou aceita pela Odeon somente em 1961, ou seja, quando os editores já haviam sido expulsos da diretoria da Sbacem. Isso é representativo de que a principal disputa que se estabelecia, então, não era entre gravadoras e compositores, mas entre gravadoras e editoras. Ao longo dos anos 1950, essa disputa adquiriu também feições nacionalistas, repercutidas na imprensa da época: a indústria fonográfica aparecia como a ameaça do interesse estrangeiro. Um argumento comumente trazido era que, muito embora a produção anual de discos no país levasse 75% de gravações de MPB, pagavam-se valores mais elevados aos autores estrangeiros que aos nacionais. Discutiam-se reiteradamente também propostas legislativas pela obrigatoriedade de inserção de ao menos uma canção brasileira em pelo menos uma das faces de cada disco gravado no Brasil.[68]

A mobilização de argumentos nacionalistas pelas sociedades de gestão coletiva consistiu um processo mais amplo, que associava as formas modernas do mercado musical a aspectos mais mercadológicos que artísticos, e que fora alimentada, até a década de 40, pelo nacional-populismo de Getúlio Vargas, com a valorização do que se entendia como a representação fiel da alma do povo brasileiro – a música popular tradicional, ou a verdadeira música brasileira –; vimos que os dirigentes das sociedades pioneiras tinham tido trânsito bastante facilitado no Estado Novo. Conforme as práticas do mercado mudavam, elas eram progressivamente condenadas pelas associações como estrangeirismos ou práticas meramente comerciais; associava-se esse mercado à "caitituagem", ou o jabá, e condenava-se a penetração da música estrangeira no país. Num movi-

---

[67] MORELLI, 2000, p. 125.

[68] MORELLI, 2000.

mento nostálgico, as sociedades dedicavam-se cada vez mais à exaltação de sua história e de seus fundadores, e de gêneros já em decadência como as músicas carnavalescas.[69]

Ao mesmo tempo, a indústria fonográfica começava a marcar, internacionalmente, sua demanda de se tornar uma titular originária de direitos intelectuais. Em 1960, elas foram vitoriosas, com a assinatura da Convenção de Roma, que previa a criação dos *direitos conexos*, que são os direitos de titularidade de intérpretes, músicos executantes e produtores fonográficos – também chamados, no direito francês, de *droits voisins*, direitos vizinhos aos de autor. A ideia era que, se fonogramas e interpretações de obras não podiam ser considerados obras no sentido original do direito de autor, ou criações em si, eles fossem também protegidos com um direito semelhante, ainda que de menor abrangência.

Foi nesse cenário que a indústria fonográfica, em 1962, ainda antes da ratificação da Convenção de Roma no Brasil, criou a sua própria associação: a Sociedade de Intérpretes e Produtores Fonográficos (Socinpro), cujo primeiro objetivo era justamente acelerar tal ratificação. Em 1967, foi promulgada a Lei n. 4.944, e, no ano seguinte, o Decreto n. 61.123, cumprindo esse objetivo, e assim a Socinpro passou a integrar o SDDA.[70] A Convenção de Roma previa o direito de comunicação ao público aos intérpretes e músicos executantes, e a lei que a promulgou cuidou dessa proteção, mas a Socinpro não os contemplou para sua arrecadação e distribuição, nem de início, nem por muitos anos a seguir.

Vale pontuar que não vem sem problemas, na discussão doutrinária sobre direito autoral, a questão da titularidade originária por parte dos produtores fonográficos – e não derivada, como é o caso dos editores, que adquirem os direitos mediante contratos de transferência, como a cessão. Parte da doutrina questiona-se sobre a razoabilidade em se supor que o produtor concorre com a criação artística ou literária, que seria o objeto de proteção de direitos de autor e conexos. Na ratificação do Tratado, no entanto, essa questão não foi debatida, e nenhuma das flexibilidades de adoção que a Convenção de Roma permitia que os países adotassem foi adotada – foram garantidos os direitos completos ali previstos, e ainda com um prazo de proteção de 60 anos, muito superior à média de 20 anos então vigente nos países que previam tal direito, e que era o mínimo estabelecido na Convenção.

---

[69] MORELLI, 2000, p. 72.

[70] MORELLI, 2000, p. 129.

3.1. DESLOCAMENTOS: DE AUTORES A CANTORES

Não era somente a participação dos produtores que era uma novidade competitiva no cenário nacional de execução pública musical: também a participação dos intérpretes no sistema era uma questão. No final dos anos 1940, com o rádio e o disco, intérpretes – cantores – começavam a ganhar grande proeminência na cena musical, deslocando o foco das atenções da figura do compositor, estrela das execuções dos clubes sociais de até então, e levantando ressentimentos.

FIGURA 3 – HOMENAGEM DA ABCA A CARMEM MIRANDA

Fonte: Ed. Comemorativa do 3º Aniversário da ABCA, 1941. Acervo Vanisa Santiago.

Tratava-se de uma transformação na indústria cultural mundial. Ao mesmo tempo que tinham de se adaptar – dirigentes da Sbacem chegariam a convidar determinados cantores, como Carmen Miranda, para o cargo de sócio benemérito, e prestar-lhes homenagens nos eventos sociais –, os atores tradicionais do campo musical no Brasil queixavam-se desse novo estrelato.

> Os cantores escolhem as músicas que o povo deve cantar. São os juízes, os selecionadores, os censores de nosso cancioneiro. Deles dependem os compositores, embora, na realidade, os intérpretes necessitem muito mais dos autores [...].[71]

E, de fato, consta que o conhecido desentendimento entre Assis Valente e Carmen Miranda se deu quando ela se negou a gravar Brasil Pandeiro, em 1946 – o que demonstra a ascendência que os intérpretes passavam a ter em relação aos compositores.[72]

Agora, com a Convenção de Roma ratificada e a Socinpro parte do SDDA, os compositores teriam de se adaptar à realidade de dividir o bolo de arrecadação com os titulares de direitos conexos. E isso não aconteceria sem conflitos.

3.2. OS NOVOS GIGANTES DA COMUNICAÇÃO

Não foi só o crescimento do mercado do disco que trouxe desafios ao *status quo* das sociedades de autores: também assim foi com o crescimento das emissoras de rádio e televisão, tanto do ponto de vista das questões de arrecadação em si, quanto do trânsito no Estado e do prestígio social e político das sociedades. Nascia outra disputa que não deixaria nunca mais o campo institucional dos direitos de autor no Brasil. Ela já era perceptível na mudança de discurso: quando, em 1964, a Sbacem foi acusada de má gestão e corrupção – um jornalista da *Tribuna da Imprensa*, naquele ano, publicou artigo sobre a pobreza de Ary Barroso ao fim de sua vida, e desafiou os dirigentes da Sbacem a tornar a declaração de seu patrimônio pública –, o presidente da diretoria da sociedade, Marino Pinto, respondeu em artigo que a culpa era das emissoras de rádio e TV, e dos clubes e exibidores cinematográficos, que obstavam a arrecadação – "por que o jornalista não os apontava como culpados?", se questionava.

Nas primeiras décadas de atuação, trabalhando para firmar sua legitimidade diante dos usuários – e contando com a legislação –, as entidades

---

[71] HOLANDA, 1969, p. 175.

[72] HOLANDA, 1969, p. 210.

moviam diversas ações judiciais, em geral vencedoras,[73] contra usuários de música –no jargão, não são os usuários individuais, como pensaríamos com a linguagem de hoje, mas os clubes sociais e emissoras, atores que se utilizam de música comercialmente. A legislação de então, antes da Lei de Direitos Autorais de 1973, era o Decreto-Lei 1.949/1937, que regulamentava o Departamento de Imprensa e Propaganda (D.I.P.), centralizando o serviço de censura e, em seu artigo 107, determinando que atrações públicas que tivessem *lucro direto ou indireto* submetiam-se à necessidade de apresentação das autorizações de direito de autor, para que fossem aprovadas pelo D.I.P. Em espírito, o Decreto-Lei não inovava em relação à Lei Getúlio Vargas, mas federalizava o controle – antes do D.I.P., a censura sempre se dava em caráter regional. De acordo com Oswaldo Santiago, o Decreto-lei foi somente parcialmente efetivo na federalização, "persistindo as anomalias burocráticas e as influências locais, de cada unidade da Federação".[74]

Ocorria que os usuários modernos – exibidores de cinema e emissoras de rádio –, além de terem prestígio e poder político, não estavam previstos na legislação do D.I.P. Esses dois fatores fizeram com que as negociações das sociedades com eles sempre tenham sido mais flexíveis.[75] Além disso, as emissoras de rádio tinham a paradoxal peculiaridade de representar ao mesmo tempo uma *fonte de renda* e um *meio de divulgação* aos autores – ou seja, sua atividade gerava rendas aos autores por outras fontes também, o que dificultava a posição das sociedades. Ao longo dos anos 50, com a semi-institucionalização da prática da "caitituagem" – jabá –, impondo-se

---

[73] Em 1944, o Supremo Tribunal Federal decidiu (Recurso de Mandado de Segurança n. 174) em desfavor ao Sindicato das Casas e Diversões do Rio de Janeiro, que afirmava que os usuários estavam sendo coagidos pelas tabelas de preço acordadas pela Sbat e UBC e aprovada pelo DIP. O Supremo reforçava, com a decisão, a necessidade da autorização dos autores para que a execução musical fosse feita legalmente, mas, por outro lado, negou autoridade ao DIP de determinar os preços pelas entidades – o que foi inteiramente comemorado por Oswado Santiago: "A questão encerrou-se, assim, de modo altamente favorável ao princípio do direito autoral, que dela saiu revigorado por uma decisão da mais alta Corte de Justiça do País, ganhando uma solidez que até então não havia adquirido". Cf.: SANTIAGO, 1985, p. 129. Em 1946, o STF decidiu, também, em favor da Sbat e da UBC e contra a Sociedade Desportiva Ginásio Pinhalense de Esportes Atléticos (Recurso Extraordinário n. 11.346/SP), afirmando que os eventos realizados nos clubes tinham caráter coletivo e assim deveriam pagar os direitos autorais, ainda que não cobrassem ingresso, já que pagavam músicos – dando uma interpretação a lucro indireto, assim, favorável às sociedades. Cf.: SANTIAGO, 1985, p. 189 *et seq.*

[74] SANTIAGO, 1985, p. 60.

[75] MORELLI, 2000, p. 120.

como prática a atividade de cobrar para executar as músicas na rádio, as sociedades tornavam-se lentamente "devedoras" – simbolicamente –, em vez de credoras, das emissoras.[76]

4. A LEI N. 5.988/73, AS PRESSÕES DA INDÚSTRIA FONOGRÁFICA E O ECAD

Voltando à época da aprovação da Lei n. 5.988/73: quando da aprovação pelo Congresso, a Associação Brasileira de Produtores de Discos (ABPD) desencadeou uma campanha pela imprensa, argumentando que a numeração de discos era uma medida que acabaria por desfavorecer os autores, pois aumentaria o tempo de produção. Por essa razão, argumentava, em nenhum país a medida era prevista. Enviou também ofício nesse sentido ao Ministro da Justiça, no que foi seguida pela Socinpro, que falava por seus produtores fonográficos.[77] O artigo foi vetado por Médici, com a seguinte justificativa:

> O veto incide sobre o artigo 83 por considerá-lo contrário ao interesse público, pelas razões que passo a expor.
> Com efeito, pela redação dada a esse artigo, criou-se a obrigação de as obras constantes de fonogramas serem numeradas, quando de sua edição. Essa numeração, além de ociosa, é impraticável, tendo em vista a circunstância de uma mesma obra musical poder ser gravada, simultaneamente por produtores fonográficos diversos, visto como em geral, as gravações se fazem sem exclusividade. Ainda, porém, que se interprete o dispositivo no sentido de tornar obrigatória a numeração apenas dos fonogramas produzidos, não acarreta ele benefício para os compositores musicais, e cria, para a indústria fonográfica, dificuldades e ônus desnecessários. O interesse daqueles está acobertado, a partir do Ato Complementar nº 36, confirmado, no particular, pelo Decreto-lei nº 406 e pela Lei Complementar nº 4, pela faculdade que se concedeu às produtoras de fonogramas de deduzirem, integralmente, do Imposto de Circulação de Mercadorias, as quantias pagas a autores e artistas brasileiros. A indústria fonográfica impõe-se, pelo menos, mais uma operação em sua linha de produção, além de não se ressalvar sequer, como ocorre no tocante ao contrato de edição (art. 64), a hipótese em que tenha havido cessão de direitos patrimoniais ao produtor fonográfico. Ademais, e ao contrário do que sucede como o contrato de edição, preceito semelhante ao ora vetado não se encontra em nenhuma legislação de direito autoral em todo o mundo, o que está a indicar a desnecessidade e a inconveniência da regra.[78]

---

[76] MORELLI, 2000, p. 150.

[77] MORELLI, 1991, p. 110-111.

[78] Mensagem n. 514, de 14 dez. 1973.

A discussão sobre a numeração de discos voltaria à pauta sete anos depois, com a Lei 6.800/80, que implementava um novo artigo 83, mas dessa vez ao gosto da indústria fonográfica: a obrigatoriedade de inserção, em cada disco, do número de inscrição da empresa no Cadastro Geral de Contribuintes, como uma medida, na retórica própria, de combate à pirataria:

> Essa reivindicação vinha sendo a tônica dos pronunciamentos públicos de sucessivos presidentes da ABDP, desde meados da década de 1970, e constituíra-se no centro das discussões havidas entre os diretores das multinacionais do disco que se reuniram nos conclaves internacionais ocorridos no Rio, em setembro de 1979.[79]

Embora também aos autores, intérpretes e músicos pudesse interessar o combate à pirataria, nesse respeito, a proteção dos produtores de discos sobrepujava-se à sua. O caso da numeração é um exemplo bastante didático, no entanto, de como as mobilizações no campo do direito autoral brasileiro dão voltas periódicas, mas não são perenes: muito embora, entre 1974 e 1975, o deputado Franco Montoro tenha tentado reeditar o dispositivo da numeração dos discos ao gosto dos autores e das sociedades, não houve então mobilização por parte deles, além de lamentações pelo fato de o deputado não ter buscado interlocução.[80] A indústria fonográfica, por seu lado, conseguia mobilizar: em seguida à lei que obrigava inscrição da empresa no CGC, a Lei n. 6.895/80 alterou artigos 184 e 186 do Código Penal, incluindo pirataria e comercialização de fitas piratas entre os crimes contra a propriedade intelectual.

As duas grandes novidades que trouxe a Lei n. 5.988/73 para o campo institucional dos direitos autorais foram a criação do Escritório Central de Arrecadação e Distribuição (Ecad), para centralizar as atividades das sociedades sem dissolvê-las, e a criação do Conselho Nacional de Direito Autoral (CNDA), um órgão de fiscalização, consulta e assistência que deveria orientar toda a política governamental em matéria de direito autoral.[81] Se, de um lado, as associações de direito de autor repudiavam o CNDA por compreender que se tratava de indevida ingerência em assuntos privados, e que a ingerência seria autoritária, afeita às violações de liberdades que o país atravessava,[82] outros atores do campo celebravam-no como um grande avanço. Antonio Chaves, professor de Direito Civil da USP especializado em direito autoral, diria sobre o CNDA em 1979:

---

[79] MORELLI: 1991, p. 112.

[80] MORELLI, 1991, p. 114-115.

[81] CHAVES: 1979, p. 41.

[82] ALMENDRA, 2014, p. 27.

Suas atribuições, especificadas como estão pelo art. 117, podem ser compendiadas em dois objetos principais:
No âmbito interno, zelar pela exata aplicação das leis e pelo bom funcionamento das associações de titulares de direito de autor e dos direitos conexos, com poder de intervenção e até mesmo de cassação da autorização para funcionarem, de fiscalização dessas entidades e do Escritório Central e Arrecadação e Distribuição; na fixação de normas para a unificação de preços, sistemas de cobrança e distribuição; gerenciado Fundo do Direito Autoral, manifestação sobre conveniência de alterar as normas de direito autoral e problemas a ele concernentes.
No âmbito internacional, zelar de maneira análoga pela exata aplicação dos tratados e convenções internacionais ratificados pelo Brasil; manifestação sobre conveniência de alteração de normas na ordem internacional e sobre os pedidos de licenças compulsórias previstas em tratados e convenções internacionais.
Não podiam ser mais amplas, nem mais importantes, como se vê, para um país, cioso do desenvolvimento em que se lançou de corpo e alma, as atribuições de um órgão destinado a influir decididamente, na política do direito autoral, isto é, naquilo que se espera seja, finalmente, um verdadeiro estímulo às forças vivas da própria nacionalidade, no que têm de mais expressivo, mais criativo e mais representativo.[83]

Para Antonio Chaves, escrevendo em 1979, a nova lei poderia, no entanto, ter escolhido um caminho "mais corajoso": o de formar uma nova entidade autárquica que eliminasse as já muitas associações existentes, cuja coexistência era complicada, e também ter limitado a criação de novas associações. Como indicamos de passagem, a multiplicidade de associações vinha levado a alguns problemas, como a disputa por repertórios, a dificuldade do usuário de saber a quem tem de pagar – o que gerava pagamentos indevidos, ou duplos pagamentos –, e a existência de diferentes sistemas e regras de cobrança. Antonio Chaves afirmava que um usuário ter de contratar uma série de diferentes organizações para tocar um punhado de músicas era um fator de grande ineficiência – esse, no entanto, resolvido com a criação do Ecad. Ainda que fosse favorável à existência de uma organização única, entendeu, então, que a determinação subsequente do CNDA em transformar o Ecad na única entidade a arrecadar e distribuir direitos autorais por execução pública, como veremos a seguir, ia além da previsão legal.[84]

---

[83] CHAVES, 1979, p. 41-42.

[84] CHAVES, 1979, p. 45.

4.1. "O NOVO": A JOVEM MÚSICA POPULAR BRASILEIRA

A aprovação da Lei de Direitos Autorais vinha em um contexto de grandes novidades no campo cultural brasileiro. A interpretação dessas novidades, evidentemente, não era unívoca. Importantes setores da esquerda e críticos como José Ramos Tinhorão, nos anos 1960, rechaçavam a Bossa Nova, considerando-a um ritmo alienado, influenciado por estrangeirismos advindos da dominação econômico-cultural norte-americana.[85]

Não se pode dizer que essa interpretação foi majoritária: críticos como Ruy Castro, Nelson Lins de Barros e Claribalte Passos viam, por outro lado, a bossa nova como a produção de uma música "de qualidade" capaz de rivalizar com o que de melhor se fazia na época em outros países do mundo, assim como uma forma de efetiva resistência da cultura brasileira contra a avalanche da música importada de forma desleal.[86] O profissional do ramo fonográfico André Midani opina que o novo movimento, capitaneado "por jovens e para jovens" como não havia ocorrido na música brasileira até então, inaugurava além de tudo uma nova relação entre estúdio de gravação e artista, e entre arranjadores e cantores: os novos intérpretes eram extremamente exigentes e passavam a ter cada vez mais liberdade quanto à qualidade final do que produziam. Suas performances ao vivo passavam, também, a exigir cada vez mais qualidade técnica. A Odeon, gravadora na qual Midani trabalhava em 1960, também se profissionalizava, com a bossa-nova, no desenvolvimento de uma "estratégia de *marketing*" (o termo ainda não era utilizado) para divulgação desses artistas.[87]

Para as sociedades pioneiras, a "construção simbólica de uma linha de contiguidade artística entre os velhos e os novos grandes nomes da MPB"[88] servia, também, à manutenção dos antigos prestígios. Uma leitura nacionalista da Bossa Nova, que reafirmava suas ligações com o samba e sua função na contenção da importação de ritmos estrangeiros, cumpria esse objetivo, por mais diferentes que fossem os nacionalismos de Sabiá e de Aquarela do Brasil.

Mas os anos 1960 não se resumiram a uma "estabilização" da Bossa Nova: no período, ascendiam vertiginosamente os movimentos da Jovem Guarda e da Tropicália, com artistas que, esses sim, iniciando suas carreiras em São Paulo e por intermédio da televisão, constituíam elementos totalmente estranhos ao nacionalismo promovido pelas velhas associações.

---

[85] TINHORÃO, 2002, p. 56.

[86] SODRÉ, 2002, p. 126-129.

[87] MIDANI, 2008, p. 42.

[88] MORELLI, 2000, p. 238.

Buscando ainda a benevolência dos governos militares – e aproveitando-se da aberta rejeição das vanguardas artísticas ao governo militar –, as sociedades pioneiras passariam a reforçar os valores da Bossa Nova em oposição aos da Tropicália. Até a androginia e trejeitos "obscenos" nas performances dos novos movimentos eram condenados pela Sbacem em suas publicações – e a virada de Roberto Carlos a um romantismo e postura contida era merecedora de elogios.[89] Em 1973, por exemplo, o presidente do Sindicato dos Compositores Herivelto Martins, em entrevista à revista *Cartaz*, reproduzida no boletim de número 83 da Sbacem afirmava que:

> É preciso que o governo intervenha. Urgentemente, enquanto ainda há tempo. Que mobilize o Ministério da Educação, do Trabalho, da Indústria e do Comércio. As Forças Armadas. Que bote no meio do Patrimônio Histórico e Artístico Nacional, não para tombar o samba, que já anda tombando até demais, mas para preservá-lo como o mais autêntico dos acervos brasileiros.[90]

Nos anos 1960 e 1970, enquanto os festivais de música tinham um papel central, lançando compositores e intérpretes no mercado musical nacional, e inclusive promovendo vendagens excelentes de fonogramas,[91] de seu lado, os dirigentes da Sbacem investiam atenção em concursos carnavalescos, que encontravam espaço, por exemplo, no Programa do Silvio Santos, ou nas prefeituras das cidades do Rio de Janeiro e São Paulo. Eles chegaram a disputar espaço nos festivais: em 1965, no I Festival de Música Popular Brasileira, da TV Excelsior, Marino Pinto, então presidente da Sbacem, em parceria com Mário Rossi, secretário, inscreveram a valsa *Minha cidade* – e o responsável pela inscrição era Nestor de Holanda, fundador da Sbacem. Ainda que com essa situação aparentemente favorável, a música vitoriosa foi *Arrastão*, de Edu Lobo, em parceria com Vinicius de Moraes. E grande parte dos compositores e intérpretes emergentes nesses festivais já viria se juntar às fileiras da Sicam.

Entre 1968 e o fim da década de 1970, também as relações entre a indústria do disco e a MPB seriam profundamente transformadas. De um lado, os estímulos advindos da aceleração da economia brasileira; de outro, a edição do Ato Institucional n. 5. Se a indústria cultural cresceria a uma taxa média de 15% ao ano na década de 1970, e isso apesar dos choques do petróleo que resultavam em escassez da matéria-prima – o vinil –, a repressão teve um impacto no quanto esse crescimento apro-

---

[89] MORELLI, 2000, p. 251.

[90] SBACEM *apud* MORELLI, 2000, p. 249.

[91] SODRÉ, 2002, p. 122.

veitaria à própria MPB, inclusive pelo receio que a censura impunha às gravadoras.[92] [93] Quase desnecessário dizer, a censura teria mão menos pesada em relação a gravações vindas de fora. Embora os dados sobre o período variem, em especial por conta da adoção de critérios divergentes,[94] a participação da música estrangeira nos lançamentos e nas vendas de discos crescia durante a década, e, naquele período, gravadoras como a norte-americana WEA e a Capitol Records instalavam-se no país. As gravadoras nacionais eram subsidiárias ou representavam as estrangeiras no país, e era mais econômico, também, lançar um disco já gravado no exterior: além de eles já entrarem no Brasil com os custos de produção cobertos pelas vendas na origem, a importação desses discos se dava sem tributação, na forma de "amostras sem valor comercial".[95] Em 1976, a própria ABPD divulgaria a existência de uma proporção ilegal de lançamentos estrangeiros no país – 53%, contra os 50% que eram permitidos por lei.[96] Quando o profissional da indústria fonográfica André Midani entrou na Warner, em 1976, relata, a empresa não concordava com seus planos de desenvolver um catálogo também de artistas brasileiros. Ele

---

92 MORELLI, 1991, p. 47-54; BARCINSKI, 2014, p. 56-57; MIDANI, 2008, p. 68.

93 Falando sobre as dificuldades da Phonogram com a censura, conta André Midani: "Por fim, a censura quis formalmente transferir a responsabilidade de censurar diretamente para as gravadoras. João Carlos Müller, responsável pelo departamento jurídico da empresa, vivia sob uma pressão tensa e constante, pois a nossa atitude formal era de que nós éramos pagos para gravar discos, o que continuaríamos fazendo, ao mesmo tempo que a censura era paga para censurar, e teria que continuar fazendo o seu trabalho. Durante esses embates, o governo, em represália à nossa resistência, vivia nos ameaçando de cancelar o registro da companhia no Departamento de Censura, o que significava, em poucas palavras, que teríamos que fechar as portas se não cooperássemos com os 'princípios patrióticos da revolução'". Cf.: MIDANI: 2008, p. 68. A Phonogram não sucumbiu, o que Midani credita, em grande parte, a ela ser uma gravadora representante de importantes conglomerados estrangeiros.

94 André Barcinski conta, em reportagem na revista *Piauí* em 2014, como se estabeleceu, a partir da segunda metade dos anos 1960 no Brasil, um mercado para LPs de *covers* – músicas cujos direitos eram comprados, executadas por bandas anônimas, como a muito prolífica Os Carbonos. A prática de omitir o nome dos músicos, nos álbuns, permitia inclusive que esses produtos gerassem confusão, o que era repreendido pela crítica. Interessante é que, ainda que gravadas por músicos brasileiros e no Brasil, covers internacionais, cantados em inglês, eram considerados música estrangeira e, como tal, escapavam à censura, o que convinha às gravadoras. BARCINSKI, 2014.

95 MORELLI, 1991, p. 48.

96 MORELLI, 1991, p. 53.

entendia que a postura de não investimento em música local era um erro, inclusive do ponto de vista comercial.[97]

Mesmo com tantos estímulos à enxurrada da música estrangeira no país, os grandes artistas brasileiros saídos dos festivais de música estabeleceram novas relações com o mercado; se os bossanovistas já traziam um trato novo com a indústria fonográfica, eles apresentavam todavia ainda algum diletantismo que foi abandonado pelos tropicalistas, por exemplo, que já mostravam "seriedade profissional" nos contatos com a indústria fonográfica.[98] [99] Essa nova geração passa a vender discos, tocar no rádio e na televisão. Mas ela não via sua arrecadação por *execução pública*, ou seja, o direito sob cuidados das sociedades de autores, aumentada. Isso acontecia, principalmente, porque naquele momento as sociedades não utilizavam rádio e TV como critério de distribuição.

Essa relação levou a uma crise entre os representantes da nova MPB e a própria associação que os acolhera, a Sicam, cujos dirigentes, como também apontamos, eram provenientes do gênero carnavalesco. A crise teve um auge em 1972, quando alguns dos tais "grandes nomes" ingressaram com uma ação judicial para pedir prestações de contas aos dirigentes "veteranos",[100] especialmente no que dizia respeito às distribuições de meio de ano – ou seja, as que não correspondiam ao carnaval. Alberto Roy, então dirigente da entidade, expulsou os "rebelados" – por meio da "liberação de seus repertórios" –, reiterando os padrões de comportamento das entidades pioneiras – uma novidade, em meio ao discurso modernizante da Sicam –, e em seguida renunciou.[101] Foram expulsas pessoas como Ivan Lins, Vitor Martins, João Bosco, Moraes Moreira, Aldir Blanc e Sueli Costa[102] – embora

---

[97] MIDANI, 2008, p. 101.

[98] MORELLI, 1991, p. 68.

[99] É também desse período, no Brasil, a adoção de estratégias de marketing que, nas palavras de Midani, orientavam-se a: "ouvir muito mais a alma do artista do que propriamente escutar a beleza de sua canção e de sua voz". Cf.: MIDANI, 2008, p. 46. Ou seja, a avaliação de atributos imagéticos e sentimentais, que traziam a possibilidade de se produzir uma estrela já no início de uma carreira.

[100] De acordo com o compositor Marcus Vinícius Mororó de Andrade, que viria a ser dirigente da associação Amar, o advogado que os auxiliou à época foi o Pedrylvo Guimarães, que aparece mais pra frente nesta história como membro da comissão que discutiria um anteprojeto de lei de direitos autorais, no CNDA. A ação judicial "não foi pra frente". Informação verbal, set. 2017.

[101] MORELLI, 2000, p. 283-284.

[102] MORORÓ DE ANDRADE, informação verbal, set. 2017.

outros grandes nomes da MPB como Gilberto Gil, Caetano Veloso, Originais do Samba, Jair Rodrigues, Reginaldo Rossi e Novos Baianos continuassem na entidade,[103] ainda que parte deles houvesse também participado do questionamento à Diretoria.[104]

Para além da disputa por valores, esses novos grandes nomes da MPB, como militantes políticos que eram em geral, pareciam propor um questionamento no campo do direito autoral para além do que queriam assumir os dirigentes da Sicam.[105] A Sicam, naquele momento, havia embarcado nos esforços das demais entidades em construir como seus maiores inimigos os "grandes usuários". Suas concepções modernizantes não eram suficientes para os jovens artistas herdeiros dos festivais: quando a entidade questionava as relações entre autores e editores, por exemplo, fazia-o somente de forma a buscar uma diminuição da participação das editoras nos direitos autorais de execução pública – obrigou, por exemplo, no caso de seus autores, um teto de 25%, contra a praxe anterior de 33%.

4.2. A OPOSIÇÃO SOMBRÁS: UMA FILHA DA MPB

No fim de 1974, compositores da MPB – movimentos como bossa nova e tropicalismo – e outros compositores universitários criaram uma nova organização, a Sombrás, que "reunia principalmente aqueles artistas nos quais a indústria do disco começava então a investir com vistas à ampliação do seu público tradicional e à conquista definitiva do consumidor jovem brasileiro para o mercado fonográfico"[106] – e que não se

---

[103] [S.a], 2014, p. 17.

[104] Assim, segundo Rita Morelli, a Sicam foi marcada, nos anos 1960 e 1970, por ambiguidades, na medida que, em relação às entidades pioneiras, posicionava-se como modernizante, mas, em relação aos grandes nomes rebelados, posicionava-se como aquelas entidades, com evocações nostálgicas, por exemplo, à geografia boêmia de São Paulo no início dos anos 1960, ou às condições humildes em que se deu a fundação da associação – discurso que somente se fortaleceria conforme os anos se passavam. Cf.: MORELLI, 2000, p. 285.

[105] Conforme Rita Morelli, a rejeição à Sicam não vinha apenas de uma desconfiança objetiva em relação a critérios de arrecadação e distribuição, mas também de uma renovada diferenciação entre os campos do artístico e do mercado, com os veteranos da Sicam sendo associados apenas aos interesses comerciais. São expressões das representações herdadas das concepções clássicas de cultura, que dividem entre a produção material e a produção cultural, inclusive quanto às categorias de sujeitos sociais. Cf.: MORELLI: 1991, p. 88.

[106] MORELLI, 1991, p. 115.

tornou, nem naquele momento nem depois, uma sociedade de gestão coletiva propriamente. Suas bandeiras principais seriam a proibição da cessão de direitos dos autores e artistas a pessoas jurídicas, o aumento da participação dos autores e artistas novos na distribuição, a proibição de participação nas sociedades dos produtores de suportes materiais – gravadoras, como produtoras fonográficas detentoras de direito conexo –, e, para todos esses fins, a regulação das sociedades e intervenção estatal.

A expulsão de membros da Sicam foi catalisadora desse processo;[107] os jornais já vinham noticiando, desde meados dos anos 1960, que bossa-novistas como Tom Jobim, Vinicius de Moraes e outros já se associavam diretamente a sociedades estrangeiras, para receber seus direitos do exterior, em um movimento de descrédito com as nacionais. Num momento em que alguns artistas brasileiros tornavam-se grandes sucessos fora do Brasil, a mídia acusava as sociedades brasileiras, frequentemente, de não repassar direitos ao exterior corretamente – e por isso sofrerem represálias – ou não distribuir os valores recebidos de fora aos autores nacionais. Em reportagem publicada no *Jornal do Brasil* em seis de outubro de 1967,[108] Roberto Menescal e Ronaldo Bôscoli denunciavam essa separação simbólica entre os *novos* artistas e os *velhos* dirigentes das sociedades:

> Quando o compositor está no auge, mais preocupado com a evolução do seu processo, o direito autoral fica em segundo plano. Os medíocres, porém, ligam-se às sociedades arrecadadoras, que editam a obra, tornam-se proprietários dela, não fornecem comprovantes e deixam o compositor ao desamparo. Nas sociedades, portanto, coexistem dois inimigos do autor: o editor, sem o qual o autor não pode arrecadar [...] e o dono da sociedade.

O que era paradoxal, mas parece marcar a história das disputas em torno do direito autoral, é que esses autores e artistas dissidentes, ainda que radicais políticos, buscavam interlocução com o governo, ainda que combatessem a ditadura militar, e ainda que não houvesse indícios de simetria de interesses,

> [...] na medida em que o governo sequer se mostrava disposto a apoiá-los em suas lutas políticas contra a cessão de direitos, a participação dos produtores de suportes materiais na direção das entidades ou a baixa contribuição dos grandes e modernos usuários de música ao bolo autoral brasileiro.[109]

---

[107] MORORÓ DE ANDRADE, informação verbal, set. 2017. O músico relata que seu interesse pelo direito autoral teve início com esse processo.

[108] JORNAL DO BRASIL *apud* MORELLI, 2000, p. 310.

[109] MORELLI, 2000, p. 303.

O paradoxo era notado também no período; por exemplo, na autobiografia do finado Oswaldo Santiago, ex-tesoureiro da UBC, ainda não publicada, mas citada por Vanisa Santiago,[110][111] ele fala da Sombrás como o único grupo verdadeiramente entusiasmado com a criação do CNDA – que ele via com maus olhos.

No início do governo Geisel, em 1974, começaram a ser construídas pontes que seriam inviáveis em um governo Médici. O novo Ministro da Educação, Ney Braga, foi estabelecendo novos contatos com autores como Chico Buarque, Gutemberg Guarabira, Jards Macalé, Sérgio Ricardo;[112] enquanto isso, os compositores que ingressaram com o pedido judicial de prestação de contas contra a Sicam, e que gozavam de grande prestígio público – Caetano Veloso, Geraldo Carneiro, Gilberto Gil, Gutemberg Guarabira, Ivan Lins, Jards Macalé, João Bosco, Jorge Amiden, José Rodrix, Moraes Moreira, Ruy Maurity, Sueli Costa e Victor Martins – associaram-se à Sombrás. Isso conferiu à organização legitimidade e simpatia da imprensa e do público; como eram artistas com imagem consolidada de oposição ao regime militar, a Sicam aproveitou para taxar-lhes "subversivos". Algumas mudanças na Sicam fizeram com que eles fossem readmitidos, no ano seguinte, mas isso não impediu que a Sombrás continuasse atuando politicamente.[113]

A contradição existente entre essa subversão e o fato de elegerem o governo militar como seu interlocutor buscava ser amenizada em discursos que estabeleciam uma linha de continuidade entre a luta contra o governo e a luta contra o estado das coisas no campo autoral, com base em uma espécie de oposição organizada e classista.[114] O que a Sombrás afirmava querer, essencialmente, era agora eliminar intermediários "entre o artista e o povo", na criação de *uma única organização*, como diria Sérgio Ricardo

---

[110] ALMENDRA, 2014, p. 28.

[111] Cabe aqui ressaltar que, de acordo com Vanisa Santiago, em comunicação pessoal (2014), seu pai Oswaldo, tão citado neste trabalho, jamais foi presidente da UBC – o que é um erro bastante difundido. Foi tesoureiro, membro do Conselho Deliberativo e Chefe do Departamento Legal.

[112] MORELLI, 2000, p. 312.

[113] Ver a descrição mais detalhada desse processo em: FRANCISCO; VALENTE, 2016.

[114] "A gente veio pra rua brigando, e era um contexto muito estranho, porque era o período áureo da ditadura, e éramos todos adversários da ditadura, mas tínhamos, naquele momento, de levantar uma bandeira pra legalidade, a legalidade dos nossos direitos". MORORÓ DE ANDRADE, informação verbal, set. 2017.

em entrevista à *Folha de S. Paulo* em 1975.[115] O discurso da Sombrás era predominantemente moral, e dirigia-se às entidades – os grandes meios de comunicação, naquele momento, já estavam com relações bem estabelecidas com o governo militar. Com o tempo, a atividade da Sombrás concentrou-se em duas finalidades: a unificação do sistema de cobrança, e a elaboração de uma lei de direito autoral.[116]

Assim, a Sombrás começou a pleitear, nas interlocuções com o Ministro da Educação, uma reorganização de todo o sistema de gestão coletiva, a ser conduzida pelo Estado, e que levasse em consideração, por exemplo, aprimoramentos tornados possíveis pela computação eletrônica,[117] bem como uma modernização da legislação. A organização criou oito grupos de trabalho para realizar pesquisas e estudos para a regulamentação das atividades artísticas, afirmando o discurso de que era necessário apropriar-se do sistema, já que o conhecimento dos dirigentes das associações dava-lhes poder sobre os titulares. Reforçava-se também aquele "nós *x* eles": os velhos dirigentes seriam burocratas, e não representariam a classe artística. "De repente, esses compositores, fundando a sociedade, param de compor e se burocratizam", diziam os dirigentes da Sombrás ao *Pasquim* em 1975; ainda, ao *Diário de Notícias*, em 1976, que, "por uma inaptidão natural, os compositores, especialmente os maiores, jamais conseguiram que coexistissem pacificamente o trabalho intelectual de compor com os encargos burocráticos exigíveis para o funcionamento de uma sociedade arrecadadora".[118]

---

[115] FOLHA DE S. PAULO *apud* MORELLI, 2000, p. 317.

[116] MORORÓ DE ANDRADE, informação verbal, set. 2017. Marcos Venício conta que a mobilização de uma lei autoral partiu parcialmente da constatação de que o Brasil teve antes uma lei específica para os direitos conexos que para o direito autoral. Relata, também, que a não unificação do sistema fazia com que fosse muito difícil um compositor escrever com outro compositor de outra entidade, porque isso faria com que somente um deles ganhasse.

[117] Entrevista de Gilberto Gil ao *Jornal da Tarde*, em 1975, e de Victor Martins ao PASQUIM, *apud* MORELLI, 2000, p. 323-324.

[118] DIÁRIO DE NOTÍCIAS *apud* MORELLI, 2000, p. 327.

FIGURA 4 – TOM JOBIM, CHICO BUARQUE, SÉRGIO RICARDO, EDU LOBO E HERMÍNIO BELLO DE CARVALHO EM REUNIÃO DA SOMBRÁS (SOCIEDADE MUSICAL BRASILEIRA), NA DÉCADA DE 1970

Fonte: Acervo Hermínio Bello de Carvalho.

Para além da defesa de um sistema que favorecesse os interesses desses artistas já consolidados da MPB, a Sombrás assumiu também uma batalha altruísta, que era a defesa dos interesses autorais dos músicos instrumentistas[119] – de início, por meio de organização de *shows* que lhes pagassem com porcentagens mais justas.[120] Os músicos não tinham uma entidade que os representasse – apesar de seus direitos conexos terem sido reconhecidos na ratificação da Convenção de Roma no Brasil, a Socinpro não os havia incluído em sua atividade; eles eram raramente nomeados nos fonogramas, e as suas relações com as gravadoras eram

---

[119] MORELLI, 2000, p. 331.

[120] Assim, uma das ações da Sombrás foi a organização de algumas séries de *shows* – *O pulo do gato*, em 1975, em que a participação dos artistas era gratuita e os fundos eram revertidos para a Sombrás, e *Boca no trombone* e *Haja gato*, em 1976, com participações pagas de músicos conhecidos e não conhecidos, como uma forma de buscar prover um trabalho regular aos músicos, e arrecadar fundos para a entidade – que ficava com algo entre 5 e 10%, contra as taxas médias de 30% normalmente aplicáveis por empresários então. A Sombrás buscava estabelecer uma aliança clara com o que entendia como os "trabalhadores da música".

reguladas por contratos de trabalho e de cessão completa dos direitos.[121] Os músicos executantes são, no campo da música, até hoje a categoria de titulares mais vulnerabilizada.

Como a Sombrás, diferentemente dos dirigentes das associações, apresentava demandas no sentido de estatização da gestão coletiva, ela passou a disputar espaço e reconhecimento, também, durante a instalação do CNDA e do Ecad, previstos pela Lei de Direitos Autorais de 1973. Em 1975, o Decreto n. 76.275/75 instalou o CNDA efetivamente, fazendo valer o artigo 117 da referida Lei, que determinava as atribuições do órgão de autorizar ou não o funcionamento das associações de titulares de direitos, fiscalizar seu cumprimento das exigências legais, e intervir, no caso de irregularidades – com possibilidade de cassação no caso de três intervenções –, fixar preços e atuar como árbitro em disputas de direito autoral, inclusive entre associados e associações. Naquele momento, os dirigentes das associações tentavam disputar o sentido do art. 117, afirmando inclusive que ele era uma vitória de *sua* disputa histórica, e que, como tal, o artigo ia no sentido não de uma estatização do direito de autor, mas de estabelecer fiscalizações; elas disputavam, também, que deveriam participar no CNDA como as verdadeiras representantes dos compositores e únicas conhecedoras do tema. A Sombrás, de seu lado, via o CNDA como vitória sua, e um espaço no qual as sociedades deveriam ter a autonomia limitada, caso contrário se manteria meramente o *status quo*. Como, em 1975, começasse a ser veiculado que Daniel Rocha, advogado da Sbat, seria um dos indicados ao Conselho, a Sombrás enviou abaixo-assinado ao governo.

5. O PERÍODO CNDA

Como afirmou Vanisa Santiago, "segundo o momento em que se encontrava, o CNDA assumia posturas diferentes, coerentes com a visão de seus integrantes e agia de maneira mais ou menos discreta".[122] Em 1976, compartilhando da visão da Sombrás, o governo militar entregou o CNDA ao Ministério da Educação e da Cultura de Ney Braga, que anunciou a sua primeira composição: presidência de Carlos Alberto Direito, vice-presidência de Hermínio Bello de Carvalho, como indicações do

---

121 A propósito, como relata André Barcinski, Os Carbonos, uma das mais importantes bandas de estúdio dos anos 1970 e 1980, contam que não se preocupavam, no período, com receber nada mais que os valores estabelecidos nas tabelas dos sindicatos. Também não era incomum que bandas como ela gravassem fonogramas que, no fim, sairiam em nome de outros músicos e intérpretes. Cf.: BARCINSKI, 2014, p. 57-59.
122 ALMENDRA, 2014, p. 7.

Ministério da Educação; participação de Ary Sant'Anna, representando o Ministério da Justiça, Adonias Filho, representando o Ministério do Trabalho, Fernando Lobo e Roberto Carlos como representantes de compositores e intérpretes da música popular.

Ainda mantendo a estreita interlocução, a Sombrás enviou uma carta ao CNDA recém-instalado, com subsídios para a definição das suas metas prioritárias; o CNDA dava sinais de estar ao menos parcialmente alinhado com a Sombrás, já que, consonante com a prioridade, estabelecida na carta, da utilização de meios computacionais para renovar os sistemas de arrecadação e distribuição, contratou a assessoria de um técnico da Caixa Econômica Federal para tal – o CNDA assinou, posteriormente, convênio com o Serviço Federal de Processamento de Dados (Serpro).

Seguiu-se uma prolífica regulamentação da atividade de gestão coletiva no campo musical. Ainda em 1976, a Resolução n. 1 do CNDA estabeleceu a composição do Ecad: um superintendente, um secretário-administrativo e um vogal, indicados pelo presidente do CNDA, ouvido o plenário do Conselho, e outros dois vogais, esses indicados pelas sociedades integrantes do Ecad. O papel das sociedades, de acordo com a Resolução, seria assessorar a diretoria. A Resolução n. 1 também já determinava quais documentos deveriam ser enviados anualmente ao CNDA, estabelecia princípios para guiar a arrecadação e distribuição – como, por exemplo, que deveriam ser realizadas por processamento eletrônico de dados, e que a distribuição somente se daria de acordo com a efetiva execução das músicas, ainda que apurada por amostragem.

Foi a Resolução n. 3 que estabeleceu os requisitos para uma sociedade pertencer ao Ecad, ou seja, fazer gestão coletiva de execução pública musical. A Resolução n. 4 dispunha sobre o papel do Serviço de Censura de Diversões Públicas (SCDP), da Polícia Federal, e sobre a prerrogativa do CNDA de interditar execução pública de músicas em Domínio Público realizada sem a autorização do Ecad, bem apreensão da renda bruta para garantir o pagamento – era a instituição do *domínio público remunerado*, previsto na Lei de 1973, que viria a ser revogado em 1983. As taxas de administração aplicáveis pelo Ecad foram finalmente fixadas pela Resolução n. 8, que determinou que as porcentagens passariam por diminuições progressivas: 30% no primeiro trimestre de 1977, 25% no segundo, 20% no terceiro e, a partir de outubro, 15%. As associações, por sua vez, reteriam 5% no primeiro semestre de 1977, e 3% a partir do segundo. O que se esperava era que, como a arrecadação e distribuição eram as atividades mais pesadas das associações, seus custos fixos pudessem ser drasticamente reduzidos. Em 1981, Antonio Chaves opina que

[...] foi um passo duro, mas decisivo para a moralização do direito de autor, sabido como é que nada menos de 50% a 60% da cobrança arrecadada eram dispendidos pelas associações de direitos autorais, de resto sempre em luta com a deficiência de pessoal e a grande extensão territorial a ser fiscalizada.[123]

Diante dessas resoluções, a Sicam procurou as associações integrantes do SDDA (UBC, Sbacem, Sadembra e Socinpro) e propôs uma reunião, para discussão da possível impetração conjunta de um mandado de segurança contra o que entendiam como a "estatização do Direito Autoral no Brasil".[124] Adylson Godoy, presidente da Sicam, tinha assinado uma circular que registrava essa intenção, motivo pelo qual foi convocado pelo presidente do CNDA ao MEC, no Rio de Janeiro, para uma reunião. Conforme publicação da *Revista Músico!*, da Ordem dos Músicos do Brasil, de 2014,

> O presidente da Sicam ficou fechado sozinho em uma sala com um documento colocado em sua mesa previamente preparado para que a Sicam desistisse do mandado de segurança. Por várias vezes esta sala foi visitada por representantes do governo da ditadura [...].[125]

Adylson não teria cedido, ainda assim. Foram impetrados, efetivamente, os mandados de segurança, e o Tribunal Federal de Recursos, seis meses depois – fim de 1976 –, determinou, quanto à Resolução n. 1, que a participação majoritariamente estatal no CNDA contrariava o artigo 115 da Lei de Direitos Autorais, que atribuía às próprias entidades a organização do Ecad – e que, pelos artigos 5 e 21 da LDA de então, a designação dos membros da comissão executiva do Ecad pelo CNDA, e não pelas associações, era ilegal. Os artigos em questão eram:

Art. 5º Não caem no domínio da União, do Estado, do Distrito Federal ou dos Municípios, as obras simplesmente por eles subvencionadas.

Parágrafo único. Pertencem a União, aos Estados, ao Distrito Federal ou aos Municípios, os manuscritos de seus arquivos, bibliotecas ou repartições.

Art. 21. O autor é titular de direitos morais e patrimoniais sobre a obra intelectual que produziu.

Art. 115. As associações organizarão, dentro do prazo e consoante as normas estabelecidas pelo Conselho Nacional de Direito Autoral, um Escritório Central de Arrecadação e Distribuição dos direitos relativos à execução pública, inclusive através da radiodifusão e da exibição cinematográfica, das composições musicais ou litero-musicais e de fonogramas.

---

[123] CHAVES, 1981, p. 59.

[124] [S.a], 2014, p. 19.

[125] [S.a], 2014, p. 19.

§ 1º O Escritório Central de Arrecadação e Distribuição que não tem finalidade de lucro, rege-se por estatuto aprovado pelo Conselho Nacional de Direito Autoral.
§ 2º Bimensalmente o Escritório Central de Arrecadação e Distribuição encaminhará ao Conselho Nacional de Direito Autoral relatório de suas atividades e balancete, observadas as normas que este fixar.
§ 3º Aplicam-se ao Escritório Central de Arrecadação e Distribuição, no que couber, os artigos 113 e 114.

Ou seja, o que afirmava o Tribunal Federal de Recursos era que, de acordo com a legislação, o Ecad deveria ser administrado por representantes das entidades. Mas, mesmo mudando a composição, o Tribunal o prazo de instalação do Ecad, previsto para 1 de janeiro de 1977 – o que seria em quinze dias a partir da decisão. As associações também saíram vencedoras de liminares contra a Resolução n. 3, que determinava quais os documentos necessários de serem apresentados pelas sociedades ao CNDA para autorização de funcionamento.[126] Em dezembro de 1976, Sbacem, UBC, Sicam e Socinpro conseguiram ter seus estatutos aprovados, e, amparados pela decisão judicial, fundaram, às pressas, a associação que viria a ser o Ecad.

> Papai Noel havia no entanto de trazer um prêmio para as associações bem comportadas, pois em data de 22/12/1976, o CNDA aprovou os estatutos do Escritório Central de Arrecadação e Distribuição – Ecad – que lhe foram apresentados pela SICAM, a Socinpro, a Sbacem e a SBAT, sociedades de direitos de autor já autorizadas a funcionar. Com o estatuto aprovado, estas sociedades deviam até o dia 1º de janeiro seguinte instalar o escritório em Brasília e nomear os membros que deveriam integrá-lo.[127]

Assim, o Ecad, embora criado por lei em 1973, foi efetivamente instalado somente em 1977.[128] A decisão sobre a composição do Ecad era uma evidente derrota para a Sombrás, que via tanto na aprovação dos estatutos de *todas* as sociedades existentes quanto na dominação do Ecad por elas uma reação conservadora à modernização.[129]

---

126 O prazo havia sido quatro de julho de 1976, mas até setembro somente a Sbat havia conseguido entregar todos. Cf.: MORELLI, 1991, p. 117.

127 CHAVES, 1979, p. 48.

128 O primeiro Conselho Diretor do Ecad era composto por:
- Presidente: Henrique Gonçalves da Silva (Sbacem)
- Vice-presidente: José Loureiro (Socinpro)
- Secretário: Adilson Godoy (Sicam)
- Conselheiros Efetivos: Waldir Azevedo (UBC) e Haroldo Bastos (Sadembra).

129 MORELLI, 2000, p. 344.

De qualquer forma, o Ecad foi instalado; a primeira distribuição, em 1977, foi feita de acordo com o chamado "sistema misto": 80% pelos critérios que as entidades já tinham – como parâmetro principal, o "histórico autoral", relativo aos quatro meses do ano anterior –, e 20% de acordo com dados de execução de rádio e TV fornecidos por uma empresa chamada InformaSom, que dialogava com as entidades e com a Sombrás, como detalharemos melhor adiante. Começaram a ser discutidos, naquele momento, a justiça dos critérios que as entidades utilizavam – as sociedades argumentavam que a amostragem, sozinha, não era um critério razoável nem desejável. O motivo era que o critério não premiaria suficientemente os compositores do passado – que eram prestigiados pelo sistema de pontos das entidades, em operação. A Sombrás também via na adoção desse sistema misto uma outra vitória do conservadorismo, ou o sinal de que nada mudaria, e começou então a boicotar o sistema, na forma de denúncias públicas.

Como o legislador não previra dotação orçamentária ao Ecad, tanto em Brasília quanto no Rio de Janeiro ele passou a funcionar nas antigas sedes do SDDA, e, em São Paulo, no local onde funcionava a SICAM; os funcionários do Ecad eram os funcionários das entidades, e a arrecadação passou a ser feita pelos agentes autônomos que já trabalhavam para a Sicam, em vez de pelos celetistas do SDDA. Os recibos do SDDA e da Sicam começaram a ser carimbados como Ecad.[130] De início, a administração do território foi dividida por área: a Sbacem cuidaria da Capital Federal e do Estado de Goiás; o administrador geral do SDDA do Norte e do Nordeste, e a Sicam de São Paulo, Rio Grande do Sul, Paraná e Santa Catarina pela Sicam.[131] É evidente que, para a Sombrás, isso tudo aparecia não só como mera manutenção do sistema anterior, mas como seu fortalecimento.[132] Vanisa Santiago ainda ponderou que, com a instalação da sede do Ecad em Brasília, até o ano de 1987, muitas pessoas – até mesmo seus funcionários! – vê-lo-iam como um órgão da administração pública.[133]

Com a Sombrás escalando o tom das denúncias, o presidente do CNDA, Carlos Alberto Direito, veio eventualmente a posicionar-se contra ela, adotando agora o discurso de que a mudança do sistema só seria possível com a entrada dos compositores nas entidades e a sua transformação por

---

[130] [S.a], 2014, p. 20.

[131] [S.a], 2014, p. 21.

[132] MORELLI, 2000, p. 349.

[133] ALMENDRA, 2014, p. 24.

dentro. Acabava a interlocução privilegiada. Diante disso, e do diagnóstico que a Sombrás fazia sobre a situação dos músicos executantes, ela resolveu fundar a própria entidade autoral, em 1978 – a Associação dos Intérpretes e Músicos (Assim). Aprovados seus estatutos pelo CNDA, a Assim começava a funcionar como a face institucional da Sombrás no que diz respeito aos direitos dos intérpretes e músicos – e presidida, de início, pela cantora Elis Regina –; para representar os direitos de autor, Sombrás compôs uma chapa de oposição para disputar as eleições de diretoria da Sicam – mas perdeu para a chapa presidida por Adilson Godoy, reeleito.

O problema fundamental que se buscava endereçar, com a fundação da Assim, era o fato de os músicos executantes serem em toda a cadeia da música entendidos "como trabalhadores, e não como artistas". O músico não recebia, ao contrário do intérprete, *royalties* pela venda de fonogramas (como ainda não recebe); e, para além disso, não tinha como fazer valer seus direitos conexos pela execução pública, na ausência de uma sociedade que o representasse. A Lei n. 4.944/66, que regulamentou a ratificação da Convenção de Roma no Brasil, determinava em seu art. 6º que, *na falta de convenção entre as partes*, os "proventos pecuniários resultantes da execução pública dos fonogramas" seriam divididos na ordem de 1/2 para produtores de fonogramas e 1/2 para intérpretes; dessa última parcela, 1/3 – ou 1/6 do total – era destinada aos músicos executantes. A Socinpro vinha argumentando que, pela ausência de registros oficiais, não tinha como pagar os músicos titulares desses direitos; realizou um convênio então com a Ordem dos Músicos do Brasil (OMB), à qual transferia o montante.

A OMB, entretanto, vinha retendo os recursos. A fundação da Assim precipitou uma discussão sobre o pagamento aos músicos, de forma que, em seguida, a OMB liberou os valores recebidos da Socinpro ao Sindicato dos Músicos Profissionais do Estado de São Paulo – alegadamente atendendo, agora, a uma solicitação de três anos antes. O Sindicato dos Músicos de São Paulo começou então a pleitear pela desnecessidade da criação de uma nova sociedade e chegou a oficiar o Ministro da Educação para que o CNDA não aprovasse a Assim, mas sem sucesso. A mobilização desses atores não foi duradoura: um tempo depois, quando os sindicatos substituíram a OMB no convênio com a Socinpro, eles não elaboraram um plano de distribuição ou de identificação das participações de músicos executantes.

5.1. SISTEMA DE AMOSTRAGEM: TECNOLOGIA PRECIPITANDO TRANSPARÊNCIA

Atrás, indicamos que a primeira distribuição do Ecad se utilizou de critérios mistos: 20% de acordo com amostragem, feita pela InformaSom, e o restante pelos critérios das entidades – sistema de pontos. Esse ponto pode parecer uma discussão menor, mas é uma expressão de um tipo de conflito que jamais deixaria o campo institucional dos direitos autorais no Brasil, inclusive para além do setor musical, que é a exigência de transparência das atividades coletivas de administração de direitos, e como empregar a tecnologia para esse fim.

A InformaSom foi uma empresa fundada entre 1972 e 1973, por Yacoff Sarkovas. Segundo o fundador,[134] sua ideia inicial era prestar serviços para as gravadoras, já que naquele momento não existia, no Brasil, *qualquer* controle sobre o que as rádios estavam tocando, e, ele sabia, "disco se vendia tocando no rádio". A InformaSom começou a desempenhar uma atividade chamada de *radioescuta*: gravavam as rádios 24 horas por dia, em velocidade lenta; alguém então identificava as músicas, transcrevia a identificação em máquinas elétricas, e as matrizes de A7 eram entregues diariamente às gravadoras.[135] Ainda de acordo com Sarkovas, dando-se conta do potencial de mercado do direito autoral, a InformaSom procurou as sociedades para oferecer seus serviços – recorda-se de tê-los oferecido pelo menos à Sicam, à UBC e à SADEMBRA, recebendo sempre uma negativa. Como a Sombrás estava articulando em torno justamente da pauta da racionalização da distribuição, "esse grupo enxergou no meu trabalho o dispositivo técnico da moralização".[136] Foram pressões da Sombrás, no momento de instalação do Ecad, que fizeram com que ali se instituísse a parcela de distribuição de 20% como amostragem, com a ideia de que a porcentagem aumentasse progressivamente. O CNDA em seguida decidiu que era necessário o desenvolvimento de um sistema informatizado que fosse capaz de processar os dados da amostragem e já emitir contracheques dos pagamentos devidos mensalmente – e,

---

[134] Informação pessoal à autora, 2014, na pesquisa que resultou no livro *Da rádio ao streaming*.

[135] "Não tínhamos acesso à computação; [...] hoje não precisa de nada disso, a música tem uma impressão digital que só ela tem", refletiu Yacoff. De fato, uma discussão importante, hoje, a respeito de controle do que é executado é a (não) aplicação das possibilidades tecnológicas de identificação automática do que é executado (no nível do usuário individual, algo como o aplicativo Shazam).

[136] Nas sociedades, então, "tudo era pré-bossa nova", afirmou Sarkovas.

como a InformaSom ainda não tivesse um sistema como esse, incumbiu a empresa estatal Serviço Federal de Processamento de Dados (Serpro), que processava o Imposto de Renda, de fazê-lo. Sarkovas conta que o Serpro "recebeu uma fábula", mas não conseguiu entregar o sistema. Ele atribui o fracasso a uma falha no planejamento: o Serpro teria considerado ser necessário cadastrar todas as músicas que existiam e poderiam ser executadas, para depois colocar o sistema de pé. A InformaSom, por sua vez, elaborava um cadastro dinâmico: as músicas eram cadastradas a partir da própria escuta, diariamente. O Serpro teria deixado o plano de lado antes de conseguir cadastrar um número relevante de músicas.

5.2. UM CNDA AGUERRIDO: A GESTÃO DE COSTA NETTO

Em 1979, com o fim do governo Geisel, acabou-se por apontar José Carlos Costa Netto para a presidência do CNDA, com uma pauta política afeita aos antigos membros da Sombrás: aumento da arrecadação autoral e um sistema nacional de distribuição dos direitos conexos dos músicos executantes. Ele ampliou o número de conselheiros (Decreto nº 84.252/1979), criou órgãos internos executivos, e representações no Rio de Janeiro e São Paulo, o que ocorreu em 1982.[137] [138] Novamente as entidades preocupavam-se com o que chamavam de estatização das sociedades, embora suas indicações na nova estrutura tenham vindo daquele grupo de trabalho formado pelo Ministério da Educação – UBC, Socinpro e Sbat.[139]

José Carlos Costa Netto define-se como um "humanista", e afirma que sempre se ligou mais à parte do direito moral, "o que sempre me leva à proteção do autor, quer dizer, onde o direito moral toca a matéria".[140] Era compositor letrista – hoje com mais de 150 obras publicadas –, de uma família de advogados desde os bisavós, formou-se em direito no Mackenzie em São Paulo em 1976, quando ingressou no mestrado na USP, orientado por Antonio Chaves. O então Ministro da Cultura Eduardo Portela convidou Antonio Chaves para a presidência do CNDA; impossibilitado de assumir porque era diretor da Faculdade de Direito, indicou seu orientando, que tinha então 25 anos, mas "era um aluno dedicado".

---

[137] ALMENDRA, 1914, p. 30.

[138] De acordo com Antonio Chaves, em manifestação de 1981, a nova composição era a primeira "sem qualquer caráter demagógico ou paternalista, pela primeira vez na história do país, pessoas realmente versadas na matéria". Cf.: CHAVES, 1981, p. 53.

[139] CHAVES, 1981, p. 57.

[140] Informação verbal, 2017.

Para auxiliar, Costa Netto convidou como Conselheiros pessoas como professores seus, Henry Jessen, o famoso presidente da Odeon, Clóvis Ramalhete, que era ministro do Supremo Tribunal Federal e havia sido conselheiro jurídico da Sbat, e Antonio Chaves como vice-presidente. "Eu fui, mas eu fui muito escorado".[141]

José Carlos Costa Netto foi também um prolífico regulamentador e promotor de mudanças: em 1980, a Resolução n. 19 do CNDA incluiu os direitos autorais e conexos *não musicais* também como atribuição do Ecad – no que a Sbat se sentiu "usurpada";[142] a Resolução n. 20 aprovou os estatutos do Ecad, elaborados com base na Resolução n. 19, por todas as associações, menos a Sbat, que se recusou a participar.[143] Na sua leitura, a decisão de maior importância, do ponto de vista organizacional, foi a criação de câmaras temáticas, cada uma dirigida por um Conselheiro – "um professor" –, cujos pareceres sobre o direito autoral teriam sido de grande influência na jurisprudência. Nesse momento foram também criados órgãos ainda existentes no Ecad, como a Assembleia Geral, as coordenadorias executivas e os departamentos, separados, estes últimos, pela modalidade do direito administrado.

Foi no período de Costa Netto, também, que ocorreu, de acordo com as atribuições do CNDA, uma intervenção na UBC: o tesoureiro da UBC e um de seus fundadores, tendo já denunciado ao CNDA fraudes que identificavam – mas não conseguiam resolver – na própria entidade, levaram as questões para a Delegacia de Defraudações do Rio de Janeiro, e a intervenção ocorreu então por solicitação do presidente da própria UBC. Durante o procedimento – 180 dias, prorrogados por mais 50 –, foram encontradas irregularidades administrativas, financeiras e contábeis, e o processo criminal instaurado concluiu pela responsabilidade do seu contador, que foragiu. O significado dessa intervenção é disputado:

> A intervenção foi encerrada com a convocação de eleições e a devolução da entidade aos seus sócios, com um déficit significativo, não saneado. Coube à Diretoria eleita a difícil tarefa de reorganizar as finanças da entidade, recuperar contratos e o prestígio perdido, depois de liderar o cenário nacional desde sua fundação. Em seu primeiro ano à frente da entidade, os novos dirigentes encontraram falhas na gestão praticada durante a intervenção, que resultaram em prejuízos para a sociedade, sem que o CNDA reconhecesse qualquer responsabilidade pela atuação de seus prepostos.[144]

---

[141] Informação verbal, 2017.
[142] CHAVES, 1981, p. 56.
[143] CHAVES, 1981, p. 54.
[144] ALMENDRA, 2014, p. 31-32.

Nessa época, a diretoria da Assim havia sido substituída pelo grupo interno de oposição. O novo presidente era Amilson Godoy, irmão de Adilson Godoy – presidente da Sicam –, que apresentava um discurso radical de esquerda, ocupando também espaço na União Brasileira de Músicos (UBM), entidade de oposição à OMB. Em setembro de 1980, o Sindicato dos Músicos Profissionais do Rio de Janeiro, que recebia recursos repassados da Socinpro à OMB, fundou a Associação de Músicos, Arranjadores e Regentes (Amar); o Sindicato de São Paulo faria o mesmo em 1984, criando a Abramus.

Conforme lembra Roberto Corrêa de Mello, fundador da Abramus, seu presidente por muito tempo e hoje diretor geral, a ideia de se ter uma associação de músicos executantes vinha de uma interlocução sua com Demétrio Santos Lima, Mauro Wilson Giorgetti e outros músicos, também como forma de se adquirir reciprocidade formal e material com associações estrangeiras, que arrecadavam valores de execução pública de música brasileira, mas, como o Brasil não pagava a esses artistas, não faziam o repasse. Nos anos seguintes, como muitos músicos fossem também intérpretes, autores, e tivessem também suas editoras, o quadro associativo foi se abrindo para as outras categorias.[145]

Costa Netto, adepto à simplificação do sistema, de início lamentou a divisão dos músicos em mais duas entidades; depois, aproximou-se das pautas da Amar. A criação de uma sociedade apenas de *músicos*, no início, foi a estratégia justamente encontrada pela Amar para garantir uma existência em meio à presença já de tantas outras entidades; além disso, seus fundadores entendiam que era o setor que ainda estava descoberto – embora existisse a Assim, um conflito entre os músicos do sindicato de São Paulo, que estavam na Assim, e os do Rio fazia com que os últimos não quisessem permanecer ali. Mas o interesse era tornar-se, depois, uma sociedade geral, "para suprir essa carência das sociedades mais antigas, que não estavam querendo trabalhar muito no sentido que a lei mandava".[146]

---

[145] Ele lembra também que no Brasil, ao contrário do que ocorre nos Estados Unidos, cada músico executante é remunerado individualmente. Lembra que, enquanto em outros países – menciona EUA, Holanda e Inglaterra – se remunera Earth, Wind and Fire, ou U2, ou seja, a banda, no Brasil remunera-se "um por um" – "isso é direito pessoal, antropocêntrico. Quando a gente remunera os Titãs, aqui, a gente não remunera os Titãs. A gente remunera o Toni Bellotto, Branco Mello, todo mundo – cada um deles. Essa é a diferença. A banda não é importante pra remunerar quem deve receber os seus direitos". Informação verbal, set. 2017.

[146] MORORÓ DE ANDRADE, informação verbal, 2017. Muito embora uma das críticas comumente endereçadas ao sistema de gestão coletiva brasileiro seja que existem uma série de associações administrando *os mesmos direitos*, ou seja, todos, Marcos Venício aponta isso como uma qualidade do nosso sistema, como se fosse uma valorização do conexo – direitos dos intérpretes e músicos.

Se essas intervenções foram impopulares entre os atores tradicionais do sistema do direito autoral, Costa Netto considera que o enfrentamento que o CNDA assumiu em relação aos "grandes usuários" também geraram muita "publicidade negativa" para o Conselho.[147]

5.3. GESTÃO COLETIVA DE CARÁTER SINDICAL

A Amar foi uma organização bastante particular, e veio a ter um papel central no período que é o objeto deste trabalho – os anos de 1989-1998. É que ela foi fundada por militantes sindicais, não autorais – seu quadro mudaria bastante, seis anos depois. Essa condição expressava-se claramente na linguagem de suas comunicações, nos temas tratados em seus boletins – por exemplo, a Revolução dos Cravos –, e nas também suas bandeiras – como, por exemplo, a exigência de cobrança proporcional às emissoras de TV e rádio, ou a extinção dos contratos de cessão dos direitos conexos dos músicos aos produtores fonográficos. Ainda assim, seu primeiro plano de distribuição não se baseava exclusivamente no moderno critério da efetiva execução – amostragem –, o que justificava também pela inexistência de dados sobre músicos executantes, nos fonogramas.

> De fato, por um certo período de tempo, a atuação conjunta do CNDA e da Amar reinstituiu a comunhão pioneira entre os grandes nomes da MPB e o Estado, ainda que em oposição a todo o campo que os dirigentes pioneiros haviam instituído no Brasil – e ainda que a identificação mais fundamental do governo com os grande usuários de música tenha impedido que outras das metas políticas dos novos grandes nomes da MPB fossem alcançadas, além da institucionalização dos direitos conexos dos músicos. Por outro lado, o fato de haver sido a única entidade da área musical a apoiar o presidente do CNDA na frustrada persecução dessas outras metas políticas contribuiu para firmar publicamente a identidade da Amar com a Sombrás, de tal maneira que, em maio de 1982, os antigos militantes dessa entidade e acabavam por aderir em massa a ela.[148]

Em 1981, denúncias feitas pela Amar e pela Associação dos Atores em Dublagem, Cinema, Rádio, Televisão, Propaganda e Imprensa (ASA) de que o Ecad não teria implantado as regras de arrecadação e distribuição do CNDA de 1976 fizeram com que Costa Netto instituísse intervenção ao Ecad, em 1981.[149] Segundo ele, "o Ecad sofreu intervenção, no fundo a

---

[147] Informação verbal, 2017.

[148] MORELLI, 2000, p. 362.

[149] Elas alegavam que os resultados das gravações de músicas eram adulterados, devido à presença de interessados nos setores de fiscalização e distribuição do Ecad, e que a organização estaria indevidamente distribuindo para editores, sem

questão não era se tinha desvios ou corrupção, mas porque as sociedades não aceitavam que tivesse uma gestão única de arrecadação de direitos. Então era uma questão de bloqueio. A intervenção foi feita para instalar o mecanismo de arrecadação",[150] inclusive mediante modernização tecnológica.

Durante os 6 meses de intervenção, Costa Netto afastou a Assembleia Geral e o Conselho Diretor, e estabeleceu principalmente duas novas medidas para distribuição: a retenção dos créditos das obras não identificadas – os chamados créditos retidos –, para posterior distribuição aos titulares em si, quando identificados, e não aos autores como um todo – o que desagradou aos carnavalescos, cujas obras eram desconhecidas pelos funcionários do Ecad, e, identificando problemas no sistema de amostragem, a determinação de que 30% do total arrecadado seria distribuído a todos os titulares que aparecessem na amostragem ao menos uma vez – o que desagradou aos grandes nomes da MPB, que eram quem mais recebia com o sistema de amostragem. Reconhecendo que o Serpro não entregaria o sistema prometido, contratou de volta a InformaSom. Foi o momento em que teve início a efetiva informatização do Ecad.

A intervenção constatou uma série de outros problemas: o Ecad não tinha um cadastro central de usuários, o que dava poder excessivo aos agentes de arrecadação; a complexidade e a extensão da tabela de preços tornava a fiscalização impossível; não existia uma política financeira – rendimentos revertiam-se à entidade, não aos titulares –; o Ecad distribuía indistintamente 25% de toda a parte autoral – relativa à composição – aos editores sem comprovação dos contratos de edição. As recomendações do relatório de intervenção que acabaram não sendo implementadas foram a fusão das associações de titulares de direitos autorais de mesmo gênero[151] e o recolhimento dos direitos conexos dos atores à ASA. Essa associação, então presidida por Jorge Ramos, tinha um combativo discurso pela organização de gestão coletiva para atores, e nisso se associava ao CNDA presidido por Costa Netto. Segundo ele, a Globo, naquele momento, fez forte pressão, junto ao Ministro da Educação e Cultura, para que isso não ocorresse, com o apoio de outras empresas de radiodifusão, e a reação por parte dos meios de comunicação foi também bastante contrária. O tema foi suspenso, pelo Ministro, "para maiores discussões", e acabou nunca mais sendo renovado.[152]

---

a comprovação de contratos de cessão, e a associações pela execução de música estrangeira, sem a comprovação da relação de representação. CHAVES, 1981, p. 60.

[150] Informação verbal, 2017.

[151] ALMENDRA, 2014, p. 33-34.

[152] "Era uma pressão muito violenta, porque era em TV, rádio , jornal- não tinha Internet, era como as pessoas se informavam". COSTA NETTO, informação verbal, 2017.

Costa Netto também interveio na historicamente complexa relação entre a gestão coletiva de música e as emissoras de rádio e TV, alinhado aí com as demandas da Amar. A Resolução n. 25 do CNDA, ainda em 1981, implementou uma tabela obrigando as emissoras de rádio e TV a destinar 3,5% sobre a metade de seu faturamento bruto ao Ecad – incluindo uma parcela aos detentores de direitos conexos não musicais, e homologando tabela elaborada pelo próprio Ecad. Isso desagradava, especialmente, à Associação Brasileira de Emissoras de Rádio e Televisão (Abert), que, após realizar uma reunião de emergência com as emissoras, recorreu ao CNDA contra a Resolução. O pedido da Abert foi indeferido, sob aplausos de vários artistas que estavam em Brasília para a ocasião. A Abert então buscou entendimento com o Ministro da Educação, o general Ruben Ludwig, que suspendeu o prazo de aplicação da Resolução por duas vezes consecutivas de 30 dias, até que a Abert e oito das dez associações-membras do Ecad anunciaram haver celebrado um acordo privado – no qual não constava percentual de faturamento, nem direitos conexos não musicais, e sim um valor fixo, baseado na população do município em que estivesse a emissora instalada, e sua potência em quilowatts; no caso das emissoras de televisão, os acordos seriam variáveis e privados.[153] Foi frustrada a tentativa de cobrança proporcional.

Um ponto interessante sobre a intervenção é que ela levantou posicionamentos e julgamentos inesperados e distintos dentre os autores – ela terminou quando a sede do Ecad foi ocupada por alguns compositores, que queriam o fim da intervenção – "alguns compositores desavisados e desinformados pela campanha de imprensa que chegou até a ser violenta", na opinião de então de Antonio Chaves.[154] [155]

Isso deu a legitimidade para uma plenária do CNDA que, por seis votos a zero, fez com que a condução administrativa do Ecad voltasse às mãos das sociedades. Embora o Ministro da Educação Rubem Ludwig tenha determinado pela Portaria n. 550, no início de outubro de 1981, uma supervisão permanente ao Ecad, com vistas a que não se perdessem os

---

[153] COSTA NETTO, informação verbal, 2017.

[154] CHAVES, 1981, p. 62.

[155] A violência foi relatada também por Costa Netto: "era uma pressão muito violenta, tipo de ligarem pra minha mãe e falarem 'assista agora o Jornal Nacional que você vai ver o seu filho sendo enterrado', e ela ligava o jornal e tinha manifestação de uns gatos pingados de sociedade fazendo o meu enterro". Ele conta que começou a adoecer por conta da pressão, motivo pelo qual ele deixou a presidência do Conselho, em 1983, e voltou a São Paulo. Informação verbal, 2017.

ganhos da administração provisória, no próprio dia da medida os jornais noticiavam que o Ecad revogava providências como a arrecadação e a distribuição computadorizadas.[156]

Yacoff Sarkovas relatou que o Ecad tentou desmantelar o sistema informatizado de identificação das músicas e distribuição por amostragem implementado pela InformaSom durante a intervenção, mas que, logo após tirar o sistema do ar, retornou a ele: não era possível "fazer o relógio andar para trás".[157] Segundo Sarkovas, o único argumento pela não informatização era que se tratava de tarefa impossível, o que teria ficado provado que não correspondia à verdade.[158] O empreendimento seguinte dos dirigentes do Ecad seria então a destituição de Costa Netto; a Amar, que junto com a ASA não havia assinado o acordo com a Abert, saiu em defesa do presidente do CNDA, trazendo consigo compositores de expressão nacional, a maior parte egressa da Sombrás.[159]

---

[156] CHAVES, 1981, p. 63.

[157] Informação verbal à autora, 2014, na pesquisa que resultou no livro *Da rádio ao streaming*.

[158] A InformaSom tinha pouco mais de 200 funcionários e bases de gravação em 14 cidades do país quando começou a ser desmantelada, embora seus serviços tenham permanecido: a radioescuta foi vendida para o Ecad, e o resto a uma empresa de processamento, a Proced, que continuaria a prestar serviços para o Ecad.

[159] Reputa-se a transferência desses compositores da Sombrás à Amar a uma sugestão do próprio Costa Netto, em reunião na casa de Ivan Lins, após as demais entidades haviam fechado o acordo com a Abert. A intenção, então, era que a Amar conseguisse atrair um número tão expressivo de artistas que esvaziasse as demais, tornando-se a entidade única que Costa Netto desejava que existisse. Cf.: MORELLI, 2000. Até aquele momento, a Amar representava basicamente titulares de direitos conexos, e alguns poucos artistas de expressão, como era o caso de Eduardo Gudin, Jards Macalé, João Bosco, Joyce, Paulinho da Viola, Sérgio Ricardo, Tom Jobim e Toninho Horta. Sua diretoria apresentava pouca renovação: "dirigentes, verdadeiros militantes políticos da causa autoral, e o quadro social, em sua grande maioria interessado apenas nos resultados econômicos do empreendimento societário". Cf.: MORELLI, 2000, p. 379. Foi num *show* em Porto Alegre, em 1º de maio de 1982, que muitos dos grandes nomes comunicaram o desligamento das antigas entidades para juntarem-se à Amar. Cf.: MORELLI, 1991, p. 128.

6. A DESCONSTRUÇÃO DE UM FRÁGIL SISTEMA

Foram cinco as novas sociedades de gestão de execução pública musical criadas a partir de 1978: Abramus, Amar, Anacim, Assim e Sabem. Isso parece ser o atestado de que um dos objetivos do CNDA, oferecer uma estrutura centralizada que evitasse a excessiva fragmentação do campo autoral no Brasil, não somente não foi atingido, como ocorreu o oposto. Conforme as condições impostas na lei iam sendo cumpridas pelas associações, o CNDA simplesmente autorizava o seu funcionamento. Lembrando que o CNDA não servia só à música, mas à cultura como um todo, surgiram também no período três associações de direitos não musicais – uma de atores e dubladores, uma de produtores cinematográficos, e uma de titulares de direito de arena –, mas elas não se desenvolveram e logo minguaram. Algo curioso é que também foi sob o CNDA que se desenvolveu o modelo, entendido internacionalmente como atípico e anômalo, de associações mistas, ou seja, representando direitos de autor *e* direitos conexos ao mesmo tempo, direitos que em geral, fora do Brasil, encontram-se inclusive em contraposição.

> A harmonia entre os direitos de autor e os direitos conexos foi conseguida com a implantação de um sistema no qual, quando as atividades dos usuários incluem a utilização de fonogramas, o valor cobrado como remuneração para os direitos de autor é acrescido de um percentual de 50%, destinado aos titulares de direitos conexos em conjunto. Isto significa que os preços se complementam sempre que ambos os direitos forem utilizados e que, nesses casos, do total arrecadado, dois terços são relativos aos direitos de autor e um terço aos direitos conexos.[160] [161]

Enquanto isso, no início da década de 1980, a indústria fonográfica no Brasil passava por percalços por conta da crise econômica mundial: na década de 1970, praticamente todas as gravadoras independentes haviam sido compradas por grandes conglomerados de mídia, por altos preços (frequentemente 15 anos do lucro estimado); em nome de cortes

---

[160] ALMENDRA, 2014, p. 25.

[161] Um outro ponto a ser ressaltado sobre os direitos conexos é que, no campo da distribuição, até 2008, as sociedades seguiram o chamado "Protocolo sobre os princípios de Londres", que implica a distribuição somente *local* dos direitos conexos arrecadados (sem transferência internacional, portanto). Se a prática garante uma administração mais barata, ela também implica desigualdades entre autores e titulares de direitos conexos. Cf.: ALMENDRA, 2014, p. 26. Em entrevista realizada com a autora em 22 de junho de 2016, ela contou, também, que a proponho de 1/3 para direitos conexos foi algo "tirado da cartola de Henry Jessen", então presidente da Odeon, no Brasil, grande articulador da Convenção de Roma no Brasil.

orçamentários, em um processo amplamente comentado em relatos e por historiadores da indústria musical, a ideia de que se deve investir tempo e dinheiro na carreira de um artista começava a ser abandonada, por projetos com perspectivas de lucros mais imediatos – como canções individuais de sucesso. Os conglomerados da indústria musical, afinal, estavam todos em Wall Street.

> Ficou longe a época em que as gravadoras eram dirigidas por quem gosta de música, sendo, ao mesmo tempo, bom administrador. Ficou longe a competição amigável e ética entre as companhias. De súbito, os conglomerados disseram "Fora com os líderes criativos e dentro com os tecnocratas", sob o pretexto de que os contratos artísticos estavam se tornando demasiadamente complexos e custosos para deixar a direção dos negócios nas mãos de gente com paixão pela música.[162]

Mas o Ecad não sofria dessa escassez: em 1982, aliás, o escritório inaugurava sua sede própria em Brasília, e também as sedes de Manaus, Porto Alegre e Rio de Janeiro. Enquanto isso, o CNDA, desde 1983 presidido pelo ministro do STF Joaquim Justino Ribeiro, afastava-se novamente da Amar[163] e voltava-se à reforma interna: controle de convênios com sociedades estrangeiras, registro de obras cinematográficas e cadastro de fonogramas, homologação de tabelas de preços e critérios, modelos de contratos. Hildebrando Pontes Neto e Marcia Barbosa da Rocha diriam que os novos ares democráticos teriam significado um CNDA menos intervencionista,[164] em uma interpretação que veio sustentando, no período estudado nesta pesquisa e além, a associação entre intervenção no sistema Ecad à ditadura.

O sistema Ecad consolidava-se; a distribuição, em 1985, já estaria totalmente baseada na amostragem, que baseava-se 90% em planilhas de rádio e TV – 0,1% do total das planilhas enviadas –, e apenas 10% em música ao vivo, de acordo com entrevista dada pela Amar à autora Rita Morelli – uma vitória dos esforços empreendidos na década de 1970 pela cobrança dos modernos atores de execução musical. Como não vingara o princípio da proporcionalidade em relação ao faturamento das empresas, a estrutura da arrecadação não acompanhou essas mudanças.

---

[162] MIDANI, 2008, p. 126.

[163] Durante a segunda intervenção do CNDA no Ecad, no mesmo ano, a Amar somente apoiou os novos estatutos na segunda junta interventora; nesse caso, em oposição a algumas de suas bandeiras históricas, como, por exemplo, o apoio à distribuição de votos entre as entidades a partir do montante da arrecadação, e à exclusão daquelas entidades que não atingissem o patamar: é que os ex-militantes da Sombrás ocupavam agora outra posição no sistema. Cf.: MORELLI, 2000, p. 406.

[164] PONTES NETO; ROCHA, 1988, p. 37.

6.1. DURANTE O BREVE PRIMEIRO MINISTÉRIO DA CULTURA

Do "Primeiro Encontro da Música Brasileira", organizado por intérpretes e autores – a maioria da Amar – e aberto por José Carlos da Costa Netto, em 1985, saiu um documento, a "Carta de Araxá", pelo fortalecimento da área cultural e do campo do direito autoral, entregue a Tancredo Neves e lida por Fernando Brant.[165] Com a morte de Tancredo, José Sarney cumpriu sua promessa e, empossado, criou o Ministério da Cultura.

Seguiram-se ainda algumas fortes ações do CNDA, como a intervenção na Sicam em 1985, a Resolução 37/85, que obrigava o Ecad a transferir os recursos recebidos em 72 horas – e que gerou enorme caos e foi revogada pela Resolução n. 49/87 –, e ainda a resolução n. 36 de 1986, que regrava a remuneração de atores e radialistas por utilizações econômicas de suas criações e interpretações, reforçada pelo Decreto n. 91.873/85 de Sarney, que dava ao CNDA competência impedir ou interditar usos de obras não autorizadas, inclusive com ajuda policial. Mas seria marcante que começariam a ter início medidas já de enfraquecimento da instituição. Assim, a Resolução 46/87 determinou que as associações poderiam praticar as taxas de administração que entendessem – situação que só veio a ser alterada com a reforma legal de 2013 –, e que os votos no Ecad seriam proporcionais à arrecadação – com a sociedade que menos arrecada tendo um voto, e sendo os das demais proporcionais. De um lado referendava-se o voto econômico, que favorecia as entidades maiores; de outro, é bem verdade, as menores estavam garantidas dentro do Ecad – o que lhes daria algumas oportunidades de articulação e ação em conjunto.

Em um contexto de abertura de impossibilidades democráticas e mobilizando as bandeiras da antiga Sombrás, representantes da Amar se convenciam da necessidade de modernizar a Lei de Direitos Autorais, e articularam, no CNDA, a discussão de uma nova lei; uma vez feita a primeira proposta, ela foi retida, ainda em 1988, pelo então Ministro da Cultura José Aparecido, que alegava necessidade de ouvir outros atores do campo autoral, inclusive editores e produtores fonográficos.[166] Diante

---

165 "O resultado do encontro foi um documento de quatro laudas, numa linguagem objetiva, que analisou problemas relativos a direitos autorais, industriais fonográficos, mercado de trabalho, exportação da MPB, incentivo à música ao vivo, formação musical para crianças, fiscalização da execução pública, importação de instrumentos e até a proposta para regulamentação da profissão de repentista ou cantador violeiro". Cf.: MILLARCH, 1985.

166 Adiante, neste trabalho, esclarecemos em mais detalhes as mobilizações feitas para que o ministro José Aparecido não apresentasse o projeto da Amar como um projeto do Executivo.

dessa posição, os dirigentes da Amar, que se apresentava como uma organização de esquerda, apoiadora do candidato do PT nas eleições de 1989, estabeleceram contato com o deputado José Genoíno (PT-SP), que submeteu o projeto à Câmara no mesmo ano.

Aí nasceu o famoso "Projeto Genoíno". O projeto estabelecia, por exemplo, que o criador era a pessoa física, e que toda cessão de direitos autorais – transferência completa, na qual o autor perde a titularidade dos direitos, em geral para uma pessoa jurídica como uma editora – era nula. Durante o processo, alguns grandes nomes como Caetano Veloso, Gilberto Gil, Djavan e Antonio Cícero transferiram-se para a UBC, que era vista, pela Amar, como a "associação das editoras ligadas às gravadoras". A mudança, assim, era entendida pela Amar como uma traição e uma capitulação daqueles artistas a seus produtores fonográficos. Vale dizer que, na escolha das gravadoras e editoras como inimigas, a Amar diminuía o tom de suas críticas ao Ecad.[167]

Enquanto isso, acontecia a Constituinte. Como veremos adiante, embora alguns personagens deste capítulo tenham participado das discussões sobre as previsões do direito de autor que foram incorporadas no art. 5º, o direito autoral definitivamente não era um dos pontos de maior conflito naquele momento.

Um voo panorâmico sobre os acontecimentos da década seguinte ajuda a ao menos fechar alguns arcos das histórias das instituições tratadas neste capítulo. Fernando Collor de Mello, vencendo as eleições de 1989, determinou, em 12 de abril de 1990, a extinção do Ministério da Cultura e sua transformação em uma Secretaria Especial, mediante o que o CNDA foi desativado – embora não legalmente extinto. Com isso, toda a parte da Lei n. 5.988/73 que regulava a gestão coletiva e outras questões de política pública para a cultura e para a propriedade intelectual viravam letra morta.[168] Embora Itamar Franco tenha reativado o MinC em 19 de novembro de 1992, o CNDA nunca foi reativado. Do Conselho, restaria somente uma pequena estrutura, a Coordenação de Direito Autoral (CDA),

---

[167] Em seu jornal *Direitos Já*, n. 9, de 1988 – a referência política é ao Diretas Já –, a Amar criticava a isenção de ICMS dada às gravadoras, o que, somado à cessão de direitos conexos de músicos, lhes daria vantagens financeiras indevidas, que aplicariam no jabá. Cf.: MORELLI, 2000, p. 416. Denunciava, também, a própria titularidade de direitos conexos por essas entidades, na categoria de produtores fonográficos – como vimos, metade de todos os direitos conexos musicais recolhidos, de acordo com a Lei n. 4.944/66, que ratificava a Convenção de Roma.

[168] ALMENDRA, 2014, p. 7.

que se dedicaria à discussão dos tratados internacionais negociados no período e nas discussões em torno do projeto de lei – não o nascido no CNDA, que assumiria um papel secundário e de oposição, mas um outro, que tinha o apoio especialmente da ABPD e da Socinpro, proposto por Luiz Viana Filho no Senado em 1989 e que passou anos tramitando na Câmara. Nesse processo, atores de outros setores da cultura e da indústria de equipamentos entrariam em cena de forma mais contundente, mas a música continuaria a ser o setor mais ativo e capaz de mobilizar as grandes disputas. O motivo, como vemos, vem da histórica institucionalização do setor.

A Amar continuou combativa – em 1993, no seu jornal *Direitos Já* de número 23, a organização absorvia falas de Leonel Brizola e empenhava-se na crítica aos monopólios nos meios de comunicação no Brasil; no número 24, falava das relações "incestuosas" de certos artistas com usuários de música. Foi pouco efetiva, talvez "não apenas por esbarrar nos poderosos interesses dos grandes meios de comunicação, mas por desfazer-se diante dos interesses diferenciados dessa própria classe".[169] Com o tempo, começou a aceitar em seus quadros produtores independentes e editores-autores, e ingressou na CISAC em 1994, passando a chamar-se Amar-Sombrás.

O que veremos é que, até 1997, foram apresentados 33 projetos, na Câmara dos Deputados, a respeito de direitos autorais; naquele ano, foi montada uma Comissão Especial, formada no âmbito da Câmara dos Deputados, para analisá-los, a partir do projeto de Luiz Viana Filho – na Câmara, o PL 5.430/90 –; quando a Comissão finalmente foi discutir o projeto, tinha pressa em aprová-lo, e a supervisão do Ecad, tema polêmico, ou a existência de um órgão estatal de normatização, ficaram de fora.[170] Não seriam poucas as consequências:

> Com um Estatuto registrado e um grupo de titulares, qualquer entidade poderia pedir filiação ao escritório centralizador, sendo ou não uma organização suficientemente representativa ou preparada para a administração de valores de terceiros – mas com a diferença de que a solicitação, dirigida ao próprio Ecad, passou a ser analisada por associações concorrentes.[171]

No momento de sanção da nova lei, 19 de fevereiro de 1998, o presidente Fernando Henrique Cardoso vetou dois dispositivos: o que igualava fonogramas a obras em termos dos direitos patrimoniais garantidos, e a

---

[169] MORELLI, 2000, p. 420.
[170] ALMENDRA, 2014, p. 7-8.
[171] ALMENDRA, 2014, p. 43.

disposição sobre prescrição da ação civil em caso de violação de direitos de autor, considerando que a lei civil regulava melhor a matéria – cinco anos a partir da violação.[172]

Com o tempo, o Ecad iria assumindo as funções do antigo CNDA, como estabelecer regras de arrecadação e distribuição, aprovar contratos com associações estrangeiras, aceitar sociedades sob seu guarda-chuva. Titulares não tinham mais uma instância acima do Ecad, e começaram a buscar apoio de deputados e senadores; a consequência foi a instalação de uma série de CPIs, que tiveram o condão de macular fortemente a imagem pública do sistema de gestão coletiva – primeiro, duas em âmbito federal – uma na Câmara, outra no Senado, entre 1995 e 1996 –; depois, três estaduais – Assembleias Legislativas de São Paulo (2009), Mato Grosso do Sul (2005) e Rio de Janeiro (2011) – ; por fim, uma última no Senado, em 2012.

Do ponto de vista da distribuição interna de poder, o tal sistema de votos proporcionais acirrou desproporções econômicas: a UBC recuperara sua posição e, no ano de 2000, tinha 50% de toda a arrecadação do Ecad – e os votos correspondentes –;[173] desde o começo da década de 1990, ela, que tradicionalmente tinha os contratos de representação com as entidades estrangeiras, passou a ter sua governança nas mãos da multinacional EMI:

> Na medida em que a governança da UBC se encontrava há cerca de 10 anos em mãos de uma editora multinacional, a EMI, através de diferentes braços editoriais (EMI – Divisão Itaipu, EMI Tapajós, EMI Songs), que se elegiam um sistema de rodízio para contornar o Estatuto da própria associação, certas desavenças com outras empresas do mesmo setor provocaram mudanças.[174]

O braço da EMI Itaipu assumiu a presidência da UBC em 1989 e ficou ali por 6 anos – máximo permitido pelos estatutos –, apenas para ser substituída pela Tapajós – outro braço da EMI, por mais seis anos, e, depois, pela EMI Songs. Em todos os casos, o representante era o mesmo: José Antonio Perdomo Correa.

---

[172] "Em virtude dessa decisão surgiram controvérsias sobre a lacuna na LDA, já que a regra geral do Código Civil havia sido substituída por uma disposição específica de lei de 1973. O veto puro e simples não seria, portanto, suficiente para restabelecer a vigência automática da norma do Código Civil. Para tal efeito seria indispensável a introdução de uma disposição expressa a esse respeito, já que a revogação de uma lei que revogou lei anterior não reconstitui essa última em sua forma primitiva, não seria permitida a repristinação". ALMENDRA, 2014, p. 8.

[173] ALMENDRA, 2014, p. 51.

[174] ALMENDRA, 2014, p. 51-52.

Como as demais editoras passaram a se sentir sem poder dentro da UBC, começaram a buscar outra associação, com a condição de que se promovesse uma auditoria preliminar das contas; quem aceitou foi a Abramus.[175] Assim, de pequena sociedade, a Abramus passou a crescer e firmar também contratos de reciprocidade internacional; UBC e Abramus disputam espaço como as grandes do sistema Ecad até os dias de hoje.[176] Sicam e a Sadembra perderam expressão – a Sadembra, por ter sido expulsa do Ecad no fim da década de 1990 –; a Socinpro foi abalada pelas reconfigurações da indústria fonográfica a partir dos anos 1990, e a Amar passou a se manifestar veementemente contra a atuação do Estado na gestão coletiva.

No início do governo Lula, com o Ministério da Cultura sendo conduzido por Gilberto Gil, começaram a ser discutidas novas abordagens para o direito autoral, levando em consideração as tecnologias da informação, o acesso à cultura e a regionalização do fomento à cultura. Das discussões feitas em consulta pública que mobilizou amplamente a esfera pública, saiu uma reforma parcial, alterando somente a parte de gestão coletiva, e restabelecendo mecanismos de controle e fiscalização estatal (Lei n. 12.853/13).

---

[175] SANTIAGO, informação verbal, 2017.

[176] Roberto Corrêa de Mello, diretor geral da Abramus, relata em entrevista de setembro de 2017 que a Abramus administra cerca 7 milhões de obras musicais e 5,5 milhões de cronogramas – "tudo feito pela Abramus, ao longo desse tempo". Informação verbal, 2017.

2. O PROJETO GENOÍNO (PL 2148/89)

O Projeto Genoíno (PL 2.148/89), proposto em 27 de abril de 1989, nasceu da interlocução da Amar e de membros do CNDA com o então deputado José Genoíno (PT/SP), e constitui um capítulo à parte na história da Lei de Direitos Autorais de 1989.[1] O projeto não serviu como base para a lei que veio a ser aprovada; seus dispositivos e sua estrutura pouco foram aproveitados. Ainda assim, por algumas razões, ele é central nesta história – e isso é reconhecido de forma espontânea e pouco refletida pelos profissionais do campo do direito autoral, que sempre, ao relembrar os anos 90, apontam para o projeto como um evento central. É que ele representa um projeto social específico de direito autoral, que pode ser chamado de "o autor como criador". Esse projeto social vincula-se a noções de que, diante do peso das indústrias culturais e de seu caráter globalizado, é necessário que o direito garanta aos autores e artistas, particularmente aos músicos executantes, espaços de autonomia e fortalecimento de suas posições. Para isso, mobilizam-se institutos específicos e noções ligadas ao trabalho criativo, que invocam determinadas justificativas historicamente ligadas ao direito de autor.

Existe uma visão relativamente generalizada de que o Projeto Genoíno era "politicamente engajado", normalmente de forma a desqualificar suas qualidades técnicas. Essa abordagem parece negar o fato de que o projeto que disputaria com ele, o Projeto Luiz Viana, era também um projeto social e político. Proposto no ano seguinte à entrada em vigor da nova

---

[1] A proveniência do projeto vem descrita logo no primeiro parágrafo de sua justificação: "Submetemos à apreciação dos nobres colegas este anteprojeto sobre uma nova lei de Direitos Autorais, resultado do trabalho efetuado por uma Comissão do Conselho Nacional de Direito Autoral – CNDA e pela Associação de Músicos Arranjadores e Regentes – AMAR". Ref. 1.5, Dossiê MJ, Proposta, justificação + legislação antiga, Projeto de Lei, 31/08/89.

Constituição, e em um momento de renascimento democrático do Brasil, de fato os propositores e defensores do Projeto Genoíno estavam em geral ligados ao espectro progressista, em especial ao Partido dos Trabalhadores. Mas não somente: o Projeto Genoíno tinha também apoio de alguns dos chamados "autoralistas", expressão utilizada para denominar advogados especialistas em direito autoral, com tintas de humanismo e vinculação à tradição continental do direito autoral, que tem como centrais os direitos morais de autor e repudia a tradição de origem anglo-saxã, o *copyright*, utilitarista e centrado nos direitos econômicos.[2]

A Secretaria de Estudos e Acompanhamentos Legislativos do Ministério da Justiça, em uma determinada análise, caracterizou-o como "protecionista e intervencionista";[3] Vanisa Santiago considera-o "bem intencionado", porém de baixa qualidade técnica;[4] José Carlos Costa Netto atribuiu a fraqueza técnica que também identificava como fruto de arrogância e pouco diálogo por parte do então deputado.[5] De fato, o Projeto Genoíno pouco lembra as legislações de direito autoral pelo mundo, bastante uniformizadas no mundo continental. Mas o interessante é que essas diferenças, atribuídas frequentemente à falta de conhecimento técnico ou inocência, eram fruto de um projeto consciente, elaborado anteriormente no âmbito do Conselho Nacional de Direito Autoral (CNDA), no sentido de não seguir o *script* das leis modelo. Sequer as obrigações assumidas pelo Brasil pela Convenção de Berna, assinada em 1886, ou de Roma, 1961, eram incorporadas pelo projeto.[6] Seus propositores evidentemente não concordavam com a tese da baixa qualidade – na justificativa do projeto, constava que

---

2 "De toda a maneira, o Sistema continental europeu é o sistema chamado de direito de autor, assente na tutela do criador. Este sistema coexiste no plano internacional, mediante composições muitas vezes semânticas, com o Sistema anglo-americano do *copyright*. Porque centrado na tutela do exemplar, o Sistema anglo-americano admite largamente que o direito de autor seja atribuído à empresa, embora só a lei americana acolha a noção de obra coletiva". Cf.: ASCENSÃO, 1997, p. 5. Note que José de Oliveira Ascensão escrevia antes da Lei n. 9.610/98, que viria a admitir a obra coletiva, como veremos.

3 Ref. 3.18, MinC, MJ-SEAL, Carta, 30/11/88, p. 3.

4 Em sua opinião, tentanto proteger os autores e artistas, o projeto acabaria por prejudicá-los. Informação verbal, 2016.

5 Informação verbal, 2017.

6 Veremos adiante que Berna e Roma impõem padrões mínimos de proteção não aos países em relação a seus nacionais, mas a estrangeiros de países signatários. De todo modo, garantir a nacionais menos direitos que os garantidos aos estrangeiros não era o espírito do Projeto Genoíno.

> Este trabalho que foi por nós encampado, tanto por sua clareza técnica quanto pela justeza de suas propostas, chega a esta Casa como resultado da vontade de todos os interessados, depois de ter servido de base para a reflexão e o debate com os segmentos envolvidos na criação intelectual.[7]

Questionado sobre a observância das Convenções Internacionais, em entrevista, José Genoíno replicou que, na sua visão naquele momento, quem deveriam ser modificadas eram as convenções, e que o Brasil deveria assumir a posição de levar esse debate adiante.[8] Não é sequer possível, retrospectivamente, avaliar essa afirmação. Fato é que ela se apresenta como algo completamente heterodoxo em relação aos debates do campo, que partem invariavelmente das convenções como os patamares mínimos dos quais não se pode fugir, e dos quais se deve partir para propor um ou outro modelo, dentro dos *standards* já pré-estabelecidos. Ou seja, inconsequente ou não, o projeto era um exercício de ousadia que vale analisar e localizar nas disputas de seu tempo.

Um outro ponto central é que essa ousadia pode ser apontada como a responsável por termos discutido, em meados da década de 90, uma nova lei de direitos autorais. De fato, como veremos, a lei de 1998 não difere estruturalmente da lei de 1973. As mudanças efetivamente implementadas poderiam ter sido endereçadas por uma reforma legislativa.[9] Diversos entrevistados, no entanto, quando interpelados sobre o porquê disso, além de uma referência genérica à necessidade de "modernização" – algo que ficaria colado no discurso por todo o processo – responderam prontamente que um novo projeto foi proposto no Senado – e aprovado, liderando então as discussões, tornando-se o Projeto Genoíno um apenso na Câmara – para fazer frente a esse projeto de José Genoíno, que viam como uma ameaça que merecia uma resposta enérgica. Além disso, atores próximos à elaboração do anteprojeto no CNDA veem aquele processo como o catalisador de todas as discussões seguintes sobre o direito autoral no Brasil: "eu não tenho dúvida em compreender que esse anteprojeto foi o embrião do projeto da Lei 9.610", afirmou Hildebrando Pontes Neto,

---

7 Ref. 4.38, Pesquisa, Câmara dos Deputados, Projeto de Lei, 27/04/1989.

8 Informação verbal, 2017.

9 Ver "Apêndice II – Comparações entre leis, projetos e propostas" para uma comparação, artigo a artigo, da Lei n. 5.988/73 com a Lei n. 9.610/98. Questionados sobre se era necessária uma nova lei, certos entrevistados referiram-se à necessidade de equiparação entre autor e intérprete, ou a práticas de mercado entendidas como abusivas. PONTES NETO, informação verbal, 2017. Outros, à necessária eliminação de institutos de *copyright* da Lei n. 5.988/73, essencialmente dando mais poder aos autores. CORREA DE MELLO, informação verbal, 2017.

advogado de Minas Gerais que era presidente do CNDA quando se iniciaram as discussões, em 1987, e que teve papel central em desencadeá-las.[10] Foi assim que um projeto proposto em 1989, nos primeiros meses dos novos ares democráticos, pautou uma série de movimentações que viriam a ter lugar nos anos seguintes. Como um dos projetos sociais de política de direito autoral da década de 90, o Projeto Genoíno fracassou. Mas elementos de sua visão geral constituíram as posições de alguns atores legislativos nos anos seguintes, e outros foram incorporados de alguma forma na lei de 1998. Vejamos do que se tratava, quais eram as intenções por trás, que oposições recebeu e como foi abandonado.

Vale dizer que a referência a esse projeto como Projeto Genoíno é uma redução quase falaciosa, já que, com exceção de apenas um ponto específico, o projeto reproduzia o anteprojeto desenvolvido dentro do CNDA, e que é apontado por diversos atores como "o projeto da Amar".[11] Para além dessa origem, Hildebrando Pontes Neto destacou também o papel de outros parlamentares nas discussões que se seguiriam:

> Esse projeto não é só o projeto do José Genoíno: trabalharam com muito afinco nesse projeto o José Genoíno, o Aloysio Nunes Ferreira, Roberto Brant (irmão de Fernando Brant, que era deputado à época), Jandira Feghali, e outros deputados. Todos eles comprometidos com a defesa do autor nacional.[12]

De qualquer forma, é assim que o projeto ficou conhecido na literatura[13] e foi assim que ele foi chamado por quase todos os entrevistados. Projeto Genoíno, aqui, refere-se então ao modelo que ficou consubstanciado no PL n. 2.148/89, que, entenda-se, foi gestado anteriormente no CNDA, passou por discussões, foi retirado de pauta, voltou como PL 2.951/92, e teve pontos incorporados na Lei 9.610/98. Reconstruímos essa história nas páginas a seguir.

---

[10] Informação verbal, 2017.

[11] "Quando você fala projeto José Genoíno, fica parecendo que o pai do projeto é o José Genoíno. Não, não é. Esse projeto tem antecedentes, e evidentemente quando ele bate no Congresso Nacional ele já tinha uma gama de contribuições de diferentes cabeças e tendências." PONTES NETO, informação verbal, 2017.

[12] Informação verbal, 2017.

[13] MORELLI, 2000.

1. UM PROJETO NASCIDO NO CNDA

Na justificativa ao projeto, José Genoíno escreveu, em 1989, que a necessidade de uma nova lei vinha da "inconformidade geral dos diferentes segmentos artísticos somada à falta de proteção objetiva aos direitos de criação". Em sequência, o propositor da lei afirmava que o texto da lei então vigente, a 5.988/73, teria sido gestado "sem qualquer consulta ou audiência prévia aos verdadeiros interessados na sua promulgação", o que teria feito com que a lei não solucionasse "a questão autoral".[14] "O texto vigente jamais satisfez aos criadores intelectuais e menos ainda aos juristas dedicados a esse campo de direito"; o texto proposto, ao contrário,

> [...] revela posição clara, coerente, e em certos pontos avançada, no sentido de expressar essa realidade e contemplar os mais legítimos interesse dos criadores.[15]

Semelhantemente o defendeu Hildebrando Pontes Neto: "nós tínhamos de traduzir essa visão, ou pelo menos os direitos do autor brasileiro, que historicamente foi sempre vilipendiado, do ponto de vista da exploração das obras. Não havia um equilíbrio".[16] Maurício Tapajós, músico e compositor, era então presidente da Amar, e foi um dos principais propulsores do texto do anteprojeto. Como mencionamos, a Amar produzia conteúdo e discussões de forte teor político, e Maurício Tapajós, falecido em 1995, era "PT até morrer", nas palavras de Glória Braga.[17] Braga, atual superintendente do Ecad, juntara-se aos quadros da Amar em 1987 como advogada recém-formada, em um movimento que teve também relação com militância política – filiada então ao Partido dos Trabalhadores, estagiava anteriormente em um escritório de advogados ex-presos políticos, e outros que haviam atuado por dissidentes políticos durante a ditadura militar. Antes de se juntar à Amar, ela trabalhou brevemente no Sindicato dos Músicos Profissionais do Estado do Rio de Janeiro. E, de fato, sua missão maior enquanto advogada da associação estava ligada à discussão do anteprojeto, e substancialmente com fazer valer uma disposição segundo a qual autor, no direito autoral brasileiro, seria somente a pessoa física. "A Amar era totalmente defensora do autor".[18]

---

14 Ref. 4.38, Pesquisa, Câmara dos Deputados, Projeto de Lei, 27/04/1989.

15 Ref. 4.38, Pesquisa, Câmara dos Deputados, Projeto de Lei, 27/04/1989.

16 Informação verbal, 2017.

17 Informação verbal, 2017.

18 Informação verbal, 2017.

A questão de "autor ser pessoa física" é apontada por muitos outros atores do campo como a questão central do Projeto Genoíno. Alguns queixam-se, também, do protagonismo que a Amar ganhou nesse tema, afirmando terem participado muitos outros interessados na matéria. Mas, de fato, há abundante evidência documental de que a Amar continuaria sendo a defensora das posições no anteprojeto muito depois do fim das discussões no CNDA.

O Ministério da Cultura fora criado em 1985, pelo presidente José Sarney, pelo Decreto n. 91.144, de 14 de março.[19] Segundo Marcus Vinícius Mororó de Andrade, compositor, fundador e atual presidente da Amar, atuante desde o período da Sombrás, o nascimento do MinC marcou um momento em que o CNDA ter-se-ia aberto à interlocução com os músicos; foi o momento em que ele se tornou também Conselheiro. No período compreendendo a discussão do anteprojeto no CNDA, o governo Sarney – 1985-1990 –, foram Ministros de Estado da Cultura Celso Furtado – 14 de fevereiro de 1986 a 28 de julho de 1988 –, Hugo Napoleão do Rego Neto – 28 de julho de 1988 a 19 de setembro de 1988 –, e José Aparecido de Oliveira – 19 de setembro de 1988 a 14 de março de 1990.[20]

Hugo Napoleão não foi mencionado por nenhum dos entrevistados, e tampouco surge nos documentos analisados. As discussões sobre um anteprojeto tiveram início no período Celso Furtado, que, afirmou Hildebrando Pontes Neto, teria se demonstrado aberto a discussões sobre a reforma do direito autoral. "Ele era uma pessoa absolutamente sensível para essa questão. Ele entendia que as questões autorais deveriam ser motivo de debate, sim, e de construção e de reflexão".[21] A abertura não necessariamente se refletia em ver centralidade no tema: no livro *Ensaio sobre cultura e o Ministério da Cultura*, que reúne discursos e textos de Celso Furtado no período entre 1986 e 1988, quando ocupou o cargo, ele se refere diversas vezes à Lei Sarney, de financiamento à cultura,

---

[19] Ver texto do decreto em: BRASIL. Decreto nº 91.144, de 14 de março de 1985. Disponível em: <http://www.planalto.gov.br/ccivil_03/decreto/1980-1989/D91144.htm>. Acesso em: 4 out. 2018. Ele foi revogado pelo decreto n. 99.600 de 13 de outubro de 1990, quando o presidente Fernando Collor extinguiu o Ministério da Cultura e criou a Secretaria da Cultura, em cuja estrutura regimental, inclusive, não estava previsto mais o CNDA. Ver: BRASIL. Decreto nº 99.600, de outubro de 1990. Disponível em: <http://www.planalto.gov.br/ccivil_03/decreto/1990-1994/D99600.htm>. Acesso em: 4 out. 2018. Trataremos do tema em detalhes adiante.

[20] Ref. 4.34, Pesquisa, MinC - LAI, Informação, 23/10/2017.

[21] Informação verbal, 2017.

mas, mesmo quando se dedica sobre visões e propostas em economia da cultura e desenvolvimento, a pauta do direito autoral sequer aparece.[22]

Naquele momento de criação do Ministério da Cultura e sua direção por Celso Furtado, o grupo de conselheiros do CNDA era composto não apenas por juristas e advogados, mas também compositores.

> Então fazíamos parte do Conselho eu, Capinam, Gonzaguinha, Fernando Brant, Joyce, Maurício Tapajós, e titulares de outras áreas, tinha o Jorge Ramos que era um ator, que defendia o direito dos atores e dubladores, tinha o Walter Firmo, o fotógrafo. O Pedrylvo, que tinha sido nosso advogado na questão da Sicam, e que além de um advogado brilhante era pai de dois músicos. E além do mais, a Sônia Braga. [...] Então esse grupo foi levar para o CNDA não apenas a visão jurídica, mas também a visão da prática.[23]

A discussão do anteprojeto no CNDA teve início formal com a publicação, pelo Ministério da Cultura, da Portaria n. 178 de 04.05.1987. A Portaria instituía uma comissão composta por Marco Venício Mororó de Andrade, João Carlos Muller Chaves, Luiz Gonzaga do Nascimento Júnior, Daniel da Silva Rocha, Fernando Rocha Brant, José Carlos Capinan, e Jorge José Lopes Machado Ramos. José Carlos Capinam afastou-se, da Comissão e depois do CNDA, em abril de 1987, e foi substituído por Pedrylvio Francisco Guimarães Ferreira; João Carlos Muller Chaves desligou-se e assim entrou Flávio Antônio Carneiro Carvalho, em novembro daquele ano.[24]

Muller Chaves relatou ter-se desligado da comissão que discutia o anteprojeto por ser absolutamente contrário a ele, e após uma discussão com o advogado Pedrylvo Guimarães. Ele argumentou, também, que considerava que o nível técnico da discussão era baixo, e que suas contribuições poderiam acabar fortalecendo um projeto que ele entendia que não deveria seguir adiante.[25] Partiu então para uma nova empreitada, mas que é tema do próximo capítulo.

---

[22] Não que as visões apareçam como incompatíveis com o anteprojeto que se discutia no CNDA, o que pode explicar a abertura que Hildebrando narra. No texto "Que Somos?", conhecido como "Sete teses sobre a cultura brasileira" - discurso proferido em 1984, Celso Furtado contrapõe a lógica economicista de grupos econômicos transnacionais com a liberação criativa e definição de uma identidade cultural nacional. FURTADO, 2012, p. 29-55.

[23] Marcus Vinícius Mororó de Andrade, informação verbal, 2017.

[24] Ref. 3.87, MinC, MinC – CDA, Estudo, dez.92.

[25] Informação verbal, 2017.

Quando José Aparecido de Oliveira assumiu o posto de Ministro,[26] Hildebrando Pontes Neto encontrou-se em uma posição mais frágil na defesa do anteprojeto; sua visão sobre o ministro era que

> [...] era um homem de matiz essencialmente político, e ele se encontrava, no seu escalão, na presença de senadores, deputados, enfim: algo que a mim me impressionava muito, porque não estava acostumado a trabalhar dessa forma.

José Aparecido, recém-empossado, não teria acompanhado as discussões no CNDA, e, de toda forma, em 21 de outubro de 1988, o MinC publicou a Portaria n. 03, publicada em diário oficial no dia 25 de outubro,[27] visando dar conhecimento sobre o anteprojeto e abrir para debates públicos; Hildebrando Pontes Neto, já na condição de conselheiro, fez imprimir um folheto de 2.000 exemplares, enviados para organizações e personalidades, e inclusive para a própria OMPI, com pedido de comentários; o advogado apresenta esse procedimento como um cuidado especial com o objetivo declarado de "colocar em debate o direito de autor brasileiro" – e ele teria, mesmo antes da publicação, enviado e recebido devolutivas de outros interlocutores.[28] Em suas palavras, a publicação do anteprojeto gerou um "verdadeiro alvoroço".

A questão central de controvérsias naquele ponto era o domínio público remunerado, ou seja, a instituição de um valor a ser recolhido pelo CNDA pela utilização de obras em domínio público. O tema era controverso no direito autoral brasileiro fazia décadas, e sofria oposição especialmente do setor do livro, como exploraremos adiante. O *Jornal do Brasil* chegou a escrever um editorial contra a proposta, queixando-se de que "essa obsessão da sangria estatizadora precisa ser combatida e desmobilizada – enquanto não é definitivamente eliminada. Sacar sobre os clássicos, num país tão carente de livros e leitores, é sacar mais uma vez sobre o distinto público",[29] afirmando ainda que era a livre iniciativa que fazia o mercado livreiro estar funcionando bem no Brasil.

---

[26] Ele relata que teria informado a Celso Furtado seu desejo de deixar o Conselho, por motivos diversos, e que ficou por insistência do então Ministro, que teria solicitado que ele terminasse o trabalho. "E uma colocação do professor Celso Furtado pra mim era mais do que uma ordem, [...] porque não só era uma figura extraordinária, não só pelo profissional e intelectual que sempre foi, mas porque era um homem profundamente respeitoso, e um homem de diálogo" (informação verbal, 2017).

[27] Diário Oficial da União, Seção I, de 25.10.1988, págs. 20.711 – 20.713.

[28] Informação verbal, 2017.

[29] [S.a], Clássicos na Mira. *Jornal do Brasil*, 14 dez. 1988.

Diante da repercussão, José Aparecido criou uma nova comissão para debater o anteprojeto, composta, dentre outras pessoas, por vários intelectuais do Rio de Janeiro, e nomeou o cineasta Gustavo Dahl como presidente. Hildebrando Pontes Neto, que ainda era presidente do CNDA, chegou a escrever uma carta de demissão, entendendo que seria substituído em breve, ao que José Aparecido insistiu que ele integrasse a comissão e o CNDA como conselheiro titular.[30] Naquela ocasião, ele entendeu que parte do mal-estar se devia a uma disputa pública em que ele havia entrado, pelos jornais, com o editor Alfredo Machado, fundador do grupo editorial Record, que, teria afirmado o Ministro, "é editor do Rei" – referindo-se aos livros de José Sarney. A disputa envolvia precisamente o anteprojeto e o instituto do domínio público remunerado, que haviam sido duramente criticados por Alfredo Machado, e, portanto, levantado suspeitas no Planalto.[31]

O Ministério da Cultura, então, publicou nota oficial no *Jornal do Brasil* (01.12.1988), e em outros órgãos da imprensa,[32] referindo-se ao projeto publicado no dia 25 de outubro, com teor conciliatório:

– O Ministério não pretende, em absoluto, intervir naquilo que já consagrou, na práxis e na jurisprudência, no tocante aos entendimentos entre as partes interessadas. Pretende apenas coordenar estes interesses de tal forma a não permitir, inclusive, retrocessos nas conquistas alcançadas, principalmente àquelas que visam dar maior difusão, da forma mais democrática e abrangente, as grandes obras já caídas em domínio público.
– o Ministério, por isso mesmo, divulgou o anteprojeto visando conciliar a função reguladora de sua competência como órgão do Estado, com a vontade soberana da Nação, o que significa dizer que todas as críticas e sugestões de modificação do texto proposta serão analisados e debatidos publicamente;
– configura-se, assim, que nem o anteprojeto é concluso e nem será encaminhado seu texto final antes que conclusões sejam formula das após ampla consulta a autores, editores, livreiros e demais interessados.
Reiteramos a sincera e completa necessidade de participação de todos – pessoas físicas ou jurídicas, entidades públicas ou privadas, órgãos de classe – no

---

[30] Pontes Neto expressou receio de ser destituído por diário oficial ("porque ele já tinha feito isso com um ministro do Tribunal Federal que chegou a presidir o Conselho por pouco tempo"), e a carta criticava o ministro por ter intermediado um nome entre a presidência do CNDA e a comissão, afirmando que isso era o mesmo que aceitar sua destituição. NETO, informação verbal, 2017.

[31] Alfredo Machado enviou carta com forte teor crítico ao anteprojeto, conforme consta do Arquivo MinC. Será explorada a seguir.

[32] Ref. 3.17, MinC, IAB, Carta, 05/06/89.

sentido de que este anteprojeto seja analisado e revisto à luz de uma: sociedade brasileira mais contemporânea e mais justa, como o país que pretendemos.[33]

Se a disputa na imprensa foi principalmente por causa do domínio público remunerado, entre o meio jurídico e as associações representantes dos autores ou de setores empresariais houve também contundentes manifestações de descontentamento. O Arquivo MinC conta com um conjunto de cartas, apoiadoras ou críticas, que exploraremos, estruturando os pontos de dissenso pelos temas tratados pelo projeto. Essa primeira disputa expressou precisamente os pontos que seriam controversos durante a década de 90, e entendê-los separadamente auxilia a compreensão de quais eram os interesses dos diferentes setores, e como em cada uma das questões centrais se criava e se atualizava a disputa fundamental do período: aquela entre um projeto social do "autor como criador", e de um projeto social da "direito de livre exploração econômica".

Para além das manifestações ao próprio MinC, a UBC, nisso se juntando com Henry Jessen –importante advogado da indústria fonográfica no Brasil, que ocupou cargos altos na Odeon –, teria denunciado o projeto em um congresso da Confederação Internacional de Sociedades de Autores e Compositores (CISAC) em Buenos Aires, em 1988, pressionando a organização a apresentar moção contrária. Isso teria sido o estopim para José Aparecido decidir então por não apresentar o projeto.[34]

Quando ficou claro que o anteprojeto não teria mais o apoio do Executivo, a Amar levou-o, independentemente, para o deputado José Genoíno (PT/SP), para apresentação direta na Câmara dos Deputados, como um projeto de lei do Legislativo.[35] "Era um paradoxo, um deputado da oposição dando andamento a um projeto que o governo tinha rejeitado".[36]

---

[33] Direitos Autorais – Nota Oficial. *Jornal do Brasil*, 1 nov. 1988.

[34] Há versões concorrentes: Pontes Neto, como colocamos, atribui o abandono daquele anteprojeto pelo Executivo à polêmica causada no setor livreiro, particularmente com Alfredo Machado. Marcus Vinício Mororó de Andrade, hoje presidente da Amar, no período dirigente e também Conselheiro do CNDA, atribuiu o "engavetamento" também à atuação do Advogado-Geral da União, Saulo Ramos, supostamente por conta de interesses da radiodifusão. Fato é que, como veremos, construiu-se uma ampla rejeição ao anteprojeto, e quase nenhum ponto dele representava consenso. SANTIAGO, informação verbal, 2016.

[35] Ref. 3.87, MinC, MinC – CDA, Estudo, dez.92; MORORÓ DE ANDRADE, informação verbal, 2017.

[36] MORORÓ DE ANDRADE, informação verbal, 2017.

Já diante do Legislativo, o projeto passou a ser apresentado não mais como o anteprojeto do CNDA, mas como o anteprojeto da Amar, em interlocução com outros atores. "O anteprojeto elaborado pelo CNDA, portanto, não foi encaminhado formalmente ao Congresso Nacional – o que só poderia ser feito mediante Mensagem do Executivo – por não ter o aval do Ministro da Cultura", afirmaria Otávio Afonso, personagem que ainda está por entrar em cena neste trabalho, alguns anos depois.[37] Incorporando um segundo projeto apresentado pela Amar, o relativo à "cópia privada",[38] José Genoíno apresentou o projeto em 26 de abril de 1989, e ele ganhou o número 2.148/89.

Vimos que a Amar nascera com bandeiras sindicais, e apresentava-se engajada com outros temas políticos do campo progressista, para além da circunscrição do direito autoral. "Todos nós éramos pessoas engajadas, trabalhavam politicamente, alguns eram petistas, como Maurício Tapajós, e eu era do partidão, como muitos outros", afirmou Marcus Vinícius Mororó de Andrade,[39] hoje presidente. A relação mais fundamental da Amar era com o Sindicato dos Músicos do Rio de Janeiro, de onde Maurício Tapajós havia sido presidente, e que, vimos atrás, esteve na própria origem da Associação.

De qualquer forma, mesmo depois de o projeto ter sido encaminhado via José Genoíno na Câmara, o CNDA continuaria discutindo o anteprojeto. Realizou dois ciclos de debates, de 21 a 25 de agosto e de 25 a 29 de setembro de 1989, em São Paulo e no Rio de Janeiro, respectivamente. Entretanto, de acordo com avaliação posterior de Otávio Afonso, Coordenador de Direito Autoral do MinC, "o evento já estava comprometido pelo deslocamento das discussões do âmbito do Executivo para o Legislativo".[40]

---

37 Ref. 3.87, MinC, MinC – CDA, Estudo, dez.92.

38 Remuneração a detentores de direitos, por parte de produtores de mídias virgens e equipamentos, como compensação pelo que se entende que perdem aqueles detentores com o uso desses bens para cópias pelos usuários. Em detalhes adiante.

39 Informação verbal, 2017.

40 Ref. 3.87, MinC, MinC – CDA, Estudo, dez.92.

2. JOSÉ GENOÍNO ENTRA EM CENA, E UM BREVE PANORAMA SOBRE A CONSTITUINTE

O primeiro contato de José Genoíno com o tema do direito autoral se deu durante a Assembleia Nacional Constituinte (ANC), entre 1987 e 1988. Apesar de não ter sido membro da Subcomissão dos Direitos e Garantias Individuais, parte da Comissão da Soberania e dos Direitos e Garantias do Homem e da Mulher, no âmbito da qual se discutiriam os dispositivos da Constituição sobre direito autoral, relata ter participado ativamente. A esse respeito, foram aprovados os seguintes dispositivos no art. 5º:

> XXVII – aos autores pertence o direito exclusivo de utilização, publicação ou reprodução de suas obras, transmissível aos herdeiros pelo tempo que a lei fixar;
> XXVIII – são assegurados, nos termos da lei:
> a) a proteção às participações individuais em obras coletivas e à reprodução da imagem e voz humanas, inclusive nas atividades desportivas;
> b) o direito de fiscalização do aproveitamento econômico das obras que criarem ou de que participarem aos criadores, aos intérpretes e às respectivas representações sindicais e associativas [...].

Embora os atores do campo se recordem do momento como se a Constituição de 1988 não tivesse inovado em relação às anteriores, e não houvesse ocorrido disputas, os anais da Constituinte indicam que, embora realmente a questão do direito de autor não tenha sido uma das disputas centrais naquele momento, houve alguma discussão, e alguns atores estavam atentos e intervindo em seu favor.

Já havia disposições sobre direito autoral em constituições anteriores. A Constituição Política do Império, de 1824, era omissa a respeito; a Constituição de 1891 continha, na Seção II, de Declaração de Direitos, o seguinte texto:

> Art. 72 – A Constituição assegura a brasileiros e a estrangeiros residentes no País a inviolabilidade dos direitos concernentes à liberdade, à segurança individual e à propriedade, nos termos seguintes:
> Art. 72 § 26 – Aos autores de obras literárias e artísticas é garantido o direito exclusivo de reproduzi-las, pela imprensa ou por qualquer outro processo mecânico. Os herdeiros dos autores gozarão desse direito pelo tempo que a lei determinar.

A Emenda Constitucional de 1926 previa o § 26, com o mesmo texto; a Constituição de 1934 estabelecia, no capítulo II, sobre Direitos e Garantias Individuais:

Art. 113 – A Constituição assegura a brasileiros e a estrangeiros residentes no País a inviolabilidade dos direitos concernentes à liberdade, à subsistência, à segurança individual e à propriedade, nos termos seguintes: [...]
20) Aos autores de obras literárias, artísticas e científicas é assegurado o direito exclusivo de reproduzi-las. Esse direito transmitir-se-á aos seus herdeiros pelo tempo que a lei determinar.

A de 1937 era omissa, e a de Constituição de 1946 repetia quase integralmente o texto da de 1934; a de 1967 substituía a garantia do exclusivo de reproduzir pelo exclusivo de "utilizar". A Constituição de 1988, assim, inovava significativamente, retirando o termo "literárias, artísticas e científicas" após obras, ampliando o direito exclusivo do autor para utilização, reprodução e publicação – a rigor, os dois últimos são espécies do primeiro – e estabelecendo a garantia das participações individuais nas obras coletivas, e o direito de fiscalização e de aproveitamento econômico.[41]

Fruto de um processo de ampla mobilização popular, de juristas e do MDB desde o fim dos anos 70, após a campanha Diretas Já, e marcado desde o início também por derrotas – como não ser uma Constituinte exclusiva – e vitórias – possibilidades entretanto de participação popular –, o processo constituinte pautou-se

(i) pelo Regimento Interno aprovado, que, de forma simplificada, levava as propostas no seguinte fluxo:
(ii) Subcomissões Temáticas, com anteprojeto do Relator, apresentação de emenda e anteprojeto da Subcomissão;
(iii) Comissões temáticas, com emenda da Comissão, Substitutivo do Relator, Emenda ao Substitutivo, e Anteprojeto da Comissão;
(iv) Comissão de Sistematização,
(v) Plenário, (vi) Comissão de Redação e
(vii) Prólogo ou promulgação.[42]

---

41 O "direito exclusivo" a que se referem as constituições desde 1891 é assim definido por José de Oliveira Ascensão: "A tutela da criação literária e artística faz-se basicamente pela outorga de um exclusivo. A atividade de exploração econômica da obra, que de outro modo seria livre, passa a ficar reservada para o titular. Deste modo se visa compensar o autor pelo contributo criativo trazido à sociedade. Por isso está aceita o ônus que representa a imposição do exclusivo. Todo o direito intelectual é assim acompanhado da consequência negativa de coarctar a fluidez na comunicação social, fazendo surgir barreiras e multiplicando as reivindicações. A liberdade de utilização de bens culturais, mesmo que não movida por fim lucrativo, fica assim entravada, porque contende com o exclusivo de exploração". Continua afirmando que é por isso que o direito é transitório, prevalecendo após o prazo a liberdade. Cf.: ASCENSÃO, 1997, p. 3-4.

42 PILATTI, 2008; NERIS, 2015.

Era na Etapa 2, ou seja, nas Subcomissões Temáticas, entre 07 de abril e 25 de maio de 1987, que se deram as relações entre parlamentares e atores extraparlamentares, sendo realizadas audiências públicas com a sociedade civil, e sendo possível naquele momento enviar sugestões à ANC.

O primeiro anteprojeto na Subcomissão dos Direitos e Garantias Individuais, do relator Darcy Pozza (PDS-RS), que, no relatório, mencionava estar ampliando a proteção aos autores, propunha o seguinte texto:

> (Art. ...) São direitos e garantias individuais:
> [...] XIII – a expressão da atividade intelectual, artística e científica; aos autores pertence o direito exclusivo de reprodução e publicação de suas obras, transferível aos herdeiros pelo tempo que a lei determinar; a lei disporá sobre a proteção aos autores de obras de criação coletiva à reprodução da imagem humana, inclusive os jogos esportivos; [...].[43]

Na fase de apresentação de emendas, o Deputado Vivaldo Barbosa (PDT) sugeriu que o direito exclusivo fosse garantido também àqueles que declaram ter produzido as obras por meios paranormais ou parapsíquicos. Uma emenda de Paulo Macarini (PMDB) sugeria a volta ao texto das constituições anteriores, e quem efetivamente fez uma discussão sobre o conteúdo da previsão foi Antonio Mariz (PMDB), presidente da Subcomissão, que sugeria a substituição dos termos "reprodução" e "publicação" pelo mais genérico "utilização", que seria uma conquista, porque, presente na Constituição então vigente, "tem permitido aos autores fixarem livremente o valor pela exploração patrimonial de suas obras". Sugeria também a denominação genérica de obra, sem especificação de "artísticas, literárias ou científicas", e que o texto não se referisse a obras coletivas, porque seriam apenas uma das espécies de obras, e deveriam ser tema de legislação infraconstitucional. Ele entendia, por fim, que a menção a obra coletiva dava margem para se entender que a empresa era autora, já que a obra coletiva "geralmente é explorada economicamente por empresas".[44] O anteprojeto adotado pela Subcomissão seguiu integralmente a sugestão de Antonio Mariz.[45]

Ocorreu também, naquela subcomissão, no dia 27 de maio de 1987, uma audiência pública com a presença de José Louzeiro, Presidente da Associação dos Escritores do Rio de Janeiro, e Edson de Souza Miranda, professor de economia da Universidade Federal de Minas Gerais (UFMG) e ex-conselheiro do CNDA. Foi uma longa discussão, entre o escritor, os constituintes e participantes, sobre as relações conflituosas entre autor

---

[43] Ref. 4.39, Pesquisa, Câmara dos Deputados – Constituinte, Anteprojeto, 01/05/1987.
[44] Ref. 4.40, Pesquisa, Câmara dos Deputados – Constituinte, Emendas, 23/05/1987.
[45] Ref. 4.41, Pesquisa, Câmara dos Deputados – Constituinte, Anteprojeto, 23/05/1987.

e editor, na linha de afirmação de que o autor merece proteção; falou-se também sobre a Censura, tendo José Louzeiro argumentado que, sendo ela a única forma de garantia do pagamento dos direitos autorais em diversas ocasiões, não poderia ser desmantelada pela Constituinte sem transição. Mas não se discutiram pontos específicos que poderiam ser alterados no texto. Em uma outra audiência no dia 28, foi a vez de Jorge Ramos, presidente da Associação dos Atores (ASA), falar sobre violação dos direitos dos artistas, direito autoral e conexo; ele discorreu sobre o monopólio e o privilégio na concessão de rádio e televisão e abuso de poder em relação aos autores.[46]

Quando a discussão moveu para a Comissão da Soberania e dos Direitos e Garantias do Homem e da Mulher, o relator José Paulo Bisol já apresentou texto que incluía "utilização, publicação e reprodução", e propôs a volta da proteção dos autores individuais em obras coletivas;[47] Antonio Mariz (PMDB) propôs emenda para manter somente utilização, já que as duas últimas seriam espécies, mas sem sucesso.

Na fase de Sistematização, ou seja, dado o início da fase parlamentar, alguns constituintes e deputados propuseram emendas para o direito autoral – dentre as insignificantes, de redação, voltaram as emendas para proteger aqueles que declaram ter produzido obras por meios paranormais ou psíquicos,[48] foi sugerido também que ficasse proibida a cobrança de qualquer valor em razão de direitos autorais aos órgãos de radiodifusão,[49] alegando que a difusão de músicas "destina-se muito mais à difusão cultural e educativa que, propriamente, a com finalidade comercial ou lucrativa", e que fossem incluídas as obras publicitárias no escopo de proteção.[50] Houve também uma proposta de Emenda Popular, pelo Sindicato dos Artistas e Técnicos em Espetáculos de Diversões no Estado de São Paulo (SATED-SP), a Federação Nacional dos Jornalistas Profissionais, e o CNDA, pela vedação à censura a manifestações culturais ou artísticas; não tendo cumprido as exigências regimentais, foi depois subscrita por José Genoíno,[51] mas indeferida na Comissão de Sistematização.

---

46 Ref. 4.42, Pesquisa, Câmara dos Deputados – Constituinte, Ata, 27/04/1987.

47 Ref. 4.43, Pesquisa, Câmara dos Deputados – Constituinte, Anteprojeto, 08/06/1987.

48 Emendas 1P01533-2, 1P05642-0 e 1P07965-9, de Paes de Andrade, PMDB.

49 Emenda 1P05905-4, do Deputado Matheus Iensen – PMDB-PR.

50 Emenda 1P11206-1, do Constituinte José Ignácio Ferreira, PMDB.

51 PE000002-4 e 1P07266-2.

Foi posteriormente, na fase de Plenário, que entrou no texto a disposição segundo a qual os criadores, intérpretes e suas representações sindicais e associativas têm direito de fiscalização do aproveitamento econômico daquilo que criam. A Emenda 2P01225-8 foi apresentada por José Genoíno, argumentando que a disposição fora suprimida, na Comissão de Sistematização, por um equívoco de entendimento.

> Sabemos todos que nas obras artísticas, notadamente naquelas coletivas, ocorre a conjugação do capital e a arte, em todas as modalidades reprodutivas.
> Todavia, os criadores brasileiros jamais conseguiram exercer seus direitos, via de regra submetidos a uma abusiva desapropriação indireta, imposta pelos titulares das indústrias, submetendo-os a regras leoninas em contratos de adesão. Nem mesmo após a Lei 6.533, de 1978, que regula a profissão dos artistas e proíbe a cessão de direitos autorais, devidos em cada exibição da obra, os grandes usuários das criações artísticas têm respeitado essa obrigação.
> Também em prejuízo de nossa balança cambial, nas exportações das obras – discos ou filmes – são omitidos títulos da obra, a autoria e o valor específico, recebendo-se da CACEX uma avaliação unilateral, por peso físico.
> Por essas razões, os criadores intelectuais pleitearam à Constituinte essa emenda, garantindo aos autores e artistas intérpretes o controle econômico.[52]

Embora não haja registro dessas participações nos documentos, Roberto Correa de Mello relata ter viajado a Brasília com Vanisa Santiago e Henry Jessen para discutir texto, durante as reuniões da Comissão Temática,[53] e recorda-se da disputa por "garantir os direitos dos titulares individualmente", como forma de garantir a distribuição individualizada por categorias no âmbito do Ecad. E, segundo ele, o texto aprovado garantiu a base para muitas vitórias posteriores.

Foi a entrada de José Genoíno no tema do direito autoral. O ex-deputado relata que seus objetivos centrais, naquele momento, eram outros pontos: o direito à propriedade, o direito à informação, o *habeas data*, e a criminalização da tortura – ponto em que fracassou. Em entrevista, relatou que foi a primeira vez que se relacionou com autores literários, com artistas – referindo-se ao SATED-SP –, e com a indústria fonográfica, e ali formou a sua visão em relação ao direito autoral. Os acontecimentos que relatamos no seguir desta pesquisa evidenciam que foi uma visão perseguida até o fim, com suas intervenções e emendas quando o projeto de uma nova lei autoral estava a ser votado pela Câmara, em 1997.

---

[52] Ref. 4.44, Pesquisa, Câmara dos Deputados – Constituinte, Emendas, 13/01/1988.

[53] Ele relata que foi a pedido do próprio Ulysses Guimarães. "É porque ele sabia da gente. Ele conhecia meu pai, ele conhecia... era tudo da São Francisco, né?".

Minha tese era de que o direito autoral é um direito autônomo, inalienável, individualíssimo – porque não é um problema do nome. Além do nome você coloca tua alma, tua voz, você coloca teu ser. Seria mais ou menos equiparar o direito autoral ao direito à vida humana: é um direito inalienável. Ele não pode estar submetido a uma relação econômica, uma relação trabalhista. Eu trabalhei com esse conceito do direito autoral, nos princípios fundamentais, aqui [mostra a Constituição Federal]. Nós perdemos. Porque depois é que eu fui perceber, no [momento de negociação do] projeto, como a divergência era radical.

Mas esse debate, na Constituinte, foi um debate muito localizado, sem grandes repercussões. Mas ele aconteceu.[54]

[...] Naquela época, na Constituinte, você sabe que a sociedade com 30 mil assinaturas podia fazer propostas de emendas à Constituinte. E tinha essas propostas. Tinha de tudo. A Constituinte foi um dos poucos momentos que se discutiu o Brasil. Eu acho que segundo momento foi no governo Lula. O Brasil apareceu, mostrou sua cara. Se discutiu tudo. Negro, índio, orientação sexual, direito autoral, tudo foi discutido. Aí nós colocamos essa questão lá. Eu coloquei essa questão não por uma pressão deles, mas por uma concepção filosófica: a criação é um direito inalienável do ser humano, como a informação. A informação é um bem público, nem privado, nem estatal. [...] Aí eu comecei a discutir esses direitos. Eu vinha de uma experiência ditatorial, prisão, tortura, enfim. Aí por coincidência eu me relacionei com eles [os artistas] – eu virei um defensor deles por um acaso, porque eu já tinha essa concepção. Mesma coisa com o direito das mulheres. [...]

Esses três incisos aqui foram a mediação possível que nós conseguimos. Na Constituinte, tinha o governo Sarney, e o Ministro da Cultura era o Celso Furtado. E tinha uma instituição no Ministério da Cultura, que foi demonizada pelo parecer da Abert, que chamava Conselho Nacional de Direito Autoral (CNDA). E o Hildebrando, que era um advogado de Minas Gerais, ele cuidava dessa questão. Ele se vinculava com o CNDA. Aí eu me comunicava, eu dialogava com o Ministério da Cultura, que era o Celso Furtado, Ministro da Cultura. Por várias razões eu dialogava com ele. Bem. Logo após a Constituinte, eu comecei a discutir a questão do direito autoral.[55]

Passada a Constituinte, José Genoíno foi procurado por Maurício Tapajós, da Amar, para discutir o direito autoral. Segundo ele, a preocupação de Tapajós era que

---

54 Em outro momento, afirmou José Genoíno: "Eu tratava do assunto meio sozinho, depois é que eu fui tratar junto com a Jandira [Feghali]. Que a Jandira não era constituinte – ela foi eleita depois, e ela era artista. Ela tinha contato com os artistas do Rio quando eu me relacionei com a Amar e com o Maurício Tapajós, ele já conhecia a Jandira". GENOÍNO, informação verbal, 2017.

55 GENOÍNO, informação verbal, 2017.

O direito autoral no Brasil estava uma bagunça, porque não se cobrava nada, não tinha lei, o CNDA estava sem função nenhuma, não se sabia o que fazer com ele. Tínhamos saído do período ditatorial e tinha um vazio, um buraco chamado o buraco negro.[56]

Na sua concepção, a Amar tinha um caráter engajado nas questões sociais envolvendo autores e artistas, em especial porque não teria, como as outras associações, uma presença de peso de criadores "de nome" – pessoas que "não dependem muito de direito autoral, porque eles têm um nível de relacionamento, um nome para faturar. O grande problema do direito autoral é você estimular a criação de quem não tem nome". Ainda assim, teria mantido um diálogo aberto também com a UBC, na pessoa de Vanisa Santiago.

Vanisa Santiago é advogada atuante na área de direitos autorais, formada pela PUC-Rio. De 1957 a 1967, trabalhou na União Brasileira de Compositores (UBC), e, a partir de 1967, passou a ser assessora jurídica do Grupo Editorial Todamérica. Voltou a trabalhar na UBC entre 1981 e 2000, com os cargos de chefe do Departamento Jurídico, Secretária Geral, Presidente e Superintendente. A partir de 2000, passou a ser assessora internacional da Amar/Sombrás, assessora internacional da ADDAF e representante da SGAE (Sociedad General de Autores de España) no Brasil. Foi também presidente do grupo de trabalho da CISAC na América Latina, e membra da comissão jurídica e de legislação da mesma organização.[57] Filha do compositor e fundador da ABCA e da UBC Oswaldo Santiago. Seu nome é citado em diversos dos documentos oficiais envolvendo a história da Lei n. 9.610/98.[58]

A escolha de José Genoíno como interventor desse grupo de autores e artistas no Congresso teve relação com as articulações de resistência à ditadura militar nas décadas de 1960 e 1970, em especial entre a "classe artística" e o movimento estudantil.

> O Belchior era praticamente meu colega de turma, entendeu? Fiquei tão triste quando fiquei sabendo que ele morreu, fiquei abatido pra caramba. E a gente tinha um contato com esse pessoal de 68, esses artistas que eram famosos nessa época, em 68, eles eram nossos colegas de 68, o Chico, o Caetano, Maurício Tapajós, Paulo César Pinheiro.

---

56 GENOÍNO, informação verbal, 2017.

57 http://dicionariompb.com.br/vanisa-santiago/dados-artisticos.

58 Observação 2: neste capítulo, quando tratar de atores parlamentares, buscarei fazer uma reconstrução também de quem são, o que fizeram, etc. A principal fonte consultada é o acervo online do CPDOC, o Dicionário Histórico-Biográfico Brasileiro (http://cpdoc.fgv.br/acervo/dhbb). Outra fonte utilizada para esses fins é a série "Os 'cabeças' do Congresso Nacional", editada pelo DIAP (Departamento Intersindical de Assessoria Parlamentar) anualmente, desde 1994. O DIAP agrupa os parlamentares de acordo com uma classificação que desenvolveu: a) debatedores, b) articuladores e negociadores, c) formuladores, d) formadores de opinião, e e) negociadores. Quanto a outros atores, como Vanisa, buscarei utilizar outras fontes disponíveis e as próprias entrevistas – a indicar.

[...] Eu nunca fui um deputado de categoria. Eu trabalhava com teses. A tese do direito autoral, da tortura, forças armadas, ciência e tecnologia. A minha formação política, a minha experiência na esquerda, eu não era de um setorial. E a Constituinte me possibilitou isso, porque eu vinha de uma experiência de clandestinidade da luta armada, e quando eu cheguei na Câmara... eu devo grande parte disso ao Airton Soares, ele disse: "Genoíno, pelo fato de isso ter sido guerrilheiro, ex-preso político, você tem massa crítica para um ou dois mandatos, mas aí você acaba. Se você quiser virar um deputado para valer você tem que dominar a pauta do país, os assuntos gerais"; eu não era de uma categoria. Então eu abordava os temas gerais. Esse era um tema geral que eu abordei. E foi muito legal para mim trabalhar com esses temas com os criadores, fui perceber na prática como o direito autoral é tão personalíssimo, cada um desses artistas é uma instituição. Pro bem e para o mal. Tem um peso enorme. Porque o cara representa muita coisa, né? E eu tinha uma coisa muito forte em mim que era um pessoal da minha geração de 68, né. Vandré, Chico Buarque, Belchior. [...] Então eu estava fazendo uma espécie de retorno, né. Era fácil a interlocução.[59]

Se o diálogo com a Amar e com parcela dos artistas era fácil, outros atores queixaram-se de não encontrar a mesma abertura. José Carlos Costa Netto, que havia presidido o CNDA de 1979 a 1983, opina que não encontrava um diálogo possível, e que "não adiantava muito porque ele [Genoíno] já tinha uma linha".[60] Atores do sistema de gestão coletiva musical para além da Amar, em geral, apresentam-se críticos da atuação de Genoíno naquele momento.

Quando ele apresentou o PL 2.148/89, que, na sua opinião, não era uma revolução no direito autoral – "revolução eu tentei fazer e fui preso, na guerrilha", e ri: "aí foi a guerra". Para ele, os pontos principais daquela concepção filosófica, quando incorporados em uma lei, significavam:

i. que empresa não poderia ter direito autoral;
ii. que o direito autoral deveria ser separado da relação de trabalho, ou do contrato do prestador de serviços.

Ao longo do longo processo de tramitação do projeto – que, veremos, foi retirado, voltaria a ser proposto com alterações, teve elementos incorporados no Substitutivo ao PL 5.430/90 (que seria aprovado em Lei 9.610/98), e foi apreciado finalmente em 1997 – realizou reuniões com um grupo de artistas, na casa de Chico Buarque, dentre os quais mencionou Caetano Veloso, Gilberto Gil, Djavan, Fernando Brant e Milton Nascimento; relata ter participado de reuniões por todo o Brasil, e mantido

---

[59] GENOÍNO, informação verbal, 2017.
[60] COSTA NETTO, informação verbal, 2017.

contato fácil com escritores, "o pessoal do teatro", do audiovisual, mas difíceis relações "com o *big business*, o pessoal da música e da TV". Como questão central dos conflitos, aponta, a intenção do Projeto Genoíno de "separar o direito autoral da relação trabalhista e da prestação de serviços". Uma outra dificuldade, para ele, era conseguir apoio dentre os artistas de sucesso no momento em que o projeto tramitava, por ser o período de grande sucesso da música sertaneja no Brasil. "Não dá, como é que eu ia discutir? Esse pessoal vive de *show*, espetáculo, rodeio". Em seus contatos com artistas menos bem-sucedidos no mercado, afirma, chegava à conclusão de que o direito autoral "era impasse": "o pessoal tem que fazer outra coisa para sobreviver".[61]

3. O QUE ESTAVA NO PROJETO GENOÍNO?

O anteprojeto do CNDA e o PL n. 2.148/89, apresentado por José Genoíno na Câmara, eram quase idênticos. As referências aqui são diretamente ao projeto apresentado na Câmara dos Deputados, mas serão indicadas as partes em que se observam inovações no PL. Alguns dos documentos em nosso arquivo expressam posições sobre o projeto anteriores à sua conversão em Projeto Genoíno, na Câmara dos Deputados, ou seja, referiam-se ao anteprojeto elaborado pelo CNDA e que se encontrava em discussão em 1988. Como se trata essencialmente da mesma proposta, e o que parece essencial é compreender como se posicionavam os diferentes setores diante das mudanças, o tratamento é feito de forma conjunta.

O Projeto Genoíno inovava principalmente em nove questões. Alguns dos pontos foram brevemente abordados atrás, quando da polêmica em torno da publicação do anteprojeto do CNDA; adiante, de forma estruturada.

A primeira delas era a polêmica criação da categoria *criadores*, a englobar autor, intérprete e executante, e o abandono da divisão entre direito de autor e direitos conexos. A segunda, uma série de mecanismos para limitar a transferência de direitos e as formas de contratação: era eliminada a figura do *titular* de direitos autorais, já que a cessão universal de direitos estaria proibida, e não existiria qualquer possibilidade de pessoa jurídica ser detentora originária de direitos – como, por exemplo, na obra coletiva, cujos direitos patrimoniais originários, no modelo da Lei n. 5.988/73, eram do organizador pessoa física *ou* jurídica. Junto com isso, a separação entre direito de autor e a relação de trabalho ou de prestação de serviços – nem uma, nem outra implicariam na transferência automática de direitos –, e uma extensa e detalhada regulamentação de prazos de contratos.

---

[61] GENOÍNO, informação verbal, 2017.

Um terceiro ponto era o *reforço a sanções e punições* pela violação dos direitos autorais; de forma relacionada, a necessidade de liberação por autoridade pública previamente à utilização pública, mais a possibilidade de interdição pela utilização não autorizada, pela autoridade policial, a requerimento do criador. Um quarto, a centralização do registro das obras.

A quinta inovação era uma ampliação do *prazo de proteção* das obras, vitalícios para herdeiros, e de 60 anos para herdeiros que não os filhos, pais ou cônjuges. Junto com a medida, que era uma forma de retardar o ingresso das obras em domínio público, uma *restrição radical nas limitações e exceções aos direitos autorais*, previstas na lei de 1973: como usos permitidos, estavam previstos somente a "notícia ou citação" de uma obra, e a sua "crítica ou polêmica". Estabelecia a competência do CNDA para a defesa da obra em domínio público, e a instituição do domínio público remunerado, ou seja, remuneração, destinada também ao CNDA, pela exploração econômica de obra em domínio público.

Um sexto ponto era um *direito de sequência geral*, na revenda de qualquer obra, como "participação na mais-valia". Em sétimo lugar, o Projeto Genoíno fazia renascer a disposição sobre *numeração de exemplares*, que, como vimos, vinha sendo objeto de disputa fazia décadas, principalmente entre os músicos. Neste momento, escritores de livros apareceram também como atores potencialmente beneficiados.

O oitavo ponto era o estabelecimento do que se chamava *cópia privada" (um termo confuso, por depois ter se convencionado chamar cópia privada a uma limitação aos direitos de autor, a de realizar uma cópia para uso privado)*, ou ainda *"taxação de suportes virgens" (um termo tecnicamente inadequado, já que não se trataria propriamente de uma taxa, no sentido tributário)*: a cobrança de um valor aos produtores dos "equipamentos e suportes e outros meios de reprodução das obras intelectuais", ou seja, fitas cassetes, gravadores de CDs, etc., que, fora uma demanda de autores e artistas na lei de 1973, mas acabou por ser vetada.

Por fim, o projeto previa a permanência do CNDA, agora com participação majoritária da sociedade civil, e estabelecia a prerrogativa do Ministério Público de fiscalizar as associações – uma inovação em relação ao anteprojeto do CNDA.

Nas próximas páginas, passamos por cada um desses pontos, analisando o Projeto na forma consolidada no PL 2.148/89, e as justificações, defesas e críticas em relação a eles, a partir das entrevistas, e das cartas e pareceres que compõem os nossos arquivos.

4. A EQUIPARAÇÃO ENTRE AUTOR E ARTISTA NA CATEGORIA DO *CRIADOR*

Se fosse necessário escolher um ponto central para descrever o que o Projeto Genoíno introduzia de novo, esse ponto seria o da equiparação entre autores e intérpretes. Autor, intérprete e executante – este último, somente do campo da música – eram tratados igualmente sob uma categoria, a do "criador".[62] O capítulo anterior explora como a separação entre direitos de autor e direitos conexos foi fruto de um processo histórico, baseado no advento de invenções nos suportes e na difusão de obras intelectuais: em princípio desenvolveu-se o direito de autor, e, com o avanço das possibilidades de fixação em suportes e difusão, novos atores demandaram direitos, e antigos atores resistiram. Por fim, a Convenção de Roma,[63] assinada em 1961, veio a garantir proteção a esses direitos, já prevendo em seu art. 1º que sem prejuízo dos direitos de autor, e sem se confundir com eles:

> Convenção de Roma
> Art. 1º – A proteção prevista pela presente Convenção deixa intacta e não afeta, de qualquer modo, a proteção ao direito do autor sobre as obras literárias e artísticas. Deste modo, nenhuma disposição da presente Convenção poderá ser interpretada em prejuízo dessa proteção.

A Convenção foi ratificada no Brasil em 1965, pelo Decreto n. 57.125, de 19 de outubro. A Lei de Direitos Autorais de 1973 previa, como direitos conexos, o dos artistas intérpretes ou executantes e dos produtores de fonogramas – arts. 95-98 –, das empresas de radiodifusão – art. 99 –, e também o direito de arena, para espetáculos desportivos públicos – arts. 100-101.

No campo da música, o direito de autor é aquele do compositor da melodia, da letra e do arranjador; o direito conexo é o que detém o intérprete – "cantor" –, o músico executante e o produtor fonográfico – o detentor do fonograma, ou seja, a gravadora ou selo.

O que o Projeto Genoíno fazia era eliminar a distinção, prevendo uma proteção una ao autor, intérprete – musical ou dramático – e executante. Também não havia qualquer previsão de direitos de produtores de fonogramas, organismos de radiodifusão, ou de entidades representantes de atletas – o direito de arena.

> Art. 1º. Essa lei regula os direitos patrimoniais e morais dos criadores intelectuais sobre sua obra. Parágrafo único: Criador são o autor, o intérprete e o executante.

---

[62] Art. 1º, par. único.

[63] Convenção Internacional sobre a Proteção dos Artistas Intérpretes ou Executantes, dos Produtores de Fonogramas e dos Organismos de Radiodifusão.

Dentro da categoria autor, o Projeto Genoíno previa uma diferenciação entre autor e intérprete/executante, com uma utilização bastante não convencional dos conceitos:

> Art. 2º. Autor é a pessoa física criadora da obra original.
> Art. 3º. O intérprete e/ou executante é a pessoa física criadora de obra derivada.
> Art. 4º. [...] § 3º. A obra é coletiva quando tem o concurso de diversos criadores.

A Justificação que acompanhava o Projeto Genoíno (PL n. 2.168/89) deixava bastante claro que a irmã dessa disposição era a exclusão da categoria de *titular* de direitos, presente na Lei n. 5.988/73 – e também na lei posteriormente aprovada, a 9.610/98. O titular de direitos é aquele que detém os direitos patrimoniais, o que pode ocorrer originariamente – quem cria a obra ou produz o fonograma e a emissão automaticamente é detentor dos direitos patrimoniais, tanto na Lei n. 5.988/73 quanto na LDA de 1988 –, como de forma derivada, mediante uma cessão de direito autoral. Pelo regramento atual – e também o de 1973 –, direitos morais pertencem somente ao autor, ou, alguns deles, aos intérpretes e executantes, e não são objeto de cessão, por serem inalienáveis e imprescritíveis; os patrimoniais podem ser transferidos, parcial ou globalmente. Operando-se uma cessão global, o cessionário passa a ser *titular* dos direitos.[64]

A decisão de eliminar a expressão "direitos conexos" foi explicitada na Justificação:

> A expressão "conexo" não limita o direito do criador da obra; não faz do artista intérprete um coautor; nem distingue o direito de um e do outro: é, repetimos, inútil. A interpretação é obra do desempenho artístico e se constitui numa modalidade específica de criação intelectual, com contornos nítidos já reconhecidos e defendidos por renomados juristas.
> O projeto afasta essa confusa classificação e avança, reconhecendo a autoria na interpretação do artista (art. 3º).[65]

Ficava claro, também, na Justificação, que houve uma escolha por recorrer a um conceito amplo de criação e não a uma enumeração de obras protegidas, ainda que elas fossem exemplificativas; a ideia era que os itens enumerados tornar-se-iam inevitavelmente obsoletos, com o desenvolvimento tecnológico, e que a doutrina jurídica poderia dar conta de sua evolução.

---

[64] "Autor" é palavra ambígua. Mesmo juridicamente, pode designar: a) o criador intelectual da obra; b) o titular originário desta, e c) o titular atual. Esta Terceira hipótese resulta da possibilidade de o direito de autor passar do titular originário a outras pessoas". ASCENSÃO, 1997, p. 69.

[65] Ref. 4.38, Pesquisa, Câmara dos Deputados, Projeto de Lei, 27/04/1989, p. 20.

Por fim, a Justificação chamava atenção para o que significava o § 3º do art. 4º: apesar de ele apenas estabelecer que a obra é coletiva quando criada em concurso de criadores, o objetivo era esclarecer que, diferentemente do que previa a lei de 1973, não poderia ser titular da obra coletiva o organizador, que pode ser pessoa jurídica. "Nem poderia ser de maneira diferente, visto a pessoa jurídica ser uma ficção, resultado do ato criador do jurista. Pela sua natureza, a pessoa jurídica é desprovida dos elementos essenciais que tornam a pessoa física capaz do ato de criar".[66]Lei n. 5.988/73, Art. 15. Quando se tratar de obra realizada por diferentes pessoas, mas organizada por empresa singular ou coletiva e em seu nome utilizada, a esta caberá sua autoria.

Há dois polos de interpretação sobre essas decisões, que já vinham do anteprojeto do CNDA. Aqueles que se posicionaram contrariamente ao Projeto, quase em sua totalidade, pareciam atribuir a eliminação da categoria da titularidade e da diferenciação entre direitos de autor e direitos conexos à *ignorância* de seus propositores. Era como se, desconhecendo a evolução e a doutrina dos direitos de autor, seus propositores houvessem se equivocado, e estivessem querendo algo que, por alheio à doutrina, não tivesse cabimento.

A divisão entre direito de autor e direito conexo é reproduzida amplamente também em legislações de países estrangeiros, embora o termo "direito conexo" não esteja presente no principal tratado internacional que regula os direitos conexos, o Tratado de Roma. A doutrina do direito autoral, no Brasil e em outros países, reproduz essa divisão de forma tão naturalizada que de fato ela soa como inescapável.[67] Mas as posições de alguns dos principais atores envolvidos no Projeto Genoíno evidenciam como, ainda que hoje alguns considerem que estivessem então equivocados, a decisão era consciente e fruto de discussão. Alguns de seus proponentes e defensores eram inclusive reputados especialistas em direito autoral de grande prestígio no país, como veremos.

Para Hildebrando Pontes Neto, iniciador do processo de discussão do Projeto Genoíno quando da discussão no âmbito do CNDA, essa questão era o eixo central do projeto, e foi fruto de profunda discussão.

> Era uma ideia do projeto que nós comparássemos o intérprete ao próprio autor. Não do ponto de vista do direito, mas do ponto de vista da criação inerente à própria interpretação da obra. A gente sabia que havia uma separação absolutamente clara e distinta entre os conexos e os autorais. Contudo, a nossa ideia era dizer que o intérprete é o autor de suas interpretações.

---

[66] Ref. 4.38, Pesquisa, Câmara dos Deputados, Projeto de Lei, 27/04/1989, p. 20-21.

[67] ASCENSÃO, 1997, p. 6; COSTA NETTO, 2008, p. 192; CHAVES, 1999, p. 22; MORAES, 1976, p. 25.

E isso soava como uma coisa complexa, na medida em que você poderia confundir os direitos do autor com os direitos do intérprete. Mas na verdade ressoava para alguns membros do Conselho que a questão era de natureza econômica. Porque se você desse ao intérprete a condição de autor de suas interpretações, em que pese ele trabalhar sobre uma obra pré-existente, uma obra dada, isso poderia dar a ele a possibilidade de reivindicar direitos do ponto de vista patrimonial que viessem no mesmo patamar do direito de autor. [...] O exemplo é muito simples. Quando eu vejo Fernanda Montenegro encenar Dona Doida, a interpretação dela fixada [não] pode ser equiparada à de qualquer outra atriz, como a Maria Fernanda por exemplo, para interpretar a Dona Doida; quando você assiste no cinema o Anthony Quinn fazendo o papel do Quasímodo, na obra do Victor Hugo, o Corcunda, não é o mesmo papel desempenhado por um [Lon] Chaney. [...] E você pode estender essa reflexão para uma maneira geral.[68]

Algo muito semelhante é defendido por José Genoíno é que "a filosofia do projeto era: o intérprete cria. O tradutor cria. [...]A Maria Bethânia interpreta e você identifica a Maria Bethânia. Então ela cria". E isso vem em conexão, também para ele, com a negação de autoria às pessoas jurídicas. "Eu até brincava: direito conexo é de quem não cria".[69] Já Marcus Vinícius Mororó de Andrade relata que a categoria criador tinha como objetivo principal *aglutinar* as pessoas físicas, separando assim os diplomas de proteção de pessoa física e de pessoa jurídica – produtores fonográficos e empresas de radiodifusão –, e dando-lhes tratamentos distintos.[70]

Ao longo da discussão do anteprojeto, ainda no âmbito do CNDA, praticamente todas as posições contrárias externadas sobre esse ponto insistiam que a proposta faria com que o Brasil deixasse de cumprir as convenções internacionais assinadas pelo Brasil, nominalmente a Convenção de Berna e o Tratado de Roma.

Ainda em novembro de 1988, ou seja, logo depois da publicação da Portaria n. 03, de 25 de outubro de 1988, em que o MinC dava conhecimento sobre o anteprojeto, a Sociedade Portuguesa de Autores, via seu presidente, Luiz Francisco Rebello, escrevia ao Embaixador do Brasil em Lisboa, Alberto Vasconcelos Gonçalves e Silva, narrando que no Congresso da Confederação Internacional das Sociedades de Autores e Compositores (CISAC), ocorrido em Buenos Aires entre 13 e 20 daquele mês, discutiu-se o anteprojeto do CNDA. A principal queixa da SPA, nessa carta, era a identificação entre autores de obras literárias e artísticas e artistas intérpretes ou executantes.[71]

---

[68] PONTES NETO, informação verbal, 2017.

[69] GENOÍNO, informação verbal, 2017.

[70] MORORÓ DE ANDRADE, informação verbal, 2017.

[71] Ref. 3.11, MinC, SPA, Carta, 28/11/88.

Como já mencionado atrás, vários relatos dão mesmo conta de que, na 36ª Assembleia Geral da CISAC, em Buenos Aires, o projeto do CNDA foi debatido, e levantou preocupações. A CISAC escreveu, nessa ocasião, uma manifestação – não datada e não endereçada a ninguém em específico, apesar de direcionar as recomendações às "autoridades brasileiras"–,[72] argumentando que a identidade entre autores de obras literárias e artísticas e artistas intérpretes ou executantes era inaceitável, lembrando das convenções multilaterais distintas que regram cada um dos tipos de direitos, e afirmando que, com isso, "o anteprojeto não reconhece aos autores o pleno e absoluto exercício do direito de propriedade sobre suas obras".[73] A recomendação era pela reformulação do anteprojeto, para assegurar adequada proteção aos autores.

Em dezembro de 1988, o professor da Faculdade de Direito da USP, Carlos Alberto Bittar, escreveu uma carta a Hildebrando Pontes Neto, no CNDA – era o período em que ele já havia se tornado conselheiro, mas o anteprojeto tinha sido publicado no *Diário Oficial da União* quando ele era presidente. Bittar defendia que a adaptação das normas constitucionais poderia ter sido feita por ajustes simples na lei vigente, e que o anteprojeto em questão não tinha qualidades técnicas, por não fazer as diferenciações já consagradas na doutrina do direito autoral.

> O anteprojeto referido, a par de colidir com o regime do jus conventiones, adota posições completamente estranhas à melhor doutrina, à jurisprudência e à legislação que, com poucas variações locais, predomina universalmente. Aliás, a reação causada na classe autoral tem sido a mais desfavorável possível, conforme reportagens publicadas pela imprensa, de sorte que, a persistir o citado texto, não se nos afigura passível de prosperar a pretendida reformulação.[74]

A eliminação da diferenciação entre autoral e conexo foi também apontada em carta escrita por conselheiros da Comissão Especial do Conselho Estadual de Cultura do Rio de Janeiro (CECEC-RJ), em março de 1989, ao CNDA. Para eles, o anteprojeto promovia um "empobrecimento do direito existente", e um desrespeito às convenções, precisamente naquele ponto. Eles defendiam outros pontos, de que trataremos adiante – afirmavam ser positiva a proposta de padronizar o registro, e a tentativa de proibir a cessão, impedindo a "comercialização do direito de autor", mas concluíam que "o anteprojeto é mais pernicioso que benéfico para os direitos do Autor".[75]

---

[72] Ref. 3.13, MinC, CISAC, Carta, sem data.

[73] Ref. 3.13, MinC, CISAC, Carta, sem data.

[74] Ref. 3.7, MinC, Carlos Alberto Bittar, Carta, 06/12/88.

[75] Ref. 3.12, MinC, CECEC.RJ, Carta, 23/03/89.

Em junho de 1989, o Instituto dos Advogados Brasileiros (IAB) manifestou-se ao Ministro da Cultura, em parecer elaborado pelo advogado Henrique Gandelman e "aprovado, unanimemente, pelo plenário deste Instituto", sobre o anteprojeto do CNDA – embora o PL naquele momento já houvesse sido apresentado por José Genoíno na Câmara. O parecer argumentava pelo arquivamento

> Da análise de seu texto, conclui-se ser o mesmo totalmente inaproveitável, tanto pela imprecisão redacional, como pela precariedade dos conceitos doutrinários que orientam o seu conjunto, ao qual, sem dúvida alguma falta juridicidade.[76]

Há um tom geral, nessa carta, que expressa um dos conflitos que parecem permear todo o processo de discussão do projeto CNDA-Genoíno. As críticas à formulação não convencional dos conceitos tiveram duas vias argumentativas: a primeira, a não conformação com as obrigações internacionais assumidas pelo Brasil, principalmente na Convenção de Berna e no Tratado de Roma, ou ainda o direito autoral em perspectiva comparada ou internacional. O parecer do IAB vai também por essa via, enfatizando que o Brasil foi o primeiro país americano a aderir à Convenção de Berna. A segunda, e essa é central nesse parecer, é o prestígio da "boa doutrina", inclusive por meio da evocação de grandes personalidades do passado que teriam trabalhado por ela. "Importante, também, é continuar honrando o arcabouço jurídico dos eminentes Clóvis Bevilacqua, Teixeira de Freitas, Rui Barbosa, Medeiros de Albuquerque, Pontes de Miranda, Moreira Alves, e tantos outros".[77]

O parecer seguiu fazendo a já conhecida crítica da eliminação da categoria dos direitos conexos,[78] e criticou também, algo que poucos fizeram, a limitação da qualidade de autor às pessoas físicas:

---

[76] Ref. 3.17, MinC, IAB, Carta, 05/06/89, p. 1.

[77] Ref. 3.17, MinC, IAB, Carta, 05/06/89, p. 2.

[78] A importância dos direitos conexos se tornou evidente, à medida que o avanço tecnológico de nossos dias permitiu o fixação de sons e imagens em suportes físicos, o que antes era pura imaginação. A ficção científica vive provando que só é verdadeiro, o que foi antes imaginado: discos, video-teipe, cassetes, videodisco, TV por cabo, satélites, etc. O interprete recria o autor, dá vida as suas idéias e, em muitos casos, concretiza a verdade que foi per este antes imaginada. A sonata de Beethoven necessita de um Nelson Freire para realizá-la; o texto de Shakespeare de um Orson Welles que lhe dê vida. As obras originais já estão em domínio público, no entanto, as execuções ou interpretações são legalmente protegidas, o que sem dúvida, vem comprovar quão distintos são o direito de autor e o direito do artista. Ref. 3.17, MinC, IAB, Carta, 05/06/89, p. 5-6.

O escopo de proteção autoral não pode ficar restrito às pessoas físicas, eis que, as próprias obras merecem tal proteção legal, principalmente no momento atual do dramático desenvolvimento tecnológico, em que as obras audiovisuais são atingidas pela pirataria desenfreada.
Proteger é dar agasalho jurídico a todos envolvidos na verdadeira aventura contemporânea que é o ato de produzir bens intelectuais, apesar dos impactos dos desafios tecnológicos.[79]

O parecer do IAB seguiu, atacando o fato de o anteprojeto não fazer a distinção usual entre obra em colaboração ou coautoria e a obra coletiva – a última sendo, como apontado atrás, na Lei de 1973, aquela organizada por pessoa física ou jurídica, que exerce os direitos sobre o todo; a ausência de regulamentação específica do contrato de edição; e outras questões, parece razoável classificar, relacionadas às garantias de funcionamento do mercado.

A própria "Exposição de Motivos" declara expressamente haver sido retirada qualquer proteção às vulgarmente chamadas "indústrias culturais", isto é, a edição, a produção fonográfica, a radiodifusão e a produção cinematográfica, as quais são mencionadas en passant, e somente para estabelecer reduções de prazos contratuais de exclusividade de utilização. [...] É evidente – o próprio "óbvio ululante" de NELSON RODRIGUES -, o intuito de desencorajar o desenvolvimento das chamadas "indústrias culturais" do país, privando-as de qualquer proteção legal, prejudicando assim tão importantes segmentos de apoio e realização da criação intelectual.[80]

Em agosto de 1989, a própria Organização Mundial de Propriedade Intelectual (OMPI) enviou uma nota ao CNDA sobre o anteprojeto.[81] Assinada por Henry Olssen, diretor do Departamento de Direito de Autor e Informação da OMPI, a carta dá a conhecer que, em junho de 1989, o presidente do CNDA Gustavo Dahl enviara à OMPI pedido de opinião sobre o anteprojeto, o que foi preparado pelo Escritório Internacional da organização. Hildebrando Pontes Neto refere-se a essa comunicação como tendo finalidade crítica absoluta – provavelmente, foi como ela foi recebida, mas, talvez por necessidades diplomáticas, a nota é cautelosa, e pondera questões que as outras comunicações críticas não tinham ponderado. Dada a oficialidade dessa comunicação, e ela conter aspectos interessantes que, a nosso ver, não foram atendidos tampouco na lei de 1998, cabe dar mais atenção a alguns dos detalhados argumentos apresentados nela.

---

[79] Ref. 3.17, MinC, IAB, Carta, 05/06/89, p. 4.

[80] Ref. 3.17, MinC, IAB, Carta, 05/06/89, p. 8.

[81] Ref. 3.19, MinC, OMPI, Carta, 20/08/89, p. 1.

A OMPI iniciou diretamente afirmando que a justificativa do anteprojeto "deixou de lado a estrutura e importantes elementos da vigente lei autoral brasileira", e que o resultado "foi um interessante e polêmico anteprojeto de lei". Mas passou a criticar pontos que mereceriam *melhoramento*.

A nota afirmou que os países signatários da Convenção de Roma deveriam estabelecer, "pelo menos", o padrão mínimo prescrito nela, e que os direitos conferidos aos executantes, igualados ao dos autores, fariam com que o Brasil se tornasse "o país a conferir a mais generosa proteção aos executantes em todo o mundo". No entanto, seguiu a

> [...] opinião amplamente compartilhada a de que as considerações a serem tomadas com relação a proteção aos executantes de obras artísticas e literárias diferem daquelas que dizem respeito à proteção aos autores destas, além de que diferentes considerações justificam diferentes níveis de proteção. Não vemos, de nossa parte, razão especial pela qual tais considerações amplamente aceitas não devam ser válidas para o Brasil. Há também um aspecto de ordem internacional que merece nossa atenção. O elevado nível de proteção proposto poderá acarretar significantes obrigações unilaterais para o Brasil, signatário da Convenção de Roma e que, consequentemente, deve dar o mesmo tratamento dado aos nacionais também aos executantes estrangeiros, de acordo com o art. 4º da Convenção.[82]

Nesse ponto, a OMPI estava a referir-se ao princípio do tratamento nacional, que, adotado pelas Convenções de Berna e de Roma, e posteriormente incorporado ao TRIPS, exige que os países signatários deem aos estrangeiros de países também signatários o mesmo tratamento conferido aos seus nacionais.

A OMPI seguiu, entretanto, criticando que os conceitos de autor, de obra e de execução não pareciam claros no anteprojeto, já que o art. 2º estabelecia que o executante é autor de sua execução, enquanto "a execução não é uma obra literária ou artística; a execução é simplesmente a execução de tal obra".[83] Seguindo, "é possível, naturalmente, que o executante de uma obra seja o autor da mesma obra. Em tal hipótese, entretanto, a mesma pessoa possuiria duas modalidades distintas de direitos".[84] O tom era, ainda assim, conciliatório: a OMPI afirmou supor que a intenção do artigo fosse simplesmente afirmar que o executante é titular de direitos, e que resolver tais conceitos evitaria outras contradições que o projeto acabava por levantar. A nomenclatura "direitos conexos", que a justificativa do anteprojeto alegava querer expressamente evitar,

---

[82] Ref. 3.19, MinC, OMPI, Carta, 20/08/89, p. 1. [tradução]

[83] Ref. 1.5, Dossiê MJ, Proposta, justificação + legislação antiga, Projeto de Lei, 31/08/89.

[84] Ref. 3.19, MinC, OMPI, Carta, 20/08/89, p. 2. [tradução]

afirmou a OMPI, podia ser abandonada – a Convenção de Roma sequer a empregava. Mas, seguiu, o importante não era a nomenclatura, mas corretamente atender aos padrões mínimos da Convenção – protegendo, além dos executantes, os produtores de fonogramas e organismos de radiodifusão (parece que aqui se está entendendo que a categoria de executantes, tal como utilizada na carta, refere-se também aos intérpretes). Afirmou também que, na falta de adequada proteção em uma lei de direitos autorais, outra lei teria de ser editada para prever esses direitos.

Em 31 de maio de 1989, o Conselheiro do CNDA e advogado Newton Paula Teixeira de Santos escreveu ao então presidente do CNDA Gustavo Dahl, já se manifestando sobre o Projeto Genoíno, que já havia sido apresentado na Câmara dos Deputados no fim de abril daquele ano. A crítica inicial foi que o PL se trata "do Anteprojeto do CNDA, com algumas inovações introduzidas pela AMAR, que não serviram para enriquecê-lo, como se verá. O espírito é o mesmo, mesma a estrutura e mesmo o número de artigos". Ele seguiu criticando a complexa diferenciação de categorias – criador, englobando autor, intérprete e executante, insistindo que "isso é complicar as coisas simples".[85]

Outra carta que expressou discordância e inclusive recomendou a rejeição do projeto como um todo, de forma detalhada e dialogando com legislação e doutrina, foi a de Vanisa Santiago, na condição de Conselheira do CNDA, à presidente do Conselho na época, Dra. Marcia Regina Barbosa, em dezembro de 1989.[86] Naquele momento, a presidente solicitou aos conselheiros um posicionamento sobre o projeto apresentado por Genoíno,[87] e o arquivo preservado pelo Ministério da Cultura conta com uma série dessas cartas.

Santiago começou mencionando que o projeto já havia sido discutido no CNDA e estudado pela OMPI, e afirmou que ele era conceitualmente equivocado, frágil, pouco capaz de efetivamente salvaguardar os direitos dos autores e contrário às convenções internacionais assinadas pelo Brasil. O equívoco central do projeto, para ela, era justamente a afirmação do intérprete como autor ou criador – a carta representa um esforço em caracterizar o intérprete como mero *difusor* de obra intelectual – "qualquer artista pode interpretar ou executar quaisquer obras, sem alterar-lhes a essência e sem caracterizar transformação de obra original, que se mantém

---

[85] Ref. 3.16, MinC, Conselheiro Newton Paulo Teixeira dos Santos, Carta, jun./89.

[86] Ref. 3.1, MinC, UBC, Carta, 12/12/89.

[87] Conforme relatado na carta da também Conselheira Glória Braga, então presidente da Amar, sem data, aparentemente escrita no mesmo período. Ref. 3.2, MinC, Amar, Carta, sem data.

intacta".[88] Ela mencionou a manifestação da CISAC do ano anterior no sentido contrário a tratar igualmente direitos tão diversos – o de autor e o conexo –, lembrando que são, inclusive, regidos por convenções distintas – Berna e Roma –, e afirmando também, na mesma linha da OMPI e inclusive citando sua nota, que, se aprovado o projeto como estava, acabaria sendo necessário criar outra legislação para lidar com os direitos dos produtores de bens culturais – fonogramas, e organismos de radiodifusão –, e também com os contratos de edição.

Via seu presidente Daniel Rocha, a Sbat também se manifestou, em junho de 1989, ao CNDA, com cópia para José Genoíno, afirmando não ter sido ouvida, ao contrário do que vinha sendo a retórica sobre o projeto – "chega à Câmara 'como resultado da vontade de todos os interessados'" –,[89] e que seus autores e compositores dramáticos discordavam completamente em ter como "coautor" o intérprete ou o executante de suas obras – que deveriam ser protegidos pelo direito conexo, de acordo com a Convenção de Roma, ratificada via Lei n. 4.944/66. Ele conta que o Ministro da Cultura José Aparecido havia convocado uma reunião de interessados, que haviam discordado completamente do projeto – e por essa razão o Ministro havia decidido não o encaminhar ao Congresso.

> Nessa reunião, pela palavra dos autores Dias Gomes, Millôr Fernandes, Ferreira Gullar e Daniel Rocha (como Presidente da SBAT) ficou claro que os autores discordavam prontamente desse anteprojeto por considerá-lo noviço ao interesse dos criadores de obra literária e artística, impondo-lhes compulsoriamente a coautoria representada pelos intérpretes e executantes musicais.[90]

Algo semelhante foi argumentado pelo autor teatral Dias Gomes, em 1º de setembro de 1989, em carta à Comissão de Constituição, Justiça e Redação da Câmara dos Deputados, já se referindo ao PL 2.148/89, e manifestando repúdio. Dias Gomes afirmou ter participado de reunião promovida pelo Ministro da Cultura para discutir o anteprojeto de lei do CNDA, "que em quase nada difere do atual projeto de lei", e ter então já manifestado que a lei colocaria "sérios obstáculos à produção teatral, inviabilizando-a mesmo", e que representantes do cinema, da televisão e dos editores de livros tinham a mesma posição.[91] Dias Gomes apresentou a mesma desconfiança de Jorge Amado que será mencionada adiante, de que, embora naquela ocasião estivesse ficado assentado que o projeto

---

88 Ref. 3.1, MinC, UBC, Carta, 12/12/89.
89 Ref. 3.8, MinC, Sbat, Carta, 12/06/89.
90 Ref. 3.8, MinC, Sbat, Carta, 12/06/89.
91 Ref. 3.14, MinC, Dias Gomes, Carta, 01/09/89.

do CNDA merecia ser refeito, ele tivesse sido apresentado praticamente na íntegra na Câmara dos Deputados. Esse descontentamento apareceu em algumas das manifestações, indicando que alguns atores se sentiram traídos por verem que um projeto que haviam repudiado quando estava sendo discutido no Executivo estava tramitando no Congresso Nacional.

O ponto substancial principal era que os detentores de direitos conexos passariam a ser coautores na produção teatral – segundo ele, "os atores, o diretor, os técnicos, os maquinistas, os contrarregras" – embora nos pareça exagero –,

> [...] o que importa em ter que consultá-los, um por um, toda vez que se quiser tomar alguma deliberação. Exemplo: caso de deseje excursionar com um espetáculo, todos os coautores, em igualdade de condições com o autor, terão que ser consultados. E basta que um deles não esteja de acordo para que a excursão não se realize.[92]

Para os idealizadores do Projeto, não se tratava de não ter levado as Convenções em consideração, ou de não ter capacidade técnica para interpretá-las. Como vimos, tratava-se de uma escolha – uma escolha ousada, como qualificou Marcus Vinícius Mororó de Andrade. Hildebrando Pontes Neto afirmou:

> Eu achava que em nada os direitos dos produtores fonográficos e das emissoras de rádio e televisão estariam prejudicados por essa circunstância [pelo anteprojeto do CNDA]. Acho até, e essa era uma crítica que eu desenvolvia, a Convenção de Roma veio através de uma lei goela abaixo. A Convenção passou a vigorar entre nós mediante um expediente que não houve discussão de todos os segmentos de criação intelectual do país. Isso veio por força. Eu próprio defendia uma posição de que não tenho nada contra os direitos dos produtores fonográficos, muito menos os dos emissores de rádio e televisão, mas só que eles estabelecessem uma carta própria! Porque na relação com os intérpretes e os autores eles estão do outro lado da mesa. Eles defendem os seus interesses. Então, eles fizeram uma tentativa de ingressar na Convenção de Berna, e foram devidamente expurgados. A construção de Berna dizia respeito aos autores! Como eles eram o poder econômico, eles se reuniram em Roma e criaram a Convenção de Roma. [...] Qual o problema de eu estabelecer em uma lei que o intérprete é autor de sua própria interpretação? Em que que isso interfere no direito do autor brasileiro?[93]

Para José Genoíno, o ponto parecia ser que o Brasil deveria ter autonomia para propor algo distinto do padrão internacional estabelecido, especialmente após uma Constituição democrática – para ele, o fato gerador de toda a discussão do direito autoral naquele momento.

---

[92] Ref. 3.14, MinC, Dias Gomes, Carta, 01/09/89.
[93] PONTES NETO, informação verbal, 2017.

A primeira questão é a seguinte: existe uma questão sobre as convenções internacionais, que é que elas têm incidência aqui, mas não é imperativo ipsis litteris. [...] O Acordo de Roma estava para ser discutido [talvez estivesse se referindo à discussão do acordo TRIPS, na Rodada do Uruguai da OMC]. O Brasil podia elaborar uma posição e levar para lá. Todo tratado internacional você não pode fazer uma coisa contraditória, mas como fazer a leitura você pode ter flexibilidade. [...] Agora, para ser sincero contigo, isso era uma questão de grande repercussão internacional. Porque foi exatamente quando veio a revolução tecnológica e científica; e o direito de propriedade não é brincadeira. Esses são os caras mais ricos do mundo. O Facebook passou o Bill Gates. É o imaterial! Qual era o argumento que eu dizia: nós temos uma nova Constituição. E o que tinha era antes da Constituição. E esses três dispositivos aqui [mostra a Constituição] nunca estiveram em Constituição nenhuma. [...] E essas leis não foram recepcionadas pela Constituição. E essa nova Constituição, que é democrática, é o parâmetro para o Brasil ir para os fóruns internacionais e defender isso aí.[94]

Há dois pontos que vale a pena ressaltar sobre a forma como os detratores do Projeto Genoíno se referem a ele. O primeiro já foi mencionado: é como a divisão entre direitos de autor e conexos aparece como inexorável. Trata-se de uma das dicotomias fundamentais do direito autoral, e, de fato, para quem atua no meio, eliminá-la aparece como falta de conhecimento pura e simplesmente. A manifestação da OMPI, no entanto, deixa claro que não necessariamente isso significaria um descumprimento à Convenção de Roma: o que tanto Berna quanto Roma estabelecem são patamares mínimos que os países signatários devem seguir, e o que o Projeto Genoíno fazia era subir esse patamar em relação aos intérpretes e artistas executantes. Ou seja, sem entrar no mérito sobre se seria ou não positiva a eliminação da dicotomia, não há nada em princípio que impedisse o exercício de criatividade institucional que o Projeto propunha. O que não estava ali era a defesa dos produtores fonográficos e das empresas de radiodifusão – para se adequar aos compromissos firmados na Convenção de Roma, de fato, teria sido necessária a criação de uma lei à parte regulando essa parte.

O segundo ponto é que os detratores do projeto fazem parecer que havia um consenso, principalmente no meio jurídico, contra a proposta, mas a verdade é que, além de seus idealizadores mais diretos, o Projeto ganhou alguns apoios importantes. Por exemplo, a carta manuscrita enviada por Glória Braga,[95] na condição de Conselheira do CNDA, e então advogada

---

94 GENOÍNO, informação verbal, jul./2017.
95 Ref. 3.2, MinC, Amar, Carta, sem data.

da Amar,[96] defendeu a aprovação completa do projeto, afirmando, quase como ressalva, que o projeto foi ampla e exaustivamente debatido pelos associados da Amar, e que, como tal, sua posição era vinculada:

> [...] antes de tudo prefiro frisar que tenho um compromisso muito mais que institucional com o projeto, tenho meu compromisso ideológico com ele... por isso, jamais poderei aceitar alterações estruturais no mesmo.[97]

Representando, portanto, o entendimento da Amar, organização em cujo coração nasceu o Projeto Genoíno, ela defendeu seus principais pontos. O primeiro era justamente a disposição sobre somente a pessoa física ser criadora de obra intelectual, o que "acaba de uma vez por todas com a problemática existe entre as definições de autoria e titularidade', dado que "os criadores brasileiros tiveram que aceitar a figura legal do titular de direitos, o qual nada criava, mas mesmo assim participava dos proventos patrimoniais gerados pela utilização da obra",[98] uma ficção presente nas leis 4944/66 e 5988/73.

Antonio Chaves, então ex-professor e diretor da Faculdade de Direito da USP, e Presidente do Instituto Interamericano de Direito de Autor, enviou também suas contribuições ao CNDA. A carta tem grande importância se considerarmos a posição que Antonio Chaves ocupava não somente como acadêmico e advogado, mas que ele foi um dos nomeados, em 1967, para fazer parte da Comissão para discutir direito de autor e direitos conexos, aquela que não teve consenso, e cujos trabalhos foram substituídos por um projeto elaborado por José Carlos Moreira Alves, e discutido no Congresso com prazo de 45 dias. Além disso, consta da própria carta que Hildebrando Pontes Neto havia convidando-o para fazer parte da primeira comissão de discussões, convite declinado por ele, "uma vez que já havia participado de outras duas anteriores, sem resultados práticos por motivos 'políticos'".[99] O documento não contém data, mas supõe-se que seja de 1988.[100] O tom geral foi de forte aprovação; a carta inicia com:

> Um projeto de lei, em matéria especializada, pode assumir duas modalidades. Uma, por assim dizer, didática, ambicionando compreensão também por parte dos leigos, com explicações e definições. Chegam mesmo alguns países, como

---

96 Glória Braga foi uma das entrevistadas para esta pesquisa, em julho de 2017, então presidente do Escritório Central de Arrecadação e Distribuição (Ecad).

97 Ref. 3.2, MinC, Amar, Carta, sem data.

98 Ref. 3.2, MinC, Amar, Carta, sem data.

99 Ref. 3.20, MinC, Antonio Chaves, Carta, sem data, p. 15.

100 Ref. 3.20, MinC, Antonio Chaves, Carta, sem data.

Portugal, a verdadeiros códigos do Direito de Autor, Decreto-Lei 46.980, de 27. 04.1966, recentemente revisto pelo Dec.-lei ns. 63, de 14.03. 1985; como é a Lei de 1987, de Cingapura, com seus 245 artigos, além de um anexo; como é o Projeto de Lei do Panamá, de 1986, com seus 279 artigos.

Outra, mais técnica, mais ágil, mais moderna, sem preocupações dessa natureza, dirige-se diretamente aos aplicadores da lei, traçando as diretrizes que exige para sua aplicação, sem definições, sempre perigosas, a não ser as indispensáveis.

A atual lei brasileira, com seus 134 artigos pertence à primeira modalidade; o aludido anteprojeto inscreve-se na segunda.

Mais do que sucinto, seco, lapidar, com técnica apurada e redação muito mais esmerada e precisa, enfrenta e aponta soluções para os problemas fundamentais com poucas palavras, com as quais põe termo a discussões infindas, como, por exemplo ao restringir o autor, à "pessoa física criadora da obra intelectual", com isso eliminando qualquer ilusão que mesmo em casos específicos a pessoa jurídica possa reivindicar autoria. Ou como, quando no art. 8º, elimina dúvidas e sofismas deixando claro que "as diversas formas de utilização da obra são independentes entre si e cada uma delas necessita de prévia autorização do autor". O que não deixa de consubstanciar uma evolução, que alcança a própria estrutura da lei, que por ser feminina, não pode fugir a um regime de emagrecimento que lhe proporcione linhas adequadas aos padrões estéticos de hoje.[101]

Antonio Chaves fez um efusivo elogio precisamente à proteção que o projeto estabeleceu a artistas intérpretes e executantes. Afirmou que esses atores conseguiram ver suas "criações" amparadas após longa luta, e vencendo resistências, mas que, ainda assim, nos direitos que os protegem – os conexos –, "infiltraram-se as gravadoras de discos, as empresas de radiodifusão, o direito à imagem, o direito de arena, o software", e até mesmo "algumas nas grandes convenções internacionais".

> O Anteprojeto dá não um, mas dois passos avançados; incorpora de uma vez, como direito de autor, o do intérprete e/ou executante com relação à sua interpretação e/ou execução (art. 2º, § 2º) e coloca para fora de seu âmbito os demais "penetras". Elimina assim essa deselegante convexidade: ou se é, ou não é, autor, sem meio termos.
>
> Resta saber se, na discussão do Anteprojeto, resistirão nossos parlamentares às pressões dos poderosíssimos setores interessados.[102]

Algo que não foi abordado nos documentos foi a definição que o Projeto trazia para obra derivada:

> Art. 3º. O intérprete e/ou executante é a pessoa física criadora de obra derivada.

---

101 Ref. 3.20, MinC, Antonio Chaves, Carta, sem data, p. 1-2. É impossível se furtar à crítica do sexismo tão arraigado nessa frase.

102 Ref. 3.20, MinC, Antonio Chaves, Carta, sem data, p. 2-3.

Na Lei de Direitos Autorais aprovada e na doutrina,[103] a diferenciação entre obra originária e derivada não está ligada à diferenciação entre tipos de criadores, ou ainda no direito autoral ou conexo. Obra originária é a "criação primígena" – art. 5º, VIII, f) da Lei n. 9.610/98 –; a derivada "resulta da transformação de obra originária – art. 5º, VIII, g) da LDA. O autor da obra derivada é também *autor*, nesse modelo.

5. LIMITAÇÕES AO PODER EMPRESARIAL

Intimamente ligadas à proposta de estabelecimento da categoria de criador e eliminação da titularidade estavam as mudanças e limitações que o projeto trazia às formas de contratação e transferência de direitos patrimoniais de autor e de detentores de direitos conexos. Não existiria mais o *titular,* porque não seria mais possível ceder completamente o direito patrimonial; outras disposições ligadas a essa, protetivas do criador em relação à indústria cultural, pareciam estar ligadas a uma visão do autor como um *trabalhador*.

A primeira delas era o de que nenhuma relação contratual de trabalho poderia ter disposições sobre direito autoral:

> Art. 6º, § 2º. Os direitos autorais não podem ser previstos em nenhuma relação contratual de trabalho". Em seguida, vinha a vedação da cessão de direitos autorais Art. 7º. É nula a cessão de direitos autorais.

A cessão de direitos é entendida, pela Lei 9.610/98, como a transferência de direitos patrimoniais para um terceiro, pessoa física ou jurídica. A transferência pode ser parcial – relativa a algumas utilizações, como somente a reprodução, por exemplo – ou total – para exercício de todos os direitos patrimoniais, situação na qual o autor transfere completamente esses direitos, passando o cessionário a ser o intitulado a exercê-los. São os instrumentos contratuais utilizados frequentemente para estruturação das indústrias culturais baseadas em exploração de direito autoral. Ambas as hipóteses ficavam vedadas na lei. Para o autor do projeto, conforme a Justificação, quando formalizada a cessão,

> [...] sobrepõe-se à figura do cedente-criador a do cessionário, que passa a deter todo o poder de fruição sobre a obra. Não albergá-la [sic] no projeto, tornando-a nula, é ainda forma de defesa do autor que impedirá a pressão econômica que ele comumente sofre no ato da celebração do contrato (art. 7º).[104]

---

103 "A obra derivada baseia-se pois na essência criadora preexistente; sobre ela realiza uma nova criação. Existe e é tutelada, mesmo que a obra preexistente não esteja protegida: uma tradução de obra da antiguidade, por exemplo". ASCENSÃO, 1997, p. 85.

104 Ref. 4.38, Pesquisa, Câmara dos Deputados, Projeto de Lei, 27/04/1989, p. 24.

Além disso, seguia a Justificação, a vedação da cessão decorreria da exclusividade do autor prevista no texto constitucional – art. 5º, VII, CF –, no texto constitucional de 1969, e do art. 13 da Lei n. 6.533/78, que havia revogado dispositivos da lei de 1973, de forma a vedar a cessão de direitos dos artistas intérpretes e executantes. Ou seja, nesse trecho, a Justificação extrapola o que estabeleceu essa lei, já que ela se aplica somente a "artistas e técnicos em espetáculos de diversões", e somente no âmbito do contrato de prestação de serviços profissionais – não havia uma proibição genérica à cessão em todos os casos, como fica a parecer.

> Lei 6.533/78, Art. 13. Não será permitida a cessão de direitos autorais e conexos decorrentes da prestação de serviços profissionais.
> Parágrafo único – Os direitos autorais e conexos dos profissionais serão devidos em decorrência de cada exibição da obra.

A Justificação mencionava também a Representação n. 1.031 do Supremo Tribunal Federal, em 10 de dezembro de 1980. Tratou-se de declaração de que o art. 13 da Lei n. 6.533/78 não era inconstitucional.[105]

Para Hildebrando Pontes Neto, a vedação geral da cessão de direitos foi a segunda questão mais controversa do Projeto Genoíno, inclusive no Congresso, depois da questão dos direitos conexos.

> A lei de 73, a 5.988, ela elegeu como modalidade de contratação, dentro do espectro de contratos que o Código Civil previa, a cessão de direitos. O que que acontecia com essa eleição e essa fixação da modalidade cessão de direitos dentro da lei de 73? Aconteceu, através de casos que foram submetidos à justiça brasileira, que a cessão de direitos acabava desconstituindo os direitos autorais, na medida em que a cessão é sempre formatada pela indústria cultural brasileira através de uma cessão universal de direitos autorais. Portanto, firmado o instrumento contratual, desaparecia da relação contratual de cedente, e passava a existir a figura do cessionário, que detinha todos os direitos patrimoniais relativos à exploração patrimonial da obra. Como os autores não tinham uma maturidade, uma consciência para compreender os reflexos do contrato assim firmado, eles acabavam entregando de mão beijada a exploração patrimonial de seu próprio trabalho. A par de tudo isso, havia também na lei algo mais terrível ainda. Havia um artigo na lei que dizia que, desde que a pessoa jurídica organizasse o trabalho intelectual, a ela pertenceria a autoria. Então, se você somasse esses dois dispositivos, a

---

[105] DIREITOS AUTORAIS E CONEXOS DE ARTISTAS E INTERPRETES. A PROIBIÇÃO LEGAL DA RESPECTIVA CESSÃO (ART-13 DA LEI N. 6533, DE 1978) NÃO E INCONSTITUCIONAL. REPRESENTAÇÃO IMPROCEDENTE.
(Rp 1031, Relator(a): Min. XAVIER DE ALBUQUERQUE, Tribunal Pleno, julgado em 10/12/1980, DJ 22-05-1981 PP-04735 EMENT VOL-01213-01 PP-00022 RTJ VOL-00097-03 PP-00972)

desconstituição dos direitos autorais era absolutamente flagrante. Porque todos os contratos à época nesse período da lei 5988 que eu examinei e no qual eu participei, na defesa de vários autores, a forma de eleição da contratação era a cessão universal de direitos autorais. O autor não tinha poder de barganha para poder negociar de outra forma! Ou ele assinava o contrato, ou ele não teria a obra publicada e explorada. [...] Era para mim absolutamente impensável admitir que a pessoa jurídica pudesse usufruir da condição de uma obra artística.[106]

Na Lei de Direitos Autorais de 1973, de fato, a cessão – parcial ou total – era a única modalidade de transferência de direitos. Embora existissem algumas limitações à cessão de obras futuras, existiam também dispositivos que levavam à cessão de forma presumida – arts. 55 e 56. Era um modelo bem menos protetivo do autor, e talvez até mesmo de sua liberdade de escolha, que o que veio a ser previsto na lei de 1998, como será discutido ainda. Os artigos em questão eram:

> Lei 5.988/73
> Art. 52. Os direitos do autor podem ser, total ou parcialmente, cedidos a terceiros por ele ou por seus sucessores, a título universal ou singular, pessoalmente ou por meio de representante com poderes especiais.
> Parágrafo único. Se a transmissão for total, nela se compreendem todos os direitos do autor, salvo os de natureza personalíssima, como o de introduzir modificações na obra, e os expressamente excluídos por lei.
> Art. 53. A cessão total ou parcial dos direitos do autor, que se fará sempre por escrito, presume-se onerosa.
> § 1º Para valer perante terceiros, deverá a cessão ser averbada à margem do registro a que se refere o artigo 17.
> § 2º Constarão do instrumento do negócio jurídico, especificamente, quais os direitos objeto de cessão, as condições de seu exercício quanto ao tempo e ao lugar, e, se for a título oneroso, quanto ao preço ou retribuição.
> Art. 54. A cessão dos direitos do autor sobre obras futuras será permitida se abranger, no máximo, o período de cinco anos.
> Parágrafo único. Se o período estipulado for indeterminado, ou superior a cinco anos, a tanto ele se reduzirá, diminuindo-se, se for o caso, na devida proporção, a remuneração estipulada.
> Art. 55. Até prova em contrário, presume-se que os colaboradores omitidos na divulgação ou publicação da obra cederam seus direitos àqueles em cujo nome foi ela publicada.
> Art. 56. A tradição de negativo, ou de meio de reprodução análogo, induz à presunção de que foram cedidos os direitos do autor sobre a fotografia.[107]

---

[106] PONTES NETO, informação verbal, 2017.

[107] PLANALTO. LEI Nº 5.988, DE 14 DE DEZEMBRO DE 1973. Disponível em: <http://www.planalto.gov.br/ccivil_03/LEIS/L5988.htm>. Acesso em: 18 fev. 2019.

Marcus Vinícius Mororó de Andrade, sobre esse ponto, relata que a intenção de início, nas discussões no CNDA, era eliminar a distinção entre direito moral e patrimonial, como se fundindo o segundo ao primeiro, de forma que todos os direitos fossem entendidos como os morais: inalienáveis. Vencida essa ideia, veio então a proposta de vedação da cessão como solução.

> Em cima da cessão muitos absurdos eram cometidos. Eu cheguei a ver, enquanto conselheiro do CNDA, contratos de edição em que o editor pegava uma obra poética, assinava um contrato com o autor, mas ali ele embutia uma cláusula de cessão incluindo o direito do editor de adaptar a obra. Você já viu uma adaptação de uma poesia?

A discussão que se travou em torno desse tema é fundamental, porque esse foi um dos pontos do projeto que influenciaria o curso da futura lei.

A proibição da cessão recebeu a acusação de ser paternalista. Em dezembro de 1988, a Secretaria de Estudos e Acompanhamentos Legislativos do Ministério da Justiça (MJ-SEAL) ofereceu ao Conselho Nacional de Direito Autoral o Parecer n. 184/88,[108] em resposta a uma cópia que recebeu do projeto quando de sua publicação, em outubro daquele ano, solicitando que se manifestasse. Assinado por José Theodoro Mascarenhas Menck, o relatório criticou a sistematização do anteprojeto, que julgava ruim e pior que a da lei de 1973, e passou a criticar redações – "o anteprojeto diz muito mais do que quer". Referindo-se à vedação da cessão, fez a crítica de que o que se quis proibir, em verdade, foi a "total cessão da parte patrimonial dos direitos autorais" – já que cessões parciais e licenças, modalidades de transferência, eram previstas ao longo do anteprojeto. A vedação da cessão, na visão de Menck, teria também a consequência de retirar os direitos autorais do âmbito do Direito das Coisas e, portanto, da esfera de seus princípios – reconhecendo a controvérsia em torno dessa classificação, mas afirmando que houve cristalização na tradição jurídica brasileira. E argumentou que o direito civil se rege pelo princípio da liberdade, não cabendo ao Estado supervisionar o que cada qual faz com seus bens.

> Se interditarmos a cessão dos Direitos Autorais em nome de uma possível "inexperiência, debilidade econômica ou equivocação" dos autores, deveríamos também interditar a venda de seus imóveis pois "onde há a mesma razão deve haver a mesma disposição". O anteprojeto exagera em seu cunho paternalista criando uma verdadeira "incapacidade". Pois é a isto que o autor é reduzido, quando da exploração econômica de seu trabalho, a um "relativamente incapaz", que não pode dispor dos frutos de seu labor com ampla liberdade, porque é legalmente presumido (presunção "júris et jure" (sic)) inexperiente, débil economicamente ou pessoal facilmente equivocável.[109]

---

[108] Ref. 3.18, MinC, MJ-SEAL, Carta, 30/11/88.

[109] Ref. 3.18, MinC, MJ-SEAL, Carta, 30/11/88, p. 17.

A nota da OMPI de 1989,[110] endereçada ao CNDA, fazia ponderações sobre o mesmo tema, afirmando que a parte contratual não cabia à OMPI detalhar, por não fazer parte das convenções, mas que o anteprojeto parecia restringir a liberdade contratual "a um grau injusto", podendo "gerar obstáculos tanto para os exercícios dos direitos dos autores como a utilização das obras".

Mas restrições às formas de transferência receberam também apoios. O segundo ponto do anteprojeto defendido por Antonio Chaves em sua carta ao CNDA[111] foi o regramento das cessões de direitos. Ele argumentou que grande parte das controvérsias em matéria de direito de autor se dá por cessões de direitos que podem ser irrefletidas e que dão margem a arrependimentos tardios. Lembra que a Lei n. 6.533/1978 proibia a cessão de direitos conexos decorrentes da prestação de serviços profissionais, em seu art. 13. Também Glória Braga, Conselheira do CNDA e advogada da Amar, na mesma carta em que defendeu o projeto como um todo, valorizou a vedação da cessão de direitos autorais, mencionando que esse seria o posicionamento do STF na já mencionada representação n. 1.031 de 10.12.80, e por fim a desigualdade de poder entre criadores e cessionários de direitos.[112]

Na mesma linha da vedação da cessão de direitos autorais, o Projeto Genoíno previa também que a determinação de que a remuneração do autor por um serviço prestado não significava abdicação do direito de autor (art. 27 – de acordo com a Justificação do Projeto, visando separar "a relação autoral da relação laboral", a fim também de "distinguir a matéria autoral da trabalhista");[113] na Lei n. 5.988/73, no caso de contrato de trabalho ou prestação de serviços, os direitos pertenceriam a ambas as partes, "salvo convenção em contrário".

> Lei n. 5.988/73, Art. 36. Se a obra intelectual for produzida em cumprimento a dever funcional ou a contrato de trabalho ou de prestação de serviços, os direitos do autor, salvo convenção em contrário, pertencerão a ambas as partes, conforme for estabelecido pelo Conselho Nacional de Direito do Autor.
> § 1º O autor terá direito de reunir em livro, ou em suas obras completas, a obra encomendada, após um ano da primeira publicação.

---

[110] Ref. 3.19, MinC, OMPI, Carta, 20/08/89, p. 12. [Tradução]

[111] Ref. 3.20, MinC, Antonio Chaves, Carta, sem data, p. 4.

[112] Ref. 3.2, MinC, Amar, Carta, sem data.

[113] Ref. 1.5, Dossiê MJ, Proposta, justificação + legislação antiga, Projeto de Lei, 31/08/89, p. 24.

§ 2º O autor recobrará os direitos patrimoniais sobre a obra encomendada, se esta não for publicada dentro de um ano após a entrega dos originais, recebidos sem ressalvas por quem a encomendou.[114]

A regulamentação nova proposta para as chamadas "obras sob encomenda" e "obras em relação de trabalho" foi criticada pela OMPI – o dispositivo seria generoso com os autores, mas os empregadores também deveriam ter o direito de utilizar as obras "para os propósitos e na extensão do contrato de trabalho"[115] – e apoiada por Antonio Chaves, que afirmou que a disposição sequer faria justiça total, "pois empresário algum deixará de prevalecer-se de sua condição de parceiro contratual mais forte, impondo o que bem entender, como se o dispositivo não existisse".[116]

Ainda quanto ao regime patrimonial das pessoas físicas, o Projeto Genoíno determinava que cada participante de obra coletiva – entendida no projeto como obra em concurso de diversos autores, sem a diferenciação costumeira entre obra em coautoria e obra coletiva (art. 4º, § 3º) – teria direito à remuneração, na exploração econômica – art. 28 –, e que não se transfeririam automaticamente quaisquer direitos no caso de "obras publicadas ou subvencionadas" – art. 31.

> Art. 27. O direito patrimonial do criador é independente da remuneração pela prestação de serviços profissionais.
> Art. 28. É assegurada a participação do criador de obra coletiva na exploração econômica de obra coletiva.
> Art. 31. Não caem no domínio das pessoas físicas ou jurídicas, de direito público ou privado, as obras por elas publicadas ou subvencionadas.[117]

O que ocorre, na obra coletiva entendida na forma da LDA atual – com concurso de diversos autores, mas sob organização de uma pessoa –, é que o organizador da obra exerce os direitos patrimoniais – art. 17, § 2º da LDA –, pode haver remuneração contratada, e é assegurado a cada participante o direito de indicação do nome, como exercício de direito moral de autor – art. 17, *caput*, e §§ 2º e 3º. Mas o projeto estava a se contrapor ao modelo estabelecido na Lei de 1973, que dividia entre obra em colaboração e obra coletiva, estabelecendo, quanto à última:

---

114 Ref. 4.38, Pesquisa, Câmara dos Deputados, Projeto de Lei, 27/04/1989.
115 Ref. 3.19, MinC, OMPI, Carta, 20/08/89, p. 12. [tradução]
116 Ref. 3.20, MinC, Antonio Chaves, Carta, sem data, p. 4.
117 Ref. 4.38, Pesquisa, Câmara dos Deputados, Projeto de Lei, 27/04/1989.

Lei n. 5.988/73 Art. 15. Quando se tratar de obra realizada por diferentes pessoas, mas organizada por empresa singular ou coletiva e em seu nome utilizada, a esta caberá sua autoria.

Ou seja, no que se refere à cessão de direitos e à não abdicação de direitos por parte do criador, o Projeto Genoíno propunha uma reformulação radical.

Nessa mesma linha, o Projeto Genoíno propunha uma extensa regulamentação dos contratos. Além das previsões daquilo que o contrato deveria necessariamente prever, como prazo, modalidade, forma de pagamento etc. – art. 42 –, o art. 44 determinava, aparentemente em lista fechada, as formas possíveis de exploração econômica: gestão econômico-financeira pelos prazos previstos na lei, venda de exemplares ou ingressos, locação de espaço ou tempo para mensagem publicitária, locação de exemplares para uso privado. Por fim, estabelecia a obrigatoriedade de o empresário-gestor prestar contas ao criador, *mensalmente* (§ 1º). Se o contrato dissesse respeito a uma utilização que gerasse receita diária, estabelecia-se também que pagamento deveria ser feito no dia seguinte.

> Art. 44. A exploração econômica da obra poderá ser contratada mediante as seguintes concessões:
> I – gestão econômico-financeira pelos prazos previstos na Lei;
> II – venda de exemplares ou ingressos;
> III – locação de espaço ou tempo para mensagem publicitária;
> IV – locação de exemplares para uso privado.
> § 1º. Na vigência do contrato o empresário-gestor prestará contas mensalmente ao criador.
> § 2º. O pagamento dos direitos autorais deverá ser feito, sempre que possível, em função do aproveitamento econômico proveniente, para os usuários, da utilização da obra intelectual.
> § 3º. O pagamentos dos direitos autorais devidos em função de receita diária será efetuado no dia seguinte à realização da mesma.
> § 4º. Qualquer importância devida a título de direito autoral não paga no prazo fixado será objeto de correção monetária, acrescida de juros, com base no padrão adotado para as obrigações fiscais.[118]

O Projeto Genoíno estabelecia controle estrito dos prazos dos contratos: a exclusividade de exploração da obra por um terceiro, que, se entende, poderia ser estabelecida em contrato desde que com cláusula expressa, deveria ter prazo determinado. Aí também um ponto de divergência ou paradoxo em relação aos institutos comumente adotados pelas leis de direitos autorais: a transferência de direitos com exclusividade, mesmo que

---

[118] Ref. 4.38, Pesquisa, Câmara dos Deputados, Projeto de Lei, 27/04/1989.

temporária, é entendida como cessão,[119] mas, no Projeto Genoíno, como mencionamos atrás, a cessão era expressamente vedada pelo art. 7º – embora a operação que se entende como cessão parcial seja permitida pelo art. 45 como se lê abaixo. Vale apontar que a lei de 1973 não estabelecia prazos mandatórios, apenas regras de interpretação de contratos, como o de edição, no caso de omissões (entendia-se que o contrato de edição vale para uma edição, se não estipular nada sobre isso; se nada em contrário for estabelecido, entendia-se também que cada edição se constituía de 2 mil exemplares – arts. 59 e 61 da Lei n. 5.988/73). Voltando ao Projeto Genoíno:

> Art. 45. A exclusividade para a exploração da obra depende de cláusula expressa e prazo determinado.
> § 1º. Conforme a natureza da obra ou modalidade de utilização, o prazo não excederá de;
> I – 20 (vinte) dias para as obras jornalísticas;
> II – 180 (cento e oitenta) dias para as obras publicitárias;
> III – 2 (dois) anos para as edições gráficas;
> IV – 2 (dois) anos para as edições fonográficas;
> V – 3 (três) anos para as edições videofonográficas de longa metragem;
> VI – 10 (dez) anos para as obras cinematográficas de longa metragem;
> VII – 1 (um) ano para outras modalidades.[120]

O projeto estabelecia prazos curtos, também, para a "primeira comunicação ao público", após assinatura do contrato – art. 46 –, rescindindo-se o acordo se a utilização não ocorresse nesse prazo. A regra geral era um ano, mas dez dias no caso de imprensa diária, 30 no caso de imprensa semanal ou mensal, 120 no caso de obras publicitárias, 180 no de obras videofonográficas de longa-metragem, e dois anos no caso de obras cinematográficas de longa-metragem.

O estabelecimento das limitações de tempo aos contratos levantou ferozes críticas advindas do setor editorial. O tom geral era que o estabelecimento de um prazo máximo de dois anos para os contratos de edições gráficas inviabilizaria o trabalho do editor de livros, e seria demonstração de desconhecimento do mercado. Muitas manifestações também expressaram uma percepção de que o Projeto estaria demonizando a atividade editorial, como se ela estabelecesse uma relação de exploração do autor, e não de parceria.

---

[119] "A lei não refere, porém, apenas a cessão total, ou global; refere também a cessão parcial. Os direitos (patrimoniais) do autor poderiam ser parcialmente cedidos. Relaciona-se esta disposição com a do art. 35, Segundo a qual as diversas formas de utilização da obra intelectual são independentes entre si. Isto quer, pois, dizer que o fazer-se uma 'transmissão parcial' não acarreta transmissão do direito". ASCENSÃO, 1997, p. 205.

[120] Ref. 4.38, Pesquisa, Câmara dos Deputados, Projeto de Lei, 27/04/1989.

O editor Alfredo Machado, o mesmo que com quem Hildebrando Pontes Neto teve embates enquanto presidente do CNDA, havia se tornado Conselheiro daquele Conselho, e pronunciou-se, em carta sem data direcionada ao próprio CNDA, no sentido de que o projeto inteiro deveria ser reparado, "por ignorar completamente as condições do mercado editorial brasileiro"[121] – mas se concentraria em poucos pontos. Assim, afirmou que a cessão de direitos autorais organizava o mercado e garantia os interesses dos autores e artistas, inclusive garantindo-lhes as obrigações trabalhistas, no caso das emissoras de rádio e televisão, e livrando-lhes de obrigações tributárias, no caso de contratos de transferência de direitos às empresas editoras de livros. Afirmou que a numeração de exemplares seria inexequível com "as modernas técnicas de impressão",[122] um retrocesso "na era do computador", e "prática inexistente nos países civilizados", e mesmo se pudesse ser cumprida aumentaria o preço final, o que prejudicaria o leitor. Seguiu afirmando que a prestação de contas mensal[123] e o prazo máximo de dois anos de exclusividade em edições gráficas expressariam desconhecimento do mercado editorial. A conclusão de sua carta era:

> Ao defenderem o texto do projeto, seus elaboradores afirmaram ser ele uma tentativa de adaptar a legislação à realidade atual.
> Acontece que os principais elaboradores do anteprojeto são advogados, que na atividade editorial só participam de conflitos, nos contenciosos que nela ocorrem, embora raramente. Sua visão é, portanto, bem distante da realidade editorial, onde a relação entre autor e editor é em 99,9% dos casos pacífica e cordial. É o mesmo que pedir uma definição de amor conjugal a advogados especializados em divórcios.[124]

Seguiu – em expressão preconceituosa – afirmando que o autor "não precisa ser tutelado como um indígena. Pela sua própria condição intelectual, está capacitado a negociar os melhores termos para seus contratos".[125]

---

[121] Ref. 3.4, MinC, Conselheiro Alfredo Machado, Pronunciamento, sem data.

[122] Ref. 3.4, MinC, Conselheiro Alfredo Machado, Pronunciamento, sem data.

[123] Segundo Machado, editoras faziam vendas às livrarias para pagamento a 60 dias, e aos distribuidores para 90; "nos países de moeda estável, as prestações de contas são semestrais ou anuais", e em país de inflação alta como o Brasil o mais lógico seria trimestral, "como várias editoras já vêm fazendo, mesmo não estando tal prazo mais curto previsto em seus contratos". Ref. 3.4, MinC, Conselheiro Alfredo Machado, Pronunciamento, sem data.

[124] Ref. 3.4, MinC, Conselheiro Alfredo Machado, Pronunciamento, sem data.

[125] Ref. 3.4, MinC, Conselheiro Alfredo Machado, Pronunciamento, sem data.

Em sentido semelhante, embora em termos mais razoáveis, Vanisa Santiago, na carta ao CNDA enquanto Conselheira – dezembro de 1989 –, também criticou o que chamava de paternalismo dessa parte do projeto: as disposições sobre contratos seriam "altamente cerceadoras de liberdade, restritivas ao pleno exercício do direito de propriedade e prejudiciais aos autores nacionais por seu excessivo caráter paternalista".[126]

Uma carta direcionada ao deputado Egídio Ferreira Lima, então presidente da Comissão de Constituição e Justiça e Redação da Câmara dos Deputados, em agosto de 1989, quando o PL n. 2.148/89 já tinha sido proposto e estava em discussão, causou especial alvoroço em relação a esse tema. Era uma carta do escritor Jorge Amado, pedindo que o projeto fosse totalmente rejeitado.[127]

Afirmando ter sido alertado pela Sbat sobre o projeto, e estar escrevendo "na minha qualidade de escritor brasileiro de longa vida editorial, que tem merecido a estima do público ledor", ele se queixou, expressando desconfiança, de que o projeto era praticamente idêntico ao anteprojeto de lei preparado pelo Ministério da Cultura, que, nos debates pelos quais estava passando, estava "merecendo as maiores restrições das classes interessadas". O principal ponto de Jorge Amado era que a realidade pressuposta no projeto, o "antagonismo entre escritores e editores", para ele não existia. O escritor claramente discordava da posição assumida pelo projeto de priorizar os interesses dos "criadores", em detrimento daqueles das empresas que atuam no mercado cultural.[128]

Na carta, Jorge Amado fez uma longa defesa das editoras de livros e da saúde das relações entre autores e seus editores. Ele evocou uma frase atribuída a Carlos Drummond de Andrade: "autor, editor e livreiro formam uma trinca inseparável, pela identidade de interesses culturais e econômicos. Aquele que pense em se afastar dos outros vai se dar mal". Queixou-se de que o art. 45, quando limitava o prazo dos contratos de direito autoral, limitava os de edição de livros a dois anos, o que, para ele, seria infactível – "que editor se animará a lançar um autor novo se ao fim de dois anos já não tiver exclusividade para a publicação de seu livro?". Ele foi além: mencionando sua vasta experiência com editoras internacionais – "tenho livros publicados em mais de 50 países" –, "jamais

---

[126] Ref. 3.1, MinC, UBC, Carta, 12/12/89.

[127] A carta consta tanto do Dossiê MJ quanto do Dossiê MinC (Ref. 1.5, Dossiê MJ, Proposta, justificação + legislação antiga. Projeto de Lei, 31/08/89); (Ref. 3.5, MinC, Jorge Amado, Carta, ago./89).

[128] Ref. 3.5, MinC, Jorge Amado, Carta, ago./89.

deparei, em qualquer desses países com legislação tão retrógrada como a que se pretende implantar no Brasil, tão discriminatória e absurda". E terminou em verdadeira defesa de seus editores daquele tempo e os anteriores, e afirmando que o projeto seria realmente prejudicial mesmo aos novos e jovens escritores, porque a lei enfraqueceria a atividade editorial a ponto de impedir investimento em estreantes.[129]

Sobre essa carta, lembrou José Genoíno que ela causou muito embaraço, pelo prestígio de que Jorge Amado gozava. Ele afirmou, de um lado, que tentou argumentar que a situação do escritor não era generalizável: "Me lembro dessa carta. Eu dizia para ele: olha, eu lamento muito, mas o Jorge Amado é conhecido, tem cacife. É claro que toda editora vai tratar ele com amor. Mas vai tratar assim quem não tem nome [...]".[130] De outro, parece ter ficado mais claro aí para o então deputado que a atividade legislativa sobre direito autoral seria muito permeável às manifestações públicas de grandes nomes da cultura brasileira. Ele relatou que começou a entender que precisaria agregar nomes de peso em defesa do projeto – falou especificamente de artistas como Caetano Veloso e Gilberto Gil. Ficará claro como isso foi fundamental nos anos que se seguiriam.

A crítica veio também do setor do audiovisual. Em fevereiro de 1989, o Sindicato dos Trabalhadores na Indústria Cinematográfica do Estado de São Paulo (Sindcine), representado por seu presidente Antonio Ferreira Filho, queixou-se especialmente do capítulo III do projeto, que estabelecia prazos de utilização dos direitos exclusivos, após a assinatura do contrato, demasiado curtos, a seu ver: um ano para filmes de longa-metragem e dois anos para edições fonográficas "é o mais curto que já temos ouvido falar. 30 para 50 anos é o prazo mais comum e a tendência nas novas leis de direito autoral, sendo que algumas delas chegam a 80 para 100 anos".[131] O Sindcine pedia também maior detalhamento nas sanções, como a previsão específica de sanções penais, já que "esta é a questão mais importante em qualquer lei de direito autoral".[132]

De outro lado, algumas manifestações pediam *mais* regulamentação dos contratos. Foi o caso da carta dos conselheiros da CECEC-RJ (Comissão Especial do Conselho Estadual de Cultura do Rio de Janeiro), de março de 1989, ao CNDA, argumentando que a lei deveria fixar um mínimo de royalties em contratos.

---

129 Ref. 3.5, MinC, Jorge Amado, Carta, ago./89.

130 Informação verbal, jul./2017.

131 Ref. 3.10, MinC, Sindcine, Carta, 16/02/89.

132 Ref. 3.10, MinC, Sindcine, Carta, 16/02/89.

No caso dos livros, por exemplo, tanto de criação literária quanto de ordem científica ou filosófica, sugere-se que seja estipulado contratualmente o valor mínimo de 10% (dez por cento) sobre o preço de capa. E no caso de Antologias de qualquer tipo (nos termos do Art. 7° da Lei n. 5.988) que seja estipulado para o organizador, além da retribuição fixada de comum acordo entre ele e o editor, o mínimo de 3% (três por cento) do valor do preço de capa em todas as edições.

E houve também manifestações de associações de escritores em apoio à medida. Um documento conjunto contendo cartas da Academia Paraense de Letras (APL), União Brasileira de Escritores (UBE), Associação Brasileira dos Editores de Música (ABEM) e Sindicato dos Escritores do Estado de São Paulo, escritas de fevereiro a dezembro de 1988,[133] expressava que o então presidente do CNDA, Hildebrando Pontes Neto, havia solicitado às quatro associações comentários sobre o anteprojeto do CNDA, antes mesmo de sua transformação em Projeto Genoíno. Alcyr Paiva Pereira de Castro, 2° Secretário da APL, elogiou a iniciativa de definição do conceito de criador, e a proposta de centralização do registro. A segunda carta, do presidente da UBE e poeta Claudio Willer, foi endereçada a o Ministro da Cultura José Aparecido de Oliveira, afirmou que o projeto continha substanciosos avanços, e pediam, simplesmente, seu encaminhamento para o Congresso Nacional, para revogar a lei de 1973, "que guarda marcas de ter sido concebida durante um período autoritário, além de a prática mostrar que se trata de um instrumento ineficaz na defesa dos direitos de artistas e intelectuais".[134] A última, assinada por Luiz Toledo Machado, presidente do Sindicato dos Escritores no Estado de São Paulo, de forma curta, expressava apoio e recomendava o envio do projeto ao Congresso Nacional. Já a terceira, de José Antonio Perdomo, presidente da ABEM, foi a única que recomendou a não aprovação do projeto, que teria sido feito por pessoas que "desconhecem a importância das atividades editores na promoção, divulgação e administração das obras que os compositores confiam a seus editores", afirmando que se trataria de uma atividade digna e legítima, "em prol dos interesses dos autores", e forma que o projeto seria contrário aos "verdadeiros interesses dos autores musicais e editores". Em suma, as três organizações de escritores apoiavam o projeto; a organização representante dos editores de música rechaçava-o.[135]

---

[133] Ref. 3.3, MinC, APL/UBE/ABEM/Sindicato dos Escritores SP, Carta, 07/02/1988 – 08/12/1988.

[134] Ref. 3.3, MinC, APL/UBE/ABEM/Sindicato dos Escritores SP, Carta, 07/02/1988 – 08/12/1988.

[135] Ref. 3.3, MinC, APL/UBE/ABEM/Sindicato dos Escritores SP, Carta, 07/02/1988 – 08/12/1988.

6. AMPLIANDO SANÇÕES E *ENFORCEMENT*

Como forma de garantir a utilização exclusiva pelo autor, o Projeto Genoíno previa também que a utilização da obra sem autorização do autor seria ilícito civil e penal. Conceitualmente, nada de novo, comparado ao que já existia na legislação – e existe até hoje, com a Lei de 1998 aprovada: a lei de direitos autorais prevendo ilícitos civis, e o Código Penal prevendo os penais. A violação de direito de autor está prevista desde a edição do Código Penal, em 1940.[136]

---

[136] A redação original do art. 184 era:

Violar direito de autor de obra literária, científica ou artística:

Pena – detenção de três meses a um ano, ou multa, de um conto a cinco contos de réis.

Parágrafo único. Na mesma pena incorre quem vende ou expõe à venda, adquire, oculta ou tem em depósito, para o fim de venda, obra literária, científica ou artística, produzida com violação de direito autoral.

Foram promovidas duas alterações a esse artigo, que não lhe mudaram o espírito, a não ser quanto à inserção da expressão "direitos conexos" (na versão de 1980, pode-se considerar que direito autoral englobava os conexos, mas a versão de 2003 explicitou).

Art. 184, com a redação dada pela Lei n. 6.895/80:

Violar direito autoral:

Pena – detenção de três meses a um ano, ou multa de Cr$ 2.000,00 a Cr$ 10.000,00.

§ 1º Se a violação consistir na reprodução, por qualquer meio, de obra intelectual, no todo ou em parte, para fins de comércio, sem autorização expressa do autor ou de quem o represente, ou consistir na reprodução de fonograma e videofonograma, sem autorização do produtor ou de quem o represente:

Pena – reclusão de um a quatro anos e multa de Cr$ 10.000,00 a Cr$ 50.000,00.

§ 2º Na mesma pena do parágrafo anterior incorre quem vende, expõe à venda, introduz no país, adquire, oculta ou tem em depósito, para o fim de venda, original ou cópia de obra intelectual, fonograma ou videofonograma, produzidos com violação de direito autoral.

§ 3º – Em caso de condenação, ao prolatar a sentença, o juiz determinará a destruição da produção ou reprodução criminosa.

Art. 184, com redação atual, dada pela Lei n. 10.695/03:

Violar direitos de autor e os que lhe são conexos:

Pena – detenção, de 3 (três) meses a 1 (um) ano, ou multa.

§ 1º Se a violação consistir em reprodução total ou parcial, com intuito de lucro direto ou indireto, por qualquer meio ou processo, de obra intelectual, interpretação, execução ou fonograma, sem autorização expressa do autor, do artista intérprete ou executante, do produtor, conforme o caso, ou de quem os represente:

O que vale observar é como e porque um projeto "engajado" politicamente, identificado com um projeto progressista de esquerda, adotasse naquele momento essa visão. As sanções civis não diferiam substancialmente do que já era previsto na Lei n. 5.988/73, com uma importante exceção: na lei de 1973, a previsão era que, no caso de impressão de obra sem autorização, se aprenderiam os exemplares e pagariam ao autor os já vendidos; em não se sabendo a quantidade, ficaria fixado o valor de indenização equivalente a 2.000 exemplares. O Projeto Genoíno aumentava esse valor para 10.000 exemplares. A disposição da lei posteriormente aprovada, em 1988, é semelhante, mas subiu a quantidade para 3.000 – art. 103. O art. 65 foi abertamente defendido por Antonio Chaves, na carta enviada ao CNDA,[137] em que afirmava que faltava um critério de avaliação, e os danos morais eram frequentemente negados ou regateados pelos tribunais.

Mesmo assim, houve quem se manifestasse por ainda mais punições. A carta do Sindcine enviada ao MinC em 1989 pedia maior detalhamento nas sanções, como a previsão específica de sanções penais, já que "esta é a questão mais importante em qualquer lei de direito autoral".[138] Antonio Chaves criticou também o dispositivo que previa que "não é contrafação

---

Pena – reclusão, de 2 (dois) a 4 (quatro) anos, e multa.

§ 2º Na mesma pena do § 1º incorre quem, com o intuito de lucro direto ou indireto, distribui, vende, expõe à venda, aluga, introduz no País, adquire, oculta, tem em depósito, original ou cópia de obra intelectual ou fonograma reproduzido com violação do direito de autor, do direito de artista intérprete ou executante ou do direito do produtor de fonograma, ou, ainda, aluga original ou cópia de obra intelectual ou fonograma, sem a expressa autorização dos titulares dos direitos ou de quem os represente.

§ 3º Se a violação consistir no oferecimento ao público, mediante cabo, fibra ótica, satélite, ondas ou qualquer outro sistema que permita ao usuário realizar a seleção da obra ou produção para recebê-la em um tempo e lugar previamente determinados por quem formula a demanda, com intuito de lucro, direto ou indireto, sem autorização expressa, conforme o caso, do autor, do artista intérprete ou executante, do produtor de fonograma, ou de quem os represente:

Pena – reclusão, de 2 (dois) a 4 (quatro) anos, e multa.

§ 4º O disposto nos §§ 1º, 2º e 3º não se aplica quando se tratar de exceção ou limitação ao direito de autor ou os que lhe são conexos, em conformidade com o previsto na Lei nº 9.610, de 19 de fevereiro de 1998, nem a cópia de obra intelectual ou fonograma, em um só exemplar, para uso privado do copista, sem intuito de lucro direto ou indireto.

Foi a reforma de 1980 que eliminou a queixa-crime e transformou a ação penal em pública.

137 Ref. 3.20, MinC, Antonio Chaves, Carta, sem data, p. 13.

138 Ref. 3.10, MinC, Sindcine, Carta, 16/02/89.

a utilização anterior feita de boa fé", no caso das obras anônimas – art. 47, § 2º –, porque "boa fé e contrafação são termos antinômicos".[139]

Mais curiosa era a medida prevista no art. 41, que previa a necessidade de liberação por parte de "autoridade pública" para utilização pública de qualquer obra, e a possibilidade de o criador pedir que a polícia interditasse a utilização não autorizada. É que, embora a narrativa do projeto fosse toda de adequar o direito autoral à Constituição democrática, deixando para trás o período ditatorial, não se abriu mão de estabelecer autoridade para um órgão público – não definido – autorizar ou não uma utilização. O critério estabelecido na lei para a liberação era o pagamento prévio de direitos autorais, mas não deixa de surpreender, porque se trata da previsão de uma autoridade estatal de autorização –que poderia eventualmente estabelecer outros critérios, como o conteúdo ou tipo de obra. Além disso, evocava-se a autoridade policial como legitimada a interditar uma utilização não autorizada de obra, o que surpreende ainda mais – dado que, como discutido atrás, o Projeto Genoíno estava vinculado a outras posições em debate naquele momento no Brasil, do ponto de vista do conjunto de questões defendidas por seus preconizadores, e uma delas era a desmilitarização das polícias.

> Art. 41. Para garantia dos direitos autorais, a utilização pública de qualquer criação intelectual, obra, espetáculo, execução ou difusão artística depende de prévia liberação da autoridade pública.
> § 1º. A autoridade pública, sob pena de responsabilidade, exigirá dos usuários os comprovantes:
> I – da autorização do criador;
> II – do pagamento dos direitos autorais previstos na autorização.
> § 2º. Nas obras coletivas os comprovantes serão emitidos pelas associações autorais com mandato legal.
> § 3º. A requerimento do criador a autoridade policial interditará qualquer utilização de obra não autorizada.

O Parecer enviado pela Secretaria de Estudos e Acompanhamentos Legislativos do Ministério da Justiça (MJ-SEAL) ao CNDA em dezembro de 1988 tocava parcialmente nesse ponto: criticava o art. 41, que exigia liberação de autoridade pública para utilização pública de obras, afirmando, entre outras questões, que é comum que o pagamento de direitos autorais ocorra somente depois, devendo ser a disposição substituída pela obrigatoriedade de apresentação de contrato entre as partes, quando solicitado.[140] Foi o parecer do Instituto dos Advogados Brasileiros (IAB), de junho de 1989, assinado por Henrique Gandelman, que fez uma crítica frontal:

---

[139] Ref. 3.20, MinC, Antonio Chaves, Carta, sem data, p. 8.
[140] Ref. 3.18, MinC, MJ-SEAL, Carta, 30/11/88.

Um fato marcante, e até certo ponto fantástico, é a ressurreição no Ante-projeto do CNDA, da censura prévia de espetáculos, quando no artigo 41 está determinado que os mesmo dependerão de "prévia liberação de autoridade pública"!!! É evidente que tal disposição é inconstitucional, por força no art. 5°, inciso IX da Constituição Federal de 1988:
"IX – é livre a manifestação de atividade intelectual, artística, científica e de comunicação, independentemente de censura ou licença".[141]

7. O REGISTRO

Como outra novidade, o Projeto Genoíno centralizava o registro das obras, que já era facultativo na lei de 1973,[142] também o é na de 1998, assim como seria na proposta de Genoíno.

O registro da criação intelectual era um complemento do depósito de exemplares na Biblioteca Nacional, que era obrigatória pela primeira vez pela Lei n. 496/1898, como formalidade *constitutiva* do direito autoral; a exigência desapareceu com o Código Civil de 1917, e o registro permaneceu facultativo na lei de 1973. Para valer diante de terceiros, no entanto, a cessão precisava ser averbada à margem do registro, na linguagem do art. 53, § 1° da Lei 5.988/73.[143]

---

141 Ref. 3.17, MinC, IAB, Carta, 05/06/89, p. 1.

142 Na lei de 1973, o texto era:

Art. 17. Para segurança de seus direitos, o autor da obra intelectual poderá registrá-la, conforme sua natureza, na Biblioteca Nacional, na Escola de Música, na Escola de Belas Artes da Universidade Federal do Rio de Janeiro, no Instituto Nacional do Cinema, ou no Conselho Federal de Engenharia, Arquitetura e Agronomia.

§ 1° Se a obra for de natureza que comporte registro em mais de um desses órgãos, deverá ser registrada naquele com que tiver maior afinidade.

§ 2° O Poder Executivo, mediante Decreto, poderá, a qualquer tempo, reorganizar os serviços de registro, conferindo a outros Órgãos as atribuições a que se refere este artigo.

§ 3° Não se enquadrando a obra nas entidades nomeadas neste artigo, o registro poderá ser feito no Conselho Nacional de Direito Autoral.

Art. 18. As dúvidas que se levantarem quando do registro serão submetidas, pelo órgão que o está processando, a decisão do Conselho Nacional de Direito Autoral.

Art. 19. O registro da obra intelectual e seu respectivo traslado serão gratuitos.

Art. 20. Salvo prova em contrário, é autor aquele em cujo nome foi registrada a obra intelectual, ou conste do pedido de licenciamento para a obra de engenharia, ou arquitetura.

[...] Vale apontar que o art. 17 e os parágrafos primeiro e segundo foram os únicos que permaneceram vigentes na lei de 1973, como será discutido ainda adiante.

143 Ref. 3.43, MinC, MinC – CDA, Estudo, sem data.

O diferencial era o registro *único*, "um antigo reclamo", dado que "hoje [é] disperso em diferentes organismos, o que lhe tem dificultado o acesso".[144]

No parecer da MJ-SEAL, de 1988, um dos pontos criticados foi a transformação do registro em oneroso, pelo art. 23 do Projeto. Comentando que o registro no Brasil, na Lei de 1973 e também no anteprojeto, serviria de prova de "paternidade" das obras, e não de constituição dos direitos de autor, afirmou que a decisão de o registro ser gratuito em 1973 baseou-se em posições nesse sentido.

> [...] como esta declaração pode ser suprida por outros meios quaisquer admitidos em direito, chegou-se à conclusão que seria oportuna a gratuidade do registro das obras intelectuais. Sendo gratuito o registro, os autores sentir-se-iam animados em fazê-lo, tornando segura a paternidade das obras. [...]
> Se o número de pedidos de registro é grande, significa que a finalidade a que se propunha o legislador, quando da criação do registro, foi alcançado. Isto não nos deve levar a lamentar nada, antes pelo contrário, deveríamos nos rejubilar com tal notícia.
> Não se justifica tornar oneroso o registro, como quer o anteprojeto, para desincentivar o mesmo. Na melhor das hipóteses seria a prova cabal de que o legislador está perdido, pois ora legisla em uma direção ora em outra, sem ter uma real ideia de onde quer chegar.
> Os motivos apresentados não justificam tal alteração.[145]

A onerosidade de registro foi, no entanto, defendida por Antonio Chaves, que afirmou na carta sem data ao CNDA que a gratuidade prevista na Lei n. 5.988/73 seria demagógica, e acabaria por incentivar o registro de obras "de apoucado valor".[146]

8. DOMÍNIO PÚBLICO E LIMITAÇÕES COMO INIMIGOS DO AUTOR

Um dos pontos mais interessantes do Projeto Genoíno é que ele expressa fortemente uma concepção segundo a qual quaisquer limitações ao direito do criador são prejudiciais a ele. Mais que isso, não aparece nessa concepção qualquer referência positiva a um público, ou a possíveis vantagens que a disponibilidade de um corpo de bens comuns poderia trazer mesmo para a criação. Essas posições apareceram tangencialmente em algumas manifestações, à época, mas em geral de forma tímida. A narrativa do interesse

---

[144] Ref. 1.5, Dossiê MJ, Proposta, justificação + legislação antiga, Projeto de Lei, 31/08/89, p. 23.

[145] Ref. 3.18, MinC, MJ-SEAL, Carta, 30/11/88.

[146] Ref. 3.20, MinC, Antonio Chaves, Carta, sem data, p. 3.

público, a bem da verdade, surgiu a partir dos anos 2000, quando grupos e indivíduos começaram a disputar em torno das narrativas de *cultura livre* e do *acesso ao conhecimento*. Houve então um deslocamento nos termos das disputas em torno do direito autoral. O Projeto Genoíno e as discussões que se travaram em torno dele deixam claro que, internamente, esse debate não estava sendo feito, ou não ganhava qualquer relevância na esfera pública. Veremos adiante também que na política externa brasileira a discussão se delineava, quando o que se colocava eram os interesses do Brasil e de outros países frente aos Estados Unidos e Europa, na negociação de tratados. Mas é essencial evitar aqui anacronismos: neste momento, importa entender quais eram as narrativas a respeito desse tema, e como elas foram formativas, também, para os atores que viriam a disputar as discussões que se travariam nas décadas seguintes.

> Art. 25. São vitalícios os direitos patrimoniais do criador.
> § 1º. Os filhos, pais, ou cônjuge gozarão vitaliciamente dos direitos patrimoniais havidos por herança.
> § 2º. A proteção da obra em criação coletiva se estende até a morte do último criador de obra coletiva.
> § 3º. Os direitos do criador de obra coletiva sem herdeiros acrescem os dos sobreviventes.
> § 4º. Aplica-se à obra póstuma o disposto neste artigo.
> Art. 26. Ressalvado o disposto nos parágrafos do artigo anterior, para os demais herdeiros o prazo de proteção será de 60 (sessenta) anos contados de 1º de janeiro do ano subsequente à morte do criador.

Na carta datada de dezembro 1989, Vanisa Santiago, como Conselheira da UBC, argumentou à presidente do CNDA que esses dispositivos continham uma contradição, quando mencionavam ao mesmo tempo vitaliciedade e outros prazos de proteção post-mortem.[147] O ponto foi mencionado também pela OMPI, na carta enviada em agosto de 1989 – a própria palavra vitaliciedade levaria à compreensão de que, com a morte do criador, o direito deixaria de existir.[148] A OMPI criticou também o tratamento da obra anônima como obra em domínio público, o que, afirmou, contrariava a Convenção de Berna, que tem dispositivos específicos para a proteção dessas obras – o ponto também foi observado por Antonio Chaves, em carta que, de outro modo, é quase totalmente elogiosa.[149]

---

[147] Ref. 3.1, MinC, UBC, Carta, 12/12/89.
[148] Ref. 3.19, MinC, OMPI, Carta, 20/08/89, p. 2. [tradução]
[149] Ref. 3.20, MinC, Antonio Chaves, Carta, sem data, p. 4.

O Projeto Genoíno previa também a instituição do chamado "domínio público remunerado". O domínio público remunerado é uma instituição de direito autoral adotada em alguns países, como é o caso da Noruega, e consiste na necessidade de pagamento de um valor a um órgão pela utilização de obras que já estejam fora do prazo de proteção, ou seja, já não estão vigentes os direitos patrimoniais.

O tema do domínio público remunerado frequentemente volta às discussões sobre direito autoral, seja na forma de se pensar uma fonte de receitas para investimento público em cultura, seja em um discurso que vê o domínio público como competição com obras sendo criadas contemporaneamente. No Brasil, o instituto existiu entre 1973 e 1983. Ele vinha sendo discutido ao menos desde 1947, quando foi apresentada uma proposta à Câmara dos Deputados, elaborada por Guilherme Figueiredo, então presidente da Associação Brasileira de Escritores, e Clovis Ramalhete, proposta que teria sido amplamente discutido naquela associação e no II Congresso de Escritores realizado no mesmo ano.[150] O domínio público remunerado foi introduzido somente na lei de 1973, regulamentado pela Resolução n. 4 do CNDA de 17.08.1976, e revogado pela lei 7.123/83, de autoria do Senador Luiz Viana em 1977.[151]

> Art. 93 da Lei n. 5988/73, revogado pela Lei n. 7.123/83:
> A utilização, por qualquer forma ou processo que não seja livre, das obras intelectuais pertencentes ao domínio público depende de autorização do Conselho Nacional de Direito Autoral.

---

[150] CHAVES, 1983, p. 48.

[151] Na justificativa que acompanhou o PL n. 13/73 do Presidente da República ao Congresso Nacional, projeto que se tornaria a Lei n. 5988/73, argumentava-se pelo domínio público remunerado: "Com isso não só se protege de forma indireta, ou autor novo, afastando-se a possibilidade de edições para as quais não se paguem direitos, mas também se obtém meios para o Fundo de Direito Autoral, de que trata o art. 121" (Ref. 3.18, MinC, MJ-SEAL, Carta, 30/11/88, p. 20). A disposição seria aprovada no art. 93. Depois, com a controvérsia que o instituto gerou, o Senador Luiz Viana apresentou o PL 22/77, para revogar o art. 93 e seu parágrafo único. Justificou: "Salta aos olhos que somente por um equívoco poder-se-ia ter exigido que os editores pagassem direitos autorais sobre obras caídas no domínio público. Pagamento que deverá representar percentual sobre os direitos a que teria direito o autor. Calculo que nem sempre deverá ser fácil, pois não logro alcançar quais os direitos autorais que seriam pagos aos Apóstolos, autores da Bíblia, a Homero ou a Dante. Vê-se que ao absurdo soma-se o ridículo" (Ref. 3.18, MinC, MJ-SEAL, Carta, 30/11/88, p. 21). O PL, depois de algumas alterações, foi aprovado em 1983, como lei 7.123/83. Em carta ao CNDA, em 1989, Glória Braga defendia o domínio público remunerado como incentivo o mercado de novas obras (Ref. 3.2, MinC, Amar, Carta, sem data).

Parágrafo único. Se a utilização visar a lucro, deverá ser recolhida ao Conselho Nacional de Direito Autoral importância correspondente a cinquenta por cento da que caberia ao autor da obra, salvo se se destinar a fins didáticos, caso em que essa percentagem se reduzirá a dez por cento.

A revogação desse artigo teria sido fruto, nas palavras de Antonio Chaves, em artigo publicado em 1983, de "uma das mais ásperas polêmicas registradas nos últimos tempos",[152] tendo sido objeto de um feroz artigo de Carlos Lacerda no jornal *O Estado de São Paulo*, em 1977, que teria ganhado grande repercussão. Como apresentado atrás, não foi diferente quando o CNDA divulgou a primeira versão do anteprojeto. No próprio ano de 1977, antes mesmo de a revogação ser aprovada, mas tendo o projeto de Luiz Viana já passado na Comissão de Justiça do Senado por unanimidade, o CNDA decidiu deixar de cobrar os direitos sobre as obras em domínio público – notícia "recebida com 'grande euforia', quase em ambiente de festa, pelas editoras do Rio".[153] Chaves defendia amplamente o domínio público remunerado, argumentando principalmente que "o domínio público gratuito não beneficia o usuário individual, mas o grande usuário, o industrial, o empresário".[154][155] Aparece aqui, novamente, a disputa discursiva entre autores e grandes usuários.

No Projeto Genoíno, a disposição era:

> Art. 49. Compete ao Estado, através do Conselho Nacional de Direito Autoral – CNDA, a defesa da obra caída em domínio público.
> Art. 50. A exploração econômica de obra de domínio público depende:
> I – de prévia comunicação ao Conselho Nacional de Direito Autoral, com especificação de modalidade de uso e número de exemplares, quando for o caso;
> II – do recolhimento dos direitos autorais arbitrados pelo Conselho Nacional de Direito Autoral, com base nos valores correntes do mercado.
> Parágrafo Único – O descumprimento das obrigações previstas neste artigo importa em contrafação.

---

[152] CHAVES, 1983, p. 50.

[153] CHAVES, 1983, p. 51.

[154] CHAVES, 1983, p. 52.

[155] "Deixou-se, no entanto, o Congresso levar pelos grupos de pressão, favorecendo por essa forma não apenas as editoras que, pelos seus órgãos de classe, desfraldaram a bandeira da revogação dos dispositivos, como ainda as grandes empresas de comunicações, que voltaram a desfrutar livremente grande parte dessas obras em detrimento da produção atual, e, ainda, algumas associações de titulares de direitos e de muitos "fiscais" que aproveitam a confusão que reina para cobrar direitos indevidos, cujo destino ninguém consegue definir. Mas o instituto não pode deixar de ser restabelecido, numa reforma corajosa da atual lei". CHAVES, 1983, p. 59.

O domínio público remunerado foi alvo de críticas no parecer oferecido pela Secretaria de Estudos e Acompanhamentos Legislativos do Ministério da Justiça, aquele assinado por José Theodoro Mascarenhas Menck, e com argumentos técnicos. Tocando na importância da limitação temporal do direito do autor – "não se justificaria a sua permanência indevidamente, pois não se pode encorajar alguém que já não mais existe"[156] – e que isso poderia significar "uma ocupação, por parte do Estado, das obras caídas em domínio público",[157] a SEAL argumentou que não haveria outra saída senão entender o pagamento pelo uso da obra em domínio público como um *imposto*, e, como tal, estaríamos diante de uma inconstitucionalidade, pois impostos só podem ser criados por legislação complementar – art. 54 da CF. Para a SEAL, estava em jogo também outro óbice constitucional – o de não poderem ser tributados livros, jornais, periódicos e o papel destinado à sua impressão, que gozam de imunidade – art. 150, VI, d) da CF –, de forma que, se se tributassem só os outros tipos de utilização, criar-se-iam diferenciações instituidoras de um privilégio fiscal.

Na carta dos conselheiros da Comissão Especial do Conselho Estadual de Cultura do Rio de Janeiro (CECEC-RJ) de 1989, ao CNDA, o domínio público remunerado também foi criticado, porque iria "dificultar e muitas vezes inviabilizar a divulgação de obras clássicas da tradição ocidental", criando "um entrave muito sério para o desenvolvimento do Brasil".[158] No mesmo sentido argumentava o parecer do IAB assinado por Henrique Gandelman e enviado ao MinC em junho de 1989, e que pedia o arquivamento do projeto, que naquele momento já tramitava na Câmara: o domínio público remunerado seria impróprio, porque destinado ao Erário e não ao autor, e porque o domínio público tem como finalidade "fazer retornar à sociedade, as criações intelectuais antes protegidas, para que sirvam livremente ao progresso cultural dos povos".[159] Ele afirmou que a disposição foi revogada da Lei n. 5.988/73 (art. 93) por ter gerado "verdadeira convulsão nos meio intelectuais do país".

Foi também a posição do editor Alfredo Machado, que pode ser considerada expressiva da posição do mercado editorial: domínio público é um incentivo para que obras clássicas continuem em circulação, algo que não prejudicaria aos autores vivos, dado que "aos editores interessa mais publicar autores vivos, que promovam seus livros, a republicar autores an-

---

[156] Ref. 3.18, MinC, MJ-SEAL, Carta, 30/11/88, p. 21.
[157] Ref. 3.18, MinC, MJ-SEAL, Carta, 30/11/88, p. 25.
[158] Ref. 3.12, MinC, CECEC.RJ, Carta, 23/03/89.
[159] Ref. 3.17, MinC, IAB, Carta, 05/06/89, p. 10.

tigos, há muito falecidos".[160] Ele seguiu afirmando que, quando o domínio público remunerado foi instituído na Argentina, isso favoreceu aos editores espanhóis, que começaram a exportar livros para lá; ele também levantou a questão tributária: o dispositivo seria inconstitucional, dado que o livro estaria "imune a qualquer taxação" art. 150 VI-d da Constituição Federal.

Mas, claro, havia também quem defendesse o instituto. Antonio Chaves também se baseou na Constituição Federal, embora para tirar conclusão contrária: por força do art. 215 da CF, que confere ao Estado a garantia e incentivo das manifestações culturais, essa atividade inclusive deveria ir além da defesa às obras em domínio público, e a Lei deveria regulamentar as ações do Executivo nessa área, como a composição e o funcionamento do CNDA.[161]

A carta de Glória Braga, enquanto Conselheira do CNDA e advogada da Amar, fazia uma defesa que mostrava exatamente quais eram as preocupações por trás do domínio público remunerado. Vale lembrar que é nessa carta que a advogada afirma que seu compromisso com o projeto era institucional e ideológico, e que o projeto fora gestado na Amar. Para Braga, a questão central era que obras em domínio público eram *concorrentes* das obras criadas por autores e artistas vivos:

> Mais uma vez, trata-se de anseio antigo daqueles criadores que sentem o mercado interno inundado por obras em domínio público. Ora, se o usuário/produtor nada pagam pela utilização de certa obra, é óbvio que ela se transformará em um forte concorrente. Portanto, ao se prestigiar o referido preceito, nada mais se faz do que garantir aos nossos criadores ao menos igualdade de condições, de suas obras com as caídas em domínio público.[162]

Essa posição vinha conjugada com diversas declarações em defesa do criador, e inclusive em oposição a atores da indústria cultural: aos empregadores, às gravadoras, aos proprietários de casas de *show* e onde mais se executam músicas publicamente.

Uma outra concepção informante dessa visão de domínio público como maléfico aos criadores, ou ainda benéfico somente a alguns atores da indústria, é a de que o uso livre de obras em domínio público não estaria sequer resultando nessa diminuição de preços ao consumidor final. Isso foi apontado também por Marcus Vinícius Mororó de Andrade, da Amar, em entrevista – "o domínio público muitas vezes é um engodo".[163]

---

[160] Ref. 3.4, MinC, Conselheiro Alfredo Machado, Pronunciamento, sem data.

[161] Ref. 3.20, MinC, Antonio Chaves, Carta, sem data.

[162] Ref. 3.2, MinC, Amar, Carta, sem data.

[163] Informação verbal, set./2017.

"Domínio público deveria beneficiar o público; mas vem beneficiando? Não vem". Em um artigo publicado em 1984, Antonio Chaves já comentava o domínio público no Brasil nessa linha:

> Bem se percebe a alta finalidade objetivada pelo legislador: possibilitar o mais amplamente possível a reprodução ou execução dessas mesmas obras, a preço inferior, a fim de facilitar a sua divulgação e, pois, disseminar a arte e a cultura. Basta, no entanto, comparar os preços de um livro ou de um disco que pagam direitos autorais, com outros que não pagam, para verificar que raramente, muito raramente, encontra-se qualquer diferença de preço, o que demonstra que o chamado "domínio público" redunda em benefício daqueles poucos editores e empresários que se encarregam de fazer novas edições ou representações, depois de vencidos os termos de proteção.
> O mesmo fenômeno, e com maior gravidade, foi detectado por Hermano Duval com relação às obras musicais: dos bilhões mensalmente arrecadados uma porcentagem é certamente de obras do domínio público [querendo dizer que se arrecada do usuário de música pelo domínio público, sem que o valor fosse devido e sem clareza do que é feito com os valores].[164]

Para Antonio Chaves, o domínio público remunerado seria resultado justamente do "reconhecimento generalizado de que o domínio público tradicional não correspondeu às finalidades que o haviam inspirado".[165]

A parte de limitações e exceções, que também são um campo de disputa nas narrativas mais recentes de acesso ao conhecimento, por criarem, junto com o domínio público, a possibilidade de utilização de obras sem autorização do autor e sem remuneração, era radicalmente enxuta no Projeto Genoíno. Havia somente uma limitação explícita, a do direito de citação. Art. 34. A notícia ou citação de trecho de obra intelectual e a crítica ou polêmica que a tenha por objeto não constituem ofensa aos direitos do criador.

A Lei n. 5988/73, vigente à época da discussão do Projeto Genoíno, trazia um rol bastante mais extensivo de limitações e exceções. Vê-se que somente o inciso III do art. 49 abaixo foi contemplado no Projeto.

> Art. 49. Não constitui ofensa aos direitos do autor:
> I – A reprodução:
> a) de trechos de obras já publicadas, ou ainda que integral, de pequenas composições alheias no contexto de obra maior, desde que esta apresente caráter científico, didático ou religioso, e haja a indicação da origem e do nome do autor;
> b) na imprensa diária ou periódica, de notícia ou de artigo informativo, sem caráter literário, publicados em diários ou periódicos, com a menção do nome do autor, se assinados, e da publicação de onde foram transcritos;

---

[164] CHAVES, 1983, p. 40.
[165] CHAVEZ, 1983, p. 45.

c) em diários ou periódicos, de recursos pronunciados em reuniões públicas de qualquer natureza;
d) no corpo de um escrito, de obras de arte, que sirvam, como acessório, para explicar o texto, mencionados o nome do autor e a fonte de que provieram;
e) de obras de arte existentes em logradouros públicos;
f) de retratos, ou de outra forma de representação da efígie, feitos sob encomenda, quando realizada pelo proprietário do objeto encomendado, não havendo a oposição da pessoa neles representada ou de seus herdeiros.
II – A reprodução, em um só exemplar, de qualquer obra, contando que não se destine à utilização com intuito de lucro;
III – A citação, em livros, jornais ou revistas, de passagens de qualquer obra, para fins de estudo, crítica ou polêmica;
IV – O apanhado de lições em estabelecimentos de ensino por aqueles a quem elas se dirigem, vedada, porém, sua publicação, integral ou parcial, sem autorização expressa de quem as ministrou;
V – A execução de fonogramas e transmissões de rádio ou televisão em estabelecimentos comerciais, para demonstração à clientela;
VI – A representação teatral e a execução musical, quando realizadas no recesso familiar ou para fins exclusivamente didáticos, nos locais de ensino, não havendo, em qualquer caso, intuito de lucro;
VII – A utilização de obras intelectuais quando indispensáveis à prova judiciária ou administrativa.
Art. 50. São livres as paráfrases e paródias que não forem verdadeiras reproduções da obra originária, nem lhe implicarem descrédito.
Art. 51. É lícita a reprodução de fotografia em obras científicas ou didáticas, com a indicação do nome do autor, e mediante o pagamento a este de retribuição equitativa, a ser fixada pelo Conselho Nacional de Direito Autoral.[166]

A Justificação que acompanhava o Projeto Genoíno traz precisamente esse entendimento restritivo da função das limitações:

> Dispondo a norma constitucional que o direito de criador é exclusivo, as restrições a ele mereceram maior cautela. Daí porque foram excluídas no texto proposto as diversas hipóteses de reprodução previstas na atual lei autoral. Sendo limitações de direito não poderiam contrariar a regra fundamental.[167]

As duas disposições seguintes do terceiro capítulo, intitulado "Das Limitações", eram em verdade mais disposições sobre os direitos que o criador teria na obra coletiva – manutenção dos direitos no caso de

---

[166] Ver uma comparação das limitações e exceções entre a lei de 1973, o Projeto Genoíno, o Projeto Luiz Viana e a lei de 1998 no item 12, "Equilíbrio? Limitações e exceções ao direito de autor", do quarto capítulo.

[167] Ref. 1.5, Dossiê MJ, Proposta, justificação + legislação antiga, Projeto de Lei, 31/08/89, p. 24.

interromper sua participação, e obrigatoriedade de todos os criadores concordarem antes da utilização de uma obra coletiva –, o que demonstra a preocupação que o Projeto Genoíno tinha com esse tipo de obra.

Em geral, essa parte do projeto foi alvo de defesas. A mais efusiva delas veio de Antonio Chaves, na carta em que defendia amplamente o projeto do CNDA. É extensa e interessante a posição de Antonio Chaves de uma restrição das limitações aos direitos dos autores, ligando determinadas limitações à censura (algo incomum) – ao passo que celebra a intervenção de autoridades públicas na garantia do direito de autor. *In verbis*:

> O escritor e o artista, em sua mesa de trabalho, em seu ateliê, no palco ou diante de um microfone, contrafazem um pouco Deus, na senhoria absoluta de suas criações, que podem divagar por todas as dimensões, passeando tranquilamente pelo passado, pelo futuro, pelo espaço terreno e interestelar, sem barreiras.
> Mais poderoso do que ele, só o legislador, que tão logo pretenda aquele comunicar ao público suas criações, o aferrolha numa série de restrições.
> Não se contenta, em todas as latitudes, em estreitar, no tempo, o exercício desse direito: faculta a utilização da obra intelectual, independentemente de qualquer remuneração, numa longa série de hipóteses, para as quais é sempre invocado um duvidoso interesse público, num plano inclinado que, se não for sabiamente contido, ameaça não apenas estiolar a justa recompensa que merece a produção intelectual, como ainda dará ensejo a mil e uma formas de locupletamento indevido.
> Tais diferentes restrições costumam agrupar ao redor de duas exigências: da vida coletiva; de caráter científico, didático ou religioso.
> A principal delas – a execrada censura – passou a ser expressamente proibida pela Constituição de 05.10.1988, que depois de garantir, no item IX do art. 5º a liberdade de expressão da atividade intelectual, artística, científica e de comunicação, repete, no art. 220 e seus dois primeiros parágrafos, não sofrerem qualquer restrição a manifestação do pensamento, a criação, a expressão e a informação, sob qualquer forma, processo ou veículo, nenhuma lei podendo conter dispositivo que constitua embaraço à plena liberdade de informação jornalística, "vedada toda e qualquer censura de natureza política, ideológica e artística".
> Não podia a proposta de novo texto fazer menos do que eliminar as referências às exigências de natureza científica, didática ou religiosa, às informações de imprensa, às obras de arte existentes em logradouros públicos. Mas talvez tenha exagerado em não ressalvar os discursos pronunciados em reuniões públicas, às reproduções de um só exemplar para uso pessoal, às demonstrações para clientela, às execuções e representações no recesso do lar, à utilização para prova judiciária ou administrativa, às paráfrases ou paródias, às reproduções, execuções e representações destinadas a excepcionais.

Por outro lado, a colaboração das autoridades públicas para garantia dos direitos autorais nas execuções públicas é exigida no art. 41 do Anteprojeto com mais rigor, "sob pena de responsabilidade", do que no art. 73, § 2º da Lei atual, e com mais técnica do que o art. 73 "caput".

Manda ainda o § 3º do aludido Anteprojeto interdite a autoridade policial, a requerimento do autor, qualquer utilização de obra não autorizada.[168]

Em entrevista já em 2017, Marcus Vinícius Mororó de Andrade expressou uma posição radical sobre esse ponto: a de que as limitações e exceções são formas de grandes usuários tentarem escapar o máximo possível de pagar direitos de autor. "Até concordo que tem que ter determinadas coisas que tem que ter exceção", falando da possibilidade de reprodução de obras para *braile*; mas, sobre a permissão de uso para ambiente didático: "o que é ambiente didático? Festa na escola, onde se cobra tudo, onde se cobra pela Coca Cola? A festa é um empreendimento comercial onde se paga tudo, menos a música". Para ele, as limitações e exceções deveriam ter um escopo mais restrito – para, por exemplo, permitir uso de obras em um TCC, mas não em uma festa de formatura. Ele equiparou os inúmeros projetos em tramitação no Congresso Nacional, hoje e então, para isenção de rádios, TVs, quartos de hotel, e igrejas, com as limitações e exceções, como pertencentes à mesma tendência de se evitar o pagamento de direito autoral.

Foi a carta de Vanisa Santiago, como Conselheira do CNDA, à presidente do Conselho, em dezembro de 1989,[169] a que fez uma crítica mais veemente da parte de limitações e exceções do projeto, expressando-se inclusive em termos que seriam comuns no debate somente nas décadas seguintes. Ela lamentava, "em nome do direito à cultura do nosso povo", a

> [...] ausência do correto tratamento que deve ser dispensado às limitações consagradas universalmente e destinadas a usos didáticos e científicos, informativos e religiosos, judiciários e administrativos, de cunho eminentemente social, que estabelecem o equilíbrio entre o interesse pessoal e o interesse coletivo.[170]

O ponto foi brevemente apontado também na nota da OMPI, em que se alegou que a limitação dos direitos foi regulada de forma superficial, não prevendo limitações que seriam justificadas e cuja eliminação tornaria a lei inaplicável, como a utilização livre para fins privativos sob certas condições.[171]

---

[168] Ref. 3.20, MinC, Antonio Chaves, Carta, sem data, p. 4-6.

[169] Ref. 3.1, MinC, UBC, Carta, 12/12/89.

[170] Ref. 3.1, MinC, UBC, Carta, 12/12/89.

[171] Ref. 3.19, MinC, OMPI, Carta, 20/08/89, p. 2. [tradução]

9. DIREITO DE SEQUÊNCIA GERAL COMO PARTICIPAÇÃO NA MAIS-VALIA

Era previsto também o direito de sequência, que, na Lei n. 5.988/73 e na Lei n. 9.610/98, é um direito específico do criador de obra de arte ou manuscrito – art. 38 da LDA – de perceber uma porcentagem na revenda de sua obra, como forma de se apropriar da valorização após a venda do suporte. No Projeto Genoíno, o direito de sequência é o direito à participação na valorização na revenda de qualquer obra – o que é bastante complexo de se resolver no caso de obras baseadas em exemplares: Art. 32. É assegurado ao criador o direito, inalienável e irrenunciável, de sequência, mediante a participação na mais-valia.

10. A VOLTA DA NUMERAÇÃO DE DISCOS E OUTROS EXEMPLARES

O projeto previa ainda a numeração de exemplares, histórica demanda de grupos de autores e detentores de direitos conexos – como visto atrás, a discussão vinha pelo menos desde a discussão da lei de 1973. De acordo com José Genoíno,[172] a numeração de exemplares foi um "ponto de luta pesada".

> Art. 38. Em qualquer modalidade de reprodução todos os exemplares serão numerados.
> Parágrafo único. O exemplar não numerado ou que tenha número repetido ou superior ao contrato caracteriza contrafação, rescinde o contrato de pleno direito e determina a responsabilidade civil e penal.

José Genoíno, em entrevista, fez ampla defesa do instituto da numeração de exemplares, ligando-a ao dispositivo da Constituição que dá ao autor o direito de fiscalização da utilização de suas obras, que, como mostrado atrás, foi insistência sua durante a Constituinte:[173]

> Por que a numeração? Para que o autor, ou o criador, fiscalizasse, conforme a Constituição prevê, a utilização econômica de suas obras. Que você sabe que é muito difícil uma pessoa viver de direito autoral no Brasil. São raros os casos de viver de direito autoral. Salvo quando a pessoa é muito conhecida, é uma tiragem fantástica, como Paulo Coelho, Jorge Amado... porque você não tem como – o cara tira 3 mil livros, e se for 10 mil? Então a gente defendia a numeração no projeto. Perdemos [referindo-se ao que veio a ser aprovado na Lei de Direitos Autorais de 1998].[174]

---

[172] Informação verbal, jul./2017.

[173] Art. 5o, XXVIII – são assegurados, nos termos da lei: [...]   b) o direito de fiscalização do aproveitamento econômico das obras que criarem ou de que participarem aos criadores, aos intérpretes e às respectivas representações sindicais e associativas.

[174] GENOÍNO, informação verbal, 2017.

É evidente, nessa e em outras falas de José Genoíno, que a numeração de exemplares era vista como uma grande solução para os problemas do direito autoral. "Na Internet, se tivesse a numeração, era fácil. Mas não tem. Virou uma barbárie [...]. Ninguém tem controle. O cara diz que vai tirar uma edição e tira três, numa só".[175]

11. A VOLTA DA "CÓPIA PRIVADA"

O Projeto Genoíno continha um outro dispositivo que, junto com a numeração de exemplares, veio sendo, ao longo da história do direito autoral no Brasil, proposto reiteradamente, sem nunca conseguir ser aprovado: a "cópia privada":[176] o estabelecimento de um valor a ser pago pelos produtores de suportes materiais de cópias de obras, o que vem acompanhado sempre da justificativa de compensar as perdas pela cópia ilícita em tais suportes. No Projeto Genoíno, a disposição era:

> Art. 70. A fabricação, importação, venda, locação ou uso dos equipamentos e suportes e outros meios de reprodução das obras intelectuais ficam sujeitos a um pagamento destinado a compensar criadores, intérpretes ou executantes e editores pela perda dos direitos resultantes da utilização respectiva.

Em entrevista, Hildebrando Pontes Neto afirmou que lhe parecia absolutamente inconstitucional a disposição. Obrigar fabricantes de suportes físicos a uma contribuição para um fundo autoral, partindo do pressuposto de que eram utilizadas para fazer cópias, parecia-lhe um absurdo. Enquanto presidente do CNDA, ele havia conversado com o ministro Celso Furtado, pedindo uma opinião, porque desconfiava da inconstitucionalidade. Ele entregou então o processo nas mãos de Saulo Ramos, que era advogado-geral da união na época do governo Sarney – seu auxiliar era o ministro Mello, do STF –, mas conta não ter recebido uma resposta.

---

[175] GENOÍNO, informação verbal, 2017.

[176] Para alguém que passou a discutir o direito autoral na década de 2010, quando o tema das limitações e exceções estava na ordem do dia, o termo é extremamente confuso. É que cópia privada é normalmente usado, nesse contexto, para se referir ao direito do usuário de fazer uma cópia para uso privado, ou, em outras palavras, a limitação que faz com que isso seja permitido. Na lei de 1973, tal direito era previsto no art. 49, II; na lei de 1998, eliminou-se a limitação da cópia privada, que foi substituída pela disposição que permite a cópia apenas de pequenos trechos (art. 46, II da LDA). A necessidade de uma limitação consistente no direito à cópia privada foi muito pleiteada, no fim da década de 2000 e início de 2010, por ativistas de interesse público que se referiam à ilegalidade de, por exemplo, "ripar" um CD adquirido legalmente e ouvir os arquivos de MP3 resultantes em seu computador ou tocador de MP3, ato que, pela lei de 1998, seria ilegal.

A medida costuma ser polêmica principalmente entre fabricantes de suportes, os afetados por ela – e foi de fato criticada pela Associação Brasileira da Indústria Elétrica e Eletrônica (Abinee), representada por seu diretor secretário geral Ruy de Salles Cunha, em *telex* a Hildebrando Pontes Neto em fevereiro de 1989,[177] sugerindo a supressão do artigo 71 do projeto, que a Abinee chamou, a-tecnicamente, de pagamento de *direito autoral* pela fabricação, venda, locação ou uso de equipamentos e suportes e outros meios de reprodução das obras intelectuais. A justificativa era que essa remuneração

> Acarretaria aumento nos custos de produção desses bens, especialmente no caso de fitas virgens de áudio, de vídeo e para computador e aparelhos que possibilitam a gravação privada, dificultando ainda mais sua concorrência com os produtos estrangeiros importados irregularmente. Dependendo do valor da remuneração a ser fixado para o direito autoral, a fabricação desses produtos no país pode tornar-se desinteressante.[178]

Antonio Chaves, na carta ao CNDA, defendeu abertamente a medida, como "se não uma solução, pelo menos uma contribuição para o desfecho da reprodução 'pirata' através de cassetes, videocassetes e similares, e dos próprios exemplares em 'xerox' e sistemas análogos".[179] E Alfredo Machado, também sobre a "cópia privada", ou pagamento dos produtores de equipamentos e suportes de reprodução das obras intelectuais, defendeu a ideia, mas afirmou que a redação acabava por permitir "taxar" (*sic*) o papel ou maquinaria gráfica para os livros, quando a intenção era cobrar das produtoras e prestadoras de serviços de xerografia.[180]

12. EM DEFESA DO CNDA

No Projeto Genoíno, mantinha-se o CNDA, na estrutura do Ministério da Cultura, "com competência para" – art. 51:

I – decidir dúvidas e controvérsias sobre direitos autorais;
II – determinar as providências necessárias à exata aplicação das leis, tratados e convenções internacionais sobre direitos autorais;
III – gerir o Fundo de Direito Autoral;
IV – manifestar-se sobre a conveniência da alteração de normas de direito autoral, na ordem interna ou internacional;

---

[177] Ref. 3.15, MinC, Abinee, Carta, 01/02/89.
[178] Ref. 3.15, MinC, Abinee, Carta, 01/02/89.
[179] Ref. 3.20, MinC, Antonio Chaves, Carta, sem data, p. 13.
[180] Ref. 3.4, MinC, Conselheiro Alfredo Machado, Pronunciamento, sem data.

V – manifestar-se sobre os pedidos de licenças compulsórias previstas em tratados e Convenções Internacionais;
VI – promover e divulgar o direito autoral.

A composição do CNDA, pelo Projeto Genoíno, teria no mínimo dois terços de representantes dos criadores – art. 52 –, e os art. 53 e 54 dispunham sobre o Fundo de Direito Autoral. Genoíno, em entrevista, relatou que havia uma clara intenção de dar o CNDA às mãos da sociedade civil:

> O CNDA [de então] era uma coisa muito governista, porque era o Estado. [Falaram] que eu estava estatizando o direito autoral, e eu disse não!, a gente criou o CNDA para mediar essas coisas todas com maioria de representantes da sociedade – as entidades de artistas, de setores de teatro, botava uma representação da Abert, enfim, botava todo mundo.

13. OUTROS PONTOS

Algumas organizações e pessoas tocaram em outros temas sensíveis do Projeto. A SEAL apontou para algo que foi pouco discutido, que foi que a nova Constituição exigia lei complementar para criação de fundos – art. 165, par. 9o, II e art. 167, XI da CF. O art. 73 do anteprojeto, prevendo a "criação" de um fundo – em vez de continuidade do Fundo de Direito Autoral previsto na Lei n. 5.988/73 –, seria inconstitucional. A SEAL argumentou que a CF mostrava "hostilidade" em relação aos fundos, "que prosperavam de forma indiscriminada".[181] A Abinee escreveu também, na carta ao MinC de 1989, sugerindo a exclusão da obra publicitária do conceito de obra intelectual, justificando com base em seu foco mercadológico: "A prevalecer o texto na forma divulgada, a produção da peça publicitária pode inviabilizar-se em muitos casos em função de seu alto custo que necessariamente teria que ser repassado ao preço final do produto, onerando o consumidor".[182]

13.1. O *SOFTWARE*

Duas manifestações tocaram o ponto do *software*: a Lei n. 7.646/87 havia tornado os programas de computador objeto de proteção de direitos autorais, e reportava-se à lei de 1973 como a lei aplicável à proteção do *software*:

> Art. 2º da Lei n. 7.646/87: O regime de proteção à propriedade intelectual de programas de computador é o disposto na Lei nº 5.988, de 14 de dezembro de 1973, com as modificações que esta lei estabelece para atender às peculiaridades inerentes aos programas de computador.

---

181 Ref. 3.18, MinC, MJ-SEAL, Carta, 30/11/88, p. 28.
182 Ref. 3.15, MinC, Abinee, Carta, 01/02/89.

Comentando o anteprojeto do CNDA, Mauro Fernando Maria Arruda, presidente do Instituto Nacional de Propriedade Intelectual (INPI), endereçou, em março de 89, uma carta a Hildebrando Pontes Neto, mencionando que a Lei n. 7.646/87 havia tornado os programas de computador objeto de proteção de direitos autorais, reportando-se à lei de direitos autorais de 1973; a questão do INPI era se, com a aprovação de uma nova lei e a revogação da de 1973, na falta de uma previsão expressa, os programas de computador deixariam de estar sob a guarida de uma lei. E mencionavam a pressão que o Brasil havia sofrido dos Estados Unidos, entre 1986 e 1987, pela ausência de proteção do *software* pelo Direito Autoral (v. 3.1. adiante): "Na primeira hipótese [a de ficar o programa de computador sem proteção autoral], é indubitável que se teria de fazer face a uma situação delicada, inclusive com reflexos internacionais, como aqueles que ocorreram ao longo de 1986 e 1987".[183]

Na hipótese de se entender que uma nova lei se aplicaria aos programas de computador, a carta enumerava artigos que eram incompatíveis com o regime de proteção a esse tipo de produção: a conceituação genérica, sem oferecer exemplos, de obra intelectual como "criação artística, literária ou científica"; a falta da característica de sigilo nos dispositivos sobre registro, e a falta de previsão do INPI como órgão de registro, função que já vinha desempenhando; a declaração expressa, que não existia na lei anterior, de que o registro era apenas declaratório – o que entendia o INPI que não poderia ser o caso quanto aos programas de computador, mas tampouco constitutivo (para o órgão, era o caso de um regime especial). A proposta do INPI, então, era que a lei n. 5.988/73 fosse mantida em vigor na disciplina dos programas de computador, para que o sistema criado com a Lei n. 7.646/87 se mantivesse em pé. O mesmo ponto, o de que a Lei n. 7.464/87 reportava-se à lei de 1973, foi apontado no parecer enviado pelo IAB em junho de 1989 ao MinC,[184] que somava também que alguns elementos da lei, como a vedação de titularidade autoral de pessoa jurídica, seriam inadequados à proteção do *software*.

13.2. AS ASSOCIAÇÕES E A GESTÃO COLETIVA

A carta de Antonio Chaves criticava que o anteprojeto não teria ido longe o suficiente na regulamentação das associações de criadores: para ele, parece que seria desejável que se houvesse estabelecido o critério de uma só associação para cada modalidade de produção literária ou artística, "visando principalmente o grande número, com manifestos inconvenientes, de associações de artistas intérpretes e executantes",[185] mas afirmava que isso decorreria "pos-

---

[183] Ref. 3.6, MinC, INPI, Carta, 31/03/89.

[184] Ref. 3.17, MinC, IAB, Carta, 05/06/89, p. 1.

[185] Ref. 3.20, MinC, Antonio Chaves, Carta, sem data, p. 9.

sivelmente" dos princípios constitucionais da plena liberdade de associação para fins lícitos – art. 5º, XVII, entre outros dispositivos mencionados. Ele chegou a argumentar que o art. 58, que permitia o exercício individual dos direitos pelo autor mesmo no caso de existência de gestão coletiva daqueles direitos, seria inconveniente, por enfraquecer a representatividade, desprestigiar a associação e debilitar o autor, especialmente em face de grandes usuários – normalmente refere-se às rádios e emissoras de televisão.

Também sobre as associações, a carta do Conselheiro do CNDA e advogado Newton Paula Teixeira de Santos, de meio de 1989, ao CNDA, criticou a mudança do anteprojeto em relação ao PL que consistia na exclusão de uma disposição que dava ao Ministério Público poder de fiscalização sobre as associações de titulares de direitos. Para Teixeira de Santos, isso se deveu a "cega obediência ao preceito da nova constituição, que veda a interferência estatal no funcionamento de associações" – art. 5º, XVIII.

> Não sei como a doutrina e a jurisprudência vão se comportar na interpretação dessa liberalidade. É indiscutível que ao Estado cumpre salvaguardar o interesse público. Dessa forma, sempre que uma associação puser em risco a ordem social, até que ponto a regra da Constituição deve ser aplicada cegamente? O poder-de-polícia é atributo do Estado, e não lhe pode ser negado o direito de intervir quando necessário, reprimindo os excessos e prevenindo as perturbações da ordem jurídica e social. Certo também é que só deve ser posto em prática quando os interesses do Estado, superiores aos do indivíduo, indicarem claramente a necessidade de uma restrição aos direitos e garantias fundamentais.[186]

Esse tinha sido, inclusive, o único ponto de discordância da Conselheira do CNDA Glória Braga, quanto ao anteprojeto, antes ainda do envio à Câmara e da exclusão da disposição. Braga entendia que, de acordo com a nova Constituição Federal, "compete aos seus associados fiscalizarem a administração societária, devendo ser afastada a ingerência do Ministério Público sobre a mesma".[187] Ou seja, o PL 2.148/89 saiu a seu gosto.

É de se notar que tenham surgido tais questões sobre a atividade das associações tão prematuramente, pois ela seria pauta das discussões sobre a lei ao longo da década de 90 e além, quando, após aprovada, passou-se a discutir a supervisão estatal ao Ecad e às associações de autores, culminando na reforma da Lei n. 12.853/13, que estabeleceu normas de funcionamento e de prestação de contas dessas organizações ao Estado. Ainda assim, Teixeira da Silva reputava o projeto um avanço, e sugeriu que tramitasse com modificações.

---

[186] Ref. 3.16, MinC, Conselheiro Newton Paulo Teixeira dos Santos, Carta, jun./89.
[187] Ref. 3.2, MinC, Amar, Carta, sem data.

13.3. GRANDES RECUSAS

Alguns dos posicionamentos foram absolutamente contrários ao Projeto: foi o caso da carta de Jorge Amado, a de Alfredo Machado e a do IAB. O IAB chegava a afirmar que a defesa do direito autoral estaria sendo atingida com a iniciativa:

> É preciso, porém, acalentar e proteger corretamente o direito intelectual, a única forma ética e legítima do que juridicamente é definido como propriedade, no sentido epistemológico de pertencer o bem, unicamente, a quem o cria. Sem o qual não teremos novos criadores, nem gênios, na sociedade do amanhã.[188]

Outros foram mais ponderados, mas defenderam que o saldo era negativo – foi o caso da CECEC-RJ, que defendeu que "o anteprojeto é mais pernicioso que benéfico para os direitos do Autor".[189]

13.4. AS DEFESAS

E houve também as efusivas defesas – como vimos, foi o caso de Antonio Chaves, que reputou que o projeto era uma vitória dos artistas intérpretes e executantes, após longa luta e vencendo resistências contra gravadoras de discos e empresas de radiodifusão.[190] No fechamento de sua carta, Antonio Chaves chegou a posicionar-se em relação ao "estrondo das críticas" que já vinham sendo feitas aos projetos, afirmando ainda que "muitas outras virão".[191] Enumerando-as, disse que a primeira diria respeito à exigência de prestação de contas mensal aos autores, que se reputaria impossível, o que afirmou ser apenas parcialmente procedente. Sobre as críticas dirigidas ao domínio público remunerado, reputou serem procedentes de editores em interesse próprio, não dos autores.[192] Ele se colocou veementemente contrário, também, às críticas que apontavam para *impossibilidade* da numeração dos exemplares.

---

[188] Ref. 3.17, MinC, IAB, Carta, 05/06/89, p. 12.

[189] Ref. 3.12, MinC, CECEC.RJ, Carta, 23/03/89.

[190] Ref. 3.20, MinC, Antonio Chaves, Carta, sem data, p. 2-3.

[191] Ref. 3.20, MinC, Antonio Chaves, Carta, sem data, p. 15.

[192] "Finge não saber que é uma prática tranquila de países de legislação muito mais tradicional e respeitada do que a nossa, e que, muito longe de prejudicar qualquer escritor, beneficia a classe por eliminar a desvantagem de ter que competir com as edições de obras para as quais não é exigido o pagamento de direitos autorais. Sem que o público seja aquinhoado com extraordinárias vantagens no que diz respeito ao preço de cada exemplar [...]". Ref. 3.20, MinC, Antonio Chaves, Carta, sem data, p. 16.

É um achaque que, felizmente não perturba a maioria dos editores do Brasil e do resto do mundo, mas que implica na confissão de que "ignora" tal exigência já feita pelo art. 64 da Lei 5988, sob pena de considerar contrafação, sujeita a perdas e danos, qualquer repetido de número ou excesso da edição contratada.[193]

Também na linha de defesa, no fim de julho de 1989, Maurício Tapajós, presidente da Amar, escreveu ao então Secretário Geral da Mesa da Câmara dos Deputados, Paes de Andrade (PMDB/CE), pedindo apoio, mencionando 21 deputados que já haviam manifestado apoio ao projeto, e solicitando "que interceda no sentido de aprová-lo ainda este ano, antes das eleições presidenciais".[194]

14. BREVE AVANÇO NO TEMPO: O DESTINO DO PROJETO GENOÍNO

Não há dúvidas de que o Projeto Genoíno era uma tentativa ousada de mudar os sinais da balança do direito autoral então vigente. Suas disposições sobre autoria, sobre proibição da cessão de direitos autorais, sobre limitação de prazos de contratos, sobre formas de controle de exemplares pelo autor e artista, sobre domínio público e limitação aos direitos de autor, e sobre sanções expressam todas dois sentidos fundamentais: um aumento das proteções ao criador, com um olhar dedicado àquele menos famoso e conhecido, e uma limitação aos poderes das pessoas jurídicas, fossem elas editoras de livros ou musicais, gravadoras ou organismos de radiodifusão. As disposições do Projeto e as enérgicas reações a ele, desde o anteprojeto do CNDA, são representativas da disputa fundamental em torno do direito autoral no período, ou seja, aquela entre criador e empresa. Os próprios termos dessa disputa foram colocados em xeque, quando, por exemplo, editores e escritores conhecidos afirmavam que o projeto pressupunha um conflito inexistente, ou ainda que, dificultando-se a atividade da empresa, saía prejudicado o criador. Pela indústria, o projeto foi considerado *ideológico*: em entrevista, João Carlos Muller Chaves, historicamente lobista da ABPD, apresentou a ocasião em que tomou conhecimento que o Projeto seria introduzido na Câmara com as seguintes palavras:

> A gente tinha um grupo, o Henry Jessen falou que vinha aí pelo governo, ou por um deputado ou senador, uma nova lei de direito autoral. Porque, a pretexto de que a Constituição mudou, vão fazer uma nova lei – e como sempre, desfavorável ao empresário. Não sei qual é a sua ideologia, não importa – mas

---

[193] Ref. 3.20, MinC, Antonio Chaves, Carta, sem data, p. 15.

[194] Ref. 1.5, Dossiê MJ, Proposta, justificação + legislação antiga, Projeto de Lei, 31/08/89, n.p.

o brasileiro tem horror ao empresário. Enquanto o americano elege um Trump, o americano tem inveja querendo ser igual, o Brasil tem inveja querendo derrubar. Pode acreditar nisso. É verdade! [Risos].[195]

Delineavam-se brevemente, na repercussão em relação ao Projeto, tensões em torno das obrigações internacionais assumidas pelo Brasil, das pressões que o país sofria pela adoção de regimes mais protetivos, e assim da inexorabilidade de determinados institutos, ou mesmo de um projeto social de direito de autor. Tudo isso, vale lembrar, em um momento pré-Fernando Collor, as grandes transformações pelas quais o Brasil e o mundo passariam no século 20, e, ainda, da chegada da Internet comercial, que transformaria radicalmente o debate do direito autoral. Mesmo com todas essas mudanças, o Projeto Genoíno seria reapresentado, e elementos dele seriam defendidos até o fim do processo legislativo que resultou na Lei n. 9.610/98, vários deles vencendo os embates. Ou seja, ainda que a disputa se transformasse, as questões apresentadas neste capítulo manteriam sua atualidade.

O próximo capítulo tem um caráter transversal em relação aos acontecimentos narrados aqui e no quarto capítulo, que trata da tramitação de um outro projeto, proposto no Senado, a partir do lado oposto na disputa: a indústria fonográfica, as editoras, e a radiodifusão. É puxado a seguir um dos fios que tecem essa história: o das disputas em âmbito internacional, que viriam a permear a continuação do processo legislativo em termos de obrigações e de novos discursos e preocupações.

---

[195] MULLER CHAVES, informação verbal, 2017.

3. GLOBALIZAÇÃO, COMÉRCIO E TECNOLOGIA: A DÉCADA DOS TRATADOS

Como introdução, há que se contextualizar em que lugar se encontrava a discussão sobre propriedade intelectual no Brasil quando se começou a discutir uma "modernização" da lei autoral no Brasil. O Projeto Genoíno foi proposto logo após a grande mobilização nacional que representou a Constituinte, e o processo todo se daria em um contexto de abertura democrática e econômica após vinte anos de ditadura militar, da primeira eleição direta desde 1960, ou seja, em um momento de experimentação de país.

O presidente eleito Color de Mello, no início de 1990, ainda não empossado, fez uma promessa ao governo norte-americano, comprometendo-se com o chamado Consenso de Washington, que incluía, dentre os dez pontos do receituário das agendas multilaterais para a América Latina, o reforço à propriedade intelectual.[1]

É imperativo reconhecer o papel que os Estados Unidos desempenharam nesse período como propagador da expansão da propriedade intelectual. Seguindo Fisher,[2] conforme guiado por Reis,[3] três foram os fatores que fizeram com que aquele país, que não foi o emanador original das regras de propriedade intelectual no mundo, se tornassem o maior propulsor dessa expansão: a economia, a pirataria e a propaganda.

Quanto ao primeiro e segundo pontos, o motor foi a industrialização da economia norte-americana no século 20 e sua gradual suplantação pelo setor informacional, de ativos intangíveis, que se queria ter protegidos: de

---

1 REIS, 2015.

2 FISHER, 1997.

3 REIS, 2015.

consumidor, os Estados Unidos tornaram-se grandes produtores de propriedade intelectual. Essa virada na balança comercial teria efeitos sobre as políticas antipirataria do país, e sobre seu interesse na diminuição de custos de transação por meio da homogeneização das regras internacionais.[4] A publicidade, por sua vez, impulsionada a partir dos anos 1920, ganhava centralidade – no fim daquela década, correspondia a 3% do PIB do país.

No campo do direito autoral, a emergência da Internet ligava-se também ao primeiro e ao segundo pontos: o desenvolvimento da tecnologia digital, ao mesmo tempo dava mais importância a ativos culturais, e trazia preocupações por causa das arraigadas possibilidades da disseminação da reprodução não autorizada. O acordo *Trade-Related Aspects of Intellectual Property Rights* (TRIPS), de 1994, inaugurou uma nova abordagem sobre a propriedade intelectual; "desde então, a propriedade intelectual tem sido matéria constante em qualquer acordo de livre comércio. Assim foi na ALCA, no Mercosul e nas negociações [do Brasil] com a União Europeia".[5]

Ainda sobre o direito autoral, o TRIPS impôs algumas novidades em relação ao sistema mais importante então vigente, o da Convenção de Berna, mas principalmente inaugurou novas possibilidades de *enforcement* de propriedade intelectual; em seguida, começaram a ser negociados no âmbito da OMPI dois novos tratados, assinados em 1996, e conhecidos como os "Tratados da Internet". O Brasil participou ativamente das discussões destes últimos, mas não os assinou; ainda assim, como veremos, eles foram fundamentais e integralmente incorporados pela legislação brasileira que seria aprovada em 1998.

1. O CONTENCIOSO SOBRE INFORMÁTICA

O principal instrumento de pressão norte-americano sobre países periféricos, inclusive o Brasil, em relação à propriedade intelectual, são as ações unilaterais implementadas a partir da Seção 301[6] da sua Lei de Comércio e Tarifas[7] de 1974. A Seção 301 permite que o Governo dos Estados Unidos adote medidas comerciais coercitivas, tarifárias ou não, "como instrumento unilateral de pressão para a abertura de mercados à exportação e aos inves-

---

[4] A Convenção de Berna para a Proteção das Obras Artísticas e Literárias foi assinada em 1886, mas os Estados Unidos aderiram somente em 1988. A principal razão era sua recusa em incorporar os direitos morais previstos na Convenção, mas, veremos, o país também adotava estratégias distintas, como acordos e pressões regionais ou bilaterais.

[5] AFONSO, 2007.

[6] *Section 301*.

[7] *Trade Act*.

timentos externos norte-americanos",[8] no caso da identificação de práticas de comércio desleais. Essas práticas são práticas aquelas definidas como "não razoáveis", "injustificáveis" e "discriminatórias" em relação aos bens, serviços ou investimentos dos EUA em um país.[9] Em 1984 e 1988, o *Trade Act* foi revisado para incluir referências à proteção de propriedade intelectual, sob a pressão da indústria farmacêutica e as baseadas no direito autoral.[10]

Vale explicar o sistema em linhas gerais, porque, no fim da década de 1980, quando se iniciavam as discussões sobre modernização da lei, era muito recente na memória o contencioso ocorrido entre Brasil e Estados Unidos por causa da abertura, em setembro de 1985, de uma investigação pela Seção 301 contra o Brasil, por causa de sua política de informática, que estabelecia uma reserva de mercado administrada a partir da Lei de Informática – Lei n. 7.232/84 –, pela antiga Secretaria de Informática.

Foi no governo Reagan (1981-1989) que os Estados Unidos iniciaram a aplicação das primeiras ações unilaterais contra práticas de comércio desleais com base na Seção 301; a Política Nacional de Informática brasileira estava entre os casos contra os quais se abriram investigações. Os Estados Unidos ameaçaram a aplicação de sanções contra a exportação de produtos brasileiros aos EUA, e, embora nesse caso as sanções não tenham sido efetivamente aplicadas, em 1987 um outro contencioso relativamente aos farmacêuticos – o Brasil não contemplava patentes para fármacos e produtos de química fina, e não era obrigado a tal pelas convenções internacionais – resultou na imposição efetiva de sanções – sobretaxa de 100% nos produtos de papel, eletrônicos e química fina –, o que sinalizava que o risco de medidas retaliatórias era real.[11] A Seção 301 significava, assim,

---

8 ARSLANIAN, 1993, p. 7.

9 Discutimos o tema com mais fôlego em VALENTE, 2013a. A discricionariedade de que gozam os países com esses programas foi questionada algumas vezes na OMC – um exemplo foi o caso levado ao sistema de solução de controvérsias pela Índia, questionando os critérios do SGP da Comunidade Européia (WT/DS246), que havia selecionado 12 países para beneficiar, com a condição de que combatessem a produção ilícita de remédios. Nesse caso, o Órgão de Apelação da OMC reafirmou que os critérios podem ser criados em relação aos países em desenvolvimento desde que não se discrimine entre eles, mas a Comunidade Européia não teria adotado critérios transparentes. Ler decisão em: [S.a]. European Communities – Conditions For The Granting Of Tariff Preferences To Developing Countries. Disponível em: <www.wto.org/english/tratop_e/dispu_e/246abr_e.doc>. Acesso em: 4 out. 2018.

10 FLYNN, 2013.

11 O Brasil foi sancionado em US$ 250 milhões, em setores de grande emprego de mão-de-obra e grande dependência de exportações aos Estados Unidos. "Nesta época,

poder de barganha ao negociador norte-americano. Para Varella e Silva,[12] a estratégia norte-americana tinha dois níveis – "dupla diplomacia": um deles sobre cada um dos principais Estados que eram contrários a um regime global de propriedade intelectual, que, veremos, já se discutia na década de 1980 – era o caso do Brasil –, e outro sobre o conjunto dos Estados, na Rodada do Uruguai no âmbito do GATT (conforme discutiremos adiante).

> O objetivo era retirar da negociação os países mais resistentes, que lideravam o conjunto de países contrários, para diminuir as posições contrárias ao Acordo sobre os aspectos de direitos de propriedade intelectual relacionados ao comércio – TRIPS, do inglês Agreement on Trade Related Aspects of Intellectual Property Rights. O método consistia em impor sanções comerciais unilaterais a estes países, para que os mesmos aprovassem normas internas e, assim, perdessem o interesse próprio na evolução do regime global.[13][14]

A Política Nacional de Informática foi um conjunto de medidas de estímulo ao setor, que limitava consideravelmente a participação de capital estrangeiro no Brasil. As empresas nacionais contavam também, pela Política, com isenções ou reduções de imposto para pesquisa, desenvolvimento e produção, e tinham preferência na venda de produtos para órgãos e entidades da administração pública.

A Lei n. 7.232/84 – Lei de Informática – estabelecia:

---

o Brasil concentrava um terço de suas exportações de produtos em geral para o mercado norte-americano, ao passo que para os Estados Unidos, as exportações ao Brasil representavam apenas 0,25%. Logo, uma retaliação unilateral norte-americana tinha grandes impactos sobre a economia brasileira. Ao Brasil, era impossível contra-retaliar possíveis sanções, visto que ainda não existia a OMC, instituída somente em 1995, ou qualquer outra organização internacional efetiva no sentido de possibilitar o recurso a uma instância multilateral para evitar sanções unilaterais". VARELLA; SILVA, 2006, p. 29-30.

12 VARELLA; SILVA, 2006.

13 VARELLA; SILVA, 2006, p. 29.

14 Em Reis encontra-se uma leitura no mesmo sentido: o Embaixador Rubens Ricupero, que esteve em posições-chave na negociação do TRIPS (era Representante Permanente do Brasil em Genebra entre 1987 e 1991, ocupando diversos cargos, dentre os quais Presidente do Grupo Informal dos Países em Desenvolvimento do GATT entre 1989 e 1991), afirmou em entrevista à autora que "eu acho que eles utilizaram isso tudo apenas como uma arma para obrigar o Brasil a mudar de posição nas negociações multilaterais. Eu não creio que as intenções deles fosse tanto a questão bilateral, a falta de legislação no Brasil. É que o Brasil era, com a India, o Egito e alguns outros países, os líderes do grupo que recusava um ponto fundamental na negociação de TRIPS, que até hoje eu considero que é a correta: é que o assunto não cabia no GATT porque era um problema de conteúdo [...] ele cabia sim na OMPI". Cf.: REIS, 2015, p. 342.

Art. 9º Para assegurar adequados níveis de proteção às empresas nacionais, enquanto não estiverem consolidadas e aptas a competir no mercado internacional, observados critérios diferenciados segundo as peculiaridades de cada segmento específico de mercado, periodicamente reavaliados, o Poder Executivo adotará restrições de natureza transitória à produção, operação, comercialização, e importação de bens e serviços técnicos de informática.

O governo norte-americano apresentou consulta diante do GATT sobre os potenciais efeitos comerciais das decisões; o resultado foi inconclusivo. O Departamento de Comércio anunciou, assim, no dia 7 de setembro de 1985, a abertura de uma investigação 301, sobre os efeitos da Política sobre as exportações daquele país, e as atividades de suas empresas no Brasil – e uma das questões era a ausência de proteção do *software* pelo direito autoral.[15]

> Embora decorresse de uma oposição basilar norte-americana à denominada Política Nacional de Informática, o contencioso bilateral sobre informática configurou, na realidade, um processo negociador com os EUA voltado para o tratamento de pleitos específicos e setoriais, em matéria de investimentos e de propriedade intelectual com interesses no mercado brasileiro.[16]

Depois de uma consulta bilateral e conversações diplomáticas que levariam meses, o Ministério das Relações Exteriores dispôs-se, em agosto de 1986, a definir um regime jurídico de proteção autoral para o *software*, incluindo um prazo de proteção de 25 anos;[17] em outubro, mesmo assim, o Presidente Reagan determinou que a Política consistia uma "prática não-razoável", o que abria caminho para a adoção de sanções comerciais, que adiante seriam definidas como suspensão de concessões tarifárias para importações provenientes do Brasil. Em dezembro daquele ano, o Executivo submeteu novo projeto de legislação sobre *software* ao Congresso, e a Secretaria Especial de Informática (SEI) anunciou à imprensa mais flexibilidade e transparência na administração da Política. A tensão continuaria adiante: ocorreu ainda uma audiência pública em Washington, com associações de fabricantes de hardware e *software*, para discutir o caso e suas perdas no Brasil. A investigação relativa à propriedade intelectual foi encerrada quando, em junho de 1987, a Câmara dos Deputados aprovou o projeto da Lei de Software – Lei n. 7.646/87 –, mantendo-se ainda a parte da investigação referente a investimentos.[18]

---

[15] O Ato Normativo n. 022/92 da Secretaria Especial de Informática dava ao *software* natureza de "tecnologia não-patenteável", e negava-lhe também a proteção por direitos de autor. VIGEVANI, 1995, p. 104.

[16] ARSLANIAN, 1993, p. 36.

[17] VIGEVANI, 1995, p. 245.

[18] ARSLANIAN, 1993, p. 44.

Com uma decisão da SEI, no final de 1987, de denegar licenciamento à versão 3.2 do MS-DOS da Microsoft, porque haveria um similar brasileiro, os Estados Unidos anunciaram em seu Diário Oficial 66 itens que seriam passíveis de retaliação, na forma de 100% de sobretaxa, para compensação da perda estipulada em US$ 105 milhões em oportunidades de vendas de empresas norte-americanas de informática – um conjunto de bens cujos valores correspondiam a mais de US$ 700 milhões;[19] as medidas foram suspensas com base na sanção da Lei de Software em 1988 e na liberação do MS-DOS pelo Conselho Nacional de Informática (CONIN). Mesmo assim, como a lista de produtos sob ameaça não tivesse sido cancelada, negociações de grandes volumes de exportações se encontravam suspensas. O encerramento da investigação pela Seção 301 só se deu em outubro de 1989, após mais de 4 anos de sua abertura. Tratou-se de um verdadeiro processo guiado pela força, ou *power-oriented*, característica principal do direito internacional econômico até os anos 1990, e, nesse caso, para desmobilizar oposição ao que viria a ser o mais importante acordo internacional de propriedade intelectual, o TRIPS.[20]

Se nessa investigação, e também naquela referente a produtos farmacêuticos, o Brasil nunca tenha admitido estar em negociação com os Estados Unidos, e tenha efetivamente resistido a mudanças imediatas,[21] em 1990, plataforma do candidato Collor já acenava para um rompimento radical com políticas protecionistas, e uma mudança de postura diante da relação com os Estados Unidos e suas agendas prioritárias, incluindo a propriedade intelectual. Como aponta Reis,[22] o PL n. 824/91, que viria a ser aprovado como Lei de Patentes anos depois, prevendo a concessão de patentes para fármacos – demanda norte-americana no caso das patentes –, foi um projeto proposto pelo Executivo ainda em 1991, ou seja, muito antes do Brasil obrigar-se a oferecer esse tipo de proteção pelo acordo TRIPS em 1994.

---

[19] ARSLANIAN, 1993, p. 50.

[20] VARELLA; SILVA, 2006.

[21] Consta que o caso levantou graves sentimentos nacionalistas – a abertura da investigação deu-se, aliás, no dia 7 de setembro de 1985, na comemoração da Independência, o que não deixou de ser percebido como uma sinalização.

[22] REIS, 2015, p. 132.

2. PROPRIEDADE INTELECTUAL: DE BARREIRA AO COMÉRCIO AO ACORDO TRIPS

O Acordo TRIPS, junto com a Conferência de Estocolmo de 1967 que adotou as Convenções de Berna e de Paris revisadas, e criou a Organização Mundial da Propriedade Intelectual (OMPI), é sem dúvidas o marco mais significativo no desenvolvimento da propriedade intelectual no século XX.[23]

O Acordo *Trade-Related Aspects of Intellectual Property Rights* (TRIPS) – em português, em sigla pouco usada, ADPIC – foi assinado em 1994 como um anexo do acordo que fundou a OMC, após a Rodada do Uruguai (1986-1993), como o mais amplo dos tratados internacionais de propriedade intelectual já firmados até então. Além de cobrir todas as áreas já reguladas por outros, acrescentou itens nunca negociados, e outros já negociados, mas em tratados que não avançaram. Mas a maior inovação do TRIPS não reside na matéria tratada, e sim no aspecto de ter equipado países com mecanismos de *enforcement* até então inexistentes na ordem jurídica internacional.[24]

Quando se iniciou a negociação do TRIPS, os principais acordos internacionais na matéria de direito autoral eram a Convenção de Berna sobre Proteção de Obras Literárias e Artísticas, assinada em 1886, que sofreu sucessivas revisões – e é administrada pela OMPI desde 1967 –; a Convenção de Roma para Proteção aos Artistas, Intérpretes ou Executantes, aos Produtores de Fonogramas e aos Organismos de Radiodifusão, de 1961; e a Convenção de Genebra para a Proteção dos Produtores de Fonogramas, de 1971. A Universal Copyright Convention (UCC), de 1952, é um acordo alternativo à Convenção de Berna, assinado por países que não queriam se comprometer com toda a extensão desta Convenção.

A Convenção de Berna foi o primeiro grande tratado multilateral de direito autoral, e é regida pelos princípios da territorialidade[25] e de tratamento

---

[23] GERVAIS, 2008, p. 3.

[24] "Além disso, e, de acordo com alguns, talvez ainda mais importante que sua cobertura ampla, o acordo TRIPS previu regras retalhadas sobre um dos aspectos mais difíceis, e, para detentores de direitos, dolorosos dos direitos de propriedade intelectual: enforcement". GERVAIS, 2008, p. 3.

[25] Não cria um direito supranacional e uniforme, mas harmoniza os ordenamentos a um nível considerável Cf.: KATZENBERGER, KUR, 1996. "A abordagem de se ter um reconhecimento e aplicação judicial universais também foi rejeitada de início, porque isso provavelmente somente funcionaria em um ambiente relativamente "homogêneo". Em vez disso, tentou-se formular um conjunto mínimo de regulações procedimentais, guiadas pela intenção de se atingir o melhor possível, em vez de

nacional.[26] Um aspecto pouco compreendido a espeito desses princípios é a Convenção ela não se aplica a assuntos puramente nacionais: exige níveis mínimos de proteção – *minimum standards* – em relação a direitos de autores de outros países-membros.[27] Como, em regra, um país não decidirá por oferecer mais direitos a estrangeiros que a nacionais, na prática os padrões mínimos de proteção são incorporados nos respectivos ordenamentos jurídicos.

No contexto do GATT, propriedade intelectual era tratada como empecilho ao comércio, ainda que um mal necessário; quando teve início a Rodada do Uruguai (1986 a 1994), a discussão de um novo tratado de propriedade intelectual, e do deslocamento das discussões a esse respeito do seu *locus* tradicional, a OMPI, não estavam em questão.[28]

O GATT foi um acordo estabelecido no marco das instituições de Bretton Woods – julho de 1944. Em 1946, teve início o processo via ONU – Conselho Econômico e Social (ECOSOC) – para o estabelecimento de uma Organização Internacional do Comércio. Em 1947, na Conferência de Havana, foi criada a Organização Internacional do Comércio, que nunca entrou em vigor, por ausência de ratificações; parcialmente, o fracasso da organização teve relação com sua rejeição no Congresso norte-americano por preocupações relacionadas a soberania;[29] o acordo GATT, que foi adotado então como um acordo de tarifas provisório e que entrou em vigor em 1948, ficou vigente até 1994, com a criação finalmente da OMC.

---

estabelecer todos os detalhes". Cf.: DREIER, 1996, p. 254-255. (tradução minha). Dreier afirma também que a adoção de padrões mínimos reflete um pragmatismo anglo-americano, diferente dos conceitos de justiça formal procedimental continentais.

26 Um país-membro é obrigado a proteger direitos de nacionais estrangeiros de países-membros no mínimo no mesmo nível que protege seus nacionais, existindo alguns poucos casos em que se aplica a reciprocidade, em particular quanto a prazos de duração dos direitos patrimoniais. A aplicação das convenções se dá a partir de *"points of attachment'* – em Berna, são autores nascido em um país da União, ou autores cuja obra tenha sido publicada pela primeira vez em um país da União; em Roma, em relação a produtores fonográficos, *points of attachment* são nacionalidade ou primeira fixação; em relação a intérpretes e executantes, o local de interpretação, fixação ou radiodifusão; em relação a organismos de radiodifusão, sua sede social. O GATT, por sua vez, tinha seu escopo de aplicação ligado a bens. Cf.: KATZENBERGER; KUR, 1996, p. 69-70. "Enquanto o GATT se aplica para bens, e o GATS para serviços, o TRIPS aplica-se essencialmente a pessoas". Cf.: GERVAIS, 2008, p. 167. (tradução minha)

27 KATZENBERGER; KUR, 1996, p. 60.

28 GERVAIS, 2007, p. 25.

29 GERVAIS, 2008, p. 4.

O GATT não proibia que as partes contratantes adotassem medidas de proteção à Propriedade Intelectual para "evitar práticas enganosas",[30] como uma exceção ao princípio de promoção ao livre comércio, desde que aplicadas de maneira não discriminatória em países nas mesmas condições,[31] mas não obrigava os países à proteção, com exceção do que diz respeito às "marcas de origem" – indicações geográficas.[32] Outras medidas do GATT aplicar-se-iam *também* à propriedade intelectual, como o art. III sobre tratamento nacional e proteção de produção doméstica, que, se entendia, talvez abrisse aos contratantes a possibilidade de licenciamento compulsório;

> De uma forma geral, no entanto, a propriedade intelectual era basicamente considerada, no contexto do GATT, como um "obstáculo aceitável" ao livre comércio, pelo menos até a Rodada de Tóquio. Durante aquela Rodada, que ocorreu entre 1973 e 1979, o comércio de produtos falsificados (questão de marcas) tinha começado a emergir como um problema sério.[33]

Ainda que não se tenha chegado a um acordo no fim da Rodada de Tóquio, entre 1979 e 1984 alguns países negociaram um *Agreement on Measures to Discourage the Importation of Counterfeit Goods*,[34] após terem sido feitas consultas à OMPI sobre a adequação de tal discussão no âmbito do GATT. Em 1984, foi criado no GATT um grupo de trabalho, com a assistência de um especialista nomeado para a OMPI, que se reuniu seis vezes em 1985, e produziu um relatório afirmando, em suma, que, dentre os bens protegidos por propriedade intelectual, identificava-se um problema em relação aos protegidos por marcas; entretanto, havia ainda dúvidas sobre se o GATT era o local apropriado ou competente para enfrentá-lo, e que, de qualquer forma, quaisquer medidas que fossem adotadas não deveriam entrar no caminho do comércio de bens genuínos.[35] Em relação aos tratados administrados pela OMPI – Convenção de Berna e de Paris, com as revisões de Estocolmo, de 1967 –, os principais problemas percebidos eram a falta de regras detalhadas

---

[30] O termo original é *prevent misleading practices*. Art. XX (d).

[31] GERVAIS, 2008, p. 7.

[32] Artigo IX (6).

[33] GERVAIS, 2008, p. 8.

[34] Acordo sobre Medidas para Desencorajar a Importação de Bens Falsificados. (tradução minha)

[35] GERVAIS, 2008, p. 9.

de *enforcement* nacional, a ausência de mecanismos de solução de disputas entre Estados, e a necessidade atualização em relação a tecnologias digitais.[36]

Tendo início a Conferência Ministerial que dava início à Rodada do Uruguai, em setembro de 1986, os Estados Unidos e o Japão, precisamente os países que vinham empreendido esforços por inserir questões de propriedade intelectual no âmbito do GATT, propuseram que o tema fosse apreciado na Rodada, não somente em relação a produtos protegidos por marca, mas para cobrir todos os direitos de propriedade intelectual e seu *enforcement*. Os Estados Unidos foram o principal agente de pressão: de acordo com Drahos,[37] vinham pressionados por corporações como a IBM, a Pfizer e a Microsoft, que se preocupavam com a pirataria de seus produtos; além disso, receavam, no início dos anos 1980, pela perda de competitividade no mercado global e de seu poder geral de influência, em um contexto pós-Guerra do Vietnã, e de expansão da competitividade dos produtos japoneses.[38] Drahos afirma que a estratégia de levar a propriedade intelectual a fóruns de negociação comercial dizia respeito à percepção de que, no âmbito da OMPI, no sistema um país-um voto, teriam seus interesses sobrepujados por aqueles dos países em desenvolvimento, que não se mostravam abertos a incrementos nas obrigações de proteção de propriedade intelectual.[39] Os esforços das empresas norte-americanas não se dariam somente por meio da influência sobre o governo: associações comerciais, como a Business Software Alliance, empreendiam campanhas vinculando a "pirataria" a discursos morais, com o mote "roubar é simplesmente errado" – quando, em muitos dos países a que as ações se dirigiam, as atividades condenadas não eram consideradas ilegais;[40] formulavam também molduras normativas, de acordo com as quais proteção de propriedade intelectual levaria ao livre-comércio e investimentos, o que resultaria em desenvolvimento econômico.[41]

---

[36] "Na mesma linha, o imenso impacto que poderiam gerar as mudanças nas regras sobre grandes indústrias fez com que fosse difícil o acordo sobre quaisquer dessas mudanças. Isso explica por que esforços contínuos da OMPI, em particular em torno de um Tratado de Direito das Patentes substancial, um Tratado de Direito das Marcas, um Possível Protocolo à Convenção de Berna e um Possível Instrumento para a Proteção de Direitos de Intérpretes e Produtores de Fonogramas ou falharam, ou somente tiveram sucesso depois do fim da Rodada do Uruguai". GERVAIS, 2008, p. 10. (tradução minha)

[37] DRAHOS, 1995.

[38] DRAHOS, 1995, p. 7-8.

[39] DRAHOS, 1995, p. 9.

[40] SELL; PRAKASH, 2004, p. 158.

[41] SELL; PRAKASH, 2004, p. 145.

Naquela ocasião, não se tendo produzido consenso, o texto acordado pela "maioria" foi enviado ao Comitê Preparatório; enquanto propostas paralelas, particularmente do Brasil e do Uruguai, iam no sentido de sugerir que as negociações se mantivessem "consistentes com o GATT" e no âmbito de sua jurisdição, sem incluir propriedade intelectual no Programa de Negociações, "as questões de investimento, direitos de propriedade intelectual e direitos dos trabalhadores compartilham com as questões de serviços o status de estarem completamente fora da jurisdição do GATT".[42]

Para os países em desenvolvimento, como os países industrializados dominavam as discussões no âmbito do GATT devido a sua dominância no comércio global, a preferência era por manter as negociações no âmbito das organizações ONU, como UNCTAF e OMPI, onde os países individuais tinham capacidade de se coordenar e agir como um grupo. Além disso, a Rodada do Uruguai envolvia muitos e distintos interesses, o que dificultava a formação de alianças entre os países em desenvolvimento.[43]

Aprovada, entretanto, a proposta majoritária, encaminhada pela Suíça e Colômbia, a Conferência Ministerial já teve início com a inclusão do item como pauta de negociação: "[...] aspectos de direitos de propriedade intelectual relacionados ao comércio, inclusive o comércio de bens falsificados".[44] A justificativa era que seria necessário esclarecer provisões do GATT e criar novos princípios, regras e disciplinas para lidar com bens falsificados, sem prejuízo das outras iniciativas da OMPI em outras áreas da propriedade intelectual. Se de início o mandato era tão limitado, o produto final da negociação seria "o mais amplo e extenso acordo do campo de propriedade intelectual", cobrindo todas as matérias, adicionando medidas de *enforcement* e obrigações de "nação mais favorecida" em um sistema de resolução de disputas efetivo e vinculante.[45]

A proposta do TRIPS foi discutida no Group of Negotiation on Goods,[46] que era composto por outros 14 grupos de negociação, sendo um deles o Negotiating Group on Trade-Related Aspects of Intellectual Property

---

42 Ref. 4.35, Pesquisa, GATT, Comunicação, 23/06/1986; Ref. 4.36, Pesquisa, GATT, Comunicação, 22/07/1986.

43 PACÓN, 1996, p. 329.

44 No original: "[...] trade-related aspects of intellectual property rights, including trade in counterfeit goods". Ref. 4.35, Pesquisa, GATT, Comunicação, 23/06/1986; Ref. 4.36, Pesquisa, GATT, Comunicação, 22/07/1986.

45 GERVAIS, 2008, p. 12.

46 Grupo de Negociação de Bens. (tradução minha)

Rights, Including Trade in Counterfeit Groups.[47] Apesar do mandato inicial limitado, em fevereiro de 1987, os delegados passaram a sugerir texto, e, no fim de 1987, já era possível saber que alguns participantes estavam em busca de um acordo bem mais amplo. Particularmente, os Estados Unidos, a Suíça, a Comunidade Europeia, o Japão e os países nórdicos – estes a partir de 1988 – foram propulsores dessa ampliação com contribuições específicas. Em 1988, países em desenvolvimento – Tailândia, México e Brasil – já haviam expressado, no âmbito do grupo, preocupações relativas a transferência de tecnologia e aumento do custo de produtos farmacêuticos; o Brasil submeteu, em outubro de 1988, uma contribuição insistindo que as negociações se limitassem ao mandato inicial.[48] Foi uma proposta da Austrália, no meio de 1989, que sugeriu que o tratado novo incorporasse os tratados de propriedade intelectual já existentes, ou seja, partisse do nível de proteção que eles já estabeleciam – estratégia que, quando adotada, ficou conhecida como Berna-*plus*, ou Paris-*plus*.

A negociação foi marcada por fortes dissensos entre os países desenvolvidos e os países em desenvolvimento. Muitos destes, historicamente, não previam altos níveis de proteção a direitos de propriedade intelectual, e tinham a preocupação de que, como os direitos de propriedade intelectual fossem preponderantemente detidos por empresas de países desenvolvidos, o reconhecimento desses diretos implicaria transferência de riqueza para economias industrializadas.[49] Ainda que os países em desenvolvimento estivessem apresentando oposições em temas específicos, foi rápido o avanço do texto: a Comissão Europeia enviou uma proposta já em linguagem de tratado, cobrindo todos os aspectos de PI, com também aquisição, enforcamento, princípios como tratamento nacional e nação mais favorecida;

---

47 Grupo de Negociação em Direitos de Propriedade Intelectual Relacionados ao Comércio, Incluindo Bens Falsificados. (tradução minha)

48 Ref. 4.37, Pesquisa, GATT, Submissão, 31/10/1988. Lima e Hirst descrevem como, até os anos 90, a política externa caracterizou-se por um forte viés desenvolvimentista, como um instrumento fundamental do modelo de substituição de importações. As autoras afirmam também que, mesmo com o esgotamento desse modelo na década de 1990, as ideias teriam tido vida posterior nas instituições (*"path dependance"*). Cf.: LIMA; HIRST, 2006, p. 22-23. Também Ardissone argumenta que o desenvolvimentismo foi um vetor conceitual da política externa brasileira, tendo o MRE adotado um modelo de inserção internacional visando realizar "os interesses de uma sociedade cada vez mais complexa, com o auxílio de uma política exterior que privilegiasse a autonomia decisória, a cooperação externa, uma política de comércio exterior flexível e não doutrinária e a subordinação das questões de segurança aos fins econômicos". ARDISSONE, 2004, p. 68.

49 ABBOTT, 1997, p. 41.

os EUA propuseram também texto na forma de tratado, muito similar,[50] e a estrutura presente nos dois textos foi aceita. Nos meses seguintes, foram apresentadas propostas do Japão, da Suíça, de um grupo de doze países em desenvolvimento, incluindo o Brasil; uma comunicação do Chile em maio de 1989 solicitou ainda uma vez que um tratado como esse fosse discutido no âmbito da OMPI. A Austrália enviou, em junho de 1990, o último documento a ser incluído como base de negociação, sobre indicações geográficas.

Em 12 de junho de 1990, o Chairman do grupo, Lars Anell, distribuiu seu *Chairman's draft*, documento contendo as propostas de todas as partes, identificadas. Ele dividiu as propostas em A e B: A, a dos países desenvolvidos, que queriam um único e amplo acordo TRIPS; B, uma proposta de dividir os acordos, um sobre produtos falsificados e pirateados, e o outro sobre standards e princípios de PI, que era o encaminhamento, deveriam ser discutidos na "organização internacional pertinente" – referindo-se à OMPI. Além das razões já apresentadas sobre paridade de negociação, a OMPI, para muitos países em desenvolvimento, por ser parte integral do sistema ONU, "oferecia melhores garantias contra a imposição de sanções", ou, ainda, não imporia sanções relativas ao comércio.[51]

Na reunião de Bruxelas em 1990, se as outras negociações para a criação da OMC ainda estavam estacadas, o TRIPS, ainda que com muitas partes em *square-brackets* – entre colchetes, contendo opções em disputa –, já era um texto de Tratado; estavam sob discussão ainda se produtos farmacêuticos poderiam ser protegidos por patentes, a resolução de conflitos com a possibilidade de retaliação cruzada em relação a outras áreas de comércio, arranjos provisórios para países em desenvolvimento, e indicações geográficas. Ainda que as disputas sobre pontos específicos entre países em desenvolvimento e países desenvolvidos seguissem – como uma proposta do Grupo Andino (Bolívia, Colômbia, Peru e Venezuela) para não incluir disposições de Berna, em especial direitos morais (6bis), bem como disputas "norte-norte", como a proposta norte-americana de criar um direito exclusivo de aluguel de fonogramas, de longo prazo (que o Japão repelia), e a previsão ou não de cópia privada – foi adotado em Marrakesh em 15 de abril de 1994 um texto final, como anexo 1C do Final Act Embodying the Results of the Uruguay Round of Multilateral Trade Negotiations.[52] Na negociação final, de acordo com Dreier, apenas um seleto grupo de

---

50 "[...]A similaridade entre os textos sugere que consultas transatlânticas precederam a confecção dos dois documentos". Cf.: GERVAIS, 2008, p. 17. (tradução minha)

51 GERVAIS, 2008, p. 20.

52 Ato Final Incorporando os Resultados da Rodada do Uruguai de Negociações Multilaterais de Comércio. (tradução minha)

especialistas estava efetivamente envolvido com o texto, e o seu conteúdo "correspondia claramente aos desejos dos países industrializados".[53][54] O Brasil, naquela reunião, arrefeceu sua oposição, mostrando-se "mais receptivo às demandas dos países desenvolvidos em matéria de propriedade intelectual, e passou a se concentrar na negociação específica das propostas de reformulação dos padrões internacionais de proteção, sem resistências a priori". Ardissoni aponta que a mudança de postura estava ligada ao objetivo do governo Collor de Mello de eliminar o atrito bilateral com os Estados Unidos, em especial em matéria de propriedade intelectual.[55] Um artigo do Embaixador Piragibe Tarragô de 1995 deixa claro, entretanto, que a delegação brasileira estava atenta e tinha preocupações: "o reforço da propriedade intelectual beneficiará os grandes investidores de tecnologia".[56]

Há leituras sobre por que os países em desenvolvimento acabaram por ceder, mas o entendimento predominante é que o TRIPS fazia parte de uma barganha maior com os outros pontos da negociação na OMC, notadamente a redução de subsídios na União Europeia para produtos agrícolas. Parecia existir um risco de que a Rodada do Uruguai como um todo falharia, caso o TRIPS não fosse aceito.[57] Aqueles países, fragilizados como bloco com o abandono dos conflitos Leste-Oeste,[58] teriam buscado também aliviar a pressão constante que os Estados Unidos exerciam em relação a eles pela proteção de propriedade intelectual. Como o TRIPS inclui a disposição segundo a qual disputas poderiam ser levadas ao Órgão de Solução de Controvérsias da OMC, subsistia também a aparência de que os Estados Unidos não teriam condições de decidir unilateralmente se os países em desenvolvimento estavam ou não cumprindo com as disposições acordadas.[59]

---

[53] DREIER, 1996, p. 257.

[54] "A força modesta de negociação dos países em desenvolvimento foi revelada nas negociações do TRIPS na Rodada do Uruguai.Apesar de um conflito Norte-Sul ser o esperado, o sucesso das negociações dependia mais no acerto de várias diferenças entre os países industrializados mesmos. Isso somado ao fato de que, em muitos casos, os especialistas dos países em desenvolvimento praticamente não estiveram envolvidos. As missões em Genebra frequentemente não tinham o conhecimento necessário para representar os interesses de seus países. Assim, os países em desenvolvimento perderam a oportunidade de coordenar seus argumentos e estratégias". Cf.: PACÓN, 1996, p. 353. (tradução minha)

[55] ARDISSONI, 2004, p 187.

[56] TARRAGÔ, 1995, p. 15.

[57] ABBOTT, 1997, p. 43.

[58] PACÓN, 1996, p. 332.

[59] ABBOTT, 1997, p. 41.

Para além disso, há que apontar que, apesar de considerados um bloco na maioria das leituras sobre o processo, os países em desenvolvimento tinham dissensos entre si[60] – o México, por exemplo, era um representante apaixonado da posição de que alguma propriedade intelectual era necessária para acesso aos mercados internacionais, e assim já tinha começado a adotar mudanças na legislação. Se o Brasil e a Índia tinham posições de destaque na representação desse conjunto de países, outros, do sudeste asiático, não se posicionaram fortemente, em parte para não entrar em conflitos com os Estados Unidos.[61] E as consequências para diferentes países na harmonização das normas de propriedade intelectual seriam também diferentes[62] – dentro da própria América Latina as legislações não eram uniformes.[63]

---

[60] "Na realidade, esta expressão, como a expressão 'terceiro mundo', é mais um não-conceito, uma 'bolsa semântica de múltiplas finalidades'". Cf.: PACÓN, 1996, p. 333. (tradução minha)

[61] PACÓN, 1996, p. 332.

[62] Pacón menciona países em que grande parte da economia se dá fora do sistema legal, ou de partes dele; o mercado de fitas cassete no Peru, por exemplo, era em grande parte informal, sendo a maior parte de música peruana, certa porcentagem de música latino-americana, e uma pequena parte somente de música pop norte-americana. Seria muito trabalhoso, para o Peru, mudar isso, para pouco interesse comercial de países industrializados. Cf.: PACÓN, 1996, p. 351.

[63] O escritório de direito de autor da OMPI realizou, em 1991, um seminário de direito de autor com o *Copyright Office* dos EUA e o Registro de Propriedade Intelectual de Porto Rico, em Washington. Desse evento saiu um documento sobre tendências legislativas na América Latina e Caribe, elaborado por Ricardo Antequera Parilli, Secretário-Geral do Instituto Interamericano de Direito de Autor de Caracas. Dentre as muitas conclusões, constava que havia países com leis deficientes (Bolívia, Cuba, Paraguai), outros com dispositivos em códigos gerais (Nicarágua no Código Civil, Panamá no Código administrativo, Honduras na lei de patentes), e necessidade geral de atualização. O documento criticava os países que previam formalidades para a constituição dos direitos (Argentina, Nicaragua, Panamá, Paraguai, Uruguai), mas identificava a tendência de o registro ser declaratório. Muitas legislações apresentavam caráter meramente exemplificativo das obras objeto de proteção, o que vinha permitido considerar *software* como obra sem menção expressa. Quanto ao *software*, identificava que a primeira lei a incorporar expressamente foi a dominicana (1986), depois a chilena (1990), e que o Brasil tinha uma lei específica (1987). Em muitos países, havia o reconhecimento por decisões judiciais e administrativas. A proteção às bases de dados era prevista expressamente só na lei dominicana, e nos projetos de lei do Panamá e da Venezuela. Os prazos de proteção aos direitos patrimoniais variavam enormemente: regra geral era 50 anos post-mortem; mas Colômbia e

É claro que, nas negociações, surgia, de um lado, a preocupação dos países desenvolvidos de que seus ativos intelectuais estariam em risco caso não houvesse altos níveis globais de proteção, mas eram também apresentados, pelos países desenvolvidos e pelas indústrias baseadas em propriedade intelectual, argumentos no sentido de que a alta proteção de propriedade intelectual leva a desenvolvimento – inscritos nas prescrições do Consenso de Washington sobre o desenvolvimento vinculado à adoção de "boas políticas", dentre as quais a proteção da propriedade, incluindo a intelectual;[64] além disso, proteção de propriedade intelectual levaria a níveis mais elevados de transferência de tecnologia e investimento externo, um argumento que, apesar de lógico, era disputado e não provado empiricamente – "não se trata somente se tecnologia vai ser transferida, mas sob que condições".[65][66] Para além do desempenho da indústria concernida, há leituras de que a ampliação da proteção internacional da propriedade intelectual era uma forma de garantir a divisão internacional do trabalho, de acordo com a qual os países do norte geram inovações, e os do sul são mercados de consumo dessas inovações.[67][68]

Estudos econômicos nos anos seguintes indicariam, contra assunções fortes baseadas somente no nível de proteção de propriedade intelectual, que as características de cada país seriam determinantes para transferência de tecnologia e para o desenvolvimento.[69][70] Pacón coloca também que a referência aos efeitos nos países em desenvolvimento costuma ignorar

---

Panamá previam 80 anos, o Brasil, 60, Cuba previa 25, Bolivia e Chile previam 30, Uruguai previa 40 (Chile e Uruguai, signatários de Berna, não estariam protegendo conforme a Convenção). Ref. 3.41, MinC, OMPI, Ata, 23/04/91.

64 CORREA, 2000; CHANG, 2002.

65 Abbott menciona pesquisa empreendida no âmbito da ONU que não provava correlação entre altos níveis de propriedade intelectual e investimento externo direto – a Nigéria, que apresentava um sistema altamente protetivo, não atraía mais investimento que o Brasil, a Argentina, a Tailândia, etc., países que estavam costumeiramente na lista da Seção 301 dos Estados Unidos. Ver ONU, Transnational Corporations and Management Division, Department of Economics and Social Development. *Intellectual Property Rights and Foreign Direct Investment*, ST/CTC/SER,A/24, 1993.

66 ABBOTT, 1997, p. 45; ver também ARDISSONE, 2014, p. 165-167.

67 Em seu livro *Chutando a escada* (2004), Chang argumenta que a ortodoxia desenvolvida quanto à propriedade intelectual para países em desenvolvimento consistia no oposto do que os desenvolvidos haviam empregado na sua industrialização.

68 CORREA, 2000; CHANG, 2002.

69 O artigo faz uma revisão da literatura econômica na década de 90 sobre o tema.

70 PRIMO BRAGA; FINK; SEPULVEDA, 1997.

as amplas diferenças entre eles – aqueles incapazes de imitar as tecnologias seriam afetados por uma tendência de aumento dos preços de bens protegidos por direitos intelectuais, sem que sequer fossem mercados de importância para os países industrializados.[71]

De qualquer forma, o TRIPS entrou em vigor em 1 de janeiro de 1995, como Anexo 1C do Acordo que estabelecia a OMC. Permitiu, pelo seu art. 64, um período de transição de um ano, para membros desenvolvidos; para membros em desenvolvimento, o prazo de incorporação das regras era 1 de janeiro de 2000, com a possibilidade ainda de ser atrasada a proteção de patentes de produto em áreas ainda não protegidas nos respectivos territórios por mais 5 anos (1 de janeiro de 2005), cumpridas condições. Ainda, os países menos desenvolvidos poderiam aplicar quase todas as disposições a partir de 1 de janeiro de 2006. Era um acordo vinculante a todos os membros da OMC, diferentemente de dos acordos do Anexo 4, sobre matéria específica, que eram vinculantes somente àqueles países que decidiram por adotá-los.[72]

Assim, do GATT ao TRIPS, a proteção de altos níveis de propriedade intelectual passou de ser uma barreira ao comércio para ser uma "condição fundamental para um comércio internacional sem distorções e livre, e como obrigatória para países-membro da OMC".[73] As razões para tal, de acordo com Gervais[74] eram fundamentalmente três:

1. A crescente importância econômica dos ativos protegíveis por propriedade intelectual e de pesquisa e desenvolvimento em países desenvolvidos;
2. A decorrente percepção da necessidade de proteção desses direitos, e de um "*deficit* de proteção internacional": quando da entrada em vigor do TRIPS, 111 países assinavam a Convenção de Berna; 95 assinavam a Universal Copyright Convention (UCC); 47 assinavam a Convenção de Roma para Proteção aos Artistas, Intérpretes ou Executantes, aos Produtores de Fonogramas e aos Organismos de Radiodifusão, e 62 assinavam a Convenção de Genebra para a Proteção dos Produtores de Fonogramas. A Convenção de Berna teve sucessivas revisões, e diversos países assinavam versões diferentes – 23 dos países-membros da recém-fundada OMC não assinavam a última versão (Paris, 1971);

---

[71] PACÓN, 1996, p. 355.

[72] KATZENBERGER; KUR, 1996.

[73] KATZENBERGER; KUR, 1996, p. 5.

[74] GERVAIS, 2008, p. 7-17.

3. A natureza questionável das alternativas unilaterais e bilaterais. Países desenvolvidos, em especial da Europa e os EUA, utilizavam pressão política e econômica, o que tinha consequências políticas e diplomáticas, e não era institucionalizado. Para além da previsão de ações de *enforcement*, o fato de o TRIPS ter se estabelecido em negociações multilaterais daria legitimidade a elas.

Em que pesem essas razões, o TRIPS era apresentado frequentemente como importante para países em desenvolvimento na via da narrativa do investimento externo direto, ficando também em segundo plano a narrativa do potencial de inovação nacional.[75]

Em 1995, diversos países eram signatários do TRIPS e não das convenções internacionais de propriedade intelectual; entretanto, elas foram mantidas intactas, e a consequência foi também um aumento geral das adesões. É que a combinação dos arts. 2(2) e 9(1) do TRIPS determinaram que os membros cumprirão com as disposições da Convenção de Berna, à exceção dos direitos morais – por pressão dos Estados Unidos, que preveem poucas disposições de direitos morais em sua legislação nacional –;[76] com a introdução de novos padrões mínimos de proteção além dos previstos em Berna na sua versão mais estendida – a revisão de Paris de 1971 –, o TRIPS é então um acordo Berna-*plus*.[77] O mesmo não foi feito em relação à Convenção de Roma, que era bem menos aceita e adotada internacionalmente. O art. 14 do TRIPS regula independentemente a proteção de intérpretes, produtores de fonograma e organismos de radiodifusão.[78] Estabeleceu-se, entretanto, que os membros que fizessem uso das flexibilidades permitidas em Roma – direitos apenas de remuneração, em vez de exclusivos, ao produtor de fonograma na comunicação ao público, e a possibilidade de não proteger organismos de radiodifusão – art. 16 da Convenção – notificassem o Conselho do TRIPS – art. 1(3).

A opinião, naquele momento, de que a OMPI perderia qualquer preponderância no debate sobre propriedade intelectual provou-se equivocada. A OMPI conduziu, após a aprovação do TRIPS, um Tratado sobre o Direito de Marcas (1994), o Acordo de Direitos Autorais (WCT – WIPO Copyright Treaty) e o Tratado da OMPI sobre Execuções, Interpretações

---

[75] Daniel Gervais, em aula oferecida no curso de verão do IViR – Institute for Information Law, da Universidade de Amsterdam, entre 2 e 7 de julho de 2017.

[76] KATZENBERGER; KUR, p. 86; GERVAIS, 2008, p. 214

[77] KATZENBERGER; KUR, 1996, p. 64.

[78] KATZENBERGER; KUR, 1996, p. 65-66.

e Fonogramas (WPPT – WIPO Performances and Phonograms Treaty), em 1996. "Pode ser que a OMPI continue a ser o fórum primário para esforços maiores de estabelecimento de normas, e esses esforços então sirvam como base para mudanças futuras no Acordo".[79]

2.1. O TRIPS E O DIREITO AUTORAL – NOVIDADES

O TRIPS não estabeleceu um rol extensivo de novidades no campo do direito autoral em relação à Convenção de Berna, da qual o Brasil já era signatário, e nem impunha adaptações tão graves ao direito autoral brasileiro. Em relação aos pontos substantivos, as questões fundamentais eram:

2.1.1. PROGRAMAS DE COMPUTADOR E BASES DE DADOS

> ARTIGO 10
> Programas de Computador e Compilações de Dados
> 1. Programas de computador, em código fonte ou objeto, serão protegidos como obras literárias pela Convenção de Berna (1971).
> 2. As compilações de dados ou de outro material, legíveis por máquina ou em outra forma, que em função da seleção ou da disposição de seu conteúdo constituam criações intelectuais, deverão ser protegidas como tal. Essa proteção, que não se estenderá aos dados ou ao material em si, se dará sem prejuízo de qualquer direito autoral subsistente nesses dados material.

Tratou-se da primeira provisão, em um instrumento multilateral, a estabelecer a proteção a programas de computador por direito autoral; de acordo com Gervais,[80] 22 países já previam tal proteção explicitamente até 1992 – isso incluía o Brasil –, e eram 54 se se considerava jurisprudência. Nas décadas anteriores, houve disputas em torno de qual seria o melhor regime jurídico de proteção ao *software* – patentes tendo se mostrado inadequadas, buscou-se elaborar na década de 70 uma forma de proteção *sui generis*, no âmbito da OMPI.[81] Os Estados Unidos vinham pressionando desde a década de 1980 pela aplicação do direito autoral ao *software*, por ver vantagens no modelo, como a já existência de legislações de direito autoral na maioria dos países, a grande extensão dos direitos dados ao autor, e a desnecessidade de registro – e de revelar então o conteúdo do *software*, como seria o caso se patentes se aplicassem. Como vimos, passaram a exercer ações unilaterais para fazer prevalecer o modelo. Determinar que programas de computador são protegidos tal qual obras

---

[79] GERVAIS, 2008, p. 158,

[80] GERVAIS, 2008, p. 224-225.

[81] PEREIRA DOS SANTOS, 2008, p. 17.

literárias, nos termos da Convenção de Berna – art. 10(1) do TRIPS –, é dar a eles as mesmas condições de proteção previstas na Convenção, com exceção do direito de recitação pública – art. 11 de Berna.

A proteção a programas de computador era então especialmente do interesse dos Estados Unidos, que disputou com o Japão, que insistia no estabelecimento de algumas exceções, e na outra ponta com os países em desenvolvimento, que não queriam dar aos programas de computador toda a extensão da proteção das obras artísticas e literárias. O compromisso foi atingido com uma proposta mediadora submetida pela União Europeia, que já tinha uma Diretiva nesse sentido.[82]

Quanto às bases de dados, enquanto Berna protegia compilações de obras literárias, como enciclopédias e antologias – art. 2(5) –,[83] o TRIPS passava agora a prever a proteção a dados *ou* outro material, exigindo como condição de proteção a criatividade em função da seleção *ou* da disposição dos materiais. Bases de dados eletrônicas vinham ganhando considerável importância econômica, e havia particular interesse dos Estados Unidos em sua proteção, e em eliminar as controvérsias em relação às bases de dados em torno da Convenção de Berna.[84]

2.1.2. DIREITOS DE ALUGUEL

> ARTIGO 11
> Direitos de Aluguel
> Um Membro conferirá aos autores e a seus sucessores legais, pelo menos no que diz respeito a programas de computador e obras cinematográficas, o direito de autorizar ou proibir o aluguel público comercial dos originais ou das cópias de suas obras protegidas pelo direito do autor. Um Membro estará isento desta obrigação no que respeita a obras cinematográficas, a menos que esse aluguel tenha dado lugar a uma ampla copiagem dessas obras, que comprometa significativamente o direito exclusivo de reprodução conferido por um Membro aos autores e seus sucessores legais. Com relação aos programas de computador, esta obrigação não se aplica quando o programa em si não constitui o objeto essencial do aluguel.

O primeiro *draft* do TRIPS incluía um direito geral de importação e exportação, que, embora não tenha vingado, foi adotado depois no WCT – não assinado pelo Brasil. Chegou-se à concordância quanto a

---

[82] PACÓN, 1996, p. 347.

[83] Embora comentadores achassem que a combinação entre 2(1) e 2(5) de Berna pudesse levar à interpretação de que qualquer compilação original de dados fosse protegida, restavam dúvidas. Cf.: GERVAIS, 2008, p. 227.

[84] KATZENBERGER; KUR, p. 84.

um direito exclusivo – e não apenas um direito de remuneração, como se aventou nas negociações – de aluguel para algumas categorias de obras – algo também inédito em nível multilateral.[85]

A locação comercial preocupava especialmente a indústria de *software*, por causa da facilidade com que um programa alugado podia ser copiado no disco rígido do locatário[86] – motivo pelo qual se forçou não por um direito de remuneração apenas, mas pelo direito de *autorizar* – e, portanto, de *proibir* – o aluguel.

Na forma como o artigo foi acordado, trata-se de uma obrigação em relação a *software*, mas não em relação a obras cinematográficas – um Membro isenta-se da obrigação de estabelecer um direito de aluguel em relação a elas, se não ficar provado que o aluguel está levando à cópia sem controle.

> Por uma série de razões, esse teste não é simples de ser aplicado, e o texto de compromisso talvez seja uma das provisões menos desejáveis do Acordo. Um dos objetivos do texto era importar um direito de aluguel em tantos países quanto fosse possível, deixando particularmente os Estados Unidos de fora. Os Estados Unidos haviam se recusado a aprovar o direito de aluguel integral pelo qual advogava sua própria indústria cinematográfica, e nem a indústria nem o governo dos EUA estavam muito dispostos a tentar novamente. O ponto, é fato, poderia ter colocado em risco a ratificação da Rodada como um todo.[87]

2.1.3. LIMITAÇÕES E EXCEÇÕES

ARTIGO 13
Limitações e Exceções
Os Membros restringirão as limitações ou exceções aos direitos exclusivos a determinados casos especiais, que não conflitem com a exploração normal da obra e não prejudiquem injustificavelmente os interesses legítimos do titular do direito.

A Convenção de Berna, no seu art. 9(2), previa a possibilidade de os países estabelecerem *exceções* no direito de *reprodução* das obras literárias, estabelecendo as condições para tal. O texto foi inserido na revisão de Paris de 1971, após discussões na Conferência de Estocolmo para a Revisão da Convenção de Berna, em 1967. Nessa revisão, marcada por discussões acerca do direito de autor em países em desenvolvimento, uma regra para a previsão de limitações e exceções era entendida como demanda para

---

85 A demanda vinha especialmente dos países europeus, mas a Índia também tinha interesse no direito, por causa de sua indústria cinematográfica. Cf.: PACÓN, 1996, p. 358.
86 GERVAIS, 2008, p. 230.
87 GERVAIS, 2008, p. 231.

conciliar os direitos do autor com os direitos da coletividade – até então, estes últimos eram absolutamente marginais no debate do direito autoral.[88] Trata-se de um modelo muito mais afeito ao *common law* que ao direito continental – o art. 9(2) não é uma regra, é um padrão – *standard* –; de fato, a França insistiu, na negociação, pela adoção de uma longa lista de exceções, mas o resultado foi uma regra utilitária, que foca no impacto econômico na exploração comercial "normal" da obra.[89]

A regra do art. 9(2) da Convenção de Berna (1971) e o art. 13 do TRIPS são conhecidas como Regra dos Três Passos.[90] O texto do TRIPS é entendido como uma *restrição* da regra: aplica-se a todos os direitos exclusivos, e não somente aos direitos de reprodução. Entende-se que as condições que restringem a possibilidade de limitar os direitos limitavam-se ao direito de reprodução – podendo-se estabelecer outras exceções, sem seguir aquelas condições, em relação a outros direitos. As condições estabelecidas no art. 13 do TRIPS aplicam-se a toda e qualquer limitação e exceção que se vá estabelecer então sobre todos os direitos, ou seja, direito de tradução, execução pública, radiodifusão e outras formas de comunicação ao público, recitação, adaptação, e novos direitos do TRIPS – essencialmente o de aluguel.

Há grandes controvérsias sobre a aplicabilidade de ambas as regras: são direcionadas ao legislador, ou têm aplicabilidade imediata em relação aos cidadãos de um país-membro da União ou da OMC? A disputa viria a ser relevante anos depois da aprovação do TRIPS, quando ganharam centralidade as discussões sobre limitações e exceções.

---

[88] Eram discrepantes, internacionalmente, as visões sobre limitações e exceções. "Na visão capitaneada pelo direito alemão (mas que teria sua maior aplicação prática nos países escandinavos), as limitações seriam consequência da natureza social dos direitos conferidos ao autor, a qual, por seu turno, acarretaria a necessidade de permitir à coletividade o acesso a obras que ela, direta ou indiretamente, ajudou a realizar. Tal visão, por evidente, não convergia em termos absolutos com aquela da escola francesa, identificada com um caráter mais absolutista das ditas criações do espírito; nesta perspectiva, as idéias pertenceriam à coletividade, mas não já a forma da sua exteriorização". Cf.: LEWICKI, 2007, p. 87. Ver também: RICKETSON, 1987

[89] Observações feitas pelo prof. Daniel Gervais, no curso de verão do IvIR – Institute for Information Law da Universidade de Amsterdam, entre os dias 2 e 7 de julho de 2017.

[90] Sobre a interpretação da regra dos três passos no TRIPS e em Berna, tema que é matéria de amplas discussões doutrinárias internacionais e nacionais, ver: GERVAIS, 2008, p. 239 *et seq*; GUIBAULT, 1998; OKEDIJI, 2000; SENFTLEBEN, 2004; SENFTLEBEN, 2006; GEIGER; GERVAIS; SENFTLEBEN, 2014, SOUSA, 2013; BASSO, 2007; LEWICKI, 2007; ROCHA, 2011.

Diferentemente do TRIPS, a Convenção de Berna prevê também limitações concretas e específicas a alguns direitos:

a. reprodução de discursos por imprensa e radiodifusão – 2bis(2);
b. casos especiais de reprodução – art. 9(2);
c. citações e resumos de imprensa – art. 10(1), – único caso em que a limitação é obrigatória aos países-membros;
d. usos educacionais – art. 10(2);
e. uso de jornais e artigos periódicos pela mídia – art.10bis(1);
f. uso para reportar eventos contemporâneos – art.10bis(2);
g. limitações ao direito exclusivo de comunicação ao público por radiodifusão ou cabo – art.11bis.

Entende-se que o TRIPS não eliminou essas limitações especificamente permitidas, ao incorporar a Convenção de Berna.[91] Na reunião de Bruxelas, foram discutidas novas limitações, como para cerimônias religiosas, bandas militares e educação infantil e adulta, e que afinal não entraram explicitamente no texto do TRIPS, submetendo-se esses usos então ao teste geral do art. 13.[92] Entende-se que a combinação do art. 20 de Berna com o art. 1(1) do TRIPS permite que países-membros da OMC *restrinjam* as limitações e exceções, de forma a dar níveis mais elevados de proteção, com exceção do art. 10(1) de Berna, que contém a limitação para citações.[93]

2.1.4. PRAZO DE PROTEÇÃO A ARTISTAS INTÉRPRETES E EXECUTANTES, E A PRODUTORES DE FONOGRAMAS

Enquanto a Convenção de Roma previa prazo mínimo de proteção de vinte anos a artistas intérpretes e executantes, e a produtores de fonogramas, o TRIPS ampliou o prazo mínimo para 50 anos.

ARTIGO 14
Proteção de Artistas-Intérpretes, Produtores de Fonogramas (Gravações Sonoras) e Organizações de Radiodifusão

---

[91] Ver também Declaração Concertada sobre o art. 10(2) do WCT, que incorpora a regra dos três passos, afirmando que as limitações e exceções previstas em Berna não são reduzidas ou estendidas.

[92] Sobre a interpretação da regra dos três passos no TRIPS e em Berna, ver: GERVAIS, 2008, p. 239 *et seq*.

[93] GERVAIS, 2008, p. 213-14.

5. A duração da proteção concedida por este Acordo aos artistas-intérpretes e produtores de fonogramas se estenderá pelo menos até o final de um prazo de 50 anos, contados a partir do final do ano civil no qual a fixação tenha sido feita ou a apresentação tenha sido realizada. A duração da proteção concedida de acordo com o parágrafo 3 será de pelo menos 20 anos, contados a partir do fim do ano civil em que a transmissão tenha ocorrido.

Além disso, foram garantidos no art. 14 também os direitos de aluguel – do art. 11 – aos produtores de fonogramas.

Art. 14(4). As disposições do Artigo 11 relativas a programas de computador serão aplicadas mutatis mutandis aos produtores de fonogramas e a todos os demais titulares de direitos sobre fonogramas, segundo o determinado pela legislação do Membro. Se, em 15 de abril de 1994, um Membro tiver em vigor um sistema equitativo de remuneração dos titulares de direitos no que respeita ao aluguel de fonogramas, poderá manter esse sistema desde que o aluguel comercial de fonogramas não esteja causando prejuízo material aos direitos exclusivos de reprodução dos titulares de direitos.

A proteção aos organismos de radiodifusão continuou optativa, como em Roma, exigindo-se, como afirmado, notificação ao Conselho do TRIPS.[94]

2.2. O DIREITO AUTORAL GANHANDO DENTES: SISTEMA DE *ENFORCEMENT*

O TRIPS contém também um capítulo sobre medidas de *enforcement* que os Estados devem prover contra a violação dos direitos nacionalmente, ampliando nesse ponto a Convenção de Berna, quanto aos direitos autorais. Mas as efetivas mudanças que o TRIPS trazia ao direito autoral não eram tanto de ordem substantiva, e sim relativas à possibilidade de um país fazer valer o Tratado em relação a outros por meio de mecanismos de *enforcement*. Os direitos autorais passavam a estar vinculados ao comércio internacional, na medida que os países-membros se submetiam ao sistema de resolução de controvérsias da OMC. De acordo com RAJAN, há nisso um movimento político de mudança de "atitude e abordagem":

---

[94] "Esta cláusula leva em conta a situação legal em países membros do TRIPS, como os Estados Unidos, que não garantem direitos aos organismos de radiodifusão. O resultado é que os direitos conexos garantidos aos organismos de radiodifusão no TRIPS não são vinculantes, mas apenas opcionais". CF.: KATZENBERGER, KUR, 1996, p. 92. (tradução minha)

O movimento de Berna ao TRIPS pode ser descrito como uma transição de consenso a compulsoriedade, individual a corporação, cultura a comércio. Não é surpreendente que formas de se pensar o uso de conhecimento em países não-ocidentais e menos desenvolvidos sejam incompatíveis com o novo sistema [...].[95]

O modo pelo qual o TRIPS é aplicado está relacionado à estrutura organizacional da OMC. O esquema abaixo organiza seus órgãos internos:

FIGURA 5 – ESTRUTURA ORGANIZACIONAL DA OMC

Fonte: VALENTE (2013a), em adaptação a partir de BADIN (2004, p. 81). Suprimimos, porque irrelevantes para esta análise, os órgãos subsidiários de cada um dos Conselhos.

Tanto a Conferência Ministerial quanto o Conselho Geral são compostos por todos os países-membros da OMC. As Conferências Ministeriais ocorrem a cada dois anos, são regidas por consenso, e são o *locus* para as decisões acerca dos Acordos Multilaterais. Entre as Conferências, o Conselho Geral cuida da aplicação e da eficácia dos acordos, além de coordenar as funções do Órgão de Revisão das Políticas Comerciais e do Órgão de Solução de Controvérsias.

O Órgão de Exame das Políticas Comerciais e o Órgão de Solução de Controvérsias controlam a aplicação dos Acordos vigentes pelos países-membros. É função do Órgão de Exame das Políticas Comerciais

---

[95] Muitos comentadores adotaram tons críticos semelhantes. Por exemplo, Ascensão argumentou que, nesse processo, a vertente da cultura se apaga, substituída por interesses econômicos, e a cultura torna-se o equivalente a indústria cultural. Cf.: RAJAN, 2006, p. 13-14). Ver também Drahos e Braithwaite que argumentaram que o objetivo e resultado do TRIPS não seria compensar criadores. DRAHOS; BRAITHWAITE, 2002, p. 15. Já Barbosa afirmou que o Tratado limitou as pretensões desenvolvimentistas dos países em desenvolvimento. Cf.: BARBOSA, 1994.

apreciar as políticas comerciais e o nível de implementação dos Acordos por cada país-membro, e apresentar recomendações; o Órgão de Solução de Controvérsias recebe denúncias e sanciona membros em descumprimento, mediante a aplicação do Entendimento Relativo a Normas e Procedimentos para Solução de Controvérsias (ESC) e das normas sobre consultas e solução de controvérsias dos Acordos da OMC.[96]

É no Órgão de Resolução de Controvérsias que reside o diferencial da OMC em relação a outras organizações internacionais, por quatro razões:[97]

I. é um tribunal temático;

II. apresenta duplo grau de jurisdição, com um Grupo Especial e um Órgão de Apelação;

III. diferentemente das outras organizações, quando identifica violações aos Acordos, pode dar a um país o direito de retaliação comercial (sanções de compensação e suspensão de concessões);

IV. é supervisionado multilateralmente, dado que os membros, reunidos no Órgão de Solução de Controvérsias, aprovam os relatórios do Grupo Especial e do Órgão de Apelação, sem no entanto que seja exigido consenso (admite-se somente o consenso negativo, ou seja, só não se aprova uma decisão se reprovada por todos os seus membros).

Sobre a possibilidade de retaliação, é essencial compreender um princípio que rege a OMC, que é o do *single undertaking* – art. 2(2) e 2(3) do Ato Constitutivo da OMC –: os países-membros da OMC têm de se vincular aos Anexos 1, 2 e 3, que fazem parte do Acordo – e quem assi-

---

[96] A forma de implementação do TRIPS é livre aos países-membros, mas o Órgão de Apelação pode determinar se a implementação foi apropriada, e se não foi, o membro tem de provar que não havia outra forma de proteção razoavelmente disponível. "Por causa dessa provisão, o TRIPS pode ser visto como *não* autoexecutável. Isso foi confirmado pela Corte Europeia de Justiça, no caso Dior, em relação aos países-membros da União Europeia. Naquele caso, a Corte decidiu também, no entanto, que os países-membros podem livremente estabelecer execução direta do TRIPS dentro de sua jurisdição. Algumas provisões do TRIPS podem ser consideradas diretamente aplicáveis por uma corte nacional, mas não seria o caso em relação ao Acordo completo". Cf.: GERVAIS, 2008, p. 164-165. De qualquer forma, continua, o TRIPS ser auto-executável depende de cada sistema nacional, e pode haver uma regra de acordo com a qual leis nacionais deveriam ser interpretadas de acordo com obrigações internacionais. "O caráter de "standards mínimos" do Acordo TRIPS tem sido visto como o mais próximo que um acordo internacional já chegou de um código verdadeiramente transnacional". Cf. GERVAIS, 2008, p. 166.

[97] BADIN, 2004, p. 81.

na os instrumentos do Anexo 4 se vincula a eles também. Isso permite que a violação a um dos Acordos leve à retaliação cruzada em uma área coberta por outro dos acordos. É por isso que o custo de violação do TRIPS cresce significativamente em relação a outros acordos internacionais – e, como os principais acordos sobre propriedade intelectual são incorporados, eles passam a ser *enforceable* por consequência.[98] Para os países em desenvolvimento, a questão é central:

> Como muitos adotaram sistemas jurídicos de suas colônias ou estabeleceram sua própria legislação com base nesses sistemas, as dificuldades em implementar o acordo TRIPS parecem estar menos em garantir as medidas e procedimentos na legislação em si, que em executar essas medidas suficientemente na prática.[99]

Um dos motivos pelos quais os países em desenvolvimento resistiram ao TRIPS foi a percepção de que, apesar de formalmente as decisões serem tomadas por consenso nos órgãos superiores da OMC, a influência e o poder de barganha dos países são desiguais. A pesquisa de Badin[100] demonstra a existência de perfis mais ou menos capazes de pautar e formular a política, e a ausência de mecanismos para compensar diferenças de poder entre os países-membros. A autora identifica que corporações transnacionais têm forte poder indireto por meio de pressões sobre Estados e conjuntos de Estados, e que os perfis que conseguem ser mais influentes são não somente aqueles mais produtivos, mas os que têm capacidade de mobilizar as instituições e mais competência e tradição em conhecimento e comunicação. Organizações não-governamentais, intergovernamentais, e grupos de consumidores e trabalhadores são perfis mais fragilizados, inclusive por terem menos recursos de treinamento em comunicação e conhecimento técnico. Participação e discussão pública nos assuntos da OMC estiveram ausentes na Rodada do Uruguai, mas apresentaram-se – de forma explosiva – a partir da Rodada de Seattle.[101]

---

[98] Não é que a prática de retaliação cruzada não existisse antes – mencionamos as ameaças em relação à indústria do *software* no Brasil pela Seção 301 dos EUA, e a efetiva retaliação em relação a patentes de medicamentos; na área de direitos autorais, ainda antes de existir a Convenção de Berna, o governo francês ameaçou o governo belga de retaliações comerciais se os direitos autorais dos franceses não fossem respeitados. Mas a prática foi institucionalizada na OMC. Cf.: GELLER, 2000, p. 233. Um outro ponto a se notar é o princípio da nação mais favorecida, que impede discriminação de um país-membro em relação a diferentes países-membros estrangeiros.

[99] DREIER, 1996, p. 271.

[100] BADIN, 2004.

[101] BADIN, 2004, p. 99.

Aprovado o TRIPS, os países saíram em uma corrida por incorporar as mudanças no prazo. No Brasil, isso se fez sentir bem mais intensamente na área de patentes, em que as inovações do acordo eram mais amplas em relação à legislação local, e causaram transformações substantivas mais amplas, em especial por causa da previsão do patenteamento de medicamentos.[102] O TRIPS seria apresentado por vários atores como uma das razões centrais para a negociação de uma nova Lei de Direitos Autorais,[103] embora as mudanças necessárias fossem poucas e pudessem ter sido objeto de uma reforma pontual. O Executivo chegou a propor um Projeto de Lei nesse sentido, inclusive, como veremos. Outros atores do campo minimizam completamente o papel do TRIPS na discussão da Lei, entendendo o processo como exclusivamente pautado na evolução nacional do direito autoral.[104]

O TRIPS certamente não é a causa única nem a central, portanto, da aprovação da Lei n. 9.610/98. Mas, dentre as diferentes disputas que se entrelaçaram na elaboração do texto do que viria a ser a lei, teve um papel central na sua aprovação, na medida que o Executivo pressionava pela aprovação rápida da lei, para o cumprimento dos prazos previstos no Tratado. Assim, ele entra como um dos elementos substantivos, mas de grande impacto no andamento dos demais, que nada tinham que ver com ele.

Enquanto isso, um outro processo internacional teve impactos, de formas diferentes, na discussão que se travava no Brasil. Tratou-se da negociação de tratados de direito autoral no âmbito da OMPI para fazer frente a um processo de rápida expansão das tecnologias digitais.

---

[102] O PL 824/1991, que foi aprovado como Lei de Patentes (Lei n. 9.279/91), foi extremamente disputado: só perdeu em número de emendas parlamentares para o próprio processo constituinte. Cf.: REIS, 2015, p. 23.

[103] Foi o caso de Samuel Barrichello, José Vaz e Marcos Souza, em informações verbais em 2016. Não é coincidência que os três tenham atuado na Diretoria de Direitos Intelectuais do MinC, e expressem visões a partir dessas posições.

[104] Roberto Corrêa de Mello afirmou: "Nós fizemos. Nós quisemos fazer. Nós entendíamos que a gente precisaria dar um passo adiante, e que a lei deveria ser mais clara e produtiva para os titulares. A iniciativa foi nossa e independia totalmente do andamento do TRIPS. [...] A lei tinha um papel de progressão das ideias; de defesa intransigente dos direitos autorais, principalmente quanto à diferença entre o direito de autor e o *copyright*" [entendendo que a Lei de 1973 misturava os dois modelos]. Para Hildebrando Pontes Neto, também, as discussões estavam "centradas no contexto nacional". Vale notar que tanto Mello quanto Pontes Neto são advogados.

3. OS TRATADOS DA OMPI DE 1996: O FUTURO DIGITAL

Entender a negociação e o resultado da Conferência Diplomática que aprovou os Tratados da OMPI de 1996 – também conhecidos como os "Tratados da Internet" – é mais claro e eficiente se percorremos o caminho da chamada "Agenda Digital" dos Estados Unidos desde o meio da década de 1990. Os Estados Unidos tomaram a dianteira na tentativa de harmonização global de normas de direito autoral para um futuro que ainda não existia plenamente, mas para o qual já estava delineado que as suas indústrias teriam um papel central. A negociação dos Tratados marca também o nascimento, nos Estados Unidos, de uma nova polarização em torno dos direitos autorais, diferente das que se colocavam até então: entrava em cena a narrativa do *interesse público*. No Brasil, esses debates não se faziam sentir naquele momento, mas se tornariam centrais nos anos seguintes. Se a Internet facilitava o acesso e troca de obras protegidas por direitos autorais, ela igualmente facilitaria o acesso e troca entre acadêmicos e organizações da sociedade civil, e os novos contornos das disputas em torno dos direitos autorais seriam muito mais coordenados globalmente.

Em dezembro de 1996, a OMPI sediou uma Conferência Diplomática em Genebra, a respeito de três propostas "com a intenção de responder a desafios que as redes digitais globais colocam ao direito de propriedade intelectual":[105] uma como um protocolo para suplementar a Convenção de Berna, outra sobre proteção a intérpretes e fonogramas, e outra sobre bases de dados. Os tratados resultantes foram o WIPO Copyright Treaty (WCT)[106] e o WIPO Performances and Phonograms Treaty (WPPT),[107] e, afirma Pamela, ambos, e em especial o WCT, "são mais compatíveis com os princípios internacionais do direito autoral norte-americano que com a agenda altamente protecionista que os delegados norte-americanos tentaram inicialmente promover em Genebra".[108]

Samuelson afirma que a tal Agenda Digital não era nem a única nem a mais importante para os EUA naquele momento. A indústria de direito autoral norte-americana estava mais preocupada com fazer valer os direitos dos intérpretes e produtores fonográficos, consistentes num projeto

---

[105] SAMUELSON, 1996b, p. 369.

[106] Tratado da OMPI de Direito Autoral.

[107] Tratado da OMPI sobre Direitos dos Artistas, Intérpretes e Produtores de Fonogramas.

[108] SAMUELSON, 1996b, p. 370-371.

conhecido então como *"the New Instrument"*,[109] por um diagnóstico de que os tratados anteriores continham fragilidades e não permitiam o controle da reprodução e distribuição em massa de fonogramas fora dos EUA.[110] Naquele momento, os Estados Unidos também tinham como prioridade, no campo do direito autoral, minimizar gastos com direitos concedidos a intérpretes audiovisuais; como a Europa divergisse, por ter como agenda a universalização dos direitos morais, deu-se por prioritário focar a discussão nos fonogramas.

No que diz respeito à Agenda Digital,

> Para usar aquela horrorosa e gasta metáfora desta vez, a Agenda Digital norte-americana na OMPI queria escrever as regras da estrada para a emergente global *information superhighway*. Sob essas regras, os detentores de direito autoral teriam direitos consideravelmente mais fortes que anteriormente, e os direitos dos usuários ficariam confinados àqueles em relação aos quais eles houvessem especificamente contratado e pago.[111]

A "primeira Agenda Digital" dos Estados Unidos foi a adoção da proteção do *software* pelo direito autoral.[112] Como a OMPI houvesse proposto uma forma de proteção sui generis para o *software*, apesar da pressão que os Estados Unidos vinham exercendo unilateralmente pela adoção do regime de direito de autor estarem surtindo efeitos – o Japão, e o próprio Brasil haviam-no adotado – havia um risco de o projeto não ser bem-sucedido.

Foi apenas em 1989 que os Estados Unidos aderiram à Convenção de Berna; naquele momento, articulou-se na OMPI o início de uma discussão sobre um protocolo adicional também para lidar com questões da tecnologia digital. O projeto de pressionar a comunidade internacional pela proteção do *software* com direito autoral perderia centralidade como esforço pela OMPI, no entanto, com a aprovação do TRIPS, que incluiu o *software* e as bases de dados como objeto de proteção de direito autoral para todos os países-membros da OMC.[113]

---

109 O Novo Instrumento.

110 Um exemplo de estudo relacionando perdas dos Estados Unidos com pirataria e os tratados anteriores é Smith. Cf.: SMITH, 1996.

111 SAMUELSON, 1996, p. 372.

112 SAMUELSON, 1996b, p. 377.

113 Ainda assim, o WCT contém provisões de proteção de ambos pelo direito autoral, na linha da proposta original dos Estados Unidos.

Logo após a posse do presidente Bill Clinton em 1993, a Casa Branca criou um grupo chamado Information Infrastructure Task Force (IITF),[114] formado por outros comitês e subgrupos de trabalho, incluindo representantes do setor empresarial, para refletir sobre novas políticas para a Internet, que vinha sendo chamada de National Information Infrastructure (NII)[115] – como uma forma de "preparar os Estados Unidos para o século XXI".[116] Um dos grupos de trabalho era chamado Working Group on Intellectual Property,[117] e seu presidente era o Comissário Bruce Lehman, que havia sido um lobista da indústria do direito autoral, e havia se tornado Commissioner of Patents and Trademarks. O Comissário Lehman convidou para o grupo outros lobistas da indústria da música e do *software*; de 1992 a 1995, o grupo trabalhou na formulação de recomendações para a proteção de propriedade intelectual no emergente ambiente digital, partindo especialmente da preocupação de que seria necessário ampliar o alcance das proteções, já que as formas de utilização de obras em massa estavam sendo enormemente ampliadas.

Essa história importa, porque o que a administração Clinton propôs na conferência em Genebra era essencialmente o que ela vinha propondo então ao Congresso norte-americano – uma agenda que controversa, consistente nos seguintes pontos:

a. direitos exclusivos sobre reproduções temporárias de obras protegidas nas memórias RAM dos computadores;

b. tratar transmissões digitais como distribuição de cópias ao público;

c. limitar o poder dos Estados de adotar exceções e limitações, incluindo *fair use* e direitos de exaustão;

d. permitir que detentores de direitos autorais pudessem questionar a manufatura e venda de tecnologias ou serviços de "contorno" – *circumvention* – tecnológica, ou seja, que violassem dispositivos técnicos de proteção;

e. proteger a integridade das informações sobre direitos que viessem anexadas a obras digitais protegidas;

f. Criar um direito *sui generis* para proteção aos conteúdos de bases de dados.

---

114 Força Tarefa para Infraestrutura de Informação. (tradução minha)

115 Também intitulado de Infraestrutura de Informação Nacional.

116 SAMUELSON, 1996b, p. 379.

117 Grupo de Trabalho em Propriedade Intelectual. (tradução minha)

Os primeiros traços dessa agenda são na verdade encontrados em um documento publicado pela Comissão Europeia em 1988, o *Green Paper on Copyright and the Challenge of Technology,118* que, sem propor opções de reforma, formulava as preocupações que a comunidade internacional de direito autoral vinha difusamente elaborando sobre os desafios que as tecnologias digitais colocavam ao campo. Como a Europa se mostrasse incapaz de liderar internacionalmente as discussões, especialmente por ter se dedicado internamente à aprovação de suas diretivas sobre proteção a programas de computador e a bases de dados, de 1996, e à harmonização de outros pontos de propriedade intelectual entre os países-membros, os Estados Unidos tomariam a frente na mobilização das preocupações que foram expressadas de maneira prematura ali.

Enquanto isso, o GT de Propriedade Intelectual da IITF produziu dois documentos: um *Green Paper*, em julho de 1994, e um *White Paper*, de setembro de 1995, o segundo é uma versão abrandada do primeiro,[119] e que eram análises da aplicação do direito autoral existente a trabalhos em formato digital, e recomendações de mudanças legais entendidas como necessárias para viabilizar o comércio digital para os detentores de direito autoral. Os documentos compartilhavam a visão de que, como copiar se tornava um ato mais simples, barato e de escala global, se não se expandissem os direitos de propriedade intelectual e aumentassem as penalidades pelas infrações, as indústrias criativas estariam fadadas à extinção. Esse tipo de discurso ficou posteriormente conhecido como *Internet Threat*.[120] Há que se contextualizar: foi no fim de 1995 que a Internet se tornou 100% privatizada, e passou a apresentar relevância comercial; os receios naquele documento diziam respeito, portanto, a percepções antecipadas das ameaças.[121] Não é possível nem ao menos afirmar que os problemas que pautariam os anos seguintes, como as diferenças entre tipos de usuários e a emergência da importância econômica do autor amador, estivessem já presentes.

---

[118] A tradução livre do título é: Livro Verde sobre Direito Autoral e o Desafio da Tecnologia. Cf.: SAMUELSON, 1996b, p. 376.

[119] Enquanto o *Green Paper* recomendava alterações legislativas, o *White Paper* argumentava por novas interpretações da legislação então vigente, por exemplo pelo entendimento de que cópias em memória RAM já eram cópias protegidas pela legislação. Em alguns poucos pontos o *White Paper* recomendava reformas legislativas. (LITMAN, 2001, p. 26-27)

[120] Ameaça da Internet. (tradução minha) Cf.: BOYLE, 2008, p. 60

[121] LITMAN, 2001, p. 94.

Os documentos geraram forte turbulência nos Estados Unidos: como oposição ao *White Paper*, Peter Jaszi, professor de direito da American University de Washington, articulou uma aliança informal de acadêmicos e ativistas ligados ao campo das bibliotecas e de defesa do interesse público, chamada Digital Future Coalition,[122] financiada pela Home Recording Rights Coalition,[123] organização lobista dos negócios relativos a produtos que permitem a gravação,[124] e que angariou apoio da comunidade técnica da Internet, e, mobilizando pela própria Internet, conseguiu pautar a mídia tradicional.[125] A Digital Future Coalition, a Ad Hoc Copyright Coalition, e James Billington, Bibliotecário do Congresso, escreveram cartas em oposição que tiveram grande repercussão. Diante de crescente tensão e impossibilidade de acordo,[126] mesmo com a mediação do Congresso, do Copyright Office e do Patent Office norte-americanos, os apoiadores do *White Paper* decidiram não insistir no relatório, e manter apenas as poucas propostas de alteração legislativa, mas o debate parecia ter chegado a um ponto de travamento. Os Estados Unidos começariam então a pressionar pela realização de uma Conferência Diplomática na OMPI, para discutir o futuro digital, o que ocorreria em dezembro de 1996. O motivo pelo qual parecia mais conveniente assinar novos tratados em vez de buscar mais uma revisão na Convenção de Berna era que a reunião de Estocolmo de 1967, que teve como centro as demandas dos países em desenvolvimento, havia sido um processo controverso e dramático, que colocara a legitimidade da Convenção em risco; a Convenção de Berna só se altera, também, por consenso – art. 27. Por essa razão, parecia que levar novas demandas para novos tratados seria uma opção menos arriscada.[127]

Como o primeiro texto publicado pela OMPI para o que seria o futuro WCT fosse basicamente a agenda digital norte-americana, com algum toque europeu,[128] e o Comissário Lehman fosse o líder da delegação

---

122 Coalizão do Futuro Digital. (tradução minha)

123 Coalizão dos Direitos Privados de Gravação. (tradução minha)

124 Formada após o caso Sony Betamax (1984), ao qual se refere adiante.

125 LITMAN, 2001, p. 124.

126 Para visões opostas sobre o que significava o White Paper, ver SAMUELSON (1996a) e GILSON (1996).

127 A informação foi oferecida pelo prof. Bernt Hugenholz, professor e diretor do Institute for Information Law (IViR) da Universidade de Amsterdam, no curso de verão naquele instituto entre 3 e 7 de julho de 2017. Também nesse sentido ver: AFONSO, 2008, p. 151.

128 SAMUELSON, 1996, p. 374.

norte-americana nas negociações, a oposição interna dos Estados Unidos entendeu a estratégia como uma manobra de ver a Agenda aprovada como instrumento internacional, para que então não restasse alternativa ao Congresso Americano senão aprová-la, e começou a frequentar as reuniões da OMPI e outros encontros regionais para levar suas preocupações.[129]

A mobilização sensibilizou delegações de diversos países, e, no fim da Conferência Diplomática, nenhum ponto da Agenda Digital passou como queria a delegação norte-americana.[130] A proposta de um tratado de bases de dados sequer foi adiante. Foram aprovados o WCT e o WPPT, e era principalmente em torno do WCT que se deram as disputas pela Agenda Digital. O Tratado pensado para ampliar proteções para diversos usos no contexto digital sairia muito mais parecido com o que Samuelson caracteriza como a abordagem de equilíbrio de direitos que caracterizava já o direito autoral norte-americano – o texto do WCT, inclusive, afirmaria expressamente "a necessidade de manter um equilíbrio entre os interesses dos autores e o interesse do público, particularmente educação, pesquisa e acesso à informação".[131]

Nesse ponto, vale observar o que Band,[132] caracteriza como a marcante diferença entre a política *interna* de propriedade intelectual norte-americana, e sua política *externa*. A diferença tem um caráter primeiro institucional: enquanto a política interna é formulada por um conjunto de instituições do Executivo, como o Patent and Trademark Office,[133] a Casa Branca, o U.S. Trade Representative (USTR),[134] entre outras, mas

---

[129] Pamela Samuelson menciona o protagonismo de alguns atores: Peter Choy, pela Sun Microsystems, Inc. T American Committee for Interoperable Systems; Adam Eisgrau, lobista pela American Library Association e da Digital Future Coalition; Peter Harter, *public policy counsel* da Netscape Communications Corp; e Jerome H. Reichman, professor da Vanderbilt, como International Council of Scientific Unions. Cf.: SAMUELSON, 1996.

[130] SAMUELSON, 1996b, p. 375.

[131] No original: "Recognizing the need to maintain a balance between the rights of authors and the larger public interest, particularly education, research and access to information, as reflected in the Berne Convention". Cf.: WORLD INTELLECTUAL PROPERTY ORGANIZATION. WIPO Copyright Treaty. Disponível em: <https://www.wipo.int/treaties/en/text.jsp?file_id=295166>. Acesso em: 18 fev. 2019. (tradução minha)

[132] BAND, 2013.

[133] Escritório de Patentes e Marcas. (tradução minha)

[134] Ministro do Comércio Exterior. (tradução minha)

também pelo Congresso e pelas Cortes – sem jurisdição específica para as questões de direito autoral –, a política externa é formulada somente pelas instituições do Executivo, tendo o USTR centralidade. Do ponto de vista substantivo, o direito autoral interno norte-americano é permeado por preocupações de balanço entre forte proteção e *enforcement*, e fortes limitações e exceções, sendo ambas entendidas como centrais para a promoção da criatividade. A política externa seria completamente distinta:

> Por outro lado, a política externa de direitos autorais dos EUA historicamente não refletiu nenhum desses saldos. Durante décadas, o governo dos Estados Unidos buscou, por meio de acordos internacionais, aumentar a proteção de direitos autorais para os produtos norte-americanos vendidos no exterior. Nos acordos de livre comércio, ACTA e TPP, os EUA defenderam consistentemente uma expansão dos direitos e mecanismos de execução, sem pressionar simultaneamente as limitações e exceções presentes nos direitos autorais dos EUA, como o uso justo. Em essência, o governo dos EUA perseguiu uma exportação assimétrica de provisões de direitos autorais dos EUA. (A única exceção foi o apoio do governo dos EUA aos *safe harbours* de estilo DMCA para provedores de serviços de Internet).[135]

É esse contexto que Samuelson[136] tem em mente quando argumenta que o WCT saiu muito mais parecido com o direito autoral doméstico norte-americano que com a Agenda Digital apresentada no *White Paper* de 1995. Pode ser também uma leitura do motivo pelo qual acadêmicos e ativistas norte-americanos se engajaram tanto com a discussão: tinham preocupação primariamente com seu direito interno. Adiante, analisam-se os pontos da Agenda Digital e a forma como acabaram sendo tratadas no WCT.

3.1. CÓPIAS TEMPORÁRIAS (RAM) COMO REPRODUÇÕES

Como um elemento central da Agenda Digital dos EUA na OMPI, estava o direito de detentores de direito autoral de controlar cópias temporárias de suas obras em memória de computador. A ideia era que os detentores pudessem controlar qualquer acesso, visualização, uso de uma obra protegida, e que intermediários de Internet tivessem responsabilidade objetiva por qualquer violação por terceiros. O *Chairman* da Standing Committee on Copyrights and Related Rights da OMPI (SCCR) propôs, no primeiro texto para o WCT, um artigo 7(1), que estabelecia que o direito de reprodução – 9(1) – de Berna incluía reprodução direta, indireta, permanente

---

[135] BAND, 2013, n.p.
[136] SAMUELSON, 1996b.

ou temporária, de qualquer maneira ou forma, com a possibilidade de os países implementarem uma limitação somente no caso de a reprodução ser somente transiente ou incidental de uma utilização já autorizada – art. 7(2).

Preocupadas que o texto contemplasse, além de até mesmo as cópias temporárias feitas em um computador quando do uso de um CD-ROM comprado de forma lícita, aquelas feitas em servidores de intermediários, empresas de telecomunicações firmaram forte oposição, escrevendo inclusive uma carta ao residente Clinton afirmando que não apoiariam nenhum tratado que tivesse uma provisão como o artigo 7.[137]

Além de ter sido proposta pelo Chairman Liedes, a redação do art. 7 de início tinha o apoio de funcionários da OMPI, das delegações norte-americanas e da Europa, e de alguns de seus aliados; como a oposição foi ampla e contou com acadêmicos importantes não somente dos Estados Unidos, mas também de países como Austrália, Cingapura, África do Sul, e Dinamarca, ao final da segunda semana da conferência diplomática, o Chairman Liedes propôs uma nova redação, deixando claro que as provisões do art. 7 não excluíam o 9(2) de Berna, ou seja, a possibilidade de limitações e exceções que não conflitassem com a exploração normal da obra ou prejudicassem de forma injustificada os interesses legítimos dos autores.[138] As empresas de telecomunicações não ficariam ainda satisfeitas, pois queriam que o 7(2) explicitamente excluísse cópias temporárias feitas na transmissão de cópias digitais; o Grupo Africano opunha-se, naquele momento, a não ter sido contemplada sua proposta antiga de proteção do "folclore". Depois de sessões privadas de negociação sem nenhum consenso, no último dia da conferência, 20 de dezembro de 1996, foi proposta uma moção pela eliminação completa do artigo 7 – 20 de dezembro de 1996.

Uma hora e meia antes de terminar a conferência, os Estados Unidos pediram pela inserção de uma Declaração Concertada relativa a esse direito de reprodução, afirmando que o art. 9 de Berna, sobre esse direito, aplicava-se ao ambiente digital – incluindo as exceções –; que armazenamento de obra digital é uma reprodução, nos termos do art. 9 de Berna – foi controverso, e passou por maioria –; que *download* e *upload* seriam reproduções nos termos de Berna, o que foi rejeitado.

> Declaración concertada respecto del Artículo 1(4): El derecho de reproducción, tal como se establece en el Artículo 9 del Convenio de Berna, y las excepciones permitidas en virtud del mismo, son totalmente aplicables en el entorno digital, en particular a la utilización de obras en forma digital. Queda

---

[137] SAMUELSON, 1996b, p. 387.
[138] SAMUELSON, 1996b, p. 388.

entendido que el almacenamiento en forma digital en un soporte electrónico de una obra protegida, constituye una reproducción en el sentido del Artículo 9 del Convenio de Berna.[139]

Como a proposta dos Estados Unidos não foi aprovada por consenso, mas por maioria, muitos delegados foram contra a adoção da Declaração Concertada, que, afirmavam, "não satisfazia os padrões vinculantes de interpretação de tratados estabelecidos na Convenção de Viena para Direito dos Tratados de 1969";[140] outras delegações alegavam que as regras da Conferência podem permitir a aprovação por maioria. Segundo Samuelson, a própria OMPI deve ter se debatido internamente sobre o tema após a Conferência, já que as duas Declarações Concertadas aceitas foram publicadas no site da OMPI quase um mês depois do Tratado – que foi publicado em dias.

A adoção dessas Declarações Concertadas fez com que diferentes visões do tratado pudessem ser adotadas: por aqueles que haviam apoiado o art. 7, de que eles, somados ao artigo 9(1) de Berna, faziam com que cópias temporárias fossem reproduções nos termos de Berna, ou seja, reproduções que detentores de direitos podem controlar; outros interpretariam que a queda do art. 7 significara exatamente o contrário.

> O mais honesto que se pode afirmar sobre a cópia temporária de obras em memórias de computadores é que não há consenso internacional sobre o tema. Ainda assim, é significativo que o tratado assinado em Genebra não inclua uma provisão sobre cópias temporárias, dada a intenção das delegações dos Estados Unidos e da Europa em obter essa provisão.[141]

3.2. AS TRANSMISSÕES DIGITAIS

O texto da delegação norte-americana para a OMPI, seguindo o *White Paper*, era no sentido de que as transmissões digitais fossem tratadas como *distribuições de cópias ao público* – enquanto a União Europeia sugeria que as transmissões fossem tratadas como *comunicação ao público*. Vale lembrar que a Convenção de Berna não prevê o direito patrimonial de distribuição, e o de comunicação ao público somente a algumas categorias de obras.[142]

---

139 WIPO COPYRIGHT TREATY. Tratado de la OMPI sobre Derecho de Autor (WCT). Disponível em: <http://www.wipo.int/wipolex/en/treaties/text.jsp?file_id=295167>. Acesso em: 4 out. 2018.

140 SAMUELSON, 1996b, p. 391.

141 SAMUELSON, 1996b, p. 392.

142 AFONSO, 2008, p. 155.

Para Samuelson,[143] havia aí uma disputa simbólica – que concepções de direito autoral deveriam ter hegemonia na arena internacional? –, já que os Estados Unidos não previam em seu ordenamento um direito exclusivo de comunicação ao público, enquanto na União Europeia não havia uniformemente um direito de distribuição. Na opinião de Samuelson, tratava-se de um movimento ousado para os Estados Unidos, que fazia apenas poucos anos havia aderido à Convenção de Berna. A proposta de consenso do Chairman Liedes foi a de que os Estados dessem aos detentores de direito autoral direitos exclusivos tanto de controlar distribuição de cópias, quanto de controlar comunicações ao público, e estabelecer que transmissões, no entanto, seriam consideradas comunicação ao público, nos termos desejados pela Europa – redação final: art. 8.

> Artigo 8
> Direito de comunicação ao público
> Sem prejuízo do disposto nos Artigos 11.1) ii), 11bis.1) i) e ii), 11ter, 1) ii), 14.1) ii) e 14bis.1) da Convenção de Berna, os autores de obras literárias e artísticas gozarão do direito exclusivo de autorizar qualquer comunicação ao público de suas obras por fios ou meios sem fio, incluindo a disponibilização ao público de suas obras, de tal forma que os membros do público possam ter acesso a essas obras a partir do local e no momento escolhidos por eles .[144]

Os Estados Unidos não insistiram em outro texto, entendendo que não seria necessário criar outro direito exclusivo, já que os tratados da OMPI podem ser implementados com nomenclaturas diferentes nos diferentes países, desde que o resultado prático seja o mesmo.

> Parece, pois, que as partes contratantes do Tratado têm a liberdade para cumprir a obrigação de conceder o direito exclusivo de autorizar tal colocação à disposição do público, tanto mediante a aplicação de um direito distinto do direito de comunicação ao público quanto mediante a combinação de diferentes direitos. Por direito distinto entendia-se o direito de distribuição ou, também, um novo direito específico, como o direito de colocar à disposição do público previsto nos arts. 10 e 14 do WPPT.[145]

---

143 SAMUELSON, 1996b, p. 393.

144 No original: "Artículo 8

Derecho de comunicación al público

Sin perjuicio de lo previsto en los Artículos 11. 1)ii), 11 bis. 1)i) y ii), 11 ter,1)ii), 14.1)ii) y 14bis.1) del Convenio de Berna, los autores de obras literarias y artísticas gozarán del derecho exclusivo de autorizar cualquier comunicación al público de sus obras por medios alámbricos o inalámbricos, comprendida la puesta a disposición del público de sus obras, de tal forma que los miembros del público puedan acceder a estas obras desde el lugar y en el momento que cada uno de ellos elija".

145 AFONSO, 2008, p. 156.

Assim a comunicação ao público passou a conter o acesso a obras em um lugar e hora individualmente escolhidos pelo público – direito de colocação à disposição do público, ou *making available right*. E, devido a preocupações de empresas de telecomunicações, foi aprovada uma Declaração Concertada de que a provisão de serviços para transmissão não deveria ser entendida como comunicação ao público. "Isso, junto com a omissão do artigo 7 do tratado final, significava que as companhias telefônicas e OSPs podiam finalmente respirar com tranquilidade sobre o tratado de copyright que emanaria de Genebra".[146]

3.3. LIMITAÇÕES A DIREITOS DOS USUÁRIOS

Na tentativa de restringir o quanto possível as limitações aos direitos dos titulares, o objetivo inicial da delegação norte-americana era não só que o Tratado não criasse novas limitações e exceções, mas também que fossem questionadas e restringidas particularmente aquelas já existentes, no que dizia respeito a obras digitais; os principais alvos eram o direito de exaustão – *first sale rule*, nos EUA –, o *fair use* e privilégios e doutrinas semelhantes, como o *fair dealing* canadense. Embora a delegação norte-americana não tenha proposto texto específico, suas submissões à OMPI e ao Comitê de Especialistas expressavam a preocupação de que limitações e exceções seriam prejudiciais aos interesses dos detentores de direitos, e ela se opôs expressamente à proposta de permissão de realização de cópia privada feita pela delegação do Uruguai.

Uma consequência central da caracterização de transmissões digitais como comunicação ao público é que isso significaria que não haveria "exaustão de direitos" quanto a transmissões digitais. O art. 10 do Tratado praticamente repetiu o 9(2) da Convenção de Berna – regra dos três passos para limitações exceções –, aplicando-se a todos os direitos exclusivos, como era o caso do TRIPS (art. 13); o caminho no entanto foi polêmico, por causa do tom geral dos comentários do Chairman no primeiro *draft* – o ambiente digital como fonte de preocupações, de forma hostil a limitações e exceções, e por causa da grande mobilização de organizações de defesa do interesse público, principalmente norte-americanas.[147]

---

[146] SAMUELSON, 1996b, p. 397.

[147] No entanto, "it is understood that the provisions of Article 10 permit Contracting Parties to carry forward and appropriately extend into the digital environment limitations and exceptions in their national laws which have been considered acceptable under the Berne Convention. Similarly, these provisions should be understood to permit Contracting Parties to devise new exceptions and limitations that are

Vale apontar que não somente o tratado acabou permitindo que Estados nacionais continuassem podendo criar limitações e exceções de acordo com as regras anteriores, como também se adicionou, ao preâmbulo da proposta original, um parágrafo deixando claro que um dos objetivos do tratado era atingir um equilíbrio entre os direitos dos detentores de direitos autorais e o público. Escrevendo do ponto de vista de uma acadêmica historicamente ligada a pautas de defesa do equilíbrio e do interesse público, Samuelson afirmou que

> Esse preâmbulo representa um desenvolvimento imenso na política internacional de direito autoral. [...] Apesar de o draft inicial do Chairman ser consistente com uma abordagem à política de direito autoral ligada ao comércio, o tratado final reafirma fé no conceito de manter um equilíbrio entre interesses privados e públicos no desenvolvimento de políticas de direito autoral, e em reconhecer que educação, pesquisa e acesso à informação estão entre os valores sociais importantes a que uma lei de direito autoral bem-formada deveria servir.[148]

3.4. TECNOLOGIAS DE "CONTORNO" AOS DISPOSITIVOS TÉCNICOS DE PROTEÇÃO

O futuro no qual *White Paper* parecia acreditar era um futuro em que a tecnologia, como a criptografia, seria usada para proteger obras, e, assim, expressava-se a preocupação com proibir a violação a essas tecnologias. O grande incentivador desse tipo de regra foi a indústria cinematográfica norte-americana – que tinha tradição na abordagem de controle sobre tecnologias que permitem violação, como foi o caso na importante disputa da Sony *versus* Universal de 1984, também conhecido por Sony Betamax –,[149] que, tendo fracassado em aprovar medidas semelhantes no Congresso norte-americano, juntou-se a outros apoiadores, como editores e produtores de *software*, para exercer pressão nas iniciativas da administração Clinton. Como o caráter global de uma proibição como essa era tanto mais desejável em nível internacional, já que se tratava de violação passível de ser cometida na Internet, incidir no processo

---

appropriate in the digital network environment. It is also understood that Article 10(2) neither reduces nor extends the scope of applicability of the limitations and exceptions permitted by the Berne Convention". SAMUELSON, 1996, p. 407-408.

148 SAMUELSON, 1996b, p. 409.

149 Uma versão resumida do caso pode ser encontrada em: SONY CORPORATION OF AMERICA *ET AL*. v. UNIVERSAL CITY STUDIOS, INC., ET AL. 464 U.S. 417 (1984). Disponível em: <https://cyber.harvard.edu/people/tfisher/1984%20Sony%20Abridged.pdf>. Acesso em: 4 out. 2018.

na OMPI era estratégico. Tanto o *White Paper* quanto a submissão dos Estados Unidos à OMPI argumentavam não haver razões para crer que uma provisão como essa poderia ameaçar o domínio público – o que era um persuasivo argumento da coalizão em torno do interesse público.

O artigo 13 do primeiro *draft* do Chairman Liedes seguia as propostas norte-americanas. Ele tentava já de início acalmar possíveis tensões, afirmando no documento que os Estados teriam liberdade substancial na implementação da norma, e inserindo, como novidade, o requisito, para punição, do *conhecimento* de que um equipamento seria usado para violação de dispositivos técnicos, liberando assim fabricantes que esperassem usos legais de seus equipamentos. Muitos delegados, ainda assim, preocupavam-se ainda com as implicações que essa regra teria para o domínio público e para as limitações e exceções.[150] A preocupação era que, com os dispositivos técnicos de controle, obras em domínio público ficassem encerradas detrás de camadas de tecnologia, sem que os usuários pudessem fazer nada para exercer seus direitos em relação às obras – e o mesmo em relação a usos permitidos pelas legislações. Além disso, o requisito do "conhecimento", entendia-se, podia levar facilmente à interpretação de que um fabricante que constrói uma tecnologia de "contorno" – *circumvention* – "tem intenção quanto às consequências naturais de suas ações", um entendimento que decorria do próprio comentário ao art. 13.[151]

Os Estados Unidos tentaram então encontrar uma delegação nacional que propusesse uma solução de compromisso – um texto simples, estabelecendo que Estados tivessem "proteção legal adequada e efetiva contra tecnologias e serviços de 'contorno'" – e assim nasceu o artigo 11.

3.5. PROTEÇÃO DE INTEGRIDADE DE INFORMAÇÕES SOBRE GESTÃO DE DIREITOS

Um outro ponto da agenda digital dos Estados Unidos era a proteção da integridade de informações sobre gestão de direitos – Copyright Management Information (CMI) –, quando anexadas a cópias digitais de obras protegidas; o *White Paper* queria tornar ilegal não só remover ou alterar informações dessa espécie, mas o ato de distribuir, com conhecimento, obras com CMI alterada sem autorização do detentor do direito. O primeiro *draft* do Chairman seguiu o *White Paper* e, nos co-

---

[150] SAMUELSON, 1996b, p. 413.

[151] SAMUELSON, 2006b, p. 413-414.

mentários, determinou que penalidades civis e criminais deveriam ser aplicadas à violação das informações, mas definia Rights Management Information de forma mais restrita – respondendo a preocupações de privacidade levantadas em relação ao *White Paper*. Essa provisão não foi muito polêmica, mas ainda assim gerou preocupações, como a de que ficariam proibidas ações que não seriam prejudiciais aos autores, como por exemplo alterações de mera correção, depois de uma mudança de titularidade das obras; assim, no texto final, a ilegalidade ficou atrelada a mudanças que servem para facilitar ou esconder infrações – novamente, uma solução de compromisso.

> Artigo 12
> Obrigações relativas à informação sobre a gestão de direitos
> (1) As Partes Contratantes providenciarão recursos legais efetivos contra qualquer pessoa que, com conhecimento de causa, realize qualquer um dos seguintes atos sabendo ou, com relação às medidas civis, tendo motivos razoáveis para saber que induz, permite, facilita ou oculta uma violação. de qualquer dos direitos previstos no presente Tratado ou na Convenção de Berna:
> (i) elimine ou altere, sem autorização, qualquer informação eletrônica sobre a gestão de direitos;
> (ii) distribua, importe para distribuir, emita ou comunique ao público, sem autorização, cópias de obras, sabendo que as informações eletrônicas sobre a gestão de direitos foram excluídas ou alteradas sem autorização.
> (2) Para os propósitos deste Artigo, "informação sobre a gestão de direitos" significa informação que identifica a obra, o autor da obra, o titular de qualquer direito sobre a obra, ou informação sobre os termos e condições de utilização das obras, e qualquer número ou código que represente tal informação, quando qualquer um desses elementos de informação estiver anexado a um exemplar de uma obra ou aparecer em conexão com a comunicação ao público de uma obra.[152]

---

[152] No original: "Artículo 12

Obligaciones relativas a la información sobre la gestión de derechos

(1) Las Partes Contratantes proporcionarán recursos jurídicos efectivos contra cualquier persona que, con conocimiento de causa, realice cualquiera de los siguientes actos sabiendo o, con respecto a recursos civiles, teniendo motivos razonables para saber que induce, permite, facilita u oculta una infracción de cualquiera de los derechos previstos en el presente Tratado o en el Convenio de Berna:

(i) suprima o altere sin autorización cualquier información electrónica sobre la gestión de derechos;

(ii) distribuya, importe para su distribución, emita, o comunique al público, sin autorización, ejemplares de obras sabiendo que la información electrónica sobre la gestión de derechos ha sido suprimida o alterada sin autorización.

3.6. DIREITOS SOBRE BASES DE DADOS

Entrando de forma tardia na Agenda Digital dos Estados Unidos na OMPI, a proposta norte-americana consistia na previsão de direitos exclusivos *sui generis*, para além do que havia sido acordado no TRIPS: ficariam proibidas extrações e usos de conteúdos em bases de dados. A proposta foi uma reação à diretiva europeia então recém-aprovada – com previsão de reciprocidade, ou seja, somente proteger bases de dados de titulares estrangeiros se naquele país também houvesse a proteção – e a proposta europeia de universalizar essa norma; a indústria norte-americana não estava satisfeita com o modelo da proposta europeia, particularmente no que se referia à reciprocidade, e queria tomar a dianteira em uma regulação internacional do tema. O *Chairman Liedes* propôs um texto misturando as propostas europeia e norte-americana na parte em que estavam de acordo, e dando alternativas nas partes onde não havia acordo.

A comunidade científica norte-americana foi fortemente reativa à proposta. Uma carta conjunta da National Academy of Sciences, a National Academy of Engineering e o National Institute of Medicine ao Secretário de Comércio norte-americano Mickey Kantor argumentava que a proposta sendo defendida pelos Estados Unidos e pela Europa seriam prejudiciais ao acesso e ao uso de dados científicos por pesquisadores e educadores, com impacto nas capacidades de pesquisa a longo prazo. Como suspeitas começassem a surgir também em outras delegações, o assunto foi retirado de pauta completamente.

Para Samuelson, o processo na OMPI foi marcado por abertura e amplo debate, e por uma rápida diminuição do prestígio da posição norte-americana quanto à proposta inicial. Em um dado momento, até mesmo no Congresso norte-americano começaram a surgir preocupações – em especial pelo senador republicano Orrin Hatch, *chair* do comitê do Senado que analisaria legislação de direito autoral, de que o *lobby* feito pelo Comissionário Lehman em Genebra estaria sendo feito em prejuízo das decisões do Congresso; a oposição interna ao *White Paper* também continuara mobilizando funcionários do governo Clinton em busca de ouvidos. Como a OMPI houvesse aberto um período de consulta pública quanto ao tratado pouco mais de

---

(2) A los fines del presente Artículo, se entenderá por "información sobre la gestión de derechos" la información que identifica a la obra, al autor de la obra, al titular de cualquier derecho sobre la obra, o información sobre los términos y condiciones de utilización de la obras, y todo número o código que represente tal información, cuando cualquiera de estos elementos de información estén adjuntos a un ejemplar de una obra o figuren en relación con la comunicación al público de una obra".

um mês antes da Conferência Diplomática, as preocupações já vinham sendo ventiladas antes mesmo das discussões presenciais. Na Conferência Diplomática, as discussões se dão em um âmbito mais amplo que a Standing Committee on Copyright and Related Rights (SCCR), e, portanto, com delegados não especialistas em direito autoral; ali, assim, o poder de que gozavam as delegações norte-americana e europeia na SCCR estava consideravelmente diminuído.[153] Além disso, a queda prematura da negociação das bases de dados, que os Estados Unidos pretendiam que fossem tema de um terceiro tratado, teria afetado a credibilidade daqueles negociadores.

> Eles esperavam voltar com três tratados para agradar as indústrias da informação nos Estados Unidos, que havia tão fortemente apoiado o presidente Clinton na sua candidatura de reeleição. O fracasso do tratado de base de dados também manchou a imagem que a delegação dos EUA, que havia tentado se projetar como um grupo de futuristas desinteressados que estudaram profundamente as questões complexas e chegaram à solução certa para o futuro. E tornou mais fácil para os delegados expressar amplas preocupações sobre as implicações para a ciência, a pesquisa e a educação que provavelmente fluiriam das normas altamente protecionistas que os Estados Unidos e a União Europeia queriam para um tratado de direito autoral e outro sobre bases de dados. Essas preocupações se espalharam de forma a afetar as negociações sobre os projetos de artigos 7 e 12 do projeto de tratado, bem como sobre o preâmbulo do tratado de direitos autorais, afirmando o objetivo do tratado de equilibrar os direitos dos autores e os direitos dos usuários, com a devida atenção às necessidades e preocupações da ciência e da educação.[154]

A diferença em relação ao sucesso da delegação norte-americana na negociação do TRIPS, anos antes, estava provavelmente em, neste momento, não se estarem propondo normas amplamente aceitas na comunidade internacional, já que se tratavam de regras para um futuro digital ainda inexistente. De qualquer forma, conseguiram pequenas vitórias, como a determinação de que o direito autoral se aplica ao ambiente digital, que o armazenamento é uma reprodução que está no âmbito do controle do autor, que as transmissões são protegidas – ainda que como comunicação ao público –, que Estados devem dar proteção adequada e efetiva contra "contorno" – *circumvention* – e alteração de informações sobre gestão de direitos, e que a OMPI tinha que fazer mais discussões para um tratado para bases de dados – numa linha muito mais semelhante ao que já era previsto na legislação norte-americana então. Nesse escopo mais reduzido, o WCT teve o papel mais central de explicar as normas vigentes, esclarecendo conceitos.[155]

---

153 SAMUELSON, 1996b, p. 433.

154 SAMUELSON, 1996b, p. 434.

155 AFONSO, 2008, p. 153.

4. O NOVO INSTRUMENTO, OU WPPT

O WPPT, por sua vez, não inovou substancialmente em relação ao que já determinava o TRIPS. Havia no TRIPS uma tentativa de encontrar uma neutralidade de termos – nos Estados Unidos, *sound recordings* são obras; em um sistema continental – de direitos conexos –, o fonograma é um objeto, que tem proteção. Na opinião de Gervais,[156] a contradição é mais aparente que real – o termo fonograma é amplo o suficiente para cobrir o que seria entendido como *sound recording* em outros sistemas. De qualquer forma, o WPPT definiu fonograma como:

> Artigo 2
> Definições
> Para fins do presente Tratado, entender-se-á por: [...]
> b) "fonograma", qualquer fixação dos sons de uma execução ou interpretação ou de outros sons, ou de uma representação de sons que não seja em forma de uma fixação incluída numa obra cinematográfica ou audiovisual; [...].[157]

Essa definição é um exemplo de como um dos papeis centrais do WPPT foi o de atualização de conceitos para os avanços da tecnologia digital. Na definição não está somente a fixação de de sons de uma interpretação ou execução, mas também a fixação de "outros sons", incluindo criados diretamente por meios eletrônicos.[158]

Uma outra diferença é que o TRIPS protege somente os intérpretes músicos – havia a preocupação de proteger os atores, e eles se organizarem em gestão coletiva e ganhar poder de pressão; autores e sociedades de gestão coletiva de autores tinham a preocupação de que isso diminuiria a fatia do autor.[159] Além disso, o WPPT previu direitos morais aos intérpretes e executantes, em seu artigo 5(1) – direito de reivindicar ser identificado, e de se opor a deformação, mutilação ou outra modificação que cause prejuízo à sua reputação –, foram também garantidos a eles direitos patrimoniais exclusivos, e, como novidade, os direitos – exclusivos – de colocação à disposição do público, e o de distribuição.

---

[156] GERVAIS, 2008, p. 254.

[157] No original: "Artículo 2
Definiciones
A los fines del presente Tratado, se entenderá por: [...]
(b) "fonograma", toda fijación de los sonidos de una ejecución o interpretación o de otros sonidos, o de una representación de sonidos que no sea en forma de una fijación incluida en una obra cinematográfica o audiovisual; [...]".

[158] AFONSO, 2008, p. 161.

[159] GERVAIS, 2008, p. 255.

O WPPT, por sua vez, incluiu a *interpretação*; assim, no WPPT os atores ganharam um direito, embora não exclusivo; na Convenção de Roma, os artistas intérpretes em obras audiovisuais não eram sequer protegidos.[160] Uma outra novidade é que a definição de "artista intérprete ou executante", aqui, inclui "expressões do folclore":

> Artigo 2
> Definições
> Para fins do presente Tratado, entender-se-á por:
> (a) "artistas intérpretes ou executantes", todos os atores, cantores, músicos, dançarinos ou outras pessoas que representem um papel, cantem, recitem, declamam, interpretem ou executem de qualquer forma obras literárias ou artísticas ou expressões de folclore; [...].[161]

Por fim, organismos de radiodifusão ficaram excluídos tanto do WCT quanto do WPPT – foram previstos apenas os direitos de remuneração dos artistas intérpretes e executantes, e dos produtores de fonogramas, na utilização por radiodifusão.

5. O BRASIL NAS CONVENÇÕES DA OMPI

O Brasil participou das negociações diplomáticas que resultaram nos Tratados; o deputado Aloysio Nunes Ferreira, então já o relator do PL 5.430/90, que propunha uma nova legislação autoral para o Brasil, foi enviado pelo Congresso a Genebra para acompanhar as discussões.[162] Sobre a participação brasileira na Conferência, Aloysio relatou, quase um ano depois, em reunião da Comissão Especial que discutiria a lei de direitos autorais:

> Quero dizer aos colegas que fiquei muito impressionado pela importância da posição brasileira num fórum internacional como esse, que reunia cerca de 130 países. Quando a delegação brasileira se pronunciava as pessoas prestavam atenção. Com relação à posição brasileira, fosse no grupo latino-americano, grupo que se reunia à parte para tentar coordenar as posições de interesse da América Latina, fosse no plenário, havia muita expectativa a respeito do que a delegação

---

[160] AFONSO, 2008. p. 142.

[161] No original: "Artículo 2
Definiciones
A los fines del presente Tratado, se entenderá por:
(a) "artistas intérpretes o ejecutantes", todos los actores, cantantes, músicos, bailarines u otras personas que representen un papel, canten, reciten, declamen, interpreten o ejecuten en cualquier forma obras literarias o artísticas o expresiones del folclore [...]".

[162] Ref. 4.49, Pesquisa, Câmara dos Deputados, Notas, 10/09/1997.

brasileira iria dizer. Porque, como dizia a Deputada Marta Suplicy, somos um grande mercado cultural, somos o sexto mercado fonográfico do mundo.[163]

No entanto, a decisão final da delegação brasileira foi por não assinar nenhum dos Tratados. Há algumas versões conflitantes ou complementares sobre os motivos pelos quais o Brasil decidiu não tomar parte. Uma delas diz respeito à discordância a respeito da adoção das Declarações Concertadas sobre reprodução, que, propostas pelos Estados Unidos, não atingiram consenso. O Grupo Interministerial de Propriedade Intelectual (GIPI) – que apresentaremos adiante – teria feito uma reclamação ao Itamaraty, mas, uma vez publicado o Tratado, nada mais se fez. "Fomos realmente atropelados", afirmou José Vaz, então servidor da DDI-MinC.[164]

Samuel Barrichello, que foi assessor do Coordenador de Direitos Autorais do MinC na década de 1990, afirmou também que havia uma postura do Ministério das Relações Exteriores, nisso informado pela Coordenação de Direito Autoral do Ministério da Cultura, de não permitir que o direito autoral fosse utilizado como moeda de troca para outras negociações, como estava sendo – ou seja, uma posição relativa a soberania.[165] Essa seria também a posição do GIPI – que incluía o MRE, e sobre o qual se discorrerá adiante. Nas negociações relativas à ALCA, ou com o Mercosul e com a União Europeia, naquele momento, o ponto de adesão aos novos tratados da OMPI sempre surgia como item de negociação.[166] Outro funcionário público, que pediu para não ser identificado, afirmou que o Itamaraty não era transparente naquele momento quanto ao que queria e o que não queria utilizar como moeda de troca.

João Carlos Muller Chaves, lobista da ABPD até 2016, por sua vez, tem a visão de que o Brasil não assinou os tratados por ideologia, ou seja, "porque os Estados Unidos que queriam".[167] E a versão mais costumeiramente repetida é que o Brasil teria adotado a posição de não assumir

---

163 Ref. 4.49, Pesquisa, Câmara dos Deputados, Notas, 10/09/1997.

164 Informação verbal, 2016.

165 Informação verbal, 2016.

166 VAZ, informação verbal, 2016.

167 Informação verbal, 2017. Ele também relatou que os tratados eram moeda de negociação em relação a outros interesses sendo negociados no momento, e entravam na equação diplomática. E chegou a afirmar que o nível de proteção pelo qual os Estados Unidos vieram advogando pode mesmo ser excessivo. 'Os Estados Unidos, liderando esse movimento, vêm cada dia mais aumentando o nível de proteção ao direito autoral, coisa que como advogado da área eu acho muito bom! Mas pode ser até exagero. A proteção que era os 50 anos, mínimo, é 70" [referindo-se aos acordos comerciais que vêm sendo negociados recentemente com os Estados Unidos].

mais obrigações internacionais que as adotadas no TRIPS, ou seja, obrigações TRIPS-*plus*. Embora distintos atores do campo do direito autoral repitam essa informação, não há quaisquer registros que a comprovem. Otávio Afonso, de quem o próximo capítulo trata em detalhes, e que era o Coordenador de Direito Autoral do MinC, escreveria em 2008:

> Os elementos impeditivos para a aprovação dos referidos instrumentos parecem ter sido possíveis implicações de obrigações internacionais desses instrumentos e as negociações, até então em curso, no âmbito da Área de Livre Comércio das Américas (Alca) e do chamado Comitê de Negociações Birregionais, e no âmbito do Mercosul e União Europeia. Depreende-se, pela leitura de alguns documentos oficiais, que o Brasil adotou uma estratégia de só negociar até o patamar imposto por TRIPS (no âmbito da OMC), quando as matérias substantivas de ambos os Tratados da OMPI são, notoriamente, TRIPS-plus.[168]

Ainda que exista a posição de não negociar para além do TRIPS, não parece ser uma posição com base substantiva, no sentido de se querer garantir menos direitos de propriedade intelectual ou mais usos permitidos, porque as disposições do Tratado foram adotadas de qualquer forma. Será explorado posteriormente que, quando da negociação da Lei n. 9.610/98, o GIPI construiu uma proposta para o Executivo, e essa proposta não contemplava *menos* proteção do direito autoral, ou o não cumprimento aos Tratados da OMPI, pelo contrário.

É evidente, também, que, ao contrário do que ocorreu nos Estados Unidos, a negociação dos Tratados não mobilizou a esfera pública brasileira. Não há qualquer referência a esse processo, por exemplo, nos jornais *O Estado de S. Paulo*, *O Globo* e *Folha de São Paulo* nos anos de 1996 e 1997.[169]

Ainda assim, veremos em seguida, o WCT e o WPPT foram levados em consideração por diferentes atores no momento de formulação e negociação da nova lei, e, pode-se afirmar, com alguns espaços de dissensos interpretativos que serão objeto do próximo capítulo, foram integralmente incorporados no ordenamento jurídico nacional.

---

[168] AFONSO, 2008, p. 151.

[169] Pesquisa feita nos acervos *on-line* dos três jornais.

4. A TRAMITAÇÃO DA LEI N. 9.610/98

> *Se você pensa do ponto de vista dos interesses, você acaba lendo a lei, por assim dizer, em tiras*
>
> Samuel Barrichello, informação verbal, 2017.

Traçar o caminho legislativo percorrido até a aprovação da Lei n. 9.610/98 é voltar à propositura no Senado, pelo Senador Luiz Viana Filho (PMDB/BA), do Projeto de Lei n. 249/89 – chamado doravante somente Projeto Luiz Viana. Uma forma simplificada de compreender o seu percurso seria: aprovado no Senado, foi enviado à Câmara, onde ganhou o número 5.430/90. Foi distribuído em 1992 para a Comissão de Ciência e Tecnologia, Comunicação e Informática (CCTCI),[1] onde ficou dormente até 1995, quando foi designado como relator o então deputado pelo PMDB-SP Aloysio Nunes Ferreira.[2] Aloysio Nunes Ferreira deu parecer favorável ao projeto, analisou os apensos, e ofereceu um primeiro Substitutivo.[3] Em 12 de setembro de 1996, o presidente da Câmara dos Deputados resolveu constituir uma Comissão Especial para a discussão do PL n. 5.430/90 e seus apensos,[4] e, nessa comissão, Aloysio Nunes Ferreira – que naquele momento já havia se transferido para o PSDB – ofereceu um novo Substitutivo, em 10 de setembro de 1997.[5] Aloysio complementou o voto em 6 de novembro, adotando pequenas alterações sugeridas pelos deputados José Genoíno (PT-SP), Jandira Feghali (PCdoB-RJ) e Marta Suplicy (PT-SP), e um novo Substitutivo foi adotado. Aprovado o substitutivo, o projeto foi ao Plenário

---

1 Diário do Congresso Nacional, 14 de agosto de 1992, p. 18.494.

2 Diário do Congresso Nacional, 11 de março de 1995, p. 3.103.

3 Ref. 4.33, Pesquisa, Câmara dos Deputados, Lei e PLs, 19/02/1998.

4 Diário da Câmara dos Deputados, 27 de setembro de 1996, p. 25.880.

5 Diário da Câmara dos Deputados, 22 de outubro de 1997.

da Câmara, e foi discutido em turno único em 5 de dezembro de 1997, com a proposição de 74 emendas. Voltou à Comissão Especial, que ofereceu novo parecer em 10 de dezembro, mesma data em que foi votado no Plenário. Aprovado na Câmara, foi enviado ao Senado, onde foi aprovado em 5 de fevereiro e remetido à sanção presidencial.

A história seca da tramitação do projeto esconde seus aspectos mais relevantes. O primeiro deles é que, apesar de a Lei n. 9.610/98 ter herdado, em termos de organização do tema, a estrutura do projeto Luiz Viana – que é fundamentalmente a estrutura da Lei n. 5.988/73, vigente então –, em termos de conteúdo ela recebeu muito do Projeto Genoíno, e, portanto, das discussões feitas naquela comissão do CNDA. José Genoíno, em junho de 1990, pediu para retirar o seu PL 2.148/89, alegando que as emendas que o projeto havia recebido "alteraram completamente a sua filosofia original".[6] Em junho de 1992, no entanto, o deputado propôs o PL n. 2.951/92, que era uma versão repaginada do mesmo projeto, já incorporando algumas das críticas que foram feitas anteriormente, mas mantendo essencialmente o mesmo espírito. O PL foi apensado ao 5.430/90, que liderava por já ter sido aprovado no Senado.[7] Dos 33 projetos que estavam apensados ao PL 5.430/90 no momento de emissão do parecer na Comissão Especial, somente o Projeto Luiz Viana e o Projeto Genoíno eram propostas completas de novas leis autorais; os demais modificavam aspectos específicos da lei, e foram analisados pelos pareceres emitidos por Aloysio Nunes Ferreira na CCTCI e na Comissão Especial (CESP).

Além disso, entre a propositura do Projeto Luiz Viana no Senado e o primeiro Substitutivo na CCTCI da Câmara, aconteceram importantes desenvolvimentos no plano federal e internacional. Fernando Collor de Mello foi eleito, e, em reorganização do governo federal pela Lei n. 8.028, de 12 de abril de 1990, extinguiu o Ministério da Cultura, sendo desativado consequentemente o Conselho Nacional de Direito Autoral, que jamais voltaria a existir.

---

[6] Ref. 3.87, MinC, MinC – CDA, Estudo, dez/92.

[7] O Regimento Interno da Câmara dos Deputados (RICD), aprovado pela Resolução Interna n. 17, de 1989, e alterado pela Resolução n. 20, de 2016, determina, em seu artigo 143, que não sofreu alterações:

"Art. 143. Na tramitação em conjunto ou por dependência, serão obedecidas as seguintes normas:

I – ao processo da proposição que deva ter precedência serão apensos, sem incorporação, os demais;

II – terá precedência:

a) a proposição do Senado sobre a da Câmara;

b) a mais antiga sobre as mais recentes proposições. [...]"

No lugar do CNDA ficou um departamento dentro da recém-criada Secretaria de Cultura, chamado Coordenação de Direito Autoral. Por algum tempo, foi uma coordenação ocupada por apenas uma pessoa, Otávio Afonso, que, concursado do governo federal, liderava anteriormente o Centro Brasileiro de Informações sobre Direitos Autorais (CBI), dentro do CNDA. O MinC foi recriado em 19 de novembro de 1992, já pós-impeachment de Fernando Collor, pelo presidente Itamar Franco,[8] e assumiriam, até a aprovação da lei, diferentes Ministros de Estado da Cultura: Antônio Houaiss – até 1 de setembro de 1993 –, Jerônimo Moscardo – de 1 de setembro de 1993 a 9 de dezembro de 1993 –, Luiz Roberto Nascimento Silva – de 15 de dezembro de 1993 a 31 de dezembro de 1994 –, e Francisco Weffort – de 1 de janeiro de 1995 a 31 de dezembro de 2002, todo o período da presidência de Fernando Henrique Cardoso.

Em abril de 1994, o Brasil assinava o acordo TRIPS, e, como detalhado atrás, tinha cinco anos para incorporar as disposições do tratado na legislação, ou seja, o prazo de 1 de janeiro de 2000.

Entre 1995 e 1996, a Internet comercial começava a se popularizar no Brasil, o que também se dava em muitos outros países. Internacionalmente, as discussões sobre direito autoral foram profundamente afetadas pelas possibilidades e receios que a rede mundial de computadores colocava; discutiam-se novas legislações por toda parte, inclusive o famoso Digital Millenium Copyright Act (DMCA), aprovado nos Estados Unidos em 1998. E, em grande parte por pressões desse país, a OMPI começou a discutir os Tratados de 1996, que o Brasil não assinaria.

Atribui-se de forma bastante generalizada o texto proposto no Senado a um trabalho das gravadoras com o senador Luiz Viana Filho, em especial de Henry Jessen, falecido no início da década de 90, que, tendo sido diretor da Odeon nos anos 60/70 no Brasil, foi um influente propagador dos interesses da indústria fonográfica, e por João Carlos Muller Chaves, que assumiu essa posição central nos anos seguintes – que confirma a informação. Em entrevista, Muller Chaves afirmou que, uma vez passado o projeto no Senado, também a indústria fonográfica não insistiu na sua tramitação rápida. "Passou no Senado! O que a gente queria era a liderança. Na Câmara, deixa ver como é que fica. Quando começaram a mexer outra vez, nós mexemos também".[9]

---

[8] Lei n. 8.490/92.
[9] MULLER CHAVES, informação verbal, 1989.

O Projeto Genoíno, como vimos, vinha de uma articulação feita no âmbito do CNDA, e foi defendido principalmente pela Amar, que seguiu disputando o projeto nos anos seguintes à sua primeira propositura.

Da tessitura de todos esses fios nasceu a Lei n. 9.610/98. Este capítulo desembaraça-os, destacando o papel de cada processo, e como eles se combinaram para resultar em uma lei amada e odiada, que já passou por sucessivas tentativas de reforma, que para uns é extremamente moderna, e para outros já nasceu antiquada.

***

Para as discussões feitas neste capítulo, os apêndices podem ser de grande auxílio.[10] Eles apresentam comparações entre cinco textos: a Lei n. 5.988/98, a Lei n. 9.610/98, aprovada ao fim do processo, o PLS 249/89 – Projeto Luiz Viana, aprovado no Senado –, o Substitutivo oferecido por Aloysio Nunes Ferreira na CCTCI da Câmara dos Deputados, o Substitutivo oferecido por Aloysio Nunes Ferreira na Comissão Especial na Câmara dos Deputados, e a proposta do Executivo. Foram feitas comparações lado a lado entre vários deles, tanto para servir de apoio para o texto adiante, quanto como elemento de pesquisa autônomo, de forma que se identifiquem os pontos que foram sendo paulatinamente incorporados nas sucessivas versões do texto, de onde eles vinham, e que diferenças foram se produzindo em cada etapa e do começo até o fim do processo. O "Apêndice IV – Emendas de Plenário na Câmara dos Deputados", por sua vez, apresenta uma evolução simplificada desses textos, a partir da comparação dos títulos e capítulos que constavam em cada um deles.

1. O PROJETO LUIZ VIANA

O PL 249/89, do Senado, foi proposto pelo Senador Luiz Viana Filho (PMDB-BA), e publicado em 31/08/1989 no Diário do Congresso Nacional (DCN).[11] O início da Justificação do Projeto já deixava claro que sua premissa era oposta à do Projeto Genoíno: enquanto este partia da crítica de que a legislação autoral brasileira teria sido elaborada à revelia de seus maiores interessados, aqui Luiz Viana enaltecia essa mesma legislação, afirmando que "pode o Brasil orgulhar-se de ser uma das nações que melhor e mais firmemente protege os direitos dos criadores intelectuais".[12]

---

10 Um *link* foi disponibilizado no Apêndice II.

11 Ref 1.5, Dossiê MJ, Proposta, justificação + legislação antiga, Projeto de Lei, 31/08/89.

12 Ref. 2.6, Senado Federal, Projeto de Lei, 30/08/89.

> Luiz Viana Filho, nascido em 1908, foi Deputado Federal pela primeira vez no período de 1935-1937, pela LASP (Liga de Ação Social e Política da Bahia); esteve vinculado às forças políticas que formaram a UDN, pela qual se elegeu, em 1945, deputado da Assembleia Nacional Constituinte, pela Bahia. Advogado e professor, Luiz Viana Filho foi eleito membro da Academia Brasileira de Letras em 1954. Apesar de ter sido favorável à posse de João Goulart em 1961, ele apoiou o golpe militar de 1964; quando Castelo Branco assumiu, em abril de 1964, convidou-o para a chefia do Gabinete Civil da presidência. Ele deixou o cargo em 1966, eleito indiretamente governador da Bahia, mandato durante o qual priorizou ações no campo da educação e da industrialização. Ao Senado, foi eleito em 1974 pela Arena; como presidente do Senado entre 1977 e 1981, foi um vocal defensor da anistia. Consta também que, em 1985, começou a entrar em atritos com o então ministro das Comunicações, Antônio Carlos Magalhães (que havia sido seu sucessor no governo da Bahia), e filiou-se ao PMDB inclusive para não estar junto com ACM no PFL. Na Constituinte, foi parte da Subcomissão do Poder Legislativo na Comissão da Organização dos Poderes e Sistema de Governo, e titular da Comissão de Redação. Dentre suas posições na Constituinte, destaca-se, para fins deste trabalho, seu voto contrário à limitação da propriedade privada, e à desapropriação da propriedade produtiva. Durante sua vida (faleceu em 1990), publicou diversos livros, inclusive livros biográficos sobre personagens da cultura brasileira como Machado de Assis (1964), José de Alencar (1979) e Eça de Queirós (1983).[13]

O motivo então para uma nova legislação seria adequar-se à "evolução tecnológica desde 1973", que teria introduzido "certos aspectos específicos que requerem nova atualização da legislação tutelar" – e o PL 249/89 consubstanciaria essa atualização, "sem alterar-lhe, contudo, a essência".[14] É precisamente a visão de atores da indústria fonográfica, que são amplamente reconhecidos como os autores do projeto: tanto João Carlos Muller Chaves quanto João Carlos Éboli, lobista e advogado na indústria fonográfica, respectivamente, afirmam que o essencial era esclarecer alguns conceitos, e não produzir mudanças estruturais;[15] também Santiago entende que a Lei n. 5.988/73 precisava ser atualizada "para que suas disposições se tornassem adequadas aos novos meios de utilização das obras, surgidos a partir do vertiginoso progresso tecnológico que se verificou nas décadas seguintes à de sua promulgação",[16]

---

[13] CENTRO DE PESQUISA E DOCUMENTAÇÃO DE HISTÓRIA CONTEMPORÂNEA DO BRASIL. VIANA FILHO, LUIS. Disponível em: <http://www.fgv.br/cpdoc/acervo/dicionarios/verbete-biografico/viana-filho-luis>. Acesso em: 4 out. 2018.

[14] Ref. 2.6, Senado Federal, Projeto de Lei, 30/08/89.

[15] ÉBOLI; MULLER CHAVES, informação verbal, 2017.

[16] SANTIAGO, 2003, p. 9.

ponto que foi mencionado por outros entrevistados, como José Vaz[17] e Roberto Corrêa de Mello.[18] Alterações dessa ordem, no entanto, poderiam ser empreendidas por uma reforma de alguns dos pontos da Lei n. 5.988/73; o próprio Luiz Viana Filho, na justificação, afirmava que àquela lei faltavam apenas "alguns retoques" – razão pela qual seu projeto para lei nova inclusive mantinha a numeração da lei original nos princípios gerais, "permitindo, assim, que a interpretação da Jurisprudência existente continue a incidir sobre disposições substancialmente idênticas".[19] Por que então um projeto para uma nova lei?

O Projeto Luiz Viana foi proposto em agosto de 1989; o Projeto Genoíno havia sido proposto na Câmara em abril do mesmo ano. Tratou-se claramente de uma estratégia de oposição. Seria a resposta "do rádio e da televisão", como afirmou Marcus Vinícius Mororó de Andrade, da Amar;[20] também para José Genoíno, "o de Luiz Viana era o projeto da Abert".[21]

O projeto, de fato, foi levado às mãos de Luiz Viana Filho a partir de discussões no âmbito da Socinpro e da Associação Brasileira de Produtores de Discos (ABPD), organização fundada em 1958 para representar produtoras fonográficas do Brasil e estrangeiras, filiada brasileira da International Federation of the Phonographic Industry (IFPI),[22] e que tinha como lobista João Carlos Muller Chaves.

> Eu falo lobby muito tranquilo – lobby é atividade absolutamente legítima como qualquer outra. E como qualquer outra pode ser honesta ou não! Um médico que te manda botar uma prótese desnecessária é tão desonesto quanto um lobista desonesto, que compra o deputado ou senador.[23]

---

17 Informação verbal, 2016.

18 Informação verbal, 2017.

19 Ref. 2.6, Senado Federal, Projeto de Lei, 30/08/89.

20 Informação verbal, 2017.

21 Informação verbal, 2017.

22 Em 2016, a ABPD passou a ser chamada Pró-Música Brasil Produtores Fonográficos Associados. Cf.: A PRO-MÚSICA BRASIL. Sobre nós. Disponível em: <http://pro-musicabr.org.br/home/sobre-nos/>. Acesso em: 4 out. 2018.

23 MULLER CHAVES, informação verbal, 2017.

2. UMA FIGURA: MULLER CHAVES

*Se você deixar eu falo 4, 5 horas. São 50 anos.
Eu não brigo por ideias, eu brigo por honra. Não perco a amizade.*

João Carlos Muller Chaves

Foi força do Muller que se conseguiu aprovar essa lei.

Samuel Barrichello

João Carlos Muller Chaves, advogado no Rio de Janeiro, entrevistado em 2017, com 77 anos, relatou brevemente seu percurso: formou-se em direito em 1962; começou a trabalhar com a Companhia Brasileira de Discos, que tinha acabado de ser comprada pela Phillips,[24] por convite de Lucinha e João Araújo, este falecido pai de Cazuza e diretor da Som Livre. Naquele momento, a Companhia Brasileira de Discos tinha apenas 30 funcionários – "o disco era pequeno"; a ABPD, fundada havia poucos anos, era dirigida por Henry Jessen, que logo o convidou para ser assessor jurídico da organização, "apesar do meu conhecimento escasso em direito de autor". João Carlos Muller Chaves trabalhou para a ABPD até 2016, passando pelos cargos de consultor jurídico, presidente, secretaria executiva, e relações governamentais. Durante muitos anos, a ABPD, como estrutura, foi somente Muller Chaves – sem funcionários, "éramos eu e meu arquivo", com apoio de sua secretária do escritório de advocacia, onde nunca deixou de trabalhar.

Quando foi aprovada a Lei n. 6.533/78, que proibia a cessão de direitos autorais e conexos de artistas e técnicos em espetáculos e diversões, João Carlos Muller Chaves foi convidado pela Globo – "que é uma empresa sensacional, organizada – e não ganho nada para defendê-los", para explicar como funcionava a obra coletiva de acordo com o direito autoral brasileiro. Como a Globo pretendesse começar a organizar seu acervo e lançar em disco, a apresentação, na qual estava presente até mesmo Roberto Marinho, rendeu-lhe o trabalho de consultoria para a empresa por toda a sua carreira.[25] Afirma que nunca atuou como lobista do Grupo

---

24 A empresa depois viraria Phonogram, Polygram, até ser comprada pela Universal.

25 "Eu tinha muito contato com a Globo por conta do João Araújo e por conta da amizade de um tio meu, irmão de minha mãe, com o José Ulisses Álvares Ars, que era diretor comercial da Globo, no tempo do Walter Clark, do Boni, essa turma, eu frequentava muito mesmo... A ideia de fazer trilha de novelas, de estourar em disco, veio mais do André Midani. Eu, muitas vezes, por conta do bom relaciona-

Globo – quem representava os interesses do Grupo no Congresso era o administrador Luiz Eduardo Borgerth, que foi presidente da Associação Brasileira das Emissoras de Rádio e Televisão, e faleceu em 2007.[26]

Entre 1989 e 1998, período em que ocorriam as negociações para a Lei de Direitos Autorais de 1998, Muller Chaves era "a pessoa por trás da ABPD". É amplamente reconhecido como, seguindo os passos de Henry Jessen, o mentor do Projeto Luiz Viana, e depois o defensor dos pontos ali consubstanciados, quando tramitavam os projetos na Câmara dos Deputados.

A visão sobre Muller Chaves de outros atores-chave do processo, mesmo de quem, naquele momento, defendia as posições do polo oposto, é a de um opositor leal.

> O Muller é aquilo que eu chamo de oponente leal. Você tem o oponente leal, inteligente, e o aliado burro. O aliado burro te dá bolada pelas costas. O Muller é um homem que... a gente aprendia muito com o Muller. Até que chegou um determinado certo momento em que falamos: este projeto aqui não é o ideal pra ninguém, mas é o possível no momento [sobre a lei que afinal foi aprovada]. [...] [Era] um homem brilhante, que teve uma conduta muito correta.[27] [Questionado sobre a relação com Muller Chaves:] É ótima. Ele sempre foi o advogado, representante das majors, da Globo. Mas aparte isso, ele é um grande especialista, conhece a fundo os direitos autorais, e sempre que atuou com extrema ética, transparência. [...] Quando é isso, é interessante, porque acaba sendo um amigo, embora você possa ter ideias que possam ser conflitantes. [...] E ele fez um trabalho muito forte no combate à pirataria física, porque atuava com as gravadoras. Por isso que eu digo, a gravadora é mais parceira. Ele fazia um trabalho que ajudava os autores. E fazia muito bem, ele sempre foi muito proativo.[28] Eu conversava [com ele]. Porque eu aprendi uma coisa no Congresso, que foi a negociar com todo mundo. Mas eu sabia qual era o lado da mesa que eu sentava. Eu fui amigo do ACM! Eu fui amigo do filho do ACM, amicíssimo! Mas eu separava a amizade da disputa política. [...] Então eu exercitei aquilo que eu acho fundamental na democracia, que lamentavelmente hoje nós não estamos vivendo isso hoje, que a democracia é um palco que você negocia e

---

mento que eu tinha na Globo, mas não era profissional, né, era de amizade, eu ia negociar, tal, a inclusão, e um dia os caras se deram conta... e aí a Globo resolveu, por conta do Cássio Neves, e do Eduárcio, fazer sua própria gravadora. Até me chamaram pra dirigir, eu disse eu não sou executivo. E não me arrependo. Eu não queria ficar rico não. Não tenho vocação pra executivo, eu não sei demitir. Não sei! Nem namorada, é um inferno!". MULLER CHAVES, informação verbal, 2017.

[26] "Morre Luiz Eduardo Borgerth", em G1, 21/06/2007.
[27] MORORÓ DE ANDRADE, informação verbal, 2017.
[28] COSTA NETTO, informação verbal, 2017.

disputa, negocia e disputa, permanentemente. Eu vivi isso. Campanha das diretas, Constituinte, minha experiência no Parlamento foi muito isso, e numa posição de minoria.[29]

[Sobre] João Carlos? Figura, né?[30]

Alegando ter sido valorizado, em sua carreira, por ter sempre deixado claro que a visão que defendia era uma visão interessada, explicitando que outros atores tinham posições diferentes, Muller Chaves tem a mesma posição sobre si:

> No meu lobby, eu tenho uma filosofia: eu não minto. Porque a mentira tem perna curtíssima, e te pegam.[31]

Os relatos de Muller Chaves sobre sua intensa atuação com parlamentares e mesmo chefes de Estado remontam à negociação da Lei de 1973. Questionado sobre se considerava que a ABPD se fez ouvida pelo relator Aloysio Nunes Ferreira durante a negociação da Lei n. 9.610/98, respondeu veementemente que sim: "se não ouvisse eu ia ligar pra ele, fazer história".[32]

3. UM SALVADOR PARA A INDÚSTRIA FONOGRÁFICA

Já se deu conta brevemente, no segundo capítulo, que João Carlos Muller Chaves deixou a comissão que discutia o anteprojeto do CNDA por discordâncias fundamentais sobre o rumo que se tomava.

> O projeto Genoíno na verdade é do CNDA. Foi aí que a gente começou a perceber que viria alguma coisa. Nomearam a comissão, era Joyce [não está na lista da portaria], Gonzaguinha, Marcus Vinícius Mororó de Andrade, Fernando Brant, Pedrylvo Guimarães...
> [Entrevistadora: pessoal da música, mais?] Exatamente! Só tinha um fotógrafo! O Walter Firmo. [...] E aí reunia, reunia, reunia, e eu estava vendo que a coisa ia ficar feia. Aí a gente acelerou o trabalho. E houve cenas... o CNDA no final ocupava um loft no prédio da Esplanada, era quase público, né, os debates às vezes acalorados... éramos 8 ou 9 na reunião. Eu era conselheiro do CNDA, naquele momento. Fui conselheiro por 4 anos – 2 anos mais 2, era o máximo. [...] Eu falei publicamente, um dia que fizeram uma besteira – Pedrylvo, que era advogado da área societária, estava em direito autoral por causa dos filhos, o Costa Netto era muito amigo dele, [...] um dia o Pedrylvo estava muito inflamado, "temos que

---

29 GENOÍNO, informação verbal, 2017.
30 CORREA DE MELLO, informação verbal, 2017.
31 MULLER CHAVES, informação verbal, 2017.
32 Informação verbal, 2017.

revogar a Convenção de Roma!". A Convenção de Roma de 1961... espera, por quê, Pedrylvo? "Porque só protege produtor fonográfico!". Aí eu usei meus poucos meses de fazer teatro na faculdade, dei uma paulada na mesa: "Ninguém aqui entende nada de direito autoral, ninguém aqui leu a Convenção de Roma, leu?" Aí eu fiquei senhor da situação. [Afirma que leu a Convenção a eles, e disse que com eles estavam também eliminando as proteções aos artistas] "Vocês não sabem nada! Eu estou aqui bancando o imbecil, igual a vocês, discutindo um negócio que não serve para nada. Estou fora! Estou aqui melhorando o que é imprestável. De repente vocês pegam uma sugestão minha e dão uma dourada, melhorada aqui, e passa! Isso que vocês estão elaborando não vai passar nunca. Não quero contribuir para que passe".[33]

João Carlos Muller Chaves passou a reunir-se em seu escritório com Henry Jessen, o advogado João Carlos Éboli, Claudio de Souza Amaral – advogado da Socinpro –, e Humberto Teixeira,[34] para elaborar um novo projeto. Seu relato dá conta de quem foram os atores que participaram das articulações, e que visão compartilhavam:

> Qual era a ideia? Arranjar algum parlamentar de prestígio que apresentasse o projeto, porque a gente esperava a qualquer momento aparecer um outro. E enfim, fizemos bem. Fizemos bem, porque aí fiz o trabalho paralelo: colocar no projeto a Globo – olha, estamos preparando isso, apoiam? Não trabalharam junto, mas apoiaram[35] – [também] o Sindicato Nacional de Editores de Livros, que foi utilíssimo, um grupo de pessoas de prestígio. Porque é engraçado – no disco, a empresa de disco não tem cara. É a empresa. O editor de livros é o fulano – o José Olympio, é o Zahar, e assim sucessivamente, entende? Nem todo mundo sabe quem é a Record, mas o Alfredo Machado todo mundo

---

33 MULLER CHAVES, informação verbal, 2017

34 Compositor parceiro de Luiz Gonzaga, que era formado em direito, foi deputado federal pelo Partido Social Progressista, entre 1954 e 1959. Foi suplente, mas exerceu o mandato quatro vezes. Aprovou a Lei Humberto Teixeira, sobre caravanas de divulgação da música brasileira no exterior. ABREU, 2001.

35 Um ponto lembrado por alguns entrevistados, como o advogado Claudio Lins de Vasconcelos, é que tratar dos interesses do Grupo Globo é tratar de interesses tanto do radiodifusor quanto do produtor de conteúdo, especialmente naquele período – "com o tempo, a tendência é que essas funções vão se desmembrando", referindo-se às tendências regulatórias de desverticalização. "O interesse do radiodifusor *stricto sensu*, no direito autoral, é o da proteção do sinal de radiodifusão". VASCONCELOS, informação verbal, 2017. Também Marcos Souza afirmou: "sempre que a gente pensa na Globo, a gente tem que pensar que são muitas Globos, né? A Globo tem mídia impressa, Globo mídia audiovisual, produtor fonográfico e produtor audiovisual, ele é produtor de conteúdo, e comunica o conteúdo; ele tem interesse de ser proprietário de todo esse conteúdo, e de obter a cessão de direito em tudo aquilo que fizerem com ele". SOUZA, informação verbal, 2016.

conhecia. Uma grande figura! E aí eu fui procurar o Alfredo Machado, que era o presidente do sindicato na época, depois o Sérgio Lacerda, e eles apoiaram a ideia também... o cinema! [...] Eu conhecia a turma, né?
Então juntamos um time empresarial, esperando que viria certamente, é do jogo, né, do lobby... o pobre coitado do autor abandonado, a culpa é sempre do empresário [risos]. Não que não haja! Mas não é sempre tudo culpa do empresário não. Qual é a culpa do empresário pelo João só ter composto uma música? Igual o Perivaldo, jogador de futebol do Botafogo, fez um gol inacreditável, de longe, o chute, daí olha, contrato, tal, nunca mais fez nada que prestasse. Existe, isso [risos]. Mas estou divagando.
Ficamos algum tempo trabalhando no projeto. No meu escritório, na rua São José, 90. [...] Fizemos o projeto, e o Sindicato de Editores de Livros sugeriu e convenceu o Luiz Viana Filho, senador, autor, e pessoa de alto prestígio, a assinar o projeto. Ele leu, concordou. E nós entramos com o projeto no Senado. [Entrevistadora: e por que o Senador Luiz Viana Filho?]
Por quê? Aí foi estratégia nossa. Porque todas as questões da cultura você acaba virando esquerda x direita. Tendo razão ou não! Tem as discussões mais loucas por conta de uma ideologia, nem sempre justificada. No Senado, as pessoas são mais velhas. Na época eu tinha cinquenta, quarenta e poucos anos [lembra que participou também da discussão em torno da Lei n. 5.988/73, quando tinha trinta e dois anos], [...] e o Senado sempre foi composto por gente mais experiente, mais adequada à realidade. Tem um dito assim muito engraçado: "se você conhecer um jovem que não é de esquerda, cuidado que o caráter não deve ser bom; e um velho que ainda é de esquerda, ele deve ser um tolo".[36]

Havia outros motivos para Luiz Viana Filho ser, dentre os senadores, escolhido como interlocutor no Senado. O Senador, com atuação de décadas na política brasileira, tinha alguma atuação passada no tema do direito autoral: na Constituinte de 1946, havia subscrito, com Jorge Amado, a Emenda n. 2.160, que declarava que "Nenhum imposto gravará diretamente os direitos de autor, nem a remuneração de professores e jornalistas",[37] e que se converteu no artigo 203 daquele texto.[38] Luiz Viana Filho era também escritor – além de seu trabalho doutrinário jurídico, escreveu, entre vários outros, os livros *A língua do Brasil*, de 1936, *A sabinada*, em 1938, e muitas biografias, como *A vida de Rui Barbosa*, de 1941, *Rui e Nabuco* e *O negro na Bahia*, de 1949, *A vida de Joaquim Nabuco*, de 1952, *A vida do Barão do Rio Branco*, de 1959, *O governo Castello Branco*, de 1975 (BRITTO, 1978), e *A vida de Eça de Queiroz* em 1985.

---

[36] MULLER CHAVES, informação verbal, 2017

[37] BRITTO, 1978, p. 26.

[38] A Emenda Constitucional n. 9, de 1964, adicionou o texto "excetuando-se da isenção os impostos gerais (art. 15, número IV)". Cf.: BRITTO, 1978.

Para aquela articulação, ter o Projeto aprovado rapidamente no Senado era uma forma de tomar a frente na discussão sobre o direito autoral, em um momento em que o Projeto Genoíno já se encontrava extremamente controverso: das manifestações recebidas pelo CNDA e que geraram desconforto no Ministério, às oposições à sua propositura na Câmara, ficava claro que aquela iniciativa encontraria resistências grandes.

> E aí conseguimos aprovar em um ano, no Senado. E isso ainda em época fortemente militar. Aí recrudesceu a questão, e quando foi para a Câmara foram apensados mais de 20 projetos, inclusive o do Genoíno. Mas é o primeiro projeto aprovado em uma das casas que lidera, os outros apensam. E isso facilitou.[39]

Ter-se aprovado uma nova lei de direitos autorais em 1998, em vez de se empreenderem mudanças pontuais, passa, portanto, por essa análise de oportunidade em relação ao Projeto Genoíno – que assim tem de ser entendido como o desencadeador de todo o processo. Essa era também a visão da Coordenação de Direito Autoral no Ministério da Cultura, em estudo de 1992:

> Em 30 de agosto de 1989, através do Senador Luiz Viana Filho (PMDB/BA), os editores de livros e produtores fonográficos, por não concordarem com a proposta do Deputado Genoíno, apresentaram no Senado Federal um outro texto de alteração da lei autoral, que recebeu o n. 249/89.[40]

A essa motivação original somar-se-iam camadas de outras questões, para finalmente ser aprovada uma nova lei. Entretanto, durante todo o processo, o projeto sob discussão seria o PL 5.430/90, número que ganhou na Câmara o PLS 249/89, e então foi uma proposta de texto de uma nova lei que pautou os anos que se seguiriam.

As mais relevantes das mudanças propostas, seguindo a estrutura da justificação do próprio senador Luiz Viana Filho ao projeto, refletem quais eram as preocupações da indústria fonográfica, editorial e da radiodifusão com o direito autoral, em quase tudo em oposição ao Projeto Genoíno.[41]

---

39 MULLER CHAVES, informação pessoal, 2017.

40 Ref. 3.87, MinC, MinC – CDA, Estudo, dez/92.

41 Em estudo intitulado "Considerações sobre a legislação autoral", sem data, proveniente da Coordenação de Direito Autoral, comparando o PLS 249/89 e o PL 2.148/89, afirmava-se que, enquanto o Projeto Luiz Viana "apenas harmonizou a citada lei aos novos preceitos constitucionais, sem contudo alterar-lhe a essência", "o projeto de Lei 2.148 de autoria do Deputado José Genoíno propõe um novo ordenamento jurídico, que introduz novos aspectos de meios de proteção ao autor". A CDA considerava, também, que a Lei n. 5.988/73 "não contou com a participação do conjunto do universo autoral brasileiro quando da sua elaboração", e que apresentava um "caráter extremamente intervencionista, atribuindo ao Estado um

3.1. ALTERAÇÕES "RESULTANTES DO PROGRESSO TECNOLÓGICO"

O Projeto propunha atualizações conceituais para adequação a novos processos tecnológicos, como a substituição de "obras cinematográficas e aquelas obtidas por meios análogos à cinematografia" por "obras audiovisuais", já que os processos atuais iriam além da "simples reprodução em películas de celulóide";[42] e alterava definições de "obras coletivas", "produtor de fonogramas e videofonograma" e "produtor audiovisual". Além disso, incluía programas de computador na exemplificação de obras protegidas por direito autoral.[43]

Um outro ponto, e que refletia a digital dos articuladores do projeto, era a previsão dos direitos de produtores de fonogramas e organismos de radiodifusão – excluídos do Projeto Genoíno –, com a mesma justificativa de adequação ao progresso tecnológico:

> A citada evolução tecnológica, entretanto, revelou o surgimento de outros titulares que, absolutamente, não são somente os autores, nem suas pretensões se confundem com o direito destes, porém merecem tutela semelhante nas suas respectivas áreas de atuação, distintas e independentes.[44]

Mencionando legislações estrangeiras e a ratificação da Convenção de Roma no Brasil, e de forma a expressar os interesses de seus interlocutores, afirmou o senador que

> [...] seria inadmissível que empresas dedicadas à produção fonográfica [...] perdessem o controle dos novos bens intelectuais aos quais dão origem mediante a gravação de obras licitamente autorizadas, na interpretação de artistas por

---

papel autocrático nas suas relações com os organismos de gestão coletiva e, ainda, nas relações entre as partes que negociam os direitos patrimoniais dos direitos de autor". Ref. 3.80, MinC, sem autor, Carta, sem data.

42 "Durante cerca de um século, o genial invento de Louis Lumière, o cinematógrafo, constituiu o único meio de fixação de imagens em movimento, gerando a obra cinematográfica, que posteriormente, através da sincronização, passou a ser sonorizada. Nas três últimas décadas, entretanto, a evolução tecnológica trouxe a público novos processos de fixação de sons e imagens baseados em princípios de física distintos da impressão em películas de celulóide. São o videotape e o videodisco, suportes bem diferentes do tradicional filme cinematográfico, que oferecem opções aos autores, aos produtores, aos distribuidores, aos usuários e ao público em geral. Adotamos, então, a feliz denominação encontrada na recente lei francesa de 'obras audiovisuais' [...]". A lei francesa em questão era de 1985.

43 Art. 6°

44 Ref. 2.6, Senado Federal, Projeto de Lei, 30/08/89.

elas contratadas e remuneradas, produzidos por sua iniciativa e publicados sob sua responsabilidade. O mesmo ocorre com a radiodifusão, pois não seria lícito, por exemplo, que uma emissora de TV retransmitisse uma novela sem permissão da empresa que produziu.[45]

No artigo 97, também, foi dada ao produtor a faculdade de autorizar a locação e qualquer utilização de seus fonogramas, algo que se encontrava sob discussão internacionalmente na negociação do TRIPS, e fazia parte da agenda dos países desenvolvidos.

À semelhança do Projeto Genoíno, o Projeto Luiz Viana previa o instituto da "cópia privada", ou compensação aos autores e detentores de direitos conexos da parte de produtores de "fitas magnéticas ou outros suportes materiais",[46] na ordem de 20% sobre o valor do suporte virgem, "por tratar-se", afirmava a Justificação, "de nova forma de utilização dos bens intelectuais, nisto acompanhando movimento de caráter mundial".

O projeto também limitava os contratos de edição aos meios existentes tecnologicamente na época do contrato. "O surgimento de novas formas e meios de utilização, gerados pela tecnologia, obrigam o legislador a restringir o alcance da exploração da obra pelo editor, limitando-as aos que hajam sido expressamente consentidos pelo autor no respectivo instrumento".[47]

3.2. ADAPTAÇÕES RELATIVAS À NOVA ORDEM CONSTITUCIONAL

O que Luiz Viana Filho chama de "princípios liberalizantes, de aplicação imediata, da atual Constituição Federal" teria sido incorporado nos arts. 15, 30, 36, 74, 94, 100 e 104 do projeto. Era assim que justificava o dispositivo que extinguia o CNDA:

> [...] foram removidas as disposições autocráticas que ensejavam ao Estado, por intermédio do Conselho Nacional de Direito Autoral – CNDA, interferência indevida nas associações dedicadas à gestão coletiva e defesa aos direitos autorais de seus associados, como foi repetidamente confirmado desde a instalação desse citado Conselho, que, em longos 16 anos, de nada serviu para assegurar aos titulares de direitos autorais a garantia de seus direitos e dos proventos a que faziam jus. Por conseguinte, propõe-se no projeto a extinção desse órgão inútil, que sobrecarrega a administração pública sem resultados positivos.[48]

---

[45] Ref. 2.6, Senado Federal, Projeto de Lei, 30/08/89.

[46] Art. 113.

[47] Ref. 2.6, Senado Federal, Projeto de Lei, 30/08/89.

[48] Ref. 2.6, Senado Federal, Projeto de Lei, 30/08/89.

Havia uma diferença importante no regime de autoria proposto no Projeto Luiz Viana em relação à Lei n. 5.988/73, decorrente, de acordo com a Justificação, do texto constitucional. O art. 15 da lei então vigente afirmava que a empresa poderia ter *autoria* da obra coletiva; o Projeto Luiz Viana não continha essa disposição, embora também não afirmasse que o autor era pessoa física, ficando portanto em um meio termo; determinava que o organizador tinha titularidade dos direitos patrimoniais, e consubstanciava o dispositivo constitucional segundo o qual se protegem as participações individuais nas obras coletivas[49] – aqui, entretanto, com a ressalva de que a utilização não poderia causar prejuízo à obra coletiva, que seria de titularidade do organizador – que, seguindo a Lei de 1973, poderia ser pessoa jurídica.[50]

Ainda no aspecto da titularidade de direitos pela pessoa jurídica, o Projeto Luiz Viana promovia uma alteração importante no que diz respeito à obra em relação de trabalho e obra sob encomenda: se o modelo na Lei de 1973 era que, nesses casos, os direitos pertenciam a ambos – empregador e empregado; comitente e comissário –, no Projeto Luiz Viana os direitos pertenciam ao empregador e ao comitente, salvo convenção em contrário – mas acrescentou-se o direito de o autor reutilizar a mesma obra em gênero diverso, se isso não prejudicar o objetivo da encomenda, e a reaquisição dos direitos no caso de não exploração pelo comitente.[51]

Por fim, justificando-se adequação ao art. 5º, XXIV – "[...] a lei estabelecerá o procedimento para desapropriação por necessidade ou utilidade pública, ou por interesse social, mediante justa e prévia indenização em dinheiro, ressalvados os casos previstos nesta Constituição" –, o Projeto vinha com a possibilidade de "desapropriar, por utilidade pública ou interesse social, mediante justa e prévia indenização em dinheiro, qualquer obra publicada cujo titular não quiser republicá-la", ressalvados usos que pudessem atingir o autor em sua dignidade ou honra.[52]

---

[49] CF/1988: XXVIII – "são assegurados, nos termos da lei:

a) a proteção às participações individuais em obras coletivas e à reprodução da imagem e voz humanas, inclusive nas atividades desportivas"

[50] V. comparação dos artigos 13, 14 e 15, no Apêndice IV.

[51] V. comparação entre art. 36 da Lei n. 5.988/73 e art. 37 do PLS 249/89, no Apêndice IV.

[52] Art. 114.

4. GESTÃO COLETIVA

A lei de 1973 estabelecia que o autor tinha a prerrogativa de autorizar (ou não) a representação e execução que visasse a lucro direto ou indireto;[53] o Projeto Luiz Viana removia a referência ao lucro, ou seja, quaisquer representações e execuções públicas teriam de ser previamente autorizadas:

> [...]é claro que os autores cujos repertórios sejam utilizados não podem ficar à mercê de comprovarem, caso a caso, que o usuário realizou livro para só então dele haver a justa retribuição econômica [...] Ora, a ninguém é lícito utilizar bem móvel pertencente a outrem sem sua autorização e respectivo pagamento.[54]

A proposta do Projeto Luiz Viana era, também, que fosse facultativo às associações de gestão coletiva de música estarem vinculadas ao escritório central, e incluía as disposições a respeito de execução pública de fonogramas que estavam na legislação específica – referindo-se ao Decreto n. 57.125/65, que ratificava a Convenção de Roma e estabelecia as proporções a serem respeitadas na distribuição – na Lei n. 5.988/73, as disposições sobre execução pública mencionavam somente o autor.

4.1. OUTRAS QUESTÕES

Passaria a competir ao Estado, quanto às obras em domínio público, não só a defesa da integridade – como já era garantido –, mas também a de paternidade. O Projeto não previa a instituição do domínio público remunerado, como fazia o Projeto Genoíno, o que era de se esperar, dado o apoio da SNEL ao projeto e sua forte crítica ao instituto; além disso, havia uma alteração importante na limitação aos direitos do autor consistente na cópia privada. Enquanto a Lei de 1973 estabelecia que não constituía ofensa aos direitos do autor "a reprodução, em um só exemplar, de qualquer obra, contanto que não se destine à utilização com intuito de lucro",[55] o Projeto restringia essa possibilidade ao uso privado. O senador Luiz Viana afirmava que o dispositivo era com isso "ampliado" – embora fosse a possibilidade de uso que fosse restringida –, argumentando que "as produções audiovisuais e fonográficas são as mais sujeitas à reprodução doméstica, muitas vezes desvirtuada, com destino à comercialização".[56] Os editores de livros, maiores interessados nessa alteração, não eram mencionados.

---

53 Art. 73.

54 Ref. 2.6, Senado Federal, Projeto de Lei, 30/08/89.

55 Art. 49, II.

56 Ref. 2.6, Senado Federal, Projeto de Lei, 30/08/89.

4.2. O RELATÓRIO DE CID SABOIA NO SENADO

No dia 10 de maio de 1990, o relator Cid Saboia de Carvalho (PMDB/CE) ofereceu seu relatório e parecer.

> *Cid Saboia de Carvalho* é advogado formado pela Universidade Federal do Ceará, e tornou-se senador constituinte em 1987; na ANC, foi presidente da Subcomissão do Sistema Financeiro, da Comissão do Sistema Tributário, e suplente nas subcomissões de Negros, Populações Indígenas, Pessoas Deficientes e Minorias, da Comissão da Ordem Social, e da dos Direitos Políticos dos Direitos Coletivos e Garantias, da Comissão da Soberania e dos Direitos e Garantias do Homem e da Mulher. Votou favoravelmente à desapropriação da propriedade produtiva, mas contra a limitação da propriedade privada e a estatização do sistema financeiro.[57]

Nesse documento,[58] Cid Saboia qualificou o projeto de Luiz Viana Filho como "moderno e ousado", e afirmou que não se sensibilizou com a preocupação expressa a ele pelo CNDA sobre ser um projeto de fortalecimento do empresariado em detrimento do autor, que chamou de "paternalismo inevitavelmente mal aplicado", com o qual os povos estariam rompendo, conforme demonstrado pelos "últimos acontecimentos". Para ele, o Projeto Luiz Viana era técnico e equilibrado, fugindo de uma perspectiva unicamente "privatista ou estatizante". "Antes de fundamentar questões ideológicas, o Projeto visa a alcançar uma melhor prática".[59]

Cid Saboia afirmou que ouviu todos os setores interessados e manteve as portas abertas para contribuições, tendo recebido documentos e pareceres de várias entidades, das quais destacou a Amar, a Sbat, a UBC, a Socinpro e a Associação Brasileira de Emissoras de Rádio e Televisão (Abert). Segundo ele, somente a Amar, que capitaneava o Projeto Genoíno, teria tido posição contrária ao projeto.

Um ponto a se notar é que o senador fez uma breve reconstituição da história do direito autoral, e escolheu ressaltar, dentre as justificativas disponíveis para esse direito, aquela que valoriza o sistema de direito autoral possibilitar um "grande número de exemplares, e a paulatina desaparição dos mecenas que, mais ainda no presente século, mercê do pesado imposto sobre a renda, não dispõem dos meios generosos com

---

[57] CENTRO DE PESQUISA E DOCUMENTAÇÃO DE HISTÓRIA CONTEMPORÂNEA DO BRASIL. CID SABIOA DE CARVALHO. Disponível em: <http://www.fgv.br/cpdoc/acervo/dicionarios/verbete-biografico/cid-saboia-de-carvalho>. Acesso em: 4 out. 2018.

[58] Ref. 1.3, Dossiê MJ, CCJC Senado Federal, Parecer, 10/05/90.

[59] Ref. 1.3, Dossiê MJ, CCJC Senado Federal, Parecer, 10/05/90.

que acolhiam os artistas no passado",[60] ou seja, a independência que o direito autoral daria aos autores para prover seus próprios meios, e o incentivo à criação – justificação utilitarista, frequentemente associada mais ao sistema de *copyright* que ao de *droit d'auteur*, como se discute em mais profundidade no quinto capítulo.

Das sugestões de "aperfeiçoamentos e certas complementações do texto" propostas por Cid Saboia, destacam-se a equiparação de todos os prazos de proteção – a PL 249 previa um prazo de proteção menor – 15 anos a partir da publicação ou reedição – para obras encomendadas pelo poder público, diferenciação que o senador sugeriu eliminar, aplicando-se a todos o prazo de proteção de 60 anos – regra geral. No lugar, ele propôs a inserção, na lei, da previsão de proteção por 25 anos dos programas de computador, de acordo com a Lei de Informática de 1987 – não havia previsão específica no primeiro projeto. A pedidos da Sbat e da UBC, separou também aspectos distintos da regulamentação da representação teatral e da execução pública musical; por fim, refez a redação sobre os direitos conexos, para incluir a disposição de que são direitos exclusivos, oponíveis, portanto, *erga omnes*;[61] a palavra autoria, por sua vez, foi removida das disposições sobre intérpretes, por ser inadequada. Cid Saboia decidiu também por ampliar o instituto da "cópia privada", que se aplicava na proposta de Luiz Viana somente às fitas magnéticas e suportes materiais, para os equipamentos reprodutores: "segundo informações que nos chegaram recentemente, a indústria eletrônica está por lançar no mercado aparelhos reprodutores com memória embutida, que dispensarão o uso de suportes materiais externos, tais como fitas ou discos".[62]

Uma outra mudança relevante nesse momento foi a de dar ao titular de direitos patrimoniais a prerrogativa de solicitar à autoridade policial a coibição de violações, seguindo o sistema então vigente – na proposta do senador Luiz Viana, o titular podia requerer medida liminar à autoridade judiciária. A questão permearia todo o processo legislativo da Lei n. 9.610/98.

Na sessão do dia 7 de abril de 1990, "terminou o prazo para apresentação de Emendas ao Projeto de Lei do Senado n. 259, de 1989", afirmava o Presidente Pompeu de Sousa (PMDB/CE), e foram apresentadas 25 emendas de plenário pelo Senador Jamil Haddad (PSB/RJ),[63] que foram

---

60 Ref. 1.3, Dossiê MJ, CCJC Senado Federal, Parecer, 10/05/90.

61 Em entrevista, Vanisa Santiago afirma que o exclusivo, ou seja, prerrogativa de *proibir* utilização, não é garantida a detentores de direitos conexos em nenhuma parte.

62 Ref. 1.3, Dossiê MJ, CCJC Senado Federal, Parecer, 10/05/90.

63 Ref. 1.1, Dossiê MJ, Senado Federal, Emendas de Plenário, 07/04/90.

analisadas pela Comissão de Constituição, Justiça e Cidadania no dia 10 de maio daquele ano. Todas as emendas foram rejeitadas,[64] por serem consideradas redundantes, alheias à doutrina autoral consagrada, ou à "prática contemporânea". Para além de algumas questões terminológicas, as emendas de Jamil Haddad traziam alguns elementos do Projeto Genoíno: ele buscava

a. assegurar direito de autor ao intérprete;
b. definir que editor era um autorizado a reproduzir a obra, e não um adquirente de direito exclusivo, e dar a produtores fonográficos e audiovisuais mera titularidade e não autoria;
c. garantir coautoria aos participantes de obras coletivas;
d. determinar que só o autor poderia autorizar utilização dos direitos patrimoniais, não o titular. A impressão digital é clara: todas as emendas foram oferecidas por Maurício Tapajós, da Amar, que estava atenta aos desenvolvimentos do Projeto, conforme pronunciamento do Senador na sessão de discussão e votação em turno único do PLS 249/89, no dia 19 de maio de 1990.

> O Sr. JAMIL HADDAD (PSB – RJ, Pela ordem) – Sr. Presidente, na Comissão de Constituição, Justiça e Cidadania, esse projeto foi discutido pelos Senadores Carlos Alberto e José Fogaça em profundidade. Recebi, na parte de Tapajós, que é presidente de uma das entidades de direitos autorais, uma série de emendas que apresentei. A Casa decidiu aprovar o parecer, rejeitando todas as emendas. O projeto irá à Câmara dos Deputados e lá, tenho certeza, será emendado, voltando ao Senado para que possamos, então, dar a palavra final sobre o assunto.
>
> Quis deixar consignado, nos Anais da Casa, este fato porque preferi não solicitar a verificação de quórum, para evitar inclusive, que o projeto fosse o mais rápido possível para a Câmara dos Deputados [sic – provavelmente queria dizer o contrário].
>
> Há também um projeto de autoria do Deputado Egídio Ferreira Lima, que, provavelmente, será anexado ao do Senador Luiz Viana, para que possamos elaborar uma legislação que beneficie, na realidade, aqueles que têm direito aos direitos autorais.
>
> Era esta, Sr. Presidente, a colocação que desejava fazer no momento.[65]

Sem qualquer mediação com as disposições do Projeto Genoíno, portanto, era aprovado o PLS 249/89, e seguia à Câmara dos Deputados.

---

64 Ref. 1.4, Dossiê MJ, CCJC Senado Federal, Parecer, 10/05/90.

65 Ref. 1.7, Dossiê MJ, Senado Federal, Notas, 23/06/90.

5. PERCALÇOS INSTITUCIONAIS: O FIM DO MINC E DO CNDA

Fernando Collor de Mello, vencendo as eleições de 1989, determinou, em 12 de abril de 1990, a extinção do Ministério da Cultura e sua transformação em uma Secretaria para assistência direta e imediata ao Presidente da República. Com o ato, o CNDA foi desativado, embora não tenha sido legalmente extinto. A reorganização do governo federal deu-se pela Lei n. 8.028/90:[66]

> Art. 1º A Presidência da República, é constituída, essencialmente, pela Secretaria de Governo, pela Secretaria-Geral, pelo Gabinete Militar e pelo Gabinete Pessoal do Presidente da República. (Redação dada pela Lei nº 8.410, de 1992).
> Parágrafo único. Também a integram: [...]
> c) como órgãos de assistência direta e imediata ao Presidente da República:
> 1. a Secretaria da Cultura; [...]
> Art. 10. A Secretaria da Cultura tem como finalidade planejar, coordenar e supervisionar a formulação e a execução da política cultural em âmbito nacional, de forma a garantir o exercício dos direitos culturais e o acesso às fontes da cultura; apoiar e incentivar a valorização e a difusão das manifestações culturais, promover e proteger o patrimônio cultural brasileiro, tendo como estrutura básica:
> I – Conselho Nacional de Política Cultural;
> II – Departamento de Planejamento e Coordenação;
> III – Departamento de Cooperação e Difusão.
>
> [...] Art. 17. São os seguintes os Ministérios:
> I – da Justiça;
> II – da Marinha;
> III – do Exército;
> IV – das Relações Exteriores;
> V – da Educação;
> VI – da Aeronáutica;
> VII – da Saúde;
> VIII – da Economia, Fazenda e Planejamento;
> IX – da Agricultura e Reforma Agrária;
> X – do Trabalho e da Previdência Social;
> XI – da Infra-Estrutura;
> XII – da Ação Social.
>
> Parágrafo único. São Ministros de Estado os titulares dos Ministérios.
> [...] Art. 27. São extintos:
> [...] V – os Ministérios da Fazenda, dos Transportes, da Agricultura, do Trabalho, do Desenvolvimento da Indústria e do Comércio, das Minas e Energia, do Interior, das Comunicações, da Previdência e Assistência Social, da Cultura e da Ciência e Tecnologia.

---

[66] Revogada pela lei n. 8.490/92, já sob a presidência de Itamar Franco.

Mesmo que a desativação do CNDA tenha sido consequência de um ímpeto liberalizante mais amplo, e não pareça ter sido objeto de deliberação específica,[67] ela é lida por alguns atores do campo, principalmente os ligados ao sistema Ecad, como se fosse uma consciente adequação aos novos ventos trazidos pela Constituição Federal. Nessa leitura, tratava-se de uma iniciativa para dar *aos próprios autores*, e não ao Estado, o direito de fiscalizar o aproveitamento econômico de suas obras, além de garantir a liberdade de associação.

> Constituição Federal, Art. 5º.
> XVII – é plena a liberdade de associação para fins lícitos, vedada a de caráter paramilitar;
> XVIII – a criação de associações e, na forma da lei, a de cooperativas independem de autorização, sendo vedada a interferência estatal em seu funcionamento;
> XIX – as associações só poderão ser compulsoriamente dissolvidas ou ter suas atividades suspensas por decisão judicial, exigindo-se, no primeiro caso, o trânsito em julgado;
> XX – ninguém poderá ser compelido a associar-se ou a permanecer associado;
> XXI – as entidades associativas, quando expressamente autorizadas, têm legitimidade para representar seus filiados judicial ou extrajudicialmente;
> [...] XXVIII – são assegurados, nos termos da lei:
> a) a proteção às participações individuais em obras coletivas e à reprodução da imagem e voz humanas, inclusive nas atividades desportivas;
> b) o direito de fiscalização do aproveitamento econômico das obras que criarem ou de que participarem aos criadores, aos intérpretes e às respectivas representações sindicais e associativas;

Em 1990, assim, o CNDA foi substituído por um pequeno departamento dentro da recém-criada Secretaria de Cultura chamado Coordenação de Direito Autoral. Nas palavras daquele que assumiu sua coordenação, Otávio Afonso,

---

[67] Hildebrando Pontes Neto ofereceu uma opinião diferente sobre esse tema, afirmando que, "na verdade, isso foi uma vingança do governo Collor. Ele acabou com o CNDA. E aliás ele teve um profundo desprezo pelo direito autoral brasileiro na medida em que ele não foi agraciado, do ponto de vista de escolha, pela classe artística brasileira" – o único apoio expressivo que ele teria tido seria da Cláudia Raia. Para ele, o Estado brasileiro esteve distante das discussões sobre direito autoral, e sem política cultural firme, até o governo Lula, embora, de sua perspectiva, então se tivesse equivocadamente adotado posturas de "flexibilização". Sobre a ausência do CNDA na nova lei, "a mim me pareceu, num determinado momento, que não fazia sentido manter-se a eliminação do CNDA. Porque o Conselho tinha um papel muito importante, significativo, no sentido de internamente responder a várias indagações e questões, do ponto de vista de seus solicitantes e requerentes, e muitas vezes isso deixava pacificadas as relações, e até mesmo segmentos. Ficou uma coisa sem explicação por que que se excluiu o CNDA".

Tendo em vista a reforma administrativa ocorrida em março de 1990 e a consequente extinção do Ministério da Cultura e seus órgãos, os trabalhos que eram desenvolvidos pelo Conselho Nacional de Direito Autoral-CNDA foram suspensos. Em janeiro deste ano começou a estruturar dentro do Departamento de Planejamento e Coordenação da Secretaria da Cultura da Presidência da República a Coordenação de Direito Autoral, que absorveu algumas atribuições do extinto CNDA.

Ainda segundo Otávio Afonso, "a partir desta data, o Estado se afasta completamente das questões relativas à alteração da legislação autoral".[68]

6. UMA FIGURA: OTÁVIO AFONSO

Otávio Carlos Monteiro Afonso dos Santos era funcionário concursado do Ministério da Educação e da Cultura quando ingressou no campo do direito autoral, para liderar o Centro Brasileiro de Informações sobre Direitos Autorais (CBI), do CNDA. João Carlos Costa Netto era presidente do CNDA, e foi quem o incorporou:

> Eu era presidente do Conselho. Tinha o Setor de Informação de Direito autoral [o nome oficial é Centro Brasileiro de Informações – CBI], que deveria ter um museu... tinha que ser pessoal do quadro do Ministério. Chegou o Otávio Afonso bem jovem, com uma bolsinha, vendendo uns livrinhos, que ele mesmo fazia.[69]

Otávio Afonso era de Porto Velho (RO), nascido em 1953, e poeta. Um de seus livros, Cidade Morta, venceu o Prémio Casa de las Américas, de Havana, em 1980.[70] Funcionário de carreira do Ministério, mas sem função específica naquele momento, foi convidado por Costa Netto para a direção do CBI. "Ele não entendia nada de direito autoral, mas entrou, se apropriou e não saiu nunca mais".[71]

Com a desativação do CNDA, por ser o único funcionário de carreira ligado ao CNDA, era ele quem poderia estabelecer qualquer continuidade; assumiu a então criada Coordenação de Direito Autoral, da Secretaria de Cultura vinculada ao Ministério da Educação.

Tendo liderado o Centro Brasileiro de Informações de Direito Autoral, Otávio Afonso teria nutrido apreço pela documentação do CNDA e da história do direito autoral no Brasil. Após a desativação do CNDA, relatou José Carlos Costa Netto, "um dia ele passou na frente de um container e disse

---

[68] Ref. 3.87, MinC, MinC – CDA, Estudo, dez/92.
[69] COSTA NETTO, informação verbal, 2017.
[70] AFONSO, 1980.
[71] COSTA NETTO, informação verbal, 2017.

que viu tudo que ele tinha juntado, naqueles 10 anos, na minha época e até o Conselho fechar."[72] Otávio Afonso teria juntado o material aos poucos e levado para seu próprio apartamento – tamanha documentação que ele "quase teve que voltar a morar com a mãe porque lotou o apartamento".[73] Também Hildebrando Pontes Neto relatou que, "que justiça se lhe faça, houve um momento que ele resgatou todo o arquivo do CNDA que ia para as traças", e atribui inclusive sua coordenação posterior da CDA a esse trabalho.[74]

Somente após a reativação do MinC ele teria conseguido transportar tudo ao órgão.[75] Não está claro que material era esse ou que parte dele foi preservado – em resposta a um pedido de informação pela Lei de Acesso à Informação, a Diretoria de Direitos Intelectual enviou-nos o que alegou ser toda a documentação ainda existente referente ao CNDA, consistente em 76 itens, entre pareceres, livros editados pelo próprio CNDA, e resoluções. Além desse material, o Arquivo MinC com que trabalhamos[76] revela ao mesmo tempo o esforço arquivístico de Otávio Afonso e a ausência de uma política de organização e preservação dessa documentação.

A importância que Otávio Afonso assumiria no debate sobre o direito autoral brasileiro nos anos 90 é claramente percebida pela polarização em torno de sua figura.

Em entrevista por escrito – prévia à entrevista verbal –, questionado sobre a relação com Otávio Afonso, Steve Solot, lobista da MPA no período, respondeu simplesmente *"very difficult relations"*.[77] João Carlos Muller Chaves, o histórico lobista da ABPD, queixando-se de um ponto da lei que não teria saído a seu gosto do ponto de vista técnico – a introdução de um direito de colocação à disposição do público, o *making available right* – fez uma avaliação dura da atuação da Coordenação de Direito Autoral na discussão que levaria à Lei 9.610/98:

> Foi o Otávio Afonso. Pessoalmente eu até me dava bem com o Otávio Afonso, tinha camaradagem. Mas ele era muito endandinado (?) com essas coisas. E a maldita ideologia... "a indústria musical é multinacional". No mundo inteiro é multinacional! Porque a música é multinacional! Em suma, [ele] atrapalhou. Atrapalhou bastante.[78]

---

72 COSTA NETTO, informação verbal, 2017.

73 COSTA NETTO, Informação verbal, 2017.

74 Informação verbal, 2017.

75 COSTA NETTO, Informação verbal, 2017.

76 Ver a descrição na Introdução deste livro.

77 "Relações bastante difíceis". (tradução minha)

78 Informação verbal, 2017.

A ideia de que Otávio Afonso agiria por ideologia é recorrente dentre os atores próximos à indústria, mas também põe parte algumas pessoas ligadas a associações de autores do sistema Ecad. Nesse episódio específico, para João Carlos Muller Chaves, Otávio Afonso não quereria a introdução de um *making available right* na nossa legislação pura e simplesmente "para não dar mais força aos EUA, não dar mais força ao capital. Porque era uma reivindicação americana. Não tinha motivo técnico".[79]

É comum também, dentre os que discordavam da atuação de Otávio Afonso, uma referência negativa ao fato de que ele não era jurista de formação, a justificar uma atuação "não técnica". Mas também se reconhecia seu domínio sobre o tema:

> O Otávio era uma pessoa que não tinha nem formação jurídica, mas se esforçou bastante... Mas ele tinha esse ranço. É o direito dele. Mas era um bom adversário, um adversário leal.[80]
> [A CDA tinha uma atividade] tão secundária que o titular, que depois foi um cara que ficou super estudioso e tal, era um jornalista.[81]

Esse apreço pessoal pela figura de Otávio Afonso aparece em quase todos os discursos, inclusive os mais críticos. Há quem entenda que Otávio Afonso tenha começado uma trajetória de defesa do autor, mas caminhado, junto com movimentos da política cultural do governo Lula, para outros ideais. Para Marcus Vinicius Mororó de Andrade, da Amar, no momento em que se discutia o que viria a ser a Lei de Direitos Autorais de 1998, Otávio Afonso "estava bem", mas teria se tornado "um pouco seduzido pelas ideias de cultura livre já no governo Lula". Também na sua avaliação, a falta de formação técnica seria uma questão, porque ele teria assumido um protagonismo "pela ausência dos demais" – "ele foi um pouco vítima porque foi colocado num fogo que não era o dele".[82]

De outro lado, a atuação do ex-Coordenador de Direito Autoral é extremamente valorizado por muitos outros, em especial pelos funcionários de carreira que assumiriam a Diretoria de Direitos Intelectuais do MinC nos anos que se seguiriam.[83]

---

[79] MULLER CHAVES, informação verbal, 2017.

[80] MULLER CHAVES, informação verbal, 2017.

[81] BRAGA, informação verbal, 2017. Braga afirma posteriormente que ele se tornou depois verdadeiramente um especialista.

[82] MORORÓ DE ANDRADE, informação verbal, 2017.

[83] Esse apreço ficou claro especialmente nas entrevistas de Marcos Souza, José Vaz e Samuel Barrichello, 2016; mas também Vanisa Santiago (2016) e Rodrigo Salinas (2017).

Após adoecer e convalescer rapidamente, Otávio Afonso faleceu em 2008. Naquele ano, foi homenageado pela Ordem do Mérito Cultural do Ministério da Cultura,[84] teve um livro de artigos de direito autoral publicado em sua homenagem,[85] e deixou um livro sobre direito autoral em finalização pela Editora Manole, com o apoio do escritório Cesnik, Quintino e Salinas Advogados. Ambos foram realizados em apoio ao gestor, e como forma de auxiliá-lo financeiramente no tratamento do câncer.[86] Em homenagem publicada pela Coordenação Geral do Ministério da Cultura após seu falecimento, expressaram-se manifestações de apreço pelo seu trabalho de diferentes setores:

> Na seara do Direito Autoral, o país deve muito a esse guerreiro que, durante as últimas três décadas, quase solitariamente, manteve acesa essa discussão. Como ministro da Cultura, compositor e brasileiro, renovo meus agradecimentos a Otávio Afonso pelos serviços prestados à cultura nacional.
> Gilberto Gil Moreira, Ministro de Estado da Cultura
>
> As associações que compõem o Ecad registram os inestimáveis esforços de nosso falecido amigo na construção da cultura do direito autoral em nosso País.
> Gloria Braga, Superintendente Executiva Escritório Central de Arrecadação e Distribuição - Ecad
>
> A proteção do direito autoral pátrio deixará de contar com o seu mais apaixonado defensor.
> Manoel Antonio dos Santos, em nome da ABES, da indústria de *software*
>
> Otávio Afonso não foi um herói só para mim, mas para cada autor brasileiro. [...] nos encheu de esperanças, nos devolveu a vontade de retomar o controle sobre direitos que sempre foram nossos, e nos iluminou muitos caminhos possíveis até esse destino.
> Alexandre Negreiros, em nome dos músicos do Estado do Rio de Janeiro.[87]

7. A COORDENAÇÃO DE DIREITO AUTORAL

Para alguns atores do campo do direito autoral, a Coordenação de Direito Autoral teria tido um papel meramente burocrático, pouco expressivo. Nas palavras de Glória Braga, a CDA fazia "papel totalmente decorativo", e talvez servisse principalmente para ser o ponto de interação com o Ministério

---

84 MINISTÉRIO DA CULTURA. Ordem do Mérito Cultural. Disponível em: <http://www.cultura.gov.br/ordem-do-merito-cultural>. Acesso em: 4 out. 2018.

85 PIMENTA (Org.), 2008

86 Os direitos autorais dos artigos do livro organizado por Eduardo Pimenta foram cedidos pelos autores para esse fim.

87 CDA, 2008.

de Relações Exteriores nas discussões sobre direito autoral no âmbito de outros tratados, e do Mercosul, que se dariam nos anos seguintes.[88]

Essa leitura sobre a irrelevância da CDA contrasta com o que indicam os documentos envolvendo o processo de aprovação da Lei n. 9.610/98. A ser explorado adiante, é bastante claro que a Amar buscaria, nos anos seguintes, uma interlocução com e apoio da CDA quando José Genoíno propôs uma vez mais seu projeto, em 1992; além disso, a CDA era o principal órgão técnico encarregado de levar posições ao GIPI – Grupo Interministerial de Propriedade Intelectual, que formulou propostas adiante na Câmara dos Deputados, que, como veremos, receberam grande acolhida. Entretanto, é necessário ter, nesta pesquisa, o cuidado de não inflar a importância da CDA pelo fato de o mais extenso dos arquivos utilizados ter sido coletado pelo próprio Otávio Afonso; a tentativa é corrigir essa desproporção com os demais materiais e com maior objetividade na análise desses documentos.

Embora Itamar Franco tenha reativado o MinC em 19 de novembro de 1992 – com a edição da Lei n. 8.490/92 –, não havia qualquer previsão de reativação do CNDA na estrutura do Ministério.

> Art. 19. São órgãos específicos dos ministérios civis: [...]
> VI – no Ministério da Cultura:
> a) Conselho Nacional de Política Cultural;
> b) Comissão Nacional de Incentivo à Cultura;
> c) Comissão de Cinema;
> d) Secretaria de Informações, Estudos e Planejamento;
> e) Secretaria de Intercâmbio e Projetos Especiais;
> f) Secretaria de Apoio à Cultura;
> g) Secretaria para o Desenvolvimento Audiovisual.

Otávio Afonso foi Coordenador de Direito Autoral até seu falecimento em 2008, quando foi substituído por Marcos Souza, antropólogo, funcionário público de carreira do Ministério do Planejamento, que trabalhara antes na FUNAI e fazia parte da Coordenação desde 2004. A Coordenação tornou-se Diretoria de Direitos Intelectuais em 2009,[89] e foi crescentemente agregando funções e pessoal: em 2016, tinha 38 funcionários.[90]

---

[88] Informação verbal, 2017.

[89] [S.a]. Portaria n. 110, de 19 de novembro de 2009. Diário Oficial da União, Seção 1, n. 222, 20 nov. 2009. Disponível em: <http://pesquisa.in.gov.br/imprensa/jsp/visualiza/index.jsp?data=20/11/2009&jornal=1&pagina=59&totalArquivos=296>. Acesso em: 4 out. 2018.

[90] SOUZA, informação verbal, 2016.

A CDA ter sido, por muito tempo, um órgão com apenas um funcionário, é apontado como uma evidência de que o direito autoral não era entendido como um tema de relevância pelo Governo no período estudado.[91] É também claro que Otávio Afonso tinha essa percepção, e a de que as dimensões e importância econômica do Brasil eram incompatíveis com tal condição: no arquivo MinC, diversos documentos dão conta de que, em 1997, o GIPI estava discutindo harmonização do direito de propriedade intelectual entre os países do Mercosul, e que uma das propostas era a de integração informacional entre os escritórios de propriedade intelectual dos países da região. No caso do Brasil, isso significaria o INPI e a CDA. Otávio Afonso, em estudo – *non-paper* – sobre o tema, em que consta "Documento Confidencial", afirmava sua opinião de que nada sobre cooperação entre oficinas ou introdução de novas tecnologias entre oficinas de direitos autorais devia entrar no pacote de negociação,

> [...] face a situação precária da oficina brasileira. Este é um assunto que o Governo deverá se posicionar urgentemente. A questão da tutela administrativa ficou em aberto na futura lei de direito autoral brasileira.[92]

Fazendo um avanço temporal, ainda que a criação de uma Diretoria e a ampliação de seu pessoal signifiquem fortalecimento da área dos direitos autorais dentro do Ministério, a existência de um órgão assumindo quaisquer funções que cabiam ao CNDA continuaria polêmica. Em 2013, foi aprovada a Lei 12.853, resultado de uma CPI sobre o Ecad que ocorreu no Senado entre 2011 e 2012, e que alterou a parte a Lei 9.610/98 relativa à gestão coletiva. Com a lei, dentre muitas outras disposições, o Ministério da Cultura voltava a ter competência para regular e fiscalizar a atividade de gestão coletiva – algo sobre o que, veremos, a Lei n. 9.610/98 ficou silente, bem como para habilitar as associações. Ainda assim, previam-se atribuições mais restritas que as que tivera o CNDA no passado. Nesse momento, a discussão sobre os dispositivos constitucionais de liberdade de associação e relativos ao direito de autor voltou à pauta: pouco antes da entrada em vigor da nova lei, 6 das 7 associações efetivas do Ecad ingressaram no STF com uma ação direta de inconstitucionalidade (ADI 5062); dias depois, foi a vez da UBC (ADI 5065), desta vez com pedido cautelar requerendo a suspensão dos efeitos da Lei 12.857/13.

> Basicamente, os argumentos das ações se baseiam em uma visão que enxerga os direitos autorais e a gestão coletiva como categorias de interesse privado.

---

91 Nesse sentido, BARRICHELLO, informação verbal, 2016. Samuel Barrichello começou a trabalhar diretamente com Otávio Afonso no fim de 1997.

92 Ref. 3.62, MinC, MinC – CDA, Estudo, sem data.

Dentro dessa perspectiva, a Lei 12.853/2013 institui a supervisão estatal sobre os direitos autorais de maneira expropriadora, retirando dos seus titulares o direito de propriedade, a livre iniciativa e a liberdade de associação.[93]

Em 2016, e após a realização de uma audiência pública em 2014, o STF julgou ambas ações improcedentes.[94] Ou seja, a lei 12.857/13 foi considerada constitucional, e a supervisão do Ministério da Cultura sobre as associações, considerou-se, não fere os direitos de livre associação ou as disposições constitucionais sobre direito de autor. Neste momento, essa atividade de supervisão ainda está em fase de estruturação.

8. A PRODUÇÃO LEGISLATIVA SOBRE DIREITO AUTORAL NA DÉCADA DE 90

Entre 1990 e 1998, o PL 249/89 do Senado chegou à Câmara, ganhou o número de 5.430/90, voltou a tramitar em 1995, quando Aloysio Nunes Ferreira ofereceu Substitutivo na CCTCI, e depois em 1996, com a criação da Comissão Especial, e a apresentação de novo Substitutivo em 1997. Mas outros parlamentares propuseram uma série de outros projetos sobre direito autoral no período, que foram sendo apensados e acabaram por ser analisados pelo parecer de Aloysio Nunes Ferreira na Comissão Especial. O principal deles era o novo Projeto Genoíno, mas outros quatro merecem destaque.

8.1. A VOLTA DO PROJETO GENOÍNO (PL 2.951/92)

Em 28 de junho de 1990, a Mesa Diretora da Câmara dos Deputados deferiu requerimento do Deputado José Genoíno para retirar o PL 2.148/89. A razão era que as emendas que o projeto havia recebido "alteraram completamente a sua filosofia original".[95] Não era o fim da trajetória do Projeto Genoíno, no entanto: em 3 de junho de 1992, José Genoíno propôs o PL 2.951/92, uma versão repaginada do mesmo projeto, que, em setembro, foi lido em plenário, publicado, e apensado então ao PL 5.430/90. A Justificativa do projeto era praticamente igual à anterior, mas começava agora explicando que se tratava ainda do resultado daquele esforço entre o CNDA e a Amar, com a entrada novos interlocutores e apoios de peso:

---

[93] AUGUSTO; VALENTE, 2016, p. 260-261.

[94] Supremo Tribunal Federal, 27 de outubro de 2016. Relator Min. Luiz Fux. Ver "ADIs contra alterações na Lei de Direitos Autorais são julgadas improcedentes", em Notícias STF, 27 de outubro de 2016.

[95] Ref. 3.87, MinC, MinC – CDA, Estudo, dez/92.

Esta versão é produto de um processo mais amplo de discussão das partes interessadas e vem apoiada pelas seguintes entidades: Associação de Músicos Arranjadores e Regentes do Rio de Janeiro – AMAR-RJ; Associação de Músicos Arranjadores e Regentes do Estado de São Paulo – AMAR-SP; Sindicato dos Artistas e Técnicos em Espetáculos de Diversão no Estado de São Paulo- SADETE-SP; Cooperativa Paulista de Teatro; Associação Paulista de Atores Teatrais – APART; Confederação Nacional de Teatro Amador- CONFENATA; Confederação de Teatro Amador do Estado de São Paulo; Associação Nacional de Entidades de Artistas e Técnicos – ANEAT; Escola Brasileira de Música; Associação Brasileira dos Documentaristas – Seção São Paulo; Sindicato dos Trabalhadores na Indústria do Cinema – SINDCINE; Associação Paulista de Cineastas-APACE; Sindicato dos Artistas Plásticos do Estado de São Paulo-SINAPESP; Comitê Nacional Brasileiro da Associação Nacional de Artistas Plásticos da UNESCO; Associação de Atores – ASA-RJ e União Brasileira de Escritores – UBE.[96]

A CDA pediu autorização ao então Secretário da Cultura, Sérgio Paulo Rouanet, para criar um grupo informal de consulta para avaliar o PL 2.951/92, sem atribuições de negociação.[97] No bojo desse grupo, foram realizadas duas reuniões com representantes da Amar, e foi apresentado um documento com estudos da CDA discorrendo sobre, principalmente, sobre como o PL conflitava com convenções internacionais às quais o Brasil havia aderido. O grupo teve fim em 06 de outubro de 1992,[98] devido às mudanças que refundaram o MinC, e então com as "novas orientações técnico/políticas do novo Ministro da Cultura".[99] Em 2 de outubro de 1992, o Ministro Sérgio Rouanet foi substituído pelo Ministro Antônio Houaiss.[100]

As discussões entre a CDA e a Amar giraram em torno de preocupações da primeira, que eram rebatidas pela segunda, especialmente em relação à adequação do projeto com as convenções internacionais às quais o Brasil aderia, mas também a pontos como o que a CDA entendia como excessiva intervenção do Estado, ou "excessivo paternalismo". Um outro ponto era que as transformações ao direito autoral que o anteprojeto representava tornariam difícil a aplicação da lei aos programas de computador – criados por pessoas físicas que, "durante um processo de elaboração que pode levar anos, colaboram",[101] sendo difícil identificá-los individualmente; por fim, a CDA lamentava a excessiva concisão do projeto quanto às

---

[96] Ref. 4.13, Pesquisa, Câmara dos Deputados, Projeto de Lei, 03/06/92.

[97] Ref. 3.87, MinC, MinC – CDA, Estudo, dez/92, p. 3.

[98] Através da CT/CDA/SEC-PR/n. 055. Ref. 3.87, MinC, MinC – CDA, Estudo, dez/92.

[99] Ref. 3.87, MinC, MinC – CDA, Estudo, dez/92.

[100] Ref. 4.34, Pesquisa, MinC – LAI, Informação, 23/10/2017.

[101] Ref. 3.82, MinC, sem autor, Carta, sem data.

limitações e exceções, notando a ausência de previsão de limitação para fins de interesse público como "usos beneficentes", ou a utilização indispensável para prova jurídica ou administrativa, prevista na lei de 1973.

> Parece-nos que a questão das limitações merece ser mais aprofundadamente estudada, não apenas a fim de que possam ser atendidas certas necessidades sociais e culturais, mas também fim de que a lei possa a ser aplicável na prática, não vindo a tornar-se "letra morta".[102]

Na comunicação da Amar sobre o documento que a CDA preparou para suas reuniões, assinada pelo presidente Maurício Tapajós, é perceptível que a entidade fazia um esforço por estabelecer um entendimento com a CDA sobre uma nova lei de direito autoral. Mas aquele vínculo original entre a Amar e o governo, na época em verdade o CNDA, parecia estar desfeito. É uma comunicação que expressa claramente o ponto de vista da associação sobre as questões que vinham sendo suscitadas sobre o Projeto Genoíno, nas suas diferentes versões. Uma delas era a insistência em não dispor sobre "coautoria", e sim sobre "obra coletiva", como única categoria para as obras criadas por mais de uma pessoa – de forma a incluir autores e artistas, e mantendo a única hierarquia que o Projeto Genoíno estabelecia, em contraste com a legislação de 1973 e com o que parecia ser o *standard*: aquela entre obras originais e derivadas – sendo as derivadas não as transformações das originárias, mas as interpretações e execuções. A tentativa continuava a ser a de elevar o status do intérprete e do executante.

> Rejeitamos a tipificação de Berna e adotamos o entendimento mais lógico, pelo qual a obra coletiva é aquele que tem o concurso de diversos criadores, em contraponto à obra citada por um autor só. A existência (ou não) de uma pessoa jurídica organizadora é, para nós, irrelevante e não constitui matéria autoral. Por outro lado, o conceito de colaboração traz implícito o conceito de coadjuvância [...], o que é inaceitável do ponto de vista legal e doutrinário.[103]

A Amar alegava também que a omissão quanto ao *software* era consciente: sua posição era de que a indústria da informática estaria querendo os bônus da proteção autoral – os prazos especialmente – sem o ônus, qual seja, "a abrangência e extensão dos direitos morais do autor, que estabelecem limites à indústria".[104] Queixava-se também de que o projeto, que vinha sendo discutido desde o CNDA, tinha recebido participação de todos os setores, e a o setor de informática ter-se-ia omitido.

---

[102] Ref. 3.82, MinC, sem autor, Carta, sem data.
[103] Ref. 3.83, MinC, Amar, Carta, 1992.
[104] Ref. 3.83, MinC, Amar, Carta, 1992.

É claro que o projeto em tela pode ser emendado, no sentido de abranger os programas de computador, desde que dirimidas as questões já levantadas, notadamente esta: o setor da informática deseja proteção de caráter autoral, ou não?[105]

A carta da Amar deixa também cristalino o que significavam, para aquele projeto social de direito autoral, as limitações e exceções: não caberia à lei estabelecer "isenções", porque isso seria prerrogativa exclusiva do autor. Limitações e exceções amplas significariam expropriação, e abririam brechas para o não-pagamento de direitos "por parte dos fraudadores de praxe". Sobre a cessão de direitos, adotava também linguagem radical:

> Mas o ranço colonialista e exploratório das relações empresário/autor é tão arraigado, que aquele não se contenta em ser usuário da obra: quer ser "dono" dela e impõe contratos de "cessão" quando, na realidade, só disporá da possibilidade de explorar economicamente a obra, nada mais que isso. Essa relação, portanto, é comercial e não tem caráter autoral. Cabe, portanto, aos que advogam uma nova prática autoral, chamar tais coisas pelo nome correto: eliminar de uma vez o falso, aviltante e subdesenvolvido conceito de cessão, substituindo-o pelo de licença (para exploração econômica da obra), aliás de uso já generalizado em muitos países do mundo desenvolvido.[106]

A Amar mostra também ter atendido a críticas sobre não intervencionismo, quando transformou os prazos máximos de contratos que existiam no primeiro Projeto Genoíno em meros "default", permitindo outras estipulações pelo autor. "Se isso abre margem para pressões econômicas, ainda não conhecemos dispositivos capazes de retirá-las da prática social, sem incorrer em intervencionismo".[107] E a parte mais reveladora é a que expressamente rejeita as convenções internacionais e recomenda que o Brasil reveja sua adesão a eles. Como visto atrás, essa era a posição de José Genoíno sobre a apresentação de seu projeto, em primeiro lugar.

Coerentes com o princípio de que o Direito Autoral se restringe ao âmbito do autor e de que este é sempre a pessoa física criadora da obra intelectual, o projeto propõe uma revisão da adesão do Brasil às Convenções Internacionais, usufruindo do direito à autodeterminação que lhe permite, inclusive, subscrever apenas em parte aqueles protocolos.

> Notadamente quanto à Convenção de Roma, e ainda fiéis ao princípio explanado no parágrafo anterior, não vemos como poder colocar, sob a tutela de uma mesma lei, intérpretes e executantes (criadores e pessoas físicas) e produtores fonográficos e organismos de radiodifusão (produtores de suportes e veiculadores de criações alheias, além de pessoas jurídicas).

---

[105] Ref. 3.83, MinC, Amar, Carta, 1992.

[106] Ref. 3.83, MinC, Amar, Carta, 1992.

[107] Ref. 3.83, MinC, Amar, Carta, 1992.

Num primeiro entendimento, julgamos que tanto produtores fonográficos como organismos de radiodifusão não criam nada; não sendo criadores, não podem estar abrangidos numa lei que visa, antes de tudo proteger a criação intelectual. Evidentemente não desconhecemos que tanto uns quanto outros têm direitos a ser protegidos: o que recusamos é inclusão de tais direitos no âmbito restrito do Direito Autoral, pelo que advogamos lhes seja concedida uma proteção através de outro enquadramento legal, talvez na área da propriedade industrial, se for o caso. Na realidade, se existem direitos conexos aos autorais, estes são os direitos das pessoas jurídicas que produzem suportes e veiculam criações de terceiros, gravadoras e emissoras de radiodifusão, no caso.

Igual entendimento aplica-se com relação às questões levantadas no âmbito do GATT e do Protocolo à Convenção de Berna, ora em discussão, os quais não devem merecer a adesão brasileira, caso prevaleça o entendimento trazido pelo projeto de nova lei. Da mesma forma deve ser revista a adesão brasileira ao chamado Convênio de Fonogramas de Genebra, 1972, face à impossibilidade de reserva estabelecida em seu art. 10.

Lembramos que a proteção concedida por Roma não é a única capaz de abrigar os direitos de produtores fonográficos e organismos de radiodifusão. Nesse sentido, invocamos o exemplo dos Estados Unidos que, sem ser signatário daquela Convenção, logrou implantar a mais forte política de produção fonográfica de todo o mundo, valendo tão somente da proteção concedida por outros dispositivos internamente estabelecidos.[108]

Em 28 de janeiro de 1993, o então Ministro da Cultura Antonio Houaiss encaminhou ao Deputado José Genoíno uma carta contendo uma análise preliminar do PL 2.951/92, após um encontro dos dois. Desejando que ocorresse harmonização entre as ponderações "do meu grupo de trabalho" e "as suas e de seu grupo de trabalho", pediu uma reunião visando unificação dos pontos de vista.[109] A Análise Preliminar é assinada por Otávio Afonso, Coordenador da CDA/MinC, Claudio Delgado Lobo, técnico em direito autoral no MinC, e Mirian Rapelo Xavier, Assistente Jurídico no MinC, e é uma organização dos pontos que a CDA vinha levantando nas comunicações com a Amar. Começava afirmando que seu principal objeto era identificar os artigos considerados controversos, a partir das convenções internacionais, em especial Berna e Roma, das legislações autorais de alguns países – Espanha, EUA, Reino Unido, Alemanha e França –, análises de entidades brasileiras e da OMPI.

De fato, o nosso Arquivo MinC contém estudos minuciosos sobre a legislação dos países mencionados – apesar de nem todos estarem datados, referem-se evidentemente a esse processo de levantamento de legislação

---

[108] Ref. 3.83, MinC, Amar, Carta, 1992.

[109] Ref. 3.77, MinC, MinC – CDA, Estudo, 28/01/93.

comparada para embasar uma análise do projeto. Poucos anos depois de o Projeto Genoíno ter sido gestado dentro do próprio CNDA, a atividade da Coordenação de Direito Autoral, sua sucessora, estava produzindo estudos técnicos para fazer uma crítica ao próprio texto.[110]

O PL 2.951/92, afinal, era bastante próximo ao 2.148/89. Estava quase tudo ali:

e. criador é pessoa física, englobando autor e o intérprete e executante;

f. a cessão de direitos autorais era reputada nula – prevista aqui a possibilidade de licenciamento, no mesmo dispositivo;

g. o registro unificado, aqui ainda mais claro – em órgão único a ser indicado pelo Conselho Nacional de Direito Autoral;

h. a vitaliciedade do direito autoral tanto para os criadores quanto para filhos, pais ou cônjuges – e 60 anos para os demais herdeiros);

i. a numeração de exemplares;

j. a prestação de contas mensal, no caso de contrato de licenciamento;

k. o CNDA – neste momento inexistente, e portanto a previsão era de sua criação, e com a função adicional de "auxiliar os autores, criadores e suas entidades associativas na fiscalização do aproveitamento econômico das obras intelectuais, sempre que solicitado» – art. 51, VII, e com atuação regionalizada;

l. o domínio público remunerado – agora com recolhimento de metade dos valores correntes no mercado, e não do valor de mercado em si;

m. as sanções civis e administrativas, com uma adição, no último caso, para violação no caso de representação e execução pública;

n. a «cópia privada".

Como afirmado pela Amar na comunicação à CDA, foram mantidos, na nova versão do projeto, os prazos máximos estabelecidos para os con-

---

[110] Ref. 3.24, MinC, sem autor, Estudo, 05/01/1993 – tradução da lei espanhola e da lei alemã nas partes sobre formas de autoria, direitos morais e patrimoniais, limites às cessões de direitos, etc. Ref. 3.26, MinC, sem autor, Estudo, sem data – estudo semelhante sobre a lei norte-americana. Ref. 3.38, MinC, MinC – CDA, Estudo, sem data – material sobre países onde os fotografas dispõem dos mesmos direitos que as obras literárias e artísticas (13), ou por direitos menores, ou como obras literárias e artísticas (11), onde estão na mesma lei que os direitos de autor (28), onde estão em lei específica (5). Ref. 3.39, MinC, MinC – CDA, Estudo, sem data – material sobre legislações estrangeiras sobre quem é pessoa física criadora da obra, se o artista intérprete é autor, e se a lei prevê numeração de exemplares.

tratos, mas aqui como regra residual – salvo disposição em contrário do autor – art. 45, § 1º –, com alguns ajustes – aumento de dois anos para quatro, no caso de obra fonográfica, e diminuição de dez para quatro, no caso de longa-metragem. Também foi aumentado o prazo de pagamento aos criadores por receita diária de bilheteria, de um para três dias.

Para além de outras alterações de redação, o projeto inovou em relação ao PL 2.148/89 quanto às limitações e exceções, que foram ampliadas, mantendo-se a limitação correspondente ao direito de citação que já estava no projeto anterior, mas acrescentando-se a exibição e execução para demonstração à clientela,[111] e utilizações no recesso do lar e em ambiente escolar.[112] Além disso, apesar de manter a categoria do criador, deu vários direitos somente ao autor – e não às outras categorias, as de intérprete e executante –, como os direitos morais, o de sequência, a possibilidade de requerer interdição da utilização da obra não autorizada à autoridade policial, o de associar-se para defesa dos direitos – podendo os criadores em geral somente autorizar associações a fixar preços e fazer gestão coletiva, mas não expressamente associar-se para representação judicial ou extrajudicial –, as sanções civis e administrativas – aos intérpretes e executantes estando ainda reservadas as penais –, e a faculdade de registrar a obra. As limitações e exceções referiam-se também somente ao autor. Percebe-se nessas mudanças uma intenção clara de dialogar com algumas das críticas feitas ao PL 2.148/89, em especial no estabelecimento de diferenciações com base nas categorias de criadores.[113]

As críticas da CDA encaminhadas por Antonio Houaiss a José Genoíno focavam agora em novos pontos: a equiparação entre detentores de direito de autor e o que internacionalmente se reconhecia como direitos conexos, ainda que diferenciações tenham sido feitas ao longo do novo projeto, e o fato de que uma proteção maior faria com que o Brasil assumisse obrigações unilaterais diante dos intérpretes e executantes estrangeiros, de acordo com o princípio do tratamento nacional das convenções. A ausência de proteção a produtores fonográficos e organismos de radiodifusão foi apontada como não cumprimento da Convenção de Roma, a Convenção de Genebra para a Proteção de Produtores de Fonogramas contra a Reprodução não Autorizada de seus Fonogramas,

---

[111] Art. 34, II.

[112] Art. 34, III.

[113] Um comparativo do PL 2.148/89 e o 2.951/92, com algumas observações, foi desenvolvido pela Coordenação de Direito Autoral. Ref. 3.76, MinC, MinC – CDA, Estudo, sem data.

e o TRIPS "em via de ser concluído".[114] Otávio Afonso criticaria ainda a disposição segundo a qual autor era apenas pessoa física, afirmando que não havia consenso sobre o tema, e que não seria função da lei resolver uma questão controversa como essa.

> Observa-se que as novas tecnologias exigem uma reflexão mais abrangente das relações objetivas advindas da área de criação intelectual. O "software", banco de dados, as obras criadas mediante programas de computador e inteligência artificial caminham para uma proteção via direito de autor. Há que se adaptar, portanto, os conceitos autorais para se abarcar essas novas formas de expressão intelectual e uma perfeita adequação com os instrumentos internacionais (sobretudo aqueles aos quais o Brasil já aderiu) que regulam, ou venham a regular, tais relações autorais.[115]

Em muitos outros pontos, o parecer da Coordenadoria de Direito Autoral seguia a linha das críticas feitas anteriormente ao Projeto Genoíno. Em alguns casos, trechos específicos das cartas enviadas ao CNDA naquela época foram mencionados. As críticas vinham precedidas do termo "matéria controversa", como se a indicar que o papel da CDA, ali, era o de fazer um trabalho técnico de levantamento de argumentos contrários – ao mesmo tempo que o tom de contrariedade dominava em seguida. A proibição da cessão foi criticada como exagerada em seu cunho paternalista; o domínio público remunerado, com citação do parecer do Instituto dos Advogados Brasileiros que foi analisado no segundo capítulo 2,[116] criticado como censório e impróprio; a ausência de proteção ao organizador de obra coletiva, pessoa física ou jurídica, e de disposições sobre obra sob encomenda; a numeração de exemplares, por ser excessivamente onerosa e mesmo inexequível, mencionando as manifestações da ABPD e do Sindicato Nacional de Editores de Livros;[117] a liberação prévia de representação, exibição e execução públicas de obras por autoridades, citando as manifestações do IAB[118] e da OMPI,[119] e possível inconstitucionalidade;[120] e a "cópia privada",

---

[114] Ref. 3.77, MinC, MinC – CDA, Estudo, 28/01/93, p. 2.

[115] Ref. 3.77, MinC, MinC – CDA, Estudo, 28/01/93, p. 2.

[116] Ref. 3.17, MinC, IAB, Carta, 05/06/89.

[117] Não presentes nos nossos arquivos.

[118] Ref. 3.17, MinC, IAB, Carta, 05/06/89.

[119] Ref. 3.19, MinC, OMPI, Carta, 20/08/89.

[120] Citando o Art. 5º, XXVIII, b) da CF: "o direito de fiscalização do aproveitamento econômico das obras que criarem ou de que participarem aos criadores, aos intérpretes e às respectivas representações sindicais e associativas".

pela impossibilidade de comprovação de autoria e utilização efetiva.[121] Não somente a CDA adotava as posições veementemente contrárias ao projeto que havia nascido no órgão que a antecedeu, como também criticava o órgão – em um relatório que subsidiou a contribuição do MinC, assinado por Otávio Afonso:

> Entendemos, por outro lado, que em decorrência dos atuais preceitos constitucionais, sobretudo aqueles que limitam a interferência estatal no funcionamento das associações, o formato do órgão responsável pela tutela administrativa na área autoral deveria primar pelos aspectos técnicos/jurídicos. Não nos parece conveniente que um Conselho, órgão colegiado de assessoria direta ao Ministro da Cultura, fosse a melhor opção para exercer as competências mencionadas no art. 51 supra indicado.
>
> Um órgão colegiado, com representantes de vários segmentos do universo autoral parece, à primeira vista, um modelo democrático de perfeita representatividade. Nossa experiência anterior, entretanto, nos leva a identificar lacunas – por vezes incontornáveis – entre os conselheiros e o setor técnico/jurídico, comprometendo os objetivos da instituição.
>
> Somos, assim, pela criação de um Departamento de Direito Autoral, eminentemente técnico, o que permitiria maior flexibilidade ao Ministro da Cultura na formulação de suas políticas na área autoral.[122]

Em 14 de dezembro de 1995, José Genoíno solicitou ao então Presidente da Câmara dos Deputados, Luís Eduardo Magalhães, que fossem feitas modificações ao projeto, que naquele momento tramitava na Comissão de Ciência e Tecnologia, Comunicação e Informática. O pedido foi aceito.[123] As transformações eram de pouca importância, mas isso mostra que Genoíno, em 1995, ainda insistia em seu projeto.

---

[121] Um documento de 1991 mostra que Otávio Afonso havia solicitado a servidores um resumo de todas as manifestações recebidas sobre o projeto, e, diante de muitas críticas, a recomendação da servidora responsável, Pedrina Rosa Pinto de Sousa, era de que a Secretaria de Estado de Cultura não encaminhasse o projeto. Naquele momento, setembro de 1991, referiam-se provavelmente à reedição do Projeto Genoíno em PL 2.951/1992. Isso revelava uma quebra entre os desígnios antes conjuntos do MinC, via CNDA, e José Genoíno/Amar. Ref. 3.86, MinC, Pedrina Rosa Pinto de Sousa/SEC, Estudo, set/91.

[122] Ref. 3.87, MinC, MinC – CDA, Estudo, dez/92.

[123] Ref. 4.13, Pesquisa, Câmara dos Deputados, Projeto de Lei, 03/06/92.

8.2. A CPI DO ECAD DE 1995, E O PL N. 1.356/95

A CPI do Ecad de 1995, na Câmara dos Deputados, foi relatada pelo Deputado Eraldo Trindade (PPR-AP), e resultou no PL n. 1.356/95, de sua autoria, com o objetivo de endereçar os problemas apontados. A justificação chamava a situação investigada de "descalabro", e afirmava conter

> normas que estabelecem o equilíbrio necessário entre a atividade privada das associações de titulares de direitos autorais e conexos e a necessária fiscalização de suas atividades pelo Poder Público. Afasta-se, porém, da legislação anterior, que era fruto de um governo eminentemente intervencionista e centralizador. Em nossa proposta o estado apenas age como fiscal de uma atividade privada de interesse público, como de resto faz em diversas outras áreas.[124]

No dia 11 de novembro de 1995, o relator proferia um pronunciamento sobre a CPI:

> Chegamos a resultados impressionantes. A arrecadação de direitos autorais no Brasil, só no ano de 1994, foi em torno de 34 milhões de reais. Cinquenta por cento desse valor ficou retido nas contas dos presidentes das dez associações que compõem a assembleia do Ecad e a outra parte retida nas contas particulares dos administradores do próprio Escritório Central de Arrecadação e Distribuição. Concluímos que as reclamações dos compositores brasileiros são procedentes. A maioria sempre procurou apresentar àquela Comissão informações que levaram à quebra do sigilo bancário e fiscal da maioria dos presidentes de associações, assim como dos dirigentes do Ecad.
> No próximo dia 25, prazo regimental do encerramento dos trabalhos da Comissão Parlamentar de Inquérito, estaremos apresentando à Casa uma nova legislação. Parte do projeto propõe a extinção do Ecad. Não há mais como esse órgão continuar existindo, pois está acéfalo. Ele foi criado em 1973, através de uma lei oriunda do Executivo, que criou o Conselho Nacional de Direitos Autorais, na verdade, o órgão fiscalizador do Ecad.
> A partir da promulgação da Constituição, em 1988, de cujo processo tive a felicidade de participar como Constituinte, o Conselho Nacional de Direitos Autorais foi esvaziado, uma vez que o Estado não mais pôde interferir nas sociedades. isso, o Ecad passou a efetuar a cobrança dos direitos autorais em todo sem qualquer tipo de fiscalização, sendo único órgão no país a não ser submetido a qualquer tipo de Vigilância e a exercer o monopólio, posições contraditórias ao que preceitua a Carta Magna brasileira.[125]

---

[124] Ref. 4.22, Pesquisa, Câmara dos Deputados, Projeto de Lei, 28/11/95.

[125] BRASIL. Congresso Nacional. Diário da Câmara dos Deputados, 11 de novembro de 1995(2). p. 05308-15309. Disponível em: <http://imagem.camara.gov.br/Imagem/d/pdf/DCD11NOV1995.pdf#page=160>. Acesso em: 4 out. 2018.

A CPI havia sido instalada no dia 27 de abril de 1995, e presidida pelo deputado Hermes Parcianello (PMDB-PA), por requerimento do próprio relator Eraldo Trindade; os requerimentos de instalação e atos de investigação eram acusatórios de coação, "desmando", e mencionavam a intenção de "desmascarar a máfia do Ecad".[126] A CPI terminou com 97 pedidos de indiciamentos, por desvio de recursos, manipulação de dados e favorecimento de certas editoras na distribuição de valores arrecadados pela gestão coletiva. O problema principal estaria localizado na representação desproporcional de certas editoras; um dos principais dirigentes, José Antonio Perdomo Correia, era diretor ao mesmo tempo das Edições Tapajós e diretor-superintendente da EMI Songs do Brasil Edições Musicais, e ambas estariam ligadas à gravadora EMI. Haveria também sinais de falta de repasse correspondente aos Estados de Alagoas, Paraíba e Rio Grande do Norte; questões de transparência – o Ecad também não estaria revelando dados sobre arrecadação, e teria deixado de gravar as reuniões a partir de 10 de fevereiro de 1994 – data em que também ficou decidido um aumento de 43,5% na cobrança de rádios, o que teria engendrado uma chuva de processos judiciais.

> "As editoras controlam o Ecad. Só elas aparecem nas reuniões do órgão, representando teoricamente milhares de compositores", afirma o deputado Eraldo Trindade (PPB-AP), relator da CPI. Perdomo, por exemplo, tem, segundo Trindade, direito a praticamente 50% dos votos na assembléia do Ecad.[127]

Houve, entretanto, leituras bastante divergentes sobre o significado dessa CPI. Vários entrevistados do campo da música desqualificam a CPI de 1995 como uma "CPI do baixo clero", que teria sido influenciada pelos interesses da radiodifusão em desmontar o sistema de gestão coletiva.[128] A mídia também expressava posições nesse sentido no período – a *Folha*

---

[126] Ver: NARDI, Carlos Magno de. CPI quebra sigilo de dirigentes. Folha de S. Paulo, 8 maio 1995. Disponível em: <http://www1.folha.uol.com.br/fsp/1995/5/08/ilustrada/5.html>. Acesso em: 4 out. 2018.

[127] BONASSA, Elvis Cesar. "CPI do Ecad investiga editoras musicais". *Folha de São Paulo*, 21 out. 1995.

[128] Glória Braga, superintendente do Ecad, por exemplo, afirmou em entrevista que, naquela ocasião, os autores teriam defendido o Ecad, "porque a CPI de 95 foi uma CPI feita por donos de emissoras de rádio. E foi uma coisa muito forte de donos de emissoras de rádio. Então aquela coisa assim... os autores entraram do lado do Ecad. Como quem diz, se a gente tem problema com Ecad, a gente resolve depois, mas agora a gente tem que defender, porque esses caras aí são nossos inimigos querendo mexer com a nossa história. [...] Tanto que, em 1998, quando a lei foi para aprovação, não havia nela uma grande reivindicação do tipo 'vamos mexer no Ecad' – achou-se que não era o momento de fazer aquilo, que havia um

de S. Paulo apurou que 9 dos 33 integrantes da Comissão eram donos de estações de rádio e TV,[129] e, ao fim do processo, questionou seu compromisso com produção de provas.[130] A mesma leitura foi feita por João Carlos Éboli, em seu livro *Pequeno mosaico do Direito Autoral*:

> Integrada, sobretudo, por deputados do chamado "baixo clero", desejosos de ampliar seus espaços na mídia impressa e eletrônica, a referida CPI transformou-se em "palanque", para o qual foram atraídos conhecidos artistas, alguns aparentemente escolhidos a dedo para denegrir (sic) a imagem do Ecad e das associações que o integram com acusações genéricas e infundadas, já que não possuíam qualquer conhecimento sobre a trabalhosa e complexa administração dos direitos de execução pública no Brasil e no mundo.
> O resultado não poderia ser outro: após meses de trabalhos infrutíferos, com ônus para os cofres públicos, em que sequer foram respeitados os parâmetros estabelecidos no Parágrafo 3º do Artigo 58 da Carta Magna, a mencionada Comissão, comportando-se mais como o arbitrário e prepotente Comitê de Salvação Pública criado pela Revolução Francesa, produziu um Relatório pífio, um mirabolante exercício de "xenofobia especulativa".[131]

Éboli refere-se também a manifestações no mesmo sentido feitas à imprensa por Sydney Sanches – advogado –, Fernando Brant – compositor –, e na *Carta da Bahia*, assinada por artistas, gravadoras e produtores independentes em dezembro de 1995.[132]

A proposta resultante da CPI, PL n. 1.356/95, era que titulares de direitos autorais e conexos pudessem agir em conjunto e individualmente, e que houvesse duas Centrais – ou seja, como se fossem dois Ecads – como forma de estimular a concorrência. Para evitar corrupção dos fiscais, exigia-se recolhimento direto nas contas bancárias das centrais; extinguia-se a cobrança por escuta e amostragem, exigindo que o usuário entregasse planilhas, "mesmo que [tal medida] implique certos transtornos às emissoras de radiodifusão". O projeto reconhecia direitos de votos nas centrais de acordo com o número de associados brasileiros, como forma de "valorização do artista nacional", e criava uma fundação para amparar compositor e músico brasileiros.

---

mal maior, que estava vindo desse crescente das CPIs, com o Congresso Nacional infestado de donos de rádio e televisão". BRAGA, informação verbal, 2017.

129 GIL, Marisa Adán. celebridade invisível. Folha de S. Paulo, 18 jun. 1995. Disponível em: <http://www1.folha.uol.com.br/fsp/1995/6/18/revista_da_folha/18.html>. Acesso em: 4 out. 2018.

130 BONASSA, Elvis Cesar. "CPI termina com acusações sem provas". *Folha de S. Paulo*, 15 dez. 1995.

131 ÉBOLI, 2006, p. 62.

132 ÉBOLI, 2006, p. 63-64.

Um fax de Marcus Vinícius Mororó de Andrade, da Amar, em março de 1996 a Otávio Afonso expressa contrariedade ao projeto, que seria "eivado de diversos erros, irregularidades, desconhecimento técnico da matéria (inclusive quanto aos procedimentos de gestão autoral adotados na praxe internacional) e dos aspectos históricos que ensejaram a atual situação brasileira".[133] Mas a crítica principal, note-se, era que o projeto era demasiado intervencionista, e como tal seria inconstitucional – a disposição do autor sobre a gestão de sua obra não poderia sofrer qualquer interferência estatal. Tratava-se de uma mudança de posição em relação ao que tinham sido as posturas intervencionistas da tradição da Amar, nascida no bojo da Sombrás. E isso não deixava de ser notado: Marcus Vinícius contou que a unificação da cobrança e distribuição de direitos foi uma "luta da classe autoral", tanto para afirmar que a existência de mais de uma central é um flagelo, como para afirmar que esse tipo de mudança tem de partir da própria classe autoral.[134]

Marcus Vinícius ia adiante, afirmando que o PL não expressava a vontade dos autores brasileiros, mas somente a do legislador, "impondo seu modelo pela garganta abaixo da sociedade civil", em um projeto "tão violentamente estatizante e regulador", "em plena vigência das liberdades democráticas, no momento em que toda a nação reivindica o não-intervencionismo estatal nas atividades privadas".[135] A própria imposição de regras de arrecadação e distribuição, e do funcionamento das entidades, seria invasão de prerrogativa exclusiva dos cidadãos. "Nenhuma lei, sob risco de contrariar a Constituição Federal, pode tratar como *coisa pública* a propriedade intelectual *privada*". Dispor sobre destinação dos valores recebidos a título de direito autoral seria expropriatório. A exigência do preenchimento de planilhas seria passar credibilidade demais aos usuários, e assim "preconceituoso contra os artistas e suas entidades", que deveriam poder exercer sua própria fiscalização. A liberdade de associação também estaria sendo afetada com a extinção do Ecad prevista no PL,[136] dado que se tratava de entidade civil e privada. O discurso liberalizante é claro:

> O fato de ser uma associação sem fins lucrativos não confere ao Ecad características de entidade pública; o Escritório não vive de verbas públicas e gere recursos exclusivamente privados o que lhe confere condição de órgão privado, ainda que,

---

133 Ref. 3.81, MinC, Marcus Vinicius, Carta, 15/04/96. Várias das críticas dessa carta foram repetidas em ofício da Amar dirigido ao Ministro da Cultura Francisco Weffort.

134 A posição foi defendida por Marcus Vinicius Mororó de Andrade, também, em entrevista à autora, em 2017.

135 Ref. 3.81, MinC, Marcus Vinicius, Carta, 15/04/96.

136 Art. 14.

esdruxulamente, sua criação tenha se dado em razão de determinação legal – muito embora de lei gestada no arbítrio e na força. Foi o Estado arbitrário e policial que, imiscuindo-se nas questões privadas dos autores, determinou que se criasse o Ecad. A ação do Estado parou aí, no entanto. Ao ser constituído e organizado, o Ecad seguiu as normas inerentes à toda e qualquer entidade ou empresa civil e privada, sem qualquer vínculo ou característica estatal. O Ecad não é, portanto, um órgão público que possa ser fechado ao bel-prazer das autoridades de plantão. Fato isto, abrir-se-á caminho para que amanhã, qualquer outra instituição privada também possa ser fechada: quem sabe a Shell, a Votorantim, o armarinho da esquina, o Sindicato dos Artistas, ou qualquer outra...[137]

8.3. AINDA UMA REAÇÃO À CPI DO ECAD: O PL 2591/96, DE LUIZ MAINARDI

Luiz Mainardi (PT/RS) pois um outro projeto, o PL 2.591/96, para regulamentar arrecadação e distribuição, e publicou-o em um livreto com explicações e justificativas.[138] Nesse material, argumentava que a atual legislação "criou um sistema centralizador, viciado e nada participativo", e também a CPI do Ecad de 1995, que teria chegado à conclusão de que "tanto empresas que executam músicas comercialmente como compositores tinham razões em suas queixas e desconfianças", e que quase a totalidade dos compositores "desconheciam o caráter privado e sem fins lucrativos do Ecad".[139] Pontuou, também, que a CPI teria mostrado que o sistema de amostragem era insatisfatório, principalmente em Estados em que a música regional é forte, que não existiam planilhas de controle para *shows*, que o repasse demorava de 30 a 90 dias, além de apontar para privilégios, nepotismo e repasses exagerados. O projeto seria uma reação, reconhecidamente atrasada, a essa CPI;

> O ponto de partida para os trabalhos foi o projeto elaborado a partir das discussões feitas em Porto Alegre pelo Sindicato dos Compositores e Músicos do Rio Grande do Sul. Da análise técnica e legal de cada ponto, chegou-se a um anteprojeto de legislação sobre normas de arrecadação e distribuição, o item mais caro para os compositores neste universo do direito autoral.
> A Coordenação de Direito Autoral do Ministério da Cultura (MinC) também participou deste processo, analisando o texto original do projeto de lei. Dos debates coordenados pelo Secretário Ottaviano de Fiore, chegou-se a um texto mais acabado, mas que ainda carecia de pequenos retoques.

---

[137] Ref. 3.81, MinC, Marcus Vinicius, Carta, 15/04/96.

[138] Ref. 3.53, MinC, Dep. Luiz Mainardi, Projeto de Lei, 1997. Também Ref. 4.29, Pesquisa, Câmara dos Deputados, Projeto de Lei, 29/11/96.

[139] Ref. 3.53, MinC, Dep. Luiz Mainardi, Projeto de Lei, 1997. Também Ref. 4.29, Pesquisa, Câmara dos Deputados, Projeto de Lei, 29/11/96.

O texto final contou com a inestimável colaboração do Sr. Aírton Pimentel, Presidente do SICOM/RS, do Dr. Nilo Barros Brum, promotor aposentado de Justiça e membro do SICOM/RS, da Sra. Izabel Franco, secretária do SICOM/RS, e de muitos dos ex-integrantes da CPI do Ecad, como os Deputados Hermes Parcianello, Eraldo Trindade, Wigberto Tartuce, Celso Russomanno, Chico Vigilante, Paulo Rocha, De Velasco e Ubaldino Júnior, que são inclusive coautores do presente projeto.

Existem hoje 12 proposições na Câmara dos Deputados que tratam sobre os diversos aspectos do direito autoral. Está sendo criada, inclusive, uma Comissão Especial que analisará estas propostas, todas apensadas ao Projeto n05 5.430/90, de autoria do Senador Luiz Viana Filho.

O projeto de lei por mim apresentado traz importantes inovações como a utilização da INTERNET para a divulgação e controle das atividades e a ênfase dada à regionalização na arrecadação e distribuição de direitos autorais.[140]

O projeto previa:

a. associação a somente uma entidade;
b. vedação de voto por procuração ou carta;
c. diretores seriam somente pessoas físicas;
d. titulares estrangeiros não poderiam votar e ser votados;
e. organização regional – não mais de uma entidade por UF, ou ainda convênios para só uma arrecadar;
f. fiscalização pelo Poder Público, com *curadoria* pelo MPF e MPE;
g. preenchimento de planilhas por parte das emissoras e usuárias em geral;
h. amostragem para fiscalização das planilhas;
i. taxa de administração de 15% do arrecadado e 5% do distribuído;
j. distribuição mensal, inclusive dos créditos retidos, em uma conta geral;
k. publicação da relação dos créditos na Internet, e também dos balanços trimestrais;
l. criação, via convênio, do Centro Unificado de Informática do Direito Autoral (CUIDA), com cadastro de todos os titulares e obras.

Vale observar que o projeto muito tinha em comum com o que foi aprovado tanto tempo depois, em 2013, ou seja, trata-se de um *projeto* que foi vencer muito à frente. A diferença central era o objetivo declarado do projeto de regionalizar o sistema, e descentralizar o controle, incluindo críticas à atuação anterior do CNDA:

---

[140] Ref. 3.53, MinC, Dep. Luiz Mainardi, Projeto de Lei, 1997, p. 6-7.

Não apenas em razão da vulnerabilidade dos bens envolvidos, incorpóreos que são, mas, principalmente, por serem bens culturais, torna-se evidente o interesse público em todo o universo dos direitos do autor. Daí por que o Poder Público tem que se fazer mais presente, quer fiscalizando, quer disciplinando as relações autorais. Assim, o presente projeto prevê a possibilidade de intervenção do órgão do Ministério Público, através das curadorias da propriedade intelectual. Um dos maiores defeitos do CNDA era sua distância das relações autorais e a dificuldade de acesso pelos autores dispersos por todo o país. Tratava-se de um órgão somente acessível aos barões do sistema. Já os órgãos do Ministério Público, que primam pela sua independência e isenção, estão presentes em todo o território nacional e são acessíveis por qual quer cidadão que tenha seus direitos lesados ou ameaçados.[141]

8.4. A PROPOSTA DO EXECUTIVO SOBRE O ACORDO TRIPS – PL 1.436/96

Dos 33 projetos que foram analisados pela Comissão Especial em 1997, apenas um era de iniciativa do Poder Executivo: foi encaminhado pelo Ministro Weffort ao Presidente da República, que o enviou ao Congresso, em 1995, nos termos do art. 61 da CF. Era um projeto que se considerava de "ajustamento jurídico necessário" para o TRIPS, que teria exigido mudanças nos arts. 94 e 98 da Lei n. 5.988/73.[142] Tratavam-se de ajustes para atender aos arts. 14(4) e 14(6) do Tratado. Trata-se de um projeto que, possivelmente, se aprovado, poderia ter feito cair por terra a pressão que o Executivo faria, posteriormente, pela aprovação de uma nova lei, o que poderia ter feito com que a Lei n. 9.610/98 não existisse.

Art. 14(6) do TRIPS estendia art. 18 da Convenção de Berna – revisão de 1971 – aos direitos sobre fonogramas de artistas-intérpretes e produtores de fonogramas. O art. 14(4) do TRIPS estabeleceu o direito exclusivo de locação para produtores fonográficos, o que o PL queria incorporar no art. 98 da Lei n. 5.988/73.

Aqui, a proposta do Executivo ia além do que seria o ajuste necessário em relação ao TRIPS. O Art. 14 daquele tratado concedeu aos produtores fonográficos um exclusivo somente no que diz respeito à reprodução, e não à comunicação ao público, como fazia o projeto, e obrigou ao estabelecimento de um exclusivo de locação de fonogramas, mas o art. 18 de Berna, a que o art. 14(6) do TRIPS se refere, apenas estabelece algumas condições gerais de reciprocidade e domínio público. Ou seja, o TRIPS estabelecia que o art. 18 da Convenção de Berna aplicava-se

---

[141] Ref. 3.53, MinC, Dep. Luiz Mainardi, Projeto de Lei, 1997, pp. 19.

[142] Ref. 3.33, MinC, MinC – CDA, Documento de tramitação, 28/09/95.

no que coubesse aos direitos conexos; o PL em questão estabelecia que a Convenção de Berna como um todo se aplicava no que coubesse aos direitos conexos.[143] O texto proposto para o art. 94 da Lei de 1973 era: "Art. 94. As normas relativas aos direitos do autor, internas e aquelas resultantes de Tratados Internacionais em vigor no país, aplicam-se, no que couber, aos direitos que lhes são conexos".[144]

---

143 ARTIGO 14 do TRIPS

Proteção de Artistas-Intérpretes, Produtores de Fonogramas (Gravações Sonoras) e Organizações de Radiodifusão

1. No que respeita à fixação de suas apresentações em fonogramas, os artistas-intérpretes terão a possibilidade de evitar a fixação de sua apresentação não fixada e a reprodução desta fixação, quando efetuadas sem sua autorização. Os artistas-intérpretes terão também a possibilidade de impedir a difusão por meio de transmissão sem fio e a comunicação ao público de suas apresentações ao vivo, quando efetuadas sem sua autorização.

2. Os produtores de fonogramas gozarão do direito de autorizar ou proibir a reprodução direta ou indireta de seus fonogramas.

3. As organizações de radiodifusão terão o direito de proibir a fixação, a reprodução de fixações e a retransmissão por meios de difusão sem fio, bem como a comunicação ao público de suas transmissões televisivas, quando efetuadas sem sua autorização.

Quando não garantam esses direitos às organizações de radiodifusão, os Membros concederão aos titulares do direito de autor, nas matérias objeto das transmissões, a possibilidade de impedir os atos antes mencionados, sujeitos às disposições da Convenção de Berna (1971).

4. As disposições do Artigo 11 relativas a programas de computador serão aplicadas mutatis mutandis aos produtores de fonogramas e a todos os demais titulares de direitos sobre fonogramas, segundo o determinado pela legislação do Membro. Se, em 15 de abril de 1994, um Membro tiver em vigor um sistema eqüitativo de remuneração dos titulares de direitos no que respeita ao aluguel de fonogramas, poderá manter esse sistema desde que o aluguel comercial de fonogramas não esteja causando prejuízo material aos direitos exclusivos de reprodução dos titulares de direitos.

5. A duração da proteção concedida por este Acordo aos artistas-intérpretes e produtores de fonogramas se estenderá pelo menos até o final de um prazo de 50 anos, contados a partir do final do ano civil no qual a fixação tenha sido feita ou a apresentação tenha sido realizada. A duração da proteção concedida de acordo com o parágrafo 3 será de pelo menos 20 anos, contados a partir do fim do ano civil em que a transmissão tenha ocorrido.

6. Todo Membro poderá, em relação aos direitos conferidos pelos parágrafos 1, 2 e 3, estabelecer condições, limitações, exceções e reservas na medida permitida pela Convenção de Roma. Não obstante, as disposições do Artigo 18 da Convenção de Berna (1971) também serão aplicadas, mutatis mutandis, aos direitos sobre os fonogramas de artistas-intérpretes e produtores de fonogramas.

144 Ref. 4.25, Pesquisa, Câmara dos Deputados, Projeto de Lei, 11/01/96.

A proposta de adaptação da legislação ao art. 14(4) era:

> Art. 98, § 1º. Os produtores de fonogramas e os demais titulares de direitos sobre o fonograma terão o direito exclusivo de autorizar ou proibir a sua locação. § 2º O direito previsto no parágrafo anterior não será exaurível pela venda ou qualquer outra forma de transferência do fonograma.

A comunicação do MinC terminava por afirmar que

> Cumpre-se, com tais dispositivos, o compromisso assumido pelo país no sentido de compatibilizar a legislação autoral face ao Acordo de TRIPS, celebrado no âmbito da Rodada do Uruguai do GATT, com a garantia de que outras matérias do mesmo tema sejam implementadas no curso do aperfeiçoamento da Lei na 5.988/73.[145]

8.5. DEMAIS PROJETOS DE LEI

Quando, em 10 de setembro de 1997, Aloysio Nunes Ferreira apresentou o relatório da Comissão Especial formada para discussão do PL n. 5.430/90, 33 projetos de lei encontravam-se apensados, todos propostos entre 1988 e 1997, dentre os quais os quatro mencionados atrás.[146] À exceção do Projeto Genoíno, todos tratavam de reformas pontuais, principalmente envolvendo reorganização do Ecad, isenções ao pagamento de direitos autorais por entidades sem fins lucrativos, alterações nas regras sucessórias e prazo de proteção, e numeração de exemplares ou, mais especificamente, de fonogramas. A tabela constante do "Apêndice V – Descrição dos PLs apensados ao 5.430/90" lista todos esses projetos, identificando seu propositor, o tema, uma descrição, e a avaliação do relator Aloysio Nunes Ferreira, já na Comissão Especial, sobre sua Constitucionalidade, Jurisdicidade e Técnica Legislativa, e sobre o Mérito.

Vale já apontar, adiantando esta narrativa, que, no parecer que Aloysio Nunes Ferreira apresentou na Comissão Especial em 1997, todas as proposições que criavam espécies de isenções de pagamento de direitos autorais a certas categorias de usuários foram consideradas inteiramente inconstitucionais: ora porque "tratando diferentes regiões do país de forma desigual" – PL 1.006/95, que isentava as repetidoras de rádio e televisão do interior da região amazônica –, ora "por tentarem impor exclusão, a nosso ver injustificável, do pagamento de direitos autorais. Seria verdadeiro caso de confisco, o que não é admissível"[147] – PLs 3.223/97 e 3.454/97. Outros projetos continham vícios de iniciativa como pela atribuição de função de escuta ao IBGE – PL 2.442.91 –, e de funções ao Ministério Público e criação de órgão de informática – PL 2.591/96.

---

145 Ref. 3.33, MinC, MinC – CDA, Documento de tramitação, 28/09/95.

146 Ref. 3.92, MinC, Deputado Aloysio Nunes Ferreira, Relatório, 10/09/97.

147 Ref. 3.92, MinC, Deputado Aloysio Nunes Ferreira, Relatório, 10/09/97, p. 17.

9. SEGUE O PROCESSO: CCTCI E COMISSÃO ESPECIAL NA CÂMARA DOS DEPUTADOS

Conforme foram sendo propostos, esses projetos foram sendo apensados ao PL 5.430/90. Em 10 de março de 1995, o PL encontrando-se na CCTCI, foi designado o relator Aloysio Nunes Ferreira, então deputado pelo PMDB-SP, que ofereceu um parecer favorável, com substitutivo, no dia 10 de novembro daquele ano. O Substitutivo não foi votado pela Comissão.

> Aloysio Nunes Ferreira formou-se em Direito pela USP em 1965; em 1964, filiou-se ao Partido Comunista Brasileiro, logo após o golpe militar; com a extinção dos partidos em 1965, ingressou no MDB e também na ALN (Ação Libertadora Nacional), tendo sido estampado em cartazes como terrorista, em 1968; refugiou-se em Paris em 1969, com a desarticulação da ALN. Voltou ao Brasil em 1979, com a Lei da Anistia, e participou da fundação do PMDB, pelo qual tornou-se deputado estadual por São Paulo em 1983, reeleito em 1987. Em 1990, foi vice-governador na chapa de Luís Antônio Fleury Filho; tornou-se deputado federal em 1995, sendo naquele ano membro titular da Comissão de Ciência e Tecnologia, Comunicação e Informática e relator da Comissão Especial de Reforma Constitucional; em 1996, presidiu a CCJ. Nesse período, ligado a FHC, tornou-se o principal articulador entre o PMDB e o governo, votando a favor de todas as propostas de reforma constitucional, e, em 1997, sendo um articulador dos colegas de partido em favor da aprovação da emenda da reeleição. Em setembro de 1997, com pouco espaço no PMDB paulista, que era opositor do governo federal (controlado pelo ex-governador Orestes Quércia), ingressou no PSDB – momento em que se tornou relator da Comissão Especial para reforma da LDA. Assumiu diversos cargos, inclusive no Executivo, nos anos seguintes, tendo sido eleito senador pelo PSDB de São Paulo em 2010.[148]

A entrada de Aloysio Nunes Ferreira em cena parece ter tido relação com a necessidade que o governo FHC via em ver a lei aprovada – e o ingresso do deputado no PSDB no meio do processo mostra que ele seria um aliado.[149]

---

[148] FERREIRA, Aluísio Nunes. Disponível em: <http://www.fgv.br/cpdoc/acervo/dicionarios/verbete-biografico/aluisio-nunes-ferreira-filho>. Acesso em: 4 out. 2018.

[149] João Carlos Muller Chaves afirma que teria "soprado" o nome de Aloysio Nunes Ferreira, "porque ele é um ex-guerrilheiro; ninguém melhor que uma pessoa que passou pelas coisas pra ter autoridade moral pra se manifestar e optar; ele não tem que agradar ninguém; ele não tem que provar nada pra ninguém". Relata que não se conheciam, mas que criaram uma relação de confiança durante o processo.

"Eu não escolhi, claro, mas eu soprei pra um monte de gente". Na época não o conhecia, mas ficaram amigos, já foi à casa dele, criou-se uma relação de confiança.

Um primeiro pedido de constituição de Constituição Especial para discutir o projeto e seus apensos, feito pelos deputados Sandra Starling, Mateus Schmidt e Sergio Miranda, foi indeferido em 22 de junho de 1996; em 27 de setembro de 1996, Luís Eduardo Magalhães, presidente da Câmara, decidiu então constituir a Comissão Especial, "tendo em vista a competência de mérito das Comissões de Trabalho, Administração e Serviço Público, de Ciência e Tecnologia, Comunicação e Informática, de Educação, Cultura e Desporto e de Constituição e Justiça e de Redação",[150] em revisão ao despacho anterior. Demorou quase um ano para que fosse designado, na CESP, o relator Aloysio Nunes Ferreira – 13 de agosto de 1997 –; ele ofereceu seu parecer e assim segundo Substitutivo ao PL 5.430/90 no dia 10 de setembro de 1997,[151] dois dias após reunir-se com representantes do Planalto e dos Ministérios.[152]

Era a seguinte a composição da "Comissão Especial Destinada a Proferir Parecer ao Projeto de Lei n. 5.430/90, que altera, atualiza e consolida a legislação sobre direitos autorais e dá outras providências, e a seus apensados":[153]

Presidente: Roberto Brant (PSDB)
2º vice-presidente: Jandira Feghali (PCdoB)
3º vice-presidente: Eraldo Trindade (PPB)
Relator: Aloysio Nunes Ferreira (PSDB)

---

[150] BRASIL, 1996.

[151] Ref. 3.94, MinC, Deputado Aloysio Nunes Ferreira, Projeto de Lei, 10/09/97.

[152] CATANHÊDE, Eliana. Barrigas de Aluguel. Folha de S. Paulo, 9 set. 1997. Disponível em: <http://www1.folha.uol.com.br/fsp/opiniao/fz090904.htm>. Acesso em: 4 out. 2018.

[153] BRASIL, 1996.

QUADRO 1 – COMPOSIÇÃO DA COMISSÃO ESPECIAL

Titulares	Suplentes
PFL	
Arolde de Oliveira Marilu Guimaraes Osmir Lima Paes Landim Paulo Gouvea Vic Pires Franco	Antônio Geraldo Antônio Ueno Augusto Viveiros Claudio Chaves Roberto Fontes Zila Bezerra
Bloco (PMDB, PSD, PSL)	
Carlos Nelson Hermes Parcianello Moreira Franco Paulo Ritzel 2 vagas	Edinho Araújo José Luiz Clerot Pinheiro Landim 3 vagas
PSDB	
Aloysio Nunes Ferreira Arnaldo Madeira Marcus Vicente Octávio Elísio Pimentel Gomes Roberto Brant	Fernando Torres Feu Rosa Flávio Arns Leônidas Cristino Marconi Perillo 1 vaga
Bloco (PT, PDT, PCdoB)	
Chico Vigilante Jandira Feghali José Genoíno Marta Suplicy Severiano Alves	Luiz Durão Luiz Mainardi Paulo Rocha Ricardo Gomyde Valdeci Oliveira
PPB	
Augusto Farias Bonifácio de Andrada Eraldo Trindade Francisco Silva Wigberto Tartuce	Arnaldo Faria da Sá Gerson Peres Osvaldo Reis Prisco Viana 1 vaga
PTB	
Rodrigues Palma	José Borba
PSB	
Ricardo Heráclio	Pedro Valadares

Fonte: Elaboração própria, a partir de Brasil, 2016.

> **Roberto Brant** é irmão de Fernando Brant, compositor e parceiro de Milton Nascimento. Na juventude (início da década de 60), militou no movimento estudantil ligado à esquerda católica, e, formado em direito, trabalhou na Sudene e na Sudeminas. Iniciou sua carreira política filiando-se brevemente ao PP em 1981, mas foi eleito, em 1986, deputado constituinte por Minas Gerais na legenda do PMDB. Foi titular da Comissão de Organização Eleitoral, Partidária e Garantia das Instituições e a Subcomissão de Defesa do Estado, da Sociedade e de sua Segurança na ANC. Foi suplente da Comissão de Sistematização. Na ANC, nas principais votações, pronunciou-se contra a limitação do direito da propriedade privada, o mandado de segurança coletivo, o presidencialismo, a estatização do sistema financeiro, e a criança de um fundo de apoio à reforma agrária. Em 1990, transferiu-se para o Partido de Reformas Sociais (PRS), em 1994 ao PTB, em 1995 ao PSDB. Naquele ano, ajudou a aprovar as emendas propostas por FHC, como a abolição do monopólio estatal nas telecomunicações, na exploração do petróleo e na distribuição de gás canalizado pelos estados. Em 1999, portanto após a aprovação da LDA, deixou o PSDB para filiar-se ao PFL; consta que era amigo pessoal de Antonio Carlos Magalhães, desde a morte de seu filho, Luís Eduardo, em abril de 1998. Após ter sido citado na CPI dos Correios, em meio ao processo do Mensalão (e ter sido absolvido no Conselho de Ética e Decoro Parlamentar da Câmara dos Deputados), Roberto Brant declarou sua intenção de deixar a política, e não se candidatou em 2006.[154]

A Comissão Especial reuniu-se 8 vezes, entre 13 de agosto e 06 de novembro de 1997. Nos dias 23 e 24 de novembro de 1997, realizou duas audiências públicas: a primeira, com Marcus Vinícius Mororó de Andrade, da Amar, e João Carlos Muller Chaves, da ABPD;[155] a segunda, com Lourival José dos Santos, consultor jurídico da Associação Nacional dos Editores de Revista, e Vanisa Santiago, como membra da Comissão Jurídica e de Legislação da CISAC.[156]

Entre a propositura do Substitutivo da CCTCI e o Substitutivo da CESP, algumas importantes mobilizações ocorreram, e assim algumas alterações foram incorporadas ao projeto, refletindo as posições de diferentes setores e interesses. O Substitutivo da CCTCI era bastante próximo ao

---

[154] CENTRO DE PESQUISA E DOCUMENTAÇÃO DE HISTÓRIA CONTEMPORÂNEA DO BRASIL. BRANT, Roberto. Disponível em: <http://www.fgv.br/cpdoc/acervo/dicionarios/verbete-biografico/roberto-lucio-rocha-brant>. Acesso em: 4 out. 2018.

[155] Ref. 4.51, Pesquisa, Câmara dos Deputados, Notas, 23/09/1997. Na reunião de 17 de setembro de 1997, em que se discutiam os participantes das audiências, Jandira Feghali levantou que Muller Chaves estaria ligado à Abert e poderia representar seus interesses, de forma a dispensar a participação de um representante especificamente da Abert (Ref. 4.50, Pesquisa, Câmara dos Deputados, Notas, 17/09/1997).

[156] Ref. 4.52, Pesquisa, Câmara dos Deputados, Notas, 24/09/1997.

Projeto Luiz Viana, ainda; já o Substitutivo da CESP incorporava uma série de pontos e acabava por produzir um amálgama com elementos do Projeto Genoíno, e algumas novidades. O relatório de Aloysio Nunes Ferreira faz principalmente a comparação entre o Projeto Luiz Viana, o Projeto Genoíno na versão do 2.951/92, e a lei de direitos autorais então vigente – Lei n. 5.988/73. Já do Substitutivo da CESP para o texto final da lei 9.610/98, as diferenças não são tão marcantes.[157]

Entre um e outro Substitutivo, o Governo Federal manteve intenso diálogo com o relator Aloysio Nunes Ferreira. A Coordenação de Direito Autoral do Ministério da Cultura preparou uma Nota Explicativa, com propostas relativas a esse substitutivo. A Nota não é datada, mas infere-se que é de 1996[158] – ela deixava claro que o governo brasileiro tinha a expectativa de retardar a instalação da Comissão Especial, que, infere-se, já se discutia naquele momento – ela foi instalada em 12 de novembro de 1996. O motivo era que, na primeira quinzena no ano seguinte, o Brasil estaria concluindo as negociações sobre a Conferência Diplomática sobre Certas Questões de Direitos de Autor e Direitos Conexos, que resultaria nos Tratados da Internet da OMPI. Pela mesma razão, a CDA fazia a ressalva de que suas observações tinham caráter provisório, até que as negociações fossem concluídas, e também até que o Grupo Interministerial de Propriedade Intelectual (GIPI) analisasse os PLs na área autoral, o que estava marcado para reunião de 21 de novembro de 1996.

> Entendemos, pois, que a condução do processo de revisão da legislação autoral brasileira ficará por conta do Grupo Interministerial de Propriedade Intelectual – GIPI. Desta forma, o Ministério da Cultura deve rever sua posição política sobre a matéria e, se for o caso, estabelecer outros mecanismos de atuação.[159]

Ainda assim, a CDA oferecia extensivos comentários ao substitutivo de Aloysio como relator na CCTCI. Muitos deles eram no sentido de aguardar os resultados da Conferência Diplomática – Otávio Afonso, que assinava a carta, mencionava especificamente as definições das utilizações "publicação", "transmissão" e "retransmissão", criticando não somente que elas mantinham as definições de 1973, "comprometendo um de seus objetivos que é a atualização da norma jurídica autoral",[160] mas também adiantando-se às alterações de conceitos que se dariam na OMPI; o mesmo

---

[157] As comparações entre os projetos podem ser conferidas nos apêndices de II a XII. O Projeto Genoíno foi apenas disponibilizado integralmente, e não comparado lado a lado, porque é estruturalmente muito distinto, de forma que a comparação não é útil.

[158] Ref. 3.103, MinC, MinC – CDA, Carta, 1996.

[159] Ref. 3.103, MinC, MinC – CDA, Carta, 1996.

[160] Ref. 3.103, MinC, MinC – CDA, Carta, 1996.

sobre a menção a bancos de dados, que também estavam sob discussão, e sobre o regramento de reprodução, distribuição e comunicação ao público. Aloysio Nunes Ferreira, por sinal, acompanhou a Conferência Diplomática em Genebra, enviado pelo Congresso Nacional.[161]

É bastante evidente que, ao contrário do que afirmaram muitos dos atores do setor privado entrevistados, a Coordenação de Direito Autoral teve um papel central na transição do substitutivo de Aloysio Nunes Ferreira na CCTCI de novembro de 1995 até a apresentação do substitutivo na Comissão Especial. Documentos do Arquivo MinC contêm detalhadas propostas, em sucessivas versões, do Executivo em relação ao substitutivo na CCTCI.

Foram propostas elaboradas no âmbito do GIPI – Grupo Interministerial de Propriedade Intelectual,[162] em encontros entre maio de 1997 e janeiro de 1998,[163] tendo sido realizadas 3 reuniões com 34 entidades do setor privado "envolvidas, direta ou indiretamente, com as questões autorais": setores da música, livro, rádio e televisão, informática e equipamentos de escritórios, vídeo e cinema, reprografia. As organizações formularam propostas, que foram consideradas uma a uma, e adotadas ou não.[164] As organizações eram:

- ABC: Associação Brasileira Cinematográfica[165]
- ABDR: Associação Brasileira de Direitos Reprográficos
- ABEM: Associação Brasileira de Editores de Música
- ABERT: Associação Brasileira de Emissoras de Rádio e Televisão
- ABINEE: Associação Brasileira da Indústria Elétrica e Eletrônica
- ABPC: Associação Brasileira de Produtores Cinematográficos
- ABPD: Associação Brasileira de Produtores de Discos

---

[161] Conforme distintos relatos e de acordo com fala do próprio deputado em reunião da CESP no dia 10 de setembro de 1997. Ref. 4.49, Pesquisa, Câmara dos Deputados, Notas, 10/09/1997.

[162] Ref. 3.100, MinC, MinC-CDA, Estudo, sem data.

[163] Ref. 3.135, MinC, MinC – CDA, Nota técnica, sem data.

[164] Ref. 3.119, MinC, MinC – CDA, Estudo, Sem data.

[165] Samuel Barrichello, em entrevista, relatou que uma diferença fundamental do *lobby* no período era que o *lobby* internacional era menos ostensivo: referindo-se à *Motion Pictures Association*, afirmou que ela levava suas posições via ABC – Associacão Brasileira Cinematográfica, "mas era Motion Pictures". Ficará claro adiante no capítulo como as posições da ABC e da UBC externadas em reunião com o GIPI correspondiam largamente às posições da MPA, expressadas à CDA em carta.

- ABPI: Associação Brasileira da Propriedade Intelectual
- ABRAMUS: Associação Brasileira de Músicos
- ADDAF: Associação Defensora de Direitos Fonomecânicos
- AMAR: Associação de Músicos, Arranjadores e Regentes
- APRIMESC: Associação Brasileira de Informática e de Equipamentos de Escritórios
- ANACIM: Associação Nacional de Autores, Compositores, Intérpretes e Músicos
- ASSESPRO: Associação de Empresas Brasileiras de Softwares e Serviços de Informática
- ASSIM: Associação de Intérpretes e Músicos
- CBL: Câmara Brasileira do Livro
- CNI: Confederação Nacional da Indústria
- CONFEA: Conselho Federal de Engenharia, Agronomia e Arquitetura
- Ecad: Escritório Central de Arrecadação e Distribuição
- ELETROS: Associação Nacional de Fabricantes de Produtos Eletroeletrônicos
- FENAJ: Federação Nacional dos Jornalistas
- FLAPF: Federação Latinoamericana de Produtores de Fonogramas e Videogramas
- SABEM: Sociedade Brasileira de Autores, Compositores e Escritores de Música
- SATED: Sindicato de Artistas e Técnicos em Espetáculos de Diversões
- SBAT: Sociedade Brasileira de Autores Teatrais
- SICAM: Sociedade Independente de Compositores e Autores Musicais
- SNEL: Sindicato Nacional dos Editores e Livreiros
- SOCINPRO: Sociedade Brasileira de Administração e Proteção de Direitos Intelectuais
- UBC: União Brasileira de Compositores
- UBE: União Brasileira dos Escritores
- UBV: União Brasileira de Vídeo.[166]

---

[166] Ref. 3.132, MinC, MinC – CDA, Nota técnica, sem data.

Sobre essas participações, um ponto relevante é que o material coletado deixa claro que alguns atores se fizeram presentes por outros. Assim, por exemplo, manifestações da FLAPF podem ser ligadas às posições da ABPD, dado que João Carlos Muller Chaves era também secretário-geral da Federação;[167] a Movie Pictures Association (MPA), a respeito da qual existe uma mítica por suas históricas contundentes estratégias de pressão pelos interesses dos estúdios norte-americanos,[168] pouco participou diretamente. "A MPA prudentemente não colocava muito o nariz, porque o lobby da MPA era um pouco americano, ostensivo, não era hábil", afirmou João Carlos Muller Chaves.[169] Outros atores deram conta de que a atuação da MPA se dava de forma indireta, via, por exemplo, a Associação Brasileira Cinematográfica (ABC), que, registramos atrás, participou das reuniões no GIPI. Uma carta bastante representativa das posições da MPA foi enviada à CDA em agosto de 1997, e, de fato, diversos dos pontos foram defendidos integralmente no GIPI pela ABC e pela UBV, que detalharei a seguir.

Consta que, "de posse das contribuições do setor privado, o Executivo iniciou o processo de discussão com o relator e os diversos partidos envolvidos na negociação desta matéria".[170] Aloysio Nunes Ferreira fez

---

167 MULLER CHAVES, informação verbal, 2017; Ref. 4.51, Pesquisa, Câmara dos Deputados, Notas, 23/09/1997.

168 Uma carta da MPA para Dr. José Luiz Mota Azeredo, Assessor do Sub-Chefe para Assuntos Parlamentares da Presidência da República, com cópia para Otávio Afonso, Nelida Jessen, Procuradora Geral do INPI, e Jane Pinho, Secretária Executiva do GIPI, em nome da Motion Picture Association América Latina (MPA-AL), indica que a MPA naquele momento representava as seguintes organizações:
- Buena Vista International, Inc.
- Columbia Tristar Film Distributors International, Inc.
- Metro-Goldwin-Mayer, Inc.
- Paramount Pictures Corporation
- Twientieth Century Fox International Corporation
- Universal International Filmes, Inc.
- Warner Bros. International Theatrical Distribution. Ref. 3.117, MinC, MPA, Carta, 29/08/97.

169 Informação verbal, 2017.

170 Ref. 3.135, MinC, MinC – CDA, Nota técnica, sem data.

referência a essa interlocução, na apresentação do Substitutivo na CESP em 10 de setembro de 1997.[171]

Outros atores afirmavam interceder na posição do Executivo de outras formas, com órgãos que faziam parte do Grupo: Hildebrando Pontes Neto, por exemplo, relata ter discutido a lei tanto com a CDA/MinC quanto com juristas da Casa Civil da Presidência da República.[172] A atuação do setor empresarial tampouco se deu somente no âmbito do GIPI: há por exemplo uma extensa carta da MPA à CDA, que, as anotações comprovam, foram analisadas em detalhes, e em alguns casos acatadas no que viria a ser a proposta do Executivo. As falas em plenário e entrevistas dão conta também de que a Comissão Especial realizou uma série de reuniões com esses atores e com juristas, assim como o fez pessoalmente o relator do PL n. 5.430/90, Aloysio Nunes Ferreira. As associações de gestão coletiva musical também estiveram presentes – em especial, Marcus Vinícius Mororó de Andrade, da Amar, participou de audiência pública na CESP –, embora não o Ecad – Glória Braga, gerente jurídica à época, relata que o Ecad se encontrava em uma situação fiscal tão grave que não atuou enquanto organização na negociação da lei, deixando o tema para as associações que o compõem.[173] A atuação de Aloysio Nunes Ferreira como uma espécie de "alinhavador" hábil de interesses muito distintos foi destacada por atores de diferentes campos e que defendiam diferentes posições.

---

171 "O Poder Executivo, dada a importância desse tema, criou um grupo interministerial composto por representantes do Ministério da Cultura, Ministério da Ciência e Tecnologia, Ministério das Relações Exteriores, Ministério da Justiça e da Casa Civil, que também ouviu uma gama muito ampla de interessados do setor privado para colher diversas opiniões. Tive acesso a esse trabalho interno do Poder Executivo, porque me interessei em saber a opinião deles e o resultado das consultas". Ref. 4.49, Pesquisa, Câmara dos Deputados, Notas, 10/09/1997.

172 Informação verbal, 2017.

173 Ela relata que, no meio da década de 90, o Ecad tinha déficit mensal de R$ 500.000,00, e que a estrutura toda estava voltada naquele momento para resolver os problemas internos e fortalecer as atividades de cobrança. Para ela, desde que isso estivesse garantido na lei, não havia como se preocupar com mais naquele momento. BRAGA, informação verbal, 2017.

9.1. O GIPI

O GIPI é um grupo hoje institucionalizado, pelo Decreto Presidencial 9.303 de 21 de agosto de 2001, com a função de dar subsídios e posicionamento técnico para a política governamental em temas de comércio exterior de bens e serviços relacionados à propriedade intelectual, de forma a conciliar as políticas interna e externa. Em resposta a pedido de informação via Lei de Acesso à Informação, o MDIC informou que, antes do Decreto, o GIPI existia, mas não era formalizado, e que não existem mais as atas de reuniões anteriores.[174] Embora mais ministérios façam parte do GIPI, "as questões técnicas são tratadas em reuniões de subgrupos temáticos, enquanto as decisões organizacionais e de mais alto nível político são tomadas durante as reuniões plenárias com os representantes titulares de cada membro";[175] as discussões sobre o projeto de lei de direito autoral, de acordo com os documentos disponíveis no Arquivo MinC, estavam se dando entre Ministério da Indústria, Comércio e Turismo (MICT) e sua vinculada Instituto Nacional de Propriedade Industrial (INPI); das Relações Exteriores (MRE); da Cultura (MinC) e sua vinculada Fundação Biblioteca Nacional; da Ciência e Tecnologia (MCT); da Justiça (MJ) e sua vinculada Fundação Nacional do Índio (FUNAI); das Comunicações (MC), e a Casa Civil da Presidência da República, com participação dos Ministérios da Fazenda (MF) e do Planejamento e Orçamento (MPO). Quem coordenava o GIPI, naquele momento, era José Luís Azeredo, Subchefe de Assuntos Parlamentares da Presidência; o grupo teria sido impulsionado pelo Itamaraty, mas a articulação com Aloysio Nunes Ferreira era empreendida por Azeredo.[176]

Cotejando o Substitutivo de Aloysio Nunes Ferreira na CCTCI, as propostas do Executivo, e o Substitutivo da Comissão Especial, é bastante claro que vários pontos propostos pelo GIPI foram adotados integralmente. A última versão do documento não tem data, mas, por citar os Tratados da

---

[174] Ref. 4.45, Pesquisa, MDIC – LAI, Informação, 26/12/2017.

[175] Ref. 4.45, Pesquisa, MDIC – LAI, Informação, 26/12/2017. "O GIPI é presidido pelo Presidente da Câmara de Comércio Exterior (CAMEX) e integrado por representantes dos seguintes órgãos da administração pública federal: Ministérios da Agricultura, Pecuária e Abastecimento (MAPA); Ciência, Tecnologia, Inovações e Comunicações (MCTIC); Cultura (MinC); Indústria, Comércio Exterior e Serviços (MDIC); Justiça (MJ), Relações Exteriores (MRE); Saúde (MS), Meio Ambiente (MMA); Fazenda (MF); Casa Civil da Presidência da República; e Secretária Especial de Assuntos Estratégicos da Presidência da República (SAE/PR). Além destes, o INPI é ouvido sempre que a matéria é de sua competência e outros atores podem ser convocados como, por exemplo, o CADE, ANVISA, CAMEX."

[176] BARRICHELLO, informação verbal, 2016.

OMPI em diversos pontos, deduz-se que foi finalizada após a sua aprovação. O Poder Executivo então "iniciou o processo de discussão com o relator e os diversos partidos envolvidos na negociação direta desta matéria".[177]

É digno de nota também que, ainda que o Brasil não tivesse assinado os Tratados, o Executivo argumentava pela harmonização da linguagem da nova lei autoral com eles. Isso é indicativo de que a divergência na sua assinatura era de outra ordem.

Um segundo documento também não datado do Executivo – e que menciona o GIPI textualmente – faz a comparação entre as propostas enviadas e o que foi afinal adotado ou não pelo Relator Aloysio Nunes Ferreira no momento de apresentação do Substitutivo da CESP. O documento não lista as propostas de *supressão* aceitas; dentre as propostas de adições ou de alterações, eram no total 227; dessas, de acordo com a análise do próprio Executivo, 90 não foram aceitas, 27 foram parcialmente aceitas, e as outras 110 foram integralmente aceitas pelo relator – novamente, sem contar os pedidos de supressão. Vale apontar que houve blocos de sugestão de reformulação, pelo Executivo, que foram integralmente rejeitados pelo relator, a dizer, a reformulação do capítulo sobre cessão ou transferência de direitos de autor, e a sugestão da inserção de todo o regramento de persecução penal à violação de direito autoral para dentro do texto – o Substitutivo da CESP para a Lei de Direitos Autorais continuaria prevendo somente os ilícitos civis, ficando o Código Penal responsável pelo regramento criminal. A dinâmica das limitações e exceções também ficou mais próxima da redação original do PL 5.430/90 que da proposta do Executivo.

Ainda que o papel do GIPI tenha sido marcado, Samuel Barrichello, que atuava como assessor de Otávio Afonso na CDA no momento da aprovação da lei, reputa que o tema do direito autoral não era central para o governo naquele momento, por não ser reconhecida importância cultural ou econômica ao tema. O ex-Coordenador Geral de Direito Autoral do MinC entende que, naquele momento, Otávio Afonso seria a única pessoa do Executivo comprometida com influenciar o curso da lei, no processo completo de tramitação.

> Tinha que aparecer um gringo na porta, que tinha diplomatas, vários diplomatas, que entendiam a dimensão não pelo nosso interesse interno, mas entendiam o quanto aquilo [o direito autoral] válido para o governo norte-americano e para os europeus, então os europeus valorizavam aquilo [...]. Então, naquela época, você tinha [ainda] diplomatas que tinham participado do acordo TRIPS então você tinha essa dimensão; hoje se perdeu. [...] Voltando pra 9.610: ninguém tinha essa dimensão. [Enquanto isso] os Estados Unidos aprovando o DMCA.

---

177 Ref. 3.132, MinC, MinC – CDA, Nota técnica, sem data.

Ardissone argumenta que foi ao longo da década de 1990 que houve uma mudança de postura do Ministério das Relações Exteriores em relação ao tema da propriedade intelectual, após a experiência da Rodada do Uruguai – aprovação do TRIPS – e de posterior conflito diplomático em torno dos medicamentos genéricos – entre 1997 e 2001. Teria começado a se consolidar então uma visão, no Itamaraty, de que a propriedade intelectual tem "importância para o desenvolvimento econômico e para uma inserção mais competitiva das empresas nacionais na economia internacional".[178] Foi em 2001 que foi criada uma Divisão de Propriedade Intelectual (DIPI) no MRE, sob a chancelaria de Celso Amorim, o que teria sido importante para a institucionalização posterior de uma visão mais estratégica sobre o setor. A institucionalização do GIPI por decreto, em 2001, teria cumprido o mesmo papel. Na década de 1990, Ardissone identifica que a principal agenda de FHC nos primeiros anos era mesmo a adequação da legislação às normas do TRIPS.[179] A disputa em torno do acesso a medicamentos a partir de 1997, que resultou na Declaração sobre o TRIPS e a Saúde Pública na IV Conferência Ministerial da OMC, em Doha, 2001, significou um episódio excepcional de adoção de uma política externa engajada – "estranha à ortodoxia neoliberal dominante" –,[180] que só foi possível pela presença de "liberais-desenvolvimentistas", ainda que minoritários, no governo – com protagonismo do então Ministro da Saúde José Serra, e impulsionada pela tradição do ideário desenvolvimentista no MRE. Para o autor, o episódio não implicou em mudanças maiores em uma política exterior marcada pelo ideário neoliberal, e não levou a uma revisão ampla ou propostas de reforma no âmbito da propriedade intelectual.

9.2. OUTRAS PARTICIPAÇÕES

Reis refere-se à dificuldade de se produzirem retratos fieis,[181] no Brasil, sobre "quem age em nome de quem" diante dos poderes Legislativo e Executivo, pela ausência de regulamentação de atividades de *lobby*. Nos Estados Unidos, a atividade dos grupos de pressão nessas instâncias foi regulamentada em um primeiro momento pelo Federal Lobbying Regulation Act de 1946, e posteriormente pelo Honest Leadership and Open Government Act (1995) – ambas tratando sobre transparência, e a segunda aprofundando em alguns temas, como a questão da "porta giratória" – entrada de lobistas e cargos públicos, e vice-versa. No Brasil, em que pese diversos projetos

---

[178] ARDISSONE, 2014, p. 142.
[179] ARDISSONE, 2014, p. 143.
[180] ARDISSONE, 2014, p. 144.
[181] REIS, 2015, p. 85.

de lei terem sido propostos para enfrentar a questão,[182] a maior parte foi arquivada, ou tramita há anos – enfim, não há qualquer regra obrigando a registros de visitas a gabinetes no Legislativo, de quem indivíduos e grupos representam nessas visitas, e de suas agendas. Como afirma a autora, "estudar processos de *lobby* é antes de mais nada aceitar humildemente que é impossível conhecer todas as nuances e detalhes".[183]

A análise dos arquivos juntados pela CDA-MinC, dos documentos provenientes da Câmara dos Deputados, e das entrevistas permitem construir um panorama, certamente incompleto, de quem teve acesso à influência nesse momento, e por quais pontos de acesso. É bastante claro que atores e grupos de interesse tiveram três *loci* de atuação ou pontos de acesso: o primeiro, junto ao relator Aloysio Nunes Ferreira, em reuniões, nas reuniões na Comissão Especial, e via envio de documentos. O segundo, junto ao poder Executivo – como visto atrás, o GIPI assumiu grande protagonismo e foi capaz de efetivamente interceder junto ao relator pela alteração, adoção e supressão de texto – o que será analisado em específico, por temas. Os documentos evidenciam também que uma parte significativa das sugestões levadas pela CDA ao GIPI foram levadas em consideração na formulação do que seria a Proposta do Executivo, e há registros de cartas enviadas diretamente à CDA, bem como da manutenção de diálogos. O terceiro diz respeito ao único episódio de efetiva pressão descentralizada pela via da mídia e da utilização de um recurso que, no campo dos direitos autorais, viria a se reconhecer como efetivo e se repetir: a atuação diretamente no Congresso Nacional por artistas de renome, que por sua vez pauta a mídia. Isso se deu somente na volta do Projeto de Lei ao Senado e merece item específico.

Da proposição do Substitutivo na CCTCI até o Substitutivo da CESP – e sua retificação, e ida a Plenário –, participaram também das associações de gestão coletiva de música – há, por exemplo, no arquivo, cartas da UBC, assinadas por Vanisa Santiago, para a CDA em 6 de outubro de 1997, que parece ser uma sistematização de sua participação na audiência pública do dia 24 de setembro de 1997 na CESP,[184] e em 9 de outubro seguinte – em complemento –,[185] em relação ao Substitutivo na CESP de 10 de setembro de 1997. O Substitutivo que a UBC anexa é levemente diferente do que

---

[182] Ver listagem de projetos em: REIS, 2015, p. 112.

[183] REIS, 2015, p. 22.

[184] Ref. 3.115, MinC, UBC, Carta, 06/10/97. Essa carta não contém informação de destinatário, mas, analisada em conjunto com 3.104, infere-se que é a primeira parte da segunda, que vem com destinatário indicado (Coordenação de Direito Autoral – Otávio Afonso).

[185] Ref. 3.104, MinC, UBC, Carta, 09/10/97.

seria apresentado oficialmente em 10 de setembro, o que comprova a informação advinda de entrevistas de que o relator Aloysio Nunes Ferreira circulava versões intermediárias entre os atores com quem dialogava. O Ecad, enquanto entidade, não participou – como afirmou Glória Braga, por causa da crise em que se encontrava; outros atores apontam para a deslegitimação que teria sofrido com a CPI de 1995; mas, para além disso, o Ecad congrega associações que expressavam posições completamente distintas entre si, como uma Amar, ligada ao Projeto Genoíno, e uma Socinpro, ligada ao Projeto Luiz Viana.

Consta que sugestões do Sindicato dos Artistas foram levadas a Aloysio pelo PPS e incorporadas;[186] há também evidências de que a CNI estivesse coletando sugestões de associações do setor empresarial, para aperfeiçoamentos pós-propositura do Substitutivo da CESP.[187] A CISAC enviou contribuição também ao relator na CESP, relativas principalmente a definições, que foram amplamente levadas em conta,[188] mas não atuou de forma contundente como havia feito em relação ao Projeto Genoíno.[189]

Além de receber diferentes atores e circulava textos intermediários entre eles, Aloysio Nunes Ferreira dialogou intensamente, dentro da Comissão Especial, com os deputados José Genoíno e Jandira Feghali, ativos participantes.[190] João Carlos Muller chaves relata ter mantido diálogo intenso, inclusive tendo travado uma relação de proximidade pessoal, e terem sido circuladas 6 versões antes que se chegasse ao Substitutivo da CESP.

---

186 Ref. 1.18, Dossiê MJ, Câmara dos Deputados, Notas, 11/12/97.

187 Ref. 3.108, MinC, sem autor, Carta, sem data.

188 Ref. 3.139, MinC, MinC – CDA, Estudo, sem data.

189 SANTIAGO, informação verbal, 2016. Santiago relata também que ela, como parte da CISAC, fazia a ponte e levava suas posições para a discussão. A discussão na CESP que levou à indicação do nome de Vanisa Santiago vinha com a observação de que ela representaria também a CISAC.

190 José Genoíno relata a memória de que ele e Jandira Feghali teriam articulado intensamente pela inserção de aspectos do Projeto Genoíno no projeto, o que fica evidenciado adiante com as notas de Plenário e as emendas propostas. "Aí teve uma Comissão da Câmara, uma Comissão Especial, e nessa Comissão Especial eu me articulei com a Jandira Feghali, ecom o Aloysio Nunes Ferreira, que era deputado federal pelo MDB na época (não era PSDB ainda), e nós fizemos uma articulação para ver o que daria para ser aprovado. Nós não negociamos com a Abert, não deu para negociar, porque a Abert não queria regulamentação nenhuma. Daí o relator do projeto foi o Aloysio Nunes Ferreira, eu e a Jandira trabalhamos para botar coisa, nossa batalha era pra botar coisa" (informação verbal, 2017).

> Jandira Feghali é médica, e começou a militar no movimento dos médicos residentes, e pelo PCdoB em 1981, quando o Partido ainda era clandestino. Foi a deputada mais votada na Assembleia Legislativa do Rio de Janeiro em 1986, e foi já nesse mandato que começou a trabalhar com temas de cultura (propôs projeto, aprovado, de isenção do ICMS às empresas que investissem em cultura). Elegeu-se deputada federal pela primeira vez em 1990, onde, titular da Comissão de Seguridade Social e Família, começou a atuar na pauta dos direitos reprodutivos. Atuou nos movimentos contrários às privatizações, e atuou também em pautas de saúde (como a implementação do SUS, e outras pautas ligadas à saúde da mulher). Foi relatora da Lei Maria da Penha em 2005. Não tendo sido eleita em 2007, em 2009 tomou posse como Secretária de Cultura do Rio de Janeiro.[191] Eleita novamente em 2011 e 2015, é hoje titular da Comissão de Cultura (CCULT); foi também autora da Lei Cultura Viva, mobilizou pelo Vale-Cultura e pela Lei n. 12.853/13, que reformou o Ecad, bem como a emenda constitucional que isenta a produção de CDs e DVDs de artistas brasileiros (PEC da Música).

Não foi identificada nenhuma participação de uma categoria de atores que viria a fazer parte da discussão sobre direito autoral a partir dos anos 2000 – centros de pesquisa, associações de consumidores, ativistas e grupos do setor independente. Isto será objeto de análise adiante, mas vale apontar que, interrogados sobre esse ponto, a totalidade dos entrevistados dos diferentes setores afirmaram veementemente que esses atores "sequer existiam" naquele momento – assim como não existiam as disputas que viriam a pautar o direito autoral posteriormente.

Ocorria também a interferência de contribuições entendidas como "técnicas", por advogados conhecedores da matéria, cujas posições podem ser também mais ou menos representativas de setores por quem advogam. É notável também a pouca participação efetiva de mulheres nesse processo – destacam-se as exceções de Jandira Feghali, deputada participante ativa principalmente na Comissão Especial e na discussão em Plenário, e a advogada Vanisa Santiago, naquele momento como representante da UBC.

O relator Aloysio Nunes Ferreira teria encontrado

> [...] grandes dificuldades para conciliar as propostas divergentes e os interesses contraditórios dos setores envolvidos, os quais impediam que o processo de modernização da legislação brasileira sobre os Direitos de Autor seguissem seu curso normal [...].[192]

---

[191] CENTRO DE PESQUISA E DOCUMENTAÇÃO DE HISTÓRIA CONTEMPORÂNEA DO BRASIL. FEGHALI, Jandira. Disponível em: <http://www.fgv.br/cpdoc/acervo/dicionarios/verbete-biografico/feghali-jandira>. Acesso em: 4 out. 2018.

[192] SANTIAGO, 2003, p. 9.

João Carlos Muller Chaves relata entretanto que, em um dado momento na Comissão Especial, Aloysio Nunes Ferreira teria estranhado o fato de que os atores de diferentes lados da disputa estariam, de uma forma geral, defendendo os mesmos pontos. De fato, há uma percepção geral, dos defensores mais veementes do Projeto Genoíno aos defensores mais veementes do Projeto Luiz Viana, de que se trata uma lei que realizou competentemente uma conciliação entre todos aqueles interesses. Repete-se à exaustão uma frase atribuída a Caetano Veloso, embora não tenha sido possível encontrar a fonte: "não é a lei dos nossos sonhos, mas é a lei possível". De fato, na apresentação de seu Substitutivo em 10 de setembro de 1997, na Comissão Especial, Aloysio Nunes Ferreira expressava que havia produzido um projeto de equilíbrio entre a proteção do autor e proteção da indústria, nos seguintes termos:

> Meu substitutivo vai na linha, evidentemente, de proteger o titular do direito autoral, quer dizer, proteger o titular dos direitos do autor e o titular dos direitos de comércio. Se não se protege o titular, em primeiro lugar, incorre-se em iniquidade por privá-lo de um bem resultado de seu trabalho. No mundo capitalista a propriedade resulta da acumulação da mais-valia, mas a propriedade do criador sobre seu bem é a que resulta do trabalho. Então, tem que ser protegida, porque isso resulta do imperativo da equidade, além de ser norma constitucional. Se não houver uma proteção eficaz, desestimula-se o criador a produzir. Por outro lado, há que se levar em conta também a complexidade da indústria cultural e a necessidade, de alguma maneira, de compatibilizarem-se os interesses. Se não há uma indústria cultural pujante não adianta haver um belíssimo sistema de proteção à criação, porque ela não poderá expressar-se em termos econômicos por falta de quem a divulgue.[193]

Os pontos a seguir são uma sistematização dos debates do Substitutivo da CCTCI até o Plenário da Câmara, seguindo de forma sistemática os principais pontos tratados na Lei 9.610/98, e na ordem que se apresentam nela. É feita uma análise da evolução dos textos,[194] de quais atores e interesses incidiram nos diferentes momentos e quais prevaleceram, a partir de comparação textual, da análise dos documentos disponíveis, do tratamento pela imprensa em alguns casos, a revelar que atores e posições pautavam o debate pública, e de entrevistas com atores-chave do processo, ou que, atuantes posteriormente, revelam consequências da adoção de cada solução. Em cada ponto, vão sendo delineadas as disputas em torno de um modelo incorporado no Projeto Genoíno ou em um Projeto Luiz Viana, que incorporam diferentes visões sobre o papel do direito autoral, mas também de

---

[193] Ref. 4.49, Pesquisa, Câmara dos Deputados, Notas, 10/09/1997.

[194] O "Apêndices II – Comparações entre leis, projetos e propostas" e "Apêndice IV – Quadro de evolução das proposições, por temas", são especialmente úteis aqui para fins de comparação.

atores externos a esses dois processos, incidentes, e de processos relativos à prolífica regulação internacional desses temas na década de 90, ou seja, a assinatura do TRIPS e dos tratados da OMPI de 1996.

10. AUTORIA A QUEM CRIA: PESSOAS FÍSICAS *VERSUS* PESSOAS JURÍDICAS

Na Nota Explicativa que a CDA preparou para o Secretário de Cultura em 1996, ainda antes da conclusão dos trabalhos na OMPI,[195] Otávio Afonso insistiu na proposta de o autor, na nova lei, ser a *pessoa física* – um dos pontos centrais do Projeto Genoíno. A Nota argumentava que "o princípio de que a autoria é prerrogativa da pessoa física criadora da obra" era expresso na legislação de vários países, como Alemanha, Espanha e Suíça, e que a ausência dessa disposição abria a "possibilidade de que pessoas jurídicas incumbidas não da criação, mas apenas da produção e distribuição comercial da obra sejam consideradas autores".[196]

É que o substitutivo da CCTCI definia autor apenas como o "titular de direitos morais e patrimoniais sobre a obra intelectual que produzir" – uma novidade em relação ao Projeto Luiz Viana, que não definia o autor, assim como a lei de 1973. Ambos se referiam somente à identificação de alguém como autor, ou seja, que se considera autor quem se identificou como tal na utilização da obra.

Essa concepção da CDA foi transportada para o as discussões do GIPI: assim, nas propostas do Executivo para o Substitutivo da CCTCI, vinha a inserção do artigo que afirma que "autor é a pessoa física criadora", com parágrafo único afirmando que a proteção concedida ao autor poderá estender-se às pessoas jurídicas nos casos previstos na lei. "Esta proposta reflete uma tendência internacional de aproximação entre os institutos de 'copyright' e 'droit d'auteur'", afirmava a Justificação.[197] Dos documentos relativos à reunião

---

[195] Ref. 3.103, MinC, MinC – CDA, Carta, 1996.

[196] Ref. 3.103, MinC, MinC – CDA, Carta, 1996.

[197] Ref. 3.100, MinC, MINC-CDA, Estudo, sem data. O Executivo queria também, no entanto, que a expressão "direitos autorais" fosse integralmente suprimida da lei, e em todos os casos em que ela aparecia sugeriu sua substituição pela expressão "direitos de autor e conexos". A proposta não foi adotada de um substitutivo para outro, e tampouco na redação final da lei. No mesmo sentido, queria a supressão da utilização "obras intelectuais" em favor de "obras literárias ou artísticas", e também a supressão do termo "científicas", que, argumentava, já tinha sido abandonado na revisão da Convenção de Berna em Estocolmo de 1967, por não ser técnico, pois o que se protegeria com o direito de autor seria a expressão literária do trabalho científico.

do GIPI com o setor privado, revela-se que ANACIM, ASSIM, SABEM, SBAT, UBE e SICAM apoiavam a mesma linha.[198] A UBC manifestou-se à CDA no sentido de considerar o ponto UBC "altamente positivo".[199] A proposta do Executivo não somente foi textualmente adotada no substitutivo na Comissão Especial, como se tornou o texto da Lei n. 9.610/98.

Apesar de a disposição ser típica do Projeto Genoíno e ter estado ausente do Projeto Luiz Viana, um projeto proveniente da indústria – e que, portanto, teria interesse em ser conferida autoria às pessoas jurídicas –, alguns atores do setor empresarial alegam não ter ficado excessivamente contrariados. Assim, João Carlos Muller Chaves:

> [A disposição segundo a qual autor é pessoa física, que vinha do Projeto Genoíno...] Ganhou. E fiquei de acordo. Como te falei, também não me competia não ficar de acordo quando os caras tinham razão. É justo, razoável. Quem quer tudo perde tudo.[200]

Lembremos que o Projeto Genoíno, principalmente em sua versão original, previa a categoria de *criadores*, englobando autores, intérpretes e executantes; manteve essa previsão na segunda versão (PL 2.951/92), mas aliviando a equiparação, já que previa alguns dos direitos exclusivos somente aos autores. No parecer na Comissão Especial, Aloysio Nunes Ferreira discorreu sobre o tema, afirmando que o Projeto Genoíno

> [...] amplia a titularidade do direito autoral, incluindo além do autor o intérprete e o executante. Considera, ainda, que adaptação, tradução, versão, arranjo ou qualquer transformação constituem obra nova.
> Não vemos razão para que se amplie essa titularidade. Desde o surgimento do Direito Autoral, as atividades desenvolvidas pelos artistas, intérpretes e executantes têm sido reconhecidas como direitos conexos. Além do mais, as regras concernentes aos direitos autorais aplicam-se igualmente aos direitos conexos, não havendo razão plausível para que se altere essa sistemática.[201]

O Substitutivo da CESP adotou quase integralmente a sugestão do Executivo, prevendo, em seu artigo 11, que "autor é a pessoa física criadora de obra literária, artística ou científica", e estabelecendo no parágrafo único do mesmo artigo que "a proteção concedida ao autor poderá aplicar-se às pessoas jurídicas nos casos previstos nesta lei".

---

[198] Ref. 3.119, MinC, MinC – CDA, Estudo, Sem data.
[199] Ref. 3.115, MinC, UBC, Carta, 06/10/97
[200] MULLER CHAVES, informação verbal, 2017.
[201] Ref. 3.92, MinC, Deputado Aloysio Nunes Ferreira, Relatório, 10/09/97, p. 23.

10.1. COAUTORIA, PARTICIPAÇÃO E A TITULARIDADE DAS OBRAS COLETIVAS

O setor empresarial, em reunião com o GIPI, tinha outras demandas, relativas aos direitos dos autores individuais nas obras realizadas nas distintas formas de coautoria – que, no Substitutivo da CCTCI, ainda era "em colaboração" – a alteração para obra em "coautoria", porque a primeira seria alheia à doutrina autoral, foi sugestão do Executivo.[202] A ABPI queria que aquele que atualiza a obra pudesse ser considerado colaborador – o que o Executivo não levou em frente –; o setor do livro (CBL/SNEL/ABDR) queria que o direito moral de um dos autores de proibir, na obra coletiva, a utilização de seu nome, pudesse ser derrogado por contrato – também não acatado –, e que o organizador de obra coletiva detivesse sua autoria, direitos patrimoniais e morais – também não acatado pelo Executivo.

O Substitutivo da CESP, no seu art. 17, § 2º, determinava que "cabe ao organizador a titularidade dos direitos patrimoniais sobre o conjunto da obra coletiva",[203] repetindo o texto do Projeto Luiz Viana – ressalte-se, a titularidade, mas não a autoria. Se era uma perda parcial do Projeto Genoíno, que não queria sequer ver o conceito de titularidade presente no direito autoral, era uma vitória em relação à Lei de 1973, que determinava: "Art. 15. Quando se tratar de obra realizada por diferentes pessoas, mas organizada por empresa singular ou coletiva e em seu nome utilizada, a esta caberá sua *autoria*".[204]

Muller Chaves, discutindo a forma como se produzem obras para difusão em massa, afirma que todo o audiovisual, e "90% do que se produz no mundo é obra coletiva". Produtores de conteúdo pessoas jurídicas pretendem a titularidade "como forma de defender o investimento", e porque

> [...] se não fosse isso, toda vez que fosse negociar tinha que convocar uma assembleia geral. Isso é melhor para o titular da obra coletiva aqui, na China, na Hungria, na Nicarágua, no mundo inteiro. Porque é inviável! Isso que é o problema da disciplina militar. Você está em guerra. Avançar. Aí alguém diz: eu discordo! E tudo desmorona. É uma questão de efetividade.[205]

Para o entrevistado, também, a principal preocupação da radiodifusão, em especial do Grupo Globo, na negociação da Lei n. 9.610/98, seria justamente defender a titularidade da obra coletiva por parte de pessoa

---

202 Ref. 3.100, MinC, MinC – CDA, Estudo, sem data.
203 Ref. 3.92, MinC, Deputado Aloysio Nunes Ferreira, Relatório, 10/09/97, p. 39.
204 Art. 15. (grifo nosso)
205 MULLER CHAVES, 2017, informação verbal.

jurídica – e, diante das discussões sobre autoria exclusivamente à pessoa física e da extensão dos direitos das pessoas jurídicas, havia um risco constante que esse modelo fosse eliminado ao longo da negociação.[206] Nessa seara, duas questões seriam importantes: a titularidade de direitos patrimoniais sobre a obra coletiva em si, e a disposição do art. 38 do Substitutivo da CESP,[207] que afirmava que, salvo convenção em contrário, no contrato de produção audiovisual os direitos patrimoniais pertencem ao produtor. O motivo para isso seria a confusão entre as funções de radiodifusão e produção audiovisual. Como veremos, o art. 38 foi objeto de acirradas disputas posteriores.

Quanto à definição de produtor audiovisual, também aí a MPA tinha posições firmes: em relação ao Substitutivo da CCTCI, queria mudar a definição de produtor para eliminar qualquer referência a suporte utilizado, e a videofonograma, para uma definição segundo a qual produtor audiovisual é simplesmente "aquele que assume a iniciativa, organização e responsabilidade da produção e publicação de uma obra audiovisual ou fonograma". Tratava-se de uma previsão de que os suportes e formatos passariam por grandes transformações em um futuro então próximo. No documento consta uma anotação de "atendido" – e foi adotado, no Substitutivo da CESP, um híbrido – substituindo videofonograma por obra audiovisual.[208]

10.2. A AUTORIA DE OBRAS AUDIOVISUAIS

A MPA, em carta à CDA sobre o Substitutivo da CCTCI, sugeria a revisão dos artigos sobre autoria, registro, e autoria da obra audiovisual, para garantir autoria e presunção de titularidade de direitos autorais a quem estivesse inscrito na cópia como titular dos direitos autorais, e, no caso da obra audiovisual, exclusivamente ao produtor.[209]

---

206 "Eu vou repetir o lema de um partido que eu não gosto, o preço da liberdade é a eterna vigilância. Da UDN. Se você não ficar vigiando o tempo todo...", informação verbal, 2017. Francisco Araújo Lima, que foi Diretor de Relações Institucionais da Globo por 25 anos até 2016, relata também que a Globo no período tinha também outras grandes preocupações regulatórias, como a Lei da TV a Cabo (Lei n. 8.977/95) e sua regulamentação (informação verbal, 2017).

207 Art. 36 do Substitutivo da CCTCI.

208 Ref. 3.117, MinC, MPA, Carta, 29/08/97, p. 7.

209 Ref. 3.117, MinC, MPA, Carta, 29/08/97.

A criação de uma obra audiovisual é, por sua natureza, um processo *único*, coletivo e complexo que reúne um grande número de criadores de obras protegidas por lei, artistas e pessoal técnico, sob a organização, liderança, direção e financiamento do produtor. Sendo assim, o Projeto de Lei deveria ser revisto para assegurar que todos os direitos de uma obra audiovisual possam, de modo fácil e incontestável, ser centralizados em uma só pessoa natural ou pessoa jurídica, responsável pela exploração da obra audiovisual no mercado mundial. [...] Portanto, a fim de simplificar a determinação dos direitos sobre obras audiovisuais e para facilitar o expediente bem como a eficiência na relação custo/benefício dos direitos, o Artigo 16 do Projeto de Lei deveria ser revisado para garantir que o *produtor* de qualquer obra audiovisual, incluindo desenho animado, será seu *único* autor, e assim, o titular inicial de *todos* os direitos econômicos da obra audiovisual. Assim, todos os direitos econômicos de uma obra audiovisual estariam incorporados somente no produtor da obra audiovisual, sujeito a acordos em sentido contrário. Ademais, o Projeto de Lei deveria estabelecer que o produtor possa ser também uma pessoa jurídica.[210]

Em outras palavras, a MPA insistia que, em obras audiovisuais, a pessoa ou entidade indicada nas cópias audiovisuais fosse *presumida* proprietária, e que o produtor fosse seu único e exclusivo autor e detentor de direitos morais e patrimoniais. Caso isso não pudesse ser atendido, afirmavam, que o autor da obra audiovisual fosse o produtor *em coautoria* com o diretor, mas o produtor sendo o único titular originário de qualquer direito patrimonial sobre as obras.

Quanto à autoria, o art. 16 do Substitutivo da CCTCI definia:

> São co-autores da obra audiovisual, o autor do assunto ou argumento literário, musical ou litero-musical, o diretor e o produtor.[211]

Existia, também, no art. 81 do Substitutivo da CCTCI, como existe na lei, a exigência de, na obra audiovisual, mencionar-se no exemplar o título, nome do diretor e demais co-autores, título da obra adaptada, nomes dos intérpretes, ano de publicação, nome do produtor e marca que o identifique. Para a MPA, "os créditos nas obras audiovisuais deverão sempre ser determinados por força de negociação contratual entre as partes e não determinados por lei", e a observância das diferentes exigências de créditos em cada país seria difícil e onerosa.[212]

Todas essas questões envolvem o balanço que a negociação da lei atingiria entre proteção ao autor e proteção ao empresário ou indústria – a

---

[210] Ref. 3.117, MinC, MPA, Carta, 29/08/97, p. 10 (destaques no original).

[211] Ref. 4.33, Pesquisa, Câmara dos Deputados, Lei e PLs, 19/02/1998.

[212] Ref. 3.117, MinC, MPA, Carta, 29/08/97, p. 20.

disputa central envolvendo a negociação da Lei n. 9.610/98. O tema aparece não somente na discussão sobre quem é o autor, mas também nas discussões de contratos, obra sob encomenda e em relação de trabalho, numeração de discos, e de alguma forma nas discussões sobre gestão coletiva e domínio público.

Um outro exemplo da expressão dessa questão foi trazido pelo deputado Aloysio Nunes Ferreira no relatório da CESP:

> Quanto à proibição de fazer supressão, alteração ou acréscimo de trechos da obra nas representações ou execuções, sem autorização escrita do autor, o texto do Projeto de Lei n. 5.430/90 traz uma inovação benéfica ao incluir os empresários. A Lei de Direitos Autorais [de 1973] se refere apenas aos artistas.[213]

Aloysio Nunes Ferreira referia-se ao art. 76 do Projeto Luiz Viana, que determinava que "o autor da obra não pode alterar-lhe a substância, sem acordo com o empresário, que a faz representar".

10.3. OS DIREITOS MORAIS DO AUTOR

O tema tratado por Aloysio diz respeito aos direitos morais de autor, que são um ponto nevrálgico dessa disputa por equilíbrio. Na tradição do *droit d'auteur*, por serem direitos de natureza personalíssima e irrenunciável, e atribuição exclusiva da pessoa humana, eles são a primeira trincheira do autor pessoa física, sacramentando sua – ao menos teórica – preponderância. É de se esperar que atores empresariais vão disputar sua extensão, seu caráter de irrenunciabilidade, e tentar defender-se de possíveis gastos ou prejuízos que o exercício de direitos morais possa lhes causar.

A MPA, na carta que enviou ao CDA, manifestou a posição de que a lei brasileira mantivesse os direitos morais ao mínimo exigido pela Convenção de Berna,[214] que eles expirassem junto com os direitos patrimoniais, e que pudessem ser renunciados, transferidos ou limitados pelo criador por meio de contrato:[215] "A superproteção de direitos morais encarece

---

213 Ref. 3.92, MinC, Deputado Aloysio Nunes Ferreira, Relatório, 10/09/97, p. 21.

214 Art. 6Bis – paternidade e integridade, limitada esta às modificações que prejudicassem sua honra e reputação – ponto este que de fato foi incorporado na Lei 9.610/98.

215 Ref. 3.117, MinC, MPA, Carta, 29/08/97, p. 5. A MPA se queixava também que as obras multimídia baseiam-se em muitas obras preexistentes, e que a impossibilidade de autores dessas obras de negociar livremente o exercício dos direitos morais inibiria o investimento financeiro do produtor, impactando em última instância os próprios autores (p. 11).

os custos de transação e compensação de todos os direitos de uma obra, podendo assim diminuir a disseminação de obras para o público ou impedir a criação de obras multimídia exigidas por novos sistemas de distribuição".[216] Além disso, queria que a violação de direito moral na obra audiovisual não resultasse em mandado judicial ou penalidade criminal.[217]

> As obras audiovisuais mais modernas são, tipicamente, fruto de obras em colaboração e requerem a participação criativa de muitos participantes, como diretores, escritores, cinematógrafos, compositores, letristas, diretores de arte, figurinistas, desenhistas gráficos, editores e, de forma crescente, artistas de computação gráfica. Portanto, não seria apropriado ou prático conceder a uma pessoa ou a um número limitado de pessoas o direito de restringir a capacidade de exploração máxima de uma obra audiovisual ou de conceder a uma pessoa o poder de frustrar os esforços de colaboração de outros participantes durante o processo criativo.[218]

A ABC e a UBV, na reunião realizada entre o setor privado com o GIPI, externaram exatamente a mesma posição.[219] A ABPI, por sua vez, queria que o direito moral de modificar a obra ficasse limitado às suas condições contratuais, e também que o direito moral de autor de retirá-la de circulação ficasse limitado aos casos em que houvesse afronta à sua reputação e imagem; o setor do livro – CBL, SNEL e ABDR – queria que, nessa hipótese de retirada de circulação, ficasse estabelecido que os direitos econômicos do editor fossem respeitados, e que ele fosse notificado com no mínimo 180 dias de antecedência. A FLAPF queria que a publicidade, a obra coletiva e o programa de computador fossem excetuados da irrenunciabilidade do direito moral, porque seria incompatível com suas realidades. O Executivo não adotou nenhuma das posições em sua proposta ao relator.

---

216 Ref. 3.117, MinC, MPA, Carta, 29/08/97, p. 12.

217 Ref. 3.117, MinC, MPA, Carta, 29/08/97, p. 5.

218 Ref. 3.117, MinC, MPA, Carta, 29/08/97, p. 11.

219 Ref. 3.119, MinC, MinC – CDA, Estudo, Sem data.

10.4. E QUE OBRAS CRIA O AUTOR?

Houve uma série de pequenas inovações conceituais de um Substitutivo para o outro. O Executivo sugeriu, e nisso foi acatado no Substitutivo da CESP, redação nova dos conceitos de obra pseudônima – art. 5º, VII, c –, derivada – art. 5º, VII, g –, obra audiovisual – art. 5º, VII, I, repetindo a definição da Lei n. 8.401/92, do audiovisual –, fonograma – art. 5º, VIII –, produtor –art. 5º, X–, radiodifusão – art. 5º, XI –, e artista – art. 5º, XII –; o mesmo em relação à supressão dos conceitos de obra coreográfica, arte cinética, e arte compósita, que não seriam gênero, mas espécie, sem "importância conceitual para o Direito Autoral";[220] e de "programa de computador", porque, já mencionado no rol de obras protegidas, seria tratado em lei específica.

Também foi bem-sucedido na sugestão de detalhamento do conceito de obra protegida, para incluir:

a. "Expressas por qualquer meio ou suporte, tangível ou intangível, conhecido ou que se invente no futuro";

b. A substituição do termo "obras cinematográficas» por "audiovisuais, sonorizadas ou não, inclusive as cinematográficas";[221]

c. A inclusão de paisagismo dentre as obras protegidas – embora Aloysio Nunes Ferreira não tenha adotado a exclusão de "engenharia", também sugerida;

---

[220] Ref. 3.100, MinC, MINC-CDA, Estudo, sem data.

[221] A MPA queria uma regra especial para obra audiovisual, por causa de sua "natureza única", sendo "tecnologicamente neutra". No substitutivo da CCTCI, definição era (art. 4, VI I):

Obra audiovisual: a constituída pela primeira fixação de sequências de imagens em movimento, sonorizadas, tal como películas cinematográficas, videofonogramas e demais fixações de sons e imagens em suportes materiais.

Para a MPA, o ideal seria uma categoria geral de obras formada por uma "série de imagens correlacionadas, não importando o meio pelo qual elas sejam originariamente dispostas", e "não importando o meio ou o sistema de distribuição através do qual eles tenham sido distribuídos em cópias ou transmitidos". A carta da MPA vem com uma anotação feita provavelmente pela CDA, com um "atendido"; de fato, o conceito adotado no Substitutivo da CESP foi mais próximo do que queria a MPA: "[obra] audiovisual – a que resulta da fixação de imagens com ou sem som, que tenha a finalidade de criar, por meio de sua reprodução, a impressão de movimento, independentemente dos processos de sua captação, do suporte usado inicial ou posteriormente para fixá-lo, bem como dos meios utilizados para sua veiculação]. Ref. 3.117, MinC, MPA, Carta, 29/08/97, p. 7.

d. Sugestão de esclarecimento de que (i) programas de computador são objeto de legislação específica, e (ii) a proteção às bases de dados não abarca os dados ou materiais em si mesmos;

e. Inclusão de um artigo sobre o que não é protegido pelo direito de autor e conexos, adotado integralmente como art. 8o do substitutivo. Nas palavras do documento do Executivo, "a redação proposta segue a sistemática do acordo de TRIPS e esclarece quais obras não são protegidas por direito autoral. Face à ausência de uma cultura autoral no País este artigo é importante e com manha as legislações autorais editadas recentemente."[222] Um dos pontos do artigo, a previsão de que não são protegidos por direito autoral os títulos e nomes isolados, foi também sugestão da MPA à CDA.[223]

Observando os documentos disponíveis, percebe-se a marca de algumas pessoas e entidades na proposta do Executivo. A mudança no conceito de obra derivada, por exemplo, seguia rigorosamente os comentários feitos por Vanisa Santiago, da UBC, à CDA.[224] Ela insistia que autor não produzia, como queria o Substitutivo, mas *criava*, e que obra derivada era obra intelectual *nova*, não "criação autônoma". As alterações foram transportadas até a lei final – da UBC, para a CDA, para o GIPI, para a Câmara, e daí por diante. Outras de suas sugestões não foram acatadas, como a definição de obra coletiva, ou de obra audiovisual, ou de fonogramas; o conceito de artista, no entanto, sugerido ali com base no tratado da OMPI, foi adotado também, bem como a supressão de obra de arte aplicada como obra protegida.

10.5. OS DIREITOS PATRIMONIAIS DE AUTOR – A REPROGRAFIA E O LIVRO

Houve também as propostas feitas ao GIPI pelo setor privado que não foram acatadas na sugestão do Executivo – e também não entraram no Substitutivo da CESP. O setor de livros – CBL/SNEL/ABDR – queria que, dentre os direitos patrimoniais, fossem previstos explicitamente direitos de utilizações relativas à reprografia – como o direito exclusivo de controlar "a cópia reprográfica ou digital", ou, ainda, a inclusão de reprografia na determinação de que ninguém pode reproduzir obra que não pertença ao domínio público a pretexto de comentá-la ou melhorá-la, sem permissão do autor – "aqui incluindo a

---

[222] Ref. 3.100, MinC, MINC-CDA, Estudo, sem data. O texto foi adotado integralmente também na Lei n. 9.610/98.

[223] Ref. 3.117, MinC, MPA, Carta, 29/08/97, p. 7.

[224] Ref. 3.104, MinC, UBC, Carta, 09/10/97.

reprografia"[225] - era o art. 32 no Substitutivo da CESP. Era uma prática dos setores a tentativa de regras específicas para o seu setor – veremos adiante como a MPA também havia advogado por excluir *apenas* a obra audiovisual de previsões de limitações e exceções ao direito de autor.

O conjunto CBL/SNEL/ABDR havia sugerido, também naquela reunião com o GIPI, a inclusão na lei de um título próprio a regular a cópia reprográfica, com quatorze artigos. A proposta não foi levada adiante pelo Executivo, mas é reveladora de qual era o interesse desse setor. A ideia era que a cópia reprográfica fosse direito patrimonial do autor, dependendo, portanto, de sua autorização, e que se determinasse que não poderia em nenhum caso ultrapassar 10% do conjunto de páginas do livro, "seja em reprodução contínua ou intercalada". As bibliotecas públicas e particulares poderiam efetuar cópias somente de obras que estivessem fora do mercado; seria vedada a sua comercialização; e a cópia, nesses casos, seria limitada a *uma* de cada base – seria a permissão apenas daquilo conhecido como "cópia de preservação".

Na mesma proposta, as organizações queriam que os editores fossem equiparados aos autores nesses direitos, "cabendo-lhes remuneração pelos investimentos na industrialização do produto intelectual"; em relação às cópias de obras em domínio público, seriam "ressalvados os direitos materiais do editor"; queria-se, por fim, que as associações de defesa e arrecadação de direitos reprográficos fossem as intituladas a autorizar cópias, com presunção de autorização do autor à "associação arrecadadora sediada no local de edição da obra", e estabelecessem os preços e critérios para a atividade de cópia reprográfica. Como os conflitos envolvendo reprografia e a ABDR escalariam enormemente nas décadas seguintes, vale reproduzir em completo a proposta da CBL, SNEL e ABDR:

> Título IV – novo capítulo (onde couber)
> Art. Cópia reprográfica é a reprodução de textos gráficos, desenhos ou qualquer manifestação expressa, tomada de base original, através de instrumentos que permitam sua visão ou leitura como se fosse original.
> Art. A cópia reprográfica não é obra independente do original ou dele derivada, seguindo sempre a obra que lhe serviu de base, estende-se à cópia reprográfica a manifestação e exercício dos direitos patrimoniais do autor, nos termos desta lei.
> Art. A cópia efetuada por qualquer meio de obras protegidas depende de autorização do autor ou de quem o represente.
> Art. A cópia reprográfica não poderá em qualquer caso ultrapassar 10% (dez por cento) do universo de páginas do livro, seja em reprodução contínua ou intercalada.
> Art. As bibliotecas, públicas ou particulares, de estabelecimentos de ensino ou não, poderão, livremente para efeitos bibliográficos, efetuar cópias de textos, desenhos,

---

[225] Ref. 3.119, MinC, MinC – CDA, Estudo, sem data.

fotos ou gráficos que estejam fora do mercado, vedada sua comercialização e limitada a uma só cópia de cada base.

Art. Na obra encomendada cabe a quem encomendou, se de outra forma não se dispuser ou contrato ou se, ainda, a esse respeito nada se convencionou, o direito de autorizar cópias nos limites desta lei.

Art. Para efeitos de cópias reprográficas os editores equiparam-se aos autores, cabendo-lhes remuneração pelos investimentos na industrialização do produto intelectual, o que será pactuado com as entidades arrecadadoras.

Art. Os textos dos tratados, convenções, leis, decretos, regulamentos, sentenças, discursos parlamentares, atos oficiais em geral e teses acadêmicas podem ser reproduzidos livremente, independente de autorização do autor.

Art. As obras em domínio público são de livre reprodução, ressalvados os direitos materiais do editor.

Art. A autorização para cópias de obras protegidas será dada pelo titular de direito a título oneroso, ou através de associações constituídas para a defesa e arrecadação de direitos reprográficos.

Art. Na ausência de manifestação do autor presume-se autorizada a efetuar a arrecadação e a distribuição dos direitos reprográficos a Associação arrecadadora sediada no local de edição da obra.

Art. As associações arrecadadoras de direitos autorais sobre cópias reprográficas são partes legítimas, nos termos da Constituição Federal, para representar seus associados, judicial ou extra-judicialmente, sem prejuízo dos direitos de ação individual do interessado.

Art. Cabe às associações arrecadadoras de direitos autorais sobre cópias reprográficas estabelecer os critérios e formas de arrecadação, inclusive instituindo taxas a serem cobradas por máquinas de reprodução, cópia ou grupo de cópias, isolada ou cumulativamente, as quais, em qualquer caso, não poderão ultrapassar o preço de venda da obra ao público.

Art. A cópia reprográfica não autorizada é considerada contrafação.[226]

Numa linha contígua, proposta da ASSIM, ANACIM, SABEM, SBAT, UBE e ABACH, para esse possível novo título sobre reprografia, queria exigir que os produtores de apostila tivessem máquinas numeradas.[227] Nenhuma dessas propostas foi incorporada nas sugestões do Executivo, e tampouco nos textos dos Substitutivos ou da lei.

Em vários pontos, o setor do livro queria ampliar os poderes dos editores; em uma outra sugestão, queria que, no art. 56 do Substitutivo da CCTCI, que tratava do contrato de edição, ficasse estabelecido que o direito dos editores de publicar e explorar a obra fosse oponível a terceiros. De outro lado, o bloco de associações de autores ASSIM, ANACIM, SABEM, SBAT e UBE queria limitar os contratos de edição e cessão.

---

[226] Ref. 3.119, MinC, MinC – CDA, Estudo, sem data.

[227] Ref. 3.119, MinC, MinC – CDA, Estudo, sem data.

11. O REGISTRO

Uma mudança substancial do Substitutivo da CCTCI para o Substitutivo da CESP, no que concerne ao registro das obras, foi a inserção, no segundo, seguindo orientação do Executivo, de disposição expressa segundo a qual "a proteção aos direitos de que trata esta lei independe de registro", também transportada para a Lei n. 9.610/98. A justificativa do Executivo era que "o dispositivo reflete a melhor doutrina sobre a matéria e, face a não obrigatoriedade de formalidades, expressa na Convenção de Berna, determina que os direitos de autor surgem com o ato de criação da obra intelectual, independentemente do seu registro".[228]

O registro já vinha como facultativo, no Projeto Luiz Viana, e no Substitutivo da CCTCI, sem qualquer disposição sobre onerosidade; foi no Substitutivo da CESP que entrou disposição, que seguiria, com poucas modificações, para a Lei, de que o registro seria oneroso. A sugestão de onerosidade vinha também do Executivo, embora com outro texto, e apesar de, na reunião do GIPI com o setor privado, a ABPI ter se manifestado pela gratuidade, para "prevenir que taxas exorbitantes venham a ser cobradas pelo registro, a despeito de este não ser obrigatório".[229] A ABPI queria também que as obras coletivas e compósitas fossem registradas em nome de seu organizador, o que também não ganhou prosseguimento do Executivo.

Por fim, o Projeto Luiz Viana previa sete diferentes órgãos especializados para registro, o que já vinha modificado no Substitutivo da CCTCI – o relator Aloysio Nunes Ferreira, em seu parecer na CESP, alegou ser mais afeito à unificação prevista no Projeto Genoíno. Os textos da CCTCI e da CESP previam que o Executivo indicaria posteriormente o órgão com tais atribuições, o que viria a ser discutido em Plenário, percebendo-se que existia aí um vício de iniciativa.

12. O DOMÍNIO PÚBLICO

O Projeto Luiz Viana previa o prazo de proteção geral dos direitos patrimoniais para 60 anos após a morte do autor; o mesmo foi previsto no Substitutivo da CCTCI. No Substitutivo da CESP, no entanto, o prazo foi aumentado para 70 anos. Ou seja, somente após 70 anos, contados do dia 1º de janeiro da morte do autor, as obras em geral ingressariam no domínio público. No caso das obras audiovisuais e fonográficas, o

---

[228] Ref. 3.100, MinC, MINC-CDA, Estudo, sem data.
[229] Ref. 3.119, MinC, MinC – CDA, Estudo, sem data.

prazo também aumentou de 60 para 70 anos, mudando-se o marco: no projeto Luiz Viana, a partir do 1º de janeiro após sua "publicação"; no Substitutivo da CCTCI, após sua "conclusão"; no Substitutivo da CESP e na Lei 9.610/98, após sua "divulgação".

Na carta enviada que a MPA enviou à CDA, a entidade pleiteava, quanto ao Substitutivo da CCTCI, que início da contagem para obras audiovisuais não fosse a conclusão da obra, mas justamente sua primeira publicação/edição,[230] e sugeria aumento do prazo de proteção de 60 anos, que era o previsto no Substitutivo, para 95 anos – mencionando o Peru, a Colômbia, México, e Trinidad e Tobago, países da região que estariam considerando esse aumento de prazo, ou já o teriam aumentado. A ideia expressa era que se garantisse exploração patrimonial pela "vida útil da obra mais 70 anos", o que ficaria garantido com os 95 anos.[231] Foi exatamente a sugestão feita pela ABC e pela UBV, em reunião com o GIPI, evidenciando o alinhamento dessas entidades.[232]

A proposta do Executivo, enviada ao relator Aloysio Nunes Ferreira em referência ao Substitutivo da CCTCI, era de aumento do prazo geral de proteção dos direitos patrimoniais de 60 para 70 anos após a morte do autor, "seguindo a tendência internacional hoje existente". Por outro lado, a proposta foi pela supressão da vitaliciedade dos direitos patrimoniais dos filhos, pais ou cônjuge, que constavam do Substitutivo da CCTCI. Ambas as propostas foram adotadas, com o texto proposto.

Assim, foi no Substitutivo da CESP que entrou pela primeira vez o prazo de proteção de 70 anos *post-mortem*, obedecida a ordem sucessória da lei civil, e 70 anos a partir da divulgação, para obras audiovisuais e fotográficas. Foi afinal o modelo adotado pela Lei n. 9.610, e não foram registradas discussões mais aprofundadas sobre as razões para ampliação do prazo da lei anterior – Lei n. 5.988/73 –,[233] que previa:

> Art. 42. Os direitos patrimoniais do autor perduram por toda sua vida.
> § 1º Os filhos, os pais, ou o cônjuge gozarão vitaliciamente dos direitos patrimoniais do autor que se lhes forem transmitidos por sucessão mortos causa.

---

[230] O texto da 9.610/98 acabou por optar por "divulgação".

[231] Ref. 3.117, MinC, MPA, Carta, 29/08/97.

[232] Ref. 3.119, MinC, MinC – CDA, Estudo, Sem data.

[233] Apesar de terem sido registrados alguns elogios – a UBC considerava ampliação para 70 anos e adoção de critério objetivo "altamente positiva". A carta também indicava que a disposição segundo a qual compete ao Estado a defesa da integridade e autoria da obra em domínio público poderia ser usada como forma de censura. Ref. 3.115, MinC, UBC, Carta, 06/10/97.

§ 2° Os demais sucessores do autor gozarão dos direitos patrimoniais que este lhes transmitir pelo período de *sessenta anos, a contar de 1° de janeiro do ano subsequente ao de seu falecimento.* [...]

Art. 45. Também de sessenta anos será o prazo de proteção aos direitos patrimoniais sobre obras cinematográficas, fonográficas, fotográficas, e de arte aplicada, a contar de 1° de janeiro do ano subsequente ao de sua conclusão.

Art. 46. Protegem-se por 15 anos a contar, respectivamente, da publicação ou da reedição, as obras encomendadas pela União e pelos Estados, Municípios e Distrito Federal.

Art. 47. Para os efeitos desta lei, consideram-se sucessores do autor seus herdeiros até o segundo grau, na linha reta ou colateral, bem como o cônjuge, os legatários e cessionários.

12.1. O FIM DA PROPOSTA DE DOMÍNIO PÚBLICO REMUNERADO

Um ponto em que o Projeto Genoíno perdeu sem grandes polêmicas foi o do domínio público remunerado – possivelmente porque a rejeição havia sido prematura e agressiva. O relatório de Aloysio Nunes Ferreira que acompanhava o Substitutivo da CESP expunha posição a respeito:

> A Lei n. 5.988/73 considera obras de domínio público, além daquelas em relação às quais decorreu o prazo de proteção aos direitos patrimoniais, as seguintes:
> – As de autores falecidos que não tenham deixado sucessores;
> – As de autor desconhecido, transmitidas pela tradição oral;
> – As publicadas em países que não participem de tratados a que tenha aderido o brasil, e que não confiram aos autores de obras aqui publicadas o mesmo tratamento que dispensam aos autores sob sua jurisdição.
> O projeto do Senado Federal [Projeto Luiz Viana] repete o mesmo texto, apenas invertendo a ordem dos itens. O Projeto de n. 2.951/92 [Projeto Genoíno] considera a obra de domínio público como integrante do patrimônio social, gerando sua exploração econômica direito autoral. Tratando-se de obra de domínio público, não vemos razão para inserção na lei dessa restrição. Entendemos que deve ser mantida a sistemática do ordenamento vigente.[234]

12.2. PROTEÇÃO LEGAL AOS CONHECIMENTOS ÉTNICOS E TRADICIONAIS

Houve uma mudança relativa a "conhecimentos étnicos e tradicionais": a lei de 1973 previa que obras "de autor desconhecido, transmitidas pela tradição oral" pertenciam ao domínio público;[235] o mesmo propunha o Projeto Luiz Viana, e o Projeto Genoíno calava-se a respeito. Agora,

---

[234] Ref. 3.92, MinC, Deputado Aloysio Nunes Ferreira, Relatório, 10/09/97, p. 18.
[235] Art. 48, II.

obras de "autor desconhecido" continuavam, nos termos do substitutivo, pertencendo ao domínio público, mas "ressalvada a proteção legal aos conhecimentos étnicos e tradicionais".[236] [237] A proposta veio do Executivo – "A atual redação assegura possíveis proteções futuras aos conhecimentos tradicionais, pela via 'sui generis' ou pela propriedade intelectual".[238] A redação seguiu também até a Lei n. 9.610/98.

12.3. CAMADAS ADICIONAIS DE DIREITOS

Na reunião com o GIPI, o setor do livro – CBL/SNEL/ABDR – fez a sugestão de texto para "assist[ir] ao editor o direito de impedir a reprodução da composição de seu texto, ou de outras contribuições por ela aportadas à obra, mesmo após o término do contrato de edição e quando se tratar de obra em domínio público". O Executivo não levou a proposta adiante.[239]

13. EQUILÍBRIO? LIMITAÇÕES E EXCEÇÕES AO DIREITO DE AUTOR

Este é um dos pontos da negociação da lei que em que vale se deter. A discussão em torno de Limitações e Exceções (L&E) aos direitos de autor ganhou centralidade a partir da década de 2000, quando surgiram movimentos da sociedade civil a advogar pela importância de flexibilidades na lei para garantir acesso ao conhecimento e à cultura, em especial a partir das transformações nas possibilidades de acesso propiciadas pela Internet e pela tecnologia digital em geral. Na década de 90, no entanto, por toda parte e particularmente no Brasil, a discussão sobre direito autoral em geral não mobilizava organizações e pessoas para além dos grupos empresariais e representativos de autores. Como descrito atrás, o Projeto Genoíno restringia enormemente as possibilidades de usos lícitos das obras, sob a argumentação geral de que ao autor competia autorizar ou não quase todo e qualquer uso. O Projeto Luiz Viana seguia uma sistemática mais próxima da Lei n. 5.988/73, e incluía uma espécie de "cláusula geral" de flexibilidade, como fica explícito a seguir.

Das recomendações que o Executivo fez para o relator Aloysio Nunes Ferreira quanto ao Substitutivo da CCTCI, a parte de limitações e exceções foi a que menos foi acatada. O substitutivo da Comissão Especial continha

---

[236] Art. 48, II.

[237] Ref. 3.92, MinC, Deputado Aloysio Nunes Ferreira, Relatório, 10/09/97, p. 49.

[238] Ref. 3.100, MinC, MinC – CDA, Estudo, sem data.

[239] Ref. 3.100, MinC, MinC – CDA, Estudo, sem data.

basicamente o mesmo texto que seria aprovado na Lei n. 9.610/98, mas esse texto não vinha nem do substitutivo da CCTCI, nem do Executivo. O Executivo sugeriu uma nova limitação, relativa a uso de obras por deficientes visuais, em braile, que foi acatada, mas havia também sugerido supressões:

a. havia, no Substitutivo da CCTCI, uma limitação específica para utilização, no corpo de um escrito, de obras de arte, de forma acessória; o Executivo entendeu que a limitação genérica permitindo a "citação» já abarcava o uso. A limitação foi de fato suprimida no Substitutivo da CESP;

b. o Executivo queria restringir a possibilidade de cópia privada não somente para os casos de usos sem intuito de lucro (o que já constava do substitutivo da CCTCI), mas acrescentando que não se poderiam utilizar recursos de instrumento de reprodução em massa – restringindo a possibilidade de cópias, porque "a questão da cópia privada não foi solucionada pelo PL".[240] O relator Aloysio Nunes Ferreira, no entanto, manteve no Substitutivo da CESP o modelo original, do Substitutivo da CCTCI.

c. o Executivo queria também a supressão da limitação que se tornaria uma espécie de "cláusula geral" no direito autoral brasileiro, com a Lei n. 9.610/98 (art. 46, VIII), e que ali vinha assim:

Art. 48. Não constitui ofensa aos direitos de autor:
I – a reprodução:
A) de trechos de obras já publicadas ou, ainda que integral, de pequenas composições alheias ao contexto de obra maior, desde que esta apresente caráter científico, didático e haja a indicação da origem e do nome do autor.

d. O Executivo entendia que essa limitação já era abarcada pela limitação da citação, e sugeria sua supressão. A cláusula teria a redação modificada, mas seria mantida. O texto era similar ao que vinha do Projeto Luiz Viana.

e. por fim, a proposta do Executivo era também pela supressão do artigo que permitia a paródia, mas que seria mantido no relatório da Comissão Especial e na Lei n. 9.610/98, sem alterações. A redação é: "são livres as paráfrases e paródias que não forem verdadeiras reproduções da obra originária nem lhe implicarem descrédito", e era proveniente do Projeto Luiz Viana. A crítica do Executivo era: "As paródias de obras musicais parecem ser sempre verdadeiras reproduções da obra primígena e, também, invariavelmente implicam em descrédito".[241] Mas não foi feita outra sugestão de redação.

---

240 Ref. 3.100, MinC, MINC-CDA, Estudo, sem data.
241 Ref. 3.100, MinC, MINC-CDA, Estudo, sem data.

No relatório na Comissão Especial, o relator Aloysio Nunes Ferreira referiu-se simplesmente a que o tratamento das limitações e exceções, nos três casos – Lei de 1973, Projeto Genoíno e Projeto Luiz Viana – era semelhante – o que parece uma análise superficial, dado que o Projeto Genoíno restringia imensamente as limitações ao direito de autor – ainda que a segunda versão, do PL 2.951/92, contivesse mais opções que a primeira.

Não tratadas em especificidade no relatório, as limitações e exceções do substitutivo de Aloysio Nunes Ferreira eram quase a cópia do que constava no projeto Projeto Luiz Viana. Estavam ali a maior parte das limitações e exceções que viriam a ser aprovadas na Lei n. 9.610/98, com uma diferença relevante: no Substitutivo da CESP permitia-se a reprodução, em um só exemplar, para uso privado do copista, sem intuito de lucro, o que na Lei 9.610, como veremos, foi transformado em uma limitação para reprodução apenas de pequenos trechos. Veremos que essa foi uma alteração de última hora, proposta em emenda de Plenário no momento da votação da lei na Câmara dos Deputados. Ocorreu também uma discussão, na última reunião na Comissão Especial, sobre a abrangência da limitação para cegos, com a observação de Marta Suplicy de que o braile não era a única forma de acesso, e não correspondia às necessidades de pessoas que tinham adquirido cegueira. Aloysio Nunes Ferreira afirmou que na reunião estavam presentes associações representantes de pessoas com deficiências visuais, e que já haviam se entendido por uma nova redação mais ampla – que não mencionasse apenas os cegos, mas "deficientes visuais", e não somente o braile, mas também "ou outro procedimento específico para esses destinatários".[242]

A tabela abaixo sistematiza a presença ou não das limitações e exceções em cada um dos textos.

---

[242] Ref. 4.54, Pesquisa, Câmara dos Deputados, Notas, 06/11/1997.

TABELA 1 – COMPARAÇÃO DAS LIMITAÇÕES E EXCEÇÕES NA LEI DE 1973 E NOS PROJETOS

Limitações e Exceções	Lei 5.988/73	Projeto Genoíno (PL 2.951/92)	Projeto Luiz Viana (PL 5.430/90)	Substitutivo de Aloysio Nunes Ferreira na CESP
Reprodução imprensa	Na imprensa diária ou periódica, de notícia ou de artigo informativo, sem caráter literário, publicados em diários ou periódicos, com a menção do nome do autor, se assinados, e da publicação de onde foram transcritos.	N.A.	Na imprensa diária ou periódica, de notícia ou de artigo informativo, sem caráter literário, publicado em diários ou periódicos, com a menção do nome do autor, se assinados, e da publicação de onde foram transcritos.	Na imprensa diária ou periódica, de notícia ou de artigo informativo, sem caráter literário, publicado em diários ou periódicos, com a menção do nome do autor, se assinados, e da publicação de onde foram transcritos.
Reprodução de discursos	Em diários ou periódicos, de recursos pronunciados em reuniões públicas de qualquer natureza.	N.A.	Em diários ou periódicos, de recursos pronunciados em reuniões públicas de qualquer natureza.	Em diários ou periódicos, de recursos pronunciados em reuniões públicas de qualquer natureza.
Reprodução de retratos	De retratos, ou de outra forma de representação da efígie, feitos sob encomenda, quando realizada pelo proprietário do objeto encomendado, não havendo a oposição da pessoa neles representada ou de seus herdeiros.	N.A.	De retratos, ou de outra forma de representação da efígie, feitos sob encomenda, quando realizada pelo proprietário do objeto encomendado, não havendo a oposição da pessoa neles representada ou de seus herdeiros.	De retratos, ou de outra forma de representação da *imagem*, feitos sob encomenda, quando realizada pelo proprietário do objeto encomendado, não havendo a oposição da pessoa neles representada ou de seus herdeiros.
Reprodução para cegos	N.A.	N.A.	N.A.	De obras literárias ou artísticas, para uso exclusivo de cegos, sempre que a reprodução seja feita mediante o sistema Braille ou outro procedimento específico, sem fins comerciais.
Reprodução privada	A reprodução, em um só exemplar, de qualquer obra, contando que não se destine à utilização com intuito de lucro.	N.A.	A reprodução, em um só exemplar, para o uso privado do copista, sem intuito de lucro, de qualquer obra ou produção.	A reprodução, em um só exemplar, para o uso privado do copista, desde *que feita por ele*, sem intuito de lucro.

Citação	A citação, em livros, jornais ou revistas, de passagens de qualquer obra, para fins de estudo, crítica ou polêmica.	A *notícia* ou citação de trecho da obra intelectual e a crítica ou polêmica a que tenha por objeto.	A citação, em livros, jornais ou revistas, de passagens de qualquer obra, para fins de estudo, crítica ou polêmica.	A citação em livros, jornais, revistas *ou qualquer outro meio de comunicação*, de passagens de qualquer obra, para fins de estudo, crítica ou polêmica, *na medida justificada para o fim a atingir, indicando o nome do autor e a origem da obra*.
Apanhado de lições	O apanhado de lições em estabelecimentos de ensino por aqueles a quem elas se dirigem, vedada, porém, sua publicação, integral ou parcial, sem autorização expressa de quem as ministrou.	N.A.	O apanhado de lições em estabelecimentos de ensino por aqueles a quem elas se dirigem, vedada, porém, sua publicação, integral ou parcial, sem autorização expressa de quem as ministrou.	O apanhado de lições em estabelecimentos de ensino por aqueles a quem elas se dirigem, vedada, porém, sua publicação, integral ou parcial, sem autorização expressa de quem as ministrou.
Demonstração à clientela	A execução de fonogramas e transmissões de rádio ou televisão em estabelecimentos comerciais, para demonstração à clientela.	A *exibição* e a execução, em estabelecimentos comerciais, para fins de demonstração à clientela, de *obras intelectuais contidas em suportes materiais destinados à comercialização*.	A execução de fonogramas e transmissões de rádio ou televisão em estabelecimentos comerciais, para demonstração à clientela.	A *utilização* de *obras literárias ou artísticas*, fonogramas e transmissões de rádio ou televisão em estabelecimentos comerciais, *exclusivamente* para demonstração à clientela, A execução de fonogramas e transmissões de rádio ou televisão em estabelecimentos comerciais, para demonstração à clientela, *desde que esses estabelecimentos comercializem os suportes ou equipamentos que permitam a utilização dos mesmos.*

Recesso familiar e fins didáticos	A representação teatral e a execução musical, quando realizadas no recesso familiar ou para fins exclusivamente didáticos, nos locais de ensino, não havendo, em qualquer caso, intuito de lucro.	A representação, execução, *exibição e exposição de obras intelectuais* no recesso do lar, sem intuito de lucro, e nas *salas de aula*, desde que com finalidades exclusivamente pedagógicas.	A representação teatral e a execução musical, quando realizadas no recesso familiar ou para fins exclusivamente didáticos, nos locais de ensino, não havendo, em qualquer caso, intuito de lucro.	A representação teatral e a execução musical, quando realizadas no recesso familiar ou para fins exclusivamente didáticos, nos *estabelecimentos* de ensino, não havendo em qualquer caso intuito de lucro.
Prova judiciária ou administrativa	A utilização de obras intelectuais quando indispensáveis à prova judiciária ou administrativa.	N.A.	A utilização de obras intelectuais quando indispensáveis à prova judiciária ou administrativa.	A utilização de obras intelectuais *para produzir* prova judiciária ou administrativa.
Paráfrases e paródias	São livres as paráfrases e paródias que não forem verdadeiras reproduções da obra originária, nem lhe implicarem descrédito.	N.A.	São livres as paráfrases e paródias que não forem verdadeiras reproduções da obra originária, nem lhe implicarem descrédito.	São livres as paráfrases e paródias que não forem verdadeiras reproduções da obra originária nem lhe implicarem descrédito.
Obras em logradouros públicos	[É lícita a reprodução] de obras de arte existentes em logradouros públicos.	N.A.	[É lícita a reprodução] de obras de arte existentes em logradouros públicos.	As obras situadas permanentemente em logradouros públicos podem ser *representadas livremente, por meio de pinturas, desenhos, fotografias e procedimentos audiovisuais*.
Licença legal fotografia	É lícita a reprodução de fotografia em obras científicas ou didáticas, com a indicação do nome do autor, e mediante o pagamento a este de retribuição equitativa, a ser fixada pelo Conselho Nacional de Direito Autoral.	N.A.	É lícita a reprodução de fotografia em obras científicas ou didáticas, com a indicação do nome do autor, e mediante o pagamento a este de retribuição equitativa.	N.A.

Regra flexível	[É lícita a reprodução] de trechos de obras já publicadas, ou ainda que integral, de pequenas composições alheias no contexto de obra maior, desde que esta apresente caráter científico, didático ou religioso, e haja a indicação da origem e do nome do autor.	N.A.	[É lícita a reprodução] de trechos de obras já publicadas, ou ainda que integral, de pequenas composições alheias no contexto de obra maior, desde que esta apresente caráter científico, didático ou religioso, e haja a indicação da origem e do nome do autor.	A reprodução, em quaisquer obras, de pequenos trechos de *obras preexistentes, de qualquer natureza,* ou de obra integral, *quando de artes plásticas, sempre que a reprodução em si não seja o objetivo principal da obra nova e que não prejudique a exploração normal da obra reproduzida* nem cause um *prejuízo injustificado aos legítimos interesses dos autores.*

Fonte: elaboração própria.

13.1. A REGRA FLEXÍVEL, OU INCORPORAÇÃO DOS TRÊS PASSOS

É notável a mudança ocorrida quanto à regra flexível, que depois foi adotada integralmente na Lei n. 9.610/98. De um lado, a limitação teve escopo ampliado, dado que é aplicável a qualquer nova criação, independente do caráter científico, didático ou religioso que era condição estabelecida na Lei 5.988/73 – podendo portanto, a princípio, ser aplicável também a obras de caráter comercial. Ela foi, entretanto, restringida aos casos de:

a. não ser a reprodução em si o objetivo principal da obra nova;

b. não prejudicar a exploração normal da obra;

c. de não causar prejuízo injustificado aos legítimos interesses dos autores – aqui não mencionados os titulares de direitos conexos.

Em clara alusão à Convenção de Berna de 1971:

> Art. 9(2). Às legislações dos países da União reserva-se a faculdade de permitir a reprodução das referidas obras em certos casos especiais, contanto que tal reprodução não afete a exploração normal da obra nem cause prejuízo injustificado aos interesses legítimos do autor.

A análise dos documentos do Arquivo MinC permite identificar exatamente de onde veio o texto adotado como flexibilidade geral: foi uma sugestão da Federação Latino-Americana de Produtores de Fonogramas e Videofonogramas (FLAPF) feita em reunião com o GIPI, com a seguinte justificativa: "sugere-se o inciso, em vista de uma série de circunstâncias da vida prática (p. ex., cenário de novela em que aparece um quadro que se enquadra no conceito de 'fair use' ou 'usos honrados'), em perfeita harmonia com o art. 9.2 de Berna".[243]

No entanto, o documento enviado pelo Executivo não continha a proposta da FLAPF, e sim um indicativo de supressão do texto. Isso faz supor que a FLAPF tenha sugerido o texto diretamente ao relator, para incorporação no Substitutivo da Comissão Especial, possivelmente via João Carlos Muller Chaves, também do setor fonográfico (ABPD) e que atuou de forma próxima a Aloysio Nunes Ferreira.

A outra novidade do substitutivo de Aloysio Nunes Ferreira nesse tema era a limitação para reprodução para cegos no sistema Braile, algo que seguiria também na Lei 9.610/98, e não havia sido previsto em nenhum dos outros projetos de lei ou leis anteriores – e que, como afirmado atrás, veio como proposta do Executivo.

13.2. POSIÇÕES DO SETOR EMPRESARIAL

Alguns atores do setor empresarial manifestavam-se de forma crítica a algumas das flexibilidades previstas nos projetos. Em crítica ao projeto da CCTCI, a MPA queria revisar os artigos referentes à reprodução para excluir expressamente a obra audiovisual. A MPA estendia essa proposta também ao artigo que determinava que as obras em domínio público eram de livre reprodução, ressalvado os direitos patrimoniais dos editores[244] – querendo, assim, que não fosse o caso para obras audiovisuais. Queria também que o inciso II do art. 48, que previa a reprodução em um só exemplar para uso privado do copista – ainda não havia ocorrido a mudança que preveria que seria lícita a cópia somente de pequenos trechos, o que foi alteração em Plenário –, excluísse expressamente obras audiovisuais.[245]

A MPA também se manifestou de forma bastante radical sobre as possibilidades de exibição de obras audiovisuais, sugerindo uma regra segundo a qual *toda* exibição de obras protegidas deveria depender da autorização do detentor de direitos, criando-se apenas "uma pequena exceção [...] com respeito à exibição não-comercial de uma obra legalmente adquirida que ocorra entre membros de uma família no mesmo lar".

---

243 Ref. 3.119, MinC, MinC – CDA, Estudo, Sem data.
244 Ref. 3.117, MinC, MPA, Carta, 29/08/97.
245 Ref. 3.117, MinC, MPA, Carta, 29/08/97.

Sobre a regra geral de flexibilidade, e também sobre o direito de citação, a MPA queixou-se de serem textos abrangentes e vagos, que permitiriam a utilização em novas obras com fim de lucro "sob o disfarce de que a obra audiovisual reproduzida sem autorização seja científica ou de caráter didático ou que tenha proposta de estudo de revisão crítica". Para a MPA, a solução era excluir desses dispositivos as obras audiovisuais, e permitir reprodução ou citação apenas de pequenas partes. E, sobre a possibilidade de realização de cópia privada integral, a MPA sugeria, novamente em proposta de caráter setorial, a exclusão do audiovisual:

> O novo e crescente universo digital requer explícita garantia de que a cópia, privada ou particular, especialmente para obras audiovisuais, tenha o direito de reprodução exclusivo. A tecnologia de cópias digitais que melhora, cada vez mais rapidamente, confere a milhões de consumidores o poder de fazer cópias convenientemente perfeitas de uma obra audiovisual. Um processo de cópia tão disseminado pode causar enormes perdas financeiras para os titulares dos direitos autorais porque ele elimina potencialmente milhões de consumidores pagantes das obras audiovisuais do mercado.[246]

Na reunião com o GIPI, o setor de livros – CBL, SNEL e ABDR – não havia sugerido a supressão da limitação referente à cópia privada, mas a condição então de que essa cópia permitida fosse feita sem os recursos de instrumento de reprodução em massa.[247] A sugestão foi enviada pelo Executivo ao relator, mas não foi acatada. Queria também que a possibilidade de representação teatral e execução musical nos estabelecimentos de ensino fosse permitida somente nos casos de ensino gratuito.

14. OS CONTRATOS DE DIREITO AUTORAL: CESSÃO, LICENÇA E OUTRAS QUESTÕES

Na linha do Projeto Luiz Viana, e de forma semelhante à Lei de 1973, o Substitutivo da CCTCI previa a possibilidade de cessão total ou parcial dos direitos, prevendo algumas limitações, como a de que seriam nulas as cláusulas mencionando tecnologias futuras, e que as cessões sobre obras futuras teriam prazo máximo de 5 anos.

A CDA, em sua carta ao Deputado Aloysio Nunes Ferreira,[248] referindo-se ao Substitutivo da CCTCI, escrita antes de serem formuladas as propostas no âmbito do GIPI e antes de concluídos os tratados da OMPI, insistia na

---

[246] Ref. 3.117, MinC, MPA, Carta, 29/08/97, p. 18.

[247] Ref. 3.119, MinC, MinC – CDA, Estudo, Sem data.

[248] Ref. 3.103, MinC, MinC – CDA, Carta, 1996.

completa eliminação do instituto da cessão de direitos. Nas comunicações anteriores com a Amar sobre a reedição do Projeto Genoíno em PL 2.951/92, Otávio Afonso havia se manifestado contra a proibição da cessão, alegando liberdade contratual; a posição parecia agora ter sido revista:

> A questão da cessão dos direitos de autor parece ser o ponto nevrálgico da nova lei autoral. A CDA/MinC não tem uma proposta redacional para o tema, entretanto, a cessão de direitos não deve ter lugar nas modernas relações de produções da cultura de nossos dias. Além de ser um instituto defasado, substituído que foi pela moderna figura da licença para utilização da obra, a cessão de direito é hoje questionada sob o aspecto doutrinário: considera-se que somente a utilização da obra é que pode ser transferida a terceiro (ao editor que irá editá-la, ao produtor que irá gravá-la, etc.), mas não os direitos autorais respectivos, que devem ser prerrogativa exclusiva do autor.
> Por este entendimento doutrinário, a obra (licenciável a terceiro, para uma utilização determinada) é, sim, um bem móvel, o que não se aplica aos direitos autorais, até porque em seu aspecto moral, estes são inalienáveis e irrenunciáveis. A cessão de direitos quebra ao meio a proteção à obra, uma vez que os aspectos morais e patrimoniais do direito de autor, por serem vinculados entre si, são indissociáveis um do outro. Assim, ao romper a integridade do vínculo protetivo, ela fragiliza o próprio instituto do direito de autor e o seu efetivo exercício. Por esta razão, o Glossário da Organização Mundial da Propriedade Intelectual – OMPI, dispõe: "A cessão total dos direitos de autor, no sentido de uma transferência de domínio em vida do autor, é apenas possível na base de leis de direito de autor que não estabeleçam a inalienabilidade dos direitos morais".
> Este não é o caso da lei brasileira (nem do substitutivo), que, dispondo em sentido contrário, deveria acolher inevitavelmente a proibição do instituto da cessão. Tudo isso justifica por que a cessão de direitos é vedada na legislação de muitos países, com destaque para a Alemanha. Cabe lembrar, inclusive, que a própria lei brasileira n. 6.533/78 (que trata de questões relativas aos direitos conexos) também proíbe a cessão de direitos, disposição que foi mantida por decisão unânime da Suprema Corte, na Representação n. 1.031, de 10 de dezembro de 1980, e que, no entender de muitos, deveria ser estendida aos direitos de autor, em razão da isonomia prevista já no art. 1o da própria n. 5.988/73.
> Em todo caso, entendemos que a questão é mais política do que técnica. A CDA/MinC não encontrou uma redação alternativa que pudesse atender a ambas partes.[249]

Naquele momento, a CDA parecia ter adotado a linha próxima ao Projeto Genoíno de garantir na legislação que o autor mantivesse seus direitos; propunha na carta também a limitação os prazos de exclusividade da *licença*, ou seja, uma autorização de uso sem transferência de titularidade, em termos idênticos aos propostos no Projeto Genoíno na versão de 1992, e outras limitações na mesma linha, com a argumentação de que, caso contrário,

---

249 Ref. 3.103, MinC, MinC – CDA, Carta, 1996.

"os autores poderão ser facilmente tolhidos em seus direitos, obrigados a licenças genéricas e a concessões máximas, seja em termos de prazos, território, âmbito de utilização, remuneração, prestação de contas e etc.".[250]

Em sentido totalmente oposto, a MPA, na carta enviada a Otávio Afonso com comentários sobre o Substitutivo da CCTCI, queria a supressão de todos os artigos do Projeto de Lei que previam restrições à liberdade de contratar, incluindo o dispositivo segundo o qual a cessão se presumiria onerosa,[251] argumentando que não existia qualquer clareza sobre o que significava onerosidade. O interesse da MPA era garantir total e absoluta liberdade contratual: "um dispositivo deveria ser incluído no sentido de garantir que todos os direitos sobre obras protegidas por direito autoral sejam livremente negociáveis por meio de acordos por escrito, e que a negociação dos direitos não esteja sujeita a nenhuma formalidade".[252]

Quando da reunião realizada pelo GIPI com as entidades do setor privado, outras organizações manifestaram preocupação com o instituto da cessão. A ANACIM, a ASSIM, a SBACEM, a SBAT e a UBE tinham advogado pela introdução de "um dispositivo específico para resguardar os direitos cedidos por contratos a terceiros – produtores e editores –, com a diferenciação entre *cessão* e *aquisição* de direitos".[253] Queriam também introduzir mais limitações aos contratos de cessão, para

> [...] tornar mais justa a relação do autor com quem vai explorar a obra intelectual, fazendo com que o pacto estabelecido entre as partes não seja objeto de contratos leoninos em que uma das partes cede ininterruptamente e ad eternum, inclusive para seus herdeiros e sucessores seus direitos autorais.[254]

A proposta era então que, no caso de contratos de cessão com prazo determinado, qualquer das partes poderia denunciar o acordo, desde que notificando com seis meses de antecedência – e não foi levada adiante pelo Executivo.

A ABPI, por sua vez, sugerira que, junto com o instituto da cessão, os direitos patrimoniais pudessem ser *também* licenciados. A ABC e a UBV, de outro lado, queriam eliminar o inciso IV do Substitutivo da CESP, que determinava que a cessão seria válida para o Brasil, salvo convenção em contrário, com a justificativa de que "a cessão não poderá excluir os casos de exportação, sob pena de o cessionário ficar prejudicado".

---

[250] Ref. 3.103, MinC, MinC – CDA, Carta, 1996.

[251] Art. 52 do dispositivo.

[252] Ref. 3.117, MinC, MPA, Carta, 29/08/97.

[253] Ref. 3.119, MinC, MinC – CDA, Estudo, Sem data.

[254] Ref. 3.119, MinC, MinC – CDA, Estudo, Sem data.

A proposta que o Executivo enviou ao deputado Aloysio Nunes Ferreira seguia parcialmente a sugestão da ABPI, introduzindo também a possibilidade de licença. "Da mesma forma que na propriedade industrial, a proposta do Executivo oferece a alternativa entre Licença e Cessão para que o autor possa regular a transmissão de seus direitos entre vivos".[255]

Um outro ponto de disputas era o contrato de edição. Na reunião do setor privado com o GIPI, a CBL, a SNEL e a ABDR, ou seja, o setor do livro/editorial, argumentavam por mudanças no Substitutivo para que o editor sempre tivesse preferência na segunda edição da obra, e que o preço da retribuição sempre fosse negociado em contrato, sem qualquer limitação quanto ao critério – vinculado ao êxito da venda ou não. Além de alguns outros pontos, queria expressamente:

a. desobrigar o editor a numerar os exemplares de cada edição;
b. que a prestação de contas ao autor fosse a cada noventa dias – não mensal, como era previsto;
c. dar ao editor o direito de exigir retirar de circulação uma edição da mesma obra feita por outrem.

O Substitutivo da CCTCI previa também que o autor poderia fazer alterações que lhe aprouvessem nas edições sucessivas da obra; essas associações queriam colocar várias limitações a esse direito, como a de que isso não significasse custos exagerados no contexto da edição, que o editor poderia opor-se a mudanças que ofendessem sua reputação, e que o direito de tirar a obra de circulação ou apreender cópias não autorizadas assistiria ao editor, na vigência do contrato.

Nenhuma dessas sugestões foi acatada pelo GIPI, pelo contrário: o Executivo acabou por propor um prazo menor para o editor editar a obra a partir da celebração do contrato – 2 anos, contra os 3 anos previstos no Substitutivo, e a sugestão foi acatada e seguiu até a Lei n. 9.610 –, bem como inserção de artigo para que o editor pudesse vender o saldo depois de um ano do lançamento da edição, mas com prioridade para aquisição pelo autor – entrou no Substitutivo da CESP e na lei final.

O Substitutivo na Comissão Especial não adotou o regramento da licença pretendido pelo Executivo; no relatório apresentado na CESP, Aloysio Nunes Ferreira chegou a afirmar que o Projeto Genoíno, na versão do PL 2.951/92, conteria inconstitucionalidade ao proibir a cessão de direitos:

> Não há como ignorar que essa proibição atinge o direito constitucional de propriedade, uma vez que proíbe a disposição do direito patrimonial de autor.

---

255 Ref. 3.100, MinC, MINC-CDA, Estudo, sem data.

O substitutivo sana o vício, na medida em que permite a cessão total ou parcial desses direitos patrimoniais.[256]

Ele considerava também que não seria desejável prever a licença dentre as formas de transferência de direito patrimonial, porque a cessão, "contrato centenário no direito civil pátrio", daria conta da matéria. No Substitutivo da CESP, seguindo o da CCTCI, ela podia ser total ou parcial, definitiva ou temporária, mas, no da CESP, uma novidade: sua interpretação seria sempre restritiva e de forma a favorecer o autor. O relator também não acolheu a proibição de licenciamento de obras futuras do Projeto Genoíno, afirmando que isso não seria uma "prática saudável para a produção das obras, e se choca[ria] com a realidade dos fatos". Admitiria, entretanto, uma limitação de cinco anos (modelo já existente na lei de 1973, e também constante do projeto Luiz Viana, embora Aloysio Nunes Ferreira não os tenha mencionado). No parecer do relator na CESP, o PL 1.358/95, que também regulava os contratos e impunha limitações, foi rejeitado, por "invadir a esfera da liberdade negocial".[257]

A cessão foi objeto de discussões na audiência pública realizada na CESP em 23 de setembro de 2017; Jandira Feghali afirmou que o autor frequentemente se encontra com a "faca no peito", sendo obrigado a ceder seus direitos, e que "essa discussão tem de levar em conta a vivência do autor com o editor, o produtor ou aquele que comercializa sua obra", ou seja, que a própria palavra cessão deveria ser eliminada do texto. Marcus Vinícius Mororó de Andrade, da Amar, afirmou que "a cessão transforma o autor em objeto", e que idealmente ela seria substituída, no projeto, pela licença.

> Tenho em mãos, por exemplo, um artigo da edição da revista *Veja* desta semana sobre o fato de que foi decretada a apreensão de todos os CDs dos cantores Claudinho e Buchecha, que estão sendo processados pelo seu ex-empresário, que alega ser o titular dos direitos autorais sobre a obra da dupla. Em suma, o Claudinho e o Buchecha firmaram um contrato de empresariamento, no qual estava embutida, certamente com letras minúsculas, a famigerada cessão de direitos autorais. Eu não entendo como alguém, para ser empresário de outro, precise de cessão de direitos. O que ocorreu? O Claudinho e o Buchecha, agora, resolveram trocar de empresário. E o empresário anterior disse: "Tudo bem, mas só que vocês não vão cantar o repertório de vocês porque o dono desse repertório sou eu." E os autores estão impedidos de exercer a sua profissão. Parece-me que isso é exacerbação da cessão de direitos.[258]

---

[256] Ref. 3.92, MinC, Deputado Aloysio Nunes Ferreira, Relatório, 10/09/97, p. 17.
[257] Ref. 3.92, MinC, Deputado Aloysio Nunes Ferreira, Relatório, 10/09/97, p. 31.
[258] Ref. 4.51, Pesquisa, Câmara dos Deputados, Notas, 23/09/1997.

Em resposta, na mesma audiência pública, João Carlos Muller Chaves afirmou acreditar que já era possível a licença, sem previsão legal, que seria então desnecessária; acrescentou que já haveria superproteção na parte da cessão, e que o autor estaria sendo tratado como um hipossuficiente. Na segunda audiência pública, Lourival José dos Santos, consultor jurídico da Associação Nacional dos Editores de Revista, defendeu a cessão argumentando pela liberdade de contratar, e pela impossibilidade de se conduzirem negócios de outra forma, e, de forma a corroborar seu argumento, mencionou a já amplamente citada carta de Jorge Amado, tratada no segundo capítulo, sobre as relações cordiais entre o autor e o editor.[259]

No fim das discussões na CESP, José Genoíno ainda insistia no ponto. Buscando encontrar um meio-termo, alternativo à proibição da cessão, sugeriu que a lei previsse a palavra genérica "contrato", permitindo, assim, que arranjos distintos fossem negociados entre autor e pessoa jurídica, sem a limitação a uma única modalidade – no que foi seguido por Jandira Feghali. Marta Suplicy argumentou que seria necessário precisar outras modalidades, caso contrário, o autor sempre seria apresentado a um contrato de cessão, de qualquer forma.[260] Naquele momento – discussão final do parecer –, nenhuma das sugestões seria adotada. No entanto, na última reunião, Aloysio Nunes Ferreira afirmou:

> O que me parece que o Deputado José Genoíno e a Deputada Jandira Feghali procuram é apenas um outro nome alternativo para uma realidade jurídica sobre a qual temos acordo por entenderem, na minha opinião, erroneamente, que ao disciplinar a cessão, a lei dos direitos autorais esteja afirmando que só pode ser feita a cessão como estipulada na lei. Não é bem assim. A lei de direitos autorais é supletiva à vontade das partes. Ela age para estabelecer alguns princípios de ordem pública e no interesse da proteção do autor, mas, evidentemente, não suprime a liberdade que terá o titular do direito autoral de encontrar, no plano contratual, outras fórmulas, segundo a manifestação da sua vontade e da vontade do contratante. Assim, se o titular quiser licenciar a sua obrar e quiser, no contrato, definir o conteúdo do que seja a licença, poderá fazê-lo. Estou aqui definindo alguns princípios protetórios e, usando a palavra cessão para designar a transferência, pode-se eventualmente fazer isso e encontrar-se um artigo dizendo algo que, aliás, é um princípio constitucional, que é a liberdade contratual. Não podemos encontrar um artigo que seja colocado ao final deste capítulo da cessão afirmando mais explicitamente isso que lhes estou dizendo. O titular poderá encontrar outras formas, apenas para deixar isso claro. Podemos encontrar depois uma redação para atender à preocupação de V.Exas.[261]

---

[259] Ref. 4.52, Pesquisa, Câmara dos Deputados, Notas, 24/09/1997.

[260] Ref. 4.54, Pesquisa, Câmara dos Deputados, Notas, 06/11/1997.

[261] Ref. 4.54, Pesquisa, Câmara dos Deputados, Notas, 06/11/1997.

A redação que foi encontrada foi apresentada como emenda de plenário do Bloco de Oposição de iniciativa de José Genoíno e Jandira Feghali, e aprovada – Emenda n. 8 – previam-se as modalidades de cessão, concessão e licença, embora a licença não tenha ganhado então regulamentação específica. Até o último momento, José Genoíno insistiu nesse ponto, tão central para seu projeto oito anos antes.

Atores do campo empresarial parecem não ter visto problemas na inclusão da possibilidade de licenciamento, como afirmou João Carlos Muller Chaves, para quem, nesse ponto, a Lei n. 9.610/98 aprimorou a Lei n. 5.988/73.[262] Eles se opunham, como era de se esperar, à proibição da cessão que constava do Projeto Genoíno – para João Carlos Éboli, seria uma "utopia legislativa", porque "o autor tem todo direito de dispor da sua obra". Ele relatou, também, como as limitações à cessão não são prejudiciais aos atores da indústria, referindo-se às práticas da EMI: no caso por exemplo da limitação do contrato de cessão às obras futuras ao prazo de cinco anos, a prática acaba sendo a combinação de contratos, o que contorna a restrição.

> Existe o contrato sobre as obras futuras (o chamado "contratão"), que hoje é limitado a 5 anos, e, durante esses 5 anos, todas as obras produzidas por determinado autor serão cedidas ao editor. A partir do final disso acaba o vínculo, mas para cada uma dessas obras firma-se o "contratinho", específico para aquela obra, e isso vai ser com o prazo de proteção [cessão por todo o prazo de proteção da obra]. Então não faz diferença. Na prática foi uma limitação ao contratão – que é feito de novo depois.

A adoção da licença, na lei final, como uma das modalidades de transferência, sem a proibição da cessão, mas com condições adicionais, é um dos mais evidentes pontos em que transparece o amálgama das propostas do Projeto Luiz Viana com o Projeto Genoíno.

> A parte que diz respeito às cessões de direitos foi fortemente influenciada pelo projeto do Genoíno, porque tem uma certa limitação à cessão de direitos desenfreada que havia na lei. Tem limites e condições. Por isso a frase do Caetano, não é a lei dos nossos sonhos, é a lei que foi possível.[263]

---

[262] Ele afirmou também que a ausência de regulamentação específica da licença não é prejudicial, porque "todo mundo sabe o que é". O mesmo foi afirmado por: MULLER CHAVES, informação verbal, 2017.

[263] Aqui, Glória Braga demonstra apego à proposta do Projeto Genoíno, que havia defendido enquanto advogada da Amar em 1990. BRAGA, informação verbal, 2017

15. OBRA EM RELAÇÃO DE TRABALHO, E SOB ENCOMENDA

Considerado o processo do início ao fim – da propositura do Projeto Genoíno até a aprovação final no Senado – a obra em relação de trabalho e a obra sob encomenda foram os pontos em torno dos quais mais disputas ocorreram. O assunto tem íntima relação com a discussão sobre contratos e transferência de direitos de autor, já que também diz respeito à titularidade dos direitos, ao equilíbrio dos direitos entre pessoa física e jurídica, e assim a conflitos autor-indústria.

Tratamos aqui de três diferentes modelos, com equilíbrios distintos. Na Lei de 1973, estabelecia-se que os direitos patrimoniais de autor, no caso da obra em relação de trabalho e obra sob encomenda, pertenciam tanto ao autor quanto ao empregador/comitente, remetendo-se ao CNDA para dispor sobre o tema.

> Art. 36. Se a obra intelectual for produzida em cumprimento a dever funcional ou a contrato de trabalho ou de prestação de serviços, os direitos do autor, salvo convenção em contrário, pertencerão a ambas as partes, conforme for estabelecido pelo Conselho Nacional de Direito do Autor.

O Projeto Genoíno, por sua vez, proibindo a cessão de direitos e eliminando o instituto da titularidade, previa:

> Art. 27. O direito patrimonial do criador é independente da remuneração pela prestação de serviços profissionais.
> [...] Art. 31. Não caem no domínio das pessoas físicas ou jurídicas, de direito público ou privado, as obras por elas publicadas ou subvencionadas.

Em sentido diametralmente oposto, o que queria o Projeto Luiz Viana era que os direitos patrimoniais nesses casos pertencessem sempre ao empregador/comitente.

> Art. 37 – Na obra intelectual, produzida em cumprimento a dever funcional ou a contrato de trabalho ou de prestação de serviços, os direitos patrimoniais de autor, salvo convenção em contrário, pertencerão ao comitente para as finalidades estipuladas no contrato ou, inexistentes estas, para as finalidades que constituam o objeto principal das atividades do comitente.
> § 1º – Conservará o comissário seus direitos patrimoniais com relação às demais formas de utilização da obra, desde que não acarretem prejuízo para o comitente na exploração da obra encomendada.
> § 2º – O comissário recobrará a totalidade de seus direitos patrimoniais, não sendo obrigado a restituir as quantias recebidas, sempre que sua retribuição for condicionada ao êxito da exploração econômica da obra e esta não se iniciar dentro do prazo de um ano de sua entrega.

§ 3º – Nos demais casos, não existindo estipulação contratual, o comissário recobrará a plenitude de seus direitos patrimoniais sobre a obra se o comitente não a publicar no prazo de dois anos da entrega, desobrigado o autor de restituição.
§ 4º – O autor terá direito de reunir em suas obras completas, a obra encomendada, após um ano da entrega da encomenda.

Aí a disputa fundamental. A primeira posição da CDA, expressa em carta ao relator Aloysio Nunes Ferreira em 1996, era pela manutenção do modelo da lei de 1973.[264] O Substitutivo da CCTCI havia seguido o modelo do Projeto Luiz Viana, em seu artigo 37. Tratava-se evidentemente do modelo de preferência dos atores empresariais, que defendiam que sua atuação seria facilitada se, nesses casos, tivessem a titularidade dos direitos.

Na reunião do setor privado com o GIPI, discutindo o projeto da CCTCI, a ABPI propunha um longo texto prevendo o modelo de titularidade do empregador comitente com alguns detalhes adicionais. A ABC, a UBV, a CBL, a SNEL e a ABDR, por sua vez, queriam que o texto incluísse que os direitos não pertenciam somente ao comitente, mas também ao empregador. A CBL, a SNEL e a ABDR queriam também que o direito do autor de utilizar a obra para demais fins que não os do contrato de trabalho ou da encomenda pudesse ser afastado pelo contrato, e que o direito do autor de reunir a obra comissionada em suas obras completas se desse, salvo convenção em contrário, somente depois de dois anos da publicação.[265]

O Executivo proporia ao relator Aloysio Nunes Ferreira, por fim, manter o modelo segundo o qual os direitos pertenceriam ao empregador ou ao comitente, sempre para as finalidades estipuladas no contrato, ou no objeto de suas atividades, mas sugerindo separar os artigos de obra sob encomenda e obra em relação de trabalho – também chamada de "produzida em cumprimento a dever funcional".[266]

Por fim, o Substitutivo da CESP seguiu as versões anteriores, nos artigos 36 e 37; no parecer, afirmava que, "do contrário, algumas atividades ficariam inviabilizadas, como, por exemplo, as de assessoria e consultoria"[267] – sendo possível convenção em contrário. O texto do Substitutivo da CESP – cuja autoria João Carlos Muller Chaves, então da ABPD, atribuiu a si,[268] determinava:

---

[264] Ref. 3.103, MinC, MinC – CDA, Carta, 1996.
[265] Ref. 3.119, MinC, MinC – CDA, Estudo, sem data.
[266] Ref. 3.100, MinC, MinC – CDA, Estudo, sem data.
[267] Ref. 3.92, MinC, Deputado Aloysio Nunes Ferreira, Relatório, 10/09/97, p. 24.
[268] Informação pessoal, 2017.

Art. 36. Na obra literária, artística ou científica, produzida em comprimento a dever funcional ou a contrato de trabalho ou de prestação de serviços, os direitos patrimoniais de autor, salvo convenção em contrário, pertencerão ao empregador ou contratante exclusivamente para as finalidades e na forma pactuada.
Art. 37. Na obra literária, artística ou científica, produzida por encomenda, os direitos patrimoniais de autor, salvo convenção em contrário, pertencerão ao comitente, para as finalidades que constituam objeto do contrato de encomenda.
§ 1º. Conservará o autor seus direitos patrimoniais com relação às demais modalidades de utilização da obra, desde que não acarretem prejuízo para o comitente na exploração da obra encomendada.
§ 2º. O autor recobrará a totalidade de seus direitos patrimoniais, não sendo obrigado a restituir as quantias recebidas, em adiantamento, sempre que sua retribuição for condicionada ao êxito da exploração econômica da obra e esta não se iniciar dentro do prazo de um ano de sua entrega, salvo convenção em contrário.
§ 3º. Nos demais casos, não existindo estipulação contratual, o autor recobrará a plenitude de seus direitos patrimoniais sobre a obra, se o comitente não a publicar no prazo de um ano da entrega, desde que restitua o que já recebeu, salvo convenção em contrário.
§ 4º. O autor terá direito de reunir, em suas obras completas, a obra encomendada, após um ano da entrega da encomenda, salvo convenção em contrário.
§ 5º. Não havendo termo fixado para a entrega da obra, entende-se que o autor pode entregá-la quando lhe convier, mas o encomendante pode fixar-lhe prazo razoável, consoante a natureza daquela, com a cominação de rescindir o contrato.[269]

Se não houve grandes manifestações registradas até a apresentação do Substitutivo na Comissão Especial, seria a partir da votação em Plenário, na Câmara, que o tema se tornaria central. Naquele momento, José Genoíno e Jandira Feghali, acompanhados de outros deputados do Bloco de Oposição, proporiam as emendas n. 2 e 3, visando novamente ao modelo consubstanciado no Projeto Genoíno. José Genoíno insistiria também residualmente que se estabelecesse um prazo, no caso da obra sob encomenda. Ambas as emendas seriam rejeitadas em Plenário, mas a história ganharia novos contornos no Senado. Esses desenvolvimentos ganharão relato mais apropriado adiante.

16. GESTÃO COLETIVA E O ECAD

A CPI do Ecad na Câmara em 1995, sobre a qual se tratou anteriormente no item "A CPI do Ecad de 1995, e o PL n. 1.356/95", espraiou efeitos também sobre a Comissão Especial, e, posteriormente, na votação em Plenário. Na reunião em que Aloysio Nunes Ferreira apresentava o Substitutivo de 10 de setembro de 1997, o deputado Valdeci Oliveira (PT-RS), a deputada Marta

---

[269] Ref. 3.94, MinC, Deputado Aloysio Nunes Ferreira, Projeto de Lei, 10/09/97.

Suplicy (PT-SP) e o deputado Arolde de Oliveira (PFL-RJ) – que, afirmou, "tenho rádio e produtora musical" – apresentavam preocupações sobre cobranças do Ecad em relação a organizações beneficentes. Aloysio Nunes Ferreira respondeu que sua opção foi por não interferir nessa situação, porque "direito autoral é um direito privado, é um direito pessoal. Então, eu não posso isentá-lo, porque isso não compete a mim".[270] Na audiência pública de 23 de setembro de 1997 na CESP, Marcus Vinícius Mororó de Andrade, da Amar, defendeu veementemente a unificação em escritório central, trazendo a história da Sombrás para afirmar que se tratava de uma demanda dos próprios autores, e que o oposto da unificação significaria o caos – e o mesmo foi defendido por Vanisa Santiago, no dia seguinte.[271] No mesmo sentido, João Carlos Muller Chaves afirmou:

> No Brasil, enquanto coexistiram duas organizações, a situação foi caótica. Quem pediu ao Governo Federal unificação da cobrança, que foi tornada obrigatória – concretizou-se em 1976, mas a lei em 1973 determinou a obrigatoriedade da unificação –, foram os usuários, submetidos àquela situação constrangedora a que se referiu Marco Vinícius de pagar a um fiscal de uma organização e, depois, receber um auto de infração porque não havia pago a música. O Caetano era da SICAM. O músico tocou o repertório do ABC e o público – isso acontece em bailes, é imprevisível – pede uma música de Caetano. O sujeito atende ao pedido e é multado. Não é do ABC, não é do SDDA, é da SICAM. Esta situação acabou. Não estou discutindo a operação, a funcionalidade, a competência do ECAD. Sinto-me muito à vontade porque não pertenço a nenhuma dessas organizações, cujo desempenho hoje pelo menos três sociedades tentam, com bravura, melhorar. A arrecadação melhorou bastante com todos os problemas que o ECAD enfrenta, mas estou discutindo o princípio da unificação da cobrança em benefício dos titulares e dos usuários, para os quais cessa esse drama de não saber se estão ou não pagando. É como se eu pagasse Imposto de Renda à Secretaria da Receita Federal, e a Prefeitura de Manhuaçu também viesse reivindicar uma parte para ela. Não pode! Há taxas, tributos, direitos que têm de ser unificados. E a cobrança unificada também beneficia quem paga – é um detalhe que considero importante frisar aqui.[272]

Vanisa Santiago afirmou que "havia um bloco com interesses na manutenção do Ecad", já que, quando ele foi criado com a lei de 1973 – e instalado efetivamente em 1977 –, as sociedades eliminaram suas máquinas de arrecadação, que passaria a ser exercida pela organização guarda-chuva; para as sociedades pequenas, em especial, seria impossível – que passava a ser feita pelo próprios Ecad –; assim, se o Ecad deixasse de existir, elas

---

[270] Ref. 4.49, Pesquisa, Câmara dos Deputados, Notas, 10/09/1997.

[271] Ref. 4.52, Pesquisa, Câmara dos Deputados, Notas, 24/09/1997.

[272] Ref. 4.51, Pesquisa, Câmara dos Deputados, Notas, 23/09/1997.

teriam novamente de assumir essas funções, o que seria custoso, e talvez impossível para as sociedades pequenas. "Era uma questão de sobrevivência, para os autores, mesmo". Na sua opinião, entretanto, o fato de o *nome* do Ecad não ter sido contemplado na lei nem nos projetos, mas apenas uma referência a um escritório central, era uma expressão de um cuidado com evitar a oposição daqueles que tinham como prioridade acabar com a organização.[273] E o interesse central das associações de música na lei, portanto, seria a manutenção do sistema mandatório de centralização da gestão coletiva de execução pública.[274]

Uma mudança importante que ocorreu entre os substitutivos se deu no conceito de execução pública, que é o direito patrimonial cuja gestão coletiva é, pela lei, monopólio do Ecad. Tratou-se da inserção do conceito de *transmissão por qualquer modalidade*: a Lei de 1973 previa a transmissão como parte do conceito de execução pública, mas especificava que se tratavam de transmissões por rádio, serviço de alto-falantes, televisão ou análogos, e depois mencionava processos mecânicos, eletrônicos ou audiovisuais.

> Lei n. 5.988/73
> Art. 73 - Sem autorização do autor, não poderão ser transmitidos pelo rádio, serviço de alto-falantes, televisão ou outro meio análogo, representados ou executados em espetáculos públicos e audições públicas, que visem a lucro direto ou indireto, drama, tragédia, comédia, composição musical, com letra ou sem ela, ou obra de caráter assemelhado.
> § 1º - Consideram-se espetáculos públicos e audições públicas, para os efeitos legais, as representações ou execuções em locais ou estabelecimentos, como teatros, cinemas, salões de baile ou concerto, boates, bares, clubes de qualquer natureza, lojas comerciais e industriais, estádios, circos, restaurantes, hotéis, meios de transporte de passageiros terrestre, marítimo, fluvial ou aéreo, ou onde quer que se representem, executem, recitem, interpretem ou transmitam obras intelectuais, com a participação de artistas remunerados, ou mediante quaisquer processos fonomecânicos, eletrônicos ou audiovisuais.

A proposta do Projeto Luiz Viana eliminava a transmissão do conceito de execução pública, assim como o fazia o Substitutivo da CCTCI, próximo àquele.

> Projeto Luiz Viana
> Art. 73 - Sem prévia e expressa autorização do titular, ou de quem o represente, não poderão ser utilizados obras teatrais, composições musicais ou lítero-musicais e fonogramas, em espetáculos públicos, ou audições públicas.

---

[273] SANTIAGO, informação verbal, 2017.

[274] É a posição de Glória Braga. BRAGA, informação verbal, 2017.

§ 1º - Consideram-se espetáculos públicos e audições públicas, para os efeitos legais, as representações ou execuções em locais ou estabelecimentos, como teatros, cinemas, salões de baile ou concertos, boates, bares, clubes de qualquer natureza, lojas comerciais e industriais, estádios, circos, restaurantes, hotéis, clínicas, hospitais, meios de transporte de passageiros terrestre, marítimo, fluvial ou aéreo, ou onde quer que se representem, executem ou transmitam obras intelectuais, com a participação de artistas remunerados, ou mediante quaisquer processos fonomecânicos, eletrônicos ou audiovisuais.
Substitutivo da CCTCI
Art. 70 - Sem prévia e expressa autorização do titular, ou de quem o represente, não poderão ser utilizados fonogramas, obras teatrais e composições musicais ou lítero-musicais, em espetáculos públicos ou audições públicas.
§ 1º - Consideram-se espetáculos públicos e audições públicas, as representações ou execuções em teatros, cinemas, salões de baile ou concertos, boates, bares, clubes de qualquer natureza, lojas comerciais e industriais, estádios, circos, restaurantes, hotéis, clínicas, hospitais, meios de transporte de passageiros terrestres, marítimo, fluvial ou aéreo, ou onde quer que se representem, executem ou transmitam obras intelectuais, ou em outros locais ou estabelecimentos, com a participação de artistas remunerados, ou mediante quaisquer processos fonomecânicos, eletrônicos ou audiovisuais.

A exclusão de *transmissões* do conceito de execução pública nesses dois projetos é significativa, tendo eles sido gestados pelo setor fonográfico e da radiodifusão. O primeiro capítulo tratou das históricas disputas entre a gestão coletiva musical e os "grandes usuários", da radiodifusão;[275] para além disso, historicamente, às gravadoras competiu o controle dos direitos relativos à reprodução. As editoras e os autores tiveram, no Brasil e em muitas outras partes, predominância na administração do direito de execução pública. Uma concretização disso é o fato de que a distribuição dos direitos fonomecânicos, no Ecad, é dada na proporção de 2/3 para a parte autoral – autores e editoras –, e 1/3 para a parte conexa – produtores fonográficos, intérpretes e executantes. Enquanto isso, enquanto a vendagem de LPs e CDs foi rentá-

---

[275] A desconfiança de atores do sistema de gestão coletiva em relação à radiodifusão, e ao que esse setor queria para a lei, fica clara em uma fala de Glória Braga: "Os interesses da radiodifusão são pagar menos direito autoral. Também não tem interesse pra ter CNDA, pra nada disso. Eles usam esses artifícios para atrapalhar a cobrança. Mas na verdade, eu afirmo a você que os interesses de radiodifusão, de TV por assinatura, desses novos entrantes é pagar ou nada ou pouco de direito autoral. E em nome disso eles se valem das mais variadas argumentações e possibilidades de atrapalhar a gestão. Eu não acredito nesse argumento genuíno de olha, é melhor ter um ambiente fiscalizado, transparente, não acredito. Se a gente baixar os preços e assinar os contratos todos do jeito que eles querem, eles também não querem o Estado brasileiro nessa conversa [referindo-se à fiscalização pelo Estado]" (informação verbal, 2017).

vel – atividade que implica o direito de reprodução –, a maior remuneração cabia justamente à parte da gravação. Tratou-se de uma espécie de equilíbrio que regeu o mercado até que, logo após o período sobre o qual esta pesquisa se trata, a indústria fonográfica entrasse em crise.

Essa mudança nos conceitos entre os Substitutivos, que pode parecer um simples jogo de palavras, foi absolutamente central para a reorganização do mercado nas décadas seguintes. É que, quando entraram em jogo novas formas de fruição musical, em especial com a tecnologia do *streaming*, teve início uma disputa sobre que tipos de direitos estariam envolvidos; se o *streaming* fosse considerado execução pública, o Ecad seria intitulado a cobrar desses serviços, com a consequência clara de que a parte autoral seria mais beneficiada; se fosse considerado reprodução, o modelo das gravadoras prevaleceria, e possivelmente até mesmo contratos antigos, sem necessidade de renegociações.[276] Os defensores de que o *streaming* pode ser considerado execução pública, ou ao menos *envolver* execução pública, apegaram-se justamente ao conceito de execução pública incluir *transmissão por qualquer modalidade*, o que foi central em um julgado do STJ de 2017 que considerou que sim, o *streaming* envolve execução pública.[277] Não está claro o porquê da mudança do Substitutivo da CCTCI para o da CESP, mas fica evidente a impressão digital da indústria fonográfica e da radiodifusão no primeiro – e o da CESP, enfim, ficaria mais próximo do que previa a lei de 1973. As disputas de grandes atores em torno do que se chamou "o digital" ficam claras também em outros pontos da lei, que serão tratados adiante.[278]

Havia outros pontos em que o substitutivo da CCTCI introduzia algumas flexibilidades no modelo, consideravelmente rígido, da gestão coletiva musical. Ele continha disposições prevendo que estrangeiros domiciliados no exterior poderiam outorgar procurações a associações no Brasil, interferindo, portanto, no modelo estabelecido, que consiste em convênios

---

[276] FRANCISCO; VALENTE, 2016, p. 342-343

[277] REsp nº 1559264 / RJ, relator Ricardo Villas Bôas Cueva, 15/02/2017.

[278] Em carta enviada à CDA já em relação ao Substitutivo na CESP por Aloysio Nunes Ferreira, Vanisa Santiago, representando a UBC, sugeria uma organização das formas de comunicação ao público que, se tivesse sido adotada, teria possivelmente deixado as definições mais claras. Sua ideia era que o próprio art. 5o, nas definições, definisse separadamente as formas de comunicação ao público: representação, recitação, dissertação e execução pública; projeção pública; transmissão por radiodifusão ou sinais quaisquer; transmissão por fio, cabo, fibra ótica ou meios análogos, retransmissão, emissão ou transmissão da radiodifusão em locais de frequência coletiva, exposição das obras de artes plásticas, e acesso ao público a uma base de dados. Ref. 3.104, MinC, UBC, Carta, 09/10/97.

das associações brasileiras entre associações congêneres de outros países; o Executivo, em sua proposta, sugeria que o procedimento enfraquecia o sistema,[279] e no substitutivo da CESP foram suprimidas quaisquer disposições nesse sentido. Por outro lado, o Projeto Luiz Viana retirava a menção a lucro direto ou indireto como gerador de direitos de execução pública que havia na lei de 1973, o que seguiu em todos os textos posteriores.

Na reunião do GIPI com o setor empresarial, foram apresentadas algumas propostas para novas disposições sobre o tema. A SBACEM propôs que empresário deveria apresentar, previamente à realização do espetáculo, recibo referente ao recolhimento dos direitos, a uma autoridade federal ou estadual, e que também órgãos da administração pública estivessem explicitamente obrigados ao pagamento. "A lei estende-se a todos os cidadãos e muito mais ao poder público, que é o detentor da ordem e das instituições legais".[280] Queria também ampliar, no conceito de espetáculos públicos – depois viraria o conceito de "local de frequência coletiva" –, a lista de locais considerados "públicos" para esses fins, inserindo por exemplo motéis, espera telefônica, *shoppings*, supermercados e entidades associativas – como forma de resolver questões que já permeavam e continuam sendo controversas no Judiciário, sobre se o Ecad pode cobrar desse tipo de estabelecimento.

Já a CBL, SNEL e ABDR propunham medidas de transparência: as entidades deveriam prestar contas de forma pública, e aos associados seria facultado pedir a verificação de contas. Também nesse sentido se manifestou Vanisa Santiago, então pela UBC, à CDA.[281] E, em sentido completamente oposto, a carta da MPA à CDA queixava-se de o Substitutivo da CCTCI não ter previsto disposições para a concorrência entre as sociedades arrecadadoras, nem disposições sobre democracia interna que dessem "o direito a voto dos titulares de direitos sobre uma obra numa associação de cobrança deveriam refletir o valor dos *royalties* a serem destinados

---

[279] Ref. 3.100, MinC, MinC - CDA, Estudo, sem data.

[280] Ref. 3.119, MinC, MinC – CDA, Estudo, sem data.

[281] "Acreditamos que, tal como se apresenta, os preceitos são inadequados a uma lei, e em nada asseguram a transparência das atividades do escritório central, referindo-se apenas a um detalhe do funcionamento da máquina. As associações e o escritório central deveriam ser fiscalizados em nome do interesse social de suas atividades. A importância das associações de gestão coletiva no mundo moderno é cada vez maior. Por essa razão consideramos que a transparência de seus métodos de trabalho e de procedimentos administrativos, ressalvada sempre a liberdade do autor para fixar o preço de sua obra e para decidir os critérios através dos quais serão arrecadados e distribuídos os direitos que são entregues à administração coletiva, merecem atenção do Estado" (Ref. 3.115, MinC, UBC, Carta, 06/10/97).

àquele titular em relação ao montante total arrecadado pela sociedade de cobrança para todos os titulares de direitos", advogando por fim que os titulares estrangeiros deveriam aprovar também os valores a serem cobrados dos usuários e as despesas gerais da associação, proibindo-se discriminar titulares estrangeiros em qualquer participação.[282]

Uma mudança do Projeto Luiz Viana já para o Substitutivo da CCTCI foi que o primeiro queria fazer o escritório central ser facultativo, o que foi abandonado então já na primeira versão do Substitutivo. Em documento ao Senado em relação ao projeto de 1989, Otávio Afonso defendia o dispositivo mandatório da criação de um Escritório Central, afirmando que era a única forma de o autor exercitar seu direito constitucional de fiscalização, e que "a centralização em um escritório único, que foi um ganho dos próprios autores nos anos 70, é a melhor via de proceder à arrecadação e distribuição de direitos musicais".[283]

Existe a questão de porque a Lei de 1998 previu a gestão coletiva mandatória somente para o setor da música, quando, como visto atrás, houve discussões no âmbito do CNDA pela gestão coletiva dos direitos dos atores,[284] e muito se discute sobre a gestão coletiva dos direitos relativos ao audiovisual. Diversos atores ligados ao campo da música mencionaram, em entrevistas, o fato do setor do audiovisual não ter se organizado para tanto, e diferentes motivos são apresentados. O principal deles era o hiato em que se encontrava o setor do audiovisual no início da década de 1990, quando Fernando Collor revogou a Lei Sarney, de incentivo fiscal à cultura, e extinguiu a Empresa Brasileira de Filmes S.A. (Embrafilme), o Conselho de Cinema (Concine), e a Fundação Nacional de Artes (Funarte). "Os dois primeiros anos da década de 90 estão certamente entre os piores da história do cinema brasileiro".[285] O período de discussão da Lei de Direitos Autorais coincide com o que

---

[282] Ref. 3.117, MinC, MPA, Carta, 29/08/97.

[283] Ref. 3.132, MinC, MinC – CDA, Nota técnica, sem data.

[284] José Carlos Costa Netto relatou que, quando se deu a discussão no CNDA, houve oposição intensa da Globo, levada principalmente por Luiz Eduardo Borgerth, polarizando com Jorge Ramos, presidente da ASA, que tinha um radical discurso antiexploração. Diante de forte reação dos meios de comunicação, àquela época, o tema foi suspenso, e nunca teria sido retomado. COSTA NETTO, informação verbal, 2017.

[285] NAGIB, 2002, p. 13.

se convenciona chamar de "Retomada" (1995-2002),[286] anos em que o cinema brasileiro voltaria a produzir, adaptando-se a novos marcos como a Lei do Audiovisual (Lei n. 8.686/93) e o Prêmio Resgate do Cinema Brasileiro.[287] Glória Braga apresentou a opinião também de que o modelo baseado no financiamento via Lei do Audiovisual teria feito com que o direito autoral fosse menos importante para o setor, dado que a remuneração fica desvinculada do público; de outro lado, considera que a TV Globo teria estabelecido um modelo dominante no mercado, de cessão dos direitos do ator, de forma a eliminar a possibilidade de gestão coletiva.[288] Retomamos estes pontos à frente.

Na defesa de seu texto na CESP, e comentando o PL 1.357/95 que versava sobre o mesmo tema, Aloysio Nunes Ferreira relatou ter optado por "uma mínima intervenção legal na atividade do escritório central de arrecadação e distribuição".[289]

17. O CNDA, E A PRESENÇA DO ESTADO NO DIREITO AUTORAL

O Projeto Genoíno, na versão de 1992, ou seja, quando o CNDA já havia sido extinto, previa a sua recriação, com a diferença fundamental de a proposta ser que fosse composto de no mínimo 2/3 de "representantes dos criadores intelectuais". O Projeto Luiz Viana, por sua vez, proposto no Senado em 1989, vinha com a proposta de extinção do CNDA.

---

[286] O termo é controverso, já que o hiato teria sido curto, e há quem veja na expressão um teor mais mercadológico que real – "já que o cinema brasileiro, desde o fim da Embrafilme, tornou-se mal distribuído, mal exibido e pouquíssimo visto". NAGIB, 2002, p. 13.

[287] "Foi quando o Collor acabou com tudo aqui [...] Teve um ano que nós [Brasil] produzimos dois filmes. Depois do Fernando Collor, nós tivemos a Carla Camurati, com a Carlota Joaquina, e eu produzindo O Quatrilho, dirigido pelo Fábio Barreto. Foram os dois primeiros filmes da chamada Retomada. E junto disso, evidentemente, voltou-se a discutir a lei do audiovisual – foi criada a Lei do Audiovisual, começou nos anos 90 [...]. Naquela ocasião o chefe da Casa Civil era o Pedro Parente, que foi designado pelo Fernando Henrique para acompanhar o desenvolvimento dessas discussões do que seria a Lei do Audiovisual. Eu não me lembro de grandes discussões a respeito de direito autoral. Eu acho que elas se localizaram mais na área dos músicos". BARRETO, informação verbal, 2017.

[288] BRAGA, informação verbal, 2017. Ainda assim, ela menciona a articulação mais recente por associações de roteiristas e diretores.

[289] Ref. 3.92, MinC, Deputado Aloysio Nunes Ferreira, Relatório, 10/09/97, p. 31.

Projeto Luiz Viana
Art. 127 – É extinto o Conselho Nacional de Direito Autoral – CNDA, criado e regido pela Lei no 5.988, de 14 de dezembro de 1973 e leis posteriores, órgão autônomo da Administração Direta da União, vinculado ao Ministério da Cultura, transferindo-se seu patrimônio, bem como os recursos financeiros e orçamentários para aquele Ministério.[290]

No momento em que o projeto voltou a ser discutido por ocasião da CESP entre 1996 e 1997, o tema do CNDA sequer voltou à pauta – a não ser para eliminar qualquer referência a ele do Substitutivo que seria apresentado, a partir do entendimento de que qualquer previsão sobre órgãos do Executivo em projetos de iniciativa do Legislativo seria inconstitucional:

Constituição Federal, Art. 61. [...]
§ 1º São de iniciativa privativa do Presidente da República as leis que: [...]
II – disponham sobre:
a) criação de cargos, funções ou empregos públicos na administração direta e autárquica ou aumento de sua remuneração; [...].

Possivelmente, a referência à inconstitucionalidade foi uma razão para que os atores ligados ao Projeto Genoíno não tenham insistido no ponto. De qualquer forma, mesmo os Projetos de Lei que estavam ligados a demandas por transparência e fiscalização do Ecad, e as falas em Plenário que insistiram nesse ponto, não mencionavam mais o CNDA. Sete anos depois, era como se ele tivesse sido esquecido. Eram propostas novas formas de fiscalização – como uma curadoria para o direito autoral no Ministério Público – mas não se discutia uma retomada do modelo ante-

---

[290] Ref. 4.33, Pesquisa, Câmara dos Deputados, Lei e PLs, 19/02/1998. Apresentado acima, o projeto propunha: (a) associação de cada titular a somente uma entidade, (b) vedação de voto por procuração ou carta, (c) diretores seriam somente pessoas físicas, (d) titulares estrangeiros não poderiam votar e ser votados, (e) regionalização, ou seja, não mais de uma entidade por UF, com incentivo a organizações regionais, mesmo que via convênios para arrecadação, (f) fiscalização pelo Poder Público, com nomeação de *curadoria* pelo Ministério Público Federal e Estadual, (g) preenchimento de planilhas por parte das emissoras e usuárias em geral, (h) amostragem para fiscalização das planilhas, (i) taxa de administração de 15% do arrecadado e 5% do distribuído, (j) distribuição mensal, inclusive dos créditos retidos, em uma conta geral, (k) publicação da relação dos créditos na Internet, e também dos balanços trimestrais, e (l) criação, via convênio, do CUIDA – Centro Unificado de Informática do Direito Autoral, com cadastro de todos os titulares e obras. Chama atenção, de um lado, que alguns pontos tenham sido retomados na reforma empreendida pela 12.853/13, mas, principalmente, que se previa um meio de prestação de contas e fiscalização estatal diferente do que se tinha experimentado até então – com a substituição de algo como o CNDA pela atuação dos Ministérios Públicos.

rior. É bastante comum, no discurso dos atores daquele período e além, a percepção de que o CNDA era um órgão afeito ao período autoritário – criado em 1973, faria parte de um contexto de intervenção estatal que resultaria afastado pelos "novos ares democráticos" e pela garantia da liberdade de associação prevista na Constituição Federal de 1988.

Para Glória Braga, a rejeição ao CNDA era universal. "Ninguém queria. Porque todo mundo era muito traumatizado com o CNDA, porque o CNDA fez intervenções duras nas associações e no Ecad", no início de sua atuação. "O CNDA é custo", argumentando que, quando as associações precisam se reportar e participar de um órgão do Ministério da Cultura, isso envolve custos de viagem e de trabalho de produção de documentação. Atores que tinham sido fortes defensores do CNDA no passado, como Marcus Vinícius Mororó de Andrade, argumentam também que a criação do Conselho na década de 70 tinha sido fruto de articulação de autores e artistas do campo da música pela participação e fiscalização no sistema Ecad, e que a demanda não estaria mais presente na década de 90, por força da conjuntura.[291] No mesmo sentido, João Carlos Costa Netto, que presidiu o CNDA de 1979 a 1983, expressou a visão de que, naquele momento, o CNDA teria sido necessário, o que não seria mais o caso para o campo da música, que, na década de 90 e adiante, já estaria estruturado.[292] Intervenções estatais poderiam ser desejáveis, ele afirma, em setores menos estruturados, cujos autores não têm ainda capacidade organizativa e força, como o audiovisual e o jornalismo.

> Eu fui presidente do CNDA, então eu digo o seguinte: naquela fase, se não houvesse um Conselho Nacional, não teria hoje a evolução que tem. Era uma fase de caos total, de multiplicidade de arrecadações, etc., tinha de ter uma atividade do Estado mais organizativa. Mas como é um campo de direito privado, o Estado teria de ter uma forma até intervencionista, na medida que aquilo fosse necessário, pelo tempo necessário. Uma vez que a coisa começa a andar sozinha o Estado tem de se recolher.[293]

---

[291] Referiu-se em especial à reforma empreendida pela 12.853/13, que restabeleceu supervisão estatal sobre o Ecad e associações, o que, em sua visão, expressaria autoritarismo, por não ter partido de uma organização do próprio campo. Informação verbal, 2017.

[292] Ele acrescentou que o setor da música teria se organizado antes por ter sido o primeiro a ser afetado pela tecnologia, ainda na década de 1920. COSTA NETTO, informação verbal, 2017.

[293] COSTA NETTO, informação verbal, 2017.

Em 4 de setembro de 1991, a Sbacem enviou uma carta ao então Secretário de Cultura, diante de um MinC extinto, o embaixador Sérgio Paulo Rouanet. A carta revoltava-se contra o "Programa In-Formar de Direito Autoral", sobre o qual não há mais informações, mas que aparentemente dizia respeito a um papel de coordenação, pela Coordenação de Direito Autoral, no sistema de gestão coletiva. A Sbacem rejeitava contundentemente a tentativa:

> Convém assinalar que o Direito de Autor só logrou progresso fora da tentativa intervencionista do Estado quando funcionou o Conselho Nacional de Direito Autoral que tantos prejuízos trouxe a regime autoritário. Aliás, senhor Secretário, a SBACEM que se orgulha de ter em seus quadros compositores e autores como Adelino Moreira, Antônio Carlos Jobim, Luiz Bonfá, Billy Blanco, Klecius Caldas, Moreira da Silva, Nelson Gonçalves, Silvio Caldas, Dorival Caymmi, apenas para citar alguns vivos e em atividade dentro do quadro de seus 2.500 associados, mas relembrando-se também seus mortos ilustres, cujo repertório representamos como Ary Barroso, Benedicto Lacerda, Pixinguinha, Donga, Newton Teixeira, Gonzaguinha, Marino Pinto, Armando Cavalcanti, Rubens Campos e tantos outros que enriqueceram o cancioneiro – popular de nossa terra.
> A nossa luta tem sido árdua através desses 45 anos de atividades e guardamos ainda recordação da lamentável interferência do Estado através do CNDA, que quase nos levou à asfixia total.[294]

Se esse discurso já era comum às décadas anteriores, ele vinha agora acompanhado da justificativa que permearia as disputas no tema da relação entre Estado e gestão coletiva nas décadas seguintes: a liberdade de associação prevista na Constituição Federal e o próprio espírito dos "novos ares democráticos".

> Todavia, com a promulgação da Carta Magna de 1988, que reza, em seu art. 5º item 18 que "a criação de associações e na forma da lei, de cooperativas independe de autorização, sendo vedada a interferência estatal em seu funcionamento," vieram novos tempos.
> Elogie-se pois a política do atual Governo da não interferência do Estado nas empresas privadas e associações civis do país, quando é o próprio Presidente Fernando Collor de Mello que estabelece a "livre negociação".[295]

Mesmo Otávio Afonso atribuía o fim da tutela das associações autorais ao art. 5º, inciso XVIII, conforme se depreende de relatório preparado para um Seminário Iberoamericano sobre Poderes Públicos e a Propriedade Intelectual, sem data, mas certamente escrito depois de 1993.[296] Ele mencionava também

---

294 Ref. 3.29, MinC, Sbacem, Carta, 04/09/91.

295 Ref. 3.29, MinC, Sbacem, Carta, 04/09/91.

296 Uma reforma legal desse ano é mencionada. Ref. 3.43, MinC, MinC – CDA, Estudo, sem data.

que alguns tribunais de primeira instância vinham se manifestando pela derrogação do art. 117 da Lei n. 5.988/1973, que tratava das funções do CNDA, "criando incertezas quanto a questão da tutela administrativa na área autoral",[297] mas que tinha expectativas de que a nova lei definiria de forma mais adequada as funções do Estado em relação ao sistema de direitos autorais.

A rejeição ao CNDA vinha também de quem expressava contundentes críticas ao Ecad: uma carta de Benedito Barbosa, Presidente da Comissão Nacional de Autores e Compositores Musicais, em 1996, à Secretaria de Assuntos Legislativos do Ministério da Justiça, argumentava que o órgão tinha fé nos crimes imputados ao Ecad pela CPI de 1995, e pensava que o Ecad deveria ser transformado em uma central única de arrecadação e distribuição, mas que o CNDA não deveria ser reativado, posto que sua atuação teria somente ampliado "os desmandos administrativos e financeiros", e seria próprio do "entulho autoritário que refez o país até 1982". A recomendação era retomar um PL de 1985, o 6.518, do Deputado José Frejat, que criava um Conselho Federal de Compositores Musicais, com dirigentes "democraticamente escolhidos pela classe através do voto".[298] O PL n. 2.591/96, comentado atrás, proposto pelo Deputado Luiz Mainardi (PT/RS) e nascido, de acordo com a apresentação em livreto próprio, de diálogos e estudos feitos pelo Sindicato dos Compositores e Músicos do Rio Grande do Sul, em Porto Alegre, como resposta à CPI do Ecad de 1995, trazia visão igualmente crítica.[299]

> Não apenas em razão da vulnerabilidade dos bens envolvidos, incorpóreos que são, mas, principalmente, por serem bens culturais, torna-se evidente o interesse público em todo o universo dos direitos do autor. Daí por que o Poder Público tem que se fazer mais presente, quer fiscalizando, quer disciplinando as relações autorais. Assim, o presente projeto prevê a possibilidade de intervenção do órgão do Ministério Público, através das curadorias da propriedade intelectual. Um dos maiores defeitos do CNDA era sua distância das relações autorais e a dificuldade de acesso pelos autores dispersos por todo o país. Tratava-se de um órgão somente acessível aos barões do sistema. Já os órgãos do Ministério Público, que primam pela sua independência e isenção, estão presentes em todo o território nacional e são acessíveis por qual quer cidadão que tenha seus direitos lesados ou ameaçados.
> Nas relações jurídicas do universo autoral, existe enorme disparidade de poder entre os sujeitos, bastando lembrar a importância negocial de um autor interiorano frente às grandes gravadoras e editoras do centro do país. Aqueles são

---

[297] Ref. 3.43, MinC, MinC – CDA, Estudo, sem data, s/p.

[298] Ref. 3.84, MinC, Comissão Nacional de Autores e Compositores Musicais, Carta, 09/05/96.

[299] Ref. 3.53, MinC, Dep. Luiz Mainardi, Projeto de Lei, 1997, p. 17.

sempre obrigados a assinar cláusulas de eleição de foro impostas por estas, em leoninos contratos de adesão. Em caso de conflito de interesses, os autores não recorrem aos meios judiciais porque não dispõem de recursos para sustentar ações em foros distantes de suas comarcas. Daí por que a prerrogativa de foro surge como o único remédio para a tutela dos direitos de autor.[300]

Parcialmente na direção contrária, a União Brasileira de Escritores (UBE) manifestava, na reunião com o GIPI em 1997, uma opinião pela recriação do CNDA, para "apoio à cultura nacional" e "opinamento e representação dos interesses da cultura do País internacionalmente, evitando-se, assim, violência ao patrimônio nacional como um todo"; propunha também, entretanto, que um novo CNDA não tivesse poder fiscalizador sobre as associações.[301] ANACIM, ASSIM, SABEM e SBAT se manifestaram, na mesma ocasião, no sentido de "ser preservada a liberdade de associação".

A rejeição ao CNDA, após sua extinção, não era unanimidade absoluta como pode parecer. Como resultado de um Congresso Internacional de Direitos Autorais realizado em setembro de 1994, o Secretário da Cultura do Estado de São Paulo, Ricardo Ohtake, em conjunto com José Carlos da Costa Netto – ex-presidente do CNDA – e Antonio Chaves, enviaram uma recomendação ao Ministro da Cultura Luiz Roberto Nascimento da Silva para reativar o CNDA, que, em sua visão, era um intermediário entre o autor e o Poder Judiciário – a quem tinham sido transferidas demandas que ficavam antes na esfera do CNDA.[302] Como o Ministro decidisse por começar conversas sobre a reativação do Conselho, houve no entanto fortes e intensas rejeições, vinda de organizações como o Sindicato dos Compositores do Estado de São Paulo (Sindcesp).[303]

Também a carta de Vanisa Santiago, pela UBC, à CDA, fazia a defesa do "acréscimo de um Título específico, destinado a regulamentar a atuação de um órgão da administração pública no que diz respeito ao Direito de Autor" – algo que ela também defendeu na audiência pública na CESP[304] – para fomentar a divulgação por atividades como seminários e congressos, assessorar o Estado, as associações, o escritório central, os

---

300 Ref. 3.53, MinC, Dep. Luiz Mainardi, Projeto de Lei, 1997, p. 19.

301 Ref. 3.119, MinC, MinC – CDA, Estudo, Sem data.

302 [S.a]. Congresso pede volta de órgão do governo. Folha de S. Paulo, 20 set. 1994. Disponível em: <http://www1.folha.uol.com.br/fsp/1994/9/19/ilustrada/13.html>. Acesso em: 4 out. 2018.

303 CALIL, Ricardo. "Compositores atacam volta de órgão do MinC". *Folha de S. Paulo*, 23/09/1994.

304 Ref. 4.52, Pesquisa, Câmara dos Deputados, Notas, 24/09/1997.

titulares de direitos e demais interessados, fiscalizando as organizações de gestão coletiva.[305] Em entrevista, ela afirmou também ter sido sempre uma das defensoras da supervisão do Estado, nos moldes do CNDA – o que é bastante dissonante dentre os atores do sistema de gestão coletiva – Santiago foi presidente da UBC. "Não com tantas prerrogativas, não da forma exagerada, que eu atribuo ao fato que a lei de 1973 saiu em regime militar, que muita coisa era permitida... e também era a nossa primeira experiência de um órgão controlador".[306] Na audiência pública mencionada, Jandira Feghali, Vanisa Santiago e Lourival José dos Santos convergiam na necessidade de se estabelecerem, no mínimo, mecanismos de baliza à atividade do Ecad na própria lei, mas preferencialmente de uma tutela estatal.

O parecer de Aloysio Nunes Ferreira na CESP argumentava por parcial vício de iniciativa no PL 5.430, ao tratar da extinção do CNDA, destino de seus bens e servidores, por causa da competência exclusiva do Presidente da República – matéria que estaria vencida, dado que o CNDA naquele momento já estava extinto.[307] Pela mesma razão, afirmou, o Projeto Genoíno também conteria inconstitucionalidade. Na Comissão Especial, relatou Vanisa Santiago em entrevista, somente ela mesma, Jandira Feghali e o deputado Arolde de Oliveira (PSC-RJ), "proprietário de uma rádio evangélica", defendiam um órgão para supervisão estatal – "éramos nós três os jurássicos", afirmou.[308]

Anos depois, quando ocorreu a primeira grande reforma relativa à Lei n. 9.610/98, especificamente na parte de gestão coletiva e estabelecendo uma série de mecanismos de supervisão e fiscalização estatal sobre as associações de gestão coletiva de direitos autorais (Lei n. 12.853/13), pareceria a alguns atores do campo que o argumento de livre associação teria sido forjado somente naquele momento. Como se vê, há evidências de que ele era mobilizado anteriormente, no bojo das discussões da Lei n. 9.610/98, e desde aquelas manifestações contrárias ao Projeto Genoíno em 1989/1990.

---

[305] Ref. 3.115, MinC, UBC, Carta, 06/10/97.
[306] SANTIAGO, informação verbal, 2016.
[307] Ref. 3.92, MinC, Deputado Aloysio Nunes Ferreira, Relatório, 10/09/97, p. 17.
[308] SANTIAGO, informação verbal, 2017.

18. CONEXOS: ARTISTAS, PRODUTORES E ORGANISMOS DE RADIODIFUSÃO

Quais dos direitos previstos ao autor devem ser conferidos também aos titulares de direitos conexos é sempre matéria controvertida. A proposta do Executivo incluía abundantes sugestões nesse tema, em duas vertentes:

a. organizativa: pela separação dos capítulos relativos a artistas, intérpretes ou executantes, e produtores fonográficos – no que foi atendido;

b. de adequação aos Tratados da OMPI, apesar de, naquele momento, o Brasil já ter se decidido por não os assinar – a ser abordado por pontos.

18.1. INTÉRPRETES E EXECUTANTES

O Executivo propunha, em relação ao artista, intérprete ou executante, a criação de um novo direito exclusivo, aquele de "colocação à disposição do público de suas interpretações ou execuções, de maneira que os membros do público a elas possam ter acesso, no tempo e no lugar que individualmente escolherem", para "adequação do conceito aos novos Tratados da OMPI".[309] Tratava-se do tal *making available right*. A sugestão foi acatada no Substitutivo da CESP, e inclusive aprovada no texto final da lei – art. 90, IV –, em relação a esses artistas. Em relação aos autores, não foi adotado um *making available right*, mas, como veremos, um direito de distribuição digital, sobre o qual há grandes disputas interpretativas.

Uma novidade do Projeto Luiz Viana – art. 100 – em relação à Lei n. 5.988/73 e que vingou até o fim foi conferir aos intérpretes os direitos morais de integridade e paternidade de suas interpretações, inclusive depois da cessão dos direitos patrimoniais, "sob a responsabilidade do produtor, que não poderá desfigurar a interpretação do artista"[310] – art. 95 do Substitutivo da CESP, e art. 92 da Lei n. 9.610/98.

A MPA havia se manifestado à CDA no sentido de que a lei autoral não beneficiasse os intérpretes da obra audiovisual para além do que era exigido pelo TRIPS e pelo art. 19 da Convenção de Roma, no que não foi atendida:

---

309 Ref. 3.100, MinC, MINC-CDA, Estudo, sem data.
310 Ref. 3.92, MinC, Deputado Aloysio Nunes Ferreira, Relatório, 10/09/97, p. 62.

Os artigos 92 a 96 deveriam ser revisados para assegurar que o Projeto de Lei não estabeleça um esquema de direitos acessórios [referindo-se aos conexos] que visem o benefício dos intérpretes das obras audiovisuais, à exceção daqueles que estejam em conformidade com o Acordo TRIPS e, especialmente, com o artigo 19 da Convenção de Roma.[311]

18.2. O PRODUTOR FONOGRÁFICO

O Executivo sugeriu, na mesma linha, a adoção de um direito exclusivo de colocação à disposição do público – *making available right* – também para o produtor fonográfico, mas a sugestão não foi acatada no Substitutivo da CESP e tampouco na lei final. O documento do Executivo sugeria, também, que o art. 29, que prevê os direitos patrimoniais de autor, tivesse um parágrafo único concedendo aos produtores de fonogramas e os titulares de direitos sobre as obras audiovisuais todos aqueles direitos, nos seguintes termos:

A utilização de fonogramas, obras audiovisuais, inclusive as cinematográficas, por qualquer das formas, meios ou processos previstos neste artigo, dependerá de prévia e expressa autorização do produtor.

O Substitutivo da CESP adotou o dispositivo integralmente, mas, no texto final aprovado na Câmara, ele seria transferido para outra parte da lei: o art. 96, IV, que afirmava que o produtor de fonogramas tinha o direito exclusivo de autorizar ou proibir "todas as utilizações a que se refere o artigo 29 desta lei a que se prestem os fonogramas". Como veremos, isso viraria o art. 93, IV do texto aprovado no Senado, e que foi vetado no momento da sanção presidencial. E, como podemos perceber, a proposta veio do âmbito do GIPI, e não há documentação de que tenha sido sugestão de nenhum ator empresarial, e muito menos da CDA – que viria a ser a maior opositora do texto.

A disposição tem impacto sobre quais direitos exclusivos são dados ao produtor de fonogramas, em relação aos direitos exclusivos previstos ao autor – pessoa física. Assim, além dos direitos de reprodução, distribuição, comunicação ao público por execução pública – inclusive radiodifusão –, explicitamente previstos para o produtor de fonogramas, seriam aplicáveis também os demais do art. 29, como edição, adaptação, distribuição por fibra ótica e outros sistemas que permitiriam perceber individualmente, inclusão em bases de dados, etc.

O ponto foi amplamente criticado na carta que Vanisa Santiago enviou à CDA, pela UBC, após a adoção do Substitutivo da CESP.

---

[311] Ref. 3.117, MinC, MPA, Carta, 29/08/97, p. 5.

As diferentes formas de utilização previstas nesse Inciso só podem ser autorizadas pelo autor da obra ou por seu titular. No caso da obra audiovisual, que é uma obra, o titular dos direitos de autor presume-se que seja o produtor, mas existe a possibilidade do "salvo pacto em contrário", portanto o parágrafo excede a norma do Art. 38 [Refere-se a artigo que foi vetado depois no Senado]. No caso do fonograma, que não é obra e portanto sua menção está fora de lugar, esta norma se opõe ao direito exclusivo do autor e contraria o Parágrafo Único do art. 92, ao afetar as garantias que a lei de DIREITO DE AUTOR deve conceder ao AUTOR.[312]

A mesma carta defendia que a comunicação ao público, as utilizações do art. 29 que se prestem aos fonogramas, e outras modalidades de utilização deveriam ser definidas como direito à remuneração, ou ser dada prioridade para o direito exclusivo do autor.

A concessão de direitos exclusivos sobre a comunicação pública do fonograma contraria o disposto no Par. Un. Do art. 92 [Parágrafo único. A proteção desta Lei aos direitos previstos neste artigo deixa intactas e não afeta as garantias asseguradas aos autores das obras literárias, artísticas ou científicas]. Tais direitos não são considerados como direitos exclusivos por nenhum dos Convênios sobre direitos conexos. Caso seja mantido, sugerimos a utilização do modelo do art. 63 da lei chilena em vigor, estipulando-se que, em casos de conflito entre os direitos exclusivos, prevalecerá o do autor.[313]

De qualquer forma, o art. 92 do Substitutivo da CESP, reproduzido depois integralmente no art. 89 da Lei 9.610/98, determinava que as normas relativas aos direitos de autor aplicam-se nos que couber aos direitos dos artistas intérpretes ou executantes, dos produtores fonográficos e das empresas de radiodifusão – semelhante ao que já existia na Lei de 1973. A novidade vinha desde o Projeto Luiz Viana, com uma adição importante ao artigo: "Parágrafo único. A proteção desta Lei aos direitos previstos neste artigo deixa intactas e não afeta as garantias asseguradas aos autores das obras literárias, artísticas ou científicas."

---

312 Ref. 3.115, MinC, UBC, Carta, 06/10/97. Um outro ponto em que a UBC/Vanisa Santiago insistiu em algo semelhante foi a disposição sobre execução pública, que incluía, como de fato inclui a Lei 9.610/98, os fonogramas. "O fonograma está regulamentado em capítulo específico e consideramos que não devem ser misturados conceitos que são próprios a diferentes titulares de direitos". A ideia era que, no art. 93 (90 da lei), o inciso II previsse somente reprodução, porque prever também execução pública afetaria "o direito exclusivo outorgado ao autor para autorizar ou proibir a execução pública da obra e sua locação", ou seja, contrariaria parágrafo único do art. 92 (89, da lei).

313 Ref. 3.115, MinC, UBC, Carta, 06/10/97. Trata-se do conflito identificado ao longo de toda essa pesquisa entre o que se consideram direitos exclusivos do autor, e os conexos (neste caso, o de um ator empresarial). A posição não foi contemplada. As observações foram trazidas por Vanisa Santiago também na audiência pública de 24 de setembro de 1997, evidenciando que a carta era uma elaboração de suas contribuições ali. Ref. 4.52, Pesquisa, Câmara dos Deputados, Notas, 24/09/1997.

Um ponto bastante polêmico do Projeto Luiz Viana era seu artigo 102, que previa que seriam os produtores de fonogramas a receber os proventos da execução pública dos fonogramas, e reparti-los com os artistas, e fixava as porcentagens, na ausência de convenção – metade, sendo dois terços para os intérpretes, e um terço para os executantes. Aloysio Nunes Ferreira considerou, no parecer da CESP – o que já constava também do parecer na CCTCI, que as disposições eram demasiado detalhistas – e comentou vários dos PLs apensados, que tratavam da distribuição específica de quinhões do direito conexo, nos mesmos termos. Ele entendeu assim que as proporções específicas deveriam ser tratadas contratualmente.

> Art. 102 (Projeto Luiz Viana) – Cabe ao produtor fonográfico, ou a quem o represente, perceber dos usuários a que se refere o art. 73 desta Lei, os proventos pecuniários resultantes da execução pública dos fonogramas e reparti-los com os artistas.
> § 1º – Na ausência de convenção entre as partes, a metade do produto arrecadado, deduzidas as despesas, caberá aos artistas que hajam participado da fixação do fonograma.
> § 2º – O quinhão dos artistas será repartido da seguinte forma, salvo convenção em contrário:
> I – dois terços para o intérprete; e
> 11 – um terço, dividido em partes iguais, para os músicos acompanhantes e membros do coro.
> § 3º – Intérprete é o cantor, artista ou conjunto vocal que figurar em primeiro plano na etiqueta do fonograma, ou o diretor da orquestra, quando a gravação for instrumental.
> § 4º – A parte devida a conjunto vocal será dividida igualitariamente entre os seus componentes.[314]

Diante da ampliação que o Projeto Luiz Viana e o Substitutivo da CCTCI previam para os direitos exclusivos do produtor fonográfico, Vanisa Santiago, em carta enviada a Otávio Afonso em 9 de outubro de 1997 – um dia antes de Aloysio apresentar o Substitutivo da CESP –, considerava que então também algumas garantias adicionais dos autores em relação ao produtor fonográfico, no modelo da lei chilena. A lei chilena estabelecia que, em havendo conflito entre o autor e o produtor na execução pública de suas obras, prevaleceria sempre a vontade do autor, e que a obra gravada devia acompanhar as informações sobre autoria, intérprete, marca e ano. "A redação do segundo parágrafo poderia ser adaptada e incluída no capítulo relativo aos fonogramas para amenizar seus efeitos".[315] O dispositivo já se encontrava no Projeto Luiz Viana – mas não na Lei de 1973 –, e seguiu até a lei final – art. 80 da Lei n. 9.610/98 –; a parte relativa ao conflito na execução pública não foi adotada.

---

[314] Ref. 2.2, Câmara dos Deputados, Projeto de Lei, 1990.

[315] Ref. 3.104, MinC, UBC, Carta, 09/10/97.

18.3. OS ORGANISMOS DE RADIODIFUSÃO

Na Comissão Especial, Aloysio Nunes Ferreira também via convergência, nos textos do Projeto Genoíno e no Projeto Luiz Viana, no direito exclusivo das empresas de radiodifusão, embora elas sequer fossem mencionadas no Projeto Genoíno – ou no PL n. 3.455/92, que tratava dos direitos dos produtores fonográficos.

Um ponto correlato é que o relator admitia a inovação do Projeto Luiz Viana que dava aos artistas intérpretes e executantes *e também aos produtores de fonogramas* o direito exclusivo de autorizar ou proibir a reutilização da fixação, além da remuneração. Isso estava no entanto também na lei de 1973, em outras palavras e menos detalhes – art. 98 –, e no art. 3º do PL 3.455/92, que José Genoíno havia apresentado em aparte, para proteção aos produtores de fonogramas. Agora, um parágrafo único subsequente ao artigo – no Substitutivo, o 94 – determinava que a reutilização subsequente da fixação, no País ou no exterior, só seria lícita mediante autorização escrita dos titulares de bens intelectuais incluídos no programa, sendo devida remuneração adicional aos titulares para cada nova utilização. É de se entender que essa disposição era do interesse não somente de atores, mas também de músicos e atores empresariais do campo da música. A disposição foi aprovada depois na Lei 9.610/98.

19. *ENFORCEMENT:* SANÇÕES PELA VIOLAÇÃO DE DIREITO AUTORAL

Entre 1995 e 1998, as discussões em torno das sanções por violações de direitos autorais giravam em torno de dois polos. Um, a criminalização pela violação de dispositivos tecnológicos de controle, que estava na pauta da política interna e externa norte-americana desde o *White Paper* da Information Superhighway Taskforce no Congresso dos Estados Unidos, passando pelas discussões na OMPI em relação aos Tratados de 1996. De outro, o recrudescimento que alguns atores queriam ver inserido na lei, inclusive pela via penal, pela violação de direitos de autor. Nesse ponto, a diferença entre defensores do Projeto Genoíno e do Projeto Luiz Viana era apenas de grau. Como discutido, o Projeto Genoíno seguia a linha de fortalecer mecanismos de repressão ao autor, inclusive propondo possibilidade de mobilização da autoridade policial. O setor privado, por sua vez, focava principalmente no recrudescimento da via criminal, com a inserção de tipos penais na própria lei, flexibilizações processuais e fortalecimento das incumbências das autoridades alfandegárias.

A carta que a MPA-AL enviou à CDA, assinada por Steve Solot, com sua visão sobre o Substitutivo da CCTCI, é bem reveladora da posição desse órgão e da indústria cinematográfica norte-americana no período. A MPA pedia revisões ao projeto para prever tanto penalidades civis quanto penais, "para a infração de qualquer direito exclusivo". Deveriam ser incluídas multas "severas o bastante para coibir as ações infratoras", variando de acordo com o número de cópias importadas, reproduzidas e distribuídas, com uma tabela de correção monetária. Queria também que o próprio projeto desse à Alfândega – Receita Federal – competência para vistoriar de iniciativa própria as pessoas, objetos e veículos em trânsito para dentro ou fora do Brasil, apreender cópias falsificadas de obras audiovisuais e deter pessoas portando esses bens, e que, a critério do titular, os juízos pudessem obrigar o infrator a pagar o lucro que tivesse obtido, em vez de danos compensatórios; que às infrações que permitiam apreensão de exemplares fosse incluída a referência a importação;[316] que o mesmo fosse adotado no artigo sobre responsabilidade solidária; que as listas prevendo formas de violação fossem não exaustivas. A organização justificava exaustivamente tais medidas com números e posições sobre o comércio não autorizado de obras audiovisuais no Brasil, e com os efeitos que se pretendia com elas:

> O Brasil é um dos maiores mercados de obras audiovisuais do mundo, porém seu potencial total não poderá ser explorado até que atinja os padrões mundiais de adequada e efetiva proteção dos direitos autorais. Atualmente, o Brasil dispõe de recursos legais limitados no que se refere à Lei de Direitos Autorais n. 5.988, de 1973. Estes dispositivos não logram proteger os direitos autorais de forma efetiva e adequada. Para fins de ilustração, os titulares de direitos autorais nos Estados Unidos perderam mais de R$ 726.600.00,00 (setecentos e vinte e seis milhões e seiscentos mil reais) em 1996 no Brasil devido à pirataria – valor superior a todos os demais países da América Latina. O prejuízo da indústria cinematográfica norte-americana em 1996 foi, isoladamente, superior a R$ 109.000.000,00 (cento e nove milhões de reais).
> O mercado de home video do Brasil é 35% pirata. As organizações clandestinas de reprodução e distribuição vendem cópias ilegais, incluindo embalagens falsificadas. Isto responde por 95% do material de vídeo pirateado. Os demais 5% são produzidos por lojas de vídeo que fazem cópias não autorizadas do tipo "back-to-back", do produto que adquirem legitimamente. Ademais, há o problema das exibições públicas de filmes não autorizadas, incluindo-se um número crescente de exibições não autorizadas de fitas legalmente alugadas em condomínios. Muito freqüentemente, a repressão à pirataria não é seguida de pronta ação judicial e condenação imediatas. O número restrito de processos concluídos nos casos de direito autoral penal desde a reforma do Código Penal de 1993 é indicativo das dificuldades de amplo cumprimento dos direitos relativos à propriedade intelectual no Brasil. Apesar de os promotores de justiça e magistrados serem

---

[316] Ref. 3.117, MinC, MPA, Carta, 29/08/97, p. 22.

geralmente sensíveis às reclamações judiciais dos titulares de direitos autorais, o acúmulo de processos constitui um sério problema do sistema, e é causado pelo excesso de formalidades de natureza material e processual estabelecidas em lei, além da escassez de recursos materiais em geral. Além disso, o cumprimento da lei é frustrado por deficiências técnicas no manuseio e no exame das provas. Muitas deficiências na atual lei de direitos autorais brasileira demandam reformas, no que se inclui, por exemplo, a falta de uma clara proteção contra produtos paralelamente importados. Além disso, as emendas ao Código Penal feitas em 1993 carecem de outras reformas para que se forme um sistema integrado para que se dê o efetivo cumprimento da lei. O principal problema é que o valor das multas autorizado em 1993 foi superado pela inflação. O nível das multas estabelecido na reforma do Código Penal de 1993 deveria ter sido atrelado ao índice sistemático constante das Disposições Gerais do Código Penal. As emendas de 1993 também não incluíram instrumentos processuais que teriam permitido à polícia apreender todas as cópias falsificadas (ao invés de recolher apenas o material necessário para fins de prova), e todos os equipamentos utilizados nas reproduções não autorizadas encontrados durante a operação de busca (batida policial). A falta de uma campanha nacional contra a pirataria de obras protegidas por direito autoral, o controle ineficiente das fronteiras e a falta de sentenças condenatórias, todos estes fatores contribuem para a presente situação.
Todos estes problemas contribuem para a falta de iniciativa de projetos de criação e de investimentos, e reduzem a arrecadação tributária (divisas) para o Brasil.[317]

Sobre as penalidades criminais, argumentava que, em consonância com o art. 61 do TRIPS, deveriam existir penas mínimas de prisão e multas "suficientemente severa para fazer cessar a infração dos direitos patrimoniais",[318] e que tanto o projeto de lei quanto o Código Penal deveriam prever penas para violação de todos os direitos previstos no art. 29 (direitos patrimoniais do autor) e os demais da lei, com mínimos variantes de acordo com a natureza da atividade infratora e o número de cópias importadas, reproduzidas e distribuídas, com uma tabela de multas corrigida pela inflação. Deveria haver medidas processuais para que a polícia pudesse confiscar todas as cópias infratoras (só disponível ao juiz com a sentença), e que a legislação proibisse também a cópia temporária por meios eletrônicos.

> A lei brasileira deveria prever, explicitamente, que as penas de prisão e de multas sejam aplicadas a cada infração, a fim de coadunar-se com o art. 61 do Acordo TRIPS, garantindo o impedimento da conduta infratora. Deste modo, um infrator que, por exemplo, faça mil cópias não autorizadas de uma obra audiovisual responderia por mil multas.[319]

---

317 Ref. 3.117, MinC, MPA, Carta, 29/08/97, pp. 1-3.
318 Ref. 3.117, MinC, MPA, Carta, 29/08/97, p. 30.
319 Ref. 3.117, MinC, MPA, Carta, 29/08/97, pp. 31-32.

Os atores privados que se reuniram com o GIPI também sustentaram pela tipificação de crimes e sanções penais, incluindo pena privativa de liberdade e multas, além das indenizações previstas, na linha da Lei de Patentes que havia sido aprovada em 1996, e medidas de controle de fronteiras – demandas feitas pela ABC, pela ANACIM, ASSIM, SABEM, SBAT, UBE e UBV – especificamente sobre obras audiovisuais –, bem como pela ABPI. ANACIM, ASSIM, SABEM, SBAT e UBE queriam também a criminalização especificamente da venda de exemplares doados a entidades públicas, ou destinados à sua promoção. A ABC mencionou problemas relacionados não somente à lei, mas ao *enforcement* da legislação já existente.

O grupo de representantes de editoras – CBL, SNEL e ABDR – propuseram mudanças também nas sanções civis. Queriam que as sanções de apreensão de exemplares se aplicassem para a reprodução fraudulenta *no todo ou em parte*, e que ao editor coubesse o direito de pedir a apreensão de exemplares, bem como da associação arrecadadora que o represente, aplicando-se ao infrator "multa equivalente ao valor de 2.000 (dois mil) exemplares da obra copiada, valor que será quintuplicado na reincidência".[320] Pediam também que o poder de requerer interdição da representação, execução, transmissão ou retransmissão à autoridade policial fosse assistido não somente aos autores e detentores de direitos conexos, mas também *a quem o represente*, e que fosse prevista explicitamente a apreensão de cópias reprográficas não autorizadas.[321] A ABPI e ABC queriam que a apreensão de cópias não autorizadas e a interdição de comunicação pública se aplicasse também expressamente às obras audiovisuais.[322]

Quando o Executivo formulou sua proposta, sugeriu enfim a inclusão de ilícitos *penais* na lei, para seguir "a tendência, em toda a Propriedade Intelectual, de exaurir por inteiro a matéria no mesmo diploma legal".[323] E assim previa toda uma sistemática de ilícitos que não está no Código Penal, que contém norma penal em branco – remetendo à Lei de Direitos Autorais – e algumas disposições – previam-se inclusive diligências como apreensão de máquinas e destruição de exemplares, a serem requeridas junto com a busca e apreensão. Mas a proposta era de o crime ser de ação penal privada – sistemática que se tornou mais complexa só com a reforma de 2003 empreendida pela Lei n. 10.695, que manteve o crime geral de violação de direito autoral como crime de ação penal privada,

---

[320] Ref. 3.119, MinC, MinC – CDA, Estudo, sem data.
[321] Ref. 3.119, MinC, MinC – CDA, Estudo, sem data.
[322] Ref. 3.119, MinC, MinC – CDA, Estudo, sem data.
[323] Ref. 3.100, MinC, MINC-CDA, Estudo, sem data.

mas estabeleceu a ação penal pública condicionada nos casos dos atos com intuito de lucro direto ou indireto, ou de oferecimento ao público de obras via cabo, fibra ótica, e satélite, como indicado atrás.

As sugestões do Executivo sobre o tema não foram acatadas no Substitutivo da Comissão Especial. Foi mantida a sistemática dos ilícitos civis, com diminuição ainda da indenização do equivalente a 5 mil, também proposta pelo Executivo, para 3 mil exemplares, no caso de não se conhecer o número de exemplares que constituem a edição fraudulenta – art. 108 de ambos os substitutivos. Houve uma grande variação desse número de exemplares entre os textos: a Lei n. 5.988/98 e o Projeto Luiz Viana previam 2 mil; o Substitutivo da CCTCI e a Proposta do Executivo, 5 mil; o Substitutivo da CESP e a Lei n. 9.610/98 previram 3 mil.

Como outra diferença entre o Substitutivo da CCTCI e o da CESP, o primeiro isentava programas sonoros musicais de indicação de autoria e interpretação; isso não foi apontado pelo Executivo, mas foi suprimido do Substitutivo da Comissão Especial. Como veremos adiante, no momento de discussão em Plenário, a Emenda n. 25, de Inocêncio Oliveira, líder do PFL, e Duilio Pisaneschi, vice-líder do PTB, queria explicitamente obrigar esses programas à menção de interpretação, o que foi rechaçado em Plenário – Aloysio Nunes Ferreira alegou que a medida não seria prática, dado que essas informações podem ser extremamente extensas.[324]

Na apresentação de seu Substitutivo de 10 de setembro de 1997 na CESP, Aloysio Nunes Ferreira justificou a decisão de não inserir na futura Lei de Direitos Autorais as sanções penais, e mostrou apreço por "sanções pesadas" no âmbito civil:

> Estou incluindo, no meu substitutivo, algumas sanções civis, sem prejuízo das sanções penais que estão no Código Penal, no art. 189, se não me engano, algumas sanções civis para aqueles que dificultam o exercício dos direitos autorais ou mesmo fraudam o exercício dos dirietos autorais. Então, tenho algumas sanções pesadas, inclusive no âmbito civil, sem prejuízo das sanções penais. Descartei a adoção de dispositivos penais na lei que vou submeter a V.Exas. Adotei essa posição porque sou visceralmente contra a proliferação de legislação penal extravagante. Acho que o mais possível na legislação penal é Código Penal, em benefício da segurança jurídica, do direito dos cidadãos, etc. Então, refiro-me à legislação penal, ao Código Penal, porque é lá que vai ser tratado o crime contra o direito autoral. No que diz respeito a sanções civis eu tenho aqui a proposta de um elenco de sanções relativamente pesadas.[325]

---

[324] Ver: "Apêndice VI – Emendas de Plenário na Câmara dos Deputados".

[325] Ref. 4.49, Pesquisa, Câmara dos Deputados, Notas, 10/09/1997.

19.1. A AUTORIDADE POLICIAL

Uma mudança central de um substitutivo para o outro foi a supressão da referência ao papel da autoridade policial de interdição da utilização pública de obras protegidas. Isso não foi especificamente abordado pelo Executivo em suas propostas.

É esse o momento em que se identifica a supressão, na legislação autoral brasileira, da referência à autoridade policial, que era tradição celebrada por defensores do direito de autor desde a década de 20. Vale lembrar que a Lei Getúlio Vargas, em 1928, havia estabelecido que o Estado tinha de aprovar "funções públicas", e que o decreto que a regulamentava – Decreto n. 18.527/28 – determinava que as autorizações para utilização de música deveriam ser entregues às *autoridades policiais*:

> Art. 127. O titular dos direitos patrimoniais de autor ou conexos pode requerer à autoridade policial competente a interdição da representação, execução, transmissão ou retransmissão de obra intelectual, inclusive fonograma, sem autorização devida, bem como a apreensão, para a garantia de seus direitos, da receita bruta.
> Parágrafo único. A interdição perdurará até que o infrator exiba a autorização.

O próprio Projeto Genoíno, como comentamos atrás, tanto em sua versão original quanto na atualizada, do PL 2.951/92, continha o que pode ser lido como uma grande contradição, que era uma menção forte ao papel dessas autoridades:

> Art. 41 – Para garantia dos direitos autorais, a utilização de obras intelectuais através da representação, exibição e execução públicas, transmissão e retransmissão, depende de prévia liberação da autoridade pública.
> § 1º – A autoridade pública, sob pena de responsabilidade, exigirá dos usuários os comprovantes:
> I – da autorização do autor e intérprete;
> 11 – do pagamento dos direitos autorais previstos na autorização.
> § 2º – Nas obras coletivas, os comprovantes serão emitidos pelas associações autorais com mandato legal.
> § 3º – A requerimento do autor a autoridade policial interditará qualquer utilização de obra não autorizada.

Curiosa proposta, aliás, foi formulada pela Abert, na reunião do setor empresarial com o GIPI: a supressão do art. 112 do Substitutivo da CCTCI, o que dava ao titular de direitos de autor – CBL, SNEL e ABDR queriam que a mesma prerrogativa fosse dada a "quem o represente" – a prerrogativa de requerer interdição da comunicação ao público pela autoridade policial. Sua justificativa:

A prerrogativa imposta pelo dispositivo, por mais que admiremos o trabalho artístico, torna-se odiosa, não somente pela sua indisfarçável truculência mas também por elevar o trabalhador intelectual ou artístico a uma casta superior, segregando-os dos demais trabalhadores brasileiros que não possuem poderes especiais de polícia para fazer valer seus direitos econômicos.[326]

20. AS NOVAS TECNOLOGIAS, OU O EMERGENTE FUTURO DIGITAL

Não se identificava, no Brasil, uma ampla discussão pública sobre o direito autoral no ambiente digital, como era o caso, como se discorreu sobre no terceiro capítulo, nos Estados Unidos no mesmo momento – país que, por sinal, também em 1998 aprovava o *Digital Millenium Copyright Act*, tratando em especial da responsabilidade dos intermediários de Internet pela violação de direitos autorais por terceiros nos serviços que oferecem. No entanto, alguns atores estavam atentos, tanto para os desenvolvimentos das tecnologias digitais, quanto para as inovações em termos jurídicos que se davam internacionalmente.

Samuel Barrichello, em entrevista, discorreu sobre como a escolha de quais direitos patrimoniais – e seus conceitos – seriam escolhidos para englobar os usos digitais tinha impacto sobre as disputas já existentes então na indústria:

> Os conceitos de distribuição eletrônica [que foram adotados na Lei n. 9.610/98], por que distribuição?
> Primeiro por causa daquela história da solução marco: cada país decide [na implementação do WCT e do WPPT] se [o direito de colocação à disposição do público, pensado para a Internet] é um direito de distribuição ou de comunicação. [...] Se você interpreta que a Internet é um novo direito, naturalmente aqueles contratos antigos de cessão de direitos não servem; [...] a solução marco basicamente é por isso.
> Basicamente, quando saiu [na lei] que é uma distribuição eletrônica, os produtores de fonograma – é engraçado que essa discussão está acontecendo hoje – eles estão dizendo que quem é titular de direitos de distribuição é o produtor de fonograma. Não é o Ecad, que cuida de comunicação ao público [execução pública é uma modalidade de comunicação ao público].
> A discussão sobre o streaming é idêntica. Quem é titular de direito de distribuição? O fonograma. [...] O Muller [Chaves] colocou isso de propósito. [...] Em 1999, já tinha aquele medo – o Ecad vai cobrar da Internet, a Internet vai deixar de ser gratuita. Você vai se lembrar que naquela época o modelo viável para a música era o período do Napster, o período da pirataria.[327]

---

326 Ref. 3.119, MinC, MinC – CDA, Estudo, Sem data.
327 BARICHELLO, informação verbal, 2016.

Nos anos de negociação da lei, quem teve a percepção de que "a Internet daria dinheiro" foi a indústria fonográfica – o conceito de distribuição eletrônica que foi adotado no Substitutivo da CESP e aprovado na lei final é amplamente reconhecido como de autoria de João Carlos Muller Chaves, e inclusive por ele mesmo.[328] Embora se trate de *distribuição*, o conceito dessa distribuição é o de colocação à disposição do público – direito que, como vimos, foi previsto expressamente para artistas intérpretes e executantes, mas não para produtores de fonogramas.[329] A ideia, assim, era que os rendimentos que futuramente poderiam ser aferidos por usos na Internet fossem geridos pelas agravadoras diretamente, e não pelo Ecad – no Brasil, intitulado exclusivo apenas pela gestão coletiva do direito de execução pública, e não de reprodução ou distribuição de obras musicais ou fonogramas.[330]

O documento que a CDA preparou para o relator Aloysio Nunes Ferreira com posições prévias à conclusão dos tratados da OMPI e das decisões do GIPI sobre as propostas do Executivo deixa claro que a posição da delegação brasileira sobre o tema, na OMPI, havia sido de que o que chamou de "transmissão digital" já era abarcado pelo conceito de *comunicação ao público*. Vários outros documentos atestam o DNA do tal *making available right* como um direito de distribuição: o Substitutivo da CCTCI continha uma primeira versão dele, *in verbis*:

> Art. 29 - Depende de autorização prévia e expressa do titular, ou de quem o represente a utilização da obra ou produção, por qualquer forma, meio ou processo, tais como:
> VII - a transmissão de uma reprodução consistente na distribuição por qualquer meio técnico ou processo digital mediante o qual uma cópia de obra ou produção, é fixada fora do lugar de onde foi enviada;

---

[328] Questionado sobre se a distribuição digital é o *making available right* da nossa lei, ele respondeu: "Eu defendo isso até a morte, porque esse texto é meu. Quer dizer... é um exercício de humildade participar da elaboração de uma lei. Porque você nem sempre consegue o que você quer." MULLER CHAVES, informação verbal, 2017.

[329] Perguntado sobre como foi adotado, então, o *making available right* em outra parte da lei, Barrichello respondeu: "Se você pensa do ponto de vista dos interesses, você acaba lendo a lei, por assim dizer, em tiras. Então você percebe que aquela parte dos artistas não foi a parte de atenção do Muller. Porque aí você já tinha um outro direito, um outro tratado para os artistas. [...] Para o produtor de fonograma, você cria pelo direito autoral, o que não é o conexo, você não coloca o *making available*, você adapta os contratos. É uma coisa meio maluca, mas a verdade é que você tem que lembrar o tal do art. 94, aquele que cria uma presunção de que o produtor de fonograma repassa a remuneração dos artistas".

[330] Vale apontar que ambos os entrevistados – José Vaz e Samuel Barrichello - afirmaram que a posição da indústria fonográfica não mudou até hoje – nos grupos de discussão que fizeram recentemente, no âmbito do MinC, "para discutir a questão do digital", eles teriam batido nas mesmas teclas. VAZ, informação verbal, 2016.

Em reunião do GIPI com o Setor Privado, a Federação Latinoamericana de Produtores de Fonogramas e Videogramas (FLAPF) propôs o seguinte texto, como complemento – parágrafo único – ao artigo referente ao direito patrimonial de autor:

> Considera-se um ato de distribuição a oferta de obras ou produções mediante cabo, fibra ótica, satélite, ondas ou qualquer outro sistema que permita ao usuário realizar a seleção da obra ou produção para percebê-la em um tempo e um lugar previamente determinados por quem formula a demanda, e nos casos em que o acesso às obras ou produções se faça mediante qualquer sistema que importe em pagamento pelo usuário.[331]

O Executivo não somente não adotou a sugestão, como sugeriu a supressão daquele inciso do Substitutivo da CCTCI, argumentando que "Este direito está vinculado ao conceito de 'make available'. Os direitos dos Tratados da OMPI foram redigidos no Título relativo aos Direitos Conexos".[332]

Ainda assim, a distribuição digital, contendo um direito de colocação à disposição nos termos do WCT, foi adotada no Substitutivo da CESP:

> Substitutivo CESP
> Art. 29 - Depende de autorização prévia e expressa do autor a utilização da obra, por quaisquer modalidades, tais como:
> VIII - a distribuição para oferta de obras ou produções mediante cabo, fibra ótica, satélite, ondas ou qualquer outro sistema que permita ao usuário realizar a seleção da obra ou produção para percebê-la em um tempo e lugar previamente determinados por quem formula a demanda, e nos casos em que o acesso às obras ou produções se faça por qualquer sistema que importe em pagamento pelo usuário [...].

Entender o porquê do interesse da indústria fonográfica nesse dispositivo nesse lugar depende de uma análise sistemática da lei e do seu processo de aprovação. O item 17, "Conexos: artistas, produtores e organismos de radiodifusão", tratou de como houve um esforço da mesma indústria por inserir na lei uma disposição segundo a qual aos produtores fonográficos caberiam todos os direitos patrimoniais previstos no art. 29, ou seja, aqueles previstos aos autores. Assim, o direito de distribuição digital, garantido aos autores, caberia também ao produtor fonográfico. Ocorre que tal disposição foi vetada, como será tratado em detalhes, no momento da sanção, o que fez ruir a sistemática imaginada pela ABPD e FLAPF.[333]

---

[331] Ref. 3.119, MinC, MinC - CDA, Estudo, sem data.

[332] Ref. 3.100, MinC, MinC - CDA, Estudo, sem data.

[333] Muller Chaves afirmou, entretanto, que o direito estaria sendo garantido aos produtores fonográficos pelos tribunais. CHAVES, informação verbal, 2017.

Como se afirmou brevemente atrás, a grande celeuma do presente em torno do *streaming* gira em torno da interpretação dos conceitos de distribuição digital – de alçada das gravadoras – e o de execução pública – cuja gestão coletiva é feita pelo Ecad, sistema no qual as editoras e os autores predominam. A esse respeito, Glória Braga, em entrevista, opinou:

> Na hora de misturar tudo, criou-se esse conceito de distribuição [digital], mas se deixou evidente na Lei 9.610 que havia dois grandes grupos de direitos disciplinados: os direitos de reprodução, e tudo que diz respeito a eles, reprodução, distribuição propriamente dita, sincronização etc., e os direitos de comunicação ao público.
> Por que te digo isso? Porque a nossa definição de execução pública musical é uma definição muito ampla. Ao ponto de fazer a gente ganhar a ação no STJ [mencionada no item "Conexos: artistas, produtores e organismos de radiodifusão"] porque quando se diz "onde quer que se transmitam..." acabou a conversa. E aí é a história da colcha de retalhos. [...]
> A grande coisa das gravadoras no streaming é que eles não se conformam, porque eles dizem que foi redigido para qualquer coisa na Internet, digital, ser de gestão individual das gravadoras, e não entrar pra execução pública. Era a intenção. Só que se escreveu aquilo lá no art. 29, e no 68, onde se define execução pública, deixou-se aquela definição mega-super-ultra.
> [Entrevistadora:] Você acha que as gravadoras não se atentaram pra isso?
> Não. Acho que não se atentaram para isso. Ninguém estava se atentando [as associações também não]. O que estava se pretendendo era contemplar esses dois grandes ramos dentro do direito autoral, o de reprodução e o de execução pública, porque são historicamente os que são bem organizados na vida. Vamos botar na reprodução tudo que tem que botar e o resto é execução pública.[334]

Apesar de ser muito comum a afirmação, quando se trata de criticar a Lei n. 9.610/98 – e aqui sem entrar em seu mérito –, de que a lei já teria *nascido atrasada*, porque sequer menciona a palavra Internet, os atores que participaram de sua elaboração apresentam visão diametralmente oposta, justamente por causa das discussões que se travaram em torno dos conceitos de distribuição eletrônica, execução pública, e o *making available right* dos tratados da OMPI.

> O inciso VII do art. 29 eu chamaria de o inciso da Internet! Isso estava faltando na lei anterior, e cobriu efetivamente uma lacuna. Poderiam até ter usado aqui, não teria mal nenhum, a palavra Internet, por que não? Não é pecado, deixa claro (João Carlos Éboli, informação verbal, 2017).[335]

---

[334] BRAGA, informação verbal, 2017.

[335] "O direito de pôr à disposição nada mais é também do que um direito de distribuição, só que com uma outra roupagem. Você disponibiliza a obra ou o fonograma ao usuário, e esse pôr à disposição, por meios digitais, eletrônicos, etc.., gera o

Eu vi que era uma lei muito boa, inclusive logo depois dos acordos internacionais de 96 da OMPI. [A Internet está, sim, prevista na lei]: não vai ter o streaming previsto na lei, mas a lei se aplica (João Carlos Costa Netto, informação verbal, 2017).
"Há gente que diz que a lei não fala da Internet, mas fala sim [referindo-se à presença da distribuição eletrônica na lei]".[336]

Adiantando um pouco no decorrer desta história, vale apontar que uma emenda oferecida em Plenário, a Emenda n. 26, proposta por Inocêncio Oliveira, líder do PFL, e Duilio Pisaneschi, vice-líder do PTB, queria criar uma definição de comunicação ao público prevendo justamente o direito de *making available* – e, como vimos, a posição da CDA era a de que *making available* deveria pertencer ao grupo de direitos de comunicação ao público.

> Criando no art. 5o (definições) uma definição de comunicação ao público ("V – comunicação ao público – ato mediante o qual a obra é colocada ao alcance do público, por qualquer meio ou procedimento e que não consista na distribuição de exemplares"), porque o conceito "é importante e evita uma série de repetições quanto aos direitos abrangidos pela interpretação ampla, além de eliminar interpretações distorcidas quanto a qualquer possível omissão", e afirmando que o direito tinha especial relevância no ambiente digital.

A emenda foi rejeitada no relatório de Aloysio Nunes Ferreira, que afirmaria que evitava adotar definições legislativas, e ainda que a versão do substitutivo seria melhor, porque o art. 29 já considerara "a transmissão interativa uma forma de distribuição sem que haja exemplares físicos".[337]

Vale apontar que a MPA também estava atenta a esses desenvolvimentos, e que, na carta à CDA, sugeria uma definição tecnologicamente neutra de exibição pública, incluindo os direitos de apresentação da obra audiovisual perante um público ao vivo, transmissão e retransmissão via cabo ou por qualquer meio, e o *tornar disponível para o público*, independente de uma real e simultânea audiência, ou seja, um conceito de exibição que incluísse o *making available*. A MPA estava bastante afinada com os possíveis desenvolvimentos futuros da tecnologia. E queria assim tam-

---

exercício de uma faculdade jurídica, e o direito para o autor *lato sensu*, que tem que autorizar. Mas tirando tudo isso não tem muita novidade em termos conceituais. Eu tenho muito medo de você ter essa precipitação que é muito comum no Brasil, que é mudar a lei. Qualquer coisa muda a lei". Afirmou depois que acredita que no streaming estão implicados tanto direitos de reprodução quanto de comunicação ao público. ÉBOLI, informação verbal, 2017.

[336] MORORÓ DE ANDRADE, informação verbal, 2017.
[337] Ref. 1.18, Dossiê MJ, Câmara dos Deputados, Notas, 11/12/97.

bém que a definição de público ou audiência não incluísse o conceito de simultaneidade, para "ser irrelevante para a definição se a exibição ao público ocorre simultaneamente ou em períodos diferentes", ou também no mesmo lugar ou em lugares diferentes.[338] Não foi previsto na Lei, no entanto, um conceito de *exibição*, nem uma lista dos direitos patrimoniais especificamente aplicáveis ao audiovisual.

20.1. BASES DE DADOS

A Lei n. 5.988/73 não continha quaisquer provisões relativas a proteção autoral sobre bases de dados; tampouco as continha o Projeto Genoíno ou o Projeto Luiz Viana. Foi uma proposta do Executivo a inclusão de um capítulo sobre Utilização de Bases de Dados, que foi adotada integralmente no Substitutivo da CESP e então na Lei n. 9.610/98. Como debatido no terceiro capítulo, o acordo TRIPS estabeleceu a proteção às bases de dados, e era de especial preocupação do GIPI a incorporação do Tratado na legislação. O texto proposto e aprovado foi:

---

[338] Ref. 3.117, MinC, MPA, Carta, 29/08/97, p. 15. O documento discorria sobre as mudanças tecnológicas vindouras:

"Dentro dos próximos dez anos, haverá mudanças, fundamentais no modo como as obras audiovisuais serão exibidas ao consumidor e adquiridas por ele. Já se tem antecipado que os sistemas eletrônicos de distribuição, tais como os programas digitais e "vídeo on-demand", e aqueles em formatos digitais, como os vídeo discos digitais ("DVDs") tomar-se-ão métodos primários de entrega e distribuição de obras audiovisuais. Ademais, é esperado o aumento da distribuição de programas via satélite ou pelo sistema a cabo (cable system) diretamente ao consumidor. Ainda assim, os lançamentos cinematográficos "tradicionais" continuarão a ser populares e importantes para a indústria audiovisual. Todavia, os novos sistemas desenvolvidos desempenharão um papel maior na distribuição das obras audiovisuais para o público em geral. Com isso, uma nova lei sobre direitos autorais deverá garantir uma proteção acurada e competente tanto para os sistemas já tradicionais de mídia, como uma estrutura sólida para as novas tecnologias aludidas.

Uma lei moderna sobre direitos autorais deve acomodar as novas tecnologias emergentes, incluindo transmissões via satélite ou por redes eletrônicas. O desenvolvimento de novos produtos de entretenimento, incluindo as obras audiovisuais, bem como novos serviços de entretenimento, como o "vídeo on-demand", irão basicamente/finalmente pautar a criação da infra-estrutura de informação global – ou "superhighway" – emergente. Uma proteção efetiva e adequada dos direitos autorais irá estimular, particularmente, os criadores das obras protegidas a tomarem suas obras disponíveis para as redes do mundo inteiro e a explorar todo o potencial das tecnologias recém-desenvolvidas."

Da utilização de Bases de Dados
Art. 90. O titular do direito patrimonial sobre uma base de dados terá o direito exclusivo, a respeito da forma de expressão da estrutura da referida base, de autorizar ou proibir:
I – sua reprodução total ou parcial, por qualquer meio ou processo;
II – sua tradução, adaptação, reordenação ou qualquer outra modificação;
III – a distribuição do original ou cópias da base de dados ou a sua comunicação ao público;
IV – a reprodução, distribuição ou comunicação pública dos resultados das operações mencionadas no inciso II do presente artigo.

Não foram identificadas quaisquer outras discussões ou controvérsias sobre esse tema.

20.2. OS DISPOSITIVOS TECNOLÓGICOS DE PROTEÇÃO

Quando a CDA escreveu a Aloysio Nunes Ferreira antes de fechar a proposta com o Executivo, e ainda sobre o Substitutivo da CCTCI, seu ponto principal sobre as sanções era que elas deveriam abarcar "os casos de violações ou de ilícitos autorais, decorrentes das novas tecnologias", que também estavam sob discussão na OMPI, e que seria desejável esperar o fim das negociações. O Substitutivo da CCTCI já previa penas para violação de dispositivos técnicos de proteção; a MPA, de acordo com a carta enviada à CDA, julgava que o termo "medidas técnicas" era restritivo, e deveria ser ampliado para qualquer mecanismo ou sistema de controle do exercício de direitos, e que "a lei brasileira deveria ser flexível o suficiente para acompanhar qualquer tecnologia futura que possa ser utilizada para prevenir a tecnologia codificada".[339]

> A MPA preocupa-se com a confecção, distribuição e exportação de *smart cards* piratas e decodificadores, que permitem acesso não autorizado à televisão codificada paga e à programação distribuída via satélite. O emprego destes meios para fraudar a proteção tecnológica está causando sérios prejuízos ao desenvolvimento da televisão paga – o sistema pay-per-view – por toda a Europa, onde o roubo de sinal de satélite está em ascensão. O mesmo prejuízo poderia ocorrer no Brasil.[340]

Seguia exaustivamente e longamente sugerindo a inserção de definições "mais abrangentes" – incluindo mais verbos – para "defraudação" de medidas técnicas, querendo proibir inclusive a posse de quaisquer instrumentos que servissem à defraudação, seja para fins comerciais ou particulares:

---

339 Ref. 3.117, MinC, MPA, Carta, 29/08/97, p. 25.
340 Ref. 3.117, MinC, MPA, Carta, 29/08/97, p. 25.

Os "piratas" poderiam achar menos lucrativo se engajar em atividades de "defraudação" se as pessoas fossem intimidadas, pela imposição de medidas de natureza civil, administrativa ou criminal, da ideia de comprar, alugar ou utilizar instrumentos de defraudação.[341]

Queria, também, que fosse ilícita a feitura de serviço "cuja causa ou resultado seja permitir ou facilitar a defraudação de medidas técnicas", incluindo sua propaganda, ou nos mercados de serviços de pós-venda, e absolutamente independentemente da finalidade ser lucrativa ou não; que titulares de direitos autorais, incluindo da tecnologia codificada, pudessem praticar apreensões unilaterais dos instrumentos de defraudação, *software* e arquivos, e obter facilmente medidas cautelares para coibir sua feitura, para destruir e confiscar, sem remuneração compensatória.[342]

O Projeto Luiz Viana, como era de se esperar pelo momento de sua propositura, não continha disposições nesse sentido. Já o Substitutivo da CCTCI vinha já com um artigo para tornar ilícita – e gerar indenização por perdas e danos – a violação de dispositivos técnicos de proteção:

> Art. 114. Independentemente da perda dos equipamentos utilizados, responderá por perdas e danos, nunca inferiores ao valor que resultaria da aplicação do disposto no art. 108 e seu parágrafo único [cinco mil exemplares], quem, sem autorização do titular:
> a) alterar, suprimir, modificar ou inutilizar, de qualquer maneira, dispositivos técnicos introduzidos nos exemplares das obras e produções protegidas para evitar ou restringir sua cópia;
> b) alterar, suprimir, modificar ou inutilizar, de qualquer maneira, os sinais codificados destinados a restringir a comunicação ao público de obras, produções ou emissões protegidas ou a evitar a sua cópia;
> c) importar ou comercializar aparelhos, programas ou dispositivos técnicos que permitam ou facilitem a inutilização dos dispositivos técnicos ou sinais introduzidos para evitar ou restringir as cópias ou comunicações de obras, produções e emissões protegidas.

Sem justificar a proposta, o Executivo havia pedido a supressão das previsões sobre dispositivos técnicos de proteção, apesar das discussões que se travavam na OMPI e de a FLAPF ter, na discussão com o GIPI, feito uma proposta específica nesse sentido.[343] A sugestão de supressão não foi atendida; o art. 112 do Substitutivo da CESP ampliaria a previsão, incluindo violação a informações sobre gestão de direitos, conforme previsto no WCT acordado em 1996, e novos verbos como *distribuir*:

---

[341] Ref. 3.117, MinC, MPA, Carta, 29/08/97, p. 27.

[342] Ref. 3.117, MinC, MPA, Carta, 29/08/97, p. 29.

[343] Ref. 3.119, MinC, MinC – CDA, Estudo, sem data.

Art. 112. Independentemente da perda dos equipamentos utilizados, responderá por perdas e danos, nunca inferiores ao valor que resultaria da aplicação do disposto no art. 108 e seu parágrafo único [que determinavam perda de exemplares, pagamento dos já vendidos, ou, não se conhecendo o número, 3.000 exemplares],[344] quem:
I – alterar, suprimir ou inutilizar, de qualquer maneira, dispositivos técnicos introduzidos nos exemplares das obras e produções protegidas para evitar ou restringir sua cópia;
II – alterar, suprimir ou inutilizar, de qualquer maneira, os sinais codificados destinados a restringir a comunicação ao público de obras, produções ou emissões protegidas ou a evitar a sua cópia;
III – suprimir ou alterar, sem autorização, qualquer informação sobre a gestão de direitos;
IV – distribuir, importar para distribuição, emitir, comunicar ou puser à disposição do público, sem autorização, obras, interpretações ou execuções, exemplares de interpretações fixadas em fonogramas e emissões, sabendo que a informação sobre a gestão de direitos foi suprimida ou alterada sem autorização.

Na audiência pública de 23 de setembro de 1997 na CESP, João Carlos Muller Chaves propôs ampliação do inciso I para incluir quem "fabrica, distribui ou importa equipamentos que se destinem primariamente a esta finalidade" – a de violar dispositivos técnicos de proteção –;[345] a sugestão não foi acatada. Poucas alterações foram feitas até a lei final – basicamente no inciso IV, acrescentando-se, ao fim, "sinais codificados e dispositivos técnicos", depois de "gestão de direitos".

Ainda sobre o tema dos Tratados, a MPA havia sugerido à CDA que, no artigo 29, fosse garantido aos autores o direito exclusivo de autorizar – ou não – qualquer cópia na memória de qualquer sistema – precisamente o ponto da Agenda Digital dos Estados Unidos que havia sido polêmica, e não havia sido incorporada no WCT. Com isso, a MPA cumpria a função de entrada das posições externas norte-americanas no âmbito da discussão do direito autoral. O Substitutivo da CESP, e a Lei 9.610/98, previriam, entretanto, o contrário:

Art. 30 - No exercício do direito de reprodução o titular dos direitos autorais poderá colocar à disposição do público a obra, na forma, local e pelo tempo que desejar, a título oneroso ou gratuito.
Parágrafo único - O direito de exclusividade de reprodução não será aplicável quando ela for temporária e apenas tiver o propósito de tornar a obra, fonograma ou interpretação perceptível em meio eletrônico ou quando for de natureza transitória e incidental, desde que ocorra no curso do uso devidamente autorizado da obra, pelo titular.

---

[344] O Projeto Luiz Viana, aliás, vinha com uma diminuição dessa pena para 2.000 exemplares, espelhando a lei de 1973. O substitutivo de Aloysio estabelecia os 3.000, que seriam aliás mantidos na lei aprovada.

[345] Ref. 4.51, Pesquisa, Câmara dos Deputados, Notas, 23/09/1997.

20.3. O *SOFTWARE*

Se alguma discussão sobre o *software* se registrou no processo de discussão da lei, foi no sentido de se decidir se a regulamentação da proteção do *software* se daria dentro mesmo da Lei de Direitos Autorais, ou em lei específica. O Substitutivo da CCTCI continha disposições sobre *software*, englobando sua regulamentação no próprio texto do que seria a lei de direitos autorais. Em sua carta ao relator Aloysio Nunes Ferreira, a CDA se opôs, a partir do argumento de que "o Governo pretende manter uma norma jurídica específica para os programas de computador". Assim, por exemplo, mencioná-los sem mais no rol de obras protegidas poderia "gerar interpretações equivocadas sobre a amplitude da proteção".[346] A ABINEE, na reunião com o GIPI, advogou pela exclusão das referências a programas de computador, que já estavam sob discussão no PL 14/96.[347] O Executivo efetivamente enviou sugestão de texto no sentido de que os programas de computador seriam regulados por diploma próprio, o que foi adotado no Substitutivo da CESP.

21. A NUMERAÇÃO DE EXEMPLARES

Como seria de se esperar, o Projeto Luiz Viana não incluía a histórica demanda de alguns setores de autores e artistas, e de advogados, pela numeração de exemplares. O primeiro capítulo tratou de como a contraproposta da indústria vinha historicamente sendo, como alternativa à numeração de exemplares, a obrigatoriedade de inserção de identificações de autenticidade, como a Inscrição no Cadastro Nacional de Contribuintes, ou selos de procedência, para facilitar a identificação de exemplares não autorizados. O Projeto Luiz Viana continha essa previsão de divulgação do número do Cadastro Nacional de Contribuintes do Ministério da Economia, Fazenda e Planejamento, na obra coletiva – art. 96, par. único –, no exemplar da obra editada – art. 58, par. único –, no fonograma – art. 86, par. único –, e na cópia da obra audiovisual – art. 87, § 2º, g. Todas as disposições foram removidas do Substitutivo da CCTCI, e nele entrou uma disposição de obrigatoriedade de numeração somente para a cópia da obra audiovisual – art. 82, § 2º, VII.

Nas reuniões do setor empresarial com o GIPI, o setor do livro – CBL, SNEL e ABDR – sugeriram a inclusão específica de uma disposição para que os editores não fossem obrigados a numerar os exemplares de cada edição. Em sentido contrário, a SICAM sugeriu que o produtor de fonograma fosse obrigado a numerar cada exemplar; ANACIM, ASSIM, SABEM, SBAT e UBE afirmaram que

---

[346] Ref. 3.103, MinC, MinC – CDA, Carta, 1996.

[347] Ref. 3.135, MinC, MinC – CDA, Nota técnica, sem data.

[...] os autores apelam para que o livro, os fonogramas e videocassetes editados, por qualquer processo existente ou que venha a ser criado, tenha numeração em cada exemplar, possibilitando assim o maior controle da destinação de cada tiragem.[348]

Queriam também, agora em conjunto com a ABACH, que se estabelecesse que "toda obra que vier a ser editada por nova tecnologia deverá ter numeração e renumeração a seus autores aos que a industrializaram": "a proposta introduz salvaguarda para repartição dos benefícios advindos dos direitos do autor".[349]

A proposta que saiu do Executivo, enfim, foi que a disposição que existia sobre a cópia da obra audiovisual no Substitutivo da CCTCI fosse estendida aos fonogramas – na sua justificativa, porque seria "lógico [...] estender às outras categorias de obras".[350] Com isso, o Executivo efetivamente pedia pela inserção da numeração de cópias de obras audiovisuais e de fonogramas, sem, no entanto, parecer se comprometer com a polêmica medida.

> Proposta do Executivo
> CAPÍTULO V
> Da utilização de fonograma
> Art. 80 - Ao publicar o fonograma, o produtor mencionará em cada exemplar:
> I - o título da obra incluída e seu autor;
> II - o nome ou pseudônimo do intérprete;
> III - o ano da publicação;
> IV - o seu nome ou marca que o identifique;
> V - o número do exemplar ou código de barras, ou qualquer outro meio que permita quantificar as cópias fabricadas.[351]

João Carlos Muller Chaves relata que sua preocupação primeira, enquanto representante da ABPD, na tramitação da Lei n. 9.610/98, era barrar disposições sobre numeração de discos – uma atenção permanente, dado que projetos nesse sentido não surgiram apenas durante a década de 90, mas antes,[352] e além.

---

[348] Ref. 3.119, MinC, MinC - CDA, Estudo, Sem data.

[349] Ref. 3.119, MinC, MinC - CDA, Estudo, Sem data.

[350] Ref. 3.100, MinC, MinC - CDA, Estudo, sem data.

[351] Ref. 3.100, MinC, MinC - CDA, Estudo, sem data.

[352] Ele relata ter intercedido diretamente com senadores na época da aprovação da Lei n. 6.800/80, pelo veto de dispositivo que dispunha sobre numeração de fonogramas, e que, na época, foi fruto de grandes disputas – o Dossiê da Lei no site da Câmara dos Deputados conta com cartas da Socinpro e da ABPD (assinadas respectivamente por Carlos Galhardo e Muller Chaves). Ref. 4.46, Pesquisa, Câmara dos Deputados, Lei e PLs, 01/07/1980.

Porque é um negócio idiota, não tem em lugar nenhum no mundo. Acabou que a gente ficou numa fórmula aqui de numerar lotes. Você já imaginou transformar cada exemplar como um objeto único – esse daqui foi tocado por Maria Antonieta! Isso causa um problema imenso. Se você perde um disco você esta fraudando o direito autoral, porque você não guardou os pedacinhos.[353]

Na audiência pública de 23 de setembro de 1997, na CESP, José Genoíno defendeu a numeração de exemplares, e João Carlos Muller Chaves rebateu, na linha daqueles debates das décadas anteriores, que foram descritos no primeiro capítulo:

O problema da numeração é uma questão que venho debatendo há 25 anos. Fico um pouco triste, porque a numeração parece ser colocada para proteger o autor do produtor legítimo, quando o grande drama é a produção ilegítima, a que V.Exa. aludiu, a pirataria. Vou passar um número aterrador. Na China existem quarenta fábricas de CD; no Brasil, quatro. São quarenta fábricas de CD — não estou exagerando —, quando duas são suficientes para abastecer o mercado interno. Singapura tem cerca de doze; Hong Kong, não sei quantas. Vem CD pirata dos Estados Unidos, de vários lugares. Há duas semanas, foram apreendidos quarenta mil CDs piratas de música brasileira. Este é o grande inimigo [...].
O Marcus Vinícius deve estar sabendo que a Associação de Editores de Música está agora auditando todas as companhias para ver se estão calculando corretamente. Algumas estavam errando. Isso pode acontecer, e se detecta. Até porque, Deputado — e desde já o convido para conhecer uma dessas compa-

---

[353] Informação verbal, 2017. Ele relata que o tema foi ainda mais polêmico quando da negociação da Lei de 1973, quando a numeração de fonogramas havia sido aprovada na lei, mas foi vetada pelo Presidente Médici, de acordo com Muller Chaves, por esforços seus junto a João Leitão de Abreu, ministro da Casa Civil. "Eu peguei vários discos – na época, 73, grande sucesso, Madalena de Ivan Lins com Elis Regina. Aí eu levei, a mesma gravação: o long play, o compacto duplo, o compacto simples, a fita cassete, e um disco de montagem, levei cinco. Peguei o Carlos Galhardo e o João Dias, que eram os diretores da Socinpro, e lá fui eu para o Palácio do Planalto. Aí o Ministro João Leitão nos recebe afavelmente, senta, cafezinho – Dr. Muller, mas por que que o Sr. é contra proteger o artista brasileiro? Eu confesso que eu fiquei assim uns ou cinco segundos mudo. Soco no plexo, né? Eu falei: Ministro, eu não sou contra, não. Agora, eu sou contra uma medida que vai prejudicar também o artista brasileiro, porque é inviável. A numeração, como está colocada, eu não posso repetir números desses 5 produtos que inclusive são feitos em fábricas diferentes, máquinas diferentes. Não tem como! Se o Sr. me explicar como eu posso fazer isso, eu juro que jamais lhe incomodarei com esse tema. Mas eu não sei. E não conheci ninguém que soubesse me explicar. Aí falei falei falei, quando parei pra respirar ele disse: vá em paz. E aí saiu o veto. Tá aqui até enquadrado [a notícia]".

nhias —, todo o faturamento, toda a saída de produto, todo o movimento do estoque é controlado por computador. Na hora em que se vende um produto, o computador acusa o estoque. Em todo o processo, há uma série de registros. É difícil apagar tudo isso. Certa vez, em visita que fizemos à SONY, foi-nos dito: "Olha, para a SONY roubar, tem de envolver, pelo menos, dezesseis pessoas".[354]

De fato, não era somente o Projeto Genoíno que previa a numeração de exemplares, dentre os projetos apensados ao PL n. 5.430/90 em apreciação pela CESP. Os outros – PLs 2.934/92, 3.020/92, 964/95, 1.357/95 e 2.326/96, foram considerados aprovados no mérito no relatório do deputado Aloysio Nunes Ferreira, apesar de terem sido convertidos em um preceito bem mais genérico. O parecer do relator discorria sobre o tema:

> A numeração de exemplares das obras, especialmente fonogramas, é objeto de vários dos projetos apensados, mas são inúmeras as dificuldades práticas para realizá-la. Assim, para atender esse anseio, adotamos critério abrangente: no art. 28 introduzimos regra genérica de que em qualquer modalidade de reprodução a quantidade de exemplares será informada e controlada, cabendo a quem reproduzir a obra a responsabilidade de manter os registros que permitam ao autor a fiscalização do aproveitamento econômico da exploração". Nossa redação garante total proteção ao autor, sem cometer o erro de "engessar" a forma desse controle por especificar o uso de um código de barras, por exemplo, que logo pode vir a ser obsoleto. Lembramos, outrossim, que a desobediência a esse art. 28, bem como às demais normas de direito autoral, continua sendo ilícito penal. Como adotamos a ideia genérica da necessidade de controle do número de exemplares, consideramos a proposição aprovada no mérito.[355]

A disposição a que o relator se referia, inserida no seu Substitutivo e transferida para a Lei n. 9.610 – transferida para o art. 30 –, era:

> Art. 28 - Cabe ao autor o direito exclusivo de utilizar, fruir e dispor da obra literária, artística ou científica.
> Parágrafo único - Em qualquer modalidade de reprodução, a quantidade de exemplares será informada e controlada, cabendo a quem reproduzir a obra, a responsabilidade de manter os registros que permitam, ao autor, a fiscalização do aproveitamento econômico da exploração.

Foi eliminada qualquer referência seja à numeração de exemplares, seja à Inscrição no Cadastro Geral de Contribuintes.

---

[354] Ref. 4.51, Pesquisa, Câmara dos Deputados, Notas, 23/09/1997.
[355] Ref. 3.92, MinC, Deputado Aloysio Nunes Ferreira, Relatório, 10/09/97, p. 29.

22. A CÓPIA PRIVADA, OU COBRANÇA SOBRE SUPORTES VIRGENS

A cópia privada era, junto com o tema de *enforcement*, uma questão que unia os dois lados da disputa fundamental na lei: "defensores de autores e artistas", e indústria. O Projeto Luiz Viana continha a previsão, assim como, vimos, continha o Projeto Genoíno:

> Art. 115 - Os titulares de direitos de autor e dos que lhes são conexos domiciliados no país, cujas obras, produções, interpretações e execuções hajam sido publicadas em fonogramas e videofonogramas terão direito a remuneração de natureza autoral, como compensação à possibilidade de sua reprodução privada, na forma do inciso II do art. 49 da presente Lei, mediante o uso de aparelhos reprodutores e de suportes materiais virgens.
> § 1º - A remuneração será devida pelo fabricante ou importador, no ato da saída do estabelecimento, à razão de vinte por cento sobre o preço de venda dos aparelhos reprodutores e das fitas magnéticas, ou quaisquer outros suportes materiais virgens.
> § 2º - O pagamento deverá ser efetivado, pelo fabricante ou importador, dentro do prazo de sessenta dias, importando a mora na indexação da quantia devida ao nível da correção monetária oficialmente fixada, acrescido de juros legais.
> § 3º - A cobrança da remuneração será feita coletivamente, por entidade organizada para este fim, pelas associações a que se refere o art. 108, ou mediante mandato por elas outorgado ao escritório a que se refere o art. 113 desta Lei.

O Substitutivo da CCTCI repetia o texto quase integralmente; em reunião do GIPI com o setor privado, ficou claro que também a ABPI apoiava a medida, e queria que ela valesse não só em relação aos domiciliados no país, mas também aos domiciliados no exterior, que exerceriam os direitos por meio das associações. A FLAPF queria expandir a disposição, definindo inclusive os quinhões que caberiam a cada parte: 42% ao autor, 30% aos titulares de direitos artísticos, e 28% ao produtor fonográfico; se editada, editor teria 25% da parte do autor, salvo acordo em contrário.[356] Ficou claro, também, de onde vinha a oposição: associações de fabricantes de suportes, a ABINEE, APRIMESC e ELETROS advogaram pela supressão dos artigos 104 e 105: "proposta considerada inadequada, além de se constituir em mecanismo contrário à industrialização e competitividade de produtos fabricados no país".[357]

Na carta da MPA para a CDA, fica claro que aquele setor apoiava o instituto da cópia privada, mas apresentava preocupações de que ele não expressasse flexibilização do direito de controlar a reprodução por parte dos detentores de direitos. A MPA queria que os artigos do Substitutivo da CCTCI que regulavam a cópia privada – 103 e 104 – fossem revisados

---

[356] Ref. 3.119, MinC, MinC – CDA, Estudo, sem data.

[357] Ref. 3.119, MinC, MinC – CDA, Estudo, sem data.

"para garantir que as cópias privadas de uma obra audiovisual não constituam uma exceção ao direito exclusivo de reprodução garantido aos titulares do direito sobre as obras audiovisuais",[358] assegurando que os titulares empregassem também tecnologia anticópia e controlassem sua reprodução. Argumentava que seria importante, também, que o projeto deixasse claro que a arrecadação via cópia privada não era uma compensação pelas perdas pelo direito de cópia privada integral, que deveria, segundo a organização, como visto no item 12, "Equilíbrio? Limitações e exceções ao direito de autor", ser excluída do projeto – a medida deveria ser entendida apenas como "uma forma de evitar ações judiciais contra indivíduos que continuem a fazer cópias em casa".[359]

Apesar do grande apreço que a medida ganha entre os titulares de direitos e seus representantes – a carta de Vanisa Santiago pela UBC expressa apoio,[360] bem como o fizeram Glória Braga e João Carlos Muller Chaves, em entrevistas[361] – ficou claro já na análise do Projeto Genoíno que há grandes controvérsias jurídicas em torno do instituto, e, sobretudo, que se trata de talvez o único ponto de toda a discussão que faz com que outros setores alheios à área da cultura entrem na disputa. De fato, João Carlos Muller Chaves mencionou a oposição historicamente estabelecida pela Confederação Nacional das Indústrias, e especialmente a Basf, empresa química alemã que liderava a produção de fitas cassetes; Glória Braga mencionou ser recorrente a volta da discussão, normalmente capitaneada pela Socinpro, e recebendo a oposição da indústria da Zona Franca de Manaus.[362]

---

358 Ref. 3.117, MinC, MPA, Carta, 29/08/97.

359 Ref. 3.117, MinC, MPA, Carta, 29/08/97, p. 22.

360 Ref. 3.104, MinC, UBC, Carta, 09/10/97. Santiago também manifestou concordância na audiência pública na CESP, no dia 24 de setembro de 1997: "Devo dizer também que os editores em todo mundo, em todos os países em que a cópia privada eé cobrada, estão bastante satisfeitos com a possibilidade de ter mais uma fonte de ingresso para poder introduzir mais livros, introduzir mais cultura, oferecer mais o que ler a quem necessita ler. Não é uma novidade, pois somos um País membro do Mercosul. Na Argentina, um projeto de lei que também está em tramitação inclui a cópia privada. Na América Latina, o primeiro país a fazê-lo foi o México, na lei sancionada em 24 de dezembro de 1996, há poucos meses. O México foi o primeiro país latino-americano a legislar sobre a cópia privada. O nosso continente era totalmente deserto em matéria de cópia privada, enquanto temos estatísticas na Europa de que essa remuneração é bastante interessante para os autores". Ref. 4.52, Pesquisa, Câmara dos Deputados, Notas, 24/09/1997.

361 Informação verbal, 2017.

362 Informação verbal, 2017.

A ABPD, embora tenha sido favorável à medida, não teria insistido no ponto excessivamente, entendendo que se tratava de uma disputa difícil, e que havia outras trincheiras mais importantes no momento.

Na proposta ao relator, o Executivo acabou por sugerir a supressão do dispositivo, com a seguinte justificação:

> A imposição do gravame, ainda pouco aceito nos demais países, criará um ônus para os produtos nacionais, que se refletirá no "custo Brasil", tornando-os menos competitivos no mercado internacional. Além disso, pelo fato de o referido gravame não estar incorporado à grande maioria das leis dos outros países, e dada a obrigação da Convenção de Berna e de TRIPS de tratamento nacional, ficará o País obrigado a remessas, agravando o déficit da balança de pagamentos, sem qualquer contrapartida ou reciprocidade.[363]

A despeito disso, o Substitutivo da Comissão Especial manteve a cópia privada, mas estabelecendo a razão de 5% sobre o preço de venda, em vez de 20%.

> Acolhemos a remuneração pela cópia privada lícita, reproduzindo normas já existentes em diversos países. Apesar de a polêmica sobre tal instituto ser grande, não vemos no art. 104 [do substitutivo] nenhum óbice quanto à constitucionalidade ou juridicidade. Certamente, a natureza jurídica desse instituto não é tributária, uma vez que o valor arrecadado é distribuído pelos autores. Trata-se, sim, de parcela que inegavelmente deve passar a integrar o direito patrimonial do autor.[364]

A disposição constava também do art. 70 do Projeto Genoíno, e do PL 3.465/92. Quanto a eles, Aloysio restringiu a remuneração a compensação acrescida somente em fitas magnéticas e outros suportes materiais virgens, mas não a aparelhos reprodutores, porque isso seria "de difícil aplicação prática".[365]

Na reunião na CESP para apresentação do Substitutivo de 10 de setembro de 1997, Aloysio Nunes Ferreira declarava saber que o instituto era polêmico, mas que o aceitava por causa de sua presença no Projeto Luiz Viana, no Projeto Genoíno, e em outros sob análise – "creio que não seria bom propor, como Relator, uma discussão em torno de algo que há oito anos vem tramitando no Congresso Nacional e que tem aspectos evidentemente positivos" –, e relacionava o instituto da cópia privada à limitação consistente na possibilidade de o usuário realizar uma cópia integral, e trazendo atenção especialmente para o mercado editorial.

---

[363] Ref. 3.100, MinC, MINC-CDA, Estudo, sem data.
[364] Ref. 3.92, MinC, Deputado Aloysio Nunes Ferreira, Relatório, 10/09/97, p. 26.
[365] Ref. 3.92, MinC, Deputado Aloysio Nunes Ferreira, Relatório, 10/09/97, p. 30.

> O xerox é uma complicação que não estou conseguindo resolver. O xerox é uma barbaridade, porque é uma nova edição, são edições piratas tiradas a mão cheia. É definida como ilícito. É crime, além do que é pirataria no sentido de que ela recebe uma sanção prevista no nosso projeto.[366]

E, nas audiências públicas realizadas em 23 e 24 de setembro de 1997, o instituto foi amplamente defendido por Marcus Vinícius Mororó de Andrade e João Carlos Muller Chaves, que afirmavam que não se tratava de medida de legitimação da pirataria, mas de compensação pelo ato lícito de realizar cópia em âmbito doméstico e pessoal.[367]

Assim, o art. 104 e parágrafos do substitutivo estabeleciam que a remuneração era de "natureza autoral", "como compensação à possibilidade de reprodução privada", na razão de 5% sobre o preço de venda das "fitas magnéticas ou quaisquer outros suportes materiais virgens". Os critérios de distribuição seriam determinados pelas associações de titulares autorais, já que a cobrança seria feita por gestão coletiva pelas próprias associações ou pelo escritório central.

Veremos adiante que a cópia privada foi objeto de emendas de plenário, pedindo sua supressão; a emenda n. 52, de autoria de Inocêncio de Oliveira – líder do PFL – e Arnaldo Madeira – vice-líder do PSDB – continha *exatamente* a mesma justificativa do projeto do Executivo, mencionando inclusive a decisão do GIPI, e recebeu parecer de rejeição pelo relator, com a justificativa de que não existiria o "Custo Brasil", "uma vez que os produtos destinados à exportação estão isentos", segundo o § 7º do art. 104; sobre o problema do déficit, Aloysio Nunes Ferreira observava que o mercado de gravações sonoras, no Brasil, era 72% constituído de gravações locais, e que "países com os quais mantemos intercâmbio, como França, Espanha e Portugal, já legislaram sobre o tema, e até mesmo os Estados Unidos".[368]

A insistência do relator é algo a se destacar nesse processo: Aloysio Nunes Ferreira, no momento da votação em plenário, havia ingressado no PSDB e assim fazia parte da base do governo na Câmara. Isso foi apontado por diversos atores como um facilitador para a lei, dado o interesse do Executivo em ver o projeto aprovado com rapidez. A emenda oferecida pelo PSDB e pelo PFL em plenário expressa a vontade do governo; Aloysio, por sua vez, agiu nesse momento baseado em convicção.

De toda forma, e isso fica claro adiante, os artigos foram efetivamente suprimidos na votação. Com isso, inovações consideráveis discutidas ao longo da década de 90 para o direito autoral eram deixadas de lado: a numeração de discos, e a cópia privada.

---

366 Ref. 4.49, Pesquisa, Câmara dos Deputados, Notas, 10/09/1997.

367 Ref. 4.51, Pesquisa, Câmara dos Deputados, Notas, 23/09/1997.

368 Ref. 1.18, Dossiê MJ, Câmara dos Deputados, Notas, 11/12/97.

23. AINDA NA CÂMARA: O PROJETO VAI A PLENÁRIO

No dia 3 de dezembro de 1997, o presidente da Câmara dos Deputados Michel Temer leu e levou a votação, em Plenário, requerimento de urgência[369] para apreciação do PL 5.430/90 e seus apensados. O requerimento vinha assinado por:

Alexandre Cardoso- Líder do PSB
Miro Teixeira - Vice-Líder do Bloco Parlamentar (PT/PDT/PCdoB)
José Genoíno - PT
Geddel Vieira Lima - Líder do Bloco Parlamentar (PMDB/PSD/Prona)
Fernando Gabeira- Líder do PV
Sérgio Arouca - Líder do PPS
Inocêncio Oliveira - Líder do PFL
Salvador Zimbaldi - Vice-Líder do PSDB.[370]

Com o requerimento da parte de líderes que representavam mais da maioria absoluta dos deputados, foi aprovado o regime de *urgência urgentíssima* (art. 155 do RICD),[371] que significa que a matéria entraria imediatamente na ordem do dia, e que o parecer quanto às emendas poderia ser dado oralmente, em Plenário, pelo relator.

É bastante marcante, nessa fase final, o impacto que havia tido a CPI do Ecad de 1995 sobre os parlamentares da Câmara. Em Plenário, a maioria das manifestações dos parlamentares que não tinham tido qualquer papel na Comissão Especial atacava o Ecad e lamentava sua persistência no projeto, por vezes como se fosse o único tema da lei. Isso surgiu já na votação de urgência: Chico Vigilante (PT-DF) apoiava o regime de

---

[369] RICD: "*Art. 152*. Urgência é a dispensa de exigências, interstícios ou formalidades regimentais, salvo as referidas no § 1o deste artigo, para que determinada proposição, nas condições previstas no inciso I do artigo antecedente, seja de logo considerada, até sua decisão final.

§ 1º Não se dispensam os seguintes requisitos: I – publicação e distribuição, em avulsos ou por cópia, da proposição principal e, se houver, das acessórias; II – pareceres das Comissões ou de Relator designado; III – quórum para deliberação. § 2º As proposições urgentes em virtude da natureza da matéria ou de requerimento aprovado pelo Plenário, na forma do artigo subsequente, terão o mesmo tratamento e trâmite regimental."

[370] BRASIL, 1997(2), p. 39715.

[371] Art.155. Poderá ser incluída automaticamente na Ordem do Dia para discussão e votação imediata, ainda que iniciada a sessão em que for apresentada, proposição que verse sobre matéria de relevante e inadiável interesse nacional, a requerimento da maioria absoluta da composição da Câmara, ou de Líderes que representem esse número, aprovado pela maioria absoluta dos Deputados, sem a restrição contida no § 2º do artigo antecedente.

tramitação, justificando-se com as seguintes palavras "trata-se de uma quadrilha de assaltantes de direitos autorais que precisa ser desalojada do ECAD. Isso só se fará com uma legislação moderna. Portanto, estou de acordo com o requerimento".[372]

Na discussão do dia 5 de dezembro, participaram da discussão os deputados:

> Gerson Peres (PPB-PA)
> José Genoíno (Bloco de Oposição / PT-SP)
> Eraldo Trindade (PPB-AP)
> Inocêncio Oliveira (PFL-PE, líder do partido)
> Luiz Mainardi (PT-RS)
> Jandira Feghali (PCdoB-RJ)
> Luciano Pizzatto (PFL-PR)
> Marçal Filho (PSDB-MS)

De início, alguns deputados queixaram-se de não haver tempo de apreciar com cuidado as emendas, dada a urgência urgentíssima. Gerson Peres queria retirar de pauta o projeto, queixando-se da rapidez na sua aprovação, e justificando que o projeto tinha deficiências, inclusive em relação à CPI "que julgou determinadas entidades inidôneas, mas elas ainda permanecem na legislação. Ainda há preservação de monopólio da entidade na cobrança das contribuições".[373] Inocêncio Oliveira elogiou o trabalho de Aloysio Nunes Ferreira, mas também afirmou que havia uma quantidade muito grande de emendas, que não poderiam ser consideradas propriamente se se mantivesse o projeto em pauta. Eraldo Trindade queixou-se também de o projeto não "contemplar os reais interesses dos compositores", mencionando as irregularidades identificadas no Ecad. O Presidente da Câmara, Michel Temer (PMDB-SP), afirmou que o pedido para a retirada não podia ser acolhido depois do anúncio da matéria, e que emendas seriam consideradas pelo relator, e conduziu à discussão substancial do projeto.[374]

---

[372] BRASIL, 1997 (3), p. 39715.

[373] Ref. 1.14, Dossiê MJ, Câmara dos Deputados, Notas, 06/12/97.

[374] Michel Temer referia-se ao art. 101 do RICD, que posteriormente sofreu modificações (Resolução n. 22, de 2004) que não mudaram essa regra em específico. Texto do RICD vigente em 1997: "Art. 101. A apresentação de proposição será feita: II - em Plenário, salvo quando regimentalmente deva ou possa ocorrer em outra fase da sessão: [...] b) no momento em que a matéria respectiva for anunciada, para os requerimentos que digam respeito a: 1 - retirada de proposição constante da Ordem do Dia, com pareceres favoráveis, ainda que pendente do pronunciamento de outra Comissão de mérito [...]".

O deputado José Genoíno afirmou que o projeto vinha sendo amplamente discutido havia dez anos, e que o prazo era razoável. E fez um longo elogio, ressaltando seus principais pontos, de acordo com sua visão, e o que considerava ter sido um sucesso de negociação de diferentes interessados:

> Expresso aqui minha concordância com as linhas básicas do substitutivo do Relator, Deputado Aloysio Nunes Ferreira, principalmente quando nós, da Comissão Especial, enfrentamos o problema central da Lei de Direito Autoral; o problema central da Lei de Direito Autoral é exatamente o que prevê o substitutivo. Chamo atenção dos nobres colegas para o art. 52, que trata o direito autoral de acordo com a legislação moderna, com o conceito de transferência de direitos do autor para a exploração econômica. As modalidades dessa transferência são a cessão, a concessão, a licença e outras modalidades. Estabelece a forma contratual para que a relação do autor com as explorações comercial e econômica se dêem com base em contratos. Definimos que o direito autoral é de pessoa física, porque só esta cria, tem coração, mente e sensibilidade.
> O projeto protege a pessoa jurídica no processo de aproveitamento econômico. Além disso, garante o preceito constitucional que diz que o direito de fiscalização do aproveitamento econômico das obras que criarem ou de que participarem será garantido pelas associações e representações de artistas. O objetivo do projeto de direito autoral não é discutir aqui o ECAD, que foi criado por decisão das entidades dos artistas. O que temos de discutir na lei é exatamente as regras para que o direito de criação seja preservado na legislação brasileira, em consonância com as Convenções de Genebra e de Roma.
> Em relação a este substitutivo, devo dizer que há manifestação de apoio unânime dos artistas da área musical, dos escritores, dos intérpretes; houve negociação com os produtores, com o Ministério da Cultura, que teve participação muito importante através da sua assessoria, durante a discussão do projeto na Comissão Especial.
> A regulamentação da lei dos direitos autorais é uma necessidade premente para modernizarmos a legislação brasileira. Ao mesmo tempo, nessa modernização, garantiremos os direitos autorais de quem cria, escreve, interpreta e se manifesta através da sua obra.
> Portanto, Sr. Presidente, entendo que este projeto é um grande avanço na legislação brasileira. Há uma legislação contraditória, que não oferece unidade nem proteção aos direitos do autor; depende da força deste no mercado; depende de cacife para negociar. Enfim, temos de ter uma lei de proteção de direitos, até porque os direitos autorais estão previstos exatamente no Título II, 'Dos Direitos e Garantias Fundamentais', Capítulo I, 'Dos Direitos e Deveres Individuais e Coletivos" (art. 5º).
> A não regulamentação, o atraso na deliberação desta matéria poderá causar prejuízos sérios para os autores e criadores brasileiros.
> Mas há um outro problema: o Brasil necessita *adequar-se à legislação e convenções internacionais*. Procuramos, neste substitutivo, o que há de mais avançado no mundo, para colocar à luz das novas exigências do Direito Autoral, nos planos nacional e internacional.

Fiz aqui algumas emendas. Particularmente, emendas para aperfeiçoar, para melhorar o projeto.

Senhor Presidente, os Deputados Aloysio Nunes Ferreira e Roberto Brant tiveram um papel fundamental na Comissão Especial para que, através do debate e da negociação, chegássemos ao substitutivo. No meu modo de entender, não é o meu projeto, mas se trata de um grande avanço nesta matéria para a legislação brasileira.[375]

Luiz Mainardi, o autor de um dos projetos que visava transformar o sistema de gestão coletiva pós CPI do ECAD – o PL 2.951/96 –, e membro suplente da CESP, afirmou que o único ponto do qual discordava era a questão da arrecadação e distribuição dos direitos autorais relativamente à música. Ele trazia a CPI à discussão, afirmando que, tendo ouvido dezenas de compositores e usuários – rede hoteleira, entidades promotoras, clubes sociais, "enfim, todos aqueles que contribuem com o direito autoral" –, tinha chegado à conclusão de que o Ecad não funcionava. "Repito: não discordamos dos conceitos mais amplos sobre direitos autorais, mas queremos que essa entidade deixe de existir".[376] Seu ponto principal era a regionalização do sistema, e a fiscalização pelo Ministério Público, por meio do órgão que havia sugerido em seu projeto, a Curadoria Intelectual.

A deputada Jandira Feghali, que, como o deputado José Genoíno, fora extremamente ativa na CESP, falou em seguida, defendendo longamente o projeto por ter equilibrado os interesses e direitos em jogo, defendendo inclusive a existência do Ecad, e adiantando as emendas que havia proposto com José Genoíno – para inserir outros instrumentos de transferência menos onerosos ao autor que a cessão, a regulamentação da obra sob encomenda, e os direitos do jornalista. Pela avaliação que empreende de todo o processo anterior, e por sua visão sobre composição de interesses, vale a reprodução completa:

> Sinto-me à vontade para tratar do tema porque durante alguns anos de minha vida exerci a atividade de músico profissional e por ter um irmão cuja profissão é autor e intérprete. Nos onze anos de vida parlamentar dediquei-me, em parte, à temática do direito autoral.
>
> O substitutivo do Deputado Aloysio Nunes Ferreira certamente tem limites. Não é o projeto ideal, não garante a abrangência do tema, mas representa importantíssimos avanços na área do direito do autor.
>
> *O primeiro grande avanço desse projeto é considerar que autor é pessoa física.* Vejam V. Ex.as que essa obviedade, que poderia parecer secundária, é *algo fantástico,* porque até então empresas detinham direitos de quem cria. *Criar significa ter emoção; tem relação com o espírito e não com a empresa que produz o fonograma ou edita o livro.* Esse projeto, depois de muitos anos, consegue estabelecer com tranquilidade que autor é pessoa física.

---

[375] Ref. 1.14, Dossiê MJ, Câmara dos Deputados, Notas, 06/12/97.

[376] Ref. 1.14, Dossiê MJ, Câmara dos Deputados, Notas, 06/12/97.

Aí está o grande embate com a opinião do Deputado Luiz Mainardi. *O que faz o autor morrer de fome* – aliás, no Brasil ele é condenado a uma vida absolutamente miserável – não é apenas o fato de que existe um órgão arrecadador com problemas de gestão, mas de *ter sido confiscado pelas empresas e não ser considerado autor real da sua obra; de ter tido seus direitos patrimoniais confiscados pelos donos das editoras e das empresas fonográficas*. Isso é o que tem feito autor morrer de fome neste País, e não apenas o fato de a gestão do ECAD ter problemas; de fato, os tem, mas não cabe a esta lei corrigir a gestão do ECAD. O que cabe a essa lei é dizer se terá um ou mais órgãos de arrecadação dos direitos de autor, e essa lei acerta nas suas opiniões.

Temos de ter apenas um único órgão arrecadador para a proteção do usuário e do autor, porque até o momento em que se teve mais de um órgão arrecadador era um grande jogo de mercado saber a quem e quanto o usuário da obra deveria pagar e a quem o autor poderia recorrer. Então, o correto é ter um único órgão arrecadador para evitar a evasão dos direitos e da arrecadação do direito desse autor. O ECAD tem problemas, sim, mas esse é um problema da sociedade e dos autores corrigirem a sua gestão. Não é acabar com o órgão arrecadador centralizado.

Quero também dizer que esse projeto avança numa série de outras questões, porque é *razoavelmente equilibrado, olha para os interesses do autor, mas preserva também o interesse dos produtores*; não é um projeto que tende apenas para o interesse, porque o produtor tem interesse comercial e o autor tem direitos. E essa divisão o projeto faz corretamente; quem tem direito é o autor, o restante tem interesses de comercialização e interesses econômicos, e acho que o projeto consegue diferençar essas duas linhas do debate.

Agora, considero também que há artigos que precisam ser melhorados e tenho a certeza de que o autor terá sensibilidade. Um é no capítulo onde se lê "Da Cessão dos Direitos". Foi apresentada uma emenda por mim e pelo Deputado José Genoíno, apoiada por vários partidos, onde ampliamos a figura jurídica *para que a transferência do autor não se dê única e exclusivamente sob a forma de cessão*, o que seria uma transferência definitiva de direitos. Então, aqui se amplia na emenda para o licenciamento, para a concessão e outras formas admitidas no Direito.

E já em conversas com o Relator, temos notícia do acatamento dessa emenda, na medida em que ela amplia e serve para que o autor não fique com a faca no seu peito diante de uma empresa poderosa e sem poder realizar o seu contrato e entrar no mercado de trabalho.

Existem várias emendas que realizamos, Sr. Presidente, queria apenas destacar duas, as dos arts. 36 e 37, onde a dificuldade de acatamento do Relator é maior, mas são dois artigos que considero ameaçadores ao autor, que é exatamente *o momento do contrato de trabalho, no contrato por encomenda – claro que há ressalva da disposição do contrato –, mas são situações onde o autor pode perder os seus direitos completamente por um prazo indeterminado*. Temos emendas a esses artigos, esperamos ainda que com a sensibilidade do autor isso seja modificado.

E há uma outra grande polêmica, que é a dos jornalistas, onde só é considerado autor o do artigo assinado, mas achamos que a matéria jornalística é – independentemente da sua assinatura – uma obra literária e, portanto, deveria estar inserida dentro do direito do autor, com as consequências advindas dessa consideração. No mais, faço aqui a defesa, no geral, do projeto, ressalvadas algumas emendas que apresentamos. São treze emendas ao projeto Aloysio Nunes Ferreira. *Trabalharemos aqui pelas emendas, mas também pela aprovação da essência do projeto do substitutivo do Relator Aloysio Nunes Ferreira*, em homenagem não apenas aos autores em geral, mas quero representar esses autores por uma figura já falecida e que merece a simbolização: Maurício Tapajós.[377]

Luciano Pizzaro também se referiu ao Ecad e à CPI, dizendo que "não há interesse do Ecad, no meu modo de entender, na proteção ao nosso músico, ao autor brasileiro. Há interesse na arrecadação e na inexistência de distribuição", e o usuário de música que estaria sendo penalizado – referindo-se ao usuário no sentido de aquele de quem o usuário cobra.[378] Depois de se queixar de muitos problemas na arrecadação do Ecad, como a cobrança a instituições filantrópicas, afirmou que o projeto só seria interessante se contivesse a regulamentação da arrecadação e distribuição; no mesmo sentido, Marçal Filho fez uma inflamada fala, tratando dos problemas identificados no Ecad e advogando que

> Precisamos criar alguma forma que quebre esse monopólio, a fim de que outros escritórios possam arrecadar também, com parâmetros, padrões, regras. Não devemos fazer como um avestruz, temos de encarar o problema de frente e dar solução a ele como Câmara dos Deputados. Do contrário, para que serviu aquela CPI, se agora temos chance e nada fazemos?[379]

Assim, José Genoíno e Jandira Feghali, que, como vimos, foram ativos nas discussões na Comissão Especial, insistiam nos pontos de criar alternativas à cessão de direitos autorais e de regulamentar de forma alternativa a obra sob encomenda e em relação de trabalho. Os demais parlamentares que fizeram falas manifestaram-se contra a existência do Ecad como um órgão centralizado, e pela regulamentação mais detalhada de regras de arrecadação e distribuição – o que fora, durante os meses anteriores, o contrário da reivindicação das associações do sistema Ecad, que bateram na tecla da liberdade de associação e de as regras serem desenvolvidas pelo próprio autor e detentor de direitos conexos, no âmbito das associações, não do parlamento. Passou-se às emendas.

Foram apresentadas 74 emendas ao Substitutivo da CESP – e mais nove emendas de redação. Em resumo, treze foram apresentadas pelo Bloco de

---

[377] Ref. 1.14, Dossiê MJ, Câmara dos Deputados, Notas, 06/12/97. (grifo nosso)
[378] Ref. 1.14, Dossiê MJ, Câmara dos Deputados, Notas, 06/12/97.
[379] Ref. 1.14, Dossiê MJ, Câmara dos Deputados, Notas, 06/12/97.

Oposição – Genoíno, Jandira Feghali, Aldo Arantes, Matheus Schmidt e José Machado, Sergio Arouca e Alexandre Cardoso – líderes do PPS –, e Luiz Buaiz – vice-líder PPS –; seis foram acolhidas e sete foram rejeitadas. O deputado Inocêncio de Oliveira, líder do PFL, acompanhado por diferentes deputados, propôs outras 59, das quais 36 foram acolhidas, e 23 rejeitadas.

Samuel Barrichello recorda-se de que teria passado com Otávio Afonso, da CDA, o dia anterior à votação das emendas na Câmara, tentando encontrar deputados que apresentassem emendas de autoria do coordenador, eminentemente "de caráter técnico", sem grande sucesso. Para ele, soa surpreendente que Otávio Afonso não contasse sequer com assessoria parlamentar naquele momento.[380] De fato, um documento do Arquivo MinC parece indicar que Otávio Afonso tenha proposto uma série bastante extensa de emendas a parlamentares, algumas das quais foram efetivamente apresentadas pelo conjunto Inocêncio Oliveira – líder do PFL – e Arnaldo Madeira – vice-líder do PSDB. A maior parte era de adequação redacional ou tentativas de melhoria de conceitos, embora algumas fossem direcionadas à sua tentativa de diminuir a equiparação entre obra e fonograma

---

[380] "Isso é uma coisa que hoje, a nossa prática aqui é estupidamente diferente [entrevista em 2016, quando Samuel Barrichello era Coordenador de Direito Autoral na DDI-MinC]; porque apesar de o Otávio ter tido todo esse apoio entre aspas, essa concertação do Executivo, o Otávio chega na Câmara dos Deputados, vamos tentar mexer no texto, e de repente não tinha ninguém com ele. Não tinha um assessor parlamentar do Ministério da Cultura. Não tinha uma pessoa da SUPAR (Superintendência de Assuntos Parlamentares). [...] Eu me lembro que nas reuniões prévias o José Luís Azeredo sempre estava com a gente, mas no dia que foi pro Plenário da Câmara o Zé Luís não estava lá. Estava o Otávio sozinho. [...] O Otávio tenta falar alguma coisa com os deputados, daí o Inocêncio de Oliveira lá do meio da Câmara – foi uma coisa esquisitíssima, porque o Otávio nunca tinha tido contato com o Inocêncio – se referiu ao Otávio como 'Otávio, vem aqui ajudar a gente'. [...] Aí o Otávio estava lá com todas as emendas [...] e tenta passar lá, chegar, fazer as alterações que ele queria. [...] Não sei que confusão que aconteceu, só sei que os deputados do governo, do PSDB, acharam por alguma coisa que o Otávio fez ou por algum clima que se criou naquele exato instante, gerou um clima como se o Aloysio tivesse sido, não desrespeitado, mas como se tivesse faltado alguma cordialidade, algum respeito [...]; houve uma reação corporativa dos deputados, e eles se fecharam. Então todas as emendas do plenário foram sendo rejeitadas; cada uma ia sendo lida e rejeitada, então todas eram rejeitadas. [...] Isso é uma coisa que eu me recordo claramente, o Otávio foi muito detalhista nas emendas [...]; ele tentou fazer uma alteração de texto, para o texto ficar mais bonito, mais legível, mais técnico, num momento que não dava mais; então foi uma coisa até *nonsense*. Vai ver que foi até por isso, então; viram que era um monte de emenda, no Plenário você não faz isso [...]" BARRICHELLO, informação verbal, 2017.

no tratamento dado pela lei.[381] Mas constam também propostas ousadas, principalmente se considerando o momento da tramitação, como uma regulamentação para a licença – que, apesar de ter sido incorporada pela aprovação da emenda 5 do Bloco de Oposição, não foi regulamentada (e a proposta de regulamentação não se tornou nenhuma emenda). É de se observar também, neste momento, que apesar de a interlocução de Otávio Afonso ser com Inocêncio Oliveira e Arnaldo Madeira, ou seja, do PSDB e do PFL – bloco governista –, as posições que defendia estavam mais próximas às posições defendidas pelo Bloco de Oposição.

No dia 10 de dezembro, uma quarta-feira, o projeto foi a votação no plenário da Câmara, em turno único. A discussão se deu entre 17h35m e 20h56m; o fato de terem sido propostas 74 emendas, para Aloysio Nunes Ferreira, na abertura da sessão, demonstrava "o alto interesse desta casa por matéria tão relevante sobre a qual vamos deliberar".[382] Foram lidas e apreciadas as emendas, com a análise feita pela Comissão Especial. Uma tabulação completa das emendas, com seus propositores, tema, descrição e as considerações da CESP em cada caso, consta no "Apêndice VI – Emendas de Plenário na Câmara dos Deputados".

23.1. DEFENDENDO OU ATACANDO A PRÓPRIA IDEIA DE UMA LEI

Retomava-se, uma vez mais, a questão da CPI do Ecad: o deputado Eraldo Trindade, do PPB-AP, que fora o relator da CPI, lamentava que o projeto fortalecesse a instituição, ao estabelecer a permanência de um órgão único de arrecadação e distribuição, e pedia uma alteração contra essa centralização – o PPB votaria a favor da lei, mas mantinha um destaque contra esse ponto. Luciano Pizzatto (PFL-PR), apesar de pontuar que a lei era muito mais que a regulamentação do Ecad, queixou-se de que os principais pontos levados pela CPI não tivessem sido levados em consideração; Gerson Peres (PPB-PA) lamentou a rejeição de sua Emenda 73, considerada inconstitucional, que isentava pequenas emissoras de pagamento, mencionando também os resultados da CPI.

José Genoíno fez ampla defesa do projeto, mas fez destaques sobre os arts. 36 e 37, discutidos a seguir; na mesma linha, Jandira Feghali elogiou o projeto e principalmente ponto de que, nele, autor é pessoa física, "com capacidade de criar, que tem emoção", afirmando que os editores e produ-

---

[381] Ref. 3.91, MinC, sem autor, Emendas de plenário, Sem data. Ver também Ref. 3.93, MinC, MinC – CDA, Estudo, sem data, Ref. 3.95, MinC, MinC – CDA, Estudo, sem data, Ref. 3.105, MinC, sem autor, Emendas de plenário, sem data, e Ref. 3.106, MinC, sem autor, Emendas de plenário, sem data.

[382] Ref. 1.18, Dossiê MJ, Câmara dos Deputados, Notas, 11/12/97.

tores têm interesses econômicos, mas não direitos. Ela defendeu também a centralização do órgão arrecadador para a música, afirmando que essa era a posição generalizada dos principais autores e compositores do país, como teria ficado claro nas discussões na CESP. Defendeu a cópia privada, e lamentou-se que as emendas tinham ainda piorado os artigos 36 e 37, sobre obra em contrato de trabalho e obra sob encomenda.

> Repito: apelo a todos os colegas para que, no que diz respeito à cópia privada e ao único órgão arrecadador, não haja medo por parte desta casa, mas a convicção de que esta proposta é a mais correta e que a gestão do Ecad tem de ser resolvida pelos compositores e autores, e não pelo texto da lei.[383]

Anos depois, Jandira Feghali seria uma atriz parlamentar central na aprovação da Lei n. 12.853/98, que precisamente regularia o Ecad. Se sua fala pode parecer contraditória com essa atuação posterior, há que ressaltar que, naquele momento, ela defendia a centralização em uma única organização, o que era o ponto central sob dissenso.

Fernando Gabeira (PV-RJ) proferiu interessante fala sobre transformação social e tecnológica e direito:

> Sr. Presidente, voto a favor. Participei de algumas reuniões da Comissão. Considero um substitutivo bem feito. No entanto, penso que a lei não vai resolver sozinha este problema. Estamos vivendo um momento de transformações técnicas e intensas que o Relator já registrou. Estas transformações técnicas é que vão nos dar as possibilidades talvez de vislumbrar uma proteção maior ao autor. Uma delas é a capacidade eletrônica de fiscalizar a divulgação de determinadas músicas e a projeção de filmes. Enfim, estamos caminhando para uma adaptação a um momento técnico e novo. Apoio a matéria, ressalvados alguns destaques que ainda vou discutir.[384]

Também em tema parecido elogiou Inocêncio Oliveira, além da lei como um todo, que *software* tivesse sido tratado em separado – "porque um programa de computador hoje é atual, e daqui a uma hora pode não ser mais. Logo, isso tem que ser definido em lei específica".[385] Um amplo e efusivo elogio à lei e a Aloysio Nunes Ferreira e Roberto Brant foi feito por Aécio Neves (PSDB-MG) – "estamos votando, sem qualquer exagero, a mais importante legislação sobre direito autoral já votada em qualquer tempo neste País", e que "atende aos interesses de todos os integrantes da comunidade cultural do País".[386]

---

383 Ref. 1.18, Dossiê MJ, Câmara dos Deputados, Notas, 11/12/97.

384 Ref. 1.18, Dossiê MJ, Câmara dos Deputados, Notas, 11/12/97.

385 Ref. 1.18, Dossiê MJ, Câmara dos Deputados, Notas, 11/12/97.

386 Ref. 1.18, Dossiê MJ, Câmara dos Deputados, Notas, 11/12/97.

Conduzida a votação pelo presidente da casa Michel Temer, o projeto foi aprovado, tendo ficado registrado um único voto contrário – o de Luiz Mainardi do PT-RS, que afirmou ser "uma vergonha esta Casa aprovar a manutenção do Ecad, que a CPI comprovou ser um órgão absolutamente corrupto e corruptor, que lesa os pequenos, os médios e os grandes compositores e milhares e contribuintes brasileiros".[387] Seguia-se para a votação dos destaques.[388]

23.2. OBRA EM RELAÇÃO DE TRABALHO, E OBRA SOB ENCOMENDA

Em Plenário, a obra em relação de trabalho e a obra sob encomenda foram polêmicas grandes. José Genoíno defendeu já em sua fala inicial que, no caso do art. 37, sobre obra sob encomenda, deveria ser estabelecido um prazo – já que a redação do artigo, na última versão do substitutivo, afirmava que os direitos "pertencerão" ao encomendante, o que foi considerado forte. Ele elogiava que Aloysio tivesse proposto, como subemenda n. 8, que entrasse no texto, expressamente, que as leis n. 6.533 e 6.615/78 estavam ainda em vigor – leis que, respectivamente a artistas e radialistas, proibiam a cessão de direitos –, mas afirmava que o art. 37 invertia demais a lógica daquelas leis.

---

[387] Ref. 1.18, Dossiê MJ, Câmara dos Deputados, Notas, 11/12/97.

[388] Art. 161 do RICD, com redação dada pela Resolução n. 5, de 1996: "Poderá ser concedido, mediante requerimento aprovado pelo Plenário, destaque para:

I – votaçãoo em separado de parte de proposição, desde que requerido por um décimo dos Deputados ou Líderes que representem esse número;

II – votação de emenda, subemenda, parte de emenda ou de subemenda;

III – tornar emenda ou parte de uma proposição projeto autônomo;

IV – votação de projeto ou substitutivo, ou de parte deles, quando a preferência recair sobre o outro ou sobre proposição apensada;

V – suprimir, total ou parcialmente, dispositivo de proposição.

§ 1º Não poderá ser destacada a parte do projeto de lei apreciado conclusivamente pelas Comisões que não tenha sido objeto do recurso previsto no § 2º do art. 132, provido pelo Plenário.

§ 2º Independerá de aprovação do Plenário o requerimento de destaque apresentado por bancada de Partido, observada a seguinte proporcionalidade:

– de 5 até 24 Deputados: um destaque;

– de 25 até 49 Deputados: dois destaques;

– de 50 até 74 Deputados: três destaques;

– de 75 ou mais Deputados: quatro destaques."

> Se uma rede de televisão contrata o enredo de uma novela, tem que ter um prazo determinado. Se ela manda escrever um livro, tem que ter um prazo determinado para aquele livro ser transformado numa novela. É necessário que haja um prazo. Sem um prazo determinado, quem encomenda uma obra fica com a obra de maneira definitiva.
>
> Imaginem a Companhia das Letras, que encomendou a obra Chatô, de Fernando Morais. Ela fica com essa obra de maneira definitiva.
>
> Como o artista que está iniciando a carreira, para entrar no mercado, precisa de apoio, às vezes, negocia contratos e depois, quando tem força para negociar, quando tem força para impor contratos melhores, ele se dá conta de que aqueles primeiros contratos foram leoninos em relação aos direitos autorais.[389]

E seguia afirmando que a mudança que ele e Jandira Feghali tinham proposto para os arts. 36 e 37, nas emendas 2 e 3 – que propunha que, nesses casos, os direitos pertencessem a ambas as partes, mas que foram rejeitadas no parecer do relator – equilibrariam a relação entre empresa e autor, criador e intérprete; que a pessoa física "tem coração, mente, sensibilidade", e que por isso nunca um contrato com uma pessoa jurídica poderia ser definitivo.

Na votação dos destaques, Jandira Feghali, José Genoíno e Nilson Gibson, do PSB-PE, manifestaram-se contra a emenda 57, que alterava o artigo 36, sobre obra em contrato de trabalho, para incluir que "na omissão do contrato, [os direitos patrimoniais de autor serão exercidos pelo empregador contratante] para as finalidades que constituam o objeto de suas atividades"; além disso, as subemendas n. 11 e 12, do relator, estabeleciam que os direitos "pertencerão" ao empregador ou comitente, quando o texto anterior determinava que "serão exercidos por". Foram, entretanto, vencidos; Aloysio Nunes Ferreira manifestou-se sobre as falas de Jandira Feghali:

> Sr. Presidente, o Substitutivo, quando trata da transferência dos direitos do autor, estabelece como uma das modalidades de transferência a cessão, inclusive a cessão definitiva, entre outras modalidades. Esse texto foi acolhido pelo Bloco de Oposição sem destaque. De modo que o princípio da cessão definitiva não é algo que repugna aparentemente o Bloco de Oposição, uma vez que acolheu no título a respeito da transferência de direitos autorais o mais, que é a cessão definitiva.
>
> Estamos tratando aqui da obra realizada pelo autor em virtude de contrato de trabalho. É da própria natureza, e eu não precisaria dizer isso à deputada Jandira Feghali, da relação do trabalho assalariado, a consequência do recebimento do salário, que a obra produzida pertença ao contratante.
>
> Quando S. Exa. Advoga a prevalência do contrato, está arrombando uma porta aberta, porque é exatamente isso que diz o texto do art. 36 do substitutivo; é

---

[389] Ref. 1.18, Dossiê MJ, Câmara dos Deputados, Notas, 11/12/97.

o contrato. Agora, na ausência do contrato, prevalece o próprio conteúdo da relação do trabalho assalariado.

Aloysio seguiu argumentando que a lei de 1973, quando dava a ambos, empregador e trabalhador, os direitos, não resolvia a questão; além disso, remetia aquela disposição um Conselho Nacional de Direitos Autorais para resolução de pendências, órgão então inexistente. Na votação da emenda n. 57, votaram contra o Bloco de Oposição e o PSB.

Em seguida, sobre a emenda 60, que inseria uma referência às finalidades pactuadas na obra sob encomenda – art. 37 – e que também foi objeto de subemenda semelhante àquela oferecida à emenda 57, Genoíno reforçou que era necessário inserir, no texto, a menção de que o encomendante seria detentor dos direitos somente *no prazo determinado*.

> E faço um apelo aos liberais: temos que valorizar o contrato. Quero incluir no contrato o prazo, para que as partes digam se serão 20 anos, 5 anos, 2 anos, 6 meses ou a vida inteira. Quero dar chance ao autor, ao criador, na hora em que ele fizer um contrato para entrar no mercado, e ele não é famoso, não tem presença política para que possa escolher um prazo.[390]

Aloysio Nunes Ferreira novamente discordou, afirmando que outras partes da lei já davam a proteção que José Genoíno pretendia ao cedente, além de outras, e que deveria prevalecer a liberdade contratual. Fernando Gabeira insistiu que, por causa da frequente inexperiência do autor, seria importante a lei ser pedagógica nesse sentido. José Genoíno e Fernando Gabeira foram vencidos, e a emenda foi aprovada, com subemenda.

Houve ainda uma prorrogação dessa discussão, quando a emenda n. 2, capitaneada por Jandira Feghali e José Genoíno, foi votada adiante. Era a proposição de que, na obra em contrato de trabalho, os direitos patrimoniais pertencessem tanto a autor quanto a empregador, salvo disposição contratual com finalidades e prazos determinados. Na discussão, Inocêncio Oliveira, líder do PFL, ironizou: "Isso lembra a Lei de Informática, quando se fez uma reserva de mercado durante dez anos. Os computadores, no Brasil, pareciam vídeo games, com todo respeito a estes jogos". Em um momento adiante, afirmou ainda que, "na ânsia de proteger os autores, este destaque poderia desestimular o investimento artístico".[391]

Quando se foi votar a emenda n. 3, que era a proposta semelhante em relação à obra sob encomenda, José Genoíno insistiu principalmente na limitação do prazo.

---

[390] Ref. 1.19, Dossiê MJ, Câmara dos Deputados, Notas, 11/12/97.

[391] Ref. 1.19, Dossiê MJ, Câmara dos Deputados, Notas, 11/12/97.

O poder público diz para a pessoa qual é a sua esfera pública de cidadania. Se a pessoa não quer ou vai exercer de um modo ou de outro é um problema dela, mas cabe às instituições do poder público dizer que ela pode escolher um prazo. Isso é democrático e protege mais o direito do autor. Por isso, vamos insistir nesse destaque.[392]

Jandira também se manifestaria, retomando a resposta de Aloysio Nunes Ferreira a ela:

> O Relator não está exultando a liberdade; pelo contrário, está definindo o que é do empregador e a correlação de força que definirá a possibilidade do "salvo disposição em contrário".
> Dessa forma, quero dizer – e já refutaram o argumento ideológico que acabei de ouvir aqui – que não se trata de resolver a questão ideológica do sistema de governo em que vivemos. Sabemos que estamos no capitalismo e que há relações contratuais de trabalho. Queremos que, se há liberdade contratual, a lei coloque assim e não defina a priori, sem prazo determinado, que o direito patrimonial é do empregador.[393]

Por fim, o Bloco de Oposição ficou vencido. É evidente, nas falas de José Genoíno e de Jandira Feghali, a defesa de uma solução de compromisso. Para eles, modificar o que vinha decidido sobre os arts. 36 e 37, antes das emendas, era, entretanto, parte desse compromisso. Aprovava-se assim a disposição segundo a qual, na obra sob encomenda e na obra em relação de trabalho, os direitos patrimoniais pertenceriam a comitente e a empregador. Essa história ainda teria continuidade, com direito a grandes polêmicas, no Senado.

23.3. A CÓPIA PRIVADA

Inocêncio Oliveira e José Carlos Aleluia, líder e vice-líder do PFL, propuseram destaque para votar em separado a supressão dos arts. 104 e 105 do Substitutivo, que diziam respeito à cópia privada.

> O próprio Relator nos disse que está de acordo, porque acha que foi um excesso. Sobre fita virgem é um absurdo. Um professor, por exemplo, que grava sua aula, vai pagar antes sobre a fita virgem. Acho que é um exagero pagar gravames sobre a fita virgem.[394]

Aloysio Nunes Ferreira, no momento da votação, pediu a palavra, para ressaltar que a cópia privada não era invenção dele: vinha do Projeto

---

[392] Ref. 1.19, Dossiê MJ, Câmara dos Deputados, Notas, 11/12/97.

[393] Ref. 1.19, Dossiê MJ, Câmara dos Deputados, Notas, 11/12/97.

[394] Ref. 1.19, Dossiê MJ, Câmara dos Deputados, Notas, 11/12/97.

Luiz Viana, do Senado Federal, e, naquele primeiro projeto, aplicava-se não somente sobre o suporte virgem, mas também sobre os aparelhos destinados à reprodução. Ele relatou também que a disposição estava no Projeto Genoíno, mas mais moderada – aplicada somente aos suportes virgens, e que foi essa posição que a CESP adotou. Além disso, fez uma explicação do instituto, com uma associação poucas vezes explicitada: ele é conhecido como *cópia privada* porque a lei permite a cópia privada para uso exclusivo do copista.

> Creio que há uma enorme incompreensão a respeito deste tema. Talvez nós, da Comissão Especial, não tivéssemos tido a oportunidade nem a capacidade de explicar, porque não se trata de uma cobrança a título de reparação de ato ilícito, mas, sim, uma cobrança para compensar os autores da possibilidade de que a lei oferece a realização da cópia privada para uso exclusivo do copista. A lei permite a cópia privada. Então, a título de reparação desta permissão, que não se confunde com a pirataria, é que estamos propondo essa cobrança sobre o suporte virgem.[395]

Como discutido, a cópia privada agradava a todo o espectro de defensores de titulares: foi defendida também por Jandira Feghali, falando em nome do PCdoB e do PT, com o argumento de que seriam apenas centavos em cima das fitas virgens, mas algo fundamental para os autores, e de que usos de mídias virgens alheios à cópia de obras de arte seriam, na prática, a exceção. O tema dividiu: Bloco de Oposição, PV, PPB e votaram sim; votaram não o PSDB – "para manter esse clima de compreensão e de acordo" –, o PPB, o PL – retificando voto inicial no sim –, o PFL – Inocêncio Oliveira: a medida é "cercear a capacidade criativa das pessoas" –, o PTB, e o PMDB. Jandira Feghali pediu uma votação nominal; os deputados foram convocados a Plenário. Foram trazidos argumentos como o de que "quem não tem nada a ver com a estória, não é pirata, não está fazendo nada irregularmente, vai ter que pagar pelo que os outros estão fazendo pirataria",[396] que a questão era fundamental para a indústria brasileira, e que "quem quer defender a indústria nacional, que precisa se desenvolver e gerar empregos, neste momento, tem que votar 'não'".[397] [398] Foram afinal suprimidos os dispositivos, e assim caía finalmente a previsão da cópia privada.

---

[395] Ref. 1.19, Dossiê MJ, Câmara dos Deputados, Notas, 11/12/97.

[396] Miro Teixeira, Bloco/PDT-RJ.

[397] Marcelo Barbieri, Bloco/PMDB-SP.

[398] Todas as falas foram proferidas em Plenário, e as notas encontram-se em Ref. 1.19, Dossiê MJ, Câmara dos Deputados, Notas, 11/12/97.

23.4. TRANSFERÊNCIA E CONTRATOS DE DIREITOS AUTORAIS

Um outro ponto que foi ressaltado por José Genoíno, dessa vez de forma elogiosa, foi a mudança promovida pela emenda 8, acatada pelo relator, que incluiu a licença dentre as formas de transferência dos direitos autorais.

> [...] É uma das modificações mais significativas no projeto do direito autoral, ao colocar cessão, concessão, licença ou outras modalidades.
> Quero deixar muito claro para a Casa que esta emenda trata da principal transformação que estávamos fazendo no direito autoral.
> A sensibilidade do Relator a esta matéria foi muito importante. A companheira Jandira Feghali, eu e o Deputado Roberto Brant conversamos com os artistas, com os criadores. Com a sensibilidade do Relator, pudemos chegar, na definição do direito autoral, a uma visão ampla, que protege o direito autoral e dá várias opções para o autor nesta matéria.[399]

Em retrospectiva, Muller Chaves, questionado sobre essa mudança, afirmou não ter achado problemático, do ponto de vista da indústria, a previsão da licença: "Acho que a argumentação a favor de manter a cessão... aí houve negociação, além da cessão você pode ter concessão, licença, autorização, em níveis diferentes. Acho que a lei aprimorou a 5.988 bastante. Ficou melhor".[400]

23.5. OUTROS PONTOS

Em plenário, foi aprovada também a emenda 14, que tratava dos selos de identificação para fonogramas, livros e audiovisual, com a introdução de um novo artigo nas Disposições Finais e Transitórias, determinando:

> Os fonogramas, os livros e as obras audiovisuais sujeitar-se-ão a selos ou sinais de identificação sob a responsabilidade do produtor, distribuidor ou importador, sem ônus para o consumidor, com o fim de atestar o cumprimento das normas legais vigentes, conforme dispuser o regulamento.[401]

A disposição foi adotada, adiante, no art. 113 da Lei n. 9.610/98, e regulamentada primeiro pelo Decreto n. 2.894, de 22 de dezembro de 1998 e depois pelo n. 4.533, de 19 de dezembro de 2002. Assim, se não passou a numeração de exemplares, a demanda da indústria por selos, de outro lado, foi contemplada.

---

[399] Ref. 1.19, Dossiê MJ, Câmara dos Deputados, Notas, 11/12/97.
[400] MULLER CHAVES, Informação verbal, 2017.
[401] Ref. 1.19, Dossiê MJ, Câmara dos Deputados, Notas, 11/12/97.

Diante da perda com os artigos e as emendas relativas à obra em relação de trabalho e sob encomenda, Jandira Feghali manifestou-se a favor da emenda 49 com subemenda 8, que deixava claro, nas disposições transitórias, que as leis n. 6.613 e 6.615, de 1978, continuavam em vigor. É que essas leis são as que proíbem a cessão de direitos por artistas, técnicos em diversões e radialistas:

> Quero encaminhar favoravelmente à subemenda, fazendo um registro importante de que exatamente a manutenção explícita dessas leis, permanecendo em vigor, mas expressamente colocadas no projeto, tranquiliza, em parte, os atores, os artistas e os técnicos, que teriam seus direitos conexos violados, caso essas leis não se mantivessem em vigor.
> Claro que, como está posto nos arts. n. 36 e 37, consideramos que alguns problemas não estarão resolvidos, mas compreendemos que a explicitação que também faz parte da sensibilidade do relator, e o trabalho de vários representantes de artistas e de técnicos fizeram valer essas duas leis no texto.[402]

Também no momento da votação em Plenário, o líder do PSDB, Aécio Neves, apresentou destaque para supressão do inciso V do art. 24 do Substitutivo – que previa, como prevê na Lei 9.610/98, o direito moral de "modificar a obra, antes ou depois de utilizada"; o assunto gerou alguma discussão. Aloysio Nunes Ferreira insistiu no inciso, afirmando ainda que indenizações a terceiros estavam ressalvadas pelo § 3º do próprio artigo; José Genoíno também pediu a palavra, afirmando que "isso é um direito inalienável". O PSDB retirou então o destaque.

23.6. ISENÇÕES PARA PEQUENOS NEGÓCIOS

O deputado Gerson Peres insistiu firmemente na emenda 73, do PPB, para isentar microempresas de faturamento de até 10 mil reais. Contra o parecer de inconstitucionalidade da CESP, argumentou que subsídios ou isenções poderiam ser, pela Constituição Federal – art. 150, par. 6º –, concedidas por lei. José Genoíno fez manifestação contra: "pergunto aos deputados: existe essa possibilidade em relação à energia elétrica, ao telefone e a certos impostos? Isso pode representar um problema para os direitos autorais",[403] ressalvando ser diferente o caso das rádios comunitárias, que não têm fim lucrativo. Mas Gerson Peres seguiria, afirmando também que a linha programática do governo Fernando Henrique Cardoso era justamente de favorecer micro e pequenas empresas – e deixando claro que o objetivo era isentar empresas de radiodifusão.

---

402 Ref. 1.19, Dossiê MJ, Câmara dos Deputados, Notas, 11/12/97.

403 Ref. 1.19, Dossiê MJ, Câmara dos Deputados, Notas, 11/12/97.

As emissoras de radiodifusão também são microempresas. Como estão no Plenário Líderes do PSDB, PFL, PT – na palavra do Deputado José Genoíno – e o Deputado Wagner Rossi, do PMDB, fizemos um acordo de colocar a isenção no projeto de lei que trata da radiodifusão, que tramita na casa. Espero que este acordo seja cumprido, porque vou cobrar na data exata.[404]

De toda forma, sua emenda foi rejeitada.

23.7. O ECAD, AS ASSOCIAÇÕES E O CNDA

A emenda 69 de Inocêncio Oliveira queria eliminar a substituição processual prevista em lei para as associações de gestão coletiva – algo que, como explorado no primeiro capítulo, fazia parte do ordenamento jurídico brasileiro desde a Lei Getúlio Vargas, de 1928. Em discussão do destaque, Aloysio Nunes Ferreira argumentou contra, afirmando que a associação a uma dessas entidades não era compulsória, que facilitar a gestão coletiva era sua finalidade, e que o instituto da substituição processual não só não era estranho ao direito brasileiro, como, nesse caso, era um imperativo. Inocêncio Oliveira decidiu retirar o destaque.

Um outro destaque que a bancada do PPB quis votar em separado foi a emenda 18, que determinava a criação de outra organização – a Central de Arrecadação de Direito Autoral (CDA). O deputado Eraldo Trindade retirou o destaque, "em função de termos observado inconstitucionalidade",[405] mas quis registrar que era contra o fato de que o Ecad saía fortalecido nessa lei.

É de se ressaltar que, naquele momento, o CNDA ou um órgão em seus moldes sequer foi discutido, objeto de emendas ou de manifestações pelos parlamentares

23.8. A ORIGEM DOS "PEQUENOS TRECHOS"

Há um dispositivo da Lei de Direitos Autorais que veio, nos anos recentes, sendo objeto de críticas da parte de atores ligados a discussões sobre Acesso ao Conhecimento – que, já apontamos, naquele momento sequer se manifestava no Brasil – mas também de uma forma mais ampla, que é a disposição, no art. 46, II, de que é lícito realizar uma cópia de uma obra para uso privado e sem fins de lucro, *de pequenos trechos*. A Lei n. 5.988/73 previa a possibilidade da realização da cópia privada – uma limitação e exceção, da qual deriva o instituto da cópia privada entendido como remuneração aos autores da

---

[404] Ref. 1.19, Dossiê MJ, Câmara dos Deputados, Notas, 11/12/97.
[405] Ref. 1.19, Dossiê MJ, Câmara dos Deputados, Notas, 11/12/97.

parte de produtores de suportes, justamente por existir essa possibilidade –, mas da obra *integral*; assim também previa o Projeto Luiz Viana, e os dois Substitutivos apresentados na Câmara dos Deputados. Vimos anteriormente também, no ponto 12, "Equilíbrio? Limitações e exceções ao direito de autor", que o setor do livro – SNEL, CBL e ABDR – havia apresentado fortes oposições à existência dessa limitação e exceção na lei.

A origem da restrição da limitação relativa à cópia privada encontra-se nesse momento, quando foi apresentada, em Plenário, a emenda n. 19, de Alberico Filho, Bloco Parlamentar PMDB/PSD/PRONA; Wagner Rossi, vice-líder do bloco parlamentar PMDB/PSD/PRONA; Fernando Gabeira (PV); Inocêncio Oliveira, Líder do PFL, justificando-se que serviria para evitar a cópia sem licença de livros inteiros, "por isso acarretar enormes prejuízos para os detentores do direito autoral. [...] Hoje, no Brasil, a reprodução não autorizada de obras protegidas alcança a espantosa soma de 1 bilhão de cópias por ano". Embora sejam deduzíveis quais eram os interesses por trás dessa emenda, não há registros da movimentação que tenha feito ela ser proposta.[406] Naquele momento, a emenda foi aprovada sem mais discussões, e aparentemente tampouco se atentou para suas possíveis consequências. Anos depois, travar-se-iam grandes disputas em torno desse artigo, por causa da reprografia – discutindo-se por exemplo no que consistiriam os tais pequenos trechos – e por causa da tecnologia digital, já que uma interpretação bastante comum desse dispositivo é que ele proíbe que um usuário copie, por exemplo, músicas de um CD para seu computador.

Ao contrário do que poderia ser o intuitivo, ao setor da música, das associações à indústria, não parece agradar à disposição. Em entrevista, Glória Braga, superintendente do Ecad, afirmou que o grande defeito da lei é essa limitação dos pequenos trechos, que teria sido inserida para favorecer um setor, mas teria afinal sido prejudicial para outros, inclusive para a música: "eu acho que, para uso privado, tem que poder copiar a música, e a lei é muito específica, para uso pessoal, não para compartilhamento". Muller Chaves, ex-ABPD, também afirmou não lhe agradar a disposição sobre pequenos trechos; João Carlos Éboli, advogado da Universal, dentro de uma fala sobre a necessidade de serem restritas e precisas as limitações aos direitos autorais, lamentou-se sobre os pequenos trechos, afirmando inclusive que isso prejudica a disputa pela remuneração pela cópia privada:

---

[406] Entrevistados informaram da militância, no período, do advogado Plínio Cabral em nome da Câmara Brasileira do Livro (CBL) por restringir a cópia privada a pequenos trechos, e, de forma generalizada, afirmam que se tratavam de interesses do mercado editorial.

Houve ao meu ver uma pequena involução da lei de 98 em relação à lei de 73, no que concerne ao fato de não constituir ofensa aos direitos autorais a reprodução do art. 46, II. Ora: pequenos trechos. Esse teve uma finalidade: foi evitar o uso abusivo de obras na Internet. Mas é uma utopia! Você pega uma obra literomusical com nove versos e diz que só vai copiar dois versos para obedecer a lei? Não, desde que você reproduza em um único exemplar a obra completa, não vejo problema nenhum. Essa é a realidade. E mais: isso abre caminho para você estabelecer, no Brasil, o que vem sendo tentado há muitos anos, e a Socinpro da qual eu sou advogado há muitos anos briga por isso, existe em vários países europeus e americanos, que é a cópia privada. Que nada mais é que uma remuneração de natureza autoral, baseada no princípio da utilização presumida, que oferece aos titulares de direitos uma retribuição compensatória, exatamente pelo uso da chamada cópia privada. E isso incidiria sobre um percentual calculado sobre o preço dos aparelhos aptos à reprodução sonora, gráfica, audiovisual...

Nós tentamos incluí-la, ela não foi aceita. Mas enquanto esse dispositivo aqui existir... como diz um amigo meu, primeiro a gente tem que instituir a cópia privada para instituir a remuneração. A cópia de pequenos trechos é utópica, ninguém respeita isso. [...]

Você não pode instituir uma retribuição à cópia privada se ela for ilegal.[407]

***

Aprovado o projeto nesses termos na Câmara,[408] seguiu ao Senado Federal. José Genoíno manifestou-se, fazendo uma síntese desse longo processo e das negociações que viemos relatando:

Sr. Presidente, quando esse projeto do Senado Federal chegou à Câmara dos Deputados, apresentei um projeto de direito autoral, em 1989, e vinha reapresentando-o ao longo da legislatura. Participei, ao longo desse processo, com a Deputada Jandira Feghali, de várias reuniões com artistas, praticamente em todas as capitais e cidades importantes. Tivemos, nessa fase final, quando o Deputado Aloysio Nunes Ferreira assumiu a relatoria da Comissão Especial, um trabalho intenso de disputa e negociação, sob a presidência do Deputado Roberto Brant.

Por isso, Sr. Presidente, como autor do projeto de direito autoral, agostaria de registrar que, juntamente com a Deputada Jandira Feghali, consideramos um avanço esse projeto, apesar das divergências que aqui manifestamos em relação aos arts. 36 e 37.

---

[407] ÉBOLI, informação verbal, 2017.

[408] Uma nota no jornal O Estado de S. Paulo, no dia 5 de dezembro de 1997, afirmava: "Muitos elogios na Câmara ao substitutivo do deputado Aloysio Nunes Ferreira ao projeto sobre direito autoral. Governistas e oposicionistas, nessa matéria, estão juntos".

> Desejamos parabenizar o presidente da Comissão Especial, Deputado Roberto Brant, e o Relator, Deputado Aloysio Nunes Ferreira.
> Fizemos um trabalho muito sério, com divergências, mas com muito respeito, com muita concessão mútua. Soubemos ouvir todas as partes. Foi um trabalho difícil, mas vitorioso neste final de sessão legislativa.[409]

O presidente Michel Temer elogiou a atuação e conhecimento de José Genoíno e Jandira Feghali, "porque a discutiram [a matéria] de ponta a ponta".

É notável, até esse momento, quão pouco registro há sobre a participação de representantes de autores e artistas, para além das associações de gestão coletiva – cuja representação de seus associados, vimos, também se questiona em muitos momentos. Questionado sobre o tema, Samuel Barrichello, que acompanhou a votação e os desenvolvimentos posteriores em processos legislativos de direito autoral, afirmou:

> Hoje, a criação do Procure Saber e do GAP[410] são momentos históricos, que de repente você tem pessoas pensando no próprio... numa política pública voltada para eles, mesmo. Naquela época não existia isso. Eu vejo da seguinte forma: é que naquela época o disco dava muito dinheiro, muito dinheiro. Era dinheiro para os lados. Então os artistas ganhando bem, o Ecad arrecadando cada vez mais, os discos vendendo cada vez mais [...], então era um ganha-ganha.

José Vaz afirmou também que a "classe artística" estava desmobilizada, a não ser aqueles elementos que também eram dirigentes das associações.

> Todas as caravanas de artistas que vinham, boa parte deles ou eram dirigentes, e uma parte menor artistas que tinham ou amizade pessoal ou uma proximidade muito grande com esses dirigentes. Eram sempre os mesmos; era um grupo sempre muito pequeno, delimitado. Nós só tivemos a quebra disso mesmo muito recentemente, com a associação Procure Saber.[411]

Para Vanisa Santiago, além de casos isolados, a desmobilização é, entretanto, marcante no meio da "classe artística":

> Normalmente [representantes de determinados interesses] também se utilizam de autores e artistas que emprestam seus nomes e suas imagens para campanhas de publicidade, de jornalistas e de publicações que de alguma forma se aproveitam da situação. Por outro lado, a classe artística, em sua maioria, é

---

409 Ref. 1.19, Dossiê MJ, Câmara dos Deputados, Notas, 11/12/97.

410 Organizações criadas por artistas do campo musical para atuar na aprovação da Lei n. 12.583/13, que reformou o Ecad.

411 Marcos Souza afirmou o mesmo, e também disse que a maior parte dos setores não tem organização nenhuma, a exemplo dos autores de livros e atores de teatro (informação verbal, 2016).

bastante desinformada e em alguns casos, artistas e autores terminam sendo cúmplices de um sistema que tem aspectos bastante discutíveis. Pro comodismo, receio, vantagens ou até mesmo por uma certa síndrome de Estocolmo, muitos colaboram com um imobilismo que só interessa aos grupos que se eternizam no poder.[412]

Tanto José Vaz quanto Marcos Souza atribuíram, em entrevista, a ausência de participação de autores e artistas do audiovisual à discussão da lei ter sido feita no período da "Retomada", a que se referiu atrás, quando o fim da Embrafilme teria tido um impacto em termos de desemprego e desmobilização do setor.[413] É notável, no campo do cinema, como os esforços estavam voltados para a discussão da Lei do Audiovisual, ou seja, para o financiamento ao setor por vias alheias ao direito autoral.[414] Esses elementos levam à hipótese de que a ausência de uma indústria de cinema propriamente no Brasil fazem com que o proveito econômico em termos de direitos autorais fique às margens, ou seja uma questão apenas em casos específicos de sucesso de bilheteria.[415]

Um pequeno desvio desse diagnóstico geral de desmobilização ocorreria na volta do projeto ao Senado.

---

[412] SANTIAGO, apud MELLO, 2013, p. 49-50.

[413] Informação verbal, 2016.

[414] O livro de Lúcia Nagib, *O cinema brasileiro da retomada* (2002), inclui 90 depoimentos de cineastas da década de 90; embora eles façam referência inúmeras vezes à Lei do Audiovisual, ou à revogação da Lei Sarney, não há uma sequer referência à Lei de Direitos Autorais. Mencionamos atrás também como Lucy Barreto deu depoimento no mesmo sentido: naquele período, a preocupação central em termos legislativos era a Lei do Audiovisual. VAZ, informação verbal, 2017. O capítulo sobre legislação do livro *Cinema brasileiro no século XXI*, de Franthiesco Ballerini (2012), tampouco discorre sobre direitos autorais – embora haja reflexões sobre o *status* jurídico do produtor, no capítulo sobre produção.

[415] Lucy Barreto discorreu em entrevista sobre as dificuldades que o produtor enfrenta com a repartição de bilheteria desde a "Retomada", relatando que, bastante diferentemente do que ocorre nos Estados Unidos, "país produtor", no Brasil convencionou-se que o exibidor repasse apenas 50% do valor de bilheteria para o "combo produtor-distribuidor" – e que, desses valores, distribuidor normalmente retém a parcela de 20 a 25%, sem contribuir com os custos de P&A (*prints and advertisement*). Segundo a produtora, somente em casos excepcionais atores ganham porcentagens sobre *box office* (bilheteria); a precariedade do mercado do cinema estaria ligada a uma certa acomodação dos atores na situação de receber cachê. BARRETO, informação verbal, 2017.

24. NO SENADO: O PROJETO DE DIREITO AUTORAL PAUTA A ESFERA PÚBLICA

Foi rápido o processo de aprovação da lei no Senado. O Substitutivo da Câmara chegou àquela casa em 15 de dezembro de 1997, foi lido em Plenário em 7 de janeiro de 1998, encaminhado para a CCJ, onde, em 15 de janeiro, foi designado como relator o senador Romeu Tuma (PFL-SP). Em 5 de fevereiro de 1998, o Plenário do Senado já estava discutindo o parecer do relator e votando a matéria em definitivo.

24.1. A ÚNICA GRANDE POLÊMICA: A OBRA EM RELAÇÃO DE TRABALHO E SOB ENCOMENDA

Antes mesmo de chegar ao Senado, a possível aprovação de um projeto de lei que contivesse os dispositivos segundos os quais, nas obras criadas em relação de trabalho ou sob encomenda, os direitos patrimoniais pertenceriam ao empregador ou comitente, a questão começou a levantar polêmica pública.

O Ministério da Cultura recebeu, em 18 de dezembro de 1997, uma carta do vereador do PT José Alfredo Carvalho, da Câmara Municipal de Ribeirão Preto, afirmando que, se aprovada no Senado, a lei estabeleceria a "escravidão intelectual".

> Requeremos, na forma regimental, após ouvir o Egrégio Plenário, para que conste da Ata dos Trabalhos Legislativos, Moção de Apoio ao Sindicato dos Artistas e Técnicos em Espetáculos de Diversões do Estado de São Paulo, na pessoa de sua Presidenta Sra. Lígia de Paula Souza, que luta pela anulação do Substitutivo enviado ao Congresso, uma vez que é um projeto extremamente autoritário, e os artistas, maiores interessados, sequer foram consultados.[416]

Em 29 de dezembro de 1997, o advogado Eduardo Pimenta enviou um fax a Otávio Afonso, também com o título *Escravidão intelectual* – que, já se via, se tornava mote da campanha. Vale reproduzir alguns trechos, reveladores da retórica em torno do tema:

> É natal para o rico e para o pobre? Não o é pelo menos para o trabalhador, que vive de sua criação intelectual. Foi a conclusão que, alguns atores chegaram na reunião às vésperas do natal, em São Paulo. No último dia 10, foi aprovado pela Câmara dos Deputados, o projeto de lei, de autoria do relator Aluísio Nunes Ferreira, que regulamenta os direitos autorais. Esta lei vem renormatizar o disposto na Lei n. 5.988/73.

---

[416] Ref. 3.121, MinC, CMRibeirão Preto, Carta, 18/12/97.

> O projeto-lei deve ter sofrido alguns "lobbys", como todo projeto-lei que envolve direitos, capaz de interferir no ganho de empresas ou de pessoas. Nele temos algumas disposições inovadoras, como reconhecimento de que criador intelectual é só pessoa física (art. 11), antes, estendia a criação à pessoa jurídica. Porém, nos arts. 36, 37, 38, ficou taxativamente explícito, que o criador intelectual ao firmar um contrato de prestação de serviço ou em cumprimento de dever funcional, se o contrato não dispuser nada em contrário, os direitos autorais sobre a criação intelectual serão do empregador. [...]
> Fica assim instituída a Escravidão Intelectual. Retrocedemos. Decerto que o grande beneficiário destas disposições são as grandes empresas como as cabeças de Rede, as gravadoras, as construtoras civis, dentre outros, elas exerceram de forma esmagadora o domínio econômico, sobre o ator, o cantor, o compositor, o analista de sistemas (criador do software), o arquiteto, o engenheiro, dentre outros criadores intelectuais. Todos ficaram subordinados ao poder total e absoluto do empregador.[417]

Ele seguia mencionando o inciso XIII do art. 5º da Constituição Federal, que enfatizava ser livre o exercício de qualquer trabalho, e a decisão do STF sobre a licitude da Lei n. 6.533/78, que impedia a cessão dos direitos conexos.

> Posto isso, quem irá criar? Quem cria, que obra que teremos? Que cultura o país terá? Um país só se desenvolve se houver cultura, respeito e dignidade. Esta é a lei do desestímulo da criação intelectual? Ou é a lei dos fortes para os fracos? É isto que desejamos para os nossos filhos? Os representantes do povo no Congresso Nacional, o que farão?[418]

Diversos entrevistados se referem a Eduardo Pimenta, advogado do SATED/SP, como mentor da mobilização, alguns mencionando também a importância da mobilização de artistas empreendida por Sérgio Mamberti.[419]

Havia alguma controvérsia em torno de se as consequências pretendidas pelos arts. 36 e 37 realmente se aplicariam a intérpretes e executantes, já que mencionavam apenas os "direitos patrimoniais de autor" – e não os conexos –, e continuava em vigência – e com referência expressa, no projeto – a Lei n. 6.533/78, que em seu art. 13 tornava nula a cessão de direitos patrimoniais desses atores na prestação de serviços profissionais.

---

[417] Ref. 3.124, MinC, Eduardo Pimenta, Carta, 29/12/97.

[418] Ref. 3.124, MinC, Eduardo Pimenta, Carta, 29/12/97.

[419] SANTIAGO; BARRICHELLO; informação verbal, 2016; COSTA NETTO, informação verbal, 2017. Sérgio Mamberti fez publicar, também, na Folha de S. Paulo, artigo de opinião sobre o tema, em 19 de janeiro de 1998: "O direito autoral é, acima de tudo, um direito de cidadania". No texto, fez elogia a ampla participação que envolveu o Projeto Genoíno, e afirmou que o projeto aprovado na câmara era de compromisso, entre o autor e o "empreendedor".

Essa era a posição de Otávio Afonso, em Nota Técnica enviada ao Senado pela CDA – não haveria, inclusive, qualquer inconstitucionalidade nos artigos, dado que o direito de autor previsto na Constituição não seria autoaplicativo, e nada impediria que pessoas jurídicas fossem titulares de direitos.[420] Era também a posição do próprio relator Aloysio Nunes Ferreira, em manifestação à imprensa sobre a indignação dos artistas e sindicatos: a lei aplicar-se-ia a roteiristas, autores de argumentos e autores em geral, e não aos artistas, já que "uma lei geral não revoga uma lei particular. No projeto, está dito expressamente, no artigo 119, que a lei 6.533 fica mantida. Portanto, os direitos dos artistas estão assegurados".[421]

Na mesma Nota Técnica, Otávio Afonso argumentava contra o inciso VI do art. 29 do Substitutivo, que definia a distribuição como direito patrimonial, e conjugado com o art. 5º, IV – que definia aluguel como uma forma de distribuição –, estenderia o direito de aluguel sobre todas as obras. Seu ponto era que o TRIPS limitava esse direito ao *software*, fonogramas e obras audiovisuais, e que, com a disposição, estaríamos assinando um acordo TRIPS-*plus* – "o que poderá criar problemas, no futuro, em função do Tratamento Nacional". Mas não recomendava a supressão do texto – o Projeto Luiz Viana continha a mesma disposição –, sugerindo mais estudos para uma eventual proposta de veto.

> Se é verdade que o texto é TRIPS-plus devemos ter em conta o que o país perde ao adotá-lo no seu ordenamento jurídico. Não existe nenhum estudo que garanta que a extensão do direito de aluguel conferido a todas as categorias de obras signifique relevantes perdas econômicas para o país. A questão está mais relacionada com os princípios negociadores que o Brasil tem adotado em fóruns internacionais do que evidentes prejuízos ao país.[422]

Otávio Afonso defendia também sua posição de que o inciso IV do art. 96 fosse vetado – não o foi no Senado, mas seria objeto de veto em sanção presidencial – já com o número 93, IV –. Guardamos sua argumentação para esse momento.

Ainda no dia 19 de dezembro de 1997, uma carta do (Sindicato dos Artistas e Técnicos em Espetáculos de Diversões no Estado de São Paulo (SATED/SP), dirigida ao presidente do Senado Antônio Carlos Magalhães,

---

420 Ref. 3.128, MinC, MinC – CDA, Estudo, Sem data, e Ref. 3.132, MinC, MinC – CDA, Nota técnica, sem data.

421 [S.a]. Deputado rebate críticas feitas à nova Lei do Direito Autoral. Folha de S. Paulo, 15 dez. 1997. Disponível em: <http://www1.folha.uol.com.br/fsp/ilustrad/fq151211.htm>. Acesso em: 4 out. 2018.

422 Ref. 3.128, MinC, MinC – CDA, Estudo, Sem data.

solicitava, justificando pela via do direito constitucionalmente garantido do autor, a supressão dos artigos 36, 37 e 38. O numeroso apoio com que a carta contava, em termos de assinaturas e de peso de alguns representantes das organizações, era indicativo da mobilização que se seguiria:

- SATED/SP, representado por Lídia de Paula Souza e Sérgio Mamberti
- SATED/RJ, representado por Stepan Nercessian
- SATED/AL
- SATED/BA
- SATED/CE
- SATED/DF
- SATED/ES
- SATED/GO
- SATED/MA
- SATED/MG
- SATED/PE
- SATED/PI
- SATED/PR
- SATED/RN
- SATED/RO
- SATED/SC
- SATED/SE
- SINDCINE (Sindicato dos Trabalhadores na Indústria Cinematográfica do Estado de São Paulo)
- AMAR (Associação dos Músicos, Arranjadores e Regentes)
- ABRAFOTO (Associação dos Fotógrafos de Publicidade)
- Clube da Voz (Locutores)
- Sindicato dos Radialistas do Estado de São Paulo
- Escola de Comunicação e Arte da USP
- APROSOM (Associação Brasileira dos Produtores de Fonogramas Publicitários)
- APRO (Associação Brasileira dos Produtores de DIlmes Publicitários), ADUSP (Associação dos Docentes da Universidade de São Paulo)
- ABRAMUS (Associação Brasileira dos Regentes, Arranjadores e Músicos)
- STIC (Sindicato dos Trabalhadores da Indústria Cinematográfica do Estado do Rio de Janeiro)
- APETESP (Associação dos Produtores de Espetáculos Teatrais do Estado de São Paulo)
- AMPARC (Associação Mineira de Produtores de Artes Cênicas)
- SBAT (Sociedade Brasileira de Autores Teatrais)
- SABEM (Associação de Autores Brasileiros e Escritores de Músicas)
- ASSIM (associação de Intérpretes e Músicos)
- ANACIM (Associação Nacional de Autores, Compositores e Intérpretes da Música)
- UBE (União Brasileira de Escritores)
- ABACH (Academia Brasileira de Arte, Cultura e História)

– ACRIMESP (Associação dos Advogados Criminalistas do Estado de São Paulo)
– AIAP (Associação Internacional dos Artistas Plásticos).[423]

Dentre os subscritores individuais, constavam dezenas de nomes prestigiosos, incluindo os de Ana de Holanda, Augusto Boal, Aziz Ab'Saber, Beth Carvalho, Fernanda Montenegro, Tunga, Gilberto Gil, Juca de Oliveira, Marcos Caruso, Marília Pera, Zélia Gattai, Jorge Amado e Jô Soares.

A questão ganhou grandes dimensões, no entanto, a partir do dia 8 de janeiro, quando o então presidente do Senado Antônio Carlos Magalhães recebeu as atrizes Fernanda Montenegro, Marília Pêra e Sérgio Mamberti, que reivindicavam o veto aos artigos 36, 37 e 38 do Substitutivo da Câmara, acompanhados pelo advogado Eduardo Pimenta. Segundo a Agência Senad,

> Os artistas entregaram ao senador documento elaborado por sindicatos e associações representativas de artistas, músicos, escritores, publicitários e demais titulares do direito de autor, condenando a redação dada ao projeto. O texto, subscrito também por intelectuais e artistas de renome, entre eles Jorge Amado, Gilberto Gil, Carlos Scliar e Beth Carvalho, alega a inconstitucionalidade da matéria, por ferir a garantia de que pertence ao autor o direito exclusivo de utilização, publicação e reprodução de suas obras.[424]

A reunião foi pautada mais detalhadamente pela Folha de S. Paulo, no dia 14 de janeiro de 1998, que noticiou que os artistas haviam se reunido com Aloysio Nunes Ferreira. Em entrevista, o deputado afirmava que ainda considerava que se tratava de uma interpretação equivocada do dispositivo, mas complementava que "concordei com a supressão desses dispositivos porque o projeto foi feito para proteger o autor",[425] e tal proteção estaria prevista em outros dispositivos, como a restrição da autoria à pessoa física e a criação do direito de locação. Uma matéria com entrevista com o roteirista Alcione Araújo em matéria naquele jornal, no mesmo dia, expressava uma visão importante sobre os artigos, consistente na rejeição ao modelo de *exploração econômica* identificado com a lei norte-americana:

> Um dos principais articuladores do movimento de artistas para a modificação do projeto de lei de direitos autorais, o dramaturgo e roteirista Alcione Araújo, 49, está satisfeito com as alterações prometidas: as supressões dos artigos 36, 37 e 38.

---

423 Ref. 3.149, MinC, Sated SP, Carta, 19/12/97.

424 Ref. 3.143, MinC, Agência Senad, Notas, 09/01/98.

425 RYFF, Luiz Antônio. Deputado aceita mudança em projeto. Folha de S. Paulo, 14 jan. 1998. Disponível em: <http://www1.folha.uol.com.br/fsp/ilustrad/fq140118.htm>. Acesso em: 4 out. 2018. A reunião de 8 janeiro também havia sido pautada: [S.a]. Artistas vão a ACM para mudar projeto. Folha de S. Paulo, 9 jan. 1998. Disponível em: <http://www1.folha.uol.com.br/fsp/brasil/fc090123.htm>. Acesso em: 4 out. 2018.

"Do jeito que estava ela criava uma servidão intelectual dos criadores a patrões e produtores".

Para ele, os artigos consideravam as obras como produtos. "Foram inspirados pela lei norte-americana. Nos EUA, produtores são aqueles que investiram dinheiro", opina.

Com Fernanda Montenegro, Marília Pêra e outros artistas, Araújo integrou a comissão que se reuniu com o presidente do Senado, Antonio Carlos Magalhães, na quinta-feira, para pedir que o texto do projeto de lei fosse alterado.

"ACM aceitou. Ele é um homem que tem poder. Sabe o poder que tem e sabe usá-lo. Ele nos prometeu que se o projeto não for alterado como foi combinado ele não vai colocar em votação", diz Araújo.

"A punhalada que nos seria dada pelas costas foi evitada. Mas o que nós precisamos é de um colete à prova de balas", diz.

Segundo Araújo, com o processo de globalização, a indústria de entretenimento ocupará maior espaço no próximo século.

"Estão surgindo leis de proteção aos grandes grupos e corporações que atuam nessas áreas", afirma. Para ele, o projeto de lei de direito autoral não é suficiente. Ele defende a criação de uma lei de "proteção especial aos artistas".[426]

O projeto foi então incluído na pauta da convocação extraordinária. Diversas manifestações de apoio à supressão foram enviadas ao Senador Romeu Tuma, relator do projeto – uma do Senador José Roberto Arruda (PSDB-DF) dando razão à mobilização dos artistas;[427] outra, do Sindicato dos Artistas e Técnicos em Espetáculos de Diversões do Estado do Rio de Janeiro (SATED/RJ), em 21 de janeiro de 1998; outra ainda do SATED/SP, no dia 23,[428] com muitas assinaturas também.

Há uma leitura sobre por que foram "atores da Globo", na maior parte das falas, mas, verdadeiramente, atores de televisão, aqueles a mobilizar nesse momento, que passa por serem muitos dos contratos com os atores contratos de *trabalho* – e não de prestação de serviços –, o que se soma à percepção sobre desproporção de poder econômico. Para Lucy Barreto, o baixo retorno financeiro com audiovisual no Brasil faria com que a mesma mobilização não ocorra em relação às produtoras de cinema,[429] presumivelmente porque existiria menos "sentimento de exploração".

---

426 [S.a]. Alcione Araújo apoia supressão de artigos. Folha de S. Paulo, 14 jan. 1998. Disponível em: <http://www1.folha.uol.com.br/fsp/ilustrad/fq140120.htm>. Acesso em: 4 out. 2018.

427 Ref. 3.148, MinC, Deputado João Arruda, Carta, 15/01/98.

428 Ref. 3.150, MinC, Sated SP, Carta, 23/01/98.

429 A produtora afirma que em ambos os casos há utilização da imagem e da interpretação do ator para fins de *merchandising*, mas que, no caso do cinema, o proveito do merchandising em geral cobre os custos da produção, sendo mais raro haver excedente. BARRETO, informação verbal, 2017.

24.2. OUTROS DISSENSOS NA IDA AO SENADO

Outros atores tentariam ainda fazer valer seus interesses no momento em que o projeto era discutido no Senado. A Sicam enviou uma carta – presumivelmente ao Senado –, assinada por seu presidente Chrysóstomo Pinheiro de Faria, queixando-se de que o conceito de coautoria, deixando de inserir que dizia respeito à obra original, permitia que titulares de direitos conexos tivessem a qualidade de coautores, o que faria com que autores ficassem em minoria nas decisões – diante de maestros, músicos, coralistas, intérpretes, e produtores fonográficos. Queixava-se também do parágrafo único do art. 11 do Projeto, que estendia às pessoas jurídicas a proteção ao autor, nos casos previsto na lei, argumentando que isso seria "uma aberração", porque "pessoa jurídica não cria", e a Constituição teria dado aos autores o direito exclusivo, que estaria nesse artigo sendo partilhado com pessoas jurídicas. "Partilhá-lo é agredir esta exclusividade, erigida em cláusula pétrea pela norma constitucional".[430]

A proposta da Sicam foi abraçada pelos Senadores Sebastião Rocha (PDT-AM) e Júnia Marise (PDT-MG), que sugeriram emenda supressiva em relação a esses pontos. A Nota Técnica n. 056, de 1998, da Consultoria Legislativa do Senado Federal[431] analisava as emendas e afirmava que, na impossibilidade regimental de *alteração* do substitutivo, deixar prevalecer a expressão "obra em colaboração", original do Projeto Luiz Viana, não seria adequado, porque seria "por demais abrangente", e não permitiria separar colaborações essenciais e acessórias – citando "entendimento que tivemos com Dr. Otávio Afonso, coordenador de Direito Autoral do Ministério da Cultura", no sentido de que "obra em colaboração" seria alheia à doutrina do direito autoral. Sobre a extensão da proteção às pessoas jurídicas, a Consultoria afirmava que se tratava de proteção de segundo plano, e que as pessoas jurídicas também precisavam ser protegidas "dada sua importância", e de forma a refletir "uma tendência internacional de aproximação entre os institutos de '*copyright*' e '*droit d'auteur*'".[432]

Houve também quem se manifestasse contra o Substitutivo vindo da Câmara ter previsto a existência mandatória do Escritório Central. O Projeto Luiz Viana, como vimos, continha a disposição de que as associações "poderão constituir" um escritório central. Uma carta do Instituto

---

[430] Ref. 3.122, MinC, Sicam, Carta, 22/01/98.
[431] Ref. 3.125, MinC, Senado Federal, Nota técnica, 28/01/98.
[432] Ref. 3.125, MinC, Senado Federal, Nota técnica, 28/01/98.

Brasileiro de Direito Autoral, assinada pelo advogado Mário Albanese, citava as apurações e indiciamento da CPI da Câmara de 1995, afirmando que o Projeto de Lei 5.430/90 era incoerente, "uma violência inconstitucional que não deve e não pode prevalecer".[433]

24.3. APOIO PARA APROVAÇÃO

A mobilização de artistas, que só se registrou nesse momento,[434] não se deu só de forma crítica. Marcus Vinícius Mororó de Andrade, da Amar, relata que,

> Um pouco antes do projeto ir para Plenário, fomos pra Bahia eu, Fernando Brant, Ronaldo Vasco, fomos pra Bahia visitar o Antonio Carlos. E lá pegamos o Caetano e Gil que estavam lá, e Carlinhos Brown. Então numa noite, uma sexta feira, nós nos convidamos à casa do Caetano, para fazer a combinação pra ir pra casa do Antonio Carlos, que na época era Senador.

Naquela ocasião, Antonio Carlos Magalhães teria relatado já ter travado conversas com a atriz Fernanda Montenegro, e que, apesar da mobilização pelo veto dos arts. 36, 37 e 38, sua intenção era de que o projeto fosse aprovado – a reunião de 8 de janeiro.

Gilberto Gil, relata Mororó de Andrade, teria sido reticente, naquela época, também quanto à centralização da gestão coletiva por execução pública no Ecad, ponto em relação aos quais os demais tentavam convencê-lo, lembrando-o da luta empreendida na Sombrás, no passado, pela unificação. No momento da reunião em que ACM afirmou que tinha dúvidas sobre o órgão unificado, Gil teria pedido a palavra e defendido a unificação veementemente. "A maior defesa da cobrança unificada que eu vi na minha vida!".[435] ACM teria solicitado que conversassem então com o Senador Romeu Tuma, relator do projeto, o que fizeram; e não é sem perceber a ironia que Genoíno relata essa interlocução.[436]

---

[433] Ref. 3.147, MinC, IBDA, Carta, sem data.

[434] José Carlos Costa Netto, em entrevista, discorreu sobre a dificuldade de mobilizar a "classe artística" para além dos letristas, na música, que participariam mais facilmente, em sua opinião, por representar uma produção mais "racional". Da sua experiência no CNDA, afirma que artistas de outros campos e atividades têm uma relação mais direta com a indústria, o que dá remuneração direta, e ilude que as questões de direito já estariam resolvidas.

[435] MORORÓ DE ANDRADE, informação verbal, 2017.

[436] Stepan Nercessian teria dito: "Senador, o Sr. passou a vida inteira correndo atrás da gente, agora somos nós correndo atrás do Sr. [risos]". MORORÓ DE ANDRADE, informação verbal, 2017.

José Genoíno relembra também da reunião com Antônio Carlos Magalhães, de que teria participado, e também relata terem anteriormente Caetano Veloso e Gilberto Gil, que conheciam o Senador, mostrado o desejo de promover a descentralização da gestão coletiva, no que teriam sido convencidos pelas "entidades que representam o direito à livre associação". Lembra também que Gil teria feito a defesa de "separar direito autoral e relação de trabalho ou prestação de serviços".[437]

> A coisa só foi decidida numa reunião com o Antônio Carlos Magalhães, que levamos lá a Fernanda Montenegro, o menino Moreira Salles, o Chico, o Gil, e o Caetano. Porque nem esse projeto aqui os caras queriam aprovar! Nem esse projeto aqui que é ruim, que nós não estamos representados aí, já que o nosso projeto era outro. Aí nós tentamos aprovar esse projeto, e... para mudar depois. Quando o Lula ganhou a eleição, que o Gil foi para o Ministério, e particularmente com o Juca, nós começamos a falar 'tem que mexer'.[438]

É de se notar que, depois de anos de dissenso, houvesse realmente a sensação de que havia se chegado a um acordo – amplamente atribuído à habilidade de Aloysio Nunes Ferreira, e que esse acordo devesse ser preservado.

> Então eu acho que foi um momento em que o direito autoral ficou tranquilo. Foi depois da promulgação da Lei. 9.610/98 até recentemente, quando o debate voltou a ficar mais convulsionado, e ao meu ver até havendo retrocessos. [...] Tem uma hora que a história tem que avançar, independente de quem.[439]

24.4. A DISCUSSÃO EM PLENÁRIO

No dia 5 de fevereiro de 1998, o relator Romeu Tuma leu seu parecer, passando ponto por ponto do projeto, em geral descrevendo o teor, e identificando as novidades que o projeto trazia em relação àquele que tinha sido aprovado no Senado oito anos antes: que autoria cabe às pessoas físicas, que o exercício dos direitos morais na obra audiovisual cabe ao diretor, que os direitos patrimoniais sobre a obra audiovisual não *pertencem* ao produtor no contrato de produção, mas *presumem-se transferidos* a dele – art. 38 –, e as pequenas mudanças nos artigos sobre obra sob encomenda.

---

437 ACM teria dito "eu sei, eu sei que tem que separar, meus amigos lucram muito com isso". GENOÍNO, informação verbal, 2017.

438 GENOÍNO, informação verbal, 2017.

439 "Caiu na mão do relator que era o Aloysio Nunes Ferreira. Aí a gente continuou a fazer o mesmo trabalho de conversar com um, conversar com o outro. O Muller chegou pra mim e falou: 'olha, eu sei que tem muita coisa do nosso projeto que não vai passar, é como o de vocês, tem muita coisa que não vai passar, então vamos ver onde conseguimos chegar juntos'." MORORÓ DE ANDRADE, informação verbal, 2017.

Em relação a esses pontos – a obra em relação de trabalho, obra sob encomenda e contrato de produção audiovisual – Romeu Tuma considerou que os três preceitos contemplavam muito mais os direitos do empregador do que os direitos do autor; o art. 11, que determinava que autor é pessoa física, seria o corolário do princípio segundo o qual "em primeiro lugar deve vir a proteção à pessoa criadora da obra intelectual", e às pessoas jurídicas somente em segundo plano. A regulamentação de obra em relação de trabalho e sob encomenda seria incoerente com o todo da lei.

> Os arts. 36, 37 e 38 do Substitutivo, quando utilizam a expressão "salvo disposição em contrário", estabelecem, como regra, que os direitos patrimoniais de autor pertencerão ao empregador comitente, a este e ao produtor, nas hipóteses ali mencionadas, contrariamente ao espírito norteador da proposta do Substitutivo sob exame, no seu citado art. 11, e também no seu art. 22, segundo o qual "pertencem ao autor os direitos morais e patrimoniais sobre a obra que criou".[440]

Com essas palavras, encaminhava conclusão pela aprovação do Substitutivo, com destaque para supressão dos arts. 36, 37 e 38.

Esse momento do processo soa como a exposição das entranhas do conflito que se produziu um tanto quanto silenciosamente durante quase a década toda. Consta de fala posterior de Romeu Tuma e da Senadora Emilia Fernandes (Bloco/PDT-RS) que ali se encontravam artistas – a imprensa mencionou uma comissão composta por Francisco Cuoco, Irving São Paulo, Stepan Nercessian e Bete Mendes –,[441] o que deve ser levado em conta para avaliação dos discursos que seguiram. Vários parlamentares os saudavam, e outros tantos pareciam estar destinados a agradá-los.

Antônio Carlos Magalhães, presidente da Câmara, encaminhou a votação, afirmando que ela seria separada por artigos, parágrafos, incisos, alíneas a itens; requerimento da CCJ encaminhou, no entanto, requerimento – n. 83, de 1998 – pela votação em globo de todos os dispositivos de parecer favorável, ou seja, tudo, menos os arts. 36, 37 e 38, que seriam votados separadamente. As emendas de supressão dos arts. 36 e 37 seguiam a linha de argumentação dos artistas, afirmando que o substitutivo colocava inúmeras atividades criativas do país em risco; a emenda pela supressão do art. 38 mencionava também que o conceito amplo de obra audiovisual, previsto na lei, incluía não só a obra cinematográfica mas também a área da publicidade e propaganda, da produção de CD-ROMs

---

[440] Ref. 1.21, Dossiê MJ, CCJC Senado Federal, Parecer, 03/02/98.

[441] ULHÔA, Raquel. Senado aprova projeto de direito autoral. Folha de S. Paulo, 5 fev. 1998. Disponível em: <http://www1.folha.uol.com.br/fsp/brasil/fc05029816.htm>. Acesso em: 4 out. 2018.

e outros, que seriam igualmente afetados pela disposição segundo a qual o contrato de produção audiovisual implicava transferência ao produtor dos direitos patrimoniais sobre as obras audiovisuais.[442]

Alguns senadores não estavam contentes com o que estavam sentindo como uma pressão por aprovar a lei tão rapidamente. O senador José Fogaça, do PMDB-RS, afirmou que o tema, que vinha tramitando no Congresso Nacional desde 1989, mereceria maior reflexão, "possivelmente uma audiência mais ampla e mais consistente aos diversos interesses que estão em jogo na aprovação desta matéria".[443] Sua queixa era principalmente que o Substitutivo falhava em "uma contemplação mais adequada, mais restritiva e detalhada das culturas regionais" – e aqui voltava então a preocupação com o Ecad, cuja "centralização acaba por esmagar, por desconhecer e por praticamente eliminar a presença das obras artísticas regionais no contexto da arrecadação e da distribuição". O Ecad, para ele, seria eficiente na arrecadação, mas distribuiria de forma desigual regionalmente. Ele relatou ter recebido um fax de uma sociedade arrecadadora do Rio de Janeiro, no dia anterior, afirmando que os artistas daquele Estado seriam contrários a qualquer modificação na lei; para ele, entretanto, em vez de alento, isso era motivo de desconfiança. "É evidente que os artistas do Rio de Janeiro têm que ser contrários a qualquer modificação, porque a unificação favorece essa centralização, que é absolutamente aplastado das culturas regionais"; ao mesmo tempo, entendia que destruir pura e simplesmente a estrutura vigente seria pior, e que emendar com texto novo seria impossível naquela fase da tramitação. José Fogaça tinha procurado interlocução também com Otávio Afonso, para queixar-se do tema.[444] Mas resignava-se:

> Sr. Presidente e Srs. Senadores, realmente não há como modificar essa situação, porque, cada vez que alguém tenta fazê-lo, surge um consagrado intérprete ou compositor, que tem sede no Rio de Janeiro ou em São Paulo, e dá uma opinião que acaba por derrubar esses pobres marginalizados, criadores culturais das regiões brasileiras.
>
> Lavro, portanto, este protesto; registro esta grande insatisfação com o comportamento do Ecad e das elites que desrespeitam a cultura regional brasileira. Faço-o em nome daqueles que aqui não podem falar.[445]

---

442 Ref. 3.153, MinC, Senado Federal, Emendas de plenário, jan/98.

443 Ref. 1.21, Dossiê MJ, CCJC Senado Federal, Parecer, 03/02/98.

444 Samuel Barrichello afirma que José Fogaça procurou o Executivo para discutir o assunto, com reclamações dos músicos do Rio Grande do Sul, e da baixa representatividade do Ecad. BARRICHELLO, informação verbal, 2016.

445 Ref. 1.21, Dossiê MJ, CCJC Senado Federal, Parecer, 03/02/98.

O mesmo ponto foi trazido depois pelo Senador Lúcio Alcântara (PSDB-CE). Romeu Tuma rebateu que, de qualquer forma, a lei não resolveria esse ponto, já que "essa decisão é de caráter privado; portanto, vai depender, sem nenhuma dúvida, das associações que definirão o comportamento do Ecad no escritório central". Convidava o Senador José Fogaça a discussões mais profundas, com apuração e punição pelo Ministério Público.

Seguindo, Romeu Tuma contou ter realizado várias reuniões sobre o projeto, com a participação de artistas, cuja reivindicação principal era a supressão dos arts. 36, 37 e 38 do substitutivo.

> Da forma posta – explicaram – dar-se-ia proteção ao empregador, pois este, para celebrar o contrato de trabalho, poderia compelir o autor ou o artista, o criador intelectual, a ceder de antemão os direitos patrimoniais sobre a obra ou representação dramática, propiciando que fosse reproduzida quantas vezes se quisesse, sem qualquer pagamento aos seus criadores.
> Temiam que somente aqueles que cedessem os direitos sobre suas criações intelectuais seriam contratados. [...] Em situação ainda mais desvantajosa estariam os iniciantes e artistas menos famosos para negociar seus contratos com gravadoras, editoras, empresas de radiodifusão e produtoras de cinema.[446]

Também Pedro Simon relatou contato com artistas, queixosos dos arts. 36, 37 e 38, que teria levado a uma situação "irracional" e "absurda":

> Se um artista tem um programa numa emissora de TV e, terminado o contrato, muda-se para outra emissora, pode ter seus programas repetidos pela empresa em que deixou de trabalhar, durante o tempo que ela quiser, o que desmoraliza o programa novo, sendo que o artista não recebe nada pelo programa antigo.[447]

E queixou-se também do apressamento – "o projeto de autoria do Senador Luiz Viana Filho, que morreu já há tanto tempo, ficou na gaveta do plenário da Câmara dos Deputados durante anos e anos. Depois, sem mais nem menos, de uma hora para outra, foi aprovado". Isso teria sido queixa de artistas, que não estavam sabendo sequer da aprovação na Câmara; lamentava-se do regime de urgência urgentíssima, e de não poder ter ouvido "pessoas que têm muito a dizer".[448]

> Votaremos favoravelmente. Sr. Presidente. Felizmente, uma parte do problema estamos reparando. Votaremos favoravelmente, mas a V. Exa, que está presidindo a Casa, solicitamos que mantenha entendimento com o Presidente da Câmara. Há um prazo normal. Quer-se votar a favor, vote-se a favor; quer-se rejeitar,

---

[446] Ref. 1.21, Dossiê MJ, CCJC Senado Federal, Parecer, 03/02/98.
[447] Ref. 1.21, Dossiê MJ, CCJC Senado Federal, Parecer, 03/02/98.
[448] Ref. 1.21, Dossiê MJ, CCJC Senado Federal, Parecer, 03/02/98.

rejeite-se; quer-se alterar, altere-se; quer-se apresentar substitutivo, que seja apresentado. Mas deixar o projeto durante dez anos na gaveta e de lá tirá-lo e votá-lo, correndo, como fizeram, não é maneira de legislar, Sr. Presidente! Voto favoravelmente.[449]

O mesmo foi trazido pela Senadora Emilia Fernandes, que achou que a matéria merecia mais discussão, celebrava a supressão dos arts. 36, 37 e 38, e relatava que havia outro ponto sendo questionado pelos artistas, que, se extrai da sua fala, era o da obra coletiva, na medida de os direitos poderem ser exercidos por pessoa jurídica; a ausência do requisito de originalidade, na lei, pioraria a situação. Lamentava, também, que a questão não pudesse ser mais discutida pela urgência e pela única possibilidade ser a supressão.

Antônio Carlos Magalhães contemporizou, afirmando que muitos dos interessados debateram ativamente com os Senadores. O Senador Ramez Tebet trouxe à tona a morte então recente de Silvio Caldas para registrar lamentações contra o sistema que não remuneraria adequadamente – Silvio Caldas teria morrido pobre: "creio que a aprovação desse projeto pelo Senado deveria ser dedicada a ele. No fundo da nossa consciência e do nosso coração creio que a dedicamos a Silvio Caldas e aos seus familiares". O Senador José Roberto Arruda (PSDB-DF) arrogava a si a autoria das emendas supressivas dos art. 36, 37 e 38 – Benedita da Silva teria apresentado três emendas na mesma linha – afirmando inclusive que eles contrariariam os dispositivos constitucionais sobre direitos dos autores. A fala do Senador Lúcio Alcântara (PSDB-CE) revelou também que não eram somente os artistas de televisão que vinham se manifestando contra aqueles dispositivos, mas também setores responsáveis pela "realização de obras de referência – enciclopédias, dicionários e outros semelhantes", que teriam debatido na CCJ.

Sua fala revela também que a aprovação dessa lei, mais a lei de patentes, de cultivares e a de *software*, todas aprovadas fazia pouco tempo, eram vistas como

> [...] um conjunto de leis que serve para atualizar a posição brasileira em relação a essas questões, que é uma exigência do próprio processo de globalização, de integração das economias e respeito ao processo criativo.
> Enfim, temos que saudar a aprovação desse projeto como mais um passo que o Brasil dá no caminho da modernidade, no caminho da sua integração junto a outros países, o que fazemos com grande esforço, porque temos que superar dificuldades internas, vencer resistências e hábitos há muito sedimentados na nossa sociedade, no nosso povo.[450]

---

449 Ref. 1.21, Dossiê MJ, CCJC Senado Federal, Parecer, 03/02/98.
450 Ref. 1.21, Dossiê MJ, CCJC Senado Federal, Parecer, 03/02/98.

O Senador Artur da Távola (PSDB-RJ) fez uma fala no mesmo sentido, inserindo a aprovação da lei autoral no contexto das outras, e deixando claro que se via a lei de direitos autorais como um ímpeto de "modernização":

> Há cerca de um ano e meio, votamos a Lei de Patentes. Votamos um pouco antes, na Legislatura passada, a Lei da Informática, que abriu caminho para todo um novo campo de expansão da informática no Brasil. Votamos, há dias, a lei que regula o Direito Autoral nos softwares, já, portanto, entrando na matéria do Direito Autoral na profundidade de seu uso pela informática; e agora viramos esta lei que regula o Direito Autoral no Brasil.[451]

Ele retomou também o processo constituinte, afirmando que a cláusula relativa ao direito de autor passou pela comissão da qual ele era relator, e que via o direito a se concretizar com a votação das leis. "Esta é uma das matérias de mais difícil regulamentação do mundo inteiro, porque o direito autoral hoje penetra em formas de autoria novas, inusitadas, inesperadas, tendo em vista os avanços tecnológicos e a possibilidade multiplicadora destas". Saudou que a Constituição tenha previsto a "proteção às participações individuais em obras coletivas, recordando que à época teriam sido acusados de estar a prejudicar algo, "inclusive por setores radicais".

> Mas, ao contrário, vislumbrando o futuro, rasgamos a possibilidade de hoje votarmos, neste magnífico acordo, uma lei que vai ter que ser mexida e mudada permanentemente, porque já vai longe o tempo em que as leis estavam libertas da tecnologia e podiam durar um século.
> Ao tempo da tecnologia, possivelmente, as leis têm uma duração muito menor, porque todas elas são subordinadas a um avanço inimaginável nessa ordem.[452]

O Senador Bernardo Cabral (PFL-AM), citado no discurso de Artur da Távola, pediu a palavra para saudar a constituição, "tão apedrejada e fazem tantas restrições a ela, mas, hoje, aqui, só é possível este acordo de ordem geral porque há um texto constitucional a dar-lhe respaldo".[453] Encaminhou-se a votação; os artigos com recomendação de aprovação foram aprovados por unanimidade, algumas diferenças de mera redação foram adotadas,[454] e os arts. 36, 37 e 38 foram rejeitados.

---

[451] Ref. 1.21, Dossiê MJ, CCJC Senado Federal, Parecer, 03/02/98.
[452] Ref. 1.21, Dossiê MJ, CCJC Senado Federal, Parecer, 03/02/98.
[453] Ref. 1.21, Dossiê MJ, CCJC Senado Federal, Parecer, 03/02/98.
[454] Ref. 3.123, MinC, MinC – CDA, Estudo, Sem data.

João Carlos Muller Chaves, quase duas décadas depois, expressou seu descontentamento com os acontecimentos no Senado. "O Antonio Carlos Magalhães, que eu não perdoo, que estragou a definição de obra coletiva, suprimindo 3 artigos que fazem falta na lei [36, 37, 38]. Pode ser vaidade, porque o texto era meu. [...] Estava bonitinho. Mano militar, né?".[455] Para ele, os artistas estariam mal informados, já que seus direitos estavam garantidos pelas leis 6.533 e 6.615 de 1978, não revogadas e inclusive mantidas em vigor expressamente no projeto, o que seria "desaconselhado do ponto de vista técnico", mas teria sido feito para evitar o que ocorreu.

Também para Vanisa Santiago, a supressão daqueles artigos teria sido um equívoco: apesar de ter-se interpretado naquele momento que o comitente e empregador seriam "donos" de tudo que era produzido pelos artistas, "não era isso, as obras por encomenda eram tratadas como são tratadas em todo lugar do mundo". Santiago avalia que a presença dos artigos era positiva, porque eles determinavam que a obra por encomenda seria de propriedade do encomendante *exclusivamente para a finalidade da encomenda*, o que seria, em sua opinião, mais protetivo: na ausência da disposição, "fica valendo apenas o negociado no livre mercado", com sua desproporção de forças.[456]

Vale nesse momento apontar que entrevistados atuantes como advogados no setor do entretenimento são uníssonos no sentido de que a regra, no cinema nacional, é a cessão dos direitos dos artistas, a despeito da proibição existente na Lei n. 6.533/78, e da supressão dos artigos 36, 37 e 38 – da qual os artistas nunca teriam se beneficiado verdadeiramente.[457] Lucy Barreto expressou, também em entrevista, que os procedimentos adotados na área audiovisual são padronizados internacionalmente, o que se expressa contratualmente – porque "o cinema é uma atividade industrial".[458] Houve também quem apontasse que a regra pretendida por aqueles artigos, e que surge como demanda periodicamente, embora discursivamente seja inspirada no *work made for hire* do direito norte-americano, não estaria em consonância com esse instituto, por criar uma presunção legal que não é o espírito dele.[459]

---

[455] MULLER CHAVES, informação verbal, 2017.

[456] SANTIAGO, informação verbal, 2016.

[457] Advogado (que solicitou anonimato), informação verbal, 2017.

[458] Informação verbal, 2017. A entrevistada tampouco apresentou questões quanto à supressão do art. 38, equiparando, em sua fala, o produtor ao diretor e ao autor do argumento literário, em termos de direitos. Isso indica que a prática do audiovisual não parece ter sido impactada pelos acontecimentos narrados.

[459] O direito norte-americano define o *work made for hire* como: "[...] uma obra preparada por um empregado no âmbito do seu emprego; (2) uma obra especial-

De outro lado, o advogado Claudio Lins de Vasconcelos afirmou que a ausência da regra aumentou os "custos de transação" para a indústria: o instituto que poderia dar a produtores fonográficos e audiovisuais a titularidade originária dos direitos patrimoniais, que é o da obra coletiva –cuja titularidade pode ser da pessoa jurídica organizadora –, é de interpretação controversa; por segurança jurídica, são negociadas as cláusulas de cessão de direitos que acabam por operar os mesmos efeitos, o que implica em custos de um lado, e maior poder de barganha do lado dos autores e artistas.[460]

25. A SANÇÃO PRESIDENCIAL

Em 6 de fevereiro de 1998, antes da sanção presidencial, o Ministro da Cultura Francisco Weffort recebeu uma carta de Marcus Vinícius Mororó de Andrade, presidente da Amar, que afirmava que o Senado, quando suprimiu os arts. 36, 37 e 38 do projeto de lei, deixara passar um outro dispositivo que tinha o mesmo espírito: o par. 2º do art. 17, que dava ao organizador de obra coletiva – que poderia ser pessoa jurídica – a titularidade sobre a obra. O que a Amar queria era que o Ministério da Cultura envidasse "os esforços necessários" para o veto daquele parágrafo. A Amar desejava também o veto do inciso IV do art. 93, que, "de forma talvez excessiva, confere

---

mente encomendada ou comissionada para uso como contribuição para um trabalho coletivo, como parte de um filme ou de outra obra audiovisual, como tradução, como uma obra suplementar, como uma compilação, como um texto instrucional, como uma prova, como um material de respostas para prova, ou como um atlas, se as partes concordarem expressamente em um instrumento escrito assinado por elas que o trabalho deve ser considerado um trabalho feito por encomenda" (17 U.S.C. § 101). A presunção existe somente para os casos de relação de trabalho, mas não os encomendados, que exigem acordo assinado. (tradução minha)

No original: "[...] a work prepared by an employee within the scope of his or her employment; or (2) a work specially ordered or commissioned for use as a contribution to a collective work, as a part of a motion picture or other audiovisual work, as a translation, as a supplementary work, as a compilation, as an instructional text, as a test, as answer material for a test, or as an atlas, if the parties expressly agree in a written instrument signed by them that the work shall be considered a work made for hire" (17 U.S.C. § 101)".

460 Em sua tese de doutorado, transformada em livro (2013) Claudio Lins de Vasconcelos fez estudo de caso sobre os custos do Canal Futura com direitos autorais ao longo do tempo, mostrando como, de marginal, tornou-se parte significativa do orçamento (de zero, em 1997, a um variável de 3 a 20% de cada projeto). Ele acredita que o motivo não seja somente a ausência daqueles arts. 36, 37 e 38, mas também uma mudança cultural: uma tomada de consciência sobre o direito autoral. VASCONCELOS, informação verbal, 2017.

ao Produtor Fonográfico poderes análogos aos do autor", o que, afirmava, feria Convenções Internacionais e as regras da Confederação Internacional de Sociedades de Autores e Compositores (CISAC).[461]

Atendendo à solicitação da Subchefia para Assuntos Parlamentares da Presidência da República,[462] a CDA/MinC elaborou duas notas técnicas, uma sobre a Lei de Software e outra sobre a Lei de Direito Autoral, para subsidiar a sanção presidencial. Sobre a Lei de Software, afirmava que a disciplina era adequação ao TRIPS e aos novos tratados da OMPI, e que, apesar de a CDA ter defendido que a matéria fosse tratada dentro da Lei de Direitos Autorais, tinha sido vencida e não via motivos para qualquer veto.[463] Já quanto à Lei de Direitos Autorais, as considerações eram mais extensas. O principal problema identificado pela CDA era que, de forma semelhante à Lei 5.988/73, o texto aproximava direitos de autor e direitos conexos, "prejudicando, em alguns momentos, o exercício dos direitos conferidos"; além disso, mencionava a ausência de parte penal no corpo da legislação, diferentemente de outras legislações de propriedade intelectual, um conceito de obra coletiva muito extenso, que poderia "vir a prejudicar os autores envolvidos no processo criativo deste tipo de obra", uma falta de definição da "tutela administrativa, prejudicando a fiscalização do monopólio criado para a gestão coletiva de direitos", a ausência de regras relativas à exaustão e direito de aluguel muito amplo – deveria limitar-se a *software*, obras fonográficas e audiovisuais –, e "desnecessário disciplinamento sobre as formas de utilização de obras protegidas".[464] Em análise anterior, Otávio Afonso havia já se manifestado no sentido de que o direito de *making available* para produtores fonográficos "não foi incluído no texto final do Tratado [WPPT, da OMPI] por absoluta falta de consenso", e que a disposição seria então "OMPI-II-plus", e uma solução que "produziria uma grande confusão".[465]

A Lei n. 9.610/98 foi sancionada em 19 de fevereiro de 1998, pelo presidente Fernando Henrique Cardoso, em conjunto com a Lei n. 9.609, que regulava o *software*. Seu discurso na ocasião merece reprodução completa. Os grifos são nossos:

---

461 Ref. 3.145, MinC, Amar, Carta, 06/02/98.

462 Ref. 3.137, MinC, Presidência / MinC – CDA, Nota técnica, 09/02/98. Foram consultados também o Ministério da Justiça, o das Relações Exteriores, da Ciência e Tecnologia, e da Indústria, do Comércio e do Turismo.

463 Ref. 3.134, MinC, MinC – CDA, Nota técnica, 11/02/98.

464 Ref. 3.135, MinC, MinC – CDA, Nota técnica, sem data.

465 Ref. 3.128, MinC, MinC – CDA, Estudo, Sem data.

Senhor vice-presidente, Dr. Marco Maciel,
Senhor ministro Weffort, ministro Vargas,
Senhores ministros de Estado que aqui se encontram, das Relações Exteriores, Chefe da Casa Civil,
Senhores líderes e relatores,
Senadores, deputados, a maioria dos quais já foi designada anteriormente, aqui, que nos dão a honra da presença,
Senhores e senhoras representantes da comunidade científica, da comunidade artística,
Senhoras e senhores,
Eu falarei muito pouco porque creio que o essencial foi dito pelos ministros que me antecederam.
Primeiro, se me permitem, eu gosto sempre de misturar um pouco as solenidades com coisas um pouco, até, às vezes, pequenas e pessoais, mas *a mim me dá uma grande alegria, hoje, poder firmar aqui uma lei que regulamenta a questão da propriedade intelectual no que diz respeito ao software.*
E aí eu queria só me referir a dois pequenos fatos: um, é que eu sou da época pré-software. Muito pré-software. Recordava-me, enquanto firmava essa lei, que quando me iniciei fazendo alguns trabalhos de pesquisa, na Universidade de São Paulo, isto na década de 50, o professor Vargas já era professor... E, naquela época, nós tínhamos que fazer alguns esforços para introdução de certas técnicas estatísticas na análise de problemas sociais, e era uma enorme dificuldade. Nós, evidentemente, tínhamos curso de estatística, tínhamos curso de análise matemática que, para mim, foi muito difícil. O professor Weffort era tão ruim quanto eu na matéria, mas fazia-se um grande esforço para entender alguma coisa e havia um momento em que era preciso fazer uma aplicação prática daquilo.
E, na época, havia um livro, nos Estados Unidos, famoso sobre e outros autores, que eram os primeiros sociólogos, os primeiros não, mas eram sociólogos americanos que estavam utilizando técnicas de análise matemática um pouquinho mais sofisticada e de análise estatística, fazer escalas e não sei o quê, e eu li esses livros, não entendia quase nada, tinha muita dificuldade e pedi apoio dos meus professores de estatística, que não tinham a menor noção do assunto porque não havia familiaridade entre os modelos que se estavam criando e as práticas de análise. Notadamente, na Faculdade de Economia, havia um professor, inglês, excelente professor de estatística, esse é que sabia um pouco mais das coisas.
Bom, então, quando eu fui tentar pôr em prática isso, tínhamos que operar os computadores, não eram computadores, era aquela máquina separadora, eu nem sei o nome. E você tinha que perfurar a mão, depois entrava naquela maquininha e tinha um aparelhinho que contava os bolinhos de fichas que caíam e a gente anotava a mão os resultados dos cruzamentos. E só se fazia, pelo menos na minha época, eu fiz na Faculdade de Medicina, porque lá havia um professor chamado Saad, que depois foi presidente da FAPESP e reitor da UNESP, e a Dra. Elza Berquó, que depois trabalhou conosco, que entendia um pouco das coisas, mas o computador era utilizado para o pagamento de

pessoa. Então, nós tínhamos que a parte de administração (sic) para tentar utilizar uma técnica deste tipo.

Bem, isso era o Brasil anos 50. Nos anos 60, na França, não era diferente. Hoje, não está aqui uma pessoa que trabalha comigo, o professor Luciano Martins, mas eu tentei com o Luciano, e até eu sabia um pouquinho mais porque tinha tido essa experiência lá de São Paulo, também para tentar fazer um trabalho que nós escrevemos – eu escrevi um, ele escreveu outro – utilizar, enfim, um instrumental para análise científica.

Também na Universidade de Nanterre, era na administração que nós íamos para poder utilizar um computador, para tentar utilizar, até que eu descobri, por um amigo meu, que era argentino e que trabalhava nessa matéria, no aeroporto, então, de Orly, que era o aeroporto que se utilizava, que lá havia uma capacidade um pouco melhor de análise. Isso foi ontem.

Hoje, nós estamos aqui no Brasil regulando software e o ministro Vargas acaba de dizer que nós estamos vendendo software para robô, 25 milhões de dólares. Não é muito, mas é alguma coisa. Então, o salto é imenso. *Quer dizer, no decorrer de uma vida, nós passamos da absoluta inexistência de qualquer instrumental de análise mais sofisticada, em matéria de computação, para a regulação da produção intelectual, nem mais de hardware, mas de software. Quer dizer, é uma coisa extraordinária.*

É compreensível, por isso mesmo, que nós, brasileiros, tenhamos apanhado muito nessa matéria. Muitos de nós, eu inclusive, defendemos a antiga lei de informática como a salvação de tudo, porque nós achávamos que tínhamos que recriar a pólvora e achávamos que era preciso, então, uma proteção à competição e refazer tudo aqui. Os dados mostram – como disse o ministro Vargas – que, com a mudança da nossa atitude, houve um aumento da produção.

Já como senador pude participar, juntamente com o então senador Nelson Wedekin e com o senador Roberto Campos, de uma tentativa de modificação dessa matéria. E eu me recordo, era líder do MDB e indiquei o senador Nelson Wedekin para ser o relator, *o senador Roberto Campos ficou assustadíssimo*, porque tanto eu quanto o Wedekin tínhamos uma visão, que hão ver (sic), do senador Roberto Campos, ele acha a mesma coisa hoje. Uma visão que não era o que vocês hoje chamam de neoliberal. E não é até hoje. *Então, ele tinha medo de que nós não fôssemos capazes de entender o processo necessário de abertura. Nós entendemos. Entendemos e começamos a modificar uma série de regulamentos.*

O ministro Vargas mencionou o fato de que quando eu estava no Ministério das Relações Exteriores pude participar, juntamente com ele, com o ministro Eduardo Vieira e outros mais, de uma mudança mais recente, no que diz respeito à concepção geral do Brasil sobre propriedade intelectual. Custou-nos mudar essa concepção e muitos parlamentares participaram desse enorme esforço de revisão da nossa mentalidade, e aí eu me empenhei mais a fundo, porque já foi na década de 90, eu estava muito longe da década de 50, e *tinha entendido que o mundo havia mudado, e que nós também precisávamos, enfim, mudar as nossas concepções, as nossas práticas, a nossa legislação.*

E, hoje, eu estou quase finalizando aos sinais dessa lei, sobre o software. *Quase finalizando o conjunto de medidas necessárias.* Porque nós temos a lei de patentes, temos a lei de cultivares, que permite também a mesma coisa no que diz respeito à parte agronômica. Falta, ainda, algo na lei para biodiversidade, que não é exatamente no mesmo âmbito, mas nós precisamos trabalhar nessa matéria. Falta alguma de circuito integrado, eu suponho. *Enfim, falta, ainda, alguma regulamentação, alguma regulamentação que permita, realmente, garantir a criatividade intelectual e assegurar os direitos daqueles que produzem, intelectualmente.*
De modo que o percurso foi um pouco vagaroso, talvez, mas está sendo feito no decorrer, no fundo de algumas décadas no *Brasil, realmente, se colocar em condições de competir, de uma maneira produtiva e criativa.*
É claro que, no que diz respeito, mais especificamente, à lei do direito autoral, isso tem nossa tradição de produção artística – como disse o ministro Vargas – é muito maior, e nós já temos uma longa tradição, problemas grandes, e precisávamos enfrentar as dificuldades todas, e o ministro Weffort chamou a atenção, porque é essencial. Foi um debate extremamente aberto, extremamente democrático, que implica, naturalmente, conceder aqui, ali, avançar um pouco, não avançar tudo que se deseja, mas compor um conjunto de regulamentos. Eu creio que os deputados aqui presentes, notadamente [...] (*sic*) *Aloysio Nunes Ferreira, que me escreveu uma carta, pedindo para eu não vetar nada, e muitos pediram. Mostra, exatamente, o deputado Aloysio sabe, mais os outros parlamentares, que isso foi uma composição complexa.* O governo achou melhor deixar essa composição complexa, como esta, *apenas um ou outro reparo técnico*, menor, porque mais tarde, se houver algum inconveniente, corrige-se. Eu acho que, por consequência, nós podemos dizer que, ao firmar esses dois diplomas legais, hoje, nós estamos dando um avanço grande, no respeito que nós temos que ter ao criador intelectual que se garantem os direitos, garante a liberdade de criatividade, a expansão do espírito. E sabe-se que, hoje, cada vez mais os bens culturais são bens econômicos, *têm repercussão na área econômica.*
Nós precisamos, também por essa razão, embora ela não seja a única, e muitas vezes nem o principal, garantir condições que permitam investimentos maiores, mas nós não podemos deixar que esse investimento liquide o direito, e até os interesses materiais do produtor individual, da pessoa que realmente está produzindo, porque nessas áreas, seja em ciências e tecnologias, seja na área cultural – se bem que, como todo produto humano, seja um produto social, e, portanto, depende de relações, de instituições, etc. – são áreas nas quais chega um momento em que *a imaginação individual é insubstituível, e que, portanto, tem que ser, também, valorizada devidamente, porque é assim mesmo.* Quer dizer, são áreas em que a pessoa vale, em que alguém que descobre, que inventa, que imagina, que cria, vale, não é? Daí o exemplo de que a Brigitte Bardot, sozinha, vale mais do que a Renault. Eu digo isso sem pedir desculpas aos diretores da Renault porque eu prefiro a Brigitte Bardot que a Renault.
Mas eu acho que, realmente, é necessário preservar, portanto, tudo que diz respeito à criatividade. Eu espero que essas leis que nós, hoje, estamos assinando,

dado que elas foram produtos dessa discussão imensa na comunidade científica, cultural e com o Congresso e que elas alcancem esses objetivos e, certamente, alguma falha que possa ocorrer. Juntos, em cooperação, nós a corrigiremos. Muito obrigado aos senhores.

O discurso do então presidente Fernando Henrique Cardoso expressa, de um lado, percepção de que existia um conflito entre um modelo de exploração econômica, e, de outro, a guarida à "imaginação individual". Expressa também a ideia de modernização e abertura presente por detrás da agenda do governo em reformar leis de propriedade intelectual, de que suas preocupações estavam mais próximas da aprovação da Lei do Software que dá Direitos Autorais, e como a agenda sobre o *software* no Brasil estava ligada àqueles conflitos dos anos 80, sobre reserva de mercado, e as pressões norte-americanas que o Brasil sofreu.

Na ocasião, foram vetados dois dispositivos da Lei: o início IV do art. 93, e o artigo 111.

> Art. 93. O produtor de fonogramas tem o direito exclusivo de, a título oneroso ou gratuito, autorizar-lhes ou proibir-lhes:
> I – a reprodução direta ou indireta, total ou parcial;
> II – a distribuição por meio da venda ou locação de exemplares da reprodução;
> III – a comunicação ao público por meio da execução pública, inclusive pela radiodifusão;
> Vetado: [IV – todas as utilizações a que se refere o artigo 29 desta Lei a que se prestem os fonogramas];
> V – quaisquer outras modalidades de utilização, existentes ou que venham a ser inventadas.
> Art. 111. Prescreve em cinco anos a ação civil por ofensa a direitos autorais, contado o prazo da data de ciência da infração.

A Justificativa do veto, encaminhada no dia 19 de fevereiro pelo Ministro de Estado Chefe da Casa Civil da Presidência da República, Clovis de Barros Carvalho, ao Senador Ronaldo Cunha Lima – Primeiro Secretário do Senado Federal –,[466] alegava que "fonograma não é obra" – o artigo 29, a que o inciso IV se referia, diz respeito aos direitos patrimoniais dos *autores*; que o inciso V do art. 93 seria suficientemente protetor dos interesses dos produtores fonográficos; e que o inciso IV seria mais extensivo que os direitos conferidos nos tratados internacionais. Justificava o veto também do artigo 111, afirmando que a legislação então vigente – Código Civil de 1916 – disciplinava melhor a questão, porque o prazo prescricional deveria correr da data da violação, e não do conhecimento da infração.

---

[466] Ref. 3.142, MinC, Presidência, Veto / Lei, 19/02/98.

O veto do art. 111 parece ter tido caráter meramente técnico;[467] diversos relatos reconhecem que a pessoa por detrás do veto do 93, IV era certamente Otávio Afonso, da CDA-MinC, que intercedeu junto à assessoria do presidente.[468] Já foi adiantado, no item 19, "As novas tecnologias, ou o emergente futuro digital", como a eliminação desse inciso destrói toda uma sistemática elaborada pela indústria fonográfica para que o direito de distribuição digital, previsto no art. 29, fosse o "direito da Internet", e, no campo da música, ficasse sob a alçada das gravadoras; isso dependia, entretanto, daquele inciso, que garantia todos os direitos do art. 29, inclusive o de distribuição digital, aos produtores fonográficos. Muller Chaves, em entrevista, pontuou sua insatisfação claramente:

> Eu não sou cabotino, mas tenho que falar. Eu tinha preparado uma versão para o texto da lei, e que o direito de *making available* era um parágrafo daquela numeração de direitos – equipara-se à distribuição… Era tecnicamente melhor. Mas daí acabou atrapalhando, ficou meio torto, mas ficou. Foi o Otavio Afonso. Pessoalmente eu até me dava bem com o Otávio Afonso, tinha camaradagem. Mas ele era muito endandinado [?] com essas coisas. E a maldita ideologia… a indústria musical é multinacional. No mundo inteiro é multinacional! Porque a música é multinacional! Em suma, atrapalhou. Atrapalhou bastante.[469]

Para Muller Chaves, Otávio Afonso não queria ver o direito de making available garantido às gravadoras "para não dar mais força aos EUA, não dar mais força ao capital", ou, ainda, "porque era uma reivindicação americana. Não tinha motivo técnico" [...] [O Otávio] era um bom adversário, um adversário leal. Essa, não. Esse veto ele escondeu de mim".[470]

Questionado sobre se, na prática, a ausência do dispositivo produziu os efeitos esperados, ou seja, que o direito de distribuição digital não se

---

[467] Entrevistados afirmaram que o prazo de prescrição correr após ciência da infração seria um equívoco – "imagina um filho ficar sabendo de uma infração 50 anos depois, e mover uma ação?". MULLER CHAVES, informação verbal, 2017. O relatório de Aloysio Nunes Ferreira na Comissão Especial afirmava, ao não aceitar o aumento do prazo de prescrição do Projeto Genoíno para 10 anos, que "a prescrição visa à pacificação social, impedindo que os conflitos se prolonguem no tempo", o que indica que possivelmente a questão do termo inicial tenha realmente passado despercebida. Ref. 3.92, MinC, Deputado Aloysio Nunes Ferreira, Relatório, 10/09/97, p. 23. Ao mesmo tempo, até hoje não haveria clareza na jurisprudência sobre que prazo de prescrição se aplica. BRAGA, informação verbal, 2017.

[468] SOUZA; SANTIAGO; BARRICHELLO, informação verbal, 2016; MULLER CHAVES, informação verbal, 2017.

[469] CHAVES, informação verbal, 2017.

[470] CHAVES, informação verbal, 2017.

aplicasse aos produtores fonográficos, Muller Chaves respondeu: "Não haveria toda essa dúvida, que ainda há um pouquinho em jurisprudência, se realmente é distribuição, se não é. Estaria mais claro. Para mim é claríssimo, mas eu sou suspeito".[471]

No Plenário da Câmara, o veto foi aprovado em sessão do dia 22 de novembro de 1999.

***

Sobre o Ecad, haveria ainda um pequeno prólogo. O art. 99 da Lei foi questionado na Ação Direta de Inconstitucionalidade n. 2054, proposta pelo PST em 1999, sustentando haver violação à liberdade constitucional de associação, na medida que as associações eram obrigadas a constituir escritório central. A ação foi julgada em 2003, em favor do Ecad.[472] "No final, os votos são lindos", afirmou Glória Braga,[473] referindo-se ao entendimento de que a liberdade de associação é atributo da pessoa física, e não das associações em si, que são pessoas jurídicas.

---

[471] CHAVES, informação verbal, 2017.

[472] ADI 2054, Relator Ministro Ilmar Galvão, 02/04/2003. Ver acórdão: SUPREMO TRIBUNAL FEDERAL. Ação direta de incostitucionalidade 2.054-4 Distrito Federal. Disponível em: <http://redir.stf.jus.br/paginadorpub/paginador.jsp?docTP=AC&docID=375312>. Acesso em: 4 out. 2018.

[473] BRAGA, informação verbal, 2017.

5. CONSIDERAÇÕES FINAIS

O livro *Direito autoral no Brasil*, de José Carlos Costa Netto, teve duas edições. A primeira, de 1998, ano de promulgação da lei; a segunda, "revista, ampliada e atualizada", de 2008. A primeira não tem um capítulo sobre limitações e exceções; a segunda trata do tema em seu nono capítulo, questionado sobre o porquê da mudança, o autor respondeu:

> Na verdade, as limitações – quando eu fiz o primeiro [livro], eu não tinha tanta preocupação porque não era um tema tão recorrente, como passou a ser nos anos 2000. Com a Internet, em vez de se falar na proteção, se falava na limitação. Então achei interessante fazer um capítulo.[1]

1. UM BREVE PANORAMA DAS DUAS DÉCADAS DE VIGÊNCIA DA LEI 9.610/98

A Lei 9.610/98, com uma estrutura semelhante à Lei n. 5.988/73, trouxe algumas mudanças mais centrais do que pode parecer à primeira vista: a definição do autor como pessoa física, a incorporação do TRIPS mediante a previsão de proteção a bases de dados, do direito de locação e da proteção ao *software* – que já fazia parte do ordenamento, como legislação específica –, a incorporação dos Tratados da OMPI com o *making available right* na forma de comunicação ao público, para intérpretes, e da distribuição digital, para autores, e com a proibição de violação de dispositivos tecnológicos de controle, a ampliação da reprodução para prever também o armazenamento, a ampliação do conceito de transmissão para incluir novas formas de difusão, a eliminação da referência à autoridade policial para interdição de utilizações públicas, a extinção de órgãos de controle sobre as associações de gestão coletiva – algo que seria modificado pela Lei n. 12.857/13 –, a introdução do instituto da licença ao lado da cessão de direitos, a eliminação da regulamentação da obra sob encomenda e em relação de trabalho, junto com a presunção legal segundo a qual pro-

---

[1] COSTA NETTO, informação pessoal, 2017.

dutores audiovisuais são detentores originários dos direitos patrimoniais sobre a obra audiovisual, algumas novidades no capítulo de limitações e exceções, aumento do prazo de proteção dos direitos patrimoniais de 60 para 70 anos – e exclusão da vitaliciedade da proteção para filhos, pais e cônjuges –, e o aumento da penalidade de 2.000 para 3.000 exemplares no caso de contrafação. Em artigo de opinião na *Folha de S. Paulo* no dia 16 de fevereiro de 1998, Aloysio Nunes Ferreira defendia a lei aprovada, colocando especial ênfase no que compreendia como seu caráter de assegurar novas formas de proteção ao autor "em face das vertiginosas transformações nas técnicas de comunicação", e enfatizou:

> A lei contém igualmente um antídoto contra a obsolescência: assegura ao autor o direito de controlar, além das existentes, modalidades de utilização que vierem a ser inventadas. Atingimos um patamar de proteção ao direito do autor sem precedentes na história do direito brasileiro e sem rival no mundo.[2]

De outro lado, um conhecido artigo de Eliane Abrão,[3] do período, tenha classificado a promulgação da lei como "muito barulho por nada". Contra um e outro, parece ser possível concluir que a lei não produziu uma revolução no direito autoral brasileiro, mas promoveu mudanças parecem-nos relativamente substanciais, principalmente na medida em que elementos importantes do Projeto Genoíno foram considerados na nova legislação.

O campo do direito autoral mudou radicalmente no Brasil a partir de 1998, mas dificilmente se pode atribuir isso à nova lei. Os acontecimentos tratados nesta pesquisa apontam para dois diagnósticos: o primeiro, o de que o campo internacional do direito autoral se encontrava em forte ebulição, com os países industrializados, e em especial os Estados Unidos, pavimentando a estrada em preparação para o que seriam décadas de grandes conflitos em torno do tema; o segundo, o de que naquele momento a esfera pública brasileira não discutia o direito autoral, e havia pouca mobilização para além das cartas marcadas, pessoas e organizações que já atuavam no campo nas décadas anteriores, conforme reconstruído brevemente no primeiro capítulo.

---

[2] FERREIRA FILHO, Aloysio Nunes Ferreira. Uma lei em defesa do autor. Folha de S. Paulo, 16 fev. 1998. Disponível em: <http://www1.folha.uol.com.br/fsp/opiniao/fz16029809.htm>. Acesso em: 4 out. 2018.

[3] ABRÃO, Eliane Yachouh. A "nova" Lei dos Direitos Autorais. UOL, set. 1999. Disponível em: <http://www2.uol.com.br/direitoautoral/artigo03.htm>. Acesso em: 4 out. 2018.

O fato de que, na década de 2000, "o direito autoral passou a ser discutido na mesa de café da manhã",[4] nas palavras de Cláudio Lins de Vasconcelos, esteve ligado a outros dois fatores: um, mais invisível, a consolidação do tratamento da propriedade intelectual como questão de comércio internacional, desde a adoção do TRIPS e a negociação posterior de outros tratados de comércio bilaterais ou regionais, que invariavelmente envolveriam propriedade intelectual – a ALCA seria um deles. O segundo, a radical transformação que a expansão da Internet e o desenvolvimento das tecnologias digitais trouxe paulatinamente para as formas de produção, distribuição e consumo de bens intelectuais.

Em 1998, quando a Lei 9.610 era promulgada, a Internet, no Brasil e em grande parte do mundo, estava ainda na sua infância. Apesar de encontrar seus primórdios no final da década de 1960, em pesquisas realizadas pelo Departamento de Defesa dos Estados Unidos,[5] foi após desenvolvimentos técnicos e de protocolos de comunicação que, a partir de 1994, a infraestrutura da Internet passou a ser disponibilizada para provedores comerciais e tornou-se, assim, acessível aos consumidores em geral. No Brasil, essa operação teve início em 1995,[6] quando também foi fundado o Comitê Gestor da Internet (CGI). Foi somente em 2000 que surgiram as primeiras provedoras de acesso gratuito à Internet, como o iG, e as primeiras provedoras de banda larga – o acesso até então era somente discado.

Nesse meio tempo, desenvolveram-se os protocolos *peer-to-peer*, que permitiam o compartilhamento de arquivos entre dois pontos da rede sem necessidade de um servidor central; o Napster passou a operar em 1999, com grande repercussão pública, e gerando ações de combate em especial pela indústria fonográfica. Em 2000, o Napster foi processado em diferentes ações pela banda Metallica, pelo rapper Dr. Dre e pela Recording Industry Association of Americas (RIAA), organização de gravadoras; inúmeros usuários de serviços *peer-to-peer* passaram a ser individualmente processados, também, nos Estados Unidos, em embates que levariam a renovadas argumentações jurídicas e acalorados debates públicos. Além disso, traziam-se

---

4 VASCONCELOS, nformação verbal, 2017.

5 Para essa história, ver: ABBATE, 1999; e CASTELLS, 2003.

6 Em abril 1995, com Fernando Henrique Cardoso recém-empossado, o Ministro das Comunicações Sérgio Motta anunciou, junto com a promulgação da Norma n. 004/1995 do Ministério das Comunicações, que a Internet era um "serviço de valor adicionado", sobre o qual não haveria qualquer monopólio ou reserva de mercado, em consonância com a política de privatizações. CARVALHO, 2006, p. 139. Até então, a Embratel vinha tentando firmar-se como provedora da Internet comercial no Brasil.

ao centro da disputa novos atores, antes inexistentes: os provedores de conteúdos de Internet, ou seja, plataformas, que permitiam que pessoas comuns disponibilizassem bens intelectuais protegidos na rede. O Digital Millenium Copyright Act, aprovado nos Estados Unidos em 1998, estabelecia um *safe harbour*[7] baseado em um sistema de *notice and takedown*,[8] mediante o qual esses atores só se tornavam responsáveis por conteúdos infringentes a direitos autorais de terceiros – usuários de Internet – mediante um sistema formal de notificação. Era o início das discussões sobre responsabilidade de intermediários, que também ganhariam corpo no Brasil, e centralidade na discussão posterior em torno do Marco Civil da Internet – Lei n. 12.985/14 –, que esteve em consulta pública por uma plataforma online entre 2009 e 2010.

Enquanto isso, em 1998, foi aprovado nos Estados Unidos o Sonny Bono Copyright Act, que ampliava o prazo de proteção aos direitos autorais naquele país em vinte anos. Uma articulação de acadêmicos e de organizações da sociedade civil apoiou Eric Eldred, um sujeito que mantinha uma página na Internet com livros em domínio público, a ingressar com uma ação questionando a constitucionalidade da ampliação do prazo constitucional – Eldred fechara sua página, desanimado com as perspectivas de não poder subir mais nenhum conteúdo em vinte anos. A ação subiu até a Suprema Corte, e Eldred perdeu; no processo, no entanto, formou-se uma coalizão de indivíduos e organizações, parte dos quais já havia se articulado na Digital Future Coalition em razão do *White Paper* da NII que foi discutido anteriormente no item 3, "O conflito da década de 1990 encontra o Acesso ao Conhecimento", e que daria origem à anos de ações de *advocacy* em torno do que se convencionou chamar de A2K ou "Acesso ao Conhecimento" – um conjunto de ações pautadas de forma mais ou menos solta nos princípios de compartilhamento de conteúdo e cultura, de limitação do escopo do direito autoral, de atenção a pautas relacionadas à educação, acesso à informação e à pesquisa.[9] Em 2004, foi lançado nos Estados Unidos, após anos de gestação, o projeto Creative Commons, para prover licenças públicas para bens intelectuais de forma a garantir o seu acesso principalmente pela Internet. O Creative Commons tornou-se um articulador de indivíduos e organizações do campo do acesso ao conhecimento, e internacionalizou-se: em 2018, a organização informa contar com mais de 500 voluntários, e capítulos em mais de 85 países.[10]

---

[7] "Porto seguro". (tradução minha)

[8] "Notificação e retirada". (tradução minha)

[9] BOLLIER, 2008.

[10] CREATIVE COMMONS. Global Affiliate Network. Disponível em: <https://creativecommons.org/about/global-affiliate-network/>. Acesso em: 4 out. 2018.

No Brasil, a discussão ganhou os mesmos contornos a partir de 2004. O catalisador teria sido o conflito entre a ABDR e diretórios acadêmicos de universidades, por causa da cópia de livros utilizados nos programas de disciplinas – de acordo com o jornal *Folha de S. Paulo*, a ABDR mobilizou 158 procedimentos de busca e apreensão policial em universidades no ano de 2005,[11] o que gerou uma reação de alunos universitários intitulada "Copiar Livro é Direito".[12] Para Marcos Souza, então Diretor de Direitos Intelectuais no MinC, outro incidente do período foi uma cobrança do Ecad em uma cerimônia no Palácio do Planalto, exigindo pagamento de direitos autorais e ameaçando a interdição do evento, o que teria gerado um mal-estar por parte do governo em relação à instituição.

O Ministro da Cultura Gilberto Gil encampou o lançamento, em 2007, do Fórum Nacional do Direito Autoral, que teria surgido como demanda na I Conferência Nacional de Cultura de 2005. O Fórum manteve atividades até 2009, já sob o Ministro Juca Ferreira, e realizou um seminário internacional, sete nacionais, e 80 reuniões com grupos de interesse – "artistas, autores, titulares, especialistas em propriedade intelectual, empresários, advogados, jornalistas, associações autorais, sindicatos, executores, radiodifusores, exibidores, professores, estudantes, produtores, fazedores e fruidores culturais", de acordo com o MinC.[13] Desses debates saiu uma minuta de reforma da Lei n. 9.610/98, que foi aprovada pelo GIPI, e era fortemente pautada por uma retórica de equilíbrio entre os direitos autorais e o acesso ao conhecimento; a minuta foi posta a Consulta Pública por uma plataforma na Internet, em 2010, ocasião na qual se fez publicar a Carta de São Paulo pelo Acesso aos Bens Culturais,[14] assinada por artistas, professores e escritores de Gilberto Gil a Paulo Coelho, cuja tônica era a ampliação das limitações e exceções, a proibição da cessão definitiva de direitos – limitação a no máximo 50 anos –, diminuição do prazo de proteção, eliminação da proibição de contorno a medidas de proteção tecnológica em casos de exercício de *direitos dos usuários*, licenciamento compulsório e transparência nas associações de gestão coletiva. Uma série de razões faria com que, após a consulta pública, a reforma da lei não fosse para frente como se idealizava naquele momento;[15]

---

11 TAKAHASHI, Fábio. Universitários lançam frente pró-xerox. Folha de S. Paulo, 22 fev. 2006. Disponível em: <http://www1.folha.uol.com.br/fsp/cotidian/ff2202200618.htm>. Acesso em: 4 out. 2018.

12 SILVEIRAS, 2014, p. 142.

13 MinC *apud* SILVEIRAS, 2014, p. 142.

14 UNIVERSIDADE DE SÃO PAULO. Carta de São Paulo pelo Acesso a Bens Culturais. Disponível em <http://stoa.usp.br/acesso.>. Acesso em: 4 out. 2018.

15 VALENTE; MIZUKAMI, 2014.

no caminho, entretanto, mobilizaram-se, em eventos e campanhas, associações de consumidores como o Instituto de Defesa do Consumidor (IDEC), centros de pesquisa como o Centro de Tecnologia e Sociedade da Fundação Getúlio Vargas (CTS/FGV), o Grupo de Pesquisa em Políticas Públicas para o Acesso à Informação da Escola de Artes, Ciências e Humanidades da USP (GPOPAI) e o Grupo de Estudos em Direito Autoral e Acesso à Informação (GEDAI) – até então na UFSC –, autores, artistas e bandas.

A DDI do MinC assumiu um papel ativo – o que não deixaria de ser visto com desconfiança por atores tradicionais do campo do direito autoral, e, com sua estrutura aumentada e suas funções valorizadas pelo Ministério, fomentou o campo, visibilizando novos atores. Marcos Souza, o Diretor de Direitos Intelectuais durante quase todo o período – de 2008 a 2016, com um breve hiato, quando Ana de Hollanda assumiu o Ministério –, assumiu uma liderança nas pautas de equilíbrio entre os interesses envolvidos no direito autoral, incluindo o *interesse público* – com grande rejeição da parte de muitos que dominaram a discussão na década de 1990, que não deixaram de expressar essa posição nas entrevistas realizadas. Enquanto isso, a academia em direito autoral diversificou-se para além dos departamentos de direito civil das faculdades de direito, ou, ainda que nesses departamentos, a partir de perspectivas contemporâneas do direito civil[16]– nas palavras de Bruno Lewicki, "o Brasil ganhou massa crítica". Em alguns poucos anos, foram defendidas as teses de doutorado de Guilherme Carboni – *A função social do direito de autor e sua regulamentação no Brasil* (2005) –, do próprio Bruno Lewicki – *Limitações aos direitos do autor: releituras na perspectiva do direito civil contemporâneo* (2007) –, de Allan Rocha de Souza – *Os direitos culturais e as obras audiovisuais cinematográficas: entre a proteção e o acesso* (2010), e de Sérgio Branco –*O domínio público: estrutura e função* (2011) – entre muitas outras; desenvolveram-se estudos sobre o direito autoral para além do direito civil, de perspectivas econômicas e das ciências sociais – como o capítulo brasileiro de *Media Piracy in Emerging Economies*[17] e *Tecnobrega: o Pará reinventando o negócio da música*.[18]

---

[16] Em sua tese de doutorado de 2007, Bruno Lewicki propõe-se a analisar as limitações e exceções a partir de uma perspectiva de "atualização" do direito autoral, ou seja, de "três características que se reconhecem comuns às principais escolas de direito civil contemporâneo: a percepção da historicidade, da funcionalização e da relativização dos direitos. Ou seja, a constatação de que os conceitos e os institutos jurídicos não são imutáveis, neutros nem absolutos". LEWICKI, 2007, p. 2.

[17] KARAGANIS, 2011.

[18] LEMOS *et al*, 2008.

Todos esses acontecimentos foram se entrelaçando e ganhando o centro de discussões públicas, o que trouxe consigo o interesse no tema por parte de novos atores da sociedade civil, além de envolver uma nova categoria industrial: a dos provedores de conteúdo de Internet. No Brasil, o Ecad passou a tentar ocupar os novos espaços de fruição musical. A primeira decisão judicial sobre o assunto, de 2009, dizia respeito à veiculação de músicas no *site* Kboing; em 2010, fechou um acordo com a plataforma YouTube, para cobrança por direitos de execução pública pelas músicas veiculadas na plataforma.[19] Seguiu-se uma série de decisões judiciais acerca de qual seria a natureza da utilização musical via *streaming*, na qual finalmente se sentiriam os reflexos da discussão que se deu acerca do *make available right*: trata-se de comunicação ao público – execução pública, que é uma modalidade –, ou de reprodução – possivelmente distribuição digital? As consequências, sabemos, dizem respeito aos intitulados pela arrecadação: no primeiro caso, no Brasil, é o Ecad, que distribui de acordo com suas regras de distribuição; no segundo caso, são feitos acordos globais com as gravadoras, que recebem a maior parte dos *royalties*, com alguma complexidade em relação à parte autoral administrada pelas editoras – no Brasil, a organização cobrando por esses direitos é a UBEM – União Brasileira de Editores de Música. Em 2017, o STJ decidiu que serviços de *streaming* implicam *também* em execução pública;[20] o Ministério da Cultura, após reunir-se em grupo de trabalho do qual faziam parte vários personagens desta tese, publicou em maio de 2016 a Instrução Normativa n. 2, que trata de quais são os direitos envolvidos no *streaming*: reprodução, distribuição digital, e comunicação ao público nas suas várias modalidades, a depender do tipo de obra.[21] Ocorre neste momento uma reorganização do mercado que lida justamente com essas categorias, e com negociações sobre os respectivos quinhões. Além disso, foi aprovada, em 2013, a Lei 12.853, que modificou a Lei 9.610/98 na parte de gestão coletiva, estabelecendo mecanismos estatais de supervisão a elas – e primordialmente ao Ecad –, após mais uma CPI no Senado e intensas disputas que, desta vez, envolveram articulações de artistas – a favor da regulação –; foram propostas duas Ações Diretas de Inconstitucionalidade contra a lei, a 5062 e 5065, girando em torno dos argumentos de liberdade de associação que identificamos atrás. A lei foi considerada constitucional, pelo STF, em 2016.

---

19 FRANCISCO; VALENTE, 2016, p. 203.

20 REsp nº 1559264 / RJ, relator Ricardo Villas Bôas Cueva, 15/02/2017.

21 FERREIRA, João Luiz. INSTRUÇÃO NORMATIVA Nº 2, DE 4 DE MAIO DE 2016. Diário Oficial da União, Seção 1, n. 85, 5 maio 2016. Disponível em: <http://pesquisa.in.gov.br/imprensa/jsp/visualiza/index.jsp?data=05/05/2016&jornal=1&pagina=10&totalArquivos=112>. Acesso em: 4 out. 2018.

Em suma, não foi a aprovação da lei que trouxe o direito autoral para o debate público, ou que fez com que surgissem organizações, acadêmicos e ativistas antes alheios ao campo para debater o direito autoral, mas uma miríade de transformações tecnológicas e sociais, que faria com que o tema, antes restrito a uns poucos participantes, passasse a fazer parte da vida de todos – de quem acessa obras pela Internet, de quem produz obras e distribui, com a elevação de *status* da criação amadora (muito mais restrita, anteriormente, ao âmbito privado).[22] Em entrevista, Jandira Feghali, participante ativa do processo legislativo do qual esta pesquisa trata, afirmou, em 2014:

> Eu fui vice-presidente da Comissão Especial que foi formada, em 1997, para concluir a tramitação do projeto que se tornaria, em 1998, a Lei nº 9.610. O cenário não poderia ser mais diferente do que o atual: chega a impressionar o quanto tudo mudou. E não me refiro aqui, apenas, àquelas mudanças que são mais evidentes, como a disseminação da internet, fenômeno que ignoramos em 1998. Talvez mesmo pelo fato de que a rede ainda estava em sua infância, há 15 anos não houve participação efetiva da sociedade civil. Inexistia grande interesse pelo tema: éramos nós, parlamentares, alguns especialistas e, claro, os principais grupos de interesse afetados, como os setores do livro e da música. As discussões eram infinitamente mais simples, menos sofisticadas. Sou crítica, mas acho que também houve avanços, como a restrição da autoria apenas para pessoas físicas. Mas houve também retrocessos e muitos silêncios, que hoje não podem mais perdurar. Uma nova reforma da Lei dos Direitos Autorais precisa tocar em vários pontos que não foram ainda provocados.
> Em primeiro lugar, é preciso rever todo o capítulo das chamadas limitações, as hipóteses de usos livres previstas na lei. O texto hoje em vigor transforma quase todos os cidadãos em infratores em potencial, punindo condutas muito simples e ignorando usos educacionais e outras utilizações sem nítido cunho comercial. É preciso também avançar mais na proteção contratual dos verdadeiros criadores, os autores, que acabam tendo seus direitos suprimidos por intermediários. Temos que repensar algumas questões ligadas ao setor audiovisual, rediscutir a atitude de herdeiros que prejudicam a circulação de obras, reconhecer novas formas de criação como, por exemplo, o uso de samples na música, enfrentar o problema das "obras órfãs", cujo titular não é possível identificar ou localizar. E, claro, desta vez temos que encarar com coragem a interseção entre direito autoral e internet.[23]

---

22 Sobre esse tema, ver: JENKINS, 2008; e KEEN, 2009. Também o entrevistado Rodrigo Salinas apresentou visão semelhante: "todo esse universo ligado ao interesse público, digamos assim, veio depois. A minha leitura é: a tecnologia trouxe esse pessoal".

23 SANCHES, Pedro Alexandre. A nova Lei do Direito Autoral virá em 2014?. Vermelho.org, 12 dez. 2013. Disponível em: <http://www.vermelho.org.br/noticia/231457-6>. Acesso em: 4 out. 2018.

E, enquanto isso, a lei vigente continuou sendo a 9.610/98. Considerando o imprevisível do que estava pela frente, foram certamente a ABPD e a MPA, de acordo com a reconstrução feita nesta pesquisa, que atentaram para os desenvolvimentos tecnológicos que viriam.

2. ROMANTISMO E UTILITARISMO

Pesquisar é partir de inquietações localizadas, e, escrevendo entre 2015 e 2017, as inquietações de quem se ocupa do direito autoral de um ponto de vista da sociologia jurídica estão ligadas às disputas de seu tempo: a da defesa do modelo do acesso ao conhecimento *versus* a defesa de modelos maximalistas de direito autoral. Que esse é o pano de fundo atual é evidente inclusive a partir das vinte e uma entrevistas realizadas, nas quais os entrevistados invariavelmente se referiram aos conflitos ocorridos no campo posteriormente à aprovação da Lei 9.610/98, referindo-se às novas demandas e aos novos atores de diferentes formas, sendo comum o uso do termo *flexibilista*, do lado crítico, e *defesa do interesse público*, da parte de quem se envolveu com o campo na via da valorização de limitações e exceções, domínio público ou crítica mais abrangente a um direito autoral. Tão presentes são os termos atuais da disputa que diversos entrevistados apresentaram declarações anacrônicas, queixando-se da atuação de pessoas e de argumentos, em relação ao processo de negociação da lei, que sequer estavam presentes naquele momento.

Reconstruir o debate em torno da Lei 9.610/98 é identificar necessariamente que os termos da discussão eram outros, e giravam claramente em torno dos polos de defesa do *autor como criador* e da *exploração econômica dos bens intelectuais*, incorporados nos modelos representados pelo Projeto Genoíno e pelo Projeto Luiz Viana, respectivamente. Nessa contraposição, algo que surgiu residualmente foi a relação do primeiro com a tradição do *droit d'auteur*, e do segundo com o *copyright*, o que inclusive se justifica do ponto de vista de seus propositores fundamentais: o Projeto Luiz Viana foi idealizado por atores representantes de uma indústria internacional, que, no século XX, tinha seu epicentro nos Estados Unidos, e trabalhou amplamente e de forma bem-sucedida pela internacionalização de seus mercados.

Foi articulando uma fundamentação do direito autoral calcada em séculos de desenvolvimento, e que estamos aqui tratando como *autor como criador*, que José Genoíno justificou, como explorado anteriormente no item 2, "Romantismo e utilitarismo", sua atuação como parlamentar na Constituinte e na discussão da Lei de Direitos Autorais:

> Minha tese era de que o direito autoral é um direito autônomo, inalienável, individualíssimo – porque não é um problema do nome. Além do nome você

coloca tua alma, tua voz, você coloca teu ser. Seria mais ou menos equiparar o direito autoral ao direito à vida humana: é um direito inalienável. Ele não pode estar submetido a uma relação econômica, uma relação trabalhista.[24]

Os fundamentos da proteção dos direitos autorais e de direitos intelectuais em geral são objeto de debates em distintas áreas do conhecimento. Spence[25] divide-as entre justificações centradas no direito do *autor* em relação seu trabalho,[26] naquelas que focam no uso não-autorizado pelo *usuário* de bem intelectual,[27] e naquelas relacionadas à *comunidade* e sua necessidade em relação aos bens – argumentos econômicos, como incentivar a produção, disseminação e exploração eficiente dos objetos.[28] Em uma outra classificação, com sobreposições, Fisher refere-se a fundamentos *utilitários* – que exigem um balanço por parte do legislador entre o estímulo à criação e o acesso e fruição pelo público,[29] sendo os principais representantes Landes e Posner,[30] em argumento econômico derivado substancialmente de Jeremy Bentham –, de *direito natural* – ou "do trabalho", relacionada pelo autor a Robert Nozick e John Locke –,

---

[24] GENOÍNO, informação verbal, 2017.

[25] SPENCE, 2007, p. 46 *et seq.*

[26] Justificações centradas no autor podem fundamentar-se em uma noção de direito natural, mas também em soluções intermediárias: o argumento da *criação*, segundo o qual se deve deter o que se cria, desde que isso não seja prejudicial; o do *merecimento* do controle sobre o uso de um bem por seu criador, seja como recompensa, seja para recobrar o investimento feito, seja devido à contribuição à cultura, seja devido a uma necessidade de identificação do criador com o bem; seja porque a criação é entendida como corporificação da *personalidade*, de forma que o controle sobre os bens imateriais seria equivalente à proteção à pessoa; seja por argumentos relativos à *autonomia*, derivando de Locke e Hegel. Spencer identifica argumentos refutando a capacidade do direito autoral ser a resposta adequada a cada uma dessas concepções. SPENCER, 2008, p. 46-55.

[27] Baseiam-se na ideia de que o uso de um bem intelectual por alguém que não o seu criador lhe causa um *prejuízo*, ao passo que o contrário não seria verdadeiro; poderia gerar erro (*misrepresentation*); ou geraria um *enriquecimento sem causa* por parte do usuário. São argumentações relacionadas ao direito da responsabilidade. SPENCE, 2008, p. 62.

[28] Nessas justificações, os bens intelectuais como bens públicos, em oposição aos privados, em relação aos quais seria possível excluir a utilização por terceiros não-compradores. O incentivo à sua criação e disseminação de bens públicos consistiria exclusivamente na propriedade intelectual, que viria a corrigir "falhas de mercado". Criticada frequentemente pelo questionamento se não se produziriam os bens a despeito da inexistência de proteção jurídica, ou em quais casos. SPENCE, 2008, p. 64-65.

[29] FISHER, 2001.

[30] LANDES; POSNER, 1989

de satisfação das necessidades sociais de desenvolvimento de criatividade intelectual – ou "da personalidade", relacionada de forma solta a Kant e Hegel –, e de satisfação de objetivos de justiça social – ou "do plano social", eclética, ligada a autores de Marx a realistas jurídicos.[31]

Em que pese serem distintos os critérios de classificação dos dois autores e da complexidade que envolve cada uma dessas tentativas de fundamentar o direito autoral, identifica-se, com algum risco de simplificação, um conjunto de proposições que liga o direito autoral à pessoa e à personalidade do autor e do artista, na forma de um direito natural ou de formulações semelhantes. Essas concepções estão ligadas a um conceito de autoria que, vale dizer, é localizável historicamente: o nascimento da própria concepção esteve ligado, no final do XVIII, com desenvolvimentos do mercado livreiro e com concepções estéticas e culturais, veiculadas em especial pela filosofia idealista, que levaram ao entendimento da criação como emanação do gênio individual, separado e elevado em relação ao artífice[32] – e aos primórdios do direito autoral.[33] [34] Ao longo do século XX, tal conceito de autoria foi posto em xeque pela teoria social,[35] pela

---

[31] Ver também: ADOLFO, 2006.

[32] HANSEN, 1992, p. 18.

[33] WOODMANSEE, 1994.

[34] A autora, com base em ampla documentação histórica, expõe que a noção de autor era estranha na Europa até o Renascimento, momento em que o "autor" era entendido como uma mistura de artesão e, quando produzisse also excepcional, um ser inspirado, por Deus, ou por uma musa – e nunca como alguém pessoalmente responsável por sua criação. Com a emergência de um mercado livreiro no século XVIII, e de escritores com pretensão de desenvolver a atividade profissionalmente e com base no mercado, esses sujeitos passaram a redefinir, discursivamente, a natureza do escrever (p. 36). Apesar de o escritor profissional ter se manifestado antes na Inglaterra e na França, foi na Alemanha que o conceito se desenvolveu proeminentemente, com destaque para a formulação de Fichte, em 1793, de que um livro conteria três divisões de propriedade: uma física, outra material (o conteúdo), e a *forma* de expressão desse conteúdo – uma formulação precoce do que viria a ser a dicotomia ideia x expressão da doutrina do direito autoral, sendo a última a protegida. Foi a partir de 1810 que começaram a ser aprovadas leis nesse sentido em partes da Prússia. HANSEN (1992) faz reconstrução em linhas semelhantes.

[35] Walter Benjamin, em 1934, em seu artigo "O Autor como Produtor", indicava que as vanguardas artísticas europeias e russas já haveriam apontado para o que ele chamou de "contraste infecundo entre forma e conteúdo", propondo *técnica* como a via pela qual analisar materialisticamente produtos literários ou artísticos em geral; identificava também no progresso técnico – o jornal – o necessário abandono da distinção convencional entre autor e público ou leitor, passando a ser o intelectual

teoria literária, por estruturalistas e pós-estruturalistas,[36] e pela pedagogia,[37] questionando ora que o modelo de autoria solitária é um mito, ora que tal forma de criação estaria em vias de transformação; no campo do direito autoral, pensado enquanto doutrina, docência, legislação e jurisprudência, entretanto, o conceito de autoria é fundante e não sofreu abalos.[38] Como afirmam Martha Woodmansee e Peter Jaszi,

> Particularmente, o direito ficou para trás na "crítica da autoria" contemporânea" – o impulso, especialmente nos estudos literários, de colocar em questão a naturalização e inevitabilidade das ideias românticas sobre criatividade. A "obra aberta" de

---

alguém inserido no processo produtivo, e sendo necessário abandonar o projeto de ostentação da "pseudo-riqueza da personalidade. BENJAMIN, 1994b, p. 127. Também no ensaio *A obra de arte na era de sua reprodutibilidade técnica*", afirmou que a reprodutibilidade técnica – diferente da reprodução, que teria sempre existido – colocava mais pressões na ideia de autor romântico, já que a obra perde sua *aura* (e aproximando o espectador). Sobre a discussão acerca de se a fotografia e o cinema poderiam ser considerados arte, que se travava a partir do fim do século XIX, Benjamin afirmava que talvez a natureza da arte que tivesse se transformado. BENJAMIN, 1994a, p. 176. Também Marx, em *Introdução à crítica da ideologia política* e *A ideologia alemã*, pensava a função de autoria como incorporada às condições da história social e cultural, devendo-se incorporar à sua definição a categoria trabalho. HANSEN, 1992, p. 13.

36 O que HANSEN chama de *autor-defunto* – a proposta de substituição da metafísica do autor por *escritura*, sendo que a produção significante seria uma prática no cruzamento entre inconsciente e saber, como processo contínuo que apaga a origem, no qual o "eu" é apenas efeito, "aparecendo apenas como suposto pela pluralidade de intervenções móveis que não cessam de transformar-se" (1992, pp. 13-14), sendo necessário, então, reconhecer um deslocamento do antigo sujeito (eu) para o destinatário-leitor (tu), investido de função autoral produtiva BARTHES, 2004. Michel Foucault, em 1969, proferia a conhecida conferência "O que é um autor?" (2006), na qual analisava autoria como um dispositivo classificatório, um modo de existência e circulação de discursos, modo esse que não se exerceria de forma unitária sobre todos eles (se, antes do século XVIII, os discursos científicos tinham função autoral e os literários não, com a progressiva sistematicidade da ciência concomitante à ideia de que toda obra literária conteria um enigma autoral, essa situação teria se invertido).

37 De acordo com Ede e Lunsford, em tradição fundada por John Dewey, de entender pensamento e produção como consequência de interação social, e assim propor uma educação colaborativa, seguido por autores como George Herbert Mead, Karen Burke LeFevre, M. L. J. Abercrombie, Ludwig Wittgenstein, Jean Piaget, Edwin Mason e Paulo Freire. Ainda assim, a maior parte da educação superior nos Estados Unidos ainda seguiria o modelo do eu, da autoria e do ambiente hierárquico e autoritário. Cf.: EDE; LUNSFORD, 1994, p. 418-425).

38 EDE; LUNSFORD, 1994, p. 417.

Umberto Eco continua sendo um livro fechado para o direito, assim como a proposta de Roland Barthes em "A Morte do Autor" de reverter a relação convencional entre autor e leitor não foi ouvida por advogados de propriedade intelectual. Por mais entusiasticamente que acadêmicos no campo jurídico tenham se jogado em "desconstruir" outros corpos de doutrina jurídica, o direito autoral passou ileso pelas implicações da proposição de Derrida que a instabilidade inerente do significado não vem da subjetividade do autor, mas da intertextualidade.[39]

O conceito romântico de autoria esteve tradicionalmente mais ligado ao formato de proteção do direito continental, também chamado *droit d'auteur*, por ser produto da Revolução Francesa. Embora a tradição jusnaturalista não tenha estado ausente no pensamento britânico – as fundamentações baseadas em John Locke são manifestações disso[40] – o sistema anglo-saxão, ou de *copyright*, desenvolveu-se a partir da concessão de proteções a livreiros, e esteve desde então ligado a dimensões instrumentais, utilitárias e comunitárias. Enquanto isso, as leis e os teóricos franceses pós-revolucionários descrevem um vínculo íntimo e quase sagrado entre autores e suas obras como a fonte da proteção literária e artística.[41]

Os direitos morais de autor, protegidos na tradição continental, mas em relação aos quais os países de *copyright* apresentam grande resistência, como também se discutiu aqui brevemente quando das considerações acerca da negociação do TRIPS, são a face mais visível dessa diferença de concepção. Mas não é só: as limitações e exceções aos direitos de autor são também uma expressão de uma visão utilitária, que leva em conta os diferentes direitos em jogo e a função do direito autoral na sociedade. Não é por outro motivo que o Projeto Genoíno, em sua primeira versão, queria uma extensão tão ampla dos direitos dos autores que restringia as limitações e exceções a apenas uma: o direito de citação. Na teoria do direito continental de autor a coletividade tem um espaço muito reduzido. Se, como indicamos a propósito da análise de Band[42] sobre a política

---

[39] WOODMANSEE; JASZI, 1994, p. 9.

[40] DIAS PEREIRA, 2008, p. 80.

[41] Todo o ponto de Jane Ginzburg no seu artigo *A Tale of Two Copyrights* (1991), no entanto, é que as distinções entre os dois sistemas não são historicamente tão bem delineadas como se costuma argumentar: analisando escritos de Le Chapelier e Condorcet, frequentemente citados como defensores incondicionais do direito de autor, ela encontra considerações a respeito de interesse social e de disputas público *versus* privado que se costumam reputar somente ao sistema de *copyright*, ainda que, de fato, os decretos de 1791 e 1793 tenham empregado a linguagem dos direitos naturais e atribuído aos autores direitos de propriedade. GINSBURG, 1991, p. 991.

[42] BAND, 2013.

externa e interna de direito autoral nos Estados Unidos, a jurisprudência norte-americana historicamente considerou o equilíbrio entre pretensões individualistas – propriedade – e coletivas do público – liberdade –, a partir de argumentos funcionais ou instrumentais que se expressam na própria Constituição,[43] no *droit d'auteur*, por sua vez, os titulares dos direitos tendem a ser entendidos pela jurisprudência como soberanos absolutos.[44] E isso está expresso na tradição doutrinária brasileira; à coletividade caberia apenas

> [...] respeitar os direitos do criador, nos planos citados, não podendo extrair da obra senão os usos que de sua comunicação resultarem e na medida do respectivo alcance, à exceção dos casos de utilização livre, explicitamente contemplados na lei.[45]

Nessa tradição chamada "autoralista" no Brasil, são claras e praticamente uníssonas, até a década de 1990, as manifestações de um direito de autor de caráter natural, ligado a elementos da personalidade e associado à ideia de criação como sagrada. Carlos Alberto Bittar defendeu que os direitos morais são reconhecidos em função tanto do esforço quanto do resultado criativo, de uma *operação psicológica*; são uma verdadeira externação da personalidade do autor. Seriam a base e o limite do direito patrimonial, sendo este apenas a tradução da expressão econômica do direito moral, e, sobretudo, do vínculo do criador à obra

> [...] para a realização de defesa de sua personalidade. Como os aspectos abrangidos se relacionam à própria natureza humana e desde que a obra é emanação da personalidade do autor – que nela cunha, pois, seus próprios dotes intelectuais –, esses direitos constituem a sagração, no ordenamento jurídico, da proteção dos mais íntimos componentes da estrutura psíquica do seu criador.[46]

Antonio Chaves afirmou que que, "se algum direito natural existe, nenhum poderá ser mais 'natural' que o direito de autor";[47] Oswaldo Santiago, em obra que já tratamos aqui, tratou o direito autoral como "o mais entranhado dos direitos humanos, dada sua concepção nas profundezas do

---

43 O Artigo I, Seção 8, Cláusula 8 da Constituição dos Estados Unidos da América dá ao Congresso o poder "[...] promover o progresso da ciência e das artes úteis, garantindo por tempo limitado a autores e inventores o direito exclusivo sobre seus respectivos escritos e descobertas". No original: "[...]"to Promote the Progress of Science and useful Arts, by securing for limited Times to Authors and Inventors the exclusive Right to their respective Writings and Discoveries."

44 DIAS PEREIRA, 2008, p. 81.

45 BITTAR, 1994, p. 79.

46 BITTAR, 1994, p. 44.

47 CHAVES, 1995, p. 14.

espírito".[48] É amplamente citada a frase de Le Chapelier, de acordo com a qual o pensamento de um autor seria "a mais sagrada das propriedades" – frase que, por sinal, Ginsburg atribui a uma descontextualização.[49] Como expõe Lewicki,[50] no Brasil em especial, por mais que o direito autoral seja um dos ramos em que são mais inegáveis as diferenças culturais e as mudanças por causa da tecnologia – como discutimos no primeiro capítulo –, ele

> [...] segue sendo visto por uma parte relevante da doutrina e da jurisprudência como um campo até certo ponto infenso às sensíveis e inegáveis mudanças que vêm sendo registradas no restante do direito privado [...] Mais que anacrônica, a situação é paradoxal: nenhum ramo do direito privado sofreu de forma tão intensa os novos influxos da tecnologia, e poucos continuam tão atados às suas origens.[51]

---

48 CHAVES, 1946, p. 11.

49 No original: "Le Chapelier did declare that 'the most sacred, the most legitimate, the most unassailable, and... the most personal of all properties, is the work which is the fruit of a writer's thoughts.' But he said it respecting unpublished works. Once disseminated, Le Chapelier went on to assert, the manuscript is 'give[n] over to the public... by the nature of things, everything is finished for the author and the publisher when the public has in this way [through publication] acquired the work.' According to Le Chapelier, the main principle is the public domain, to which authors' rights are an exception. He stressed that the new French law must put the principle and its exception in the right place; were the exception to replace the principle that 'a published work is by its nature a public property', then 'you will no longer have any basis for your law.' Indeed, he criticized the English copyright law for setting up a strongly protected right rather than appreciating the principle of the public domain."
Tradução minha: "Le Chapelier declarou, de fato, que 'a mais sagrada, a mais legítima, a mais inatacável e... a mais pessoal de todas as propriedades é o trabalho que é fruto dos pensamentos de um escritor'. Mas ele disse isso referindo-se a obras inéditas. Uma vez disseminado, Le Chapelier continuou a afirmar, o manuscrito é 'dado ao público... pela natureza das coisas, tudo está terminado para o autor e o editor quando o público tem assim [através da publicação] adquirido o trabalho." De acordo com Le Chapelier, o princípio principal é o domínio público, para o qual os direitos dos autores são uma exceção. Ele enfatizou que a nova lei francesa deve colocar o princípio e sua exceção no lugar certo; se a exceção substituísse o princípio de que 'uma obra publicada é, por natureza, uma propriedade pública', então 'você não terá mais nenhuma base para sua lei'. De fato, ele criticou a lei de direitos autorais inglesa por estabelecer um direito fortemente protegido, em vez de apreciar o princípio do domínio público." Cf.: GINSBURG, 1991, p. 1006.

50 LEWICKI, 2007, p. 33-34.

51 LEWICKI, 2007, pp. 33-35.

Ou seja, seus institutos são tratados como cristalizados, isolados dos demais estatutos jurídicos, e desprovidos de função social alheia à proteção do autor. Ainda que se compreenda, como é inevitável, que o direito tem o papel de domesticação da complexidade social, no direito autoral haveria uma concentração anômala de ficções legais e falácias, além de ambivalências nas suas fundações teóricas;[52] uma dessas falácias é a equiparação corrente do direito autoral com propriedade, embora sejam inúmeras as razões contra tal identificação.[53] Nesse movimento, o direito autoral passa ileso às tendências de funcionalização, relativização e publicização que caracterizam desenvolvimentos contemporâneos do direito privado.[54]

Essas breves observações dão elementos para compreendermos as diferenças de modelos que se delinearam com tanta clareza: as limitações e exceções, tema tão caro às disputas contemporâneas, eram mais ousadas no Projeto Luiz Viana que no Projeto Genoíno – e o art. 46, VIII, que institui uma "cláusula aberta" que, a exemplo do art. 9(2) da Convenção de Berna e do art. 13 do TRIPS, é mais afeita à tradição anglo-saxã que à continental, como se comentou aqui a respeito do TRIPS, teve sua origem no projeto da indústria. É evidente que essas narrativas não são lineares e comportam diferenças, em especial quando diferentes setores da indústria são considerados: foi o mercado editorial quem encabeçou a limitação ao direito de cópia privada que resultou na expressão "pequenos trechos", que foi uma grande mudança da lei de 1973 para a lei de 1998, e teve grande impacto nos direitos que têm os usuários. E isso tampouco quer dizer que visão da *exploração econômica* seja amigável às limitações de forma ampla, como as colocações da MPA deixaram claro, bem como as disputas que ocorreram posteriormente e que foram brevemente narradas aqui. A argumentação dessa vertente é, entretanto, estritamente econômica.

De qualquer forma, a visão do *autor como criador*, que informou elementos da Lei n. 9.610/98, compartilhava do que José de Oliveira Ascensão chamou de "encarniçamento contra os utentes",[55] ou uma postura que, ao absolutizar o direito dos autores, contrapõe-se de forma também

---

[52] PATTERSON; LINDBERG, 1991, p. 135.

[53] Analisando as argumentações que aproximam direito autoral com propriedade, em especial na sua faceta patrimonial, e com direitos de personalidade, na sua faceta moral, Ascensão argumenta que o único consenso possível é o de que o direito autoral contém feixes de direitos econômicos e feixes de direitos pessoais, e que o mais correto seria entendê-lo como um *direito de exclusivo*. ASCENSÃO, 1997, p. 3; 604 *et seq.*

[54] LEWICKI, 2007.

[55] ASCENSÃO, 2005.

absoluta aos usuários das obras. No âmbito desse modelo, defende-se que as limitações sejam entendidas como *exceções* ao direito de autor, para casos excepcionais e limitados, interpretados restritivamente – ou seja, limitações e exceções não são um objetivo das leis, que visariam exclusivamente à proteção do autor.

Também, de outro lado, observando a reconstrução aqui feita, seria um erro reputar o modelo do *autor como criador* embutido no Projeto Genoíno como um modelo baseado exclusivamente em assunções românticas, sem lastro em concepções utilitárias, pragmáticas ou de caráter político-social. Na forma como essa defesa foi elaborada no Brasil no início dos anos 90, a defesa do autor continha uma concepção *distributiva*: as normas do Projeto Genoíno tinham como objetivo o aumento do poder do autor e do artista enquanto pessoas físicas, buscando interferir na relação de poder estabelecida entre indústria – editoras, produtores fonográficos e de audiovisual – e criadores. Nesse sentido, afirmou José Genoíno:

> Eu defendia uma tese: vocês [que não querem o Projeto Genoíno] são capitalistas mas não defendem o direito de propriedade, eu que defendo! Vocês defendem o direito de monopólio, eu quero democratizar a propriedade [...]. Eu acho que o projeto naquela época representava uma posição de esquerda. Por quê? Primeiro porque eu estava enfrentando os interesses monopolistas representados pela Abert e pela indústria fonográfica. Era isso. Eu não estava enfrentando editora, as editoras não criaram problema, o teatro não criou problema. O problema todo foi o monopólio da comunicação, no caso a televisão, e a indústria fonográfica – que você sabe que é monopólio. Tanto que os artistas começaram a fazer, nessa época, produção independente. Então eu acho que nesse sentido ele era um projeto que se contrapôs ao monopólio.[56]

De outro lado, também, a defesa do autor é vista nesse modelo como defesa do desenvolvimento cultural e político de um país:

> Isso [que o projeto do CNDA era em defesa do autor] foi compreendido por alguns autores, não foi por outros, mas eu quero crer que nada que pudesse vir em prejuízo dos próprios criadores. Porque a minha participação, a minha atuação no direito de autor é uma atuação sempre voltada pra defesa do criador. É uma posição que já mantenho há algum tempo, e agora com muita honra também defendo essa posição na ABDA. Na verdade, a minha vida tem sido a luta no sentido do direito de autor.
> Sem autor não existe obra, e sem obra não existe processo cultural de país algum. Acho mesmo, acho que o direito de autor é um sinal de cidadania.[57]

---

[56] GENOÍNO, informação verbal, 2017.
[57] PONTES NETO, informação verbal, 2017.

Essa versão distributiva daquele conflito é ocasionalmente deixada de lado nas críticas elaboradas por atores ligados ao modelo do *acesso ao conhecimento* – ocorre um achatamento dos dois polos, que também ignora o caráter funcional presente na defesa do autor.[58] É de se questionar se a retórica romantizadora utilizada não funciona mesmo como um bloqueio daqueles potenciais. O Projeto Genoíno continua uma equiparação entre autores e artistas intérpretes e executantes, na figura do criador, com a intenção de proteção de uma categoria que vem sendo identificada como vulnerabilizada desde os debates da década de 1970, pela Sombrás: a dos músicos executantes, em especial. No mercado fonográfico, a prática é a cessão do direito do músico executante em troca de um cachê; divisão de recursos ocorre somente no que diz respeito à execução pública, já que o Ecad distribui uma diminuta parcela a esses atores no caso de execução fonomecânica. Também não é por outro motivo que a Convenção de Roma para Proteção aos Artistas Intérpretes ou Executantes, aos Produtores de Fonogramas e aos Organismos de Radiodifusão, de 1961, é administrada conjuntamente pela OMPI, pela Organização Internacional do Trabalho (OIT) e pela UNESCO, e que um documento da OMPI de 1991, presente no arquivo MinC, fazia a análise das sociedades de gestão coletiva latinoamericanas afirmando, de forma crítica, que elas apresentavam um distintivo caráter sindical.[59]

O público, por sua vez, não somente não era levado em consideração como um ator a ser considerado nas políticas formuladas pelo modelo do *autor como criador*, como trazê-lo ao debate era entendido como uma tentativa de desvio contra quem seriam os reais usuários de obras intelectuais, que também eram objeto de demandas distributivas: radiodifusoras, produtoras, casas de show, negócios de reprografia.[60] Historicamente, também, no Brasil, não se constituíram grupos de interesse relacionados a

---

[58] Esse achatamento não está presente em todas as versões da defesa do *acesso ao conhecimento*. Bruno Lewicki, por exemplo, que escreveu seu doutorado em defesa das limitações e exceções e de uma leitura do direito autoral consonante com o interesse público, afirmou em entrevista que a preocupação estava presente para ele, enquanto assessor parlamentar que foi durante o processo da Lei 12.853/13, e também para o MinC no período. Afirmou, entretanto, crer ser mais adequado mover a discussão sobre autores e artistas para *direitos de remuneração*, em vez dos direitos de autorizar e proibir, dado o estado atual da arte em relação à disseminação das obras, e o valor de promover o acesso. LEWICKI, informação verbal, 2017.

[59] Ref. 3.42, MinC, OMPI, Ata, 26/04/91.

[60] Vanisa Santiago afirmou, em entrevista, que, naquele período, as demandas por limitações e exceções a lei viriam da parte dos "grandes usuários", interessados em "pagar menos direito autoral". SANTIAGO, informação verbal, 2016.

atividades que dão *acesso* a obras intelectuais, como grupos de instituições de memória – bibliotecas, arquivos e museus –, e tampouco articulações de acadêmicos. Ainda assim, ao longo das décadas seguintes, o que se entende por usuário foi sendo ressignificado, entrando no campo brasileiro também a discussão do usuário pessoa física, disputas em torno dos *direitos dos usuários*, complexificando-se assim a equação em torno do direito de autor.

Nas diversas discussões ao longo dos anos 90 e além, fica claro também que um dos elementos desse embate é o fato de a indústria, em alguns setores, ser multinacional – o que levanta demandas de ordem de política pública e desenvolvimento, e simbólicas – nacionalismo. A indústria não deixaria de perceber isso, e qualificar como *ideológicos* projetos alternativos ao modelo de exploração econômica, bem como de negar que existisse qualquer contraposição entre os interesses da indústria e os do criador, como afirmado por distintos entrevistados ligados ao mercado – os interesses de um, nos discursos desse modelo, conduzem aos interesses do outro. A forma de legislar aparece como técnica, e desvios dos padrões já adotados pelo mercado são desqualificados na chave do político-ideológico.

De fato, a lei aprovada foi um amálgama dos pontos pretendidos pelo modelo do *autor como criador* com o modelo da *exploração econômica*.[61] O que não estava em jogo, naquele momento, era o papel do direito autoral como disciplinador de relações sociais para além dos atores entendidos como os interessados diretos: os criadores e a indústria.

3. O CONFLITO DA DÉCADA DE 1990 ENCONTRA O ACESSO AO CONHECIMENTO

A reconstrução do debate sobre direito autoral nos anos 1990, e a breve incursão no que viriam a ser as décadas seguintes,[62] levam, portanto, à formulação de três tipos ideais de conjuntos de interesses, atores e retóricas, que designamos aqui como os modelos do *autor como criador*, *exploração econômica* e *acesso ao conhecimento*. De alguma forma, os três passaram a coexistir nas décadas posteriores, embora o conflito que se produziu tenha achatado, por alguns anos, os polos do *autor como criador* e da *exploração econômica* como um polo oposto, enquanto subsiste com

---

[61] Nas palavras de Hildebrando Pontes Neto, a insistência em pontos do Projeto Genoíno fez diminuir "o estrago que o Projeto Luiz Viana ia produzir". PONTES NETO, informação verbal, 2017.

[62] Uma organização do debate sobre direito autoral pós-Internet foi o trabalho que empreendi no mestrado. VALENTE, 2013a.

mais clareza no debate norte-americano o tripé autor – indústria – público/ usuário, que tradicionalmente foi levado em consideração na formulação da política interna daquele país.[63]

Durante as entrevistas para a realização desta pesquisa, muitos atores ligados ao modelo do *autor como criador* expressaram forte rejeição às demandas provenientes do *acesso ao conhecimento*, em movimento que em linhas gerais lembra a rejeição que o próprio Projeto Genoíno sofreu – e em expressão clara do que, indicamos atrás, Ascensão denomina "encarniçamento contra os utentes". Os argumentos centram-se principalmente no aspecto de perda de preocupação com o que então aparece mais claramente como o aspecto social do modelo do *autor como criador*, ou seja, uma proteção social a autores e artistas que viam ameaçada pelos discursos *flexibilistas*, mas também em uma desconfiança de que os novos discursos se resumissem a uma veiculação dos interesses de atores também novos, as empresas de tecnologia, que teriam interesse no uso de obras intelectuais sem compensar o autor, e financiam importantes grupos que se envolveram com o tema. O *acesso ao conhecimento* parece ser entendido como uma repaginação dos discursos e interesses dos "grandes usuários" dos quais se tratou no primeiro capítulo – naquele momento, principalmente a radiodifusão.

> [Discorrendo sobre o que é ser "progressista" quanto ao direito autoral, e afirmando que não é o que ele chama de "democratização da comunicação"] O dever de fazer a cultura circular é um dever do Estado. Você não pode dizer, a pretexto de querer que a cultura circule, você sonegue os direitos do autor, dos que produzem cultura. Porque isso circulou por um tempo, aí, né, a coisa do Creative Commons... "a cultura tem de ser livre, a cultura tem de ser gratuita"... e, na realidade, a gente sabe que tem um comércio em torno de tudo isso aí. Claro, a grande indústria bancou essa ideia. Está bancando a ideia para ela não pagar as obras intelectuais que veiculam. Acesso ao conhecimento, quero, mas quero que quem produz o conhecimento seja remunerado também. [...] O Estado silenciou, principalmente no tempo do Lula e da Dilma, o Estado ficou ciente quanto às violações do direito autoral por aí. Era bom fazer demagogia com o chapéu dos outros. O direito de autor foi demonizado, não deveria ser. Ele pode ser corrigido, ajustado, agora combatido, demonizado, jamais. É engraçado que está começando a deixar de ser isso, porque começaram a perceber que por trás dessas estratégias de gratuidade e tudo mais havia interesses

---

[63] Com os conflitos advindos da ampliação do direito autoral também nos Estados Unidos com os novos usos tecnológicos, houve quem questionasse se esse tripé ainda estaria vigente. Ver Litman (2001); de outro ponto de vista, em 1991, Patterson e Lindberg lamentavam a adoção de elementos jusnaturalistas na discussão norte-americana, defendendo a volta de uma perspectiva do direito autoral como um monopólio privado, como forma de retomar o tripe, que julgavam ter sido deixado de lado.

muito palpáveis. [...] Indiretamente nós somos o produto. [Falando sobre os discursos que parecem ver o autor como um privilegiado] A grande maioria não é milionário, posso te garantir. Está muito longe disso.

Enquanto a União Europeia buscava proteger mais ainda os direitos autorais, aqui no Brasil, o MinC [no governo Lula] falava em flexibilização dos direitos autorais. E essa expressão "flexibilização" é uma expressão diante da qual eu nutri uma profunda antipatia, porque eu via que subjazia à expressão na verdade uma tentativa de fragilizar os direitos autorais, de fragilizar a proteção autoral, a ponto de o MinC ter publicado no seu site e encampado aquela modalidade de contratação virtual do Creative Commons, inclusive adotando o símbolo do CC. Sempre isso me pareceu um absurdo. Porque na verdade isso era uma forma de desconstituição dos direitos dos autores, principalmente dos jovens autores. Que não tinham a menor noção sobre isso, e que achavam que flexibilizar o direito autoral era uma forma de poder usar as coisas sem respeitar e sem evidentemente retribuir em espécie aquilo que aqueles que vivem da criação têm necessidade de ter. Porque não existe comida de graça. Por que a obra do criador brasileiro pode ser flexibilizada e ser utilizada sem pagamento, já que ele vive da criação? Esse movimento que o MinC encampou, a chamada flexibilização de direitos, e mais, de um movimento completamente alienígena, ao meu ver era algo profundamente equivocado. E hoje me parece que essa realidade se faz presente, porque ninguém mais fala nessa bobagem

E aí surgiu a discussão da função social, e a função social eu já via de outra forma, função social é você estimular o autor, dar condições de sobrevivência do autor pra que ele possa continuar criando cultura, desenvolvendo o intelecto, etc. Então eu sempre via as questões na função de proteger o direito de autor. [Sobre o discurso que contrapõe consumidor e autor] Foram as grandes corporações da Internet que criaram essa agenda, que não existia dessa forma. O consumidor quer que o autor crie, seja remunerado. [Os autoralistas foram excluídos da discussão naquele momento], e era na verdade para capitalizar aquelas indústrias criativas, não era paro consumidor. Se é tudo de graça, como o autor vai sobreviver?[64]

De outro lado, José Genoíno alinhou-se com as demandas provenientes do *acesso ao conhecimento*, posteriormente:

Minha opinião hoje é que o meu projeto, que eu apresentei naquela época, precisa ser atualizado. Segundo: eu comecei a trabalhar com a ideia de equiparar [o direito autoral] com a informação, com o bem público, etc. E o projeto foi feito em uma situação histórica que precisava ser modificada. E eu tinha essa compreensão. E no governo Lula eu falei isso para o Gil, para o Juca, para o Gil nem tanto: precisa atualizar. [...] Primeiro, por causa da revolução tecnológica; segundo, por causa das novas demandas da cidadania. [...]
Na época, esse assunto não existia. Ele passou a existir no início do século XXI. E aí nós começamos a fazer esse debate.

---

64 MORORÓ DE ANDRADE, informação verbal, 2017.

E não existia porque nós tivemos um período longo de ditadura militar, com censura, com falta de debate, com falta de discussão. Segundo porque a transição que foi realizada no Brasil não foi democraticamente radical, ela foi pactuada por cima. A anistia criou os direitos conexos [risos][65]

Nesse processo de embate entre velhas disputas com as novas, foram vocais os atores que mobilizavam pelo direito autoral na década anterior: dirigentes de associações de gestão coletiva musical, advogados e representantes da indústria. Se consideramos as grandes disputas que existem em torno na qualificação das associações de gestão coletiva – que são acusadas periodicamente de não representar o conjunto de autores e artistas, mas majoritariamente os das empresas que detêm os direitos e exercem poder econômico nas associações – com diferenciações entre as diferentes associações –, grupos de autores e artistas, em especial de outras áreas que não a música, estiveram, mais uma vez, em geral alheios ao embate.

Esta pesquisa não teve a pretensão de, nem levantou informações suficientes para apontar para uma solução para os embates que envolvem o direito autoral nos dias de hoje. Explicitar, no entanto, os meandros dos desenvolvimentos que resultaram na Lei 9.610/98 responde a angústias que permeiam os debates atuais sobre a lei, e fornece instrumentos para a qualificação acerca dos interesses presentes no direito autoral brasileiro, no passado e atualmente, permitindo que os institutos sejam vistos como frutos de disputas, não somente na forma como foram positivados, mas na forma como se desenvolveram as interpretações sobre eles. O que as conclusões permitem afirmar é que é necessário "desarmar" o debate do direito autoral da forma de leituras cristalizadas e a-históricas, dadas as complexidades e os distintos interesses que se identificam nas diferentes posições, por um debate funcionalizado, que parta de um entendimento dessacralizado de quais políticas esse instrumento está a servir, quais deve servir, e tendo em vista os atores envolvidos, que, claramente, não se resumem ao autor. A esse respeito, por sinal, que se registre o silêncio eloquente desta pesquisa, pela absoluta falta de materiais nas fontes disponíveis, sobre conhecimentos produzidos em regimes alheios à autoria individualista pressuposta no direito autoral, como os de comunidades tradicionais, ou ainda sobre formas de organização da criação e circulação cultural alheios aos regimes do mercado formal, amplamente presentes Brasil afora.

---

[65] GENOÍNO, informação verbal, 2017.

4. DIREITO AUTORAL PARA ALÉM DAS LEIS

Ter-se escolhido, como objeto de pesquisa, reconstruir um debate legislativo específico poderia levar, à primeira vista, à impressão de que se trata de uma compreensão do direito, neste caso o direito autoral, como encerrado em uma lei, e nos debates feitos no parlamento, como se de forma a desvendar uma suposta "vontade do legislador". Embora também elementos dessa perspectiva sejam visíveis, o caminho percorrido até este momento aponta para um complexo entrelaçamento entre as posições defendidas pelo Brasil como política externa, conjuntura geopolítica, distintas concepções sobre a incorporações de tratados no ordenamento jurídico nacional, pressões do Executivo pelo cumprimento de compromissos assumidos internacionalmente, interpretações dadas a dispositivos por atores da indústria e por autores e artistas que tiveram consequências na formulação da lei e na sua aplicação posterior, e transformações tecnológicas que pressionaram posteriormente o Judiciário a aplicar a lei para situações que não poderiam ser previstas. Um ponto da maior relevância, e que não ficou suficientemente explicitado, diz respeito ao poder que têm atores privados para, a partir da utilização seletiva de institutos jurídicos, firmar modelos que, embora não previstos ou mesmo à revelia da lei, prevalecem sobre o legislado ou sobre a intenção identificada por trás de decisões tomadas no processo legislativo.

Vários entrevistados para esta pesquisa são proeminentes atores no campo da cultura e do entretenimento, de advogados a produtores e gestores de associações. Sua explicação sobre as práticas de mercado explicita que o contratualismo que caracteriza a lei – apesar das limitações que se estabelecem com o *ethos* de proteger o autor contra abusos, o princípio geral é o de que o direito patrimonial de autor pode ser negociado – permite a criação de regimes que não são visíveis a partir de uma leitura do resultado do processo legislativo.

Em três pontos esse aspecto se revela primordial. O primeiro deles diz respeito à supressão dos arts. 36, 37 e 38 do Substitutivo da Câmara, já no momento de votação da lei no Senado. A mobilização que se verificou naquele momento tinha a intenção de eliminar presunções legais segundo as quais o empregador, o comitente e o produtor audiovisual seriam detentores dos direitos patrimoniais de obras produzidas por outros – o empregado, o encomendante e os envolvidos na obra audiovisual. Nos três casos, a prática de mercado passou a ser a assinatura de contratos de cessão de direitos em relação às obras produzidas. Por mais que, como indicado atrás, possa se identificar em tese um aumento de poder da parte das pessoas físicas criadoras, na medida que podem negociar esses contratos, e que um entrevistado tenha relacionado a isso um aumento dos custos de transação por parte das empresas,[66] a desproporção de poder entre as partes contratantes e a generalização das práticas faz com que a supressão daqueles artigos não tenha produzido os efeitos desejados. No caso do produtor audiovisual, a prática de mercado é a cessão de direitos dos roteiristas, diretores e atores, embora haja movimentações, no presente momento, de articulação entre roteiristas para pleitear outros arranjos, a gerir coletivamente direitos.

Quanto aos direitos de artistas, intérpretes e executantes, muito embora exista desde 1978 a Lei n. 6.533, que em seu artigo 13 proíbe a cessão de seus direitos, a prática consolidada geral é a de cessão aos produtores, do audiovisual à música, ainda que em alguns casos, como o de intérpretes musicais, sejam negociados royalties por utilizações. Entretanto, a facilidade de produção e distribuição musical levou a uma ampliação do mercado independente, no qual novas práticas também se verificam. A distribuição digital, por exemplo, feita por novos intermediários chamados agregadores, baseia-se no licenciamento, e não na cessão, e os arranjos feitos pelos selos independentes (produtores fonográficos) são variáveis.

Por fim, a limitação do prazo de cessão de direitos sobre obras futuras, fixada como de 5 anos, como indicamos também atrás, é facilmente contornável pela indústria fonográfica pela prática do "contratão", mediante o qual os direitos sobre obras futuras são cedidos, e que pode ser renovado periodicamente, com cessões específicas sobre as obras já realizadas, produzindo-se, assim, o efeito de transferência total dos direitos por prazos muito maiores.

Se a contratualização nos coloca face aos limites da lei na regulação das relações no campo autoral, há outros dois fatores a considerar, ligados aos limites do poder estatal diante da crescente transnacionalização das decisões. O primeiro deles foi abordado em todos os capítulos desta pesquisa: as limitações que o Brasil encontra em legislar em tema de direito autoral. Da edição da primeira Lei de Software vinculada ao contencioso da informática, passando pela rejeição ao Projeto Genoíno, pela derrota da delegação brasileira na negociação do TRIPS, e pela adoção das disposições desse tratado e dos Tratados da OMPI na Lei 9.610/98 – os últimos, sequer assinados pelo Brasil –, fica claro que o espaço disponível para disputas na legislação nacional tornou-se progressivamente limitado. Não foi o objetivo desta pesquisa entrar no mérito sobre se a internacionalização do direito autoral é desejável, ou se os argumentos em favor da

---

[66] Cláudio Lins de Vasconcelos, que atribuiu também, como atribui em seu livro (2013), o aumento de custos com licenciamento (*clearance*) a uma mudança de cultura relativamente aos direitos autorais, em relação aos quais as preocupações aumentaram de uma forma geral. VASCONCELOS, informação verbal, 2017.

ampliação da proteção dos direitos autorais encontram base empírica. O que o percurso permite perceber, no entanto, é que, da proteção autoral ao software à extensão da proteção dos direitos conexos, os temas que efetivamente poderiam estar sob discussão estavam bem delimitados, e, de fato, o debate se travou em torno deles.

O segundo fator diz respeito a um ponto tocado apenas de passagem, que é que, com a crescente importância econômica da Internet no consumo de bens intelectuais, ocorre também uma transnacionalização dos regimes aplicáveis às obras. Em termos concretos, empresas de Internet sediadas nos Estados Unidos desenvolvem mecanismos de ajuste à legislação norte-americana que têm impacto direto no Brasil. É o caso da aplicação do Digital Millenium Copyright Act, que responsabiliza plataformas norte-americanas por conteúdos infringentes após notificação privada que cumpre com as condições previstas naquela lei. Um detentor de direitos brasileiro pode enviar uma notificação com base no DMCA para uma plataforma como o YouTube, para ter o conteúdo bloqueado; igualmente, usuários brasileiros podem ter o acesso bloqueado a obras que no Brasil não seriam infringentes. A prática envolve mais complicações, com a aplicação sobreposta de diferentes legislações – plataformas estrangeiras sediadas também no Brasil removem conteúdos com base na lei brasileira, e outras, sediadas no exterior, podem ser obrigadas também à remoção com base em nossa lei, por meio de acordos de cooperação internacional; plataformas podem também disponibilizar conteúdos distintos em diferentes países, em atendimento às legislações locais. De todo modo, é verificável a aplicação extraterritorial de legislações estrangeiras, notadamente norte-americanas. Em matizes semelhantes, quando uma plataforma de *streaming* de música estabelece os parâmetros de negociação com detentores de direitos, são os contratos com as *majors* – as grandes gravadoras e editoras – que estabelecem os padrões básicos a serem aplicados aos demais, que não serão negociados localmente em termos excessivamente distintos.[67] Nessa prática, verifica-se uma diminuição da eficácia das decisões tomadas por meio de legislação, além de um incremento de opacidade sobre os fluxos de recursos: quando tratamos de Ecad, é possível, como foi, estabelecer um mecanismo de exigência de transparência; no campo da negociação contratual, estabelecida com acordos de confidencialidades, menos mecanismos estão disponíveis, e verificam-se prejuízos que vão da pesquisa ao debate público.

---

67 Para detalhes sobre como se estrutura o mercado digital de música, ver: FRANCISCO; VALENTE, 2016.

Uma outra face desse processo é que a transnacionalização das pautas e disputas fez com que se facilitasse a entrada, no debate brasileiro, da retórica do *acesso ao conhecimento* – que, vimos, esteve presente historicamente no direito norte-americano, e transformou-se em um movimento ligado ao digital a partir do *White Paper* da NII, e das mobilizações contra as propostas norte-americanas para os Tratados da OMPI de 1996. O desenvolvimento desse tema como pauta no Brasil envolve diferentes vetores, mas seus detratores frequentemente qualificam-no como *alienígena*, alheio aos desenvolvimentos históricos do direito autoral brasileiro. Neste momento, embora esses discursos tenham arrefecido, e inclusive por causa de novos desenvolvimentos na Internet que diminuíram o espaço do compartilhamento – serviços digitais pagos, ou gratuitos, porém baseados em publicidade, que operam na lógica do microlicenciamento –, o modelo do *acesso ao conhecimento* passou, entretanto, a ser um dos campos de disputa do direito autoral brasileiro, como atesta o campo construído em torno dele, novos atores acadêmicos e da sociedade civil, eventos anuais, etc.

Todos esses elementos apontam para os limites dos conceitos e categorias do tradicional direito positivo diante da internacionalização dos campos jurídicos,[68] das novas relações de tempo e espaço, de novos centros de produção jurídica, e da "progressiva transferência da titularidade da iniciativa normativa para instâncias não-legislativas de caráter infraestatal e supranacional".[69] Ainda,

> Em face do policentrismo decisório que caracteriza a economia globalizada, com suas hierarquias altamente flexíveis, entidades nacionais ou supranacionais híbridas e estruturas de comando cada vez mais diferenciadas e diversificadas, os Estados tendem a perder a posição de poder exclusivo na coordenação das ações coletivas. Se, por um lado, são cada vez mais pressionados por mercados globalizados que não conseguem controlar, por outro, ficam expostos a pressões e reivindicações internas que não podem ou não conseguem acolhe.[70]

Essa situação é complexificada na medida que agentes transnacionais se apresentam como interlocutores desse mesmo Estado, de forma a relativizar a polaridade nacional/internacional do direito positivo; no embate entre limites geográficos e o caráter extraterritorial dos problemas, o Estado perde sua autonomia de coordenação da vida social para

---

[68] O problema pode ser conceituado também como "exaustão paradigmática": novos problemas passam a não poder ser resolvidos de acordo com os conceitos e categorias fundamentais de um direito forjado no século XIX. FARIA, 2004.

[69] FARIA, 2010, p. xiii.

[70] FARIA, 2010, p. 33.

o mercado.[71] As consequências são mais gravemente sentidas em países periféricos e semiperiféricos, que passam a ver sua soberania de forma pragmática, por causa do risco de isolamento comercial, financeiro e tecnológico, como também foi abordado pelo terceiro capítulo deste livro.

São observáveis tentativas de resistência: quando o MinC editou a Instrução Normativa n. 2, de 2016, a que se referiu atrás, a intenção era buscar reassumir um controle estatal sobre as utilizações de obras na Internet, tomando como referência os dispositivos da lei cujo processo legislativo aqui se estudou. Não há clareza neste momento de qual foi a efetividade da iniciativa, nem tampouco dos estudos mais amplos, que se travavam naquele momento, sobre fluxos de capital relativos à exploração de obras brasileiras na Internet, a partir do Brasil e de outros lugares. Diante desse cenário, a capacidade de elaboração de demandas por parte de atores da sociedade civil – aqui definida amplamente, de forma a incluir autores, artistas, suas associações, e representantes de interesses dos cidadãos ao acesso a obras, fica comprometida. Uma nova Lei de Direitos Autorais, se em algum momento vier, vai lidar com um cenário infinitamente mais complexo que aquele existente entre os anos 1989 e 1998, em que predominava ainda a territorialidade das utilizações de obras intelectuais, e a disputa fundamental era entre o *autor como criador* e a *exploração econômica* das obras pela indústria de cultura e entretenimento.

---

[71] FARIA, 2010, p. 34.

REFERÊNCIAS

ABBATE, Jane. *Inventing the Internet*. Cambridge: MIT Press, 1999.

ABBOTT, Frederick M. The WTO TRIPS Agreement and Global Economic Development. In: ABBOTT, Frederick M.; GERBER, David G. *Public Policy and Global Technological Integration*. Dordrecht: Kluwer Academic Publishers, 1997. Disponível em: <https://ssrn.com/abstract=1989044>. Acesso em: 4 out. 2018.

ABRANCHES, Sérgio Henrique Hurdson de. Presidencialismo de coalizão: o dilema institucional brasileiro. *Revista de Ciências Sociais*, Rio de Janeiro, v. 31, n. 1, 1988, p. 5-34.

ABRÃO, Eliane Yachouh. A "nova" Lei dos Direitos Autorais. UOL, set. 1999. Disponível em: <http://www2.uol.com.br/direitoautoral/artigo03.htm>. Acesso em: 4 out. 2018.

ABREU (Org.). *Dicionário histórico biográfico brasileiro pós-1930*. 2. ed. Rio de Janeiro: Ed. FGV, 2001.

ADOLFO, Luiz Gonzaga Silva. *Obras privadas, benefícios coletivos*: a dimensão pública do direito autoral na sociedade da informação. 2006. Tese (Doutorado em Direito) – Unisinos, São Leopoldo, São Paulo. Disponível em: <http://www.repositorio.jesuita.org.br/handle/UNISINOS/2472>. Acesso em: 4 out. 2018.

AFONSO, Otávio. *Cidade morta*. Havana: Ediciones Casa de Las Américas, 1980.

AFONSO, Otávio. Os descaminhos do direito autoral. Blog Direitos & Autores, 13 nov. 2007. Disponível em: <http://ocmasr.blogspot.com.br/2007/11/os-descaminhos-dos-direitos-autorais.html>. Acesso em: 4 out. 2018.

AFONSO, Otávio. *Direito autoral*: conceitos essenciais. São Paulo: Manole, 2008.

ALMENDRA, Vanisa Santiago. A lei n. 9.610 de 19 de fevereiro de 1998 – aspectos contraditórios. *Revista CEJ*, Brasília, n. 21, p. 8-15, abr./jun. 2003. Disponível em: <http://www.jf.jus.br/ojs2/index.php/revcej/article/view/540/720>. Acesso em: 4 out. 2018.

ALMENDRA, Vanisa Santiago. A gestão coletiva no Brasil. Fala Caetano, 21 abr. 2013. Disponível em: <http://www.caetanoveloso.com.br/blog_post.php?post_id=1406>. Acesso em: 14 nov. 2018.

ALMENDRA, Vanisa Santiago. *Estudos técnicos sobre a gestão coletiva de Direitos Autorais, Unesco e Ministério da Cultura*, 2014.

ARDISSONE, Carlos Maurício. *Propriedade intelectual e relações internacionais no governo FHC e Lula*: os rumos das negociações globais e das políticas públicas. Curitiba: Ed. Appris, 2014.

ARSLANIAN, Regis P. *O recurso à seção 301 da legislação de comércio norte-americana e a aplicação de seus dispositivos contra o Brasil*. Brasília: XXVI Curso de Altos Estudos Instituto Rio Branco – Ministério das Relações Exteriores, 1993. Disponível em: <http://funag.gov.br/loja/download/72-Recurso_a_Secao_301_da_Legislacao_de_Comercio_Norte-Ame_e_a_Apl._de_seus_Disp._contra_o_Brasil_O.pdf>. Acesso em: 4 out. 2018.

ASCENSÃO, José de Oliveira. *Direito autoral*. Rio de Janeiro: Renovar, 1997.

ASCENSÃO, José de Oliveira. *Direito da internet e da sociedade da informação*. Coimbra: Almedina, 2001.

ASCENSÃO, José de Oliveira. Direito de autor e desenvolvimento tecnológico: controvérsias e estratégias. *Revista de Direito Autoral*, ABDA, ano I, n. 1, p. 3-22, 2004.

ASCENSÃO, José de Oliveira. O direito intelectual em metamorfose. *Revista de direito autoral*, Rio de Janeiro, ano II, n. IV, p. 3-24, fev. 2006.

BADIN, Michelle Ratton Sanchez. *Demandas por um novo arcabouço sociojurídico na Organização Mundial do Comércio e o caso do Brasil*. 2004. Tese (Doutorado em Direito), Universidade de São Paulo. Disponível em: <http://www.teses.usp.br/teses/disponiveis/2/2139/tde-02022012-095714/pt-br.php>. Acesso em: 4 out. 2018.

BALLERINI, Franthiesco. *Cinema brasileiro no éculo XXI*. São Paulo: Summus, 2012.

BAND, Jonathan. The Domestic and Foreign Copyright Policies for Promoting the Creative Economy. Infojustice.org, 13 ago. 2013. Disponível em: <http://infojustice.org/archives/30443>. Acesso em: 4 out. 2018.

BARBOSA, Denis Borges. *TRIPS e as novas formas de proteção intelectual*. Disponível em: <denisbarbosa.addr.com/70.doc>. Acesso em: 4 out. 2018.

BARTHES, Roland. A morte do autor. In: _____. *O rumor da língua*. São Paulo: Martins Fontes, 2004.

BASSO, Maristela. As exceções e limitações aos direitos do autor e observância da regra do teste dos três passos. *Revista da Faculdade de Direito da Universidade de São Paulo*, v. 102, p. 493-503, 2007. Disponível em: <http://www.revistas.usp.br/rfdusp/article/view/67766/70374>. Acesso em: 4 out. 2018.

BENJAMIN, Walter. A obra de arte na era de sua reprodutibilidade técnica. In: _____. *Magia e técnica, arte e política*. São Paulo: Ed. Brasiliense, 1994a.

BENJAMIN, Walter. O autor como produtor. In: _____. *Magia e técnica, arte e política*. São Paulo: Ed. Brasiliense, 1994b.

BITTAR, Carlos Alberto. *Direito de autor*. Rio de Janeiro: Forense Universitária, 1994.

BOLLIER, David. *Viral Spiral*: How the Commoners Built a Digital Republic of Their Own. Nova York: New Press, 2008.

BOTERO, Carolina; GUZMAN, Luisa; CABRERA, Karen (Orgs.). *La gestión colectiva ante el desafío digital en América Latina y el Caribe*. Bogotá: Karisma, 2016.

BOYLE, James. *The Public Domain*. New Haven; Londres: Yale University Press, 2008. Disponível em: <http://thepublicdomain.org/thepublicdomain1.pdf>. Acesso em: 4 out. 2018.

BRANCO, Sérgio. *O domínio público no direito autoral brasileiro*: estrutura e função. 2011. Tese (Doutorado em Direito), Faculdade Nacional de Direito, Universidade Estadual do Rio de Janeiro, Rio de Janeiro.

BRITTO, Luiz Navarro. *Luiz Viana Filho*. Salvador: Fundação Cultural do Estado da Bahia, 1978.

CARBONI, Guilherme. *A função social do direito de autor e sua regulamentação no Brasil*. 2005. Tese (Doutorado em Direito), Faculdade de Direito da Universidade de São Paulo, São Paulo.

CARVALHO, Márcio Sávio Revoredo Menezes. *A trajetória da internet no Brasil*: do surgimento das redes de computadores à instituição dos mecanismos de governança. 2006. Dissertação (Mestrado) –Programa de Pós-Graduação de Engenharia, Universidade Federal do Rio de Janeiro, Rio de Janeiro. Disponível em: <https://www.cos.ufrj.br/uploadfile/1430748034.pdf>. Acesso em: 4 out. 2018.

CASTELLS, Manuel. *A galáxia da internet*: reflexões sobre a Internet, os negócios e a sociedade. Rio de Janeiro: Zahar, 2003.

CHANG, Ha-Joon. *Chutando a escada*: a estratégia do desenvolvimento em perspectiva histórica. São Paulo: Editora UNESP, 2004.

CHAVES, Antonio. Desenvolvimento do direito de autor no Brasil após a Lei n. 5.988/73. *Revista da Faculdade de Direito da Universidade de São Paulo*. v. 73, p. 39-56, jan./dez. 1978.

CHAVES, Antonio. O Ecad (Escritório Central de Arrecadação e Distribuição). *Revista da Faculdade de Direito*. v. 77, p. 53-63, 1982. Disponível em: <https://www.revistas.usp.br/rfdusp/article/view/66941/69551>. Acesso em: 14 nov. 2018.

CHAVES, Antonio. A colaboração das autoridades policiais na cobrança dos direitos de autor. *Justitia*, v. 45, n. 121, p. 207-226, abr./jun. 1983. Disponível em: <http://www2.senado.leg.br/bdsf/bitstream/handle/id/181326/000393319.pdf>. Acesso em: 14 nov. 2018.

CHAVES, Antonio. Domínio público no Brasil – aspectos patrimoniais – domínio público remunerado – licença legal e licença compulsória. *Revista Da Faculdade De Direito*, Universidade De São Paulo, v. 80, p. 48-76. Disponível em: <http://www.revistas.usp.br/rfdusp/article/view/67041>. Acesso em: 14 nov. 2018.

CHAVES, Antonio. *Criador da obra intelectual*. São Paulo: LTr, 1995.

CHAVES, Antonio. *Direitos conexos*. São Paulo: LTR, 1999.

COORDENAÇÃO DE DIREITO AUTORAL (CDA). Homenagem da Coordenação-Geral de Direito Autoral do Ministério da Cultura à Otávio Carlos Monteiro Afonso dos Santos. Disponível em: <http://www.cultura.gov.br/documents/18021/130362/homenagem-otavio-afonso.pdf/3ce57082-b2bd-4d58-a3a4-2cfdce4f2c0a>. Acesso em: 4 out. 2018.

CORREA, Carlos M. *Intellectual Property Rights, the WTO and Developing Countries*: the TRIPS Agreement and Development Options. Londres; Maysia: Zed Books, 2000.

COSTA NETTO, José Carlos. *Direito autoral no Brasil*. 2. ed. São Paulo: FTD, 2008.

DEPARTAMENTO INTERSINDICAL DE ASSESSORIA PARLAMENTAR. Boletim do DIAP, edição especial, março de 1994. Disponível em: <http://www.diap.org.br/index.php/publicacoes/finish/13-os-cabecas-do-congresso-nacional/382-os--cabecas-do-congresso-nacional-ano-1994>. Acesso em: 4 out. 2018.

DIAS PEREIRA, Alexandre Libório. *Direito de autor e liberdade de informação*. Coimbra: Almedina, 2008.

DRAHOS, Peter. Information Feudalism in the Information Society.*The Information Society*, v. 11, p. 209-222, 1995. Disponível em: <https://www.researchgate.net/publication/246471221_Information_feudalism_in_the_information_society>. Acesso em: 4 out. 2018.

DRAHOS, Peter; BRAITHWAITE, John. *Information Feudalism*: Who Owns the Knowledge Economy? Nova York: The New Press, 2002.

DREIER, Thomas. TRIPS and the Enforcement of Intellectual Property Rights. In: BEIER, Friedrich-Karl and SCHRICKER, Gerhard (Eds.). *From GATT to TRIPS – The Agreement on Trade-Related Aspects of Intellectual Property Rights*. IIC Studies (Studies in Industrial Property and Copyright Law). Weinheim; Nova York; Basel; Cambridge; Tokyo: VCH, 1996. [Publ. por Max Planck Institute for Foreign and International Patent, Copyright and Competition Law, Munich]

ÉBOLI, João Carlos de Camargo. *Pequeno mosaico do Direito Autoral*. São Paulo: Irmãos Vitale, 2006.

EDE, Lisa; LUNSFORD, Andrea A. Collaborative Authorship and the Teaching of Writing. In: JASZI, Peter; WOODMANSEE, Martha (Org.). *The Construction of Authorship: Textual Appropriation in Law and Literature*. Durham; London: Duke University Press, 1994.

FARIA, José Eduardo. A função social da dogmática e a crise: do ensino e da cultura brasileira. In: FARIA, José Eduardo. *Sociologia Jurídica*: crise do Direito e Práxis Política. Rio de Janeiro: Forense, 1984.

FARIA, José Eduardo. *Eficácia jurídica e violência simbólica*: o direito como instrumento de transformação social. São Paulo, EDUSP, 1988a.

FARIA, José Eduardo (Ed.). *A crise do direito numa sociedade em mudança*. Brasília: Editora UnB, 1988b.

FARIA, José Eduardo. *O direito na economia globalizada*. São Paulo: Editora Malheiros, 2004.

FARIA, José Eduardo. *Direito e conjuntura*. São Paulo: Editora Saraiva, 2010.

FERRAZ JR., Tércio Sampaio. *Introdução ao Estudo do Direito*: técnica, decisão, dominação. 4. ed. São Paulo: Editora Atlas, 2003.

FERRAZ JR., Tércio Sampaio. *Função social da dogmática jurídica*. 2. ed. São Paulo: Editora Atlas, 2015.

FIGUEIREDO, Argelina Cheibub; LIMONGI, Fernando. Mudança constitucional, desempenho do Legislativo e consolidação institucional. *Revista Brasileira de Ciências Sociais*, v. 10, n. 29, p. 175-200, 1995.

FISHER, William. Theories of Intellectual Property. In: MUNZER, S. *New Essays in the Legal and Political Theory of Property*. Cambridge: Cabridge University Press, 2001.

FLYNN, Sean. What is Special 301? A Historical Primer. Infojustice.org, 1 maio 2013. Disponível: <http://infojustice.org/archives/29465>. Acesso em: 4 out. 2018.

FOUCAULT, Michel. O que é um autor? In: FOUCAULT, Michel. *Ditor e escritos*. Rio de Janeiro: Forense Universitária, 2006.

FRANCISCO, Pedro Augusto P.; VALENTE, Mariana Giorgetti (Orgs.). *Da rádio ao streaming:* Ecad, direito autoral e música no Brasil. Rio de Janeiro: Azougue, 2016.

FURTADO, Rosa Freire D'Aguiar (Org.); FURTADO, Celso. Ensaios sobre cultura e o Ministério da Cultura Rio de Janeiro: Contraponto, 2012.

GEIGER, Christophe; GERVAIS, Daniel J; SENFTLEBEN, Martin. The Three-Step-Test Revisited: How to Use the Test's Flexibility in National Copyright Law. *American University International Law Review*, v. 29, n. 3, p. 581-626, 2014. Disponível em: <https://ssrn.com/abstract=2356619>; <http://dx.doi.org/10.2139/ssrn.2356619>. Acesso em: 4 out. 2018.

GELLER, Paul Edward. Copyright History and the Future: What's Culture Got to Do With It? *Copyright Society of the USA*, v. 47, p. 209-264, 2000.

GERVAIS, Daniel J. The TRIPS Agreement and the Doha Round: History and Impact on Economic Development. In: YU, Peter K. *Intellectual Property and Information Wealth:* Issues and Practices in the Digital Age. Westport: Prager Publishers, 2007.

GERVAIS, Daniel J. *The TRIPS: Agreement:* Drafting History and Analysis. Londres: Thomson Reuters, 2008.

GINZBURG, Carlo. *Mitos, emblemas, sinais*: morfologia e história. Tradução de Federico Carotti. 2. ed. São Paulo: Companhia das Letras, 2007.

GINZBURG, Jane. A Tale of Two Copyrights: Literary Property in Revolutionary France and America. *Tulane Law Review*, v. 64, n. 5, p. 981-1031, 1990.

GLISSON, Gary W. A Practitioner's Defense of the White Paper. *Oregon Law Review*, v. 75, n. 1, p. 277-290, 1996.

GUIBAULT, Lucie. *Discussion Paper on the Question of Exceptions to and Limitations on Copyright and Neighbouring Rights in the Digital Era*. Estrasburgo: Conselho da Europa, 1998. Disponível em: <https://www.ivir.nl/publicaties/download/final-report.pdf>. Acesso em: 14 nov. 2018.

HABERMAS, Jürgen. *Direito e democracia*: entre facticidade e validade. Rio de Janeiro: Ed. Tempo Brasileiro, 1997a. v. 1.

HABERMAS, Jürgen. *Direito e democracia*: entre facticidade e validade. Rio de Janeiro: Ed. Tempo Brasileiro, 1997b. v. 2.

HANSEN, João Adolfo. Autor. In: JOBIM, José Luís (Org.). *Palavras da crítica*. Rio de Janeiro: Imago Editora Ltda., 1992. p. 11-43.

HIRST, Mônica; PINHEIRO, Letícia. A política externa do Brasil em dois tempos. *Revista Brasileira de Política Internacional*, Brasília, v. 38, n. 1, p. 5-23, 1995.

HOLANDA, Nestor de. *Memórias do Café Nice*. Rio de Janeiro: Conquista, 1969.

JASZI, Peter. Caught in the Net of Copyright. *Oregon Law Review*, v. 75, n. 1, p. 229-308, 1996.

JENKINS, Henry. *Cultura da convergência*. São Paulo: Aleph, 2008.

JONES, Vivian C. Generalized System of Preferences: Background and Renewal Debate. Congressional Research Service, 2012. Disponível em: <http://www.fas.org/sgp/crs/misc/RL33663.pdf>. Acesso em: 4 out. 2018.

KARAGANIS, Joe (Ed.). *Media Piracy in Emerging Economies*. Nova York: Social Science Research Council, 2011. Disponível em: <http://piracy.americanassembly.org/wp-content/uploads/2011/06/MPEE-PDF-1.0.4.pdf>. Acesso em: 4 out. 2018.

KATZENBERGER, Paul; KUR, Annette. TRIPS and Intellectual Property. In: BEIER, Friedrich-Karl; SCHRICKER, Gerhard (Eds.). *From GATT to TRIPS – The Agreement on Trade-Related Aspects of Intellectual Property Rights*. IIC Studies (Studies in Industrial Property and Copyright Law).Weinheim; Nova York; Basel; Cambridge; Tokyo: VCH, 1996. [Publ. por Max Planck Institute for Foreign and International Patent, Copyright and Competition Law, Munich]

KEEN, Andrew. *O culto do amador*. Rio de Janeiro: Jorge Zahar, 2009.

LANDES, William; POSNER, Richard. An Economic Analysis of Copyright Law. *The Journal of Legal Studies*, v. 18, n. 2, p. 325-363, jun. 1989.

LEMOS, Ronaldo et al. *Tecnobrega*: o Pará reinventando o negócio da música. Rio de Janeiro: Aeroplano, 2009.

LEVINE, Robert. *Free Ride*: How the Internet Is Destroying the Culture Business. Londres: The Bodley Head, 2011.

LEWICKI, Bruno. *Limitações aos direitos do autor:* releitura na perspectiva do direito civil contemporâneo. 2007. Tese (Doutorado em Direito), Faculdade de Direito, Universidade do Estado do Rio de Janeiro, Rio de Janeiro.

LIMA, Maria Regina Soares de. Eixos analíticos e conflito de paradigmas na política exterior brasileira. *Cadernos do IPRI*, Brasília, n. 11, p. 71-82, 1994. Disponível em: <http://funag.gov.br/loja/download/cadernos-do-ipri-num-11.pdf>. 14 nov. 2018.

LIMA, Maria Regina Soares de; HIRST, Mônica. Brazil as an Intermediate State and Regional Power: Action, Choice and Responsibilites. *International Affairs*, v. 82, n. 1, p. 21-40, 2006.

LITMAN, Jessica. *Digital Copyright*: Protecting Intellectual Property on the Internet. Nova York: Prometheus Books, 2001.

LOPES, José Reinaldo de Lima. *O Direito na História*: lições introdutórias. São Paulo: Editora Atlas, 2011.

LOPES, José Reinaldo de Lima; FREITAS FILHO, Roberto. Law and Society in Brazil at the Crossroads: a review. *The Annual Review of Law and Social Science*, n. 10, 2014. Disponível em: <https://www.ufrgs.br/nejup/wp-content/uploads/2013/08/LAWSOCIETY-IN-BRAZIL.pdf>. Acesso em: 4 out. 2018.

MACIEL, David. O governo Collor e o neoliberalismo no Brasil (1990-1992). *Revista UFG*, ano 13, n. 11, p. 98-108, 2011. Disponível em: <https://www.proec.ufg.br/up/694/o/11_artigos_o_governo.pdf>. Acesso em: 14 nov. 2018.

MASOUYÉ, Claude. *Guia da convenção de Berna relativa à proteção das obras literárias e artísticas (Acta de Paris, 1971)*. Tradução de António Maria Pereira. Genebra: Organização Mundial da Propriedade Intelectual, 1980. Disponível em: <http://www.wipo.int/edocs/pubdocs/pt/copyright/615/wipo_pub_615.pdf>. Acesso em: 4 out. 2018.

MELLO, Patrícia Maria Costa. Os conflitos de interesses no direito autoral: uma análise – sob a perspectiva política, jurídica e sociológica – da construção legislativa da Lei 9.610/98 e seus reflexos na atualidade. Trabalho de conclusão de curso da Faculdade de Direito da Pontifícia Universidade Católica do Rio Grande do Sul. Porto Alegre, 2013.

MIDANI, André. *Música, ídolos e poder:* do vinil ao download. Rio de Janeiro: Nova Fronteira, 2008. Disponível em: <http://www.andremidani.net>. Acesso em: 29 jan. 2016.

MORAES, Walter. *Artista, Intérpretes e Executantes*. São Paulo: Revista dos Tribunais ,1976.

MORELLI, Rita de Cássia Lahoz. *Indústria fonográfica:* um estudo antropológico. Campinas: Editora da Unicamp, 1991.

MORELLI, Rita de Cássia Lahoz. *Arrogantes, anônimos, subversivos*: interpretando o acordo e a discórdia na tradição autoral brasileira. Campinas: Mercado de Letras Edições e Livraria Ltda., 2000.

NAGIB, Lúcia. *O cinema da retomada*: depoimentos de 90 cineastas dos anos 90. São Paulo: Editora 34, 2002.

NOBRE, Marcos. Apontamentos sobre a pesquisa em direito no Brasil. *Cadernos Direito GV*, 2002. Disponível em: <http://bibliotecadigital.fgv.br/dspace/bitstream/handle/10438/2779/Pesquisa_Direito_Cadernos_Direito_GV.pdf>. Acesso em: 4 out. 2018.

NOBRE, Marcos. *O que é pesquisa em direito?* São Paulo: Lumen Juris, 2005.

NOBRE, Marcos. *Choque de democracia:* as razões da revolta. São Paulo: Companhia das Letras, 2013a.

NOBRE, Marcos. *Imobilismo em movimento:* da redemocratização ao governo Dilma. São Paulo: Companhia das Letras, 2013b.

[S.a]. Um grande perigo ronda o direito autoral brasileiro. *Revista Músico! Ordem dos Músicos do Brasil*, ano 5, n. 14, p. 16-21, 2014.

OKEDIJI, Ruth. Toward an International Fair Use Doctrine. *Columbia Journal of Transnational Law*, v. 39, p. 75-175, 2000.

OLIVEIRA, Luciano. Que (e para quê) Sociologia? Reflexões a respeito de algumas idéias de Eliane Junqueira sobre o ensino da Sociologia do Direito (ou seria Sociologia Jurídica?) no Brasil. In: JUNQUEIRA, Eliane Botelho; OLIVEIRA, Luciano (Orgs.). *Ou isto ou aquilo:* a sociologia jurídica nas faculdades de direito. Rio de Janeiro: IDES/Letra Capital, 2002.

OLIVEIRA, Luciano. Não fale do código de Hamurabi!, a pesquisa sócio-jurídica na pós-graduação em Direito. In: OLIVEIRA, Luciano. Sua Excelência o Comissário e outros ensaios de Sociologia Jurídica. Rio de Janeiro: Letra Legal, 2004.

ONU, Transnational Corporations and Management Division, Department of Economics and Social Development. *Intellectual Property Rights and Foreign Direct Investment*, ST/CTC/SER.A/24, 1993.

PATTERSON, L. Ray; LINDBERG, Stanley W. *The Nature of Copyright:* A Law of Users' Rights. Atenas: University of Georgia Press, 1991.

PEREIRA DOS SANTOS, Manoel Joaquim. *A proteção autoral de programas de computador.* Rio de Janeiro: Lumen Juris, 2008.

PILATTI, Adriano. *A Constituinte de 1987-1988:* progressistas, conservadores, ordem econômica e regras do jogo. Rio de Janeiro: Lumen Juris, 2008.

PIMENTA, Eduardo Salles. *Direitos autorais:* estudos em homenagem a Otávio Afonso dos Santos. São Paulo: Editora Revista dos Tribunais, 2008.

POLLACK, Malla; PRICE, Monroe E. The Author in Copyright: Notes for the Literary Critic. In: JASZI, Peter; WOODMANSEE, Martha (Org.). *The Construction of Authorship:* Textual Appropriation in Law and Literature. Durham; London: Duke University Press, 1994.

PACÓN, Ana María. What Will TRIPS Do For Developing Countries? In: BEIER, Friedrich-Karl; SCHRICKER, Gerhard (Eds.). *From GATT to TRIPS – The Agreement on Trade-Related Aspects of Intellectual Property Rights*. IIC Studies (Studies in Industrial Property and Copyright Law). Weinheim; Nova York; Basel; Cambridge; Tokyo: VCH, 1996. [Publ. por Max Planck Institute for Foreign and International Patent, Copyright and Competition Law, Munich]

PRIMO BRAGA, Carlos A; FINK, Carsten; SEPULVEDA, Claudia. The Economic Justification for the Grant of Intellectual Property Rights: Patterns of Convergence and Conflict. In: ABBOTT, Frederick M.; GERBER, David G. *Public Policy and Global Technological Integration*. Dordrecht: Kluwer Academic Publishers, 1997.

RAJAN, Mira T. Sundara. *Copyright and Creative Freedom*: A Study of Post-Socialist Law Reform. Oxon: Routledge, 2006.

REIS, Renata Camile Carlos. *REDES INVISÍVEIS*: grupos de pressão na Câmara dos Deputados – o processo de aprovação da Lei de Propriedade Industrial brasileira. 2015. Tese (Doutorado em Políticas Públicas, Estratégias e Desenvolvimento) – Programa de Pós-Graduação em Políticas Públicas, Estratégias e Desenvolvimento, da Universidade Federal do Rio de Janeiro, Rio de Janeiro. Disponível em: <http://www.ie.ufrj.br/images/pos-graducao/pped/dissertacoes_e_teses/renata_camile_carlos_reis_dsc_2015.pdf>. Acesso em: 4 out. 2018.

RICKETSON, Sam. *The Berne Convention for the Protection of Literary and Artistic Works*: 1886-1986. Londres: Kluwer, 1987.

SÁ-SILVA, Jackson Ronie; ALMEIDA, Cristóvão Domingos; GUINDANI, Joel Felipe. Pesquisa documental: pistas teóricas e metodológicas. *Revista Brasileira de História e Ciências Sociais*, ano I, n. I, p. 1-15, jul. 2009. Disponível em: <https://www.rbhcs.com/rbhcs/article/view/6>. Acesso em: 14 nov. 2018.

SAMUELSON, Pamela. The Copyright Grab. *Revista Wired*, v. 4, n. 1, 01 jan. 1996. Disponível em: <https://www.wired.com/1996/01/white-paper/>. Acesso em: 14 nov. 2018.

SAMUELSON, Pamela. The U.S. Digital Agenda at WIPO. Berkeley Law. Disponível em: <http://scholarship.law.berkeley.edu/facpubs/882>. Acesso em: 4 out. 2018.

SAMUELSON, Pamela; BROWNING, John. Big Media Beaten Back. *Revista Wired*, 3 jan. 1997. Disponível em: <https://www.wired.com/1997/03/netizen-4/>. Acesso em: 4 out. 2018.

SANTIAGO, Oswaldo. *Aquarela do direito autoral, três acórdãos do Supremo*. Rio de Janeiro: UBC, 1985.

SANTOS, Natália Neris da Silva. *A voz e a palavra do Movimento Negro na Assembleia Nacional Constituinte (1987/1988)*: um estudo das demandas por direitos. 2015. Dissertação (Mestrado) Escola de Direito da Fundação Getúlio Vargas, São Paulo. Disponível em: <http://bibliotecadigital.fgv.br/dspace/handle/10438/13699>. Acesso em: 4 out. 2018.

SELL, Susan K; PRAKASH, Aseem. Using Ideas Strategically: The Contest Between Business and NGO Networks in Intellectual Property Rights. *International Studies Quarterly*, v. 48, n. 1, p. 153-175, 2004.

SENFTLEBEN, Martin. *Copyright, Limitations and the Three-Step-Test*: an analysis of the Three-Step-Test in International and EC Copyright Law. Haia/Londres/Nova York: Kluwer Law International, 2004.

SENFTLEBEN, Martin. Towards a Horizontal Standard for Limiting Intellectual Property Rights? WTO Panel Reports Shed Light on the Three-Step Test in Copyright Law and Related Tests in Patent and Trademark Law. *International Review of Intellectual Property and Competition Law*, v. 37, n. 4, p. 407-438, 2006. Disponível em: <https://ssrn.com/abstract=1723871>. Acesso em: 4 out. 2018.

SILVA, Felipe Gonçalves. Habermas e Ambiguidade do Direito Moderno. In: SILVA, Felipe Gonçalves; RODRIGUEZ, José Rodrigo (Orgs.). *Manual de Sociologia Jurídica*. São Paulo: Editora Saraiva, 2013.

SILVA, Felipe Gonçalves; RODRIGUEZ, José Rodrigo (Orgs.). *Manual de Sociologia Jurídica*. São Paulo: Editora Saraiva, 2013.

SILVEIRAS, Raphael de Souza. *Consultas públicas para o Marco Civil da Internet e a Reforma da Lei de Direito Autoral:* a relação entre direito, Internet e Estado na contemporaneidade. 2014. Dissertação (Mestrado), Instituto de Filosofia e Ciências Humanas, Universidade Estadual de Campinas, São Paulo.

SMITH, Eric. Worldwide Copyright Protection Under the TRIPS Agreement. *Vand. J. Transnational Law*, n. 29, p. 572-578, 1996.

SODRÉ, Nelson Werneck. *Síntese de história da cultura brasileira*. Rio de Janeiro: Editora Bertrand, 2003.

SOUSA, Marcos Rogério. Nem tanto ao mar nem tanto à terra: "regra dos três passos" e as limitações aos direitos autorais. *Revista Jurídica ESMP-SP*, v. 3, p. 211-227, 2013.

SOUZA, Allan Rocha de. *Os direitos culturais e as obras audiovisuais cinematográficas:* entre a proteção e o acesso. Tese (Doutorado), Faculdade de Direito da Universidade Estadual do Rio de Janeiro, Rio de Janeiro, 2010.

SOUZA, Allan Rocha de. Direitos autorais e acesso à cultura. *Liinc em Revista*, Rio de Janeiro, v. 7, n. 2, p. 416-436, 2011. Disponível em: <http://revista.ibict.br/liinc/article/view/3324>. Acesso em: 4 out. 2018.

SPENCE, Michael. *Intellectual Property*. Oxford: Oxford Press, 2007.

TARRAGÔ, Piragibe. TRIPS torna obrigatória a proteção às invenções. *Panorama da Tecnologia*, Rio de Janeiro, ano V, n. 12, 1995.

TINHORÃO, José Ramos. *Música popular:* um tema em debate. 3. ed. Editora 34: São Paulo, 2002.

USTR, U.S. *Generalized System of Preferences Guidebook.* Washington D.C.: Office of the United States Trade Representative, 2017. Disponível em: <https://ustr.gov/sites/default/files/gsp/GSP%20Guidebook%20March%202017.pdf>. Acesso em: 4 out. 2018.

VALENTE, Mariana Giorgetti. Direito autoral como comércio internacional. In: NALINI, José Renato. *Propriedade intelectual em foco.* São Paulo: Editora Revista dos Tribunais, 2013a.

VALENTE, Mariana Giorgetti. Implicações políticas e jurídicas dos direitos autorais na Internet. 2013b. Dissertação (Mestrado em Sociologia Jurídica), Faculdade de Direito da Universidade de São Paulo, São Paulo.

VALENTE, Mariana Giorgetti; MIZUKAMI, Pedro. What happened to the Brazilian Copyright Reform? Creative Commons, 2014. Disponível em: <https://creativecommons.org/2014/01/18/copyright-week-what-happened-to-the-brazilian-copyright-reform/>. Acesso em: 4 out. 2018.

VARELLA, Marcelo Dias; SILVA, Alice Rocha da. A mudança de orientação da lógica de solução das controvérsias econômicas internacionais. *Revista Brasileira de Política Internacional,* v. 49, p. 24-40, 2006.

VASCONCELOS, Claudio Lins de. *Mídia e propriedade intelectual:* a crônica de um modelo em transformação. Rio de Janeiro: Lumen Juris, 2013.

VIGEVANI, Tullo. *O contencioso Brasil x Estados Unidos da Informática*: uma análise sobre formulação da política exterior. São Paulo: EDUSP, 1995.

WOLKMER, Antônio Carlos. *História do Direito no Brasil.* Rio de Janeiro: Editora Forense, 2003.

WOODMANSEE, Martha. *The author, Art, and the Market*: Rereading the History of Aesthetics. Nova York: Columbia University Press, 1994.

WOODMANSEE, Martha; JASZI, Peter (Eds.). *Construction of Authorship*: Textual Appropriation in Law and Literature. Durham; Londres: Duke University Press, 1994.

SANTIAGO, Vanisa Gayoso Almedra. Vanisa Santiago. Dicionário Vravo Albinda – Música Popular Brasileira, 21 maio 1936. Disponível em: <http://dicionariompb.com.br/vanisa-santiago/dados-artisticos>. Acesso em: 4 out. 2018.

CENTRO DE PESQUISA E DOCUMENTAÇÃO DE HISTÓRIA CONTEMPORÂNEA DO BRASIL. O que é o DHBB. Disponível em: <http://cpdoc.fgv.br/acervo/dhbb>. Acesso em: 4 out. 2018.

SONY CORPORATION OF AMERICA *ET AL.* v. UNIVERSAL CITY STUDIOS, INC., ET AL. 464 U.S. 417 (1984). Disponível em: <https://cyber.harvard.edu/people/tfisher/1984%20Sony%20Abridged.pdf>. Acesso em: 4 out. 2018.

CENTRO DE PESQUISA E DOCUMENTAÇÃO DE HISTÓRIA CONTEMPORÂNEA DO BRASIL. VIANA FILHO, LUIS. Disponível em: <http://www.fgv.br/cpdoc/acervo/dicionarios/verbete-biografico/viana-filho-luis>. Acesso em: 4 out. 2018.

A PRO-MÚSICA BRASIL. Sobre nós. Disponível em: <http://pro-musicabr.org.br/home/sobre-nos/>. Acesso em: 4 out. 2018.

CENTRO DE PESQUISA E DOCUMENTAÇÃO DE HISTÓRIA CONTEMPORÂNEA DO BRASIL. CID SABIOA DE CARVALHO. Disponível em: <http://www.fgv.br/cpdoc/acervo/dicionarios/verbete-biografico/cid-saboia-de-carvalho>. Acesso em: 4 out. 2018.

MINISTÉRIO DA CULTURA. Ordem do Mérito Cultural. Disponível em: <http://www.cultura.gov.br/ordem-do-merito-cultural>. Acesso em: 4 out. 2018.

CENTRO DE PESQUISA E DOCUMENTAÇÃO DE HISTÓRIA CONTEMPORÂNEA DO BRASIL. FERREIRA, Aluísio Nunes. Disponível em: <http://www.fgv.br/cpdoc/acervo/dicionarios/verbete-biografico/aluisio-nunes-ferreira-filho>. Acesso em: 4 out. 2018.

CENTRO DE PESQUISA E DOCUMENTAÇÃO DE HISTÓRIA CONTEMPORÂNEA DO BRASIL. BRANT, Roberto. Disponível em: <http://www.fgv.br/cpdoc/acervo/dicionarios/verbete-biografico/roberto-lucio-rocha-brant>. Acesso em: 4 out. 2018.

CENTRO DE PESQUISA E DOCUMENTAÇÃO DE HISTÓRIA CONTEMPORÂNEA DO BRASIL. FEGHALI, Jandira. Disponível em: <http://www.fgv.br/cpdoc/acervo/dicionarios/verbete-biografico/feghali-jandira>. Acesso em: 4 out. 2018.

CREATIVE COMMONS. Global Affiliate Network. Disponível em: <https://creativecommons.org/about/global-affiliate-network/>. Acesso em: 4 out. 2018.

UNIVERSIDADE DE SÃO PAULO. Carta de São Paulo pelo Acesso a Bens Culturais. Disponível em <http://stoa.usp.br/acesso.>. Acesso em: 4 out. 2018.

FERREIRA, João Luiz. INSTRUÇÃO NORMATIVA Nº 2, DE 4 DE MAIO DE 2016. Diário Oficial da União, Seção 1, n. 85, 5 maio 2016. Disponível em: < http://pesquisa.in.gov.br/imprensa/jsp/visualiza/index.jsp?data=05/05/2016&-jornal=1&pagina=10&totalArquivos=112>. Acesso em: 4 out. 2018.

1. IMPRENSA

BONASSA, Elvis Cesar. CPI do Ecad investiga editoras musicais. *Folha de São Paulo*, 21 out. 1995.

BONASSA, Elvis Cesar. CPI termina com acusações sem provas. *Folha de S. Paulo*, 15 dez. 1995.

CALIL, Ricardo. Compositores atacam volta de órgão do MinC. Folha de S. Paulo, 23 nov. 1994. Disponível em: <http://www1.folha.uol.com.br/fsp/1994/9/23/ilustrada/13.html>. Acesso em: 4 out. 2018.

CATANHÊDE, Eliana. Barrigas de Aluguel. Folha de S. Paulo, 9 set. 1997. Disponível em: <http://www1.folha.uol.com.br/fsp/opiniao/fz090904.htm>. Acesso em: 4 out. 2018.

GIL, Marisa Adán. celebridade invisível. Folha de S. Paulo, 18 jun. 1995. Disponível em: <http://www1.folha.uol.com.br/fsp/1995/6/18/revista_da_folha/18.html>. Acesso em: 4 out. 2018.

MILLARCH, Aramis. Hermínio, amor e poesia, 50 anos. *Jornal Estado do Paraná*, 16 mar. 1985.

NARDI, Carlos Magno de. CPI quebra sigilo de dirigentes. Folha de S. Paulo, 8 maio 1995. Disponível em: <http://www1.folha.uol.com.br/fsp/1995/5/08/ilustrada/5.html>. Acesso em: 4 out. 2018.

FERREIRA FILHO, Aloysio Nunes Ferreira. Uma lei em defesa do autor. Folha de S. Paulo, 16 fev. 1998. Disponível em: <http://www1.folha.uol.com.br/fsp/opiniao/fz16029809.htm>. Acesso em: 4 out. 2018.

MAGALHÃES JR. Sem pés, nem cabeça. *Diário de Notícias*, 24 jun. 1951.

MAMBERTI, Sérgio. O direito autoral é, acima de tudo, um direito de cidadania. *Folha de S. Paulo*, 19 jan. 1998.

MinC. Direitos Autorais – Nota Oficial. *Jornal do Brasil*, 1 nov. 1988.

ORTEGA, Rodrigo. Playlists no YouTube viram negócio lucrativo com venda de lugares nas listas de hits. G1, 24 de novembro de 2017. Disponível em: <https://g1.globo.com/pop-arte/musica/noticia/playlists-no-youtube-viram-negocio-lucrativo-com-venda-de-lugares-nas-listas-de-hits.ghtml>. Acesso em: 4 out. 2018.

RYFF, Luiz Antônio. Deputado aceita mudança em projeto. Folha de S. Paulo, 14 jan. 1998. Disponível em: <http://www1.folha.uol.com.br/fsp/ilustrad/fq140118.htm>. Acesso em: 4 out. 2018.

SANCHES, Pedro Alexandre. A nova Lei do Direito Autoral virá em 2014?. Vermelho.org, 12 dez. 2013. Disponível em: <http://www.vermelho.org.br/noticia/231457-6>. Acesso em: 4 out. 2018.

[S.a]. Clássicos na Mira. *Jornal do Brasil*, 14 dez. 1988.

[S.a]. Congresso pede volta de órgão do governo. Folha de S. Paulo, 20 set. 1994. Disponível em: <http://www1.folha.uol.com.br/fsp/1994/9/19/ilustrada/13.html>. Acesso em: 14 nov. 2018.

[S.a]. Jogo rápido. *O Estado de S. Paulo*, 5 dez. 1997.

[S.a]. Deputado rebate críticas feitas à nova Lei do Direito Autoral. Folha de S. Paulo, 15 dez. 1997. Disponível em: <http://www1.folha.uol.com.br/fsp/ilustrad/fq151211.htm>. Acesso em: 4 out. 2018.

[S.a]. Artistas vão a ACM para mudar projeto. Folha de S. Paulo, 9 jan. 1998. Disponível em: <http://www1.folha.uol.com.br/fsp/brasil/fc090123.htm>. Acesso em: 4 out. 2018.

[S.a]. Alcione Araújo apoia supressão de artigos. Folha de S. Paulo, 14 jan. 1998. Disponível em: <http://www1.folha.uol.com.br/fsp/ilustrad/fq140120.htm>. Acesso em: 4 out. 2018.

[S.a]. Morre Luiz Eduardo Borgerth. G1, 2 jun. 2007.

STF. ADIs contra alterações na Lei de Direitos Autorais são julgadas improcedentes. Notícias STF, 27 out. 2016. Disponível em: <http://www.stf.jus.br/portal/cms/verNoticiaDetalhe.asp?idConteudo=328273>. Acesso em: 4 out. 2018.

TAKAHASHI, Fábio. Universitários lançam frente pró-xerox. Folha de S. Paulo, 22 fev. 2006. Disponível em: <http://www1.folha.uol.com.br/fsp/cotidian/ff2202200618.htm>. Acesso em: 4 out. 2018.

ULHÔA, Raquel. Senado aprova projeto de direito autoral. Folha de S. Paulo, 5 fev. 1998. Disponível em: <http://www1.folha.uol.com.br/fsp/brasil/fc05029816.htm>. Acesso em: 4 out. 2018.

[S.a]. Congresso pede volta de órgão do governo. Folha de S. Paulo, 20 set. 1994. Disponível em: <http://www1.folha.uol.com.br/fsp/1994/9/19/ilustrada/13.html>. Acesso em: 4 out. 2018.

SUPREMO TRIBUNAL FEDERAL. Ação direta de incostitucionalidade 2.054-4 Distrito Federal. Disponível em: <http://redir.stf.jus.br/paginadorpub/paginador.jsp?docTP=AC&docID=375312>. Acesso em: 4 out. 2018.

[S.a]. Portaria n. 110, de 19 de novembro de 2009. Diário Oficial da União, Seção 1, n. 222, 20 nov. 2009. Disponível em: <http://pesquisa.in.gov.br/imprensa/jsp/visualiza/index.jsp?data=20/11/2009&jornal=1&pagina=59&totalArquivos=296>. Acesso em: 4 out. 2018.

2. LEIS, REGIMENTOS, TRATADOS

BRASIL. Decreto nº 91.144, de 14 de março de 1985. Disponível em: <http://www.planalto.gov.br/ccivil_03/decreto/1980-1989/D91144.htm>. Acesso em: 4 out. 2018.

BRASIL. Decreto nº 99.600, de outubro de 1990. Disponível em: <http://www.planalto.gov.br/ccivil_03/decreto/1990-1994/D99600.htm>. Acesso em: 4 out. 2018.

CÂMARA DOS DEPUTADOS. *Regimento Interno da Câmara dos Deputados*. 18. ed. Brasília: Edições Câmara, 2017.

PLANALTO. LEI Nº 5.988, DE 14 DE DEZEMBRO DE 1973. Disponível em: <http://www.planalto.gov.br/ccivil_03/LEIS/L5988.htm>. Acesso em: 18 fev. 2019.

UNESCO. Convenção de Berna, revisão de Paris de 1971. Tradução de Unesco Cultural Heritage Laws Database. Disponível em: <http://www.unesco.org/culture/natlaws/media/pdf/bresil/brazil_conv_berna_09_09_1886_por_orof.pdf>. Acesso em: 4 out. 2018.

WIPO COPYRIGHT TREATY. Tratado de la OMPI sobre Derecho de Autor (WCT). Disponível em: <http://www.wipo.int/wipolex/en/treaties/text.jsp?file_id=295167>. Acesso em: 4 out. 2018.

WORLD INTELLECTUAL PROPERTY ORGANIZATION. WIPO Copyright Treaty. Disponível em: <https://www.wipo.int/treaties/en/text.jsp?file_id=295166>. Acesso em: 18 fev. 2019.

3. DIÁRIOS

BRASIL. Congresso Nacional. Diário do Congresso Nacional, 14 de agosto de 1992. p. 18.494. Disponível em: <http://imagem.camara.gov.br/Imagem/d/pdf/DCD14AGO1992.pdf#page=99>. Disponível em: 4 out. 2018.

BRASIL. Congresso Nacional. Diário do Congresso Nacional, 11 de março de 1995. p. 3.103. Disponível em: <http://imagem.camara.gov.br/Imagem/d/pdf/DCD11MAR1995.pdf#page=95>. Acesso em: 4 out. 2018.

BRASIL. Congresso Nacional. Diário da Câmara dos Deputados, 11 de novembro de 1995(2). p. 05308-15309. Disponível em: <http://imagem.camara.gov.br/Imagem/d/pdf/DCD11NOV1995.pdf#page=160>. Acesso em: 4 out. 2018.

BRASIL. Câmara dos Deputados. Diário da Câmara dos Deputados, 27 de setembro de 1996. p. 25.880. Disponível em: <http://imagem.camara.gov.br/Imagem/d/pdf/DCD27SET1996.pdf#page=14>. Acesso em: 4 out. 2018.

BRASIL. Câmara dos Deputados. Diário da Câmara dos Deputados, 22 de outubro de 1997 (1). <http://imagem.camara.gov.br/Imagem/d/pdf/DCD22OUT1997.pdf>. Acesso em: 4 out. 2018.

BRASIL. Câmara dos Deputados. Diário da Câmara dos Deputados, 3 de dezembri de 1997 (2). Disponível em: <http://imagem.camara.gov.br/Imagem/d/pdf/DCD03DEZ1997.pdf#page=379>. Acesso em: 4 out. 2018.

3.1. CONSTITUINTE

CÂMERA DOS DEPUTADOS. Subcomissão dos Direitos e Garantias Individuais. Disponível em: <http://www2.camara.leg.br/atividade-legislativa/legislacao/Constituicoes_Brasileiras/constituicao-cidada/o-processo-constituinte/comissoes-e-subcomissoes/Comissao-1/subcomissao1c>. Acesso em: 4 out. 2018.

CÂMERA DOS DEPUTADOS. Comissão da Soberania e dos Direitos e Garantias do Homem e da Mulher. Disponível em: <http://www2.camara.leg.br/atividade-legislativa/legislacao/Constituicoes_Brasileiras/constituicao-cidada/o-processo-constituinte/comissoes-e-subcomissoes/Comissao-1/comissao-da-soberania-e-dos-direitos-e-garantias>. Acesso em: 4 out. 2018.

4. LISTA DE ENTREVISTADOS

ANDRADE, Marco Venício [Marcos Vinícius Mororó de Andrade, nome artístico]: depoimento [set. 2017]. Entrevistadora: M. Valente. São Paulo, 2017. 1 arquivo.mp4 [101 min].

BARRETO, Lucy: depoimento [2017]. Entrevistadora: M. Valente. São Paulo, 2017. 1 arquivo.mp3 [41 min].

BARRICHELLO, Samuel: depoimento [2016]. Entrevistadora: M. Valente. Brasília, 2016. 1 arquivo.mp3 [103 min].

BARRICHELLO, Samuel: depoimento [2017]. Entrevistadora: M. Valente. São Paulo, 2017. 1 arquivo .mp3 [73 min].

BRAGA, Glória. Depoimento [jul. 2017]. Entrevistadora: M. Valente. Rio de Janeiro, 2017. 1 arquivo .mp3 [92 min].

CORREA DE MELLO, Roberto: depoimento [set. 2017]. Entrevistadora: M. Valente: São Paulo, 2017. 1 arquivo.mp3 [58 min].

COSTA NETTO, José Carlos. Depoimento [ago. 2017]. Entrevistadora: M. Valente. São Paulo, 2017. 1 arquivo.mp4 [95 min].

ÉBOLI, João Carlos: depoimento [jul. 2017]. Entrevistadora: M. Valente. Rio de Janeiro, 2017. 1 arquivo .mp4 [57 min].

GENOINO NETO, José. Depoimento [jul. 2017]. Entrevistadora: M. Valente. São Paulo, 2017. 1 arquivo.mp4 [101 min.].

LEWICKI, Bruno. Depoimento [jul. 2017]. Entrevistadora: M. Valente. São Paulo, 2017. 1 arquivo.mp4 [48 min.]

LIMA, Francisco Araújo de. Depoimento [jul. 2017]. Entrevistadora: M. Valente. São Paulo, 2017. 1 arquivo.mp3 [56 min.].

MULLER CHAVES, João Carlos: depoimento [jul.2017]. Entrevistadora: M. Valente. Rio de Janeiro, 2017. 1 arquivo.mp4 [104 min].

PONTES NETO, Hildebrando. Depoimento [set. 2017]. Entrevistadora: M. Valente. São Paulo, 2017. 1 arquivo.mp3 [97 min.].

SALINAS, Rodrigo. Depoimento [2017]. Entrevistadora: M. Valente. Rio de Janeiro, 2017. 1 arquivo .mp4 [50 min]

SANTIAGO, Vanisa. Depoimento [2016]. Entrevistadora: M. Valente. São Paulo, 2016. 1 arquivo.mp3 [83 min.].

SANTIAGO, Vanisa. Depoimento [2017]. Entrevistadora: M. Valente. Rio de Janeiro, 2017. 1 arquivo .mp4 [106 min.].

SOLOT, Steve. [2017]. Entrevistadora: M. Valente. Rio de Janeiro, 2017. 1 arquivo.mp4 [77 min.]

SOUZA, Marcos Alves de: depoimento [2016]. Entrevistadora: M. Valente. Brasília, 2016. 1 arquivo .mp3 [58 min.]

VASCONCELOS, Claudio Lins de [2017]. Entrevistadora: M. Valente. São Paulo, 2017. 1 arquivo.mp4 [102 min.]

VAZ, José. Depoimento [2016]. Entrevistadora: M. Valente. Brasília, 2016. 1 arquivo.mp3 [50 min.]

APÊNDICES

1. ARQUIVO MJ

Ref.	Nome geral do documento	Órgão / instituição / pessoa de proveniência	Tipo de documento	Data	Citação
1.1	Emendas de plenário ao PLS 249/89	Senado Federal	Emendas de Plenário	4/7/1990	(Ref. 1.1, Dossiê MJ, Senado Federal, Emendas de Plenário, 07/04/90)
1.2	Lei n. 9.610/98 (publicação no diário oficial)	Presidência	Lei	2/20/1998	(Ref. 1.2, Dossiê MJ, Presidência, Lei, 20/02/98)
1.3	Parecer n. 38 de 1990 da CCJC ao PLS 249/89	CCJC Senado Federal	Parecer	3/21/1990	(Ref. 1.3, Dossiê MJ, CCJC Senado Federal, Parecer, 21/03/90)
1.4	Parecer nº 122 de 1990 da CCJC sobre as Emendas de Plenário ao PLS nº 249 de 1989	CCJC Senado Federal	Parecer	5/10/1990	(Ref. 1.4, Dossiê MJ, CCJC Senado Federal, Parecer, 10/05/90)
1.5	PLS nº 249 de 1989 e Justificação	Proposta, justificação + legislação antiga	Projeto de Lei	8/31/1989	(Ref. 1.5, Dossiê MJ, Proposta, justificação + legislação antiga, Projeto de Lei, 31/08/89)
1.6	Discussão e Votação em turno único do PLS nº 249 de 1989	Senado Federal	Notas	5/19/1990	(Ref. 1.6, Dossiê MJ, Senado Federal, Notas, 19/05/90)

Ref.	Nome geral do documento	Órgão / instituição / pessoa de proveniência	Tipo de documento	Data	Citação
1.7	Discussão em turno único da redação final do PLS nº 249 de 1989 e envio à Câmara dos Deputados	Senado Federal	Notas	6/23/1990	(Ref. 1.7, Dossiê MJ, Senado Federal, Notas, 23/06/90)
1.8	Parecer nº 187 de 1990 da Comissão Diretora apresentando a Redação Final ao PLS nº 249 de 1989	Senado Federal	Parecer	6/9/1990	(Ref. 1.8, Dossiê MJ, Senado Federal, Parecer, 09/06/90)
1.9	Cont... PL nº 5_430-A de 1990 - Substitutivo	Substitutivo oferecido pelo relator Aloysio Nunes	Projeto de Lei	11/6/1997	(Ref. 1.9, Dossiê MJ, Substitutivo oferecido pelo relator Aloysio Nunes, Projeto de Lei, 06/11/97)
1.10	PLs apensados, relatório sobre PL da Comissão Especial, pelo relator Aloysio Nunes	Comissão Especial na CD	Relatório	11/6/1997	(Ref. 1.10, Dossiê MJ, Comissão Especial na CD, Relatório, 06/11/97)
1.11	Requerimentos para tramitação nas comissões do PL 5430/90	Câmara dos Deputados	Documento de tramitação	6/19/2016	(Ref. 1.11, Dossiê MJ, Câmara dos Deputados, Documento de tramitação, 19/06/16)
1.12	PL 5430/90, tal como chegou do Senado	Câmara dos Deputados	Projeto de Lei	8/7/1990	(Ref. 1.12, Dossiê MJ, Câmara dos Deputados, Projeto de Lei, 07/08/90)

Ref.	Nome geral do documento	Órgão / instituição / pessoa de proveniência	Tipo de documento	Data	Citação
1.13	PL nº 5.430-A de 1990 - Apensos - 1ª Parte	Câmara dos Deputados	Projeto de Lei	6/12/2005	(Ref. 1.13, Dossiê MJ, Câmara dos Deputados, Projeto de Lei, 12/06/05)
1.14	Discussão em turno único e Emendas ao PL nº 5.430-A de 1990	Câmara dos Deputados	Notas	12/6/1997	(Ref. 1.14, Dossiê MJ, Câmara dos Deputados, Notas, 06/12/97)
1.15	PL nº 5.430-A de 1990 - Requerimento de urgência	Câmara dos Deputados	Requerimento	12/3/1997	(Ref. 1.15, Dossiê MJ, Câmara dos Deputados, Requerimento, 03/12/97)
1.16	PL nº 5.430-B de 1990 - 1ª parte	Câmara dos Deputados	Projeto de Lei	12/10/1997	(Ref. 1.16, Dossiê MJ, Câmara dos Deputados, Projeto de Lei, 10/12/97)
1.17	PL nº 5.430-B de 1990 - 2ª parte	Câmara dos Deputados	Projeto de Lei	12/10/1997	(Ref. 1.17, Dossiê MJ, Câmara dos Deputados, Projeto de Lei, 10/12/97)
1.18	Votação em turno único do PL nº 5.430 de 1990 - 1ª parte	Câmara dos Deputados	Notas	12/11/1997	(Ref. 1.18, Dossiê MJ, Câmara dos Deputados, Notas, 11/12/97)

Ref.	Nome geral do documento	Órgão / instituição / pessoa de proveniência	Tipo de documento	Data	Citação
1.19	Continuação da Votação em turno único do PL n 5.430 de 1990 e retorno ao Senado Federal	Câmara dos Deputados	Notas	12/11/1997	(Ref. 1.19, Dossiê MJ, Câmara dos Deputados, Notas, 11/12/97)
1.20	Substitutivo da Câmara dos Deputados ao PLS 249/89 (contém texto original do Senado, lei de 73, e encaminha para CCJC)	Câmara dos Deputados	Projeto de Lei	1/8/1998	(Ref. 1.20, Dossiê MJ, Câmara dos Deputados, Projeto de Lei, 08/01/98)
1.21	Parecer nº 62 de 1998 da CCJC ao Substitutivo da Câmara dos Deputados ao PLS nº 249 de 1989 e envio à Sanção	CCJC Senado Federal	Parecer	2/3/1998	(Ref. 1.21, Dossiê MJ, CCJC Senado Federal, Parecer, 03/02/98)

2. ARQUIVO-CEDI-CD

Ref.	Nome geral do documento	Órgão / instituição / pessoa de proveniência	Tipo de documento	Data	Citação
2.1	Boletim de Ação Legislativa - Tramitação do PL n. 5.430/90	Câmara dos Deputados	Documento de tramitação	1990-1997	(Ref. 2.1, Câmara dos Deputados, Documento de tramitação, 1990-1997)
2.2	PL 5.430/90, conforme chegou na Câmara	Câmara dos Deputados	Projeto de Lei	1990	(Ref. 2.2, Câmara dos Deputados, Projeto de Lei, 1990)
2.3	Legislação citada pelo PL 5.430/90, Anexada pela Coordenação das Comissões Permanentes da Câmara	CCP Câmara dos Deputados	Legislação citada	1990	(Ref. 2.3, CCP Câmara dos Deputados, Legislação citada, 1990)
2.4	Sinopse do PL 249/89, do Senado	Senado Federal	Documento de tramitação	1990	(Ref. 2.4, Senado Federal, Documento de tramitação, 1990)
2.5	Comunicação do Primeiro Secretário do SF ao Primeiro Secretário da CD, encaminhando PL n. 249/89	Senado Federal	Documento de tramitação	6/27/1990	(Ref. 2.5, Senado Federal, Documento de tramitação, 27/06/90)
2.6	PLS 249/1989, conforme enviado pelo SF à CD	Senado Federal	Projeto de Lei	8/30/1989	(Ref. 2.6, Senado Federal, Projeto de Lei, 30/08/89)
2.7	Emendas de plenário oferecidas no SF ao PL 249/89	Senado Federal	Emendas de Plenário	4/6/1990	(Ref. 2.7, Senado Federal, Emendas de Plenário, 06/04/90)
2.8	Parecer n. 122 da CJC do SF sobre as Emendas de Plenário apresentadas ao PL 249/89	Senado Federal	Parecer	5/10/1990	(Ref. 2.8, Senado Federal, Parecer, 10/05/90)

Ref.	Nome geral do documento	Órgão / instituição / pessoa de proveniência	Tipo de documento	Data	Citação
2.9	Parecer n. 38 de 1990 da CJC do SF sobre o PL 249/89	Senado Federal	Parecer	3/2/1990	(Ref. 2.9, Senado Federal, Parecer, 02/03/90)
2.10	Parecer n. 187/90 da Comissão Diretora do SF com a redação final do PL 249/89	Senado Federal	Projeto de Lei	6/9/1990	(Ref. 2.10, Senado Federal, Projeto de Lei, 09/06/90)
2.11	Ofício n. 08/90-CCJ SF, comunicando ao presidente do Senado que a comissão aprovou o PLS n. 249/89	Senado Federal	Documento de tramitação	3/16/1990	(Ref. 2.11, Senado Federal, Documento de tramitação, 16/03/90)
2.12	Projeto de Lei n. 249/89, assinado pelo Presidente do SF	Senado Federal	Projeto de Lei	6/27/1990	(Ref. 2.12, Senado Federal, Projeto de Lei, 27/06/90)
2.13	Pedido de apensamento da Coordenação das comissões permanentes à CCJR da CD para apensamento do PL 1.252/88 ao PL n/ 5.430/90	CCP Câmara dos Deputados	Documento de tramitação	8/6/1990	(Ref. 2.13, CCP Câmara dos Deputados, Documento de tramitação, 06/08/90)
2.14	Pedido do Deputado Genoíno para retirada do PL 2.148/89	Deputado José Genoíno Neto	Documento de tramitação	6/28/1990	(Ref. 2.14, Deputado José Genoíno Neto, Documento de tramitação, 28/06/90)

Ref.	Nome geral do documento	Órgão / instituição / pessoa de proveniência	Tipo de documento	Data	Citação
2.15	Complementação de voto do Deputado Egídio Ferreira Lima sobre o PL 249/89 (não vota, porque entende que já o fez com o PL 2.148/89, na CCJR, e mantém o voto anterior com o substitutivo que o acompanha	CCJR Câmara dos Deputados	Parecer	12/5/1990	(Ref. 2.15, CCJR Câmara dos Deputados, Parecer, 05/12/90)
2.16	Parecer do Deputado Egídio Ferreira Lima sobre o Projeto Genoíno, em termos de constitucionalidade, legalidade e técnica legislativa	CCJR Câmara dos Deputados	Parecer	5/9/1990	(Ref. 2.16, CCJR Câmara dos Deputados, Parecer, 09/05/90)
2.17	Pedido de apensamento do PL n. 2.934/92, do deputado Zaire Rezente, ao PL n. 5.430, de 1990, por versarem sobre matéria análoga, ao Presidente da CD	CCTCI Câmara dos Deputados	Documento de tramitação	7/8/1992	(Ref. 2.17, CCTCI Câmara dos Deputados, Documento de tramitação, 08/07/92)
2.18	Pedido da Deputada Irma Passoni, presidente da CCTCI, para que o PL 5430/90 tramitasse na CCTCI (e o 2934/92 também)	CCTCI Câmara dos Deputados	Documento de tramitação	7/8/1992	(Ref. 2.18, CCTCI Câmara dos Deputados, Documento de tramitação, 08/07/92)
2.19	Relatório do Deputado Aloysio Nunes Ferreira sobre o PL 5430/90	CCTCI Câmara dos Deputados	Parecer	Jun-95	(Ref. 2.19, CCTCI Câmara dos Deputados, Parecer, jun/95)

Ref.	Nome geral do documento	Órgão / instituição / pessoa de proveniência	Tipo de documento	Data	Citação
2.20	Substitutivo ao PL 5.439/90, do deputado Aloysio Nunes	CCTCI Câmara dos Deputados	Projeto de Lei	Jun-95	(Ref. 2.20, CCTCI Câmara dos Deputados, Projeto de Lei, jun/95)
2.21	Pedido de apensamento do PL 2442/91 ao PL 5.430 feito pelo Deputado Aecio de Borba, presidente da CEC, ao presidente da CD	CEC Câmara dos Deputados	Documento de tramitação	7/19/1994	(Ref. 2.21, CEC Câmara dos Deputados, Documento de tramitação, 19/07/94)
2.22	Aprovação de apensação do PL 3631/93 ao 2707/92, e não do PL 641/95 ao 5430/90 (pedidos da CCTCI)	Presidência da Câmara dos Deputados	Documento de tramitação	9/14/1995	(Ref. 2.22, Presidência da Câmara dos Deputados, Documento de tramitação, 14/09/95)
2.23	Requerimento de apensamento, por três deputados, de todos os projetos relativos a DDAA, e de constituição de Comissão Especial	Dps. Starling, Schmidt e Miranda	Documento de tramitação	8/13/1996	(Ref. 2.23, Dps. Starling, Schmidt e Miranda, Documento de tramitação, 13/08/96)
2.24	Deferimento parcial de apensamentos PLs 1162/95, 1358/95, 1874/96; indeferimento 964/95 e 641/95; indeferimento Comissão Especial	Presidência da Câmara dos Deputados	Documento de tramitação	8/22/1996	(Ref. 2.24, Presidência da Câmara dos Deputados, Documento de tramitação, 22/08/96)
2.25	Resolução do presidente da CD Luis Eduardo por criar Comissão Especial, revendo despacho anterior	Presidência da Câmara dos Deputados	Documento de tramitação	9/12/1996	(Ref. 2.25, Presidência da Câmara dos Deputados, Documento de tramitação, 12/09/96)

Ref.	Nome geral do documento	Órgão / instituição / pessoa de proveniência	Tipo de documento	Data	Citação
2.26	Pedido da CCTCI de apreciar o PL 5430/90, que tinha ido para Comissão Especial	CCTCI Câmara dos Deputados	Documento de tramitação	5/14/1997	(Ref. 2.26, CCTCI Câmara dos Deputados, Documento de tramitação, 14/05/97)
2.27	Indeferimento do presidente da CD Michel Temer pela apreciação do projeto pela CCTCI, alegando que comissão estava por ser instalada	Presidência da Câmara dos Deputados	Documento de tramitação	6/23/1997	(Ref. 2.27, Presidência da Câmara dos Deputados, Documento de tramitação, 23/06/97)
2.28	Pedido do Presidente da CE Roberto Brandt de apensamento dos PLs 1356/95, 1357/95 e 30054/97	Comissão Especial Câmara dos Deputados	Documento de tramitação	8/28/1997	(Ref. 2.28, Comissão Especial Câmara dos Deputados, Documento de tramitação, 28/08/97)
2.29	Deferimento de apensamento dos PLs 1356/95, 1357/95, e 3054/97	Presidência da Câmara dos Deputados	Documento de tramitação	9/8/1997	(Ref. 2.29, Presidência da Câmara dos Deputados, Documento de tramitação, 08/09/97)
2.30	Pedido do relator Aloysio Nunes de apensamento de outros 10 PLs	Comissão Especial Câmara dos Deputados	Documento de tramitação	8/21/1997	(Ref. 2.30, Comissão Especial Câmara dos Deputados, Documento de tramitação, 21/08/97)
2.31	Deferimento de apensamento de 10 PLs pelo Presidente da CD Michel Temer	Presidência da Câmara dos Deputados	Documento de tramitação	9/9/1997	(Ref. 2.31, Presidência da Câmara dos Deputados, Documento de tramitação, 09/09/97)

Ref.	Nome geral do documento	Órgão / instituição / pessoa de proveniência	Tipo de documento	Data	Citação
2.32	Decisão por não desdobrar o PL n. 427/91	Presidência da Câmara dos Deputados	Documento de tramitação	1/30/1998	(Ref. 2.32, Presidência da Câmara dos Deputados, Documento de tramitação, 30/01/98)
2.33	Comunicação ao Presidente da CD Michel Temer, do Senador ACM, da aprovação do veto de FHC pelo CN conjuntamente	Presidência do Senado Federal	Documento de tramitação	10/20/1999	(Ref. 2.33, Presidência do Senado Federal, Documento de tramitação, 20/10/99)

3. ARQUIVO-MINC

Ref.	Nome geral do documento	Órgão / instituição / pessoa de proveniência	Tipo de documento	Data	Citação
3.1	Carta da UBC sobre Projeto Genoíno	UBC	Carta	12/12/1989	(Ref. 3.1, MinC, UBC, Carta, 12/12/89)
3.2	Carta da Amar sobre Projeto Genoino	Amar	Carta	sem data	(Ref. 3.2, MinC, Amar, Carta, sem data)
3.3	Carta de quatro organizações sobre Projeto do CNDA	APL/UBE/ABEM/ Sindicato dos Escritores SP	Carta	07/02/1988 - 08/12/1988	(Ref. 3.3, MinC, APL/UBE/ABEM/ Sindicato dos Escritores SP, Carta, 07/02/1988 - 08/12/1988)
3.4	Pronunciamento do Conselheiro Alfredo Machado sobre o Projeto Genoino	Conselheiro Alfredo Machado	Pronunciamento	sem data	(Ref. 3.4, MinC, Conselheiro Alfredo Machado, Pronunciamento, sem data)
3.5	Carta de Jorge Amado sobre Projeto Genoíno	Jorge Amado	Carta	Aug-89	(Ref. 3.5, MinC, Jorge Amado, Carta, ago/89)
3.6	Carta do INPI sobre Projeto do CNDA	INPI	Carta	3/31/1989	(Ref. 3.6, MinC, INPI, Carta, 31/03/89)

Ref.	Nome geral do documento	Órgão / instituição / pessoa de proveniência	Tipo de documento	Data	Citação
3.7	Carta de Carlos Alberto Bittar sobre Projeto Genoino	Carlos Alberto Bittar	Carta	12/6/1988	(Ref. 3.7, MinC, Carlos Alberto Bittar, Carta, 06/12/88)
3.8	Carta da Sbat sobre Projeto Genoino	Sbat	Carta	6/12/1989	(Ref. 3.8, MinC, Sbat, Carta, 12/06/89)
3.9	Carta do SEESP sobre Projeto Genoino	SEESP	Carta	12/8/1989	(Ref. 3.9, MinC, SEESP, Carta, 08/12/89)
3.10	Carta do Sindcine sobre Projeto Genoíno	Sindcine	Carta	2/16/1989	(Ref. 3.10, MinC, Sindcine, Carta, 16/02/89)
3.11	Carta da SPA sobre Projeto Genoino	SPA	Carta	11/28/1988	(Ref. 3.11, MinC, SPA, Carta, 28/11/88)
3.12	Carta da CECEC. RJ sobre Projeto Genoíno	CECEC.RJ	Carta	3/23/1989	(Ref. 3.12, MinC, CECEC.RJ, Carta, 23/03/89)
3.13	Carta da CISAC sobre Projeto Genoino	CISAC	Carta	sem data	(Ref. 3.13, MinC, CISAC, Carta, sem data)
3.14	Carta de Dias Gomes sobre Projeto Genoino	Dias Gomes	Carta	9/1/1989	(Ref. 3.14, MinC, Dias Gomes, Carta, 01/09/89)

Ref.	Nome geral do documento	Órgão / instituição / pessoa de proveniência	Tipo de documento	Data	Citação
3.15	Carta da Abinee sobre projeto Genoino	Abinee	Carta	2/1/1989	(Ref. 3.15, MinC, Abinee, Carta, 01/02/89)
3.16	Carta do conselheiro Newton Paulo Teixeira dos Santos sobre Projeto Genoíno	Conselheiro Newton Paulo Teixeira dos Santos	Carta	Jun-89	(Ref. 3.16, MinC, Conselheiro Newton Paulo Teixeira dos Santos, Carta, jun/89)
3.17	Carta do IAB sobre Projeto Genoíno	IAB	Carta	6/5/1989	(Ref. 3.17, MinC, IAB, Carta, 05/06/89)
3.18	Carta do MJ-SEAL sobre Projeto Genoíno	MJ-SEAL	Carta	11/30/1988	(Ref. 3.18, MinC, MJ-SEAL, Carta, 30/11/88)
3.19	Carta da OMPI sobre o Projeto Genoino	OMPI	Carta	8/20/1989	(Ref. 3.19, MinC, OMPI, Carta, 20/08/89)
3.20	Carta de Antonio Chaves sobre o Projeto Genoino	Antonio Chaves	Carta	sem data	(Ref. 3.20, MinC, Antonio Chaves, Carta, sem data)
3.21	Programa recomendado de ensino de direito de autor na Pós Graduação, CERLALC-UNESCO	CERLALC-UNESCO	Documento de educação	Oct-88	(Ref. 3.21, MinC, CERLALC-UNESCO, Documento de educação, out/88)

Ref.	Nome geral do documento	Órgão / instituição / pessoa de proveniência	Tipo de documento	Data	Citação
3.22	Programa recomendado de ensino de direito de autor na Graduação, CERLALC-UNESCO	CERLALC-UNESCO	Documento de educação	Oct-88	(Ref. 3.22, MinC, CERLALC-UNESCO, Documento de educação, out/88)
3.23	Sugestões para pesquisas sobre direito de autor	CERLALC-UNESCO	Documento de educação	Oct-88	(Ref. 3.23, MinC, CERLALC-UNESCO, Documento de educação, out/88)
3.24	Comparativo de trechos da Lei Espanha e Alemanha	Sem autor	Estudo	1/5/1993	(Ref. 3.24, MinC, Sem autor, Estudo, 05/01/1993)
3.25	Parecer sobre execução pública de obras musicais	José Diamantino Alvarez Abelenda	Parecer	10/20/1997	(Ref. 3.25, MinC, José Diamantino Alvarez Abelenda, Parecer, 20/10/97)
3.26	Estudo sobre lei americana	Sem autor	Estudo	sem data	(Ref. 3.26, MinC, Sem autor, Estudo, sem data)
3.27	Questionário da UNESCO sobre situação do ensino do direito de autor no Brasil	MinC - CDA	Minuta de carta	8/14/1991	(Ref. 3.27, MinC, MinC - CDA, Minuta de carta, 14/08/91)

Ref.	Nome geral do documento	Órgão / instituição / pessoa de proveniência	Tipo de documento	Data	Citação
3.28	Insistência na resposta ao questionário	MinC - CDA	Minuta de carta	11/22/1991	(Ref. 3.28, MinC, MinC - CDA, Minuta de carta, 22/11/91)
3.29	Carta da Sbacem referente ao programa In-formar de Direito Autoral	Sbacem	Carta	9/4/1991	(Ref. 3.29, MinC, Sbacem, Carta, 04/09/91)
3.30	Páginas de livro sobre legislação brasileira de direito autoral	Sem autor	Estudo	sem data	(Ref. 3.30, MinC, Sem autor, Estudo, sem data)
3.31	Pedido de informação da OMPI sobre legislação de direito de autor nos países LatAm	OMPI	Estudo	Jan-92	(Ref. 3.31, MinC, OMPI, Estudo, jan/92)
3.32	Carta de Otavio Afonso ao Deputado Daso Coimbra criticando PL 1252/88	MinC - CDA	Carta	7/10/1991	(Ref. 3.32, MinC, MinC - CDA, Carta, 10/07/91)
3.33	Documento do Ministro Weffort submetendo PL 1436/96 ao Congresso Nacional, para adaptar legislação ao TRIPS	MinC - CDA	Documento de tramitação	9/28/1995	(Ref. 3.33, MinC, MinC - CDA, Documento de tramitação, 28/09/95)
3.34	Carta do MinC criticando PL 2442/91	MinC - CDA	Carta	6/15/1992	(Ref. 3.34, MinC, MinC - CDA, Carta, 15/06/92)

Ref.	Nome geral do documento	Órgão / instituição / pessoa de proveniência	Tipo de documento	Data	Citação
3.35	Carta do MinC criticando PL 4322/89	MinC - CDA	Carta	7/11/1991	(Ref. 3.35, MinC, MinC - CDA, Carta, 11/07/91)
3.36	Carta do MinC criticando PL 132/91	MinC - CDA	Carta	7/12/1991	(Ref. 3.36, MinC, MinC - CDA, Carta, 12/07/91)
3.37	Relação geral dos PLs tramitando no Congresso Nacional	MinC - CDA	Estudo	sem data	(Ref. 3.37, MinC, MinC - CDA, Estudo, sem data)
3.38	Estudo comparativo de proteção de fonogramas em diferentes países	MinC - CDA	Estudo	sem data	(Ref. 3.38, MinC, MinC - CDA, Estudo, sem data)
3.39	Estudo comparativo sobre quem é autor, nas diferentes legislações	MinC - CDA	Estudo	sem data	(Ref. 3.39, MinC, MinC - CDA, Estudo, sem data)
3.40	Relação dos PLs apensados ao 5430/90	MinC - CDA	Estudo	sem data	(Ref. 3.40, MinC, MinC - CDA, Estudo, sem data)
3.41	Relato do seminário de direito de autor latinoamericano de 1991	OMPI	Ata	4/23/1991	(Ref. 3.41, MinC, OMPI, Ata, 23/04/91)
3.42	Relato do seminário de direito de autor latinoamericano de 1991 (2)	OMPI	Ata	4/26/1991	(Ref. 3.42, MinC, OMPI, Ata, 26/04/91)

Ref.	Nome geral do documento	Órgão / instituição / pessoa de proveniência	Tipo de documento	Data	Citação
3.43	Relatório brasileiro sobre poderes públicos e a PI	MinC - CDA	Estudo	sem data	(Ref. 3.43, MinC, MinC - CDA, Estudo, sem data)
3.44	Relato do seminário da UNESCO - a tradição anglo-saxã	UNESCO	Estudo	Sep-86	(Ref. 3.44, MinC, UNESCO, Estudo, set/86)
3.45	Relato do seminário da UNESCO - a tradição latina	UNESCO	Estudo	Sep-86	(Ref. 3.45, MinC, UNESCO, Estudo, set/86)
3.46	1a reunião da comissão de PI do Subgrupo 7 (indústria) do Mercosul	Mercosul	Ata	4/27/1998	(Ref. 3.46, MinC, Mercosul, Ata, 27/04/98)
3.47	Anexo I Lista de Participantes	Mercosul	Ata	10/28/1998	(Ref. 3.47, MinC, Mercosul, Ata, 28/10/98)
3.48	Anexo II Agenda	Mercosul	Ata	May-97	(Ref. 3.48, MinC, Mercosul, Ata, 05/1997)
3.49	Anexo III - Ata da reunião quadripartita do subgrupo 7 - indústria	Mercosul	Ata	7/2/1997	(Ref. 3.49, MinC, Mercosul, Ata, 02/07/1997)
3.50	Anexo IX - Proposta de temas de cooperação	Mercosul	Ata	1998	(Ref. 3.50, MinC, Mercosul, Ata, 1998)

Ref.	Nome geral do documento	Órgão / instituição / pessoa de proveniência	Tipo de documento	Data	Citação
3.51	Anexo VIII - Reunião de especialistas da OMPI	Mercosul	Ata	10/21/1998	(Ref. 3.51, MinC, Mercosul, Ata, 21/10/98)
3.52	Lista de presença reunião GIPI	GIPI	Ata	6/17/1998	(Ref. 3.52, MinC, GIPI, Ata, 17/06/98)
3.53	Livrinho - projeto de lei Luiz Mainardi sobre arrecadação e distribuição de direito autoral	Dep. Luiz Mainardi	Projeto de Lei	1997	(Ref. 3.53, MinC, Dep. Luiz Mainardi, Projeto de Lei, 1997)
3.54	Mercosul SGT 7 - Indústria - Ata 02/97	Mercosul	Ata	7/4/1997	(Ref. 3.54, MinC, Mercosul, Ata, 04/07/97)
3.55	Mercosul SGT 7 - Indústria - Ata 03/98	Mercosul	Ata	10/28/1998	(Ref. 3.55, MinC, Mercosul, Ata, 28/10/98)
3.56	Mercosul SGT 7 - Indústria - Ata 02/98	Mercosul	Ata	6/24/1998	(Ref. 3.56, MinC, Mercosul, Ata, 24/06/98)
3.57	Nota técnica da STI para reunião do SGT 07 (2/98)	MICT - STI	Carta	6/19/1998	(Ref. 3.57, MinC, MICT - STI, Carta, 19/06/98)
3.58	Convocação reunião GIPI	MICT - STI	Carta	3/25/1998	(Ref. 3.58, MinC, MICT - STI, Carta, 25/03/98)

Ref.	Nome geral do documento	Órgão / instituição / pessoa de proveniência	Tipo de documento	Data	Citação
3.59	Carta do MinC à STI contendo ata da reunião da IV SGT 7 Mercosul	MinC - CDA	Carta	12/8/1997	(Ref. 3.59, MinC, MinC - CDA, Carta, 08/12/97)
3.60	Fax de Coordenador Nacional do Grupo Mercado Comum ao Embaixador Jorge Campbell pedindo notificação do Tratado de Assunção	MRE	Carta	3/17/1998	(Ref. 3.60, MinC, MRE, Carta, 17/03/98)
3.61	Fax de Piragibe Tarragô, Chefe da Divisão de Política Comercial, sobre histórico da negociação do art. 4o do TRIPS (clausula da nação mais favorecida), para negociações do GIPI sobre Mercosul	MRE	Carta	10/21/1997	(Ref. 3.61, MinC, MRE, Carta, 21/10/97)
3.62	Non paper O Direito Autoral no âmbito do Mercosul	MinC - CDA	Estudo	sem data	(Ref. 3.62, MinC, MinC - CDA, Estudo, sem data)
3.63	Non paper O Direito Autoral no âmbito do Mercosul (segundo)	MinC - CDA	Estudo	sem data	(Ref. 3.63, MinC, MinC - CDA, Estudo, sem data)
3.64	Carta encaminhando ata da reunião SGT 02/97 Mercosul	MICT - STI	Carta	8/9/1997	(Ref. 3.64, MinC, MICT - STI, Carta, 09/08/97)

Ref.	Nome geral do documento	Órgão / instituição / pessoa de proveniência	Tipo de documento	Data	Citação
3.65	Carta encaminhando ata da reunião SGT 03/97 Mercosul	MICT - STI	Carta	10/7/1997	(Ref. 3.65, MinC, MICT - STI, Carta, 07/10/97)
3.66	Carta encaminhando ata da reunião SGT 01/98 Mercosul	MICT - STI	Carta	5/5/1998	(Ref. 3.66, MinC, MICT - STI, Carta, 05/05/98)
3.67	Carta encaminhando ata da reunião SGT 02/98 Mercosul	MICT - STI	Carta	8/2/1998	(Ref. 3.67, MinC, MICT - STI, Carta, 02/08/98)
3.68	Fax de Piragibe Tarragô, Chefe da Divisão de Política Comercial, sobre reunião na presidência em que se discutiu a cláusula de nação mais favorecida (discussões Mercosul)	MRE	Carta	10/2/1997	(Ref. 3.68, MinC, MRE, Carta, 02/10/97)
3.69	Fax de Piragibe Tarragô, Chefe da Divisão de Política Comercial, sobre paper da coordenação intra-Mercosul sobre PI alternativa à ALCA	MRE	Carta	9/9/1997	(Ref. 3.69, MinC, MRE, Carta, 09/09/97)
3.70	Fax de Piragibe Tarragô, Chefe da Divisão de Política Comercial, sobre paper da coordenação intra-Mercosul sobre PI alternativa à ALCA	MRE	Carta	9/10/1997	(Ref. 3.70, MinC, MRE, Carta, 10/09/97)

Ref.	Nome geral do documento	Órgão / instituição / pessoa de proveniência	Tipo de documento	Data	Citação
3.71	Carta encaminhando ata da IV e V reunião SGT Mercosul	MICT - STI	Carta	12/8/1997	(Ref. 3.71, MinC, MICT - STI, Carta, 08/12/97)
3.72	Proposta da ABPI sobre possível acordo de harmonização do direito de autor no Mercosul	ABPI	Carta	8/24/1998	(Ref. 3.72, MinC, ABPI, Carta, 24/08/98)
3.73	Reunião do GIPI - proposta agenda reunião Uruguay	GIPI	Ata	3/31/1998	(Ref. 3.73, MinC, GIPI, Ata, 31/03/98)
3.74	Relato da Secretaria Executiva do GIPI sobre propostas de temas para aprofundamento da união aduaneira em matéria de propriedade intelectual	GIPI	Ata	8/15/1997	(Ref. 3.74, MinC, GIPI, Ata, 15/08/97)
3.75	Notas da CDA MinC sobre a reunião GIPI 17/06/98	MinC - CDA	Notas	6/17/1998	(Ref. 3.75, MinC, MinC - CDA, Notas, 17/06/98)
3.76	Comparação PL 2148/89 e Projeto Genoino	MinC - CDA	Estudo	sem data	(Ref. 3.76, MinC, MinC - CDA, Estudo, sem data)
3.77	Análise preliminar PL 2951/92 de José Genoíno	MinC - CDA	Estudo	1/28/1993	(Ref. 3.77, MinC, MinC - CDA, Estudo, 28/01/93)

Ref.	Nome geral do documento	Órgão / instituição / pessoa de proveniência	Tipo de documento	Data	Citação
3.78	Análise preliminar novo texto que altera a legislação autoral do Deputado José Genoíno (versão 1995)	MinC - CDA	Estudo	5/16/1995	(Ref. 3.78, MinC, MinC - CDA, Estudo, 16/05/95)
3.79	Comentários sobre o substitutivo de autoria do Deputado Aloysio Nunes Ferreira - críticas à informação técnica n. 004/95 da CDA/MinC	Sem autor	Carta	sem data	(Ref. 3.79, MinC, Sem autor, Carta, sem data)
3.80	Considerações sobre a legislação autoral	Sem autor	Carta	sem data	(Ref. 3.80, MinC, Sem autor, Carta, sem data)
3.81	Projeto de Lei 1.356/95 - comentário e análise	Marcus Vinicius	Carta	4/15/1996	(Ref. 3.81, MinC, Marcus Vinicius, Carta, 15/04/96)
3.82	Nota preliminar sobre alguns aspectos do PL 2951/92 - sobre direito autoral	Sem autor	Carta	sem data	(Ref. 3.82, MinC, Sem autor, Carta, sem data)
3.83	Observações da Amar sobre o documento da CDA, sobre o projeto Genoino, depois da reunião de 2.9.92	Amar	Carta	1992	(Ref. 3.83, MinC, Amar, Carta, 1992)

Ref.	Nome geral do documento	Órgão / instituição / pessoa de proveniência	Tipo de documento	Data	Citação
3.84	Carta ao Ministro da Justiça, Nelson Jobim, pedindo providências relacionadas à CPI do ECAD	Comissão Nacional de Autores e Compositores Musicais	Carta	5/9/1996	(Ref. 3.84, MinC, Comissão Nacional de Autores e Compositores Musicais, Carta, 09/05/96)
3.85	Carta ao Ministro da Cultura, Weffort, expressando insatisfação com possibilidade de votação dos PLs 1356, 1357 e 1358/95	Amar	Carta	8/9/1996	(Ref. 3.85, MinC, Amar, Carta, 09/08/96)
3.86	Coleta de posições das associações sobre o PL 2.148/89	Pedrina Rosa Pinto de Sousa/SEC	Estudo	Sep-91	(Ref. 3.86, MinC, Pedrina Rosa Pinto de Sousa/SEC, Estudo, set/91)
3.87	Relatório do MinC sobre Projeto Genoino (2951/92)	MinC - CDA	Estudo	Dec-92	(Ref. 3.87, MinC, MinC - CDA, Estudo, dez/92)
3.88	Análise do substitutivo	Sem autor	Estudo	sem data	(Ref. 3.88, MinC, Sem autor, Estudo, sem data)
3.89	Degravação do discurso do FHC na sanção da lei	Planalto	Discurso	2/19/1998	(Ref. 3.89, MinC, Planalto, Discurso, 19/02/98)

Ref.	Nome geral do documento	Órgão / instituição / pessoa de proveniência	Tipo de documento	Data	Citação
3.90	E-mail Azeredo com descrição dos trabalhos	José Luiz Motta de Azeredo	Carta	12/10/1997	(Ref. 3.90, MinC, José Luiz Motta de Azeredo, Carta, 10/12/97)
3.91	Emendas propostas	Sem autor	Emendas de plenário	Sem data	(Ref. 3.91, MinC, Sem autor, Emendas de plenário, Sem data)
3.92	Relatório de Aloysio sobre PL 5430/90	Deputado Aloysio Nunes	Relatório	9/10/1997	(Ref. 3.92, MinC, Deputado Aloysio Nunes, Relatório, 10/09/97)
3.93	Sistematização das emendas apresentadas	MinC - CDA	Estudo	sem data	(Ref. 3.93, MinC, MinC - CDA, Estudo, sem data)
3.94	Substitutivo de Aloysio Nunes na Comissão Especial	Deputado Aloysio Nunes	Projeto de Lei	9/10/1997	(Ref. 3.94, MinC, Deputado Aloysio Nunes, Projeto de Lei, 10/09/97)
3.95	Sistematização das emendas do executivo e sua JUSTIFICATIVA	MinC - CDA	Estudo	sem data	(Ref. 3.95, MinC, MinC - CDA, Estudo, sem data)

Ref.	Nome geral do documento	Órgão / instituição / pessoa de proveniência	Tipo de documento	Data	Citação
3.96	Emendas de plenário	Sem autor	Emendas de plenário	Dec-97	(Ref. 3.96, MinC, Sem autor, Emendas de plenário, dez/97)
3.97	Sistematização das emendas apresentadas, antes de situação final	MinC - CDA	Estudo	sem data	(Ref. 3.97, MinC, MinC - CDA, Estudo, sem data)
3.98	Propostas do executivo sobre o PL 5430/90; anotada	MinC - CDA	Estudo	8/25/1997	(Ref. 3.98, MinC, MinC - CDA, Estudo, 25/08/97)
3.99	Propostas do executivo sobre o PL 5430/90; segunda versão	MinC - CDA	Estudo	sem data	(Ref. 3.99, MinC, MinC - CDA, Estudo, sem data)
3.100	Propostas do executivo sobre o PL 5430/90; terceira versão	MinC - CDA	Estudo	sem data	(Ref. 3.100, MinC, MinC - CDA, Estudo, sem data)
3.101	Relatório da CCTCI sobre PL 5430, relator Aloysio Nunes	CCTCI	Relatório	1995	(Ref. 3.101, MinC, CCTCI, Relatório, 1995)
3.102	Tabela com pontos aceitos pelo Executivo a partir de sugestões do Setor Empresarial	MinC - CDA	Estudo	sem data	(Ref. 3.102, MinC, MinC - CDA, Estudo, sem data)

Ref.	Nome geral do documento	Órgão / instituição / pessoa de proveniência	Tipo de documento	Data	Citação
3.103	Comentários do Executivo ao 5430 pré OMPI	MinC - CDA	Carta	1996	(Ref. 3.103, MinC, MinC - CDA, Carta, 1996)
3.104	Comentários da UBC sobre Substitutivo de Aloysio	UBC	Carta	10/9/1997	(Ref. 3.104, MinC, UBC, Carta, 09/10/97)
3.105	Emendas de plenário	Sem autor	Emendas de plenário	sem data	(Ref. 3.105, MinC, Sem autor, Emendas de plenário, sem data)
3.106	Emendas de plenário segunda parte	Sem autor	Emendas de plenário	sem data	(Ref. 3.106, MinC, Sem autor, Emendas de plenário, sem data)
3.107	Texto de José Cretella sobre a parte autoral na CF88	José Cretella Jr.	Artigo	Jul-97	(Ref. 3.107, MinC, José Cretella Jr., Artigo, jul/97)
3.108	Notas ao relator sobre substitutivo ao PL 5430/90	Sem autor	Carta	sem data	(Ref. 3.108, MinC, Sem autor, Carta, sem data)
3.109	Propostas do executivo sobre o PL 5430/90; com situação sobre aceitação	MinC - CDA	Estudo	sem data	(Ref. 3.109, MinC, MinC - CDA, Estudo, sem data)
3.110	Carta da CDA sobrePL 387	MinC - CDA	Carta	10/9/1997	(Ref. 3.110, MinC, MinC - CDA, Carta, 09/10/97)

Ref.	Nome geral do documento	Órgão / instituição / pessoa de proveniência	Tipo de documento	Data	Citação
3.111	Sistematização das emendas consolidadas (legislativo + executivo) e situação	MinC - CDA	Estudo	Sem data	(Ref. 3.111, MinC, MinC - CDA, Estudo, Sem data)
3.112	Propostas da CDA para o substitutivo do PL 5430	MinC - CDA	Estudo	8/18/1997	(Ref. 3.112, MinC, MinC - CDA, Estudo, 18/08/97)
3.113	Emendas de plenário assinados	Sem autor	Emendas de plenário	sem data	(Ref. 3.113, MinC, Sem autor, Emendas de plenário, sem data)
3.114	Notas taquigráficas PL 5430	Câmara dos Deputados	Documento de tramitação	97	(Ref. 3.114, MinC, Câmara dos Deputados, Documento de tramitação, 97)
3.115	Substitutivo de Aloysio Nunes e análise	UBC	Carta	10/6/1997	(Ref. 3.115, MinC, UBC, Carta, 06/10/97)
3.116	Carta da MPA com projeto de lei do Paraguai	MPA	Carta	7/10/1997	(Ref. 3.116, MinC, MPA, Carta, 10/07/97)
3.117	Carta da MPA com análise ao substitutivo do PL 5430/90	MPA	Carta	8/29/1997	(Ref. 3.117, MinC, MPA, Carta, 29/08/97)

Ref.	Nome geral do documento	Órgão / instituição / pessoa de proveniência	Tipo de documento	Data	Citação
3.118	E-mail de Lucia Rangel encaminhando análise da MPA	MPA	Carta	9/2/1997	(Ref. 3.118, MinC, MPA, Carta, 02/09/97)
3.119	Quadro resumo de propostas do setor empresarial	MinC - CDA	Estudo	Sem data	(Ref. 3.119, MinC, MinC - CDA, Estudo, Sem data)
3.120	Análise do substitutivo	Sem autor	Carta	Sem data	(Ref. 3.120, MinC, Sem autor, Carta, Sem data)
3.121	Carta Câmara Municipal de Ribeirão Preto apoiando moção contra PL	CM Ribeirão Preto	Carta	12/18/1997	(Ref. 3.121, MinC, CM Ribeirão Preto, Carta, 18/12/97)
3.122	Carta da Sicam criticando pontos do projeto	Sicam	Carta	1/22/1998	(Ref. 3.122, MinC, Sicam, Carta, 22/01/98)
3.123	Diferenças entre aprovado na CD e texto final	MinC - CDA	Estudo	Sem data	(Ref. 3.123, MinC, MinC - CDA, Estudo, Sem data)
3.124	Carta de Eduardo Pimenta chamando PL aprovado de escravidão intelectual	Eduardo Pimenta	Carta	12/29/1997	(Ref. 3.124, MinC, Eduardo Pimenta, Carta, 29/12/97)

Ref.	Nome geral do documento	Órgão / instituição / pessoa de proveniência	Tipo de documento	Data	Citação
3.125	Nota técnica Senado sobre proposições de alterações	Senado Federal	Nota técnica	1/28/1998	(Ref. 3.125, MinC, Senado Federal, Nota técnica, 28/01/98)
3.126	Parte final parecer de aprovação no Senado	Senado Federal	Parecer	sem data	(Ref. 3.126, MinC, Senado Federal, Parecer, sem data)
3.127	Projeto 5430-C, aprovado na Câmara	Câmara dos Deputados	Projeto de Lei	12/10/1997	(Ref. 3.127, MinC, Câmara dos Deputados, Projeto de Lei, 10/12/97)
3.128	Quadro comparativo arts 36, 37 e 38 CD x Senado	MinC - CDA	Estudo	Sem data	(Ref. 3.128, MinC, MinC - CDA, Estudo, Sem data)
3.129	Quadro comparativo lei de 1973 x PL aprovado na CD	MinC - CDA	Estudo	Sem data	(Ref. 3.129, MinC, MinC - CDA, Estudo, Sem data)
3.130	Subemendas, emendas e pareceres a emendas	Câmara dos Deputados	Parecer	1997	(Ref. 3.130, MinC, Câmara dos Deputados, Parecer, 1997)
3.131	Substitutivo CCTCI e comentários	Sem autor	Estudo	sem data	(Ref. 3.131, MinC, Sem autor, Estudo, sem data)

Ref.	Nome geral do documento	Órgão / instituição / pessoa de proveniência	Tipo de documento	Data	Citação
3.132	Análise MinC sobre PLS 29/89	MinC - CDA	Nota técnica	sem data	(Ref. 3.132, MinC, MinC - CDA, Nota técnica, sem data)
3.133	Discordância do CDA sobre veto art. 68 par. 3o	MinC - CDA	Nota técnica	sem data	(Ref. 3.133, MinC, MinC - CDA, Nota técnica, sem data)
3.134	Nota técnica CDA sobre Lei do Software	MinC - CDA	Nota técnica	2/11/1998	(Ref. 3.134, MinC, MinC - CDA, Nota técnica, 11/02/98)
3.135	Nota técnica CDA sobre nova LDA	MinC - CDA	Nota técnica	sem data	(Ref. 3.135, MinC, MinC - CDA, Nota técnica, sem data)
3.136	Notas taquigráficas CD	Câmara dos Deputados	Documento de tramitação	1997	(Ref. 3.136, MinC, Câmara dos Deputados, Documento de tramitação, 1997)
3.137	Pedido de informação da presidência sobre nova Lei ao MinC, e resposta CDA	Presidência / MinC - CDA	Nota técnica	2/9/1998	(Ref. 3.137, MinC, Presidência / MinC - CDA, Nota técnica, 09/02/98)

Ref.	Nome geral do documento	Órgão / instituição / pessoa de proveniência	Tipo de documento	Data	Citação
3.138	Projeto aprovado no Senado + informações MinC	MinC - CDA	Nota técnica	sem data	(Ref. 3.138, MinC, MinC - CDA, Nota técnica, sem data)
3.139	Quadro de propostas do poder executivo aprovadas no projeto final	MinC - CDA	Estudo	sem data	(Ref. 3.139, MinC, MinC - CDA, Estudo, sem data)
3.140	Razões de veto art. 17 PLS 249	Minc - CDA	Nota técnica	sem data	(Ref. 3.140, MinC, Minc - CDA, Nota técnica, sem data)
3.141	Substitutivo e relatório Aloysio na Comissão Especial (na ordem certa)	Câmara dos Deputados	Projeto de Lei / Relatório	9/10/1997	(Ref. 3.141, MinC, Câmara dos Deputados, Projeto de Lei / Relatório, 10/09/97)
3.142	Veto do executivo e lei consolidada	Presidência	Veto / Lei	2/19/1998	(Ref. 3.142, MinC, Presidência, Veto / Lei, 19/02/98)
3.143	Agência Senad fala sobre reunião de ACM com Marilia Pera e Fernanda Montenegro sobre 36 37 e 38	Agência Senad	Notas	1/9/1998	(Ref. 3.143, MinC, Agência Senad, Notas, 09/01/98)
3.144	Artigos diferentes entre PL Original e da CD, arts 52 e 31 / 38	Sem autor	Estudo	sem data	(Ref. 3.144, MinC, Sem autor, Estudo, sem data)

Ref.	Nome geral do documento	Órgão / instituição / pessoa de proveniência	Tipo de documento	Data	Citação
3.145	Carta Amar sobre arts. 17, 36, 37 e 38	Amar	Carta	2/6/1998	(Ref. 3.145, MinC, Amar, Carta, 06/02/98)
3.146	Carta Anacim de denúncias	Anacim	Carta	12/9/1988	(Ref. 3.146, MinC, Anacim, Carta, 09/12/88)
3.147	Carta ABDA a Romeu Tuma sobre art. 102	IBDA	Carta	sem data	(Ref. 3.147, MinC, IBDA, Carta, sem data)
3.148	Carta Jose Arruda a Romeu Tuma sobre arts. 36, 37 e 38	Deputado João Arruda	Carta	1/15/1998	(Ref. 3.148, MinC, Deputado João Arruda, Carta, 15/01/98)
3.149	Carta Sated a Romeu Tuma pedindo supressão dos arts. 36, 37 e 38	Sated SP	Carta	12/19/1997	(Ref. 3.149, MinC, Sated SP, Carta, 19/12/97)
3.150	Carta Sated a Romeu Tuma pedindo supressão dos arts. 36, 37 e 38	Sated SP	Carta	1/23/1998	(Ref. 3.150, MinC, Sated SP, Carta, 23/01/98)
3.151	Carta Sated RJ a Romeu Tuma pedindo supressão dos arts 36, 37 e 38	Sated RJ	Carta	1/21/1998	(Ref. 3.151, MinC, Sated RJ, Carta, 21/01/98)
3.152	E-mail Flavio Dias encaminhando carta Sated	Flavio Dias D'Oliveira	Carta	1/21/1998	(Ref. 3.152, MinC, Flavio Dias D'Oliveira, Carta, 21/01/98)

Ref.	Nome geral do documento	Órgão / instituição / pessoa de proveniência	Tipo de documento	Data	Citação
3.153	Emendas supressivas no SF	Senado Federal	Emendas de plenário	Jan-98	(Ref. 3.153, MinC, Senado Federal, Emendas de plenário, jan/98)
3.154	Certidão de abertura de inquérito contra ECAD, associações etc	Polícia Federal	Certidão	2/14/1997	(Ref. 3.154, MinC, Polícia Federal, Certidão, 14/02/97)
3.155	Nota do MinC sobre o direito de distribuição e sua inclusão na nova LDA	MinC - CDA	Nota técnica	sem data	(Ref. 3.155, MinC, MinC - CDA, Nota técnica, sem data)
3.156	Parecer Romeu Tuma no SF + Subtitutivo	Dep. Romeu Tuma	Parecer / Projeto de Lei	1998	(Ref. 3.156, MinC, Dep. Romeu Tuma, Parecer / Projeto de Lei, 1998)
3.157	Relatório Romeu Tuma + Pedido de destaque arts 36 37 38	Dep. Romeu Tuma	Relatório	1998	(Ref. 3.157, MinC, Dep. Romeu Tuma, Relatório, 1998)

4. ARQUIVO-PESQUISA

Ref.	Nome geral do documento	Órgão / instituição / pessoa de proveniência	Tipo de documento	Data	Citação
4.1	Dossiê PL 1.252/1988	Câmara dos Deputados	Projeto de Lei	11/28/1988	(Ref. 4.1, Pesquisa, Câmara dos Deputados, Projeto de Lei, 28/11/88)
4.2	Dossiê PL 1.431/1988	Câmara dos Deputados	Projeto de Lei	12/14/1988	(Ref. 4.2, Pesquisa, Câmara dos Deputados, Projeto de Lei, 14/12/88)
4.3	Dossiê PL 3.795/1988	Câmara dos Deputados	Projeto de Lei	8/11/1989	(Ref. 4.3, Pesquisa, Câmara dos Deputados, Projeto de Lei, 11/08/89)
4.4	Dossiê PL 4.322/1989	Câmara dos Deputados	Projeto de Lei	12/12/1989	(Ref. 4.4, Pesquisa, Câmara dos Deputados, Projeto de Lei, 12/12/89)
4.5	Dossiê PL 4.367/1989	Câmara dos Deputados	Projeto de Lei	11/29/1989	(Ref. 4.5, Pesquisa, Câmara dos Deputados, Projeto de Lei, 29/11/89)
4.6	Dossiê PL 132/1991	Câmara dos Deputados	Projeto de Lei	2/21/1991	(Ref. 4.6, Pesquisa, Câmara dos Deputados, Projeto de Lei, 21/02/91)
4.7	Dossiê PL 427/1991	Câmara dos Deputados	Projeto de Lei	3/29/1991	(Ref. 4.7, Pesquisa, Câmara dos Deputados, Projeto de Lei, 29/03/91)
4.8	Dossiê PL 884/1991	Câmara dos Deputados	Projeto de Lei	4/25/1991	(Ref. 4.8, Pesquisa, Câmara dos Deputados, Projeto de Lei, 25/04/91)
4.9	Dossiê PL 2.441/1991	Câmara dos Deputados	Projeto de Lei	12/12/1991	(Ref. 4.9, Pesquisa, Câmara dos Deputados, Projeto de Lei, 12/12/91)
4.10	Dossiê PL 2.442/1991	Câmara dos Deputados	Projeto de Lei	12/12/1991	(Ref. 4.10, Pesquisa, Câmara dos Deputados, Projeto de Lei, 12/12/91)

Ref.	Nome geral do documento	Órgão / instituição / pessoa de proveniência	Tipo de documento	Data	Citação
4.11	Dossiê PL 2.933/1992	Câmara dos Deputados	Projeto de Lei	5/28/1992	(Ref. 4.11, Pesquisa, Câmara dos Deputados, Projeto de Lei, 28/05/92)
4.12	Dossiê PL 2.934/1992	Câmara dos Deputados	Projeto de Lei	5/28/1992	(Ref. 4.12, Pesquisa, Câmara dos Deputados, Projeto de Lei, 28/05/92)
4.13	Dossiê PL 2.951/1992	Câmara dos Deputados	Projeto de Lei	6/3/1992	(Ref. 4.13, Pesquisa, Câmara dos Deputados, Projeto de Lei, 03/06/92)
4.14	Dossiê PL 3.020/1992	Câmara dos Deputados	Projeto de Lei	6/23/1992	(Ref. 4.14, Pesquisa, Câmara dos Deputados, Projeto de Lei, 23/06/92)
4.15	Dossiê PL 3.455/1992	Câmara dos Deputados	Projeto de Lei	12/16/1992	(Ref. 4.15, Pesquisa, Câmara dos Deputados, Projeto de Lei, 16/12/92)
4.16	Dossiê PL 3.456/1992	Câmara dos Deputados	Projeto de Lei	12/16/1992	(Ref. 4.16, Pesquisa, Câmara dos Deputados, Projeto de Lei, 16/12/92)
4.17	Dossiê PL 4.596/1994	Câmara dos Deputados	Projeto de Lei	6/1/1994	(Ref. 4.17, Pesquisa, Câmara dos Deputados, Projeto de Lei, 01/06/94)
4.18	Diário PL 641/1995	Câmara dos Deputados	Projeto de Lei	19/09/995	(Ref. 4.18, Pesquisa, Câmara dos Deputados, Projeto de Lei, 19/09/995)
4.19	Diário PL 964/1995	Câmara dos Deputados	Projeto de Lei	8/9/1995	(Ref. 4.19, Pesquisa, Câmara dos Deputados, Projeto de Lei, 09/08/1995)
4.20	Dossiê PL 1.006/1995	Câmara dos Deputados	Projeto de Lei	9/27/1995	(Ref. 4.20, Pesquisa, Câmara dos Deputados, Projeto de Lei, 27/09/95)

Ref.	Nome geral do documento	Órgão / instituição / pessoa de proveniência	Tipo de documento	Data	Citação
4.21	Dossiê PL 1.162/1995	Câmara dos Deputados	Projeto de Lei	10/31/1995	(Ref. 4.21, Pesquisa, Câmara dos Deputados, Projeto de Lei, 31/10/95)
4.22	Dossiê PL 1.356/1995 CPIECA	Câmara dos Deputados	Projeto de Lei	11/28/1995	(Ref. 4.22, Pesquisa, Câmara dos Deputados, Projeto de Lei, 28/11/95)
4.23	Dossiê PL 1.357/1995 CPIECA	Câmara dos Deputados	Projeto de Lei	12/12/1995	(Ref. 4.23, Pesquisa, Câmara dos Deputados, Projeto de Lei, 12/12/95)
4.24	Dossiê PL 1.358/1995 CPIECA	Câmara dos Deputados	Projeto de Lei	12/12/1995	(Ref. 4.24, Pesquisa, Câmara dos Deputados, Projeto de Lei, 12/12/95)
4.25	Dossiê PL 1.436/1996	Câmara dos Deputados	Projeto de Lei	1/11/1996	(Ref. 4.25, Pesquisa, Câmara dos Deputados, Projeto de Lei, 11/01/96)
4.26	Dossiê PL 1.874/1996	Câmara dos Deputados	Projeto de Lei	5/8/1996	(Ref. 4.26, Pesquisa, Câmara dos Deputados, Projeto de Lei, 08/05/96)
4.27	Dossiê PL 2.139/1996	Câmara dos Deputados	Projeto de Lei	7/1/1996	(Ref. 4.27, Pesquisa, Câmara dos Deputados, Projeto de Lei, 01/07/96)
4.28	Dossiê PL 2.325/1996	Câmara dos Deputados	Projeto de Lei	8/27/1996	(Ref. 4.28, Pesquisa, Câmara dos Deputados, Projeto de Lei, 27/08/96)
4.29	Dossiê PL 2.591/1996	Câmara dos Deputados	Projeto de Lei	11/29/1996	(Ref. 4.29, Pesquisa, Câmara dos Deputados, Projeto de Lei, 29/11/96)
4.30	Dossiê PL 3.054/1997	Câmara dos Deputados	Projeto de Lei	5/5/1997	(Ref. 4.30, Pesquisa, Câmara dos Deputados, Projeto de Lei, 05/05/97)

Ref.	Nome geral do documento	Órgão / instituição / pessoa de proveniência	Tipo de documento	Data	Citação
4.31	Dossiê PL 3.223/1997	Câmara dos Deputados	Projeto de Lei	6/10/1997	(Ref. 4.31, Pesquisa, Câmara dos Deputados, Projeto de Lei, 10/06/97)
4.32	Dossiê PL 3.454/1997	Câmara dos Deputados	Projeto de Lei	8/6/1997	(Ref. 4.32, Pesquisa, Câmara dos Deputados, Projeto de Lei, 06/08/97)
4.33	Dossiê Lei 9.610/1998	Câmara dos Deputados	Lei e PLs	2/19/1998	(Ref. 4.33, Pesquisa, Câmara dos Deputados, Lei e PLs, 19/02/1998)
4.34	Lista de Ministros de Estado da Cultura	MinC - LAI	Informação	10/23/2017	(Ref. 4.34, Pesquisa, MinC - LAI, Informação, 23/10/2017)
4.35	Draft Ministerial Declaration	GATT	Comunicação	6/23/1986	(Ref. 4.35, Pesquisa, GATT, Comunicação, 23/06/1986)
4.36	Draft Ministerial Declaration - addendum	GATT	Comunicação	7/22/1986	(Ref. 4.36, Pesquisa, GATT, Comunicação, 22/07/1986)
4.37	Submissão do Brasil ao Grupo TRIPS	GATT	Submissão	10/31/1988	(Ref. 4.37, Pesquisa, GATT, Submissão, 31/10/1988)
4.38	Dossiê PL 2.148/89 - Projeto Genoíno	Câmara dos Deputados	Projeto de Lei	4/27/1989	(Ref. 4.38, Pesquisa, Câmara dos Deputados, Projeto de Lei, 27/04/1989)
4.39	Anteprojeto Relator Subcomissão	Câmara dos Deputados - Constituinte	Anteprojeto	5/1/1987	(Ref. 4.39, Pesquisa, Câmara dos Deputados - Constituinte, Anteprojeto, 01/05/1987)
4.40	Emendas Subcomissão	Câmara dos Deputados - Constituinte	Emendas	5/23/1987	(Ref. 4.40, Pesquisa, Câmara dos Deputados - Constituinte, Emendas, 23/05/1987)
4.41	Anteprojeto Subcomissão	Câmara dos Deputados - Constituinte	Anteprojeto	5/23/1987	(Ref. 4.41, Pesquisa, Câmara dos Deputados - Constituinte, Anteprojeto, 23/05/1987)

Ref.	Nome geral do documento	Órgão / instituição / pessoa de proveniência	Tipo de documento	Data	Citação
4.42	Ata de audiências	Câmara dos Deputados - Constituinte	Ata	4/27/1987	(Ref. 4.42, Pesquisa, Câmara dos Deputados - Constituinte, Ata, 27/04/1987)
4.43	Anteprojeto Comissão	Câmara dos Deputados - Constituinte	Anteprojeto	6/8/1987	(Ref. 4.43, Pesquisa, Câmara dos Deputados - Constituinte, Anteprojeto, 08/06/1987)
4.44	Emendas Plenário	Câmara dos Deputados - Constituinte	Emendas	1/13/1988	(Ref. 4.44, Pesquisa, Câmara dos Deputados - Constituinte, Emendas, 13/01/1988)
4.45	Informações sobre GIPI	MDIC - LAI	Informação	12/26/2017	(Ref. 4.45, Pesquisa, MDIC - LAI, Informação, 26/12/2017)
4.46	Dossiê Lei 6.800/80	Câmara dos Deputados	Lei e PLs	7/1/1980	(Ref. 4.46, Pesquisa, Câmara dos Deputados, Lei e PLs, 01/07/1980)
4.47	Notas Taquigráficas CESP 1	Câmara dos Deputados	Notas	8/13/1997	(Ref. 4.47, Pesquisa, Câmara dos Deputados, Notas, 13/08/1997)
4.48	Notas Taquigráficas CESP 2	Câmara dos Deputados	Notas	8/27/1997	(Ref. 4.48, Pesquisa, Câmara dos Deputados, Notas, 27/08/1997)
4.49	Notas Taquigráficas CESP 3	Câmara dos Deputados	Notas	9/10/1997	(Ref. 4.49, Pesquisa, Câmara dos Deputados, Notas, 10/09/1997)
4.50	Notas Taquigráficas CESP 4	Câmara dos Deputados	Notas	9/17/1997	(Ref. 4.50, Pesquisa, Câmara dos Deputados, Notas, 17/09/1997)
4.51	Notas Taquigráficas CESP 5	Câmara dos Deputados	Notas	9/23/1997	(Ref. 4.51, Pesquisa, Câmara dos Deputados, Notas, 23/09/1997)
4.52	Notas Taquigráficas CESP 6	Câmara dos Deputados	Notas	9/24/1997	(Ref. 4.52, Pesquisa, Câmara dos Deputados, Notas, 24/09/1997)

Ref.	Nome geral do documento	Órgão / instituição / pessoa de proveniência	Tipo de documento	Data	Citação
4.53	Notas Taquigráficas CESP 7	Câmara dos Deputados	Notas	10/22/1997	(Ref. 4.53, Pesquisa, Câmara dos Deputados, Notas, 22/10/1997)
4.54	Notas Taquigráficas CESP 8	Câmara dos Deputados	Notas	11/6/1997	(Ref. 4.54, Pesquisa, Câmara dos Deputados, Notas, 06/11/1997)

5. QUADRO DE EVOLUCAO DAS PROPOSICOES, POR TEMAS

1) Lei n. 5.988/73	2) PL do Senado n. 249/89	3) Substitutivo Aloysio Nunes na CCTCI na Câmara, 1995	4) Proposta do Executivo	5) Substitutivo Aloysio Nunes na Comissão Especial na Câmara	6) Lei n. 9610/98
Título I - Disposições Preliminares	Título I - Disposições Preliminares	Título I - Disposições Preliminares	Título I - Disposições Preliminares	Título I - Disposições Preliminares	Título I - Disposições Preliminares
Título II - Das Obras Intelectuais	Título II - Das Obras Intelectuais	Título II - Das Obras Intelectuais	Título II - Das obras literárias ou artísticas	Título II - Das Obras Intelectuais	Título II - Das Obras Intelectuais
Capítulo II - Das Obras Intelectuais Protegidas	Capítulo II - Das Obras Intelectuais Protegidas	Capítulo II - Das Obras Intelectuais	Capítulo I - Das Obras Protegidas	Capítulo I - Das Obras Protegidas	Capítulo I - Das Obras Protegidas
Capítulo II - Da Autoria das Obras Intelectuais	Capítulo II - Da Autoria das Obras Intelectuais	Capítulo II - Da Autoria das Obras Intelectuais	Capítulo II - Da Autoria das Obras Literárias ou Artísticas	Capítulo II - Da Autoria das Obras Literárias, Artísticas ou Científicas	Capítulo II - Da Autoria das Obras Intelectuais
Capítulo III - Do Registro das Obras Intelectuais	Capítulo III - Do Registro das Obras Intelectuais	Capítulo III - Do Registro das Obras Intelectuais	Capítulo III - Do Registro das Obras Literárias ou Artísticas	Capítulo III - Do Registro das Obras Literárias, Artísticas ou Científicas	Capítulo III - Do Registro das Obras Intelectuais
Título III - Dos Direitos do Autor	Título III - Dos Direitos do Autor	Título III - Dos Direitos do Autor	Título III - Dos Direitos do Autor	Título III - Dos Direitos do Autor	Título III - Dos Direitos do Autor
Capítulo I - Disposições Preliminares	Capítulo I - Disposições Preliminares	Capítulo I - Disposições Preliminares	Capítulo I - Disposições Preliminares	Capítulo I - Disposições Preliminares	Capítulo I - Disposições Preliminares
Capítulo II - Dos Direitos Morais do Autor	Capítulo II - Dos Direitos Morais do Autor	Capítulo II - Dos Direitos Morais do Autor	Capítulo II - Dos Direitos Morais do Autor	Capítulo II - Dos Direitos Morais do Autor	Capítulo II - Dos Direitos Morais do Autor
Capítulo III - Dos Direitos Patrimoniais do Autor e de sua Duração	Capítulo III - Dos Direitos Patrimoniais do Autor e de sua Duração	Capítulo III - Dos Direitos Patrimoniais do Autor e de sua Duração	Capítulo III - Dos Direitos Patrimoniais do Autor e de sua Duração	Capítulo III - Dos Direitos Patrimoniais do Autor e de sua Duração	Capítulo III - Dos Direitos Patrimoniais do Autor e de sua Duração
Capítulo IV - Das Limitações aos Direitos de Autor	Capítulo IV - Das Limitações aos Direitos de Autor	Capítulo IV - Das Limitações aos Direitos de Autor	Capítulo IV - Das Limitações aos Direitos de Autor	Capítulo IV - Das Limitações aos Direitos de Autor	Capítulo IV - Das Limitações aos Direitos Autorais

Capítulo V - Da Cessão dos Direitos de Autor	Capítulo V - Da Cessão dos Direitos de Autor	Capítulo V - Da Cessão dos Direitos de Autor	Capítulo V - Da Cessão e da Licença dos Direitos de Autor	Capítulo V - Da Cessão dos Direitos de Autor	Capítulo V - Da Transferência dos Direitos de Autor
Título IV - Da Utilização de Obras Intelectuais	**Título IV - Da Utilização de Obras Intelectuais**	**Título IV - Da Utilização de Obras Intelectuais**	**Título IV - Da Utilização de Obras Intelectuais**	**Título IV - Da Utilização de Obras Intelectuais**	**Título IV - Da Utilização de Obras Intelectuais e dos Fonogramas**
Capítulo I - Da Edição	Capítulo I - Da Edição	Capítulo I - Da Edição	Capítulo I - Da Edição	Capítulo I - Da Edição	Capítulo I - Da Edição
Capítulo II - Da Representação e da Execução	Capítulo II - Da Representação e da Execução	Capítulo II - Da Representação e da Execução	Capítulo II - Da Representação e da Execução	Capítulo II - Da Comunicação ao Público	Capítulo II - Da Comunicação ao Público
Capítulo III - Da Utilização da Obra de Arte Plástica	Capítulo III - Da Utilização da Obra de Arte Plástica	Capítulo III - Da Utilização da Obra de Arte Plástica	Capítulo III - Da Utilização da Obra de Arte Plástica	Capítulo III - Da Utilização da Obra de Arte Plástica	Capítulo III - Da Utilização da Obra de Arte Plástica
Capítulo IV - Da Utilização da Obra Fotográfica	Capítulo IV - Da Utilização da Obra Fotográfica		Capítulo IV - Da Utilização da Obra Fotográfica	Capítulo IV - Da Utilização da Obra Fotográfica	Capítulo IV - Da Utilização da Obra Fotográfica
Capítulo V - Da Utilização de Fonograma	Capítulo V - Da Utilização de Fonograma	Capítulo IV - Da Utilização de Fonograma	Capítulo V - Da Utilização de Fonograma	Capítulo V - Da Utilização de Fonograma	Capítulo V - Da Utilização de Fonograma
Capítulo V - Da Utilização de Obra cinematográfica	Capítulo VI - Da Utilização da Obra Audiovisual	Capítulo V - Da Utilização da Obra Audiovisual	Capítulo VI - Da Utilização da Obra Audiovisual	Capítulo VI - Da Utilização da Obra Audiovisual	Capítulo VI - Da Utilização da Obra Audiovisual
Capítulo VII - Da utilização da obra publicada em diários e periódicos	Capítulo VII - Da utilização da obra publicada em diários e periódicos	Capítulo VI - Da utilização da obra publicada em diários e periódicos	Capítulo VII - Da Utilização de Bases de Dados	Capítulo VII - Da Utilização de Bases de Dados	Capítulo VII - Da Utilização de Bases de Dados
Capítulo VIII - Da Utilização de obras pertencentes ao domínio público	Capítulo VIII - Da Utilização da Obra Coletiva	Capítulo VII - Da Utilização da Obra Coletiva	Capítulo VIII - Da Utilização da Obra Coletiva	Capítulo VIII - Da Utilização da Obra Coletiva	Capítulo VIII - Da Utilização da Obra Coletiva
Título V - Dos Direitos Conexos	**Título V - Dos Direitos Conexos**	**Título V - Dos Direitos Conexos**	**Título V - Dos Direitos Conexos**	**Título V - Dos Direitos Conexos**	**Título V - Dos Direitos Conexos**
Capítulo I - Disposições Preliminares	Capítulo I - Disposições Preliminares	Capítulo I - Disposições Preliminares	Capítulo I - Disposições Preliminares	Capítulo I - Disposições Preliminares	Capítulo I - Disposições Preliminares

Capítulo II - Dos Direitos dos Artistas Intérpretes ou Executantes e dos Produtores de Fonogramas	Capítulo II - Dos Direitos dos Artistas Intérpretes ou Executantes e dos Produtores de Fonogramas	Capítulo II - Dos Direitos dos Artistas Intérpretes ou Executantes e dos Produtores de Fonogramas	Capítulo II - Dos Direitos dos Artistas Intérpretes ou Executantes	Capítulo II - Dos Direitos dos Artistas Intérpretes ou Executantes	Capítulo II - Dos Direitos dos Artistas Intérpretes ou Executantes
Capítulo III - Dos Direitos das Empresas de Radiodifusão	Capítulo III - Dos Direitos das Empresas de Radiodifusão	Capítulo III - Dos Direitos das Empresas de Radiodifusão	Capítulo III - Dos Direitos dos Produtores Fonográficos	Capítulo III - Dos Direitos dos Produtores Fonográficos	Capítulo III - Dos Direitos dos Produtores Fonográficos
Capítulo IV - Do Direito de arena	Capítulo IV - Do Direito de arena		Capítulo IV - Dos Direitos das Empresas de Radiodifusão	Capítulo IV - Dos Direitos das Empresas de Radiodifusão	Capítulo IV - Dos Direitos das Empresas de Radiodifusão
Capítulo V - Da Duração dos Direitos Conexos	Capítulo V - Da Duração dos Direitos Conexos	Capítulo IV - Da Duração dos Direitos Conexos	Capítulo V - Da Duração dos Direitos Conexos	Capítulo V - Da Duração dos Direitos Conexos	Capítulo V - Da Duração dos Direitos Conexos
Título VI - Das Associações de Titulares de Direitos de Autor e dos que lhes são Conexos	Título VI - Das Associações de Titulares de Direitos de Autor e dos que lhes são Conexos	Título VI - Das Associações de Titulares de Direitos de Autor e dos que lhes são Conexos	Título VI - Das Associações de Titulares de Direitos de Autor e dos que lhes são Conexos	Título VI - Das Associações de Titulares de Direitos de Autor e dos que lhes são Conexos	Título VI - Das Associações de Titulares de Direitos de Autor e dos que lhes são Conexos
TÍTULO VII - Do Conselho Nacional de Direito Autoral	TÍTULO VII - Das disposições gerais	TÍTULO VII - Das disposições gerais	TÍTULO VII - Dos crimes contra os direitos autorais e os que lhe são conexos		
			CAPÍTULO I - Dos Crimes contra os Direitos Morais do Autor e dos Artistas Intérpretes ou Executantes		

				CAPÍTULO II - Dos crimes contra os direitos patrimoniais do autor e dos titulares de direitos conexos		
				CAPÍTULO III - Das disposições gerais		
TÍTULO VIII - Das sanções às violações dos direitos de autor e direitos que lhe são conexos	TÍTULO VIII - Das sanções às violações dos direitos de autor e direitos que lhe são conexos	TÍTULO VIII - Das sanções às violações dos direitos de autor e direitos que lhe são conexos	TÍTULO VIII - Das sanções às violações dos direitos de autor e direitos que lhe são conexos	Título VII - Das sanções às violações dos Direitos de Autor e dos que lhe são Conexos	Título VII - Das Sanções às Violações dos Direitos Autorais
CAPÍTULO I - Disposição Preliminar	CAPÍTULO I - Disposição Preliminar	CAPÍTULO I - Disposição Preliminar		Capítulo I - Disposição Preliminar	Capítulo I - Disposição Preliminar
CAPÍTULO II - Das sanções civis e administrativas	CAPÍTULO II - Das sanções civis e administrativas	CAPÍTULO II - Das sanções civis e administrativas	CAPÍTULO I - Das sanções civis	Capítulo II - Das Sanções Civis	Capítulo II - Das Sanções Civis
CAPÍTULO III - Da prescrição	CAPÍTULO III - Da decadência da ação	CAPÍTULO III - Da prescrição da ação	CAPÍTULO II - Da prescrição da ação	Capítulo III - Da Prescrição da Ação	Capítulo III - Da Prescrição da Ação
TÍTULO IX - Disposições finais e transitórias	TÍTULO IX - Disposições finais e transitórias		TÍTULO IX - Disposições finais e transitórias	Título VIII - Disposições Finais e Transitórias	Título VIII - Disposições Finais e Transitórias

6. DESCRICAO-DOS-PLS

N. PL	Propositor	Tema	Descrição	Const. Jurid. Tecn. Leg.	Mérito
1252/88	Daso Coimbra PMDB/RJ	Sucessão e prazo de proteção	Regulava a transmissão dos direitos autorais aos herdeiros. A principal questão era que estabelecia 50 anos após a morte do autor para ascendentes e descendentes, e 30 anos para colaterais; após esse prazo, direitos passariam à associação profissional a que pertencia, e se não existisse, ao domínio público. Projeto chegou a receber substitutivo na CCJR da Câmara.[1]	SIM	NÃO
1431/88	José Camargo (PFL/SP)	Sucessão e prazo de proteção	Direito autoral cabe ao cônjuge, e primeira geração de descendentes durante 30 anos, e a ascendentes enquanto viverem.	SIM	NÃO
3795/89	Ismael Wanderley (PTR/RN)	Sucessão e prazo de proteção; Tipos de obras	Justificando que não havia necessidade de outra lei, porque a anterior era recente, buscava regulamentar a CF, dispondo sobre obra coletiva, individual e derivada, registro, e estabelecendo prazo de 30 anos de proteções para descendentes.	SIM	SIM

---

[1] Houve manifestação de Otávio Afonso, da CDA, à própria Secretaria de Cultura, em 1991, para não apoiar o PL 1.252/88, considerando que ele mudava a ordem de sucessão hereditária, e misturava direito de autor com direito de imagem (Ref. 3.32, MinC, MinC – CDA, Carta, 10/07/91).

N. PL	Propositor	Tema	Descrição	Const. Jurid. Tecn. Leg.	Mérito
4322/89	Ismael Wanderley (PTR/RN)	Sucessão e prazo de proteção	Estabelecia apenas o prazo de 30 anos, para descendentes até os netos, cônjuge, ou de 20, por testamento.[2]	SIM	NÃO
4367/89	Henrique Eduardo Alves (PMDB/RN)	Sucessão e divisão de direitos	Estabelecia direito dos sucessores por até 50 anos; possibilidade de organização em representações classistas ou organismos privados para assegurar fiscalização da arrecadação, e que o autor e interprete de obras musicais, e diretor e intérpretes de obras cinematográficas, dividirão os direitos de adaptação ou reprodução.	SIM	SIM Projeto considerado aprovado nos termos do substitutivo, com exceção da questão sucessória.
132/91	Henrique Eduardo Alves (PMDB/RN)	Sucessão e divisão de direitos	Igual ao anterior.[3]	SIM	SIM

2 Na justificativa, o autor do projeto cita opinião do Jorge Amado contra o PL 2148/89, aquela carta mencionada atrás, em que o escritor fala que não há antagonismo entre escritores e editores. É uma demonstração de populismo, já que julga estar atacando o prazo de 2 anos para o contrato de edição que o Jorge Amado criticou, mas está em realidade tratando o prazo de proteção dos direitos patrimoniais como um todo (e diminuindo-o). Em informação à Secretaria da Cultura em 1991, Otávio Afonso critica vários pontos do projeto, reputando os problemas a desconhecimento por parte de seu autor (Ref. 3.35, MinC, MinC – CDA, Carta, 11/07/91).

3 Uma Informação de Otávio Afonso enviada à Secretaria de Cultura defendia o prazo de 60 anos da Lei de 63. Ele discordava do ponto de partida de contagem ser a criação, por causa da obra inédita e de ser complicado, ou a partir da publicação e reprodução, que implicaria em registro obrigatório; achava melhor ser mesmo a morte do autor, "por estar integrado com o espírito da Convenção de Berna, da qual o Brasil é signatário, que liga estreitamente a obra à pessoa do seu autor". Discordava de sindicatos entrarem na atividade da arrecadação e distribuição, para as quais já havia associações; achava também que a redação sobre partilha de direitos com autores e intérpretes deixou de fora importantes direitos patrimoniais como de exibição e execução. A Informação concluía solicitando que a Secretaria não apoiasse o projeto (Ref. 3.36, MinC, MinC – CDA, Carta, 12/07/91).

N. PL	Propositor	Tema	Descrição	Const. Jurid. Tecn. Leg.	Mérito
427/91*	Jandira Feghali (PDdoB/RJ)	Cotas; Numeração de fonogramas	Estabelecia percentual mínimo de execução de música brasileira nas emissoras de radiodifusão, e estabelecia a numeração de fonogramas e sanções para descumprimento. O projeto foi rejeitado pela CCTCI em 93, e aprovado na CECD (Comissão de Educação, Cultura e Desporto), com emendas, em 93, então aprovado pela CCJ em 94 nesses termos.	SIM	Desdobramento para tramitação como proposição autônoma
884/91	Freire Júnior (PRN/TO)	Sucessão e prazo de proteção	Estabelecia o prazo de proteção por 30 anos após morte do autor, à exceção de doações a instituições de memória.	SIM	NÃO
2441/91	Carlos Cardinal (PDT/RS)	Divisão de royalties	Garantia ao autor, artista e produtor os royalties por utilização de fonogramas, com porcentagens: 30% do autor, 30% do intérprete, 30% dos músicos acompanhantes, 10% do produtor fonográfico.	SIM	SIM
2442/91	Carlos Cardinal (PDT/RS)	Obra em contrato de trabalho; Ecad	Sobre obra intelectual em cumprimento a dever funcional ou contrato de trabalho, pertencendo os direitos patrimoniais a ambos, cabendo ao autor no mínimo a metade, e podendo o autor licenciar a terceiros; compositor teria 30% dos proventos de execução pública; IBGE faria amostra de emissoras de radiodifusão.[4]	SIM	SIM

---

[4] Uma nota do técnico em direito autoral Claudio Delgado Lobo para a CDA, e encaminhado para a assessoria parlamentar em 1992, elogiava a solução de divisão do direito patrimonial no caso de contrato de trabalho e prestação de serviços, julgava oportuna a limitação da cessão que o projeto propunha, mas entendia que a determinação de um percentual ao compositor era algo que deveria ser feito pelas associações representativas (Ref. 3.34, MinC, MinC – CDA, Carta, 15/06/92).

N. PL	Propositor	Tema	Descrição	Const. Jurid. Tecn. Leg.	Mérito
2933/92	Zaire Rezende (PMDB/MG)	Divisão de royalties	Distribuição dos royalties de execução pública da parte conexa como 10% para produtor, 40% para o autor, 50% pelos artistas, podendo haver convenção em contrário.	SIM	SIM
2934/92	Zaire Rezende (PMDB/MG)	Numeração de fonogramas	Numeração de fonogramas e videofonogramas, nos rótulos e nas capas, salvo se os direitos tivessem sido adquiridos pelo produtor. Repetição de número, ou exemplar não numerado, seria contrafação.	SIM	SIM
2951/92	José Genoíno (PT/SP)	Nova lei autoral	Extensamente comentado acima.	SIM	SIM
3020/92	Vadão Gomes (PRN/SP)	Numeração de fonogramas	Numeração, também exceto no caso de "venda" de direitos ao produtor.	SIM	SIM

N. PL	Propositor	Tema	Descrição	Const. Jurid. Tecn. Leg.	Mérito
3455/92	José Genoíno (PT/SP)	Direitos do produtor fonográfico	Sobre proteção a produtores fonográficos pela utilização pública. Dava direitos exclusivos, de autorização e proibição, pela reprodução, transmissão e retransmissão por organismos de radiodifusão, e pela execução pública por qualquer meio. Aos intérpretes e executantes caberia proibir a utilização no caso de interpretações ou reproduções não autorizadas, o que seria contrafação; autorização para fixação não implicaria autorização para reprodução; a distribuição da arrecadação seria na proporção de 1/3 para produtores, 1/3 para intérpretes, 1/3 para executantes; o pagamento por execução pública seria sempre exigível, independente do pagamento pela inclusão e sincronização em obras audiovisuais; estabelecia o direito exclusivo também no caso de locação, com repasse aos intérpretes e executantes. Na justificativa, vinha a ideia de que produtores, ausente a condição de criadores intelectuais, necessitavam de lei própria, separada, e que a lei 4944/66 estava desatualizada por não conter sincronização e locação. Curiosamente, não era prevista a numeração, e ampliavam-se os direitos dos produtores.	SIM	SIM

N. PL	Propositor	Tema	Descrição	Const. Jurid. Tecn. Leg.	Mérito
3456/92	José Genoíno (PT/SP)	Cópia privada	"Remuneração compensatória pelos direitos deixados de receber pelos mesmos [autores, intérpretes, executantes, editores e produtores de fonogramas e videofonogramas], em razão de reprodução privada de suas obras intelectuais contidas em fonogramas, videofonogramas e outros suportes mecânicos audiovisuais", art. 1o). Devedores seriam os fabricantes de "equipamentos, aparelhos e materiais que permitam a reprodução privada", e "os que comercializarem tais equipamentos, aparelhos e materiais" (art. 2o), a partir de porcentagens estabelecidas na lei (de 2 a 4% do preço final). Na justificativa: "estima-se que, hoje em dia, 70 por cento das fitas virgens vendidas têm como objetivo a reprodução privada de obras", e "a evasão de receita é clara", e que a medida era não somente compensatória, mas também forma de evitar que titulares "se valham de suas prerrogativas constitucionais para simplesmente proibir copiagem doméstica de suas obras – o que causaria incontornável transtorno jurídico, de proporção incalculável". Não havia previsão da forma de distribuição ou do órgão responsável.	SIM	SIM

N. PL	Propositor	Tema	Descrição	Const. Jurid. Tecn. Leg.	Mérito
4596/94*	Luiz Carlos Hauly (PP/PR)	Isenções	Representação teatral e execução musical não seriam ofensa a direitos e autor se no recesso familiar, locais de ensino, para fins exclusivamente didáticos, ou para fins de lazer dos maiores de sessenta e cinco anos.	SIM	NÃO
641/95*	Edinho Araújo (PMDB/SP)	Isenções	Isentando a retro transmissão radiofônica em estabelecimento comercial em geral.	SIM	SIM
964/95*	Ubaldino Júnior (PSB/BA)	Numeração de fonogramas	Estabelecendo simplesmente numeração sequencial de fonogramas e videofonogramas, e ser contrafação a reprodução não numerada ou repetição de números.	SIM	SIM
1006/95	Ubaldo Corrêa (PMDB/PA)	Isenções	Isenção de pagamento de direitos autorais das repetidoras de rádio e televisão no interior da região amazônica.	NÃO	NÃO
1162/95	Leônidas Cristino	Direitos morais; identificação	Obrigatoriedade de identificação dos compositores, da letra quando houver, e da empresa responsável pela gravação nas embalagens de fonogramas e videofonogramas.	SIM	SIM

N. PL	Propositor	Tema	Descrição	Const. Jurid. Tecn. Leg.	Mérito
1356/95	Projeto da CPI do Ecad	Ecad	Normas gerais de arrecadação e distribuição. Analisado em detalhes acima.	SIM	SIM
1357/95	Projeto da CPI do Ecad	Numeração de discos	Previa a numeração de fonogramas.[5]	SIM	SIM
1358/95	Projeto da CPI do Ecad	Prazos de contratos	Previa que os contratos de direito autoral teriam prazo de dois anos, após os quais passariam a ser contratos de tempo indeterminado (podendo qualquer das partes decidir por denunciá-los, isto é, terminar a relação contratual).[6]	SIM	NÃO

---

[5] Foi criticado pela Amar por, apesar de representar "antiga reivindicação da classe musical (e da nossa entidade, especialmente), ser inadequada, de pouca profundidade, e não ter passado por discussão "junto aos principais interessados". Procedimentos de controle seriam prioritários à própria numeração, que de outra forma seria inócua, especialmente em face de nova tecnologias de reprodução, e o projeto incidia somente sobre obras musicais (Ref. 3.85, MinC, Amar, Carta, 09/08/96).

[6] Regulava contratos de direitos autorais, estendendo para prazo indeterminados os de prazo fixo não renovados. Criticado pela Amar por esse ponto, e também por prazos curtos, e por não estar no bojo de uma discussão maior de direito autoral. Ref. 3.85, MinC, Amar, Carta, 09/08/96.

N. PL	Propositor	Tema	Descrição	Const. Jurid. Tecn. Leg.	Mérito
1435/96[7]	Poder Executivo	Direitos conexos; Tratados	Modificava lei de 1973 para estender normas de direito de autor dos Tratados Internacionais de que o Brasil era signatário para os direitos conexos. 1436/96, do Poder Executivo, estendia normas de direito de autor dos Tratados Internacionais de que o Brasil era signatário para os direitos conexos. Dava direitos exclusivos sobre locação de fonogramas aos produtores e demais titulares de direitos. Na justificativa, comunicação do MinC n. 039/95 estabelecia que se tratava de "medida de ajustamento jurídico necessário, em face das inovações introduzidas pelo Decreto n. 1.355, de 30/12/1994, que ao estabelecer o Acordo sobre os Aspectos dos Direitos da Propriedade Intelectual Relacionados com o Comércio – TRIPs, anexo ao Acordo Constitutivo da Organização Mundial do Comércio – OMC, veio a exigir mudanças nos Arts. 94 e 98 da Lei n. 5.988". Comentado em detalhes acima.		
1874/96	Wigberto Tartuce (PPB/DF)	Ecad	Estabelecia supervisão do CNDA; obrigatoriedade de amostragem na forma de radioescuta em cidades com mais de 50.000 habitantes, ou onde houvesse emissora de sons e imagens	SIM	SIM

---

7 No relatório de Aloysio Nunes Ferreira de 22 de outubro de 1997, o número do projeto estava errado (1436). (Ref. 3.92, MinC, Deputado Aloysio Nunes Ferreira, Relatório, 10/09/97)

N. PL	Propositor	Tema	Descrição	Const. Jurid. Tecn. Leg.	Mérito
2139/96*	Rommel Feijó (PSDB/CE)	Direitos morais	Obrigando CDs produzidos no Brasil, com gravações de obras literomusicais, a serem acompanhados de apêndice com as respectivas letras.	SIM	NÃO
2325/96*	Roberto Pessoa (PFL/CE)	Numeração de fonogramas	Estabelecia numeração sequencial obrigatória de fonogramas, com sanções para descumprimento.	SIM	SIM
2591/96*	Luiz Mainardi (PT/RS)	Ecad	Reformava amplamente o modelo Ecad, da amostragem à fiscalização e informatização. Analisado detalhadamente em xxx.	SIM	SIM

N. PL	Propositor	Tema	Descrição	Const. Jurid. Tecn. Leg.	Mérito
3054/97	Poder Executivo	Licença legal	Revogando o art. 51 da Lei n. 5.988. O art. 51 estabelecia: "Art. 51 – E lícita a reprodução de fotografia em obras científicas ou didáticas, com a indicação do nome do autor, e mediante o pagamento a este de retribuição equitativa, a ser fixada pelo Conselho Nacional de Direito Autoral." A comunicação 008/97 do Ministro da Cultura Francisco Weffort, que acompanhava o projeto, argumentava que se tratava de artigo contrário aos interesses morais e patrimoniais do fotógrafo, e que se tratava de letra morta, dado que nunca teria sido utilizado pelo CNDA. "A revogação do art. 51 da Lei n° 5.988/73 retira a única licença legal contemplada pela legislação autoral nacional. O instituto da licença legal em nenhum momento permite que o titular de direitos autorais manifeste sua vontade, seja para conceder autorização, seja para ajustar a remuneração dos direitos autorais. A licença legal, assim, é uma violência que somente seria admissível para atender interesses sociais relevantes, eis que implica verdadeira desapropriação da titularidade patrimonial sobre a obra intelectual.[8]"	SIM	SIM

8 Ref. 4.4, Pesquisa, Câmara dos Deputados, Projeto de Lei, 05/05/97.

N. PL	Propositor	Tema	Descrição	Const. Jurid. Tecn. Leg.	Mérito
3223/97*	Benedito Domingos (PPB/DF)	Isenções	Isentava de pagamento de direitos autorais as "sociedades e fundações de caráter beneficente, filantrópico, caritativo, religioso, cultural, instrutivo, científico, artístico, literário, recreativo, esportivo, e as associações e sindicatos que tenham por objeto cuidar dos interesses de seus associados".	NÃO	NÃO
3454/97	Valdir Colato (PMDB/SC)	Isenções, Ecad	Dispensava de pagamento ao Ecad especificamente as sociedades, fundações, associações religiosas, culturais, instrutivas, científicas, artísticas, literárias, recreativas, esportivas, com objetivo de promover "lazer, assistência ou congraçamento de seus associados".	NÃO	NÃO

7. EMENDAS DE PLENÁRIO NA CÂMARA DOS DEPUTADOS

N.	Tipo	Propositores	Tema	Descrição	Considerações da CESP
1	Supressiva	José Genoino. Vice-Líder do Bloco Parlamentar (PT/PDT/PCdoB); Jandira Feghali, Bloco Parlamentar (PT/PDT/PCdoB); Aldo Arantes. Bloco Parlamentar (PT/PDT/PCdoB); Matheus Schmidt, Vice-Líder do Bloco Parlamentar (PT/PDT/PCdoB); José Machado. Líder do Bloco Parlamentar (PT/PDT/PCdoB); Sérgio Arouca. Líder do PPS; Alexandre Cardoso. Líder do PPS; Luiz Buais, Vice-líder do PL.	Produtor fonográfico e audiovisual	Para supressão do art. 29, par. único, que determinava que "a utilização de fonogramas, obras audiovisuais, inclusive as cinematográficas, por qualquer das modalidades previstas neste artigo, dependerá de prévia e expressa autorização do produtor [art. 29 tratava dos direitos patrimoniais dos autores, e assim dava aos produtores os mesmos direitos].	Acolhida, porque o direito do produtor fonográfico e do audiovisual já estariam resguardados em outros artigos. Veremos que foi transportada a disposição para o art. 93, e depois vetada na sanção presidencial.

N.	Tipo	Propositores	Tema	Descrição	Considerações da CESP
				O art. 36 do Substitutivo dava ao empregador ou contratante, no caso de cumprimento de dever funcional ou contrato de trabalho ou prestação de serviços, os direitos patrimoniais; a emenda queria que pertencessem a ambos (empregador/contratante e autor), salvo disposição contratual, no modelo da lei de 1973.	
2	Modificativa	Idem	Obra em cumprimento de dever funcional ou prestação de serviços	"Entendemos que uma lei autoral deve ter, como principio, o fato de que o direito patrimonial á prerrogativa exclusiva do autor (Constituição Federal), somente depois admitindo a possibilidade de ala transferência a terceiros. A redação do substitutivo inverte esta ordem de prioridade, tornando como regra o que deveria ser exceção. A redação original do substitutivo permite a interpretação de que a a assinatura de um simples contrato de prestaçao de serviços bastará para que o autor perca seus direitos. Assim, todo e qualquer contrato de serviços poderá ser interpretado como uma expressa renúncia do autor a seus direitos autorais, o que é um absurdo Bastará contratar um autor, mesmo precariamente, para obter seus direitos, portanto isto é pior que a cessão, pois é a expropriação facilitada. Em vez de funcionar como *garantia*, o contrato constituirá uma ameaça á propriedade intelectual. A opção do autor será *fugir* das contratações."	Rejeitada; "a aprovação desta emenda resultaria numa volta ao sistema da Lei n. 5.988/73, que ensejou críticas e confusão doutrinária e jurisprudencial". Como veremos, tudo mudaria no Senado.

N.	Tipo	Propositores	Tema	Descrição	Considerações da CESP
3	Modificativa	*Idem*	Obra sob encomenda	Alteração semelhante à do art. 37, afirmando agora que "o substitutivo põe em risco inúmeras atividades criativas do país – principalmente a publicidade – onde já constitui praxe que as obras criadas não se tornam propriedade dos contratantes, que já se incorporaram aos usos e costumes da área". Isso seria alterado com o art. 37, que dava ao encomendante o direito patrimonial, salvo convenção em contrário.	Idem ao anterior.
4	Aditiva	*Idem*	Redação / Fonogramas	Adicionar ao título IV, que tinha o título "Da Utilização de Obras Intelectuais", as palavras "e Dos Fonogramas". Provavelmente a ideia era deixar claro que fonograma não era obra intelectual, já que o título também o disciplinava.	Acolhida.
5	Modificativa	*Idem*	Transferência e cessão de direitos	Mudança no título do Capítulo V do Título III, de "Da Cessão de Direitos dos Direitos de Autor" para "Da Transferência dos Direitos de Autor". Era a preparação necessária para a proposta de que outras modalidades fossem previstas.	Acolhida.
				Acatado.	
6	Modificativa	*Idem*	Audiovisual e execução pública musical	Os autores da emenda concordavam que o produtor da obra audiovisual controlasse a exploração, mas queria ressalvar o disposto no art. 89, que os direitos autorais pela execução pública da música ainda seriam devidos, no caso de locais de frequência coletiva (modificação no art. 38).	Acolhida, com subemenda (mas artigo seria depois excluído como um todo).

N.	Tipo	Propositores	Tema	Descrição	Considerações da CESP
7	Modificativa	Idem	Matérias de imprensa / jornalistas	Direitos pertenceriam aos autores, não aos editores, se assinados e com sinais de reserva (art. 39).	Rejeitada, "por contrariar o art. 36 e a própria natureza do contrato de trabalho".
8	Modificativa	Idem	Transferência e cessão	Incluindo, no art. 52, as modalidades de licenciamento e concessão, além da cessão, "ou outros meios admitidos em direito".	Acolhido, com subemenda para manter os incisos – relator entendeu que se tratava de imprecisão da emenda.
9	Aditiva	Idem	Direitos conexos	O art. 92 deveria ter um parágrafo único afirmando que, havendo conflito entre direitos de titulares de direitos conexos e de autor, os últimos prevaleceriam. "Os tratados internacionais sobre direitos conexos (...) não concedem direitos exclusivos aos titulares de direitos e sim direito a uma remuneração equitativa".	Rejeitada, entendendo-se que o WPPT da OMPI deixava claro que não havia mesmo hierarquia (apesar de Brasil não ter assinado).
10	Modificativa	Idem	Execução pública	Alterando art. 98 para que as empresas de radiodifusão tivessem direito relativo à comunicação ao público somente em locais de frequência coletiva com venda de ingressos.	Rejeitada "por restringir injustificadamente o exercício dos direitos das empresas de radiodifusão".
11	Substitutiva	Idem	Cópia privada	Querendo que a organização responsável por arrecadar e distribuir fosse uma entidade específica para esse fim.	Rejeitada.
12	Modificativa	Idem	Sanções	Art. 106 Afirmava que as sanções civis se aplicam sem prejuízo das criminais, previstas no Código Penal; modificação apenas indicava local no Código Penal	Retirada antes da votação.

N.	Tipo	Propositores	Tema	Descrição	Considerações da CESP
13	Modificativa	*Idem*	Sanções	Estabelece aumento de multa para infratores reincidentes no caso de transmissão, retransmissão, comunicação ao público sem autorização (art. 110); por outro lado, a suspensão das atividades por autoridade policial ficava condicionada à utilização das obras ou fonogramas serem indispensáveis ao exercício das atividades.	Acolhida com subemenda – de "em até 100%" para "até o dobro", e rejeitada a parte relativa à autoridade policial ("porque a supressão de uma atividade que é lícita em si é atividade extremamente drástica".
14	Aditiva	Miro Teixeira, vice-líder do bloco PT/PDT/PCdoB; Luiz Eduardo Magalhães, líder do governo na Câmara (PMDB); Wagner Rossi, vice-líder do Bloco parlamentar PMDB/PSD/PRONA	Selo de procedência (pirataria)	Obrigando fonogramas, livros e obras audiovisuais a ostentar selos ou sinais de identificação da procedência, para atacar as "indústrias piratas que, além de lesar os cidadãos com gravações de má qualidade, não recolhem impostos ou direitos autorais", mirando fitas cassetes, discos laser, mas também livros. Faltariam à Receita Federal e à Polícia Federal instrumentos para identificar procedência.	Aceita, mas tirando "procedência".

N.	Tipo	Propositores	Tema	Descrição	Considerações da CESP
15	Aditiva	Manoel Castro (PFL); Inocêncio de Oliveira (líder do PFL)	Direito patrimonial de importação ou exportação	Criava o direito patrimonial de importação ou exportação das obras, no art. 29. "Ao avaliar o conteúdo do projeto, observa-se que o mesmo, concentrado nos procedimento de proteção à obra intelectual, deixou a questão do processo industrial excluída de seu texto". Faz uma longa exposição sobre pirataria, afirmando que a importação de obras de áudio audiovisual estaria causando concorrência predatória com a produção cultural brasileira (além de muitos produtos estarem entrando no país para comercialização em bancas de jornal, como parte de outros materiais, e assim não tributados). A emenda não parecia atacar o problema indicado pela justificativa,	Rejeitada, por se entender ser matéria de direito comercial.
16	Modificativa	*Idem*	Direito patrimonial de importação ou exportação	Incluía importação e exportação como parte do direito patrimonial de distribuição, no art. 29; a justificativa fala de Internet; entendia que o direito de importação / exportação serviria para controlar também transmissões eletrônicas. Isso serviria como controle para o autor.	Idem.

N.	Tipo	Propositores	Tema	Descrição	Considerações da CESP
17	Supressiva	*Idem*	Cópia privada	Sugestão de supressão: "observa-se que o ônus gerado pela possibilidade de cometimento de ato ilegal é transferido aos agentes legais do processo produtivo e, em última instância, ao público contribuinte." Mencionava as dificuldades operacionais que seriam impostas ao setor público e privado; a medida também incentivaria o contrabando. "Em que pesem as melhores intenções do proponente de dito artigo, desejamos evitar que o projeto tenha o efeito oneroso para a indústria e para o consumidor que tem nos suportes materiais virgens".	Rejeitada, com a argumentação de que o gravame não legitima ato ilegal, e sim compensa por outro.
18	Aditiva	Eraldo Trindade (PPB-AP); Duilio Pisaneschi, vice-líder do PTB. Inocêncio Oliveira, líder do PFL Luziano Zica (?) vice-líder do bloco parlamentar PT/PDT/PCdoB; Odelmo Leão (líder do PPB); Wagner Rossi (vice-líder do Bloco Parlamentar PMDB/PSD/Prona)	Gestão coletiva	As associações teriam uma central de arrecadação de direito autoral (CDA)	Rejeitada, porque já existiria disposição sobre escritório único, e porque restringiria atuação das associações em separado, o que violaria o direito de associação.

N.	Tipo	Propositores	Tema	Descrição	Considerações da CESP
19	Modificativa	Alberico Filho, Bloco Parlamentar PMDB/PSD/PRONA; Wagner Rossi, vice-líder do bloco parlamentar PMDB/PSD/PRONA; Fernando Gabeira (PV); Inocêncio Oliveira, Líder do PFL	Limitações e exceções	Limitando a reprodução em um só exemplar para apenas *pequenos trechos* e mantendo a limitação aos casos de uso sem intuito de lucro, para evitar cópia sem licença de livro inteiro, "por isso acarretar enormes prejuízos para os detentores do direito autoral. (...) Hoje, no Brasil, a reprodução não autorizada de obras protegidas alcança a espantosa soma de 1 bilhão de cópias por ano".	Acolhida.
20	Modificativa	Inocêncio Oliveira, líder do PFL; Duilio Pisaneschi, vice-líder do PTB	Limitações e exceções / fonogramas	Mudando o título do Capítulo IV para "Limitações aos Direitos Autorais" em vez de "aos Direitos de Autor", para incluir fonogramas	Acolhida.
21	Modificativa	*Idem*	Fonogramas	Mudando o título do Capítulo III para "Dos Direitos Patrimoniais de Autores e Titulares de Diretos e de sua Duração", ou seja, incluindo "Titulares de Direito", "para abrigar a proteção que é conferida aos fonogramas".	Prejudicada pelo acolhimento da 1.
22	Modificativa	*Idem*	Fonogramas	Mudando o título IV para "Da Utilização das Obras Protegidas por Direitos Autorais", no mesmo espírito, para incluir fonogramas.	Prejudicada pelo acolhimento da 4.

N.	Tipo	Propositores	Tema	Descrição	Considerações da CESP
23	Modificativa	*Idem*	Fonogramas	Mudando o art. 89, que tratava dos direitos autorais de execução musical relativos a obras musicais e literomusicais em obras audiovisuais, para retirar fonogramas, por acreditar que havia conflito com a definição de fonograma, já que a definição de fonograma seria de fixação que não a incluía em obra audiovisual. Parece má interpretação da lei.	Rejeitada.
24	Modificativa	*Idem*	Fonogramas	Alteração no elenco de direitos exclusivos do produtor de fonogramas, incluindo execução pública (em vez de comunicação ao público) e o **making available right**, para ser "compatível com os direitos conferidos aos artistas intérpretes ou executantes e produtores fonográficos pelo Tratado OMPI-II", e tirando o inciso IV ("todas as utilizações a que se refere o art. 29 desta Lei a que se prestem os fonogramas"), por ser "mais extensiva que a existente em qualquer país do mundo, significando a extensão de um direito sem reciprocidade para o Brasil", mas incluindo "V – qualquer outra forma, meio ou processo de utilização de seus fonogramas", o que é contraditório.	Rejeitada, mas com justificação surpreendente: que o art. 102 do WPPT não impedia que uma parte contratante fosse além. Além disso, Brasil não seria signatário.
25	Modificativa	*Idem*	Artista executante	Incluindo obrigatoriedade de indicar executante na utilização da obra, no art. 113 (sanções)	Rejeitada, porque não seria possível / prático – "há gravações de curta duração (três ou quatro minutos) de que participam até 40 músicos executantes".

N.	Tipo	Propositores	Tema	Descrição	Considerações da CESP
26	Aditiva	*Idem*	Definições – Comunicação ao público / Internet	Criando no art. 5o (definições) uma definição de comunicação ao público ("V – comunicação ao público – ato mediante o qual a obra é colocada ao alcance do público, por qualquer meio ou procedimento e que não consista na distribuição de exemplares"), porque o conceito "é importante e evita uma série de repetições quanto aos direitos abrangidos pela interpretação ampla, além de eliminar interpretações distorcidas quanto a qualquer possível omissão", e afirmando que o direito tinha especial relevância no ambiente digital.	Rejeitada pela CESP, porque a versão do substitutivo seria melhor, e porque o art. 29 já considerara "a transmissão interativa uma forma de distribuição sem que haja exemplares físicos". Além disso, Aloysio afirmou que procura evitar definições legislativas. No entanto, em Plenário foi aprovada e a definição entrou no texto final da lei. Inocêncio Oliveira insistiu nela.
27	Modificativa	*Idem*	Definições / produtor	Definindo produtor como aquele que faz a primeira fixação, de acordo com o Tratado da OMPI (WPPT). Adotado.	Rejeitada na CESP, por ser difícil, com as modernas técnicas de gravação, saber quando foi a primeira fixação; dividiu os parlamentares, e acabou aprovada em Plenário.
28	Aditiva	*Idem*	Selo de procedência (pirataria)	Idêntica à Emenda 14	Prejudicada pelo acolhimento da 14, com subemenda.
29	Modificativa	Inocêncio Oliveira (líder do PFL); Arnaldo Madeira (vice-líder do PSDB)	Definições / artistas intérpretes ou executantes	Incluindo definição do art. 2o do Tratado da OMPI (WPPT), removendo locutor, narrador, declamador, mas mantendo ator, cantor, bailarino, músico ou outras pessoas que representem um papel, cantem, recitem, declamem, interpretem ou executem em qualquer forma obras literárias ou artísticas ou expressões do folclore".	Acolhida.

N.	Tipo	Propositores	Tema	Descrição	Considerações da CESP
30	Modificativa	*Idem*	Definições / obra derivada	Dando à definição de obra derivada "a que, constituindo criação intelectual nova, resulta da transformação de obra originária", para definição mais precisa (no Substitutivo, estava criação intelectual "autônoma").	Acolhida.
31	Modificativa	*Idem*	Redação / obras protegidas	Definindo que são obras intelectuais *protegidas* as criações... (art. 7o).	Rejeitada, porque já estava no substitutivo.
32	Modificativa	*Idem*	Obras protegidas / bases de dados	Mudava de "direito de autor e conexos" para "quaisquer direitos autorais" o art. 7o, par. 2o, que trata do direito sobre bases da dados não abarcar o conteúdo.	Acolhida.
33	Modificativa	*Idem*	Redação	Mudando, no art. 7o par. 3o, de "propriedade industrial, marcas e patentes" para "demais campos da propriedade intelectual", por precisão.	Acolhida, mas com expressão "propriedade imaterial", mais genérica e de acordo com a sistemática do Código Penal.
34	Modificativa	*Idem*	Redação	Substituição de "direito de autor e dos que lhe são conexos" por "direitos autorais".	Acolhida.
35	Modificativa	*Idem*	Redação / Definições	Dentre os materiais não protegidos por direito autoral, substituir "sinopses" por "projetos".	Acolhida.
36	Aditiva	*Idem*	Obras não protegidas	Incluir "informações de uso comum tais como calendários, agendas, cadastros ou legendas" dentre materiais não protegidos por direito autoral.	Acolhida.
37	Aditiva	*Idem*	Obras não protegidas	Igualmente, incluir "nomes e títulos isolados", seguindo a sistemática do TRIPS, importante "face a ausência de uma cultura autoral no País.	Acolhida.

N.	Tipo	Propositores	Tema	Descrição	Considerações da CESP
38	Modificativa	*Idem*	Redação	Capítulo II viraria "Da Autoria das Obras Intelectuais", suprimindo o "Artísticas ou Científicas", para uniformização.	Acolhida.
39	Modificativa	*Idem*	Redação	Idem, em relação ao capítulo sobre registro das obras intelectuais (capítulo III).	Acolhida.
40	Modificativa	*Idem*	Registro	O art. 19, referente ao órgão responsável pelo registro, seria modificado para fazer referência à Lei de 1973, e não a um "órgão unificado a ser indicado pelo Poder Executivo", de forma a "retirar o vício de iniciativa presente no referido projeto, sanando sua inconstitucionalidade" (competência privativa do Presidente da República – art. 61 par. 10, inciso II, alíneas b e c da CF).	Acolhida com subemenda para acrescentar supressão do art. 117.
41	Modificativa	*Idem*	Registro	Adaptando o texto sobre cobrança para a realidade da emenda anterior.	Acolhida.
42	Aditiva	*Idem*	Registro	Ainda sobre o serviço de registro ser prestado nos termos da lei de 1973.	Acolhida.
43	Modificativa	*Idem*	Organização / redação	Movia o parágrafo único do art. 28 para o 30, já que ambos tratavam de reprodução.	Acolhida.
44	Supressiva	*Idem*	Registro	Para eliminar o art. 117, sobre o Poder Executivo regulamentar o registro, por vício de iniciativa.	Acolhida.
45	Modificativa	*Idem*	Limitações e exceções	Dando redação mais ampla para o art. 49, I, que tratava da limitação para obras em braile.	Acolhida.

N.	Tipo	Propositores	Tema	Descrição	Considerações da CESP
46	Modificativa	*Idem*	Sanções	Esclarecendo, no art. 112, que a indenização, no caso de perda de equipamentos, nunca seria inferior à indenização do art. 108 e seu parágrafo único (que estabelecia 3.000 exemplares como parâmetro).	Rejeitada, porque era o mesmo texto do Substitutivo.
47	Modificativa	*Idem*	Redação / sanções	Sobre suspensão das utilizações previstas no art. 110, trocando o "além das demais indenizações cabíveis" por "sem prejuízo das...".	Prejudicada, pela aprovação da Emenda 13.
48	Modificativa	*Idem*	Sanções	O art. 109, que falava sobre responsabilidade subsidiária com o contra fator, incluía a condição "com a finalidade de vender, obter ganho, vantagem, preceito, lucro direto ou indireto, para si ou para outrem". Da justificativa da emenda se extrai que a intenção era esclarecer e abarcar mais casos.	Acolhida, com substituição de "obra reproduzida" por "obra ou fonograma reproduzidos" – "por um lapso, o fonograma não foi contemplado no Título VIII, o que se sana agora".
49	Modificativa	*Idem*	Registro	Estabelecendo nas disposições transitórias que não ficariam revogados os artigos referentes ao registro, da Lei de 1973.	Acolhida, mas com observação de que se mantinham em vigor as leis n. 6.533/78 e 6615/78, sobre profusão do autor, do intérprete e do radialista, a título de esclarecimento.
50	Aditiva	*Idem*	Exaustão internacional	Estabelecimento de regra segundo a qual colocar o titular um bem que incorpora direitos autorais no mercado implicaria não impedir sua livre circulação (princípio da exaustão internacional).	Rejeitada, por se entender ser matéria de direito comercial.
51	Modificativa	*Idem*	Redação	Mudança redacional semelhante à da emenda 48, mas para o art. 107.	Acolhida.

N.	Tipo	Propositores	Tema	Descrição	Considerações da CESP
52	Supressiva	*Idem*	Cópia privada	Exclusão dos arts. 104 e 105, sobre cópia privada, que criariam "um ônus para os produtos nacionais, que se refletirá no custo Brasil, tornando-os menos competitivos no mercado internacional. Além disso, pelo fato do referido gravame não estar incorporado à grande maioria das legislações internacionais, e dada a obrigação da Convenção de Berna e de TRIPS de tratamento nacional, ficará o País obrigado a remessas para o exterior, agravando o déficit da balança de pagamentos, sem qualquer contrapartida ou reciprocidade", e afirmando que os órgãos do GIPI haviam se manifestado contra. **Adotado**.	Rejeitada, porque não existiria o "Custo Brasil", "uma vez que os produtos destinados à exportação estão isentos, segundo o par. 7o do art. 104). Quanto ao problema do déficit, vale observar que o mercado de gravações sonoras, no Brasil, é 72% constituído de gravações locais. Mais ainda: países com os quais mantemos intercâmbio, como França, Espanha e Portugal, já legislaram sobre o tema, e até mesmo os Estados Unidos".
53	Modificativa	*Idem*	Direitos patrimoniais / distribuição	Tentava incluir locação ou empréstimo de obra audiovisual no art. 29, VI, que tratava de distribuição.	Rejeitada, porque se restringia a um só tipo de obra, e direito de distribuição diria respeito à locação de obras em geral, não só ao audiovisual.
54	Supressiva	*Idem*	Obras de arte aplicadas	Removia obras de artes aplicadas do âmbito de proteção da lei (art. 7o, XIV), por serem matéria de propriedade industrial.	Acolhida.
55	Aditiva	*Idem*	Disposições transitórias / domínio público	Inseria o artigo que estabelece que continua em domínio público obra que já estava em domínio público com a entrada em vigor da lei, apesar da ampliação do prazo de proteção.	Acolhida com subemenda de redação.
56	Modificativa	*Idem*	Sanções / redação	Mudança redacional no art. 112, IV.	Acolhida com subemenda.

N.	Tipo	Propositores	Tema	Descrição	Considerações da CESP
57	Modificativa	*Idem*	Obra em dever funcional	Incluía um trecho no art. 36, que determinava que na obra produzida em cumprimento a dever funcional ou prestação de serviços, os direitos pertenceriam ao empregador / tomador, no caso de não haver contrato, somente para as finalidades pactuadas.	Acolhida, com subemenda. Artigos suprimidos no Senado.
58	Modificativa	*Idem*	Limitações e exceções / fonogramas	Idêntica à emenda 20.	Acolhida.
59	Modificativa	*Idem*	Obra sob encomenda / redacional	Mudar de encomendante para comitente.	Acolhida.
60	Modificativa	*Idem*	Obra sob encomenda	Igual à emenda 57, mas para o caso de obra sob encomenda (art. 37).	Acolhida, com subemenda. Artigos suprimidos no Senado.
61	Modificativa	*Idem*	Internet / digital	Acrescentava como direito exclusivo do autor o armazenamento em computador, microfilmagem e outras formas de arquivamento, além da inclusão em base de dados (art. 29, IX).	Acolhida.
62	Modificativa	*Idem*	Redação	De "Das sanções às violações direitos de autor e os que lhes são conexos" para "Das sanções às violações dos direitos autorais". **Adotado**.	Acolhida.
63	Modificativa	*Idem*	Colocação à disposição do público (*making available right*)	Remover a palavra "livre" (de "colocação à livre disposição do público" para mera "colocação à disposição"), no art. 93, IV do Substitutivo, sobre direitos exclusivos dos intérpretes e executantes.	